德国税法教科书

（第十三版）

Steuerrecht, 13. Auflage.

〔德〕迪特尔·比尔克（Dieter Birk） 著

徐妍 译

北京大学出版社
PEKING UNIVERSITY PRESS

著作权合同登记号　图字:01-2016-4358
图书在版编目(CIP)数据

德国税法教科书:第十三版/(德)迪特尔·比尔克(Dieter Birk)著;徐妍著.—北京:北京大学出版社,2018.5
(世界法学精要)
ISBN 978-7-301-29324-9

Ⅰ.①德… Ⅱ.①迪…②徐… Ⅲ.①税法—德国—教材 Ⅳ.①D951.622

中国版本图书馆 CIP 数据核字(2018)第 036910 号

Steuerrecht,13. Auflage., by Dieter Birk,
ISBN 978-3-8114-9762-7
© 2010 C. F. Müller

书　　　名	德国税法教科书（第十三版）
	DEGUO SHUIFA JIAOKESHU
著作责任者	〔德〕迪特尔·比尔克 著　徐妍 译　董春玲 校
责任编辑	王晶
标准书号	ISBN 978-7-301-29324-9
出版发行	北京大学出版社
地　　　址	北京市海淀区成府路 205 号　100871
网　　　址	http://www.pup.cn
电子信箱	law@pup.pku.edu.cn
新浪微博	@北京大学出版社　@北大出版社法律图书
电　　　话	邮购部 62752015　发行部 62750672　编辑部 62752027
印 刷 者	北京鑫海金澳胶印有限公司
经 销 者	新华书店
	787 毫米×980 毫米　16 开本　36.25 印张　665 千字
	2018 年 5 月第 1 版　2018 年 5 月第 1 次印刷
定　　　价	89.00 元

未经许可,不得以任何方式复制或抄袭本书之部分或全部内容。
版权所有,侵权必究
举报电话:010-62752024　电子信箱:fd@pup.pku.edu.cn
图书如有印装质量问题,请与出版部联系,电话:010-62756370

译者序

《德国税法教科书》(以下简称译著)是德国明斯特大学著名法学教授迪特尔·比尔克所著,由德国法学界久负盛名的 C. F. Müller 出版社出版发行。C. F. Müller 出版社针对德国的法学教育出版了不同层次的专业书籍:从初学者的"进入法学系列",到中级阶段作为辅助材料的"蓝皮书系列(重点系列)",再到为第一次国家司法考试准备的"复习资料系列",满足不同层次的需求。译著属于"蓝皮书系列(重点系列)",于 1998 年第一次出版发行以来,一直深受德国大学法学院学生和税务咨询者的喜爱,每隔几年都要修改相关法条再次出版,此次翻译的著作是 2010 年第 13 版。全书由下列内容构成:

第一章是引言部分,介绍了税收的基本理论以及德国税法和欧盟税法的关系和发展;第二章介绍了税收法律关系和税收程序法;第三章和第四章则详细介绍了德国的税收制度,这两章的构架不同于一般的税法教科书按照商品税、所得税和财产税的思路撰写,而是独辟蹊径,分为"收入和收益的税"和"对消费以及法律事务往来征税"。其中第三章介绍收入和收益的税,包括个人所得税法、企业税法、国际税法和遗产与赠与税法;第四章介绍了增值税和土地购置税。

一个国家的税法体系一般分为税法通则、各个税种的法律及配套的实施细则。《德国税法通则》(AO)位于德国税法体系的核心,自 1919 年公布实施以来,经过多次修订,成为逻辑严密、体系完整的税收基本法律。《德国税法通则》共 9 章 415 条,包括总则(Einleitende Vorschriften)、税收债法(Steuerschuldrecht)、一般程序规定(Allgemeine Verfahrensvorschriften)、课征税收的实施(Durchführung der Besteuerung)、征收程序(Erhebungsverfahren)、强制执行(Vollstreckung)、法院外之法律救济程序(Außergerichtliches Rechtsbehelfsverfahren)及刑罚与处罚的规定和程序(Straf-und Bußgeldvorschdriften,Straf-undBußgeldverfahren)。《德国税法通则》是当今世界各国税收通则的优秀之作。

需要说明的是,德国税法的发展离不开欧盟的发展,离不开欧盟法制化的发展,由于

本书在德国2010年出版,距今已有8年,近年来,德国的税法也在不断发展与完善,主要有以下几个特点:

第一,配合欧盟内部税法的协调。为建立一体化税法和协调各成员国税法,欧盟进行了大量的工作,并取得了很大成果。欧盟法对于推动单一市场,建立统一的欧盟大市场发挥了重要的作用,有助于维护统一市场秩序,排除成员国之间国际贸易的障碍,其立法和司法实践一直在不断发展和创新。欧盟税法是一个发展中的法律体系,有不少理论和实际问题有待进一步的探索和研究。在关税、间接税和直接税领域,欧洲税收一体化的进度不一。究其根本原因是欧盟基础条约在这三个领域给予欧盟的授权不同。基础条约明确赋予了欧盟机构协调关税和间接税的权力,德国在这两个领域就必须让渡出一部分税收主权,交给欧盟机构统一协调;但是基础条约从未明确授予欧盟协调直接税的权力,这意味着直接税仍属于德国的主权范围,而欧盟机构仅能依据辅助性原则采取协调措施。这种授权差异导致欧盟不得不在关税、间接税和直接税领域采取不同的介入机制,从而造成了目前这三个领域一体化程度的不同,而直接税领域始终是一体化进程的瓶颈。经过多年努力,欧盟的一体化税法不断发展,欧盟已成为世界上税收一体化层次最高、范围最大的区域经济体。在关税方面,欧盟取消了各成员国间的关税,统一了共同海关税则,建立了关税同盟。间接税方面,通过了增值税、消费税等一系列法规,有力地协调了各国的间接税制度。直接税方面,在避免双重征税和税收征管上取得了一定的成果。今天的欧盟税法,既是税收一体化的成果,又是推动一体化进程的重要手段,也在一定程度上促进了德国税法的发展。

第二,加强所得税领域反避税的趋势。欧洲法院往往采取自由流动规则来消除不同成员国的所得税歧视政策,根据《欧洲联盟运行条约》第115条规定,理事会在咨询欧洲议会和经济与社会委员会后,按照特别的立法程序以一致方式颁布指令,目的是使对内部市场建立和运行有直接影响的成员国法律、法规和行政性规定趋同。在第115条的基础上,欧盟制定了在欧盟层面上的所得税共同税制的指令,其"欧盟层面"具有特殊的重要性和必要性。税基侵蚀与利润转移(BEPS)正在深刻地影响着欧盟及其成员国的经济发展,并已成为欧盟税收流失最为重要的因素之一,其衍生出的政治、经济利益冲突已成为欧盟迫切改革的内在需求。与此同时,一场全球范围的致力于匹配税收与经济实质的二十国集团(G20)税收改革,为正在不断探求自我完善的欧盟国际税法体系营造了外部机遇。作为全球最重要的经济体之一以及国际税法的积极引导者,面对税基侵蚀与利润转移,欧盟打击BEPS的法规变化及其运作机制将对国际税收新变革产生重要影响。2016年7月12日,欧盟议会通过了《欧盟反避税指令》(Anti Tax Avoidance Directive)。

2017年7月,欧洲议会和理事会通过制定一部刑法,用于打击损害欧盟经济利益欺诈行为,其中包括打击某些与增值税有关的刑事犯罪活动。

2018年3月4日,在第十三届全国人民代表大会第一次会议首场新闻发布会上有记者提出我国到2020年是否能实现全面落实税收法定原则的问题,目前我国现有18个税种只有6部税法,而且还缺少一部税法通则。依法治税是全面推进依法治国的重要内容,落实税收法定原则是重要的改革任务,税收法律的完善则是改革的基础。世界上一些国家在制定税法通则的时候都或多或少地参考借鉴过《德国税法通则》,希望本译著的出版,能够抛砖引玉,为我国税法的发展献出绵薄之力。

本译著的顺利出版,要特别感谢北京大学出版社王晶女士近十年来的鼓励与帮助。本书引用法条众多,德文晦涩,翻译事宜一度搁置,正是王晶女士不断地联系与鼓励,并不耐其烦地认真校对各个法条,多次提出宝贵意见,才使得翻译工作得以继续进行,本书能够顺利出版。此外,还要感谢董春玲、殷露阳、赵丹妮、李雨晨、朱江枫、赵克柔、张晓刚等不能在此一一列出姓名的同仁对本书进行的辛苦校对,没有你们的帮助,本书不能得以面世。由于译者学识粗浅,一直忐忑不能将德国税法的精髓翻译出来,这也是多年来一直不敢将译稿付梓的原因,然而"丑媳妇总要见公婆",若译著存在谬误或者其他错误,译者文责自负,恳请诸位方家批评指正。

徐　妍

2018年3月于蓟门桥

前 言

在一份大型日报中,税务顾问被称作"丛林之王"。税法越复杂,就会有越多的人咨询税务顾问。税务顾问熟知税法之中的情况,这可以保障当事人顽强地生存。事实上,没有税法方面的专业知识就不能缔结有经济意义的合约,不能进行后续规划,设立企业,根本无法进行有意义的经济活动。在当前的法律咨询中税务咨询已是不可或缺的。税务顾问大多数总是受过企业经济教育培训,律师也渐渐地参与其中。在德国有执业资格的税务顾问数量在2010年超过了8600名。尽管他们受过广泛的培训,但却没有掌握全部的税法。欲提供高水平咨询的人员必须是专业致力于税法的。

但是专家始于通才。真正优秀的专家熟知其专业上更为广泛的相互关系,了解交叉引用,知晓专业背景和发展线索。专家通观全局,并且打下知识基础。没有比大学教育更好的方式实现它。税法即使超出其他法律领域有自身的特点,它还是一种法律规范,与民法、国家法和行政法以及刑法有许多的接口。还有谁比律师更适合来回答税务问题呢?

2009年秋天成立的联合政府在联合条约中计划这样做,即税收应当"简单、低税和公正"。听上去根据规划要进行基本税务改革,但在政府执政近一年后这样的印象却基本消失殆尽。这样的开端是不好的。尽管联合政府正在引入所谓的经济增长加速法,该法有一些好的方面,但其新引入的酒店经营者的增值税特权在法律上受到极大的抨击(见页边码1729)。在已声明的简化税收方面,经济增长加速法也无所作为。甚至例如所谓的低值经济商品的折旧也变得更为复杂(页边码895)。虽然有一厢情愿的政治意愿声明,但税法仍然是复杂的且难以看透的事物,并深陷于目前的政治讨论中,易成为短期行为和短视行为。尽管如此,致力于税法研究依然是有价值的。

我要感谢我的工作人员 Ricarda Bürger,Juliane Jänisch,Christian Lange,Katharina Petschulat,Henning Tappe,Julian Winkler 和 Silke Witulla 帮助我处理这么多的

材料。莱比锡大学税法组的主任 Marc Desens 整理了重组法章节的内容（§6 D.）。技术问题由法律专业的学生 Ben Doernhaus 负责。不足之处或有任何建议请给我发送邮件到 birk@uni-muenster.de。

迪特尔·比尔克
明斯特,2010 年 7 月

摘自第 1 版的前言

尽管并不缺乏好的税法教材,但总还是有学生寻求一种入门资料,可以将初学者领入税法领域,但同时不会不堪范围和内容的重负。迄今为止都很难对此给出任何建议,原因是现有的教材或者只是涵盖了部分领域,或者其内容范围基本上没有考虑到学生要通过选修科目考试这一点(北莱茵—威斯特法伦州(简称北威州)第一次国家司法考试10分钟的远修科目考试)。

因此这本税法教材的目的在于填补税法培训文献的空缺,在一本书中就给出所有与考试相关的税法知识。在内容编写上试图明晰税法各领域的结构并在单项税种的复杂环境下提供相关案例。本书主要来自我多年教授税法课程所使用的讲稿。对我的讲稿不断增加的需求鼓励我给学生们提供这样一本基于学生需求所成的教材。在课程学习中一直使用这本书的人,一定会对第一次国家考试的选修科目考试做好了充分的准备。

有考试时间压力的人,我建议从第三章(收入和收益的税)开始,然后再学习第二章(一般税收债务法与一般税收程序法)。这应当是考试的主要内容,考生需要完全掌握。征税的宪法基础以及国际税法(第一章)和增值税法(第四章)同样重要,但在第一次的法律国家考试中很少考到。

迪特尔·比尔克
明斯特,1998 年 8 月

缩略语

aA	andere(r) Ansicht	其他观点
aaO	am angegebenen Ort	在给定地点
AB	Anfangsbestand	初始存量
ABl	Amtsblatt	公报
AblEG	Amtsblatt der Europäischen Gemeinschaften	《欧盟公报》
aE	am Ende	最终
AEUV	Vertrag über die Arbeitsweise der Europäischen Union	《欧盟运行条约》
aF	alte(r) Fassung	旧版
AfA	Absetzung für Abnutzung	折旧扣除
AfaA	Absetzung für außergewöhnliche technische oder wirtschaftliche Abnutzung	特殊的技术上的或经济上的折旧扣除损耗
AG	Aktiengesellschaft	股份公司
agB	außergewöhnliche Belastungen	特殊负担
AktG	Aktiengesetz	《股份公司法》
AO	Abgabenordnung	《税法通则》
AöR	Archiv für öffentliches Recht (Zeitschrift)	公法档案（期刊）
AStG	Außensteuergesetz	涉外税法
Aufl	Auflage	版次
BB	Der Betriebs-Berater (Zeitschrift)	《经营顾问》（期刊）

BBEV	BeraterBrief Erben und Vermögen	遗产继承和财产顾问信函
BerlinFG	Berlin-Förderungsgesetz	《柏林促进法》
BewG	Bewertungsgesetz	《估值法》
BFH	Bundesfinanzhof	联邦财政法院
BFH/NV	Sammlung amtlich nicht veröffentlicher Entscheidungen des Bundesfinanzhofs	未官方公布的《联邦财政法院判决合集》
BFHE	Sammlung der Entscheidungen des Bundesfinanzhofs	《联邦财政法院判决合集》
BGB	Bürgerliches Gesetzbuch	《民法典》
BGBl	Bundesgesetzblatt	《联邦法规公报》
BGH	Bundesgerichtshof	联邦最高法院
BGHSt	Entscheidungen des Bundesgerichtshofs in Strafsachen	联邦最高法院刑事判决
BGHZ	Entscheidungen des Bundesgerichtshofs in Zivilsachen	联邦最高法院民事判决
BierStG	Biersteuergesetz	《啤酒税法》
BMF	Bundesministerium für Finanzen	联邦财政部
BranntwMonG	Branntweinmonopolgesetz	《烈酒专卖法》
BStBl	Bundessteuerblatt	《联邦税务公报》
BV	Betriebsvermögen	企业财产
BVerfG	Bundesverfassungsgericht	联邦宪法法院
BVerfGE	Amtliche Sammlung der Entscheidungen des Bundesverfassungsgerichts	官方的《联邦宪法法院判决合集》
BVerfGG	Bundesverfassungsgerichtsgesetz	联邦宪法法院法
BVerwG	Bundesverwaltungsgericht	联邦行政法院
BVerwGE	Entscheidungen des Bundesverwaltungsgerichts	联邦行政法院判决
bzgl	bezüglich	关于
bzw	beziehungsweise	或者,更确切地说
DB	Der Betrieb (Zeitschrift)	《企业》(期刊)

DBA	Doppelbesteuerungsabkommen	双边税收协议
dh	das heißt	即
DÖV	Die Öffentliche Verwaltung (Zeitschrift)	《公共行政》(期刊)
DRV	Deutsche Rentenversicherung (Zeitschrift)	《德国养老保险》(期刊)
DStJG	Deutsche Steuerjuristische Gesellschaft (Jahrbuch)	《德国税法协会》(年刊)
DStR	Deutsches Steuerrecht (Zeitschrift)	《德国税法》(期刊)
DStZ	Deutsche Steuerzeitung (Zeitschrift)	《德国税报》(期刊)
DVBl	Deutsches Verwaltungsblatt (Zeitschrift)	《德国行政公报》(期刊)
EB	Endbestand	最终存量
EBK	Eröffnungsbilanzkonto	资产负债总表
EFG	Entscheidungen der Finanzgerichte (Zeitschrift)	《财政法院判决》(期刊)
EG	Vertrag zur Gründung der Europäischen Gemeinschaft (s. a. AEUV); Europäische Gemeinschaften (s. a. EU)	《欧共同体条约》(亦见 AEUV) 欧共体(亦见 EU)
EigZulG	Eigenheimzulagengesetz	《自置住宅补贴法》
EK	Eigenkapital	自有资本
EnergieStG	Energiesteuergesetz	《能源税法》
ErbStG	Erbschaftsteuer-und Schenkungsteuergesetz	《遗产赠与税法》
ESt	Einkommensteuer	个人所得税
EStB	Der Ertrag-Steuer-Berater (Zeitschrift)	《收益·税收·顾问》(期刊)
EStDV	Einkommensteuer-Durchführungsverordnung	《个人所得税实施条例》
EStG	Einkommensteuergesetz	《个人所得税法》
EStR	Einkommensteuer-Richtlinien	《个人所得税指令》
Etc	et cetera	等等
EU	Europäische Union; Vertrag über die Europäische Union (s. a. EUV, AEUV)	欧盟(亦见 EUV, AEUV)

EuGH	Europäischer Gerichtshof	欧洲法院
EuGHE	Amtliche Sammlung der Entscheidungen des Europäischen Gerichtshofs	《欧洲法院判决官方合集》
EUV	Vertrag über die Europäische Union (Vertrag von Lissabon)	《欧盟条约》(见《里斯本条约》)
EuZW	Europäische Zeitschrift für Wirtschaftsrecht (Zeitschrift)	《经济法欧洲杂志》(期刊)
eV	eingetragener Verein	注册协会
EWG	Europäische Wirtschaftsgemeinschaft	欧洲经济共同体
EWS	Europäisches Wirtschafts-und Steuerrecht (Zeitschrift)	《欧洲经济法和税法》(期刊)
FA	Finanzamt	财政局
FAG	Finanzausgleichsgesetz	《财政平衡法》
f, ff	folgende	以下
FG	Finanzgericht	财政法庭
FGO	Finanzgerichtsordnung	《财政法庭条例》
FinArch	Finanzarchiv (Zeitschrift)	《金融档案》(期刊)
Fn	Fußnote	脚注
FördG	Fördergebietsgesetz	《区域振兴法》
FR	Finanz-Rundschau (Zeitschrift)	《金融评论》(期刊)
FS	Festschrift	纪念文稿
FVG	Finanzverwaltungsgesetz	《财政行政法》
G	Gesetz	法
GbR	Gesellschaft bürgerlichen Rechts	民事合伙
GdE	Gesamtbetrag der Einkünfte	收入总额
GenG	Genossenschaftsgesetz	《合作社法》
GewStDV	Gewerbesteuer-Durchführungsverordnung	《营业税征收处理办法》
GewStG	Gewerbesteuergesetz	《营业税法》

GG	Grundgesetz	《基本法》
ggf	gegebenenfalls	可能
GmbH	Gesellschaft mit beschränkter Haftung	有限责任公司
GmbHG	Gesetz betreffend die GmbH	《有限责任公司法》
GmbHR	GmbH-Rundschau (Zeitschrift)	《有限责任公司评论》(期刊)
GmbH & Co. KG	Kommanditgesellschaft mit GmbH als Komplementär	有限两合公司
GmS OGB	Gemeinsamer Senat der Obersten Gerichtshöfe des Bundes	联邦最高法院联合审判庭
GoB	Grundsätze ordnungsmäßiger Buchführung	合法会计原则
GrESt	Grunderwerbsteuer	土地购置税
GrEStG	Grunderwerbsteuergesetz	《土地购置税法》
GrS	Großer Senat	大审判庭
GrStG	Grundsteuergesetz	《不动产税法》
GTK	Kindertageseinrichtungsgesetz	《儿童日托机构法》
GuV-Konto	Gewinn- und Verlustkonto	盈利账户和亏损账户
GV	Gemeindeverbände	乡镇联合体
GVBl	Gesetz- und Verordnungsblatt	《法律法令公报》
GVG	Gerichtsverfassungsgesetz	《法院组织法》
hA	herrschende Ansicht	主流观点
HFR	Höchstrichterliche Finanzrechtsprechung (Entscheidungssammlung)	最高司法机构的金融司法判决(判决合集)
HGB	Handelsgesetzbuch	《商法典》
hM	herrschende Meinung	主流观点
Hrsg	Herausgeber	编者
HS	Halbsatz	半句
HStR	Handbuch des Staatsrechts	国家法手册
IAS	International Accounting Standards	国际会计标准

idF	in der Fassung	依……版本
idR	in der Regel	通常、原则上
iE	im Einzelnen	详细
iErg	im Ergebnis	结果
ieS	im engeren Sinne	严格意义上
iHv	in Höhe von	数额
INF	Die Information (Zeitschrift)	信息（期刊）
InvZulG	Investitionszulagengesetz	《投资补贴法》
iRd	im Rahmen des/der	……框架内
iS	im Sinne	此意义上
iSd	im Sinne des/der	就……所定
IStR	Internationales Steuerrecht (Zeitschrift)	《国际税法》（期刊）
iSv	im Sinne von	按……的意义
iÜ	im Übrigen	此外
iVm	in Verbindung mit	结合……
iwS	im weiteren Sinne	更广泛意义上
JStG	Jahressteuergesetz	《年度税法》
Jura	Juristische Ausbildung (Zeitschrift)	《法学教育》（期刊）
JuS	Juristische Schulung (Zeitschrift)	《法律学习》（期刊）
JZ	Juristenzeitung (Zeitschrift)	《法律人报》（期刊）
KaffeeStG	Kaffeesteuergesetz	《咖啡税法》
KAG	Kommunalabgabengesetz	《地方税收法》
KapErtSt	Kapitalertragsteuer	资本收益税
KG	Kommanditgesellschaft	两合公司
KGaA	Kommanditgesellschaft auf Aktien	股份两合公司
KÖSDI	Kölner Steuerdialog (Zeitschrift)	《科隆税务对话》（期刊）
KSt	Körperschaftsteuer	法人所得税
KStG	Körperschaftsteuergesetz	《法人所得税法》

KVStG	Kapitalverkehrsteuergesetz	《资本交易税法》
lit.（lat. littera）	Buchstabe	字母
LSt	Lohnsteuer	工资所得税
LStDV	Lohnsteuer-Durchführungsverordnung	《工资所得税实施细则》
LStR	Lohnsteuer-Richtlinien	《工资所得税指令》
maW	mit anderen Worten	换句话说
mE	meines Erachtens	在我看来
mwN	mit weiteren Nachweisen	进一步证明
Nds	Niedersachen/niedersächsisches	下萨克森州/下萨克森州的
nF	neue Fassung	新版
NJW	Neue Juristische Wochenschrift (Zeitschrift)	《新法律周刊》（期刊）
Nr	Nummer	号
NVwZ	Neue Zeitschrift für Verwaltungsrecht (Zeitschrift)	《行政法新刊》（期刊）
oa	oben angegeben	如上所示
OECD	Organization for Economic Cooperation and Development	经合组织
OECD-MA	OECD-Musterabkommen	《经合组织税收协定范本》
OFD	Oberfinanzdirektion	高级财政管理机构
og	oben genannt	上述的
OHG	offene Handelsgesellschaft	无限责任公司
OWiG	Gesetz über Ordnungswidrigkeiten	《秩序违反法》
RAO	Reichsabgabenordnung	《帝国税收通则》
RAP	Rechnungsabgrenzungsposten	延期结算项目
REStG	Reichseinkommensteuergesetz	《帝国所得税法》

RFH	Reichsfinanzhof	帝国财政法院
RFHE	Entscheidungen des Reichsfinanzhofs	《帝国财政法院判决》
RGBl	Reichsgesetzblatt	《帝国法律公报》
RIW	Recht der Internationalen Wirtschaft (Zeitschrift)	《国际经济法》(期刊)
Rn	Randnummer	页边码
Rspr	Rechtsprechung	司法判决
Sa	Sonderausgaben	特殊支出
SBK	Schlussbilanzkonto	年终结算账户
Schaumw ZwStG	Gesetz zur Besteuerung von Schaumwein und Zwischenerzeugnissen	《泡沫酒和中间产品征税法》
SDAP	Sozialdemokratische Arbeiterpartei	社会民主工人党
SdE	Summe der Einkünfte	收入总合
SE	Societas Europaea (Europäische Gesellschaft)	欧洲股份公司
SolZG	Solidaritätszuschlagsgesetz	《团结附加税法》
StAnpG	Steueranpassungsgesetz	《税收调整法》
Stbg	Die Steuerberatung (Zeitschrift)	《税收咨询》(期刊)
SteuerStud	Steuer und Studium (Zeitschrift)	《税收与学习》(期刊)
StGB	Strafgesetzbuch	《刑法典》
Stpfl	Steuerpflichtiger	纳税义务人
StPO	Strafprozessordnung	《刑事诉讼法》
str	strittig	有争议的
stRspr	ständige Rechtsprechung	标准性司法判决，权威司法判决
StSenkG	Steuersenkungsgesetz	《减税法》
StuB	Steuern und Bilanzen (Zeitschrift)	《税收与结算》(期刊)
StuW	Steuer und Wirtschaft (Zeitschrift)	《税收与经济》(期刊)
StVergAbG	Steuervergünstigungsabbaugesetz	《减少税收优惠法》
StW	Die Steuer-Warte (Zeitschrift)	《税收·瞭望》(期刊)

SystemRl	Systemrichtlinie	系统指令
TabStG	Tabaksteuergesetz	《烟草税法》
Tz	Textziffer	注
ua	unter anderem, und andere	等等，其中包括
uam	und anderes mehr	其他更多的
Ubg	Die Unternehmensbesteuerung (Zeitschrift)	《企业征税》（期刊）
UG	Unternehmergesellschaft	企业家有限责任公司
UmwG	Umwandlungsgesetz	《重组法》
UmwStG	Umwandlungssteuergesetz	《重组税法》
UntStFG	Unternehmensteuerfortentwicklungsgesetz	《企业税进展法》
UR	Umsatzsteuer-Rundschau (Zeitschrift)	《增值税评论》（期刊）
US-GAAP	Generally Accepted Accounting Principles	美国一般公认会计原则
UStG	Umsatzsteuergesetz	《增值税法》
usw	und so weiter	等
uU	unter Umständen	在某些情况下
vEK	verwendbares Eigenkapital	可用的自有资本
VermBG	Vermögensbildungsgesetz	《财产形成法》
VersStG	Versicherungssteuergesetz	《保险税法》
vGA	verdeckte Gewinnausschüttung	隐蔽盈利分配
VGH	Verwaltungsgerichtshof	行政法院
vgl	vergleiche	参见
VStG	Vermögensteuergesetz	《财产税法》
VuV	Vermietung und Verpachtung	租赁
VVDStRL	Veröffentlichungen der Vereinigung der Deutschen Staatsrechtslehrer	德国公共国家法教师协会出版物

VwGO	Verwaltungsgerichtsordnung	《财政法庭条例》
VwVfG	Verwaltungsverfahrensgesetz	《行政程序法》
VwZG	Verwaltungszustellungsgesetz	《行政送达法》
VZ	Veranlagungszeitraum	估税期
WRV	Weimarer Reichsverfassung	《魏玛帝国宪法》
zB	zum Beispiel	例如
ZErb	Zeitschrift für die Steuer- u. Erbrechtspraxis	《税法实践及继承法实践杂志》
ZEV	Zeitschrift für Erbrecht u. Vermögensnachfolge	《继承法及财产继承杂志》
ZgS	Zeitschrift für die gesamte Staatswissenschaft	《整体国家学杂志》
ZIV	Zinsinformationsverordnung	《利息信息条例》
ZPO	Zivilprozessordnung	《民事诉讼法》
ZRP	Zeitschrift für Rechtspolitik	《法律政策期刊》
zT	zum Teil	部分

目 录

第一章 引言 ·· 1
  第一节 历史基础、原则和税收体制 ·· 2
    一、当今税法制度的历史背景 ·· 2
    二、征税原则 ··· 10
    三、税收体制概况 ··· 21
    四、税收构成要件的结构 ··· 29
  第二节 税收的宪法和欧洲法法律基础 ··· 31
    一、财政宪法法律基础 ··· 31
    二、征税权力的宪法法律限制 ··· 49
    三、欧洲税法 ··· 66

第二章 一般税收债务法与一般税收程序法 ····································· 73
  第三节 税收债务法 ··· 73
    一、税收债务关系的请求权 ··· 74
    二、个别税收法律使用的一般原则 ··· 98
    三、附加：公益权利 ·· 111
  第四节 税收程序法 ·· 116
    一、税收行政的处理方式 ·· 116
    二、征税实行 ·· 155
    三、征收程序 ·· 178
    四、法律保护程序 ·· 181

第三章 收入和收益的税 ………………………………………………… 191

第五节 个人所得税法 ……………………………………………… 191
一、历史发展概述 ……………………………………………… 192
二、作为个人所得税征税对象的收入:概念及基本准则 ……… 192
三、个人的纳税义务 …………………………………………… 224
四、各种独立的收入种类 ……………………………………… 232
五、收入所得的调查 …………………………………………… 269
六、扣除及优惠 ………………………………………………… 337

第六节 企业税法 …………………………………………………… 360
一、对人合公司征税 …………………………………………… 361
二、对股份公司征税 …………………………………………… 383
三、营业税 ……………………………………………………… 411
四、《重组税法》概要 …………………………………………… 430

第七节 国际税法 …………………………………………………… 435
一、对跨国事件征税 …………………………………………… 436
二、避免进行双重征税的措施 ………………………………… 437
三、跨国经济活动的形式 ……………………………………… 441
四、收益转移和国家的防御策略 ……………………………… 447

第八节 遗产赠与税法 ……………………………………………… 455
一、概述 ………………………………………………………… 455
二、纳税义务 …………………………………………………… 458
三、对税金计算基础的说明 …………………………………… 462
四、税金计算 …………………………………………………… 480
五、税收核定以及征税;所得税折算 ………………………… 483

第四章 对消费以及法律事务往来征税 ………………………………… 486

第九节 概要 ………………………………………………………… 486

第十节 增值税 ……………………………………………………… 489
一、增值税的发展以及意义 …………………………………… 489
二、增值税调查 ………………………………………………… 496

三、税收申报以及估税的程序 …………………………………………

　第十一节　土地购置税 ……………………………………………………
　　　一、个人纳税义务(《土地购置税法》第 13 条) ……………………… 5
　　　二、实质纳税义务 ………………………………………………………… 5
　　　三、课税权的产生、期限以及实行 ……………………………………… 5

索引 ………………………………………………………………………………… 5

第一章
引　言

　　税收通常被看成是应该尽可能避免的负担。但是如果没有税收,国家就无法完成它的任务,社会中的个人就无法施展自己的才能和履行自己的权利。因此,税收是使社会生活成为可能的前提。没有税收的国家第一眼看上去似乎是天堂,但放弃税收实际上却是国家制度的终结。因此拒绝纳税不仅有违团结,同时也在一个以福利社会国家方式形成的共同体中,对国家制度的基础构成了挑战。[1] 税收作为个人**对于国家***的**经济贡献**需要通过法律的约束来完成,以使其成为国家一个可规划的量值来确定任务范围及任务完成的财政空间(国家财政);对于个人而言,税收必须是其实现经济自由(职业性和企业性活动)情况下的一个可预见和可计算的负荷因素。正是和法律相联系税收才成为国家制度的一部分,正是税法使税收负担分配合乎公平。

　　税收的基本含义以及通过法律所提出的确定个人适当贡献的要求使得对税法的研究非常具有吸引力。税法不仅体现了作为国家制度基础的公平原则,同时还体现了国家的目标、价值观和国家与公民的关系。税法和税收体制的性质对**公民和国家之间的关系**和普遍的纳税道德起着决定性的作用。对诚实纳税[2]的准备,并不建立在国家控制与刑罚上,而是首先建立在一个易于理解并且由可实行规则指导的税收体系上。对于国家和它的权力承载体而言,税收是获得收入和对行为施加影响的一种持久的诱惑。因此不足为奇,税收成为政治的一种常用工具并且经常诱使立法者把它用作其实现各种目的的工具。从未终止的有关税制改革问题的讨论表明,对国家政策的基本理解可以是大不相

---

[1] 参见 *Bryde*, Steuerverweigerung und Sozialstaat, in: FS für v. Zezschwitz, 2005, S. 321 ff.

* 此处为原书中加粗的词汇。本书中加粗的词汇表示专有名词或者是重点强调的词汇、法条。——译者注

[2] 参见 *Schöbel*, Steuerehrlichkeit, 2008; Spindler, BB 2010, Heft 10, Ⅲ.

同的，难以达成共识，因此税法也是会不断变化的。

税收的种类繁多，对于非专业人士而言难以一概而论。目前大概有 30 个税种[3]，这些税种与实际的或估计的支付能力的多种形式或者与特定的行为相关。而人们是否根据税收种类或单个税收正确调整自己的行为，将深刻影响税种数量的变化。

这么多种类的税可能会使人感到懊恼。如果说，一个人并不是受到所有税种的影响，可能会对人有少许的安慰。在这儿有一个**取向问题**。有关公平税负、合理的税收体制及税收准入类型和频繁程度的意见分歧很大。税法还缺乏稳定性、透明性和可理解性。如果个人在其私人经济事务上得不到规划安全保障，如果他不能信任税法制度，如果他根本不能再理解税法，那么他该如何才能培养自己的法律道德意识，作出那份属于自己的贡献？如果税制改革方案每天都在变化，那么税法制度就会在政策上变得很随意。公民将会通过试图摆脱他们的义务来对此作出反应。

税法是一部**义务法**。那些认为纳税义务必要性不合理的人们，那些认为自己在税负方面遭遇到不公平待遇的人们，那些在复杂性面前退缩的人们以及那些对税法中的规则不了解的人们会接受不了这部义务法。然而，如果没有**可接受性**，税法会遭受运作上的失败，这即使通过国家强制性的措施也难以弥补。税法作为义务法需要依靠可接受性。[4] 只有当它具有可执行的结构和建立在以税负公平导向为原则的基础上时，税法才能被接受。

第一节 历史基础、原则和税收体制

一、当今税法制度的历史背景

和其他每一部法律一样，税法也有它的历史根源，也受时代潮流的限制。理想的、合理的和公平的税收理念在不同的时期也有很大的不同。在不受任何拘束和不具有税收基础知识的情况下思考怎么样才能把国家的财政需求分摊给公民，那么人们极有可能要考虑两个问题：人们会寻找一个标准，根据这个标准来分摊负担；人们还会问，这个标准

---

[3] 关于德国征税的概括情况，可浏览德国联邦财政部网站（http://www.bundesfinanzministerium.de）。亦可参考数据库 "Taxes in Europe"（http://ec.europa.eu/taxation_customs/taxation_gen_info/info_docs/tax_inventory/index_de.htm）。

[4] *Fuest*, Steuerakzeptanz und Steuerwiderstand als Herausforderung an die Steuergesetzgebung, in: Brandt (Hrsg), Mitverantwortung von Bürger und Staat für ein gerechtes Steuerrecht, 2007, S. 87.

怎么样才能得到最好的实施。最理想的实施情况是每个人根据税收都能够确定与其他人的份额相比自己的份额有多高及自己的份额是否符合标准。然而,只有当税收负担通过一项税收实现时,税负分配中这样的**透明性**才会成为可能。许多种类的税收,正如我们今天所了解的那样,让人们难以认识到,自己的贡献与自己在群体组织中的存在是相适宜的。

(一) 单一税收体制、复合税收体制和税收公平性要求

因此并不奇怪,在税收史上单一税收的思想,即所谓的一次性**税额**定量的思想一再出现。但是这种思想从未得到贯彻,因为没有这样一种税能够独自满足国家所有的财政需求。每一种国家税收制度更多的是建立在许多单一税种法律之上,这些单一税法并没有经过合理规划和设计成为"体制",而是历史发展的结果,因此经常被称为密集体,有时甚至被称为混乱体。[5]

今天,统计学家还把税收换算成一项"劳动贡献",这项贡献应该包括个人的全部纳税贡献。这样经合组织算出,在德国,一年中平均有129天是在为国家工作。[6]*

在今天,如果不再有人代表**单一税收**的思想,那么很值得对尤其在17、18世纪受到许多人追捧的"税收政策的乌托邦"做一个小小的思考。由于战争和革命事件越来越堕落成为一种赤裸裸的国家攫取技巧的税收制度、税收种类的不断增加和"粗暴的税务员或者腐败的包税人的专横武断"促进了一种思想的发展,这就是用一种明智的强制征税来取代国家准入的多种可能性。[7] 当时和现在一样,只有简单的税法才可能公平,这种思想非常盛行,因为只有简单的税法使公民的税负可以得到实现。所设计的方案就是乌托邦的奇思。比如说1649年在法国提出了一个单一税收的方案,这个方案提出每天对所有的富人征收1苏(从前法国的一种低值纸币,合5生丁)的税。那时,人们估计,有600万人口会缴纳这种税。人们认为,国王每年从中获取一定的金额,这部分金额甚至超过了财政需求,这使得国王具有偿还债务的能力。据说法国社会科学家弗朗索瓦·德·福博奈(François Véron de Forbonnais)为此非常兴奋,他写道:"如果每一位国民都有工作和足够富裕,不仅仅能够缴纳得起1苏,而是平均每天都能够缴纳得起4苏,那么在国民人口数量、富裕程度和国家收入之间将会存在一种理想的相互作用:居民数

---

[5] *Tipke*, StuW 1971, 2.

[6] 2009年工作日253天,征税额度为50.9%,参考 OECD, Taxing Wages 2008/2009, http://www.oecd.org/ctp/taxingwages.

* 此段在原书亦字体不同,表示说明、补充之意。后同,特说明。——编者注

[7] 参见 *Mann*, Steuerpolitische Ideale, 1937, S. 166 ff.

量越多,收入来源越广;富裕越普遍,征税越容易"[8]。

9　　　单一税收的思想出于非常容易理解的原因是一种乌托邦的思想。没有一个国家有能力放弃**复合税收体制**。就是身负许多任务的现代化国家也没有能力仅依靠单一的税收来源来满足需求。在单一税收情况下,税率可能高到使税收阻力即使不摧毁也会威胁到收入的那种程度。因此国家依靠"创造"各种名目的税收以及从各种税源中获得税收。然而当税收体制不可避免是复合税收体制时,科学和政治的研究首先就必须集中在税收多样性的**公平性**上。实际上税收公平设计和不同联系特征之间相互协调的问题涉及财政学、社会科学和法学。[9]

但是对单一税收思想的阐述已经表明,这涉及的不只是公平税负问题。单一税收思想的动力也是便利性、可校验性、可接受性和效率性。税法中有一个矛盾:只追求公平性的人会完全错过公平。由于生活环境的多样性他会被卷入可能的差异的多样性中进而摧毁原本构想的公平的体制。

10　　　对征税时不能仅涉及公平赋税问题的阐述,没有人比古典学家**亚当·斯密**阐述的更好。他在1776年出版的著作《国富论》中描述了至今仍然适用的有关合理税收体制的四个基本原则:税收等价原则、明确课税权原则、舒适性原则和征税效率原则。[10] 即使斯密把税收等价原则放在了首位,他也认识到了一项有效的税法制度中存在着目标冲突,不能仅遵循等价原则。

(二) 税收历史的几个阶段

1. 实物税、人头税、奢侈品税和消费税

11　　　从人类在集体中共同生活并且从中产生出共同的需求开始,就有了税收,这些共同的需求必须通过所有人的捐税来支撑。税收作为一种满足集体需求的手段起源于群体生活。早期的耕种者和畜牧者就已经懂得集体需求和与此相应的对集体应履行的义务[11]。摩西十诫系列书(第3本书,27,32)讲述了公元前13世纪每个年代的赋税情况(水果年代、肉的年代、葡萄酒年代、油的年代和蜂蜜年代)。[12]

12　　　最古老的税种有**实物税**(页边码75),尤其是土地税。在这儿要列举的有把土地租

---

[8] Mann, Steuerpolitische Ideale, 1937, S. 168 有进一步论证。
[9] 出自于19世纪:Wagner, Finanzwissenschaft, Zweiter Theil: Theorie der Besteuerung, 2. Aufl, 1890, S. 199 ff。
[10] Smith, Wohlstand der Nationen, 5. Aufl, 1789, Neudruck 1978, S. 703 f。
[11] 参见 Pausch, Kleine Weltgeschichte der Steuerzahler, 1988, S. 12。
[12] 参见 Schultz, Mit dem Zehnten fing es an, Eine Kulturgeschichte der Steuer, 1986, S. 5 ff。

给定居下来的农民或牧民后定期收取的租税和赋税(所谓的羊毛税)和对使用码头和运河所征收的税(所谓的渔业税)。[13]

在古希腊已经存在有许多赋税、关税、简单的收益税、消费税和外地人税。为了支援战争雅典人在公元前4世纪征收1‰的**财产税**,这是唯一一项向富人征收的税,这项税的缴纳很大程度上是出于自愿。强制执行的直接税负被看成是不自由的标志。[14] 在同时期的罗马帝国已经产生了**税款估定**(普查)。首先是对房地产征税,这是原先被看作是罗马人的国民税的一种形式。[15] 对新的领土的征服导致越来越多的罗马帝国公民成为战利品和赋税的获得者,他们自己不必再缴纳赋税。随着罗马各省的扩大,开始设立和征收省税。[16] 罗马各省的税收种类繁多:有土地税、农业收益税、人头税、财产税和间接税。纳税人必须上交纳税说明。税收的征收通过包税人完成。[17]

在中世纪的文献中,税收一开始以"每年的礼物"(annua dona)的形式出现,即向国王或皇帝每年的捐赠[18],后来以"Bede"[19]或者"stiure"和"steura"[20]的形式出现。这涉及的是向国王提供的捐赠或帮助,一开始自愿缴纳,但是后来成为国王的一种期望,最后发展成了定期的强制缴税。[21] 在法兰克帝国,财产所有者首先必须缴纳土地税,而无产者要缴纳人头税。每一位没有地产和房产的公民都需要缴纳人头税。[22] 在意大利城市佛罗伦萨,14世纪就已经存在由直接税和间接税组成的税收体制(页边码43),这种体制建立在一种自我估价的基础上,在著名的**佛罗伦萨税制改革**中得到了完善。除了对房

---

[13] *Pausch*, Kleine Weltgeschichte der Steuerzahler, 1988, S. 18.

[14] *Pausch*, Kleine Weltgeschichte der Steuerzahler, 1988, S. 36; Meier, Wie die Athener ihr Gemeinwesen finanzierten, in: Schultz, Mit dem Zehnten fing es an, Eine Kulturgeschichte der Steuer, 1986, S. 25 ff.

[15] *Pausch*, Kleine Weltgeschichte der Steuerzahler, 1988, S. 38.

[16] *Pausch*, Kleine Weltgeschichte der Steuerzahler, 1988, S. 38 ff; Baatz, „Gebt dem Kaiser was des Kaisers ist"—Steuern im Römerreich, in: Schultz, Mit dem Zehnten fing es an, Eine Kulturgeschichte der Steuer, 1986, S. 38 ff.

[17] *Bringmann*, Steuern und Fremdherrschaft, in: Schultz, Mit dem Zehnten fing es an, Eine Kulturgeschichte der Steuer, 1986, S. 51 ff.

[18] *Pausch*, Kleine Weltgeschichte der Steuerzahler, 1988, S. 52.

[19] *Hartung*, Deutsche Verfassungsgeschichte vom 15. Jahrhundert bis zur Gegenwart, 8. Aufl, 1950, S. 51.

[20] *Brunner*, Land und Herrschaft, 2. Aufl, 1942, S. 305.

[21] *Pausch*, Kleine Weltgeschichte der Steuerzahler, 1988, S. 52.

[22] *Orth*, Vom Königsschatz zum Kataster—Die Entwicklung der Steuer im fränkischen Reich, in: *Schultz*, Mit dem Zehnten fing es an, Eine Kulturgeschichte der Steuer, 1986, S. 74 (78).

地产的资本价值征税外,这次税制改革还规定了对自用住宅免征税收和给穷人和从事卑微职业的人支付人头税的义务。[23]

15　　随着中世纪的集市逐渐发展成为商业城市,除了向国王缴纳的赋税外,城市税也逐渐发展起来。从 14 世纪起开始向奢侈品和生活用品征收所谓的**消费税**(餐税和屠宰税)。在 15、16 世纪引进一项帝国统一的直接税(公捐(公众芬尼))的尝试,由于帝国阶层的反抗而宣告失败。[24]

16　　在 16—18 世纪盛行的首先是所谓的**奢侈品税**,更确切的说是对奢侈商品征收进口关税,除了人头税外,奢侈品税作为直接税的一种粗略的形式属于一种最古老的征税方式。在梅克伦堡大公爵约翰·阿尔布雷希特(John Albrecht)1953 年 10 月 22 日的遗嘱中说道,要征收商品税,"这项税收会给国家带来华丽辉煌、欲望和盈余,这样会造成坏风气和不必要的资金积累"。[25] 从某种意义上,这项税收也是能为自己不受奢侈品禁令影响的一种手段。17 世纪在符腾堡征收"饮酒古尔登"(古尔登是德国的一种古货币),通过该税人们能够使自己不受酒精消费限制。[26]

17　　在国家看来,税收必须带来收益。在**启蒙运动时期**人们才越来越意识到,税收也应该公平分配。法国公民反对专制主义税收独裁和旧封建社会纳税不平等的起义导致了法国大革命的发生。[27] 革命者在《人权和公民权宣言》中承认税收的普遍性和平等性。当时在第 13 条中说道:"对警察和军队的生活费和施政管理支出而言,一项普遍的税收是不可缺少的;这应该根据财产的占有情况平等地分配到所有的公民身上。"[28] 1789 年,法国的将军们在凡尔赛召开会议,决定取消对贵族和圣职的纳税优待,然而在德国于 19 世纪才真正取消了这种纳税优待。[29]

---

[23]　*Von Müller*, Zwischen Verschuldung und Steuerrebellion—Die mittelalterliche Stadt an den Beispielen Florenz und Köln, in: *Schultz*, Mit dem Zehnten fing es an, Eine Kulturgeschichte der Steuer, 1986, S. 100 (107).

[24]　*Moraw*, Der „Gemeine Pfennig", in: Schultz, Mit dem Zehnten fing es an, Eine Kulturgeschichte der Steuer, 1986, S. 130 ff.

[25]　*Hartung*, Der deutsche Territorialstaat des 16. und 17. Jahrhunderts nach den fürstlichen Testamenten, in: , Volk und Staat, 1940, S. 105.

[26]　参见 *Stolleis*, Pecunia Nervus Rerum. Zur Staatsfinanzierung der frühen Neuzeit, 1983, S. 58.

[27]　*Pausch*, Kleine Weltgeschichte der Steuerzahler, 1988, S. 88.

[28]　源自 *Frotscher/Pieroth*, Verfassungsgeschichte, 8. Aufl, 2009, Rn 58 的引用。

[29]　*Wolf*, „... zu Einführung einer Gott wohlgefälligen Gleichheit auf ewig...", in: Schultz, Mit dem Zehnten fing es an, Eine Kulturgeschichte der Steuer, 1986, S. 162 (173). 另参考 Paulskirchen-Verfassung § 173 (http://www.lwl.org/westfaelische-geschichte/que/normal/que835.pdf)。

法国大革命以后，一系列消费税被取消，对直接税的征收不断增加。除了土地税、人头税、家具税和营业税外，1798年开始征收门窗税。人们认为，从门窗的数目能够推断出税收的支付能力[30]，但是根据个人收入能力分配税额的所得税的凯旋列车却再也不会停下来了。

2. 所得税

所得税最先于1799由英国当时的财政部长（财政大臣）威廉·皮特（William Pitt d. J.）所创设，已经包括单独的收入种类（清单）、收入调查规定和需要考虑纳税主体支付能力的规定（通过免税金额扣除生活费负担）。[31] 即使这项税收开始时没有能够得到实行，两年之后却又遭到了废除，但是1803年又进行了第二次成功的尝试。皮特的继任者亨利·阿丁敦（Henry Addington）颁布了一项修改了的、建立在不同清单基础上的所得税法律，这项法律构成了今天英国所得税法的基本结构。[32]

在德国，所得税的形成经历的时间要长得多。尽管在东普鲁士收入税（1808—1811）实施四年后的1812年，普鲁士试图引进英国形式的所得税，但是，两年之后就被取消了。[33] 1820年除了已经存在的直接税（土地税、房产税和营业税）之外引进了一项**等级税**，这项税是为了避免侵犯收入和财产而以税收等级的形式向人民征收的一种税。[34] 但是设立一种不依赖社会等级而存在的所得税的思想再也没有停止过。1851年，一项"有关引进等级所得税的法律"在普鲁士生效。[35] 特别是在19世纪的国家学和财政学中，所得税作为按照能力纳税的一种正确形式受到了热烈讨论和支持[36]，19世纪后半叶的工人运动要求把它作为再分配的工具。众所周知的是1863年的**拉萨尔税收宣传手册**，在这本手册中要求废除非社会性的间接税，引进所得税和遗产税。[37] 因此在1869年的社会民主工人党（SDAP）埃森纳赫方案中也要求"废除一切间接税，引进唯一的所得税和遗产税"。财政学中，约翰·斯图亚特·密尔（John Stuart Mill）于1848年撰写了税收贡献者的等价原则，这只有通过所得税才能得到实现。阿道夫·瓦格纳（Adolph

---

[30] *Wagner*, Finanzwissenschaft, Dritter Theil: Specielle Steuerlehre, 1886, S. 465.
[31] *Sabine*, A Short History of Taxation, 1980, S. 116 ff; Tiley, Revenue Law, 1981, S. 39.
[32] *Tiley*, Revenue Law, 1981, S. 39; *Sabine*, A Short History of Taxation, 1980, S. 118.
[33] *Großfeld*, Die Einkommensteuer, 1981, S. 32 ff; *Mathiak*, FR 2007, 544.
[34] *Großfeld*, Die Einkommensteuer, 1981, S. 35.
[35] 参见 *Mathiak*, StuW 2001, 324。
[36] 参见 *Birk*, Das Leistungsfähigkeitsprinzip als Maßstab der Steuernormen, 1983, S. 14 ff 有进一步论证。
[37] *Lassalle*, Die indirekte Steuer und die Lage der arbeitenden Klassen, 1863, S. 254.

Wagner)在他 1880 年出版的税收原理中强调了所得税社会政治的再分配意义,它应该调整收入和财产分配。[38]

20　　经过几次尝试在不同的德意志联邦州[39]引进所得税后,**1891** 年在**普鲁士**成功引进所得税,它实现了按能力征税的原则,成为国家最重要的收入来源。它以当时的普鲁士财政部长约翰·冯·米克尔(Johannes von Miquel)和他的国务秘书伯恩哈德·富斯廷(Bernhard Fuisting)一起提出的理念为基础。[40] 1891 年的普鲁士所得税法(EStG)以所谓的**源头理论**(在现行的法律中有解释,见页边码 601,611)为基础[41],也就是说,只对四个来源的收入征税,即资本资产、房地产、贸易和手工业以及有收益的职业。与工作相关的开销在计算收入时扣除(客观净所得原则)。通过加入到税率表中的一项最低生活收入考虑到了保证生存的费用开支。[42] 随着普鲁士引进所得税,间接税在税收收入中的意义下降。米克尔这次违背了奥托·冯·俾斯麦的意愿实行了所得税法,俾斯麦曾在 1878 年的帝国议会演讲上把自己称作"直接税的敌人"。[43]

21　　第一次世界大战之后征税权转到了**帝国**的手里。随着**埃茨贝格尔税制改革**的进行,1920 年颁布了第一部《帝国所得税法》。与 1891 年的普鲁士所得税法不同的是,这部法律的基础是一个扩展了的收入概念,这个概念更倾向于由格奥尔格·冯·沙恩茨(Georg von Schanz)提出的**净财产来源理论**[44](对每一种来源的财产征税),尽管连他自己也不完全接受这个理论。应纳税的收入包括"地产所得、工商企业所得、资本资产所得和劳动所得以及其他所得,不考虑是否是一次性所得还是重复性所得,也不考虑出于什么样的法律或实际原因纳税人才取得收入"(《帝国所得税法》第 5 条,1920 年)。可以扣除保证收入的那部分费用支出。在税率表中考虑到了最低生活收入。对于在普鲁士所得税法下还缴纳所得税的法人,引进法人所得税。

22　　1925 年的《帝国所得税法》是用与居住地和惯常的居留地相联系取代与国籍相联系(《普鲁士所得税法》还是这样)的一部法律,通过这样设立了一项无限纳税义务。它扩展并准确表达了收入的种类,朝着源头理论的方向又迈进了一步。[45] 在这里,收入的计算

---

[38] *Wagner*, Finanzwissenschaft, Zweiter Theil, 1880, S. 288.
[39] *Großfeld*, Die Einkommensteuer, 1981, S. 36 ff.
[40] 参见 *Pausch*, Persönlichkeiten der Steuerkultur, 1992, S. 10 ff。
[41] 参见 *Fuisting*, Die preußischen direkten Steuern I, 7. Aufl. 1907, S. 57 ff。
[42] 详见 *Herrmann/Heuer/Raupach*, EStG, Rechtsentwicklung, Dok. 1, Anm. 3。
[43] *Pausch*, Die Miquelsche Steuerreform hinter Glas, DStZ/A 1977, 459 (461).
[44] *Schanz*, FinArch 1896, 1.
[45] *Herrmann/Heuer/Raupach*, ESt G, Rechtsentwicklung, Dok. 1, Anm. 30。

首次实现了多元化(见页边码608—611)。1934年的《帝国所得税法》已经包括了今天所得税法主要的基础内容。它包括七个种类的收入,还把收入和所得区分了开来,它还引入了额外支出这一概念并且把工资所得税和资本收益税规定为来源税。国家社会主义的思想在后来的所得税法修改中才得到了贯彻。[46]

第二次世界大战以后所得税法经过了各种各样的修改,然而主观纳税义务、收入种类、收入调查、额外支出和特殊负担的基本结构却基本上毫无异议地保留了下来。[47] 对于才刚刚处于初始阶段的法律统一的新推动力来自于欧共体的建立。在欧共体基本法还没有一个明确的协调所得税的法律基础时,欧洲法院宣布所得税法中阻碍自由迁徙的规定违反了欧洲法律,并以这种方式强迫成员国对国家所得税法中的主要领域进行修改(见页边码223以下)。

3. 消费税

即使随着19世纪接近尾声所得税晋升为"税收王后",成为国家最强大的收入来源,然而在1918/1919年,随着由约翰·波皮茨(Johannes Popitz)在**埃茨贝格尔税制改革**范围内设立的销售税作为普通消费税的引入,一种反向运动形式开始了。财政部长马赛厄斯·埃茨贝格尔(Matthias Erzberger)想把国家税收收入的60%分摊给直接税,把剩下的40%分摊给间接税和关税。[48] 当时的销售税税率为0.5%。1968年销售税收体制得到了修改。为了避免会带来税收负担累积的新的销售税落在每一项营业额上,销售税转变成了**增值税**(见页边码1671以下)。其后该税率不断增加。1968年普遍的税率还是为10%,但如今为19%[49],同时,比如像原油税、烟草税和酒精税这样的特殊消费税也一再提高。2010年,间接税(见页边码43)的比例为53.5%(金额为2736亿,而直接税税收入金额为2380亿)[50],然而与欧洲其他国家相比,德国消费税负担相对较小(见页边码1681)。间接税由于它累退的影响和对基本生活收入考虑的欠缺,因此是不公正的,但是对国家而言却方便征收,对公民而言它并不以税收的形式出现,而是包含在商品的价格当中。以根据能力征税的公平原则为导向的所得税在100年前还被人民寄予厚望来庆祝。今天,它在很大程度上已丧失了那种公平的功能,在将来也会失去有利于消费导向征税的作用。

---

〔46〕 参见 *Voß*, Steuern im Dritten Reich, 1995, S. 84 ff.
〔47〕 法律修改详见 *Herrmann/Heuer/Raupach*, EStG, Rechtsentwicklung, Dok. 1, Anm. 180 ff.
〔48〕 *Tipke*, Steuerrechtsordnung II, S. 972.
〔49〕 其他欧盟成员国的税率,参考页边码1681。
〔50〕 Monatsbericht des BMF Mai 2010, Tabelle 8, S. 125, http://www.bundesfinanzministerium.de.

二、征税原则

25   从国家的角度来看,税收必须首先带来收益。它是国家财政的主要经济来源,用来弥补各种各样的支出。但是,税收并不仅仅是一种获得收益的手段。它也以各种各样的方式影响着纳税人的经济行为,同时也影响着国民经济的发展(如经济增长)。因此,税收是一种在不同作用层面上适用的工具。基于这些综合相互作用的原则相应也是多种多样的。它们的使用取决于人们从哪方面接近税收以及人们把哪些作用层面(获得收益或者经济调节)摆到首要位置。对此要区分开**经济原则**和**法律原则**。

(一) 经济原则

26   苏格兰哲学家和国民经济学家亚当·斯密在1776年就已经提出了至今仍然适用的四个原则,税收体制应该建立在这四个原则的基础之上,即税收平等性原则、明确性原则、舒适性原则和效率性原则(见页边码10)。一项经济上"正确的"税收体制应该公正,要避免对私人经济和国家经济发展形势产生负面影响,而且应该有效地得到实施。

1. 分配原则

27
> **情形1**:首先把我们放置到一个假定的环境下:我们假设,一定数量的公民联合起来建立了一个新的国家。为了给公共事业筹措必要的管理资金等而进行强制性征税(税收)。但是根据哪些标准征收呢?当然人们达成一致,应该平等分配负担。但是什么才是公平呢?每个人应该缴纳相同数额吗?这个数额应该根据收入和财产分配来确定吗?它应该根据个人从国家所得到的利益多少来确定吗?**(页边码37)**

28   随着数百年之久的对公平税收负担分配问题的讨论,首先有两个原则发挥了很大的作用:**等价原则**和**支付能力原则**。今天,在经济讨论中也还是把这两个原则称为可能的征税标准。

(1) 等价原则。

29   如果税收负担应该根据等价原则进行分配,那么它必须根据纳税人从公共收益中得到的利益来确定。由强制性征税带来的满足需求潜力的损失与以公共收益形式得到的利益应该相符。这样的分配原则以把市场机制转交给国家与公民的关系的思想为基础。[51] 向国家要求许多报酬的人,也必须缴纳相应的税,要求少的人,也必须缴纳少量的税。

严格说来,以等价原则为导向征税时,需要满足两个条件:(1) 只有当公共收益对公民有益时,才允许向公民提出征税要求。(2) 相关的税收必须指定用于公共支出。[52]

很明显,在实现这项原则时会出现几个问题:公民究竟想从国家收益中得到什么?它以哪种方式给公民带来好处?它应该怎么样来估算?

因为对国家收益而言,并没有市场存在,所以难以对公共商品进行量化。谁能回答出下面的问题,对他而言内部安全和外部安全的价值为多少呢?究竟怎么样能对公共收益进行分配呢?此外,一个把自己定义为社会福利国家(《基本法》第 20 条第 1 款)的国家必须给那些贫困的公民更多的社会资助。如果等价原则也适用于国家社会福利的话,那么也需要向特别需要国家资助的社会弱势群体征收一定规模的税。实际上,社会福利费用和税收会相互抵消。出于这个原因,等价原则由于它市场经济的特征并不是一项适合分配税收负担的标准。[53]

但是,在国家负担分配中不应该完全摒弃等价原则。因为它也有益处,能使个人认识到国家收益的好处,能促使人去爱护国家资源。[54] 即使能够计算针对个人的那部分国家收益而且这也能够被社会所接受,国家也应该加强考虑,要求征收与收益相适应的税额。[55] 因此,这项税法工具不是税,而是费用(见页边码 119)。对于可以明确界定并且可以估算的收益(如对国家机构的要求)的使用可以遵循等价原则。这样就会加强对国家收益的成本和效益的权衡,这不仅会改善国家收益的质量,而且还能对支出时的浪费行为起到抵制作用。

30

31

32

---

[51] 参见 *Haller*, Die Steuern, 3. Aufl, 1981, S. 16 ff; Schmehl, Das Äquivalenzprinzip im Recht der Staatsfinanzierung, 2004, S. 14 ff.

[52] *Schmidt*, Können Steuern gerecht sein?, in: Funkkolleg Steuern—das Geld der Gesellschaft, 1995, Studieneinheit 3, S. 7.

[53] 详见 *Birk/Eckhoff*, Staatsfinanzierung durch Gebühren und Steuern, in: Sacksofsky/Wieland, Vom Steuerstaat zum Gebührenstaat, 2000, S. 54 ff.

[54] 参见 *Grossekettler*, Steuerstaat versus Gebührenstaat: Vor—und Nachteile, in: Sacksofsky/Wieland, Vom Steuerstaat zum Gebührenstaat, 2000, S. 24 ff; *Schmehl*, Das Äquivalenzprinzip im Recht der Staatsfinanzierung, 2004, S. 136 ff.

[55] 进一步的说明,参见 *Reding/Müller*, Steuerlehre, 1999, S. 42 ff.

(2) 支付能力原则。

33 支付能力原则是说应该根据支付能力对每个人征税。税收负担的分配应该考虑到不同的收入状况和财产状况。支付能力原则是否是一项适用于税收的分配原则,这在经济理论中颇有争论。如果这项原则不只是包括这个几乎毫无意义的说法,即拥有的越多,缴纳的就越多,那么它就需要**具体化**。困难从这里开始了。经济学家们经过数百年的争论仍对下列情况没能达成一致,能从支付能力原则中引申出哪些具体的有关税负分配问题的说法。

争论始于什么是"支付能力"这个问题。是具体的商品分配起着决定性的作用(所谓的实际支付能力)?还是那些本来能够赚很多钱但是出于某些原因却无所事事的人也具有支付能力(所谓的额定支付能力)?支付能力指的仅仅是对经济资料(金钱)的支配情况还是也应该考虑到一个问题,即人们(即对时间和气力的投入方式)是如何获得这种支付能力的?换句话说:如果 A 一个月花 10 个小时赚 5000,而 B 赚同样数额的钱必须花费 100 个小时,那么在这种情况下两个人的支付能力是相同的还是不同的?A 有一份舒适的工作,B 的工作不舒适而且损害健康,这种情况对个人的支付能力起作用吗?

34 财政学家海茵茨·赫勒(Heinz Haller)把支付能力与"缴纳税收的国家公民有能力达到的需求满足的范围(程度)等同起来。个人需要缴纳的税额应该这样来衡量,使得**需求满足**在每个人身上得到相同程度的限制"。[56] 因为"满足需求的潜力"不仅可以通过收入而且还可以通过其他因素形成,如可以支配的空余时间,所以这种潜力就需要也对超过一般程度的空余时间效益征税。[57] 这里出现的实际问题看来难以得到快速解决:应该怎么样来衡量空余时间效益?怎么对把工作当成爱好的"工作狂"征税?那些拥有舒适而且能带来社会声誉的工作等这之类的人们不具有更高的满足需求的潜力吗?

35 此外,尽管可以从支付能力原则中得出对支付能力同等的人进行同等征税,对支付能力不同的人有区别地进行征税。但是有区别的征税应该是怎样的呢?弗里茨·诺伊马克(Fritz Neumark)对此认为,"在财政经济的支配力上,个人由于纳税受到的损失看作是相对同等严重的"。[58] 那么什么是同等严重呢?经济学家对此创立了**牺牲论**。其中的一种是边际效益论,它的意思是,尽管随着收入的增长效益也在增长,但是效益增长

---

[56] *Haller*, Die Steuern, 3. Aufl, 1981, S. 42.
[57] *Haller*, Die Steuern, 3. Aufl, 1981, S. 47 (66).
[58] *Neumark*, Grundsätze gerechter und ökonomisch rationaler Steuerpolitik, 1970, S. 135.

的额度却在下降。

边际效益论在各种各样的变体中变得更加完善,人们试图从边际效益论中发展出有关税率曲线的表述,但是它们的可靠性首先受到下列问题影响,那就是人们不能强行去衡量效益。整体上而言,使用边际效益理论还不能弄清楚,税率是否应当是以递增或递减的方式或者是按一定的比例变动。[59]

虽面临这些困难,但在财政学中还一再有经济学家想完全赞成把支付能力原则作为合适的税收分配原则。古斯塔夫·施莫勒(Gustav Schmoller)在一百多年前指出,支付能力这个概念是一个"空洞的概念,如果没有进一步的内容,这个概念将毫无用处"[60]。有名的是依保哈特·里特曼(Eberhard Littmann)用"支付能力原则下的一位男仆"为标题所写的文章,他认为,由于税收的各种经济和社会政治目标,作为分配标准的支付能力原则完全没有用处。[61] 就是法学家们对于支付能力原则也并不是没有争议。[62]

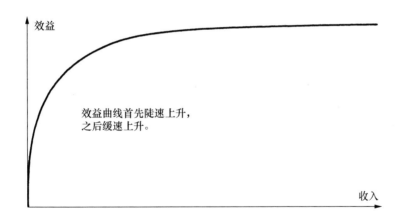

---

[59] 详见 *Schmidt*, Die Steuerprogression, 1970, S. 16 ff; 作者同前, Das Leistungsfähigkeitsprinzip und die Theorie vom proportionalen Opfer, FinArch 26 (1967), 385 ff; *Reding/Müller*, Steuerlehre, 1999, S. 61 ff.

[60] *Schmoller*, ZgS 19 (1863), 57; 亦参考 Wagner, StuW 2010, 24 ff.

[61] *Littmann*, in: FS für Neumark (70), 1970, S. 113 ff.

[62] 批判观点尤见 *Gassner/Lang*, Das Leistungsfähigkeitsprinzip im Einkommen—und Körperschaftsteuerrecht, 2000。参见 *Birk*, Das Leistungsfähigkeitsprinzip im Ertragsteuerrecht, in: Verhandlungen des Vierzehnten Österreichischen Juristentags, 2001, S. 53 ff。

37

> **解决方法 1**(页边码 27)即使经济理论不能提供有约束力的具体化的支付能力原则,但是人们还是达成广泛的共识,对这样的分配原则别无选择。税收负担分配应该根据个人的经济支付能力来定。在支付能力原则进一步具体化方面,经济学家们如今还参阅法学,甚至参阅联邦宪法法律。联邦宪法法律从等价原则和财产保障中导出了征税的宪法法律指导方针和界限[63],用有约束力的内容充实了支付能力原则(对此的解释,参见页边码 46 以下)。

2. 塑造原则

38 当税收使个人承担金钱支付的义务时,它不仅仅发挥了负担作用,它还通过影响全民经济要素、改变个人经济行为,影响价格和调节商品分配发挥了大量的塑造作用。[64]

39 税收的塑造影响是新经济理论的研究对象。**最优税收理论**研究的就是如何能使纳税者由于缴税而遭受的效益损失最小化。[65] 除了最优税收理论外,还有许多其他的财政学理论,它们以税收对全民经济的影响、税收的社会福利政策和稳定政策的作用以及分配政策和增长政策的问题为导向。16、17 世纪的重商主义者就已经在经济发展上赋予了国家和国家财政突出的作用,当然更多的是在对外贸易政策方面。19 世纪,阿道夫·瓦格纳(Adolph Wagner)要求实施应该导致财富的社会再分配的**税收政策**[66](见页边码 19)。在现代国民经济中,为了达到社会和国家政治的目标,还加强了税收工具的使用:按照财政学中的理解,今天税收被当做分配政策[67]、稳定政策[68]、增长政策[69]、环

---

[63] 参见 Schmidt, Können Steuern gerecht sein?, Funkkolleg Steuern, 1995, Studieneinheit 3, S. 26 f.
[64] 关于作为企业经营税收学研究对象的税收效果,参见 Wagner, StuW 2004, 237。
[65] Schmidt, Grundprobleme der Besteuerung, in: Neumark (Hrsg), Handbuch der Finanzwissenschaft II, 3. Aufl 1980, S. 156; Reding/Müller, Steuerlehre, 1999, S. 251 ff.
[66] Wagner, Finanzwissenschaft, 2. Theil, Theorie der Besteuerung, 2. Aufl, 1890, S. 207 ff.
[67] Krause-Junk, Finanzwirtschaftliche Verteilungspolitik, in: Neumark (Hrsg), Handbuch der Finanzwissenschaft III, 3. Aufl, 1981, S. 257 ff.
[68] Haller, Finanzwirtschaftliche Stabilisierungspolitik, in: Neumark (Hrsg), Handbuch der Finanzwissenschaft III, 3. Aufl, 1981, S. 359 ff.
[69] Timm, Finanzwirtschaftliche Allokationspolitik, in: Neumark (Hrsg), Handbuch der Finanzwissenschaft III, 3. Aufl, 1981, S. 135 ff.

保政策[70]、结构政策[71]和区域政策[72]的工具。

因为税收会对经济关系网、社会行为、社会商品分配的发展、社会结构的接受性等产生影响,因此所有的这些影响层面都可以是经济研究和系统化的对象。研究集中在哪些税在确定的政治活动领域达到了预期的塑造效果(**调节效果**)。无论在政治领域还是在科学领域都有争论却很现实的一个例子是所谓的环保税,征收这项税是为了达到环保政策的目的(避免垃圾、节约的能源消费、从驾驶私家汽车改为使用公共交通工具)。[73]

使用税收手段作为调控政策的措施取决于管理政策的方案,这些方案在一个多元化的国家中通常会有很大分歧。这导致这些措施有不断增多的趋势。为了适应不同政治集团的观念,改善立法程序中的贯彻机会,税收干预高度摇摆不定,很大程度上导致了不清晰性,带来税法体制的损失[74](调控标准的合宪性,见页边码 203 以下)。[75]

40

3. 效率原则

税收必须具有经济效益。如果国家征税的成本与收益一样高或者甚至高于收益,税收就没有效益了。调查研究了至 1996 年为止所征收的**财产税**。根据这些调查,1984 年征收财产税的成本大约为该项税收收入的 32%。[76] 随着"新"遗产税的实行(页边码 1551 及以下),人们预计会有 50% 的税收收入份额,因为基于复杂的税收优惠构成要件,最终不会使造成税收收入的税收情形也要接受检查。而征收烟草税的费用只有该项税收收入的 0.2%。[77] 间接税的效益损失常常比直接税的低(页边码 43)。一般而言,间接税较直接税有更少的效率损耗(页边码 43)。

41

然而,花费不能只计算财政局的花费。为自己或其他人缴税的纳税人也可能会有巨

---

[70] *Cansier*, Umweltökonomie, 2. Aufl, 1996; OECD (Hrsg), Umweltsteuern und ökologische Steuerreform, 1997.

[71] 参见 Bericht der Bundesregierung über die Entwicklung der Finanzhilfen des Bundes und der Steuervergünstigungen für die Jahre 2007—2010 (22. Subventionsbericht), Berlin 2010。

[72] 参见 das Fördergebietsgesetz vom 23. 9. 1993, BGBl I 1993, 1654 或者 das Investitionszulagengesetz 2010 vom 7. 12. 2008, BGBl I 2008, 2350。

[73] 参见 *Bach/Meinhardt/Praetorius/Wessels/Zwiener*, Wirtschaftliche Auswirkungen einer ökologischen Steuerreform, 1995; *Görres/Ehringhaus/v. Weizsäcker*, Der Weg zur ökologischen Steuerreform, 1994。

[74] *Ehrlicher*, Das politisch gewollte Chaos, Steuern als Instrument der Staatsfinanzierung oder der Wirtschaftslenkung, Funkkolleg Steuern, 1995, Studieneinheit 4, S. 34.

[75] 详见 *Wernsmann*, Verhaltenslenkung in einem rationalen Steuersystem, 2005。

[76] *Schelle*, Vermögensteuer, 1990, S. 47.

[77] *Schmidt*, Grundprobleme der Besteuerung, in: *Neumark* (Hrsg), Handbuch der Finanzwissenschaft II, 3. Aufl, 1980, S. 151.

大的缴税花费。尤其在雇主为雇员向财政局缴纳工资所得税时[78]，还有企业主清欠但最后对其不产生负担的增值税的情况，都有可能产生巨大的花销。

42　　诺伊马克（Fritz Neumark）认为，在效率问题上必须进行**总体评价**：

税收体制的组成和它的基础要素的技术安排必须这样来进行，无论是财政局还是纳税人花费的与估算、征收和监管相关的费用总额不超过一个最低的限制额度，在恰当地考虑到更高的经济和社会政治目标时，证明这个最低额是有必要的。[79]

43　　直接税和间接税的区别在于，在直接税中纳税人也（定期）纳税，而在间接税中，把税（定期）向第三方，一般说来是向消费者转移。原则上人们可以这样认为，直接税比间接税的执行费用要高，原因在于直接税，例如所得税，需要更高的解释费用和计算费用。与此相对的是，间接税的纳税人圈子相对较小（如只有企业主缴纳的营业税，见页边码1688），而税负承担者的圈子由于通过价格实现的税收转移却非常大。

但是，不能提出这样的要求，即把税收体制完全调整成间接税。因为那样的话会与分配原则相冲突（页边码28）。由于间接税不与个人的支付能力相关联，而只与消费相关，因此它和负担平等的思想只有在一定的前提条件下才彼此相一致。正是支付能力弱的纳税人（多子女家庭）经常被迫消费掉所有的收入，相应地必须缴纳更多的间接税。

（二）法律原则

44　　经济学的思考对理解税收如此重要，但必须强调一点，税收不仅仅是国家的经济工具，这点非常重要。税收的征收要以法律为基础。税法是法律制度的一部分，必须根据法律尤其是宪法法律的标准来衡量（见页边码170以下）。税法作为一般法律制度下的一个子系统要遵循几个法律原则，与联邦宪法法院判决经常研究而且在过去的一些年中加大研究的税收法律与宪法的一致性问题无关。作为国家取得收入和国家负担分配的法律，它首先应该是**一种公平的制度**，尽管也会由于政党政治和团体利益的多种影响而使这项要求在很多时候不能实现。[80] 但是，一再对法律政策讨论中税法的特殊法律原则加以说明一直是税法学的任务。[81]

1. 税法的体制支撑原则

45　　税法的体制支撑原则[82]是从税收作为国家负担和国家分享公民经济成果的本质中

---

[78]　参见 G. Kirchhof, Die Erfüllungspflichten des Arbeitgebers im Lohnsteuerverfahren, 2005。
[79]　Neumark, Grundsätze gerechter und ökonomisch rationaler Steuerpolitik, 1970, S. 372.
[80]　Lang, in: Tipke/Lang, § 4 Rn 1 ff; K. Vogel, DStJG 12 (1989), 123.
[81]　Tipke, Steuerrechtsordnung III, S. 1493 ff.
[82]　参见 Weber-Grellet, Steuern im modernen Verfassungsstaat, 2001, S. 147 ff。

以及从规定国家的分享并使其具体化的**宪法原则**中得出来的。如果税法不是政治上任意可支配的法律,那么必须重视确定的以**赋税平等**原则为导向的"创立制度的基本评估"[83](页边码 185 以下)。此外,如果税法应该对用征税或减税来刺激经济行为的政策形成(**导向性规范**)思想开放的话,那么就必须有解决税负平等和税收秩序法之间冲突的规定(见页边码 203 以下)。最后,税法的制定不能损害自由,尤其是个人必须能够适应自己的税收负担,不应使个人的经济支配减少(页边码 170 以下、200 和 201)。

2. 税法是法律制度的一部分

税法是整个法律制度的一部分。作为法律制度的一部分,税法必须与法律制度的基本原则相一致。作为一部行政**干预法**,税法属于特殊的行政法。因为税收事实一般以民法条约内容为基础,因此它和**民法**有很多的接触面。但是,把税法称为民法的后效法是错误的。[84] 联邦宪法法院更多的是提议把税法和民法称为"并列的、同等级的法律领域","它们从不同角度和不同的评估出发点来判断相同的事实"。[85] 即使税收准则同民法内容相关联,也不必根据条约类型来解释它。同样,强行用民法来解释源于民法的事实构成标志也是没有必要的。税法遵循着自身的公平性和塑造性原则(见页边码 38 以下),它们对于标准的解释具有决定性的作用。

另一方面,税法作为法律制度的一部分必须注意立法者在其他法律领域已经作出的基本评估。要尽可能避免评估冲突或者至少尽可能调解冲突。[86] 由于税法处于许多法律领域的交点位置,所以可能会有很多**评估冲突**。只举几个例子:如果民法为免税的最低生活收入提供保障,那么税法就不能把这个领域的劳动收入纳入纳税范围之内。[87] 当立法者使用刑法来制裁贿赂时,如果税法立法者许可不必扣除的企业经营带来的贿赂金(《个人所得税法》第 4 条第 5 款第 1 项 10 目),那么就不能把它看作是"违反制度"[88]的行为。如果环保法通过要求和技术标准来限制有害气体的排放量,那么税法就不应该包括有利于经常使用汽车的人的那些标准,如《个人所得税法》第 9 条第 1 款第 3 项 4

---

[83] *Lang*, in: *Tipke/Lang*, § 4 Rn 11.

[84] *Crezelius*, Steuerliche Rechtsanwendung und allgemeine Rechtsordnung, 1983, S. 330 ff (334): „Führungsrolle des Zivilrechts im Verhältnis zum Steuerrecht" 这样表述。

[85] BVerfG, 2 BvR 72/90, BStBl II 1992, 212.

[86] *Lang*, in: *Tipke/Lang*, § 1 Rn 29.

[87] BVerfG, 2 BvL 5, 8, 14/91, BVerfGE 87, 153 (Grundfreibetrag); 参见 *Lehner*, Einkommensteuerrecht und Sozialhilferecht, 1993。

[88] *Schmidt/Heinicke*, EStG, § 4 Rn 608 这样表述。

目[89]中的一次性付清扣款规定。[90]

3. 税法是国家分享的制度

税收是国家对纳税人个人经济成果的分享。[91] 国家强制性地把个人的支付能力转给政府，作为"安静的分享者"，国家要求"分享"每一种职业的经济成果。与第一印象相反的是，税法不仅仅是以单方面的管理行为为特征的**干预法**，它也是由合作思想决定的**分享法**。[92] 与警察法不同，每一次税收干预都要依靠相关人员的协作。

有人认为，财政管理能够通过？坚定执行调查权来实现法律适用的课税权，必要时还可以独自来实现这种权利，但这种想法是与现实不符的。实际上，财政管理从它的人员配备上来看根本不可能对所有重要的税收事件进行调查和解释。即使在人员配备最理想的情况下它也不能毫无限制地进入私人领域。纳税人由于对他的经济、工作和个人领域的实物控制权，能够在很大程度上妨碍解释澄清以及操纵对有利于自身的税负。财政管理只有**与纳税人合作**才能计算出正确的税收结果并把此结果作为基础。税法执行对收集纳税人工作和私人领域的精确数据和详细内容的要求越多，法律通过对个人支付能力的正确了解则会越致力于实质平等，财政管理就越依赖纳税人的协作意愿和诚实以及他们对履行基本义务的理解。即使是非常完善的监管也不能改变税收分享个人经济成果的基本条件方面的任何事情。

合作是税收执行的一项原则，它意味着如果可能的话，管理应该避免潜在的冲突。因此它是手段适度性的一项要求，要根据经济的意义来调整调查措施的强度。[93] 合作的手段不仅是对法律上重要的实际问题取得一致（所谓的实际一致，见页边码 463 以下）[94]，而且是讨论（见《税法通则》第 364a 条），在受限制的范围内还是可疑的法律情况下的对比。[95] 相较于只是假定针对了真实事实情况的权力干涉，协商有时可能更接近

---

[89] G. v. 20.4.2009, BGBl I, S. 774.

[90] 参见 *Birk*, in: *Herrmann/Heuer/Raupach*, EStG, § 8 Anm. 76；亦可参考 BVerfG, 2 BvL 1, 2/07, 1, 2/08, BVerfGE 122, 210 ff。

[91] *Kirchhof*, in: *Isensee/Kirchhof*, HStRV, § 118, Rn 1；作者同前 VVDStRL 39 (1981), 213 (233)。

[92] 参见 *Eckhoff*, StuW 1996, 107；Weber-Grellet, Steuern im modernen Verfassungsstaat, 2001, S. 227。

[93] 关于此讨论，可参见 *Institut für Steuerrecht der Westfälischen Wilhelms-Universität Münster* (Hrsg), Kooperatives Verwaltungshandeln im Besteuerungsverfahren, 4. Münsteraner Symposion, 1996。

[94] 关于实际一致的许可界限，见 BFH, XI R 78/95, BStBl II 1996, 625 有进一步论证。对此的全面说明，见 *Seer*, Verständigungen im Steuerverfahren, 1996。

[95] 实体法上取得一致可能性的范围还相当具有争议。对此参见 *Seer*, Verständigungen im Steuerverfahren, 1996, S. 13 ff 有进一步论证。

符合公平的征税。协作的管理方式由此不仅是一项明智的规定,也是设置公平负担的先决条件。[96]

4. 税法的法律渊源

相较于其他法律领域,人们在税收法律规范中会更多地遇到拥有不同法律质量的**法律渊源**。除了**宪法**,其规定了具体的税收种类,规范了立法、收益和行政的权限(见页边码 130 以下),同时为税收权利的设置创设了指导方针(见页边码 170 以下),还有众多与税收关系密切的普通法律规范和下位法律规范。 60

对于税法而言典型的就是所谓的**单行税收法律**(比如《个人所得税法》《增值税法》《遗产赠与税法》),其各自集中规范了一种税收种类。此时,包括了实质意义和程序意义上的法律。作为**议会制定法**,它们能基于**征税合法性**(见页边码 172 以下)的背景而使税收干预正当化(见页边码 130)。征税的基本构成要件必须在正式的法律中得到规定,包括税收主体,税收客体,估税基础和税率[97](见页边码 100 以下)。 61

这些(正式的)税收法律的指导方针会通过**行政法规**被多次补充。它涉及由行政机关(通常是联邦政府)颁布的法规。这些法规同正式法律的区别不在于它们的内容或约束力,而在于其颁布机关。这些法规仍然须通过一个正式法律(《基本法》第 80 条第 1 款第 2 项)获得根据内容、目的和范围确定的授权。对于一些重要的税收单行法律(如《个人所得税法》《法人所得税法》《增值税法》《遗产赠与税法》《营业税法》)会有相应的**实施细则**(《个人所得税实施细则》《工资税实施细则》《法人所得税实施细则》《增值税实施细则》《遗产赠与税实施细则》《营业税实施细则》)得到颁布,使这些法律中的个别规定得以细化(比如《个人所得税法实施细则》第 50 条对应《个人所得税法》第 10b 条,根据《个人所得税法》第 51 条第 1 款第 2 目第 c)点*产生)。 62

同行政法规一样,在**自治法规**上也会涉及其所来源的法律渊源。自治法规是由一个公法法人(如乡镇、教堂)针对归属于其的人并约束其自身事务而颁布的法律规范。[98]例如"营业税征税率"(《营业税法》第 16 条)由每一个乡镇根据地方的预算法规确定(页 63

---

[96] 参见 Eckhoff, Rechtsanwendungsgleichheit im Steuerrecht, 1999;关于征税程序合作的批判性说明,见 Müller-Franken, Maßvolles Verwalten, 2004, S. 136 ff。

[97] 详见 Wernsmann, in: Hübschmann/Hepp/Spitaler, § 4 AO Rn 61。

* 德国法中用 Paragraph、Artikel(§)Satz(项/句)/Nr(目)/Lit(点)的顺序来表示法条层次。而且,原书引用的法条十分具体,可以直接定位到某一法条的某句话,因此也会出现这样的情形:款、项、目、点后面直接出现第几句。——译者注

[98] Maurer, Allgemeines Verwaltungsrecht, 17. Aufl., § 4 Rn 20。

边码 1423）。一些乡镇颁布了第二套住房税法规。

64　　在税法中，作为大量判例法以特殊形式存在一种对所谓**管理规定**的实际需求，这些管理规定应当首先通过财政管理机关确定对税收法律的同等适用。根据《基本法》第 108 条第 7 款，针对许多税收法律都颁布有所谓的税收工作条例（例如，《个人所得税工作条例》《工资税工作条例》《法人所得税工作条例》《增值税工作条例》《遗产赠与税工作条例》《营业税工作条例》），它们都包含了对确定的解释性问题的行政观点。它们对于行政机关而言是有约束力的，但一般而言没有对外效果[99]，并且既不约束纳税义务人也不约束法院。[100]

这些不得与《欧盟运行条约》第 288 条第 3 款（《欧共体条约》第 90—93 条）意义上的欧洲联盟指令相混淆的工作条例，会通过以下方式会得到补充，即对税收工作条例的**提示**（例如《个人所得税提示》《工资税提示》等）。这些（提示）由联邦或州的最高财政机关通过，并且让法律适用者关注到最高法院的判决，联邦财政部的公文以及其他对税收法律产生效果的法律渊源。

65　　通过所谓的**联邦财政部公文**，联邦财政部可以依据《基本法》第 108 条第 3 款第 2 项发布指导方针，对州的财政管理机构也会产生效力，这些指导方针首先是涉及法律适用的。在州层面的可比性文件是所谓的**公告**与**上级财政领导指令**。这些情形中也涉及行政机关内部的措施，它们作为行政规则原则上只能对下级机关产生效力（详见页边码 156 以下）。有时行政机关也会尝试通过公告将最高法院关于确定的个别案件的判决回避掉（所谓的**不适用公告**）。这样的公告的正当性饱受质疑。它们每次被准许，只是因为财政机关希望将联邦财政法院矛盾的、特别是有争议的个案判决能由最高法院复核。[101]

66—69　　税收法律也越来越受到**国际法的规则**规制。除了欧盟法律（详见页边码 220 以下）的深刻影响，在国际层面所谓的**避免双重征税协定**（DBA）也具有重要意义。避免双重征税协定涉及国际法的协定，规定了在国际税收案例中国家间征税权的分配以及关于国内同意法案（《基本法》第 59 条第 2 款第 1 项）的适用（详见页边码 1463 以下。）

---

[99] 在这些情况下，行政的自我约束（间接外部效果）可通过普遍的平等对待要求体现，参见 *Wernsmann*, in: *Hübschmann/Hepp/Spitaler*, § 4 AO Rn 88 ff.

[100] 问题体现在 BFH, II R 59/06, BFH/NV 2008, 1124；参见 *v. Eichborn/Bruckermann*, DStR 2008, 2095。

[101] 详见 *Desens*, Bindung der Finanzverwaltung an die Rechtsprechung, 2010；*Spindler*, DStR 2007, 1066。

三、税收体制概况

对税收来源的支配权才使国家有能力完成它各种各样的任务。因此,基本法的国家是一个**税收国**[102],也就是说,它主要通过税收为任务执行提供资金。征税必须以税负公平原则为导向,根据这项原则,每个人基本上都应该根据自己的经济支付能力承担公共负担(见页边码 33 以下)。但是纳税主体的经济支付能力必要时可以仅以三种基本形式出现,以这样的形式来承受国家的税收干预:收入增长的形式、财产状况的形式和收入使用的形式。联邦德国征收的税不是与收入和财产有关就是和纳税公民的消费有关,因此可以划为三大类。 70

(一)对额外所得征税

通过对纳税人在市场上获得的收入征税,纳税人的经济支付能力遭到削弱。此外还对获得的遗产和馈赠征税,即对不是在市场上获得的额外所得征税。 71

1. 个人所得税和法人所得税

个人所得税的征收范围是个人在市场上取得的收入(详见页边码 600 以下),法人所得税的征收范围是法人收入(详见页边码 1200 以下)。工资所得税和资产收益税只是所得税的征收形式。 72

2. 附加税(团结税和教会税)

从 1995 年 1 月 1 日起,为了给德国重新统一带来的费用支出融资,开始征收所得附加税和公司附加税,征收税额目前为标准课税估算基础(《团结税法》第 4 条)的 5.5%(1998 年之前为 7.5%)。**团结税**不是独立的税种,而是作为补充税来征收,这项税收收入单独归联邦所有(《基本法》第 106 条第 1 款第 6 目)。它用来暂时补偿联邦的严重不足,但是不一定有时间限制。[103] 73

---

[102] *Gawel*, Der Staat 2000, 209; Isensee, in: Festschrift für Ipsen, 1977, S. 409 ff; *Kirchhof*, in: *Isensee/Kirchhof*, HStRV, § 118 Rn 5 ff.

[103] 联邦财政部,VII B 324/05, BStBl II 2006, 692,认为,当时征收的团结税尽管存在较长的有效期,仍是合宪的。针对纳税人对此的宪法诉讼,联邦宪法法院未作出判决(2 BvR 1708/06, DStZ2008, 229);参见 *Rohde/Geschwandtner*, NJW 2006, 3332; *Schulemann*, Der umstrittene Solidaritätszuschlag, Schriftenreihe des Karl-Bräuer-Instituts der Steuerzahler, Sonderinformation 62, 2010。下萨克森州财政法院第 7 审判庭,7 K 143/08, DStR 2010, 854 ff,已经根据《基本法》第 100 条第 1 款将《团结税法》提交给联邦宪法法院,因此根据 § 165 Abs. 1 Satz 2 Nr 3 AO 自 2005 年起的估税期对于团结税只是暂时核定(BStBl. I 2009, S. 1509)。

74　　**教会税**一般也是作为所得附加税来征收。[104] 具有教会税纳税义务的是一个征收教会税的公法机构的所有成员。[105] 在与《魏玛帝国宪法》第 137 条第 6 款相联系的《基本法》第 140 条中规定了教会的征税权。根据《魏玛帝国宪法》第 137 条第 6 款的规定，联邦州具有立法权。税率视具体的联邦州而定，在所得税所欠税款的 8%—9% 之间浮动。

3. 营业税

75　　营业（收益）税的征收对象为企业营业所得，不考虑纳税人的个人情况。因此从《税法通则》第 3 条第 2 款讲来，营业税和土地税（页边码 80 和 81）一样是一种实际税或者实物税（相反的概念：人头税）。[106] 根据《基本法》第 106 条第 6 款规定，营业税归地方所有。营业收益税的征税基础是根据所得税法或法人所得税法计算的来自根据《营业税法》第 8 条和第 9 条修改了的工商企业（营业税法第 7 条）的利润。营业税的纳税人是经营企业的企业主（《营业税法》第 5 条第 1 款）(详见页边码 1351 以下)。

4. 遗产赠与税

76　　由于死亡原因带来的捐赠会引起财产的增加，这种财产增加不是在市场上取得的。尽管遗产赠与税是一种对获赠的财产征收的税，但它们被定性为额外所得税而并非财产税，因为征税对象不是所有的财产，而是一位纳税人向其他纳税人转让的财产，这部分财产通过纳税被部分削减。[107]（详见页边码 1550 以下）。根据《遗产和赠与税法》第 20 条第 1 款的规定纳税人为受让者，在馈赠中"也"包括馈赠人。

（二）对财产所有征税

77　　与财产所有状况相关的税应该考虑到财产潜在的收益能力。因此也把它称为额定收益税。[108]

---

[104] 其他的征收形式是教会金，或者叫所谓的针对收入、财产和土地占有征收的教会税，参考 § 4 KiStG NRW。*Lang*, in：*Tipke/Lang*, § 10 有进一步论证；*Fleischmann*, NWB Fach 12, S. 1477；*Müller-Franken*, BayVBl. 2007, S. 33；综合性说明见 *Hammer*, Rechtsfragen der Kirchensteuer, 2002；，DÖV 2008, 975 ff；*Schoppe*, Die Kirchensteuerversus Trennung von Staat und Kirche, 2008。关于其他国家的教会融资的概况，*Marré*, in：*Seer/Kämper*, Bochumer Kirchensteuertag, 2004, S. 43 ff。关于教堂税的批判，*Czermak*, KritJ 2006, S. 219。

[105] 对此的最新说明 VGH Mannheim, 1 S 1953/09, juris；参见 *Stuhlfauth*, DÖV 2009, 225；Muckel, JZ 2009, 174。

[106] 关于《税法通则》第 2 条第 3 款的宪法意义，*Wernsmann*, in：*Hübschmann/Hepp/Spitaler*, § 3 AO Rn 421 ff 有进一步论证。

[107] *Tipke*, Steuerrechtsordnung II, S. 872 ff.

[108] 对此的评论，见 *Birk*, DStJG 22 (1999), 7 (16)。

1. 财产税

财产税不是与个别的资产商品相关,而是与资产整体有关。课税的估算基础原则上为根据估值法计算的总资产的价值。但是根据联邦宪法法院课税标准价格的决定[109],从 1996 年 12 月 31 日[110]之后的估税时刻不再征收财产税。自此以后,联邦各州总是发起(失败的)正式废除财产税法的尝试,目的在于实现各州颁布施行自己的财产税法。[111]

对财产税的正当性有很大争议,对财产税正当性的否定占绝大多数。[112] 笔者认为,特殊的支付能力与财产的所有状况相连,这种特殊的支付能力可以是"征收财产税"形式的特殊负担的连接点。此外,《基本法》第 106 条第 2 款 1 目的规定中明确提到了财产税,因此对财产征税在宪法法律上是没有问题的。联邦宪法法院并没有宣布国家的财产税法干预是不允许的[113],而是把法律对统一估价的财产(尤其是房地产)和非统一估价的财产(如有价证券)进行区别征税[114]的规定视为违反等价原则的行为(《基本法》第 3 条第 1 款)。在一次特别投票中,博肯弗德(Böckenförde)以非常有分量的证据驳斥了判决决定的部分理由(详见后面页边码 201)。

2. 土地税

土地税是最古老的税种之一。[115] 征税对象为在某地区占有的地产。在这里要对农业和林业所占的地产(土地税 A)和其他的地产(土地税 B)加以区分。原则上,应该从地产收入中征收土地税。但是,与此相关的不是实际获得的收益(实际收益),而是通过所谓的课税标准价值标准化计算出的额定收益(与《税收估值法》第 33、68、70 条相联系的《土地税法》第 2 条)。[116] 作为实物税,土地税归地方所有(《基本法》第 106 条第 6 款第 1 项)。

土地税的正当性让人怀疑。用支付能力原则难以证实它的正当性,因为不清楚为什么从所有财产中选取土地资产来作指标。也不适合用等价原则来证明它的正当性,因为

---

[109] BVerfG, 2 BvL 37/91, BVerfGE 93, 121.
[110] 对此明确的说明,参考 BVerfG, 1 BvR 1831/97, BStBl II 1998, 422 = NJW 1998, 1854。
[111] 参见 BR-D s. 864/05 和 BR-Ds. 909/02。州的立法权能,见 Rn 136。
[112] 详见 *Tipke*, Steuerrechtsordnung II, S. 916 ff; Birk, DStJG 22 (1999), 7 ff.
[113] BVerfG, 2 BvL 37/91, BVerfGE 93, 121 (133 ff).
[114] BVerfG, 2 BvL 37/91, BVerfGE 93, 121 (146).
[115] 参见 *Tipke*, Steuerrechtsordnung II, S. 953。
[116] 参见 *Tipke*, Steuerrechtsordnung II, S. 961。

地方征收临街房主的交通捐税用于他们与地产相关的费用支出。[117] 然而，德国《基本法》第 106 条第 6 款提及了土地税，以至于特别是土地财产的非公平处理（相比于其他财产价值）在宪法上被接受。对于土地税提出的宪法诉讼，联邦宪法法院不予受理。[118] 尽管在近几年总是有不同的尝试[119]，然而土地税有效的改革至今未能见到。基于地方层面其重要的财政地位，土地税的意义反而愈发重要。

（三）对收入和财产使用征税

82 对收入和财产使用所征的税通常被称为收入使用税。[120] 包括消费税、支出税和往来税。决定性的标志是使用了经济资金的、表面上可以辨认出的**消费**。

83 而首先在财政学中受到支持的**消费支出税**被认为是所得税的替代形式。应该对一年中纳税人的消费支出征税（支出税），这里的支出是指收入与储蓄的差额。它虽然以多种形式得到讨论，但从未有过严格的贯彻机会。[121] 这在老年税中出现了苗头：在这里，工作时期的积蓄在一定的范围内免征税收，只对退休后"使用积蓄"征税（见页边码 791）。

1. 消费税

84 消费税是对可使用的资产的消费或消耗征收的税，但是它把征税的时间提前到了使消费得以实现的货币流通行为上。消费税一般是向生产商征收，例外情况下向零售商征收，但是原则上不向最终消费者征收消费税。[122] 更多的是通过收入使用行为（购买）向最终消费者征（间接税，页边码 43）。如果消费者（购买者）已经作出了经济安排以及对象转到了他的财产上，那么原则上就不再（继续）征收消费税。消费税包括增值税、烟草税或能源税，此外，关税也属于消费税：

——增值税（一般消费税）

85 从 1918 年开始存在的增值税（见页边码 1670 以下）原则上是对所有的私人和公共

---

[117] 关于其正当化，详见 *Tipke*, Steuerrechtsordnung II, S. 953 ff; *Leuchtenberg*, DStZ 2006, 36。

[118] BVerfG, 1 BvR 311/06, ZKF 2006, 213; BVerfG, 1 BvR 1644/05, ZKF 2006, 213; BVerfG, 1 BvR 1334/07, DB 2009, 773; BVerfG, 1 BvR 685/09, juris. 对自用家庭住房征收的土地税，见 BFH, II R 81/05, BFHE 213, 222; 关于不动产估值，见 *Pahlke*, NWB Fach 10, S. 1575 (1583)。

[119] 例如参考 Bizer/Lang, Ansätze für ökonomische Anreize zum sparsamen und schonenden Umgang mit Bodenflächen, 2000 和 Zeitler, DStZ 2002, 131 (134) 的建议。*Stöckel*, NWB 2005, 2243 中的概览。

[120] *Wernsmann*, in: *Hübschmann/Hepp/Spitaler*, § 3 AO Rn 385。

[121] *Cansier*, Finanzwissenschaftliche Steuerlehre, 2004, S. 39; *Lang*, in: *Tipke/Lang*, § 4 Rn 115 ff。

[122] 参见 BVerfG, 2 BvR 1991, 2004/95, BVerfGE 98, 106 (123 f); *Förster*, Die Verbrauchsteuern, 1989, S. 74 ff, 88。

消费征收的一种税(也就是说最终消费者获得的商品和要求的服务)。把增值税归类为消费税有很大的争议。有时候它被定性为来往税。[123] 但是增值税只在技术上与法律事务上的交往行为有关,却规定原则上只有最终消费者负担营业税。但是对于以消费税或来往税为形式的联系方式而言,技术联系的方式不能起到决定性的作用。起决定作用的是增值税原则上只是让最终消费者负担。因此,从负担的作用出发,增值税要定性为物质上合法的一般消费税。[124]

——特殊消费税

特殊消费税是能源税、燃料税、酒精和酒精饮料税(如啤酒或"酒精汽水")、烟草商品税和咖啡税(见页边码1262)。它们一部分归联邦所有,一部分归联邦州所有(《基本法》第106条第1和第2款)。在城镇层面上存在地方消费税[125](如地方饮料税[126]),这些税归地方所有(《基本法》第106条第6款第1项)。

86

——关税

根据法律的定义,关税是税收(《税法通则》第3条第3款)。它"根据过关境商品流通的关税税则的要求来征收"[127]。与消费税相似,关税与商品的自由流通有关。与这种过程相关,关税具有补充消费税的功能,因为对在国内生产的进口产品要征收消费税,如果进口产品不是在国内生产的,则不对此征收消费税。与消费税相对的是,关税不仅仅为了给公共财政需求提供资金,还作为经济政策的工具保护国内市场(或欧洲内部市场,见后面的页边码133)。

87

2. 支出税

与对购买可使用的商品征收的消费税相反,支出税的目的在于,为维持实际或法律状况而投入资金的行为要承受负担。联邦法律规定的唯一的支出税是机动车税[128],但对这项税的资格颇有争议。[129] 其他的支出税是地方税。征税的出发点有饲养动物(养

88

---

[123] 参考 BFH, X R 40/82, BStBl II 1988, 1017 (1019)。
[124] 参考大量的其他证明 Reiß, in: Tipke/Lang, § 14 Rn 1; Birk, Die Umsatzsteuer aus juristischer Sicht, in: Kirchhof/Neumann, Freiheit, Gleichheit, Effizienz, 2001, S. 61 ff。
[125] 关于所谓的地方包装税的无效,参考 BVerfG, 2 BvR 1991, 2004/95, BverfGE 98, 106。
[126] BVerfG, 2 BvL 14/84, BVerfGE 69, 174 (183)。
[127] BVerfG, 2 BvL 19/56, BVerfGE 8, 260 (269)。
[128] 机动车税的征税权一开始是属于州的 (Art. 106 Abs. 2 Nr 3 aF);收益权能伴随着与二氧化碳相关税收的转换而移至联邦 (G. v. 19.3.2009, BGBl I, S. 606)。
[129] 某种程度上也作为交易和消费税。参见 Förster, Die Verbrauchsteuern, 1989, S. 124 有进一步论证。

犬税,养马税[130])、第二住宅的占有(第二住宅税)[131]或者旅店过夜(床铺税)[132]、提供服务(所谓的色情税)[133]、在自动赌博机上赌博"汉堡的赌博税"[134]。

——养犬税

89　　养犬税属于与地方相关的支出税。它应该用来限制犬类的数量。根据联邦州的地方税收法,一般情况下地方得到授权可以颁布相应的税收章程。

——第二住宅税

90　　第二住宅税也是一种地方支出税。它最先由拥有旅游业的地方引进,但是现在大一点的城市,如柏林、汉堡、慕尼黑和科隆或传统的大学城例如海德堡(自2006年起)或图宾根(自2009年起)也都征收第二住宅税。第二住宅税与在征税的地方对第二住宅(也可以是露营地上的房车[135])的占有情况有关。对于承租人,课税估算基础为每年的租金,而对于所有者而言,税基为通常的地方租金。[136] 因为支出税想针对个人生活需求的收入中所体现出的经济支付能力,因此法人不能包括在第二住宅税纳税人范围内。[137] 对于已婚者来讲,根据联邦宪法法院的观点,当把这项税与户口登记法中有登记义务的主要住宅("家庭住所",如《北威州户口登记法》第16条第2款第2项)的概念联系起来时,[138]第二住宅税违反了《基本法》第6条第1款的规定。宪法上遇到的问题首先在下述情形中,即第二住宅的取得并非表明增加了经济上的支付能力的(例如购买的住房或"学生住所"[139])。在最近的司法裁决中,对登记第一住房仅为"儿童房"的学生的第二住宅征税也被接受。[140]

---

[130]　参考 VGH München, 100 IV 77, NVwZ 1983, 758。

[131]　鉴于联邦宪法法院最近的判决,合理地批判,*Oelschläger*, DStR 2008, 590。

[132]　在魏玛: Kulturförderabgabe für Übernachtungen und Eintrittsentgelte, http://stadt. weimar. de/nc/buergerservice/anliegen-a-z/K/。科隆市确定了类似的捐税。

[133]　VG Köln, 23 K 4180/04, NWVBl. 2007, 491 ff。

[134]　HmbSpVStG v. 29.9.2005, HmbGVBl. 2005, S. 409; 参见 BFH, II B 51/06, BFH/NV 2007, 987。至2005年有效的赌博机税,参见 BVerfG, 1 BvL 8/05, BVerfGE 123, 1。

[135]　BayVerfGH, Vf. 17-VII/08, NVwZ-RR 2009, 709; 亦见 Pfab, DStR 2008, 595 ff。

[136]　参考 BVerfG, 2 BvR 1275/79, BVerfGE 65, 325。

[137]　BVerwG, 11 C 4/00, JZ 2001, 603 m. Anm. *Birk/Tappe*。

[138]　BVerfG, 1 BvR 1232/00 和 2627/03, BVerfGE 114, 316 ff 含 *Bayer* 的注释, JZ 2006, 256 (257)。

[139]　参考 BVerwG, 9 C 17/07, NJW 2009, 1097 (1099);基于自身居住的第二套住房有义务缴纳第二住宅税,见 VG München, M 10 K 08.1286; BVerfG, 1 BvR 2664/09, BFH/NV 2010, 1070。

[140]　BVerwG, 9 C 7.08, NVwZ 2009, 1437 ff; BVerfG, 1 BvR 529/09, DB 2010, 712; BFH, II R 5/08, DB 2010, 1163。

3. 流通税

流通税与消费税的区别在于它不与实际过程相关,而是与法律上的事务交往行为有关,而且流通税想针对在缔结法律行为时产生的和表示纳税人确定的支付能力的支出。[141] 它尤其包括房产购置税和保险税:

——房产购置税

房产购置税(在后面的页边码 1800 中有解释)是与房地产购置以及与类似于购置的事实(房产购置税法第 1 条第 1 款)相关的一种税。2009 年,这项税的收入大约为 49 亿欧元。[142]

——保险税

支付基于保险合同的保险金要缴纳保险税(《保险税法》第 1 条第 1 款)。[143] 因此支付确定的保险金或保险费要缴纳保险税。保险税征收的法律基础为保险税法。《保险税法》第 4 条第 5 目规定,人寿保险不缴纳保险税。同样地,根据《保险税法》第 4 条第 3,4 目规定,法定的(护理)保险也不用缴纳保险税。

(四)税制改革模式

现行的税法处于危机之中。不仅法律更变的速度在不断加快,单独的法律也越来越复杂越来越模糊。由此,法律的不确定性上升,法律的可接受性消失,纳税道德下降。因此最近主要在税法学科领域所进行的彻底化改革模式研究,其目标是在基本原则的基础上系统地制定税收法律并通过这种方式来对抗税法中权利理念[144]十分令人惋惜的损失[145]。

以保罗·基希霍夫(Paul Kirchhof)为首的研究团队在计划的"税收法典"的框架内建议,仅仅再征收四项联邦税(收益税、遗产税、一般增值税和特殊消费税)。2001 年首次作为"一体化的收益税"的预备阶段公布的"所得税法方案"[146]建立在对市场收入征税

91

92

93—94

95

96

---

[141] 参见 *Tipke*, Steuerrechtsordnung II, S. 1011 ff。

[142] www. bundesfinanzministerium. de→ Wirtschaft und Verwaltung → Steuern → Steuereinnahmen → Entwicklung der Steuereinnahmen→Aktuelle Ergebnisse.

[143] *Bruschke*, UVR 2009, 247.

[144] *K. Vogel* 在 DStJG 1988 年会上所做报告的题目这样表述,DStJG 12 (1989), 123 ff。

[145] 关于德国税收改革的历史,见 *Akademie für Steuer—und Wirtschaftsrecht des Steuerberaterverbandes Köln*(Hrsg), 50 Jahre Steuerreformen in Deutschland, 2003。草案概述,见 *Kube*, BB 2005, 743 ff。亦见 *Lauterbach*, Ein neues Unternehmenssteuerrecht für Deutschland, 2008, S. 119 ff。

[146] "Karlsruher Entwurf zur Reform des Einkommensteuergesetzes", Heidelberger Forum, Band 116,2001。进一步的草案,见 *Kirchhof*, Einkommensteuergesetzbuch, 2003。亦见 http://www.bundessteuergesetzbuch.de。说明部分不仅包括草案的大致撰写理由,还包括一个对此规则制定作出贡献的特别评论,以及对财政效果的褒奖。对此的相关讨论,见 *Tipke*, StuW 2002, 148 ff。

的基本思想的基础之上，基本上考虑到了所有的收入，可以从中扣除保障工作和生活的那部分支出。取消七种收入类型（见页边码602）的划分形式。应该进一步取消例外情况和优惠情况。调节标准应该被废除，如果不能放弃的话，也应该由收益管理措施来替代。由此拓宽了课税估算基础，通过这种方式应该为税率统一下降到25%（所谓的统一税）的行为筹资。对增值税改革的建议（"增值税法典"）规定了对全阶段征税（页边码1675）以及相应的预征税扣除的放弃，仅对向消费者提供的给付可按统一税率征税。[147]

97　　继"卡尔斯鲁厄（Karlsruher Entwurf）税收法典草案"[148]之后，约阿希姆·朗格（Joachim Lang）领导的工作组制定了所谓的所得税法"科隆草案"[149]。这项草案的基础为市场收入的基本思想并对职业消费范围与私人消费范围进行了严格区分。它在基本免税金额分级的（成年人为8000，未成年人为4000或6000）的情况下，设置了五个等级的税率，分别为15%、20%、25%、30%和35%（从64001起）。子女在所谓的"家庭实际分开纳税"的框架内被考虑了进去。在这项方案的基础上，2004年由市场经济基金会设立的由约阿希姆·朗格领导的（Joachim Lang）"税法典委员会"在2006年初公布了一项"税收政策方案"[150]，这项方案建议在三个方面进行改革，即企业税制改革（，以广泛的法律形式中立为目标征收统一的企业税）、地方财政重组（所谓的四支柱模式，在这项模式中，地方可以制定土地税、公民税和地方企业税的征收税率并且参与地方工资税收入分配）、以及制定新的简化的所得税法。累进税率应该保持，迄今为止的七种收入形式应该由四种收入形式来代替（自主和非自主职业、金融资本和来自保障未来的方式的收入，应该在所谓的"下游征税"的框架内对这些收入进行征税）。自2008年起就有了完整的所得税法和程序法的草案（有依据说明）。[151]

98　　在2003/04年度报告中，鉴定全民经济发展状况的专家委员会（"五经济贤人"）支持把一种双元所得税作为一种税改选择。[152] 在双元所得税中，应该把所有的资本收入（企业盈利、红利、利息、租赁所得和个人转让盈利）归为一种收入形式，而且对此应该按适当的而且较低的税率征税。与此相对，应该按累进税率（见页边码633以下）对工作收入征

---

[147]　见 http://www.bundessteuergesetzbuch.de；参见 *Widmann*, UR 2009, 9 ff.
[148]　*Lang*, „Entwurf eines Steuergesetzbuchs", Heft 49 der Schriftenreihe des BMF, Bonn 1993；对其主导思想的介绍见 http://www.steuersystem.de.
[149]　*Lang*, Kölner Entwurf eines Einkommensteuergesetzes, 2005.
[150]　见 http://www.neues-steuergesetzbuch.de；*Hey*, StuB 2006, 267.
[151]　见 http://www.stiftung-marktwirtschaft.de/wirtschaft/kommission-steuergesetzbuch.html.
[152]　BT-Ds. 15/2000；http://www.sachverstaendigenrat-wirtschaft.de/download/gutachten/03_ges.pdf, Rn 565 ff；参见 *Schreiber/Finkenzeller/Rüggeberg*, DB 2004, 2767；批判，*Siegel*, ZSteu 2005, 82.

税。为了在资本流动性增强的背景下提高地区位置的吸引力,应该通过对资本收入的分离达到税率的灵活,即使税率水平一般程度的下降不能够得到资助。在此期间,双元所得税的最初方案在专家委员会与马克思-普朗克知识产权、竞争法和税法研究所(MPI)和欧洲经济研究中心(ZEW)的合作下得到了进一步发展,而且他们对其做了重要的修改。在2006年4月提交的鉴定书中[153]借鉴了斯堪的纳维亚国家的经验[154]。

尽管在科学界已经作了各种各样的准备工作[155],但是立法者至今还没有集聚起进行彻底的税收改革的力气。虽然立法者随着2009年1月1日补偿税(见页边码760以下)的施行,向着双元所得税制迈出了第一步;但根据最近联邦议会选举中联合协议计划的"大型税收改革",却在当下的财政和经济状况下显得愈发不可能。

四、税收构成要件的结构

税收构成要件是需要纳税的各种生活情况的法律形式的内容。因此,它是包含在实体税法规则中并引起欠税行为的构成要件标志的总体(见《税法通则》第38条)。[156] 在**所有的税收形式**中,引起欠税法律后果的税收构成要件需要包括有关纳税主体、征税对象和征税税率的规定。

(一)纳税主体

纳税主体是指**欠税**的人。《个人所得税法》第1条规定了那些作为可能的欠税人被考虑在所得税征收范围之内的圈子。与被称为征税对象的实际或客观纳税义务相反,人们把上面这种情况称为主观纳税义务。

与此相比,《税法通则》第33条中纳税人的定义更广泛。纳税人不仅包括欠税人,而且还包括欠有法律责任的人和其他人(见页边码253)。如果少数的纳税主体被排除在了欠税人的范围之外,那么就把这种情况称为主观或个人的免税。

根据《个人所得税法》第1条的规定,所有的自然人都具有缴纳所得税的义务。所得税法中没有主观免税规定,但是法人所得税法很有可能漏掉了一些法人(参见《法人所得

---

[153] Reform der Einkommens—und Unternehmensbesteuerung durch die Duale Einkommensteuer, 2006, http://www.sachverstaendigenrat-wirtschaft.de/download/press/dit_gesamt.pdf.

[154] 参考 *Gjems-Onstad*, Norway's Tax Reform 2004—2006, IBFD Bulletin 2005, 141 ff; *Sørensen*, Neutral Taxation of Shareholder Income, International Tax and Public Finance, 12 (2005), 777 ff。

[155] 参考第十版的其他建议, Rn 94a ff; *Karl-Bräuer-Institut* (Hrsg), Vergleichende Untersuchung aktueller Eckwerte zur „großen Reform" der Einkommensteuer, KBI, FDP, Merz, CSU und Kirchhof, Sonderinformation Nr 45; *Stapperfend*, FR 2005, 74; *Kube*, BB 2005, 743 ff.

[156] *Lang*, in: *Tipke/Lang*, § 7 Rn 17.

税法》第 5 条)。

(二)征税对象

102　　需要**纳税**的**对象**被称为征税对象。它涉及的是什么具有纳税义务这个问题。所得税的征税对象是收入所得。它是抽象的征税对象。需要纳税的收入所得是课税的估算基础(《个人所得税法》第 2 条第 5 款)。课税的估算基础是决定征税对象数额大小的税收构成要件的一部分。因此它是具体的征税对象。实际上,具体征税对象和课税估算基础的确定一般情况下要根据许多法律步骤才能成为可能。只有应用许多积极的(给出税收原因的)或者消极的(减少税收的)构成要件的要素后,才能够对纳税人的哪些收入会受到国家税收干预这个问题作出回答(见页边码 603)。

103　　如果少数征税主体被排除在基本构成要件之外,人们称这种情况为实际的(客观的)免税。实际的免税或引起减税(如免税金额)的规定被称为**税收优惠**。人们区别两种形式的**税收优惠**:技术性的(假的)和补贴性的(真的)税收优惠。[157] 技术性的税收优惠应该限制范围过于广泛的基本构成要件,它不提供优待,而是有助于税负公平的产生。

　　例子:A 和 B 月收入相同。A 未婚并且无子女。B 必须支付一个子女的生活费。B 由于支付生活费的义务(与 A 相比)而减弱的支付能力通过技术性的税收优惠(免税金额,《个人所得税法》第 32 条第 6 款)受到照顾。

104　　与技术性的税收优惠相反,补贴性税收优惠的目的是出于社会政治和经济政治的原因给予纳税人一份"税收礼物"。为了推动一些纳税人进行特定的值得帮助的经济行为,补贴性的税收优惠为这些纳税人提供一个比根据主观支付能力纳税时更好的税收环境。补贴性税收优惠始终与等价原则相冲突,因为它违反了根据支付能力征税的原则。因此,它总是需要特殊的辩解。[158]

　　例子:A 和 B 月收入相同。他们都未婚而且无子女。尽管两人具有相同的支付能力,但 B 的税收负担较小,因为他为了特定的值得帮助的目标(《个人所得税法》第 10b 条)而把收入的一部分捐了出去。

---

[157] 参见 Lang, Systematisierung der Steuervergünstigungen, 1974; Lang, in: Tipke/Lang, § 7 Rn 36 ff.
[158] 关于宪法上对税收优惠的正当化要求,见 Wernsmann, NJW 2000, 2078 及 Rn 170 ff.

(三) 税率

税率是一种计量单位,在税收的课税估算基础上应用税率来得出具体情况下需征税的税额(法律后果)。它一般是应用于课税估算基础的百分率。如果税率随着课税估算基础的增加而增加,那么把这种情况称为**累进税率**。与此相对,如果平均税率保持不变,那么税率是根据一定的**比例变化**。税率的结构很大程度上在于立法者[159]的估测,由于宪法的原因仅受到很小的约束力(没有绞刑[160],没有随意的税率变化[161])。累进税率加大了税收压力,由此也加大了税务阻力,这就是为什么近年来越来越多的人支持按一定比例变化的税率。[162] 在税率领域也有税收优惠,被称为减税。当特定的收入仅按降低的税率缴税时(《个人所得税法》第 34 条第 3 款、第 34a 条、第 34b 条)或者降低特定收入形式的最高税率时(降低税率见页边码 647 以下),这些都涉及减税。与此相对的是,当税法允许从欠税中进行扣除时,那么涉及的是税额的降低(如参看《个人所得税法》第 34c 条至第 35b 条)。

第二节 税收的宪法和欧洲法法律基础

一、财政宪法法律基础

《基本法》中用到了税收这个概念,但没有对它进行定义。除此之外还有税费(支付公共事业的费用、缴费和规费,见页边码 1117 以下),这些税费没有在《基本法》的 105 条以下中作出规定,而是以一般的业务范围权限为依据。因此出于权限合法的原因有必要确定税收的定义。

> **情形 2**:鉴于不断上升的青年失业率,联邦政府想采取创造培训岗位的税收措施。这项建议的目标是引进职业培训税,这项税的收入应该用于创造和保障培训岗位(培训岗位促进法)。这项税应该通过联邦州法律中规定的主管机构来征收。在这里存在立法权限吗?(**页边码 127**)

---

[159] BVerfG, 2 BvR 2194/99, BVerfGE 115, 97 (116 f.).
[160] BVerfG, 2 BvL 37/91, BVerfGE 93, 121 (137 f) 关于财产税。
[161] BVerfG, 2 BvL 5, 8, 14/91, BVerfGE 87, 153 (170)。
[162] *Elicker*, StuW 2000, 3; *Suttmann*, Die Flat Tax, 2007;亦见 *Wernsmann*, in: *Hübschmann/Hepp/Spitaler*, § 4 AO Rn 508。

情形 3[163]：L 州想改善高校的财政情况而向在"老年学习"框架内的旁听生征收所谓的"登记税"。据此对"每次登记的注册和处理[……]收取 50 的费用"。大学管理机构对每次登记进行处理平均需要花费 2 分钟，这相当于约 4.30 的花费。这样的费用应该允许收取吗？**(页边码 128—129)**

（一）税收的定义

奥托·迈耶(Otto Mayer)已经把税收定义为"通过财政权并根据普遍的标准向臣民施加的一种金钱给付"[164]。这个定义写在 1919 年 12 月 13 日的《帝国税收通则》的第 1 条中。根据这项法律税收是"一次性的或者经常性的金钱给付，这项给付不是对于特殊服务的回报，它是国家为了获得收入而向所有人施加的一种支付费用，在这项给付中，构成要件 要符合实际情况，法律把这项给付义务与构成要件联系了起来"。

1. 税收定义的特点

联邦德国《基本法》中的税收定义(105 条以下)尽管与传统的定义理解相关，但是可以在"联邦国家财政宪法的作用关系"下进行解释。[165] 它与《税法通则》第 3 条第 1 款第 1 项中规定的税收定义不是等同的。而对简单法律上的税收定义能为宪法法律上税收定义的确定提供重要的解释帮助这种说法却存在着共识。[166] 只要从《基本法》的财政宪法的整体联系中不会产生与《税法通则》中税收定义的不一致，两种定义就可以当做同义来使用。[167]

《税法通则》第 3 条第 1 款在内容上完全使用了帝国税收规定中的传统的税收定义。1977 年《税法通则》第 3 条第 1 款与《帝国税收通则》第 1 条第 1 款相比出现的偏差主要是编辑的形式。[168] 然而，《税法通则》第 3 条第 1 款第 2 半句中有关"取得收入也可以是次要目的"的规定明确说明，税收在现代工业社会中可以作为经济调节手段来使用。[169]

---

[163] 根据 BVerfG, 2 BvL 9, 10, 11, 12/98, BVerfGE 108, 1 (12 ff)。

[164] *O. Mayer*, Deutsches Verwaltungsrecht I, 1895, S. 386.

[165] BVerfG, 2 BvF 3/77, BVerfGE 55, 274 (299); BVerfG, 2 BvL 19, 20/83, 2 BvR 363, 491/83, BVerfGE 67, 256 (282).

[166] *Waldhoff*, in: Isensee/Kirchhof, HStRV, § 116 Rn 85.

[167] *Wernsmann*, in: Hübschmann/Hepp/Spitaler, § 3 AO Rn 37.

[168] 参考 *Lang*, in: Tipke/Lang, § 3 Rn 9 ff。

[169] BVerfG, 2 BvL 19, 20/83, 2 BvR 363, 491/83, BVerfGE 67, 256 (282); BVerfG, 2 BvR 1991, 2004/95, BVerfGE 98, 106 (117) 有进一步论证。

如果收缴的费用首先遵循**调节目标**并把"收益重要性"加入到其中,那么这种情况下也可以把这些费用称为税收。[170]

根据《税法通则》第 3 条第 1 款的规定税收是:

(1) 金钱给付。

实物和服务(如兵役)因此不包括在内。金钱给付义务也可以通过非现金给付(参见《税法通则》第 244 条)来完成,或者根据公法条约在以《税法通则》第 224a 条为前提的情况下甚至可以通过交付艺术品来"代替给付"。

(2) 不是对于特殊给付的对待给付。

如果这种金钱支付是具有支付义务的人个人向国家支付的特殊费用,那么涉及的就不是税收,而是先行给付费用(保险费或者支付公共事业的费用,见页边码 117 以下)。

(3) 由公法事业单位征收。

金钱给付义务的法律依据必须由国家公法机构单方面决定,而且不用考虑纳税人的意愿。[171] 自愿给付或者根据条约规定的义务进行的给付因此不包括在税收定义中。此外,税收可以单独由国家公法机构根据主权[172]来征收。

(4) 为了取得收入,但是获取收入也可以是次要目的。

征收金钱给付费用必须以取得收入为目的。尤其这些收入必须是最终确定的收入,不允许规定退还。[173] 然而,获取收入也可以是次要目的。从中得出了财政目的的标准与调节标准之间的区别。在财政目的标准中,税收收益占主要地位,而在导向性规范中,立法者首先追求的是社会政治和经济政治目标(见页边码 204 以下)。

(5) 这样的金钱给付费用由那些人来征收,在他们那里,构成要件符合实际情况,法律把这项支付义务与构成要件联系了起来。

但是这项在《税法通则》第 3 条第 1 款中附加的特点不是税收定义的组成部分[174],而是税收合法的前提条件(有关税收符合实际情况和平等性的内容请参看后面的页边码 170 以下)。

2. 与先行给付费用(支付公共事业的费用和保险费)的区分

根据《税法通则》第 3 条第 1 款的规定,税收只是这样的费用,它们不是对于国家特

---

[170] Knies, Steuerzweck und Steuerbegriff, 1976, S. 60 ff.
[171] Wernsmann, in: Hübschmann/Hepp/Spitaler, § 3 AO Rn 79 aE。纳税义务人有可能存在的选择权或协作从原则上亦改变不了该实施的单方面性。BFH, I R 124/04, BFHE 214, 80。
[172] RFH, II 253/38, RFHE 47, 161 (162); RFH, II 395/37, RFHE 45, 90 (91)这样表述。
[173] BVerfG, 2 BvL 19, 20/83, 2 BvR 363, 491/83, BVerfGE 67, 256 (281).
[174] 模糊的说明,BVerfG, 2 BvR 1493/89, BVerfGE 84, 239 (270 f);负担平等作为税收的"构成"特征。

殊服务的回报。如果金钱给付的费用是对国家公法机构向具有缴费义务的个人所提供的特殊服务的回报,那么这里所涉及的就不是税收,而是先行给付费用。

118　　先行给付费用首先包括支付公共事业的费用和保险费。根据联邦州的地方税收法(如《北威州地方税收法》第 4 条第 2 款的规定)中的定义,支付公共事业的**费用**是一种"金钱支付费用,它是以对特殊管理行为(法律行为或其他行为)回报(管理费)的形式或者以对使用公共设施和设备的报酬(使用费)的形式进行征收"。根据《北威州地方税收法》第 8 条第 2 款的规定,**保险费**是"用于补偿建立、购买和扩大公共基础设施和设备花费的金钱支付费用"。支付公共事业的费用是对特殊实际管理行为的报酬,而保险费是对给个人提供的从管理的具体花费中取得个人利益的机会的报酬。相应地,所谓的大学学费就是法律上所设的缴费,因为其是为了可能使用由国家提供的机构设施而由大学征收的。通过入学注册,交付的构成要件已经完成。[175]

119　　在现代化服务的时代,首先征收支付公共事业的费用对于公共管理行为具有重要的作用。从缴费者的角度而言,支付公共事业的费用是他们对于从国家得到的利益的回报,从国家的角度而言,这些费用是对所提供服务的成本的补偿。费用的额度必须首先遵循所谓的盈亏平衡原则,但利益平衡与行为导向的观点也在发挥作用[176],费用的征收不得导致对宪法保障的税收体系的侵蚀。从联邦国家财政宪法(形式清晰和形式义务,页边码 70,122)的限制和保护作用中得出了费用额度的界限。[177] 联邦宪法法院最新的司法裁决在符合宪法的费用概念范围内认定了不同的收费目标(成本回收,利益平衡,导向目标,社会目标),同时也确立了可被许可的费用界限,即标明了符合宪法的许可的金额额度。[178] 如果特殊的管理服务不收取固定的费用,而是根据需求的强度收取不同额度的费用,那么实际性原则和概率原则就作为正确的出发点适用于计算个别情况的费用额度。对此首要与公共服务的实际需要相适应或者(如果这不可能的话)要使用与实际需要(密切)联系的准则。

120　　有争议的是,费用高低的确定是否也可以考虑支付能力原则,是否允许按照父母收

---

[175] OVG NRW, 15 A 1596/07, NWVBl 2008, 144 (148).

[176] BVerfG, 2 BvL 9, 10, 11, 12/98, BVerfGE 108, 1 (18); *Schmehl*, Das Äquivalenzprinzip im Recht der Staatsfinanzierung, 2004, S. 165 ff.

[177] BVerfG, 2 BvL 5/76, BVerfGE 50, 217 (226); 1 BvR 178/97, BVerfGE 97, 332 (345)。关于在高校征收的所谓"登记税",见 BVerfG, 2 BvL 9, 10, 11, 12/98, BVerfGE 108, 1 (13 ff); *Gießau*, NWVBl 2004, 41 中关于 OVG NRW 作出的有关使用费的判决的有趣介绍。关于费用额度和相应的国家给付,亦见 EuGH, Rs C-264/00, EuZW 2002, 368; OVG NRW, 9 B 1788/08, NVwZ-RR 2009, 457.

[178] BVerfG, 2 BvL 9/98, BVerfGE 108, 1 (18).

入的高低向他们收取分等级的使用幼儿园的费用。[179] 这样的规定至少通过社会福利国家原则得到补偿,一般由社会原因引起的等级划分通过低于根据给予收取人服务的价值确定的费用最高限额来实现。[180] 在这些情况下,经济条件较优越的缴费者缴纳的费用并没有超过他们所得到的利益,而经济条件较差的人应缴的费用则通过一般的财政手段来补偿。[181] 在大学学费的情形中,以社会福利标准为导向的免税或减税构成要件,使得在国家教育资源上机会均等的参与权利(《基本法》第 12 条第 1 款,第 3 条第 1 款,第 20 条第 1 款)不受损害。[182]

3. 与规费的区分

121 没有额外报酬与之相对的费用与税收的区别在于,它不是向纳税公民全体而是向特定的团体收取的费用,而且用于资助特殊的任务,依据维尔讷·韦伯(Werner Weber)[183] 把这样的费用称为所谓的规费。规费是一种金钱支付义务,同税收一样,它需要"毫无前提条件地"(也就是说与从国家获得的报酬或与国家优先提供的报酬无关)进行缴纳,但是规费收入并不是流入一般的国库,而是在专用基金中进行管理。[184]

122 规费从宪法法律上来讲有问题。因此它与同样毫无前提条件需要缴纳的税收形成了竞争关系。《基本法》的财政宪法在 104a 以下条款中对国家的财政尤其对立法权、征收权和管理权作出了详细规定。由于财政宪法很大程度上只是把税收作为融资的手段来看待,因此会有这样的看法,国家必须主要通过税收来满足它的财政需求,即**税收国家原则**[185](前面页边码 70)。

规费的立法权不是以《基本法》第 105 条为依据,而是以实际权限为依据。通过这样能够避免财政宪法法律上的权限分配。根据《基本法》第 106 条进行的收入分配也只适用于税收,不适用于规费;它归制定规费规则的机构所有。此外,由于规费收入不流入一般的国库,所以规费对给议会的预算权带来危险而且歪曲了与国家财政有关的计量数额。最后,规费给特定的公民分派了特别的财政责任,由此对试图保障税收的公民的负

---

[179] 参考 § 23 Abs. 4 KiBiz NRW (GVBl 2007, S. 462)。
[180] BVerfG, 1 BvR 178/97, BVerfGE 97, 332 (346)。
[181] 参考 *Kirchhof*, Jura 1983, 505 (513)。
[182] BVerwG, 6 C 16.08, BVerwGE 134, 1 (Ls. 2)。
[183] *Weber*, Die Dienst—und Leistungspflichten der Deutschen, 1943, S. 82 f.
[184] BVerfG, 2 BvL 5/95, BVerfGE 101, 141 (148)。
[185] BVerfG, 2 BvL 12, 13/88, 2 BvR 1436/87, BVerfGE 82, 159 (178); stRspr.

担平等造成危害。[186]

123 出于这个原因，无论是联邦法律规定的还是联邦州法律规定[187]的规费必须在**严格的前提条件**下才能得到宪法法律的允许。需要对主要追求融资目的的规费和以行为调节为重点的规费加以区别。[188] 具有调节目标的规费应该促进有关人员以特定的方式进行经济行为。比如严重伤残费[189]应该敦促雇主雇佣严重伤残者。如果雇主不这样做，那么就需要缴费。融资目的的规费只有在下面的前提条件[190]下作为"少数例外情况"[191]得到允许：

124 ——为了能够以《基本法》第 70 条以下的实际权限为依据，立法者必须谋求纯粹筹备资金之外的**实际目标**。

——规费仅允许向**同类的群体**进行征收，可以通过预设的利益情况或者通过特殊的共同点将同类群体与大众以及其他的群体明确区分开来。

——缴纳规费的群体必须比任何其他的群体或纳税群众明显地更接近资助的任务——特别是**筹资责任**，群体责任和接近实际。[192]

——规费收入**使用**必须对群体有益，也就是说要符合整个群体的利益。

——此外，规费要在财政计划的附加规划中进行登记（预算法的信息义务）。[193]

125 对于如严重伤残者补偿规费的不以筹资为目的的调节规费，不应该要求群体责任和有益于群体的收入使用。[194] 如果没有这个前提条件，那么规费就可以不以各自的实际

---

[186] BVerfG, 2 BvR 633/86, BVerfGE 91, 186 (202 f); 1 BvL 18/93 und 5, 6, 7/94, 1 BvR 403, 569/94, BVerfGE 92, 91 (113); 2 BvL 5/95, BVerfGE 101, 141 (147).

[187] BVerfG, 1 BvL 18/93 und 5, 6, 7/94, 1 BvR 403, 569/94, BVerfGE 92, 91 (115); 2 BvL 5/95, BVerfGE 101, 141 (148).

[188] BVerfG, 2 BvL 19, 20/83, 2 BvR 363, 491/83, BVerfGE 67, 256 (275 ff, 特别是 277 f); 关于规费分类学的进一步说明，见 *Waechter*, ZG 2005, 97。

[189] BVerfG, 1 BvL 56, 57, 58/78, BVerfGE 57, 139.

[190] BVerfG, 2 BvL 12, 13/88, 2 BvR 1436/87, BVerfGE 82, 159 (179 ff); stRspr.

[191] BVerfG, 2 BvL 12, 13/88, 2 BvR 1436/87, BVerfGE 82, 159 (181); stRspr.

[192] 联邦宪法法院否定了对他人错误行为的融资责任。垃圾出口不能被强制特殊课税，以用于对非法垃圾出口回收的资金支持，BVerfG, 2 BvR 2335/95, BVerfGE 113, 128 ff (Solidarfonds Abfallrückführung)。关于用于国家宣传的（有缺陷的）融资责任，见 BVerfG, 2 BvL 54/06, BVerfGE 122, 316 ff (CMA) 和 2 BvR 743/01, BVerfGE 123, 132 ff (Forstabsatzfonds); 参考 *Hummel*, DVBl. 2009, 874 ff。

[193] BVerfG, 2 BvR 2374/99, BVerfGE 110, 370 (393); 2 BvL 1, 4, 6, 16, 18/99, 1/01, BVerfGE 108, 186 (218).

[194] BVerfG, 1 BvL 56, 57, 58/78; BVerfGE 57, 139 (167 f, 169).

权限为依据。

　　有疑问的是，非税收的规费在这种情况下由于违反了基本法中的权限规定(既没有遵循《基本法》第70条以下也没有遵循《基本法》第105、106条)在形式上是否违宪，或者由于违反了税收国家原则在实际上是否违宪。

　　联邦宪法法院在这里倾向于形式上的考虑，认为《基本法》中的权限规定不仅确定了哪些立法机构(联邦或者联邦州)负责颁布法规，同时还确定了规定权限的范围。[195] 从联邦国家财政宪法的限制和保护功能(《基本法》第104a条以下)中得出了立法机构根据拥有的实际权限所征收的规费的界限。[196] 然而从实际联系而言，根据《基本法》的分类，对法律领域的承认让人怀疑，而且没有一项立法权可以得到证实。[197]

　　目标税是这样的一种税，它的税收收入应该用于特定的目标(例子：从所谓的原油税(现在：能源税)中获得的收入应该用于国家公路，《公路融资法》第1条第1项。[198] 自2007年1月1日起，增值税率由16%到19%的提升，应当为失业保险的费用额度下降至4.5%提供资金支持)。[199] 不能把对于规费的严格的征收许可条件移用在目标税上。[200] 立法机构不是在寻求财政宪法法律外的立法权，因此议会的预算权没有受到限制。然而税收的真正用途的限定(例如公路融资法)损害了整体补偿(非矫揉造作)的预算法律原则，而使这种对税收用途限定的正当性总是需要得到证明。[201]

　　情形2(页边码111)**的解决**：联邦引进职业培训费的权限能够从《基本法》第105条第2款的规定中得出来。这里涉及的是一种税。税收尤其是针对获得的收益所征收的

---

[195] 参考 BVerfG, 1 BvL 15/68 und 26/69, BVerfGE 34, 139 (146); 2 BvF 3/77, BVerfGE 55, 274 (298); 2 BvR 909, 934, 935, 936, 938, 941, 942, 947/82, 64/83 und 142/84, BVerfGE 75, 108 (147); 2 BvL 9, 10, 11, 12/98, BVerfGE 108, 1 (13 ff); 2 BvR 2335/95, 2 BvR 2391/95, BVerfGE 113, 128 (146 f). 196 BVerfG, 2 BvR 413/88 und 1300/93, BVerfGE 93, 319 (342)。

[196] BVerfG, 2 BvR 413/88 und 1300/93, BVerfGE 93, 319 (342).

[197] 参考 *Wernsmann*, Verhaltenslenkung in einem rationalen Steuersystem, 2005, S. 469 ff.

[198] G. v. 28.3.1960 idF v. 31.10.2006 (BGBl. I S. 2407) 参见 § 6 Abs. 8 HG 2010 (BGBl. I 2010, S. 346)。

[199] BT-Ds. 16/752, S. 13.

[200] BVerfG, 2 BvR 1275/79, BVerfGE 65, 325 (344); stRspr; *Wernsmann*, DRV 2001, 67 (79); 其他观点, *Herdegen/Schön*, Ökologische Steuerreform, Verfassungsrecht und Verkehrsgewerbe, 2000, S. 42 ff.

[201] *Waldhoff*, StuW 2002, 285 (307); 与预算法非指定原则的区别, *Tappe*, Das Haushaltsgesetz als Zeitgesetz, 2008, S. 44 ff.

金钱支付费用，其中，获得收益也可以是次要目标（参看前面的页边码115）。但是职业培训费既不作为满足公共财政需求的主要目标也不作为次要目标。这项资金应该有目的地用于创造和保障培训岗位。[202] 因此联邦不能从《基本法》第105条第2款的规定中引出征收职业培训费的权限。然而，根据《基本法》第74条第1款11目的规定立法机构拥有征收在培训岗位促进法中规定的规费的权力，因为传统上和机构上由经营经济的雇主进行的实用的职业培训这个具有争议的领域也属于"经济法"。因为根据联邦政府提交的还需要评定的草案，联邦想保留对于联邦州的广泛的管理权，因此不要求联邦参议院的批准。[203] 实际上，职业培训费也满足了宪法法律允许征收规费的前提条件。培训费不应该用于满足一般的国家财政需求，因为由于它的有关有利于创造和保障工作岗位的目标限定，这项收入不归国家所有。需要缴纳培训费的雇主群体同大众或其他的群体也是可以准确进行区分的，因此是这个群体是同类的。根据社会现实雇主还需要承担一项特殊的群体责任，因为在德国存在的具有"学校"和"企业"（政府部门）两种教育形式的双轨职业培训体制给雇主带来了提供足够的企业培训岗位的特殊责任。假定职业培训费的使用有利于缴纳费用的雇主群体的利益，即"有益于群体"，那么征收职业培训费在宪法法律上是允许的。

情形3（页边码112）**的解决**：高校中登记费的收取归类于教育权，根据《基本法》第70条第1款的规定，教育权原则上隶属于联邦州的立法权。"对于"这个词表明，登记费从根本上而言是对于登记处理行为的报酬。根据这种说法，这项费用不是为了补偿高校管理或高校设施的一般成本而"在"登记时征收的费用，而是为了"补偿特别的成本"，该成本来源于"对每次登记的处理"。从额度高低来看，登记费远远超过了报酬的价值。同税收一样，对这项费用的主要部分也是毫无条件地进行征收。由于过高的估算，这项费用与税收区分开来而产生的对报酬必要的依赖性就丧失了。如果人们认为，登记费的实际正当性由于调节目标或者社会目标同样遭到了排除，那么在**情形3**下为了补偿高等教育领域的一般成本而征收的费用在宪法法律上不被允许。

（二）税收立法主权

130　　与《基本法》第73条及以下条中规定的权限目录相比，对于《基本法》第105条中规

---

[202] BVerfG, 2 BvF 3/77, BVerfGE 55, 274 (309).
[203] 因旧版《基本法》第84条第1款的同意权保留，1976年的《学业促进法》未通过，参考 BVerfG, 2 BvF 3/77, BVerfGE 55, 274 (318 ff)。

定的税收领域而言,财政宪法包括特殊的规定。《基本法》第 105 条对联邦独有的和竞争性的立法权以及联邦州的立法权进行了区分。

> **情形 4**[204]：北莱茵—威斯特法伦州的 A 镇有很大的财政问题,寻求新的资金来源。地方议会中心提出了两种建议。一方面应该对镇上的每一位居民征收所得附加税。由于在乡镇区域骑马的人很多,所以另一方面要对饲养马匹征税。乡镇可以颁布相应的税收章程吗?（页边码 145）

131

1. 联邦独有的立法权

根据《基本法》第 105 条第 1 款的规定,联邦对关税和财政垄断具有独有的立法权。根据这项规定,即使联邦不使用它的规定税收构成要件的权力,联邦州在这个领域也没有立法权,除非在联邦法律中存在《基本法》第 71 条所指归于此类情况下相应明确的授权。

132

关税是在跨国界交易中征收的与进口商品到关税区（进口关税）或者与商品出口相关（出口关税）的税费。从《税法通则》第 3 条第 3 款来讲,除了关税,具有相同作用的税费和在欧共体农业政策的框架内（见《欧盟海关法典》第 4 条第 10、11 目规定）所征收的税费也属于进出口关税。关税属于宪法法律中的税收定义的范围。从中得出,在《基本法》第 105 条第 2 款中称其为"其他的税收"。此外与消费税相同,关税也是负担在最终消费者身上的一种税,因此也转移（见前面的页边码 87）。

133

然而,关税法由于欧洲一体化同时几乎完全是欧洲法[205],所征收的关税收入归欧共体所有。[206]

财政专卖表现为在商品的生产和销售的公开垄断以取得收入。现今存在的只有烧酒专卖了。[207]

134

烧酒专卖的原始设立目的是,为联邦预算获得收益,自解除对进口贸易垄断后其再未实现。通过酒精出售而获得的对烧酒的联邦垄断收益现今不够支付行政费用。这一

---

[204] 根据 BayVGH, 100 IV 77, NVwZ 1983, 758 f.
[205] 参见 *Witte/Bleihauer*, Lehrbuch des europäischen Zollrechts, 6. Aufl, 2009, S. 4 ff。
[206] Art. 2 Abs. 1 lit. a Beschluss 2007/436/EG v. 7.6.2007, ABl Nr L 163, S. 17 ff；详见 *Weerth*, AW-Prax 2006, 168 ff.
[207] Gesetz v. 8.4.1922, RGBl I 1922, S. 335, 405 idF v. 15.7.2009, BGBl I, 1870.

垄断每年需向联邦预算求得约1亿欧元的补助,最终用于对农业的烧酒行业的补贴。[208]

2. 联邦竞争性的立法权

135 　　《基本法》第105条第2款的规定赋予**联邦**对其他税收的竞争性立法权,"如果这些税收的收入完全或者部分归联邦所有或者存在《基本法》第72条第2款规定的前提条件"。要对根据《基本法》第106条收入完全或部分流入联邦的税收和收入虽然流入联邦州但是根据《基本法》第72条第2款的规定需要一项符合全国利益的联邦法律规定的税收加以区分。如果联邦(至少)拥有对一种税收的征收权,那么与《基本法》第72条第2款中有关竞争性立法权的一般规定相比,重要的就不是权限是否根据联邦法律中的规定而存在。实际上,与《基本法》第105条第2款的规定相反,这里涉及的是独有的联邦权限的情况,因为在收入全部或部分流入联邦的税收领域,联邦不能依赖联邦州立法机构。[209]

136 　　对于收入仅归**联邦州**(或地方与地方协会)所有的税收,如《基本法》第106条第2款中规定的财产税和遗产税[210],是否会从《基本法》第72条第2款1994年新作出的规定产生出联邦立法权的真正障碍,这还需要观望。[211] 针对旧版《基本法》第72条第2款的规定,联邦立法机构被授予评定权[212],这样《基本法》第72条第2款规定的前提条件经常被看成是已经得到了满足。因此联邦结果在这个领域也拥有广泛的立法权。但是以《基本法》第72条第2款的规定为依据的联邦税收类法律根据《基本法》第125a条第2款同时继续被看成是联邦法律。

137 　　有关何时联邦履行它的竞争性立法权并根据《基本法》第105条第2款的规定阻碍联邦州权力的履行这个问题要根据相似性的特点来决定——如《基本法》第105条第2a款中规定的情况(见后面的页边码142)。[213] 根据联邦宪法法院的判决,在税收形成的构成要件,特别是征税对象与征税原则,互相协调一致时以及要求经济支付能力的相同来

---

[208] Monatsbericht des BMF März 2005, S. 75 ff.
[209] 参考 K. Vogel, in: Isensee/Kirchhof, HStR IV, 1. Aufl, 1990, § 87 Rn 39 有进一步论证。
[210] 关于财产税,见 Rn 78 f,关于遗产税,见 Rn 1550。
[211] 参考 BVerfG, 2 BvF 1/01, BVerfGE 106, 62 (136 ff);亦见 *Wernsmann/Spernath*, FR 2007, 829: Keine Erforderlichkeit einer bundesgesetzlichen Regelung der Erbschaftsteuer。通过2006年联邦制改革(G. v. 28.8.2006, BGBl I, S. 2034)引入的《基本法》第73条第2款中的必要性条款对特定权能项目的实质性限制不影响对《基本法》第105条第2款(未作改变的)参考。
[212] 对此的续存,见 *Degenhart*, in: Sachs, GG, 5. Aufl, 2009, Art. 72 Rn 20 ff。
[213] 参见 *Küssner*, Die Abgrenzung der Kompetenzen des Bundes und der Länder im Bereich der Steuergesetzgebung sowie der Begriff der Gleichartigkeit von Steuern, 1992。

源时,州税收与联邦税收相似。[214]

138 对税收的主要特征是否协调一致的判断,必须与税收标准的作用结构相适应,也就是说,必须对标准的负担作用与塑造作用互相进行对比。据此会提出这样的问题,资金外流会给支付能力(页边码 70 以下)带来哪些形式的负担,税收会给个人的经济行为(塑造作用)带来哪些影响(详见页边码 203 以下)。但是对相同税收收入来源的特征进行区分无关紧要。经济支付能力只可能有两种来源:收入和财产。通过与支付能力可能的表现形式相连系,以多样但不同的方式对这两种来源提出要求(见页边码 188 以下)各种各样的税收种类只是对个人偿付能力(支付能力)进行干涉的不同形式。这在于对收入(收益)或财产的支配权力,具有纳税义务的人以各种各样的变体形式(所谓的支付能力指标)向外界展现了这些收入或财产是"抓得住的"。

139 联邦在税收立法上的优先地位根据《基本法》第 105 条第 3 款的规定至少通过以下方式得到了部分平衡,那就是关于收入完全或部分流入联邦州或地方(地方协会)的税收的联邦法律需要获得**联邦参议院的同意**。通过这种方式,在税收立法方面及在自己的收益权方面,联邦州的利益都得到了足够的重视。

140 如果联邦参议院中的多数情况与联邦议会中的多数情况出现了分歧,那么经常会出现"立法障碍",经常需要依靠调解委员会(《基本法》第 77 条第 2 款)来进行调解。由联邦议会通过的进行更改或补充的妥协建议必须保持在上诉请求内。如果超出了上诉请求的范围,那么出现立法程序形式上的错误,这种错误会导致法律违反宪法。[215]

3. 联邦州独有的立法权

141 根据《基本法》第 105 条第 2a 款第 2 项的规定,联邦州对确定房地产收入税的税率[216]和根据《基本法》第 105 条第 2a 款第 1 项的规定,对**地方消费税与支出税**拥有独有的立法权,"只要所征的税与联邦法律规定的税不同"。这项规定与旧版《基本法》第 105 条第 2 款第 1 项规定中的法律情况有关,"地方作用范围内"的哪些税收归于联邦州独有的立法权限范围之内。[217] 消费税与支出税的区别在于,消费税与可消费的商品相关,而

---

[214] BVerfG, 2 BvL 31, 33/56, BVerfGE 7, 244 (260); 2 BvL 8, 10/61, BVerfGE 16, 64 (75 f); 2 BvR 154/ 74, BVerfGE 49, 343 (355); 2 BvR 1275/79, BVerfGE 65, 325 (351); vgl auch BVerfG, 2 BvR 1991, 2004/95, BVerfGE 98, 106 (124 f).

[215] BVerfG, 2 BvR 301/98, BVerfGE 101, 297 (306 f); BVerfG, 2 BvL 12/01, BVerfGE 120, 56 (74 f), 参见 *Desens*, NJW 2008, 2892 ff; 最近 BVerfG, 2 BvR 758/07, DVBl 2010, 308 ff.

[216] 此规定于 2006 年在联邦改革 I 框架下写入《基本法》(Art. 106 Abs. 2 Nr 4 GG),应当保证州在其土地收益税收入上一定的回旋余地。(见 BT-Ds. 16/813, S. 20)。

[217] *K. Vogel / H. Walter*, in: Bonner Kommentar, Art. 105 GG Rn 121.

支出税则是对为保持实际或法律状况而进行的资金投入所征收的一种税（见前面的页边码 84 以下）。如果一种税与地方的实际情况相关，主要与对事物的占有情况或征税地区的过程有关以及税收的负担与塑造功能如果主要限制在可划分的区域范围内，那么这种税就被看作是区域税。[218]

142　　联邦宪法法院把《基本法》第 105 条第 2a 款中的**相似性**的定义狭义理解为通常的竞争性立法（页边码 137 和 138）。根据这种理解，1969 年《财政改革法》生效之前普遍征收的《基本法》第 105 条第 2a 款规定的区域消费税与支出税应该不受影响。如果税收构成要件与联邦税具有相同的征收基础，即在征税对象、课税估算基础、征收技术与经济影响方面同联邦税没有区别的话，联邦宪法法院就把后来设立的区域消费税和支出税看作与"联邦法律规定的税收相似"（《基本法》第 105 条第 2a 款）。[219]

143　　**例子**[220]：在对地方包装税进行宪法法律上的审核时出现了一个问题，即这种税是否与联邦法律中规定的营业税相似。联邦宪法法院否定了这种情况，因为包装税涉及的是包装的件数，而营业税的征收依据的是需求对象的用价格表现的价值。此外，包装税针对的是对环境带来损害的消费，而营业税涉及的是估算的消费者的经济支付能力。因此，地方包装税不同于营业税。

4. 地方对税收章程的制定权

144　　根据《基本法》第 28 条第 2 款的规定，地方和地方协会拥有地方自主管理权。根据《基本法》第 28 条第 2 款第 3 项的规定，维护自主管理权也包括财政自主责任的基础。根据《基本法》中的财政宪法规定，地方不拥有自己的税收立法权。根据《基本法》第 105 条中最后的规定，地方从自主管理权中也不能得出开发自己的税源的权力。《基本法》第 28 条第 2 款第 3 项第 2 半句给地方提供的保障只是一种税率权且归地方所有的与经济实力有关的税源，但是也没有授予地方对于设立企业税的立法权（见页边码 1358）；且联邦法律也可能确定企业税的最小税率。[221] 然而，联邦州根据《基本法》第 105 条第 2a 款

---

[218] BVerfG, 2 BvL 11/61, BVerfGE 16, 306 (326 ff)。参考地方对于包装税的批评意见，BVerfG, 2 BvR 1991, 2004/95, BVerfGE 98, 106 (124)。

[219] BVerfG, 2 BvR 1275/79, BVerfGE 65, 325 (351); BVerfG, 2 BvR 1991, 2004/95, BVerfGE 98, 106 (124 f)。

[220] 参考 BVerfG, 2 BvR 1991, 2004/95, BVerfGE 98, 106 (124 f)。

[221] BVerfG, 2 BvR 2185, 2189/04, BFH/NV 2010, 793 ff.

的规定把税收立法权转移到了地方的地方税法中[222],这样在满足所说的前提条件下,由地方引进一种新的区域消费税和支出税成为可能,只要这种税收与联邦法律规定的税收不相同。

> **情形 4**(页边码131)**的解决方法**:由北莱茵—威斯特法伦州的 A 区颁发的《税收章程》的法律基础可能是《北威州地方税收法》第3条第1款第1项的规定,根据这项规定,地方可以"征税"。但是需要注意的是,这里涉及的不是原始的立法权。联邦州一般情况下把《基本法》第105条第2a款中规定的立法权转交给地方(地方协会)。然而关于地方税法,联邦州只有在《基本法》第105条第2a款中规定的联邦州所拥有的权限范围内才能把立法权转交给地方(地方协会)。因此《北威州地方税收法》第3条第1款第1项来并没有给征收额外的所得税(建议1)提供法律依据。与此相对,对所谓养马税的征收可以以《北威州地方税收法》第3条第1款第1项的规定为依据。养马税与马匹的饲养相关联,因此同特殊的支出相关。在支出税中也涉及《基本法》第105条第2a款规定范围内的一种地方支出税,因为这种税应该只针对在地方范围内饲养的马匹进行征收。有疑义的是,在 A 区区域内引进养马税是否会受到《基本法》第105条第2a款作出的相似性禁止条令的阻碍。但是源于养马税的负担作用(马匹饲养的负担)和塑造作用(限制赛马运动)并不是以联邦法律规定的税收为出发点。因此没有与联邦法律规定的税收相同。A 镇可以颁发有关养马税的相应的法规。

145

(三) 税收获得权

除了对立法权的规定外,财政宪法在《基本法》第106条和第107条中还对税收收益的分配作出了规定。对来自税收的收益的分配一直被称为**财政平衡**而且在一项多级程序中完成。[223]

146

1. 联邦国家中的支出责任

联邦国家的宪法要求把联邦与州的责任分开。为了避免削弱联邦责任,因此通过1969年的财政改革明确规定,联邦和州单独承担各自履行任务时的支出费用。但是有

147

---

[222] 关于转移的宪法许可性,见 BVerfG, 2 BvR 1275/79, BVerfGE 65, 325 (343); BVerfG, 2 BvR 1991, 2004/95, BVerfGE 98, 106 (123)。

[223] 相关概念,见 *Inhester*, Kommunaler Finanzausgleich im Rahmen der Staatsverfassung, 1998, S. 25 ff.

关《基本法》第 104a 条第 1 款规定所确定的**关联性原则**[224]，基本法也规定了几种例外情况。如联邦根据《基本法》第 104a 条第 2 款的规定承担任务管理的支出费用。此外根据《基本法》第 104a 条第 3 款的规定，提供资金但由联邦州执行的联邦法律可以决定资金全部或部分由联邦担负。《基本法》规定了另一种根据《基本法》第 91a、91b 条的规定给共同任务提供资金的关联性原则的例外情况。此外，根据《基本法》第 104a 条的规定，联邦可以为联邦州和地方特别重要的投资提供财政援助，这对于防止国民经济的平衡被扰乱、联邦内不同经济实力的平衡或者经济发展的促进都很必要。然而仅仅原则上是这样，联邦在相关领域有立法权限。仅有在自然灾害或者特殊的困难时期，联邦有权在没有立法权限的前提下，提供财政支援，《基本法》第 104b 条第 1 款第 2 项。

2. 联邦国家的财政平衡

148　　被称为财政平衡的针对联邦和拥有多个城镇的各个联邦州进行的税收收入分配在《基本法》第 106、107 条中进行了规定。对税收收入进行分配的目的是，鉴于承担的任务在现有的财政资金范围内给联邦与联邦州提供合适的财政资金。[225]

149　　《基本法》第 106 条规定在**第一阶段**把特定的税收收入额分派给联邦、联邦州、地方以及联邦和联邦州共有（所谓的**原始的纵向的财政平衡**）。纵向的意思是：联邦和联邦州之间；原始的意思是：如最初在《基本法》第 106 条中作出规定。

150　　大多数税收的收益（但是不是收益最大的）要么直接分配给联邦和联邦州，要么直接分配给地方。根据所谓的**分界体制**，联邦允许把在《基本法》第 106 条第 1 款规定中列举出的联邦税（关税[226]和消费税的绝大部分）收入占为己有。与此相对，在《基本法》第 106 条第 2 款中列出的联邦州税（其中包括遗产税、啤酒税和赌场税[227]）收入归联邦州所有。对地方层面而言，收入分配根据《基本法》第 106 条第 6 款的规定进行。根据这项规定，营业税和土地税（所谓的"实际税"）收入归地方所有（也见《税法通则》第 3 条第 2 款）。

151　　而收益最大的单项税种，即个人所得税、法人所得税和增值税根据所谓的**复合体制**进行分配。根据《基本法》第 106 条第 3-5a 款的规定，联邦、联邦州整体和地方从这些所谓的集体税收中分别获得特定比例的税额。

152　　在**第二阶段**，在《基本法》第 107 条规定的基础上，要把分配给联邦州整体的税收收

---

[224] BVerfG, 2 BvF 1/64, BVerfGE 26, 338 (390).
[225] BVerfG, 2 BvF 1, 5, 6/83, 1/84 und 1, 2/85, BVerfGE 72, 330 (383).
[226] 关税自 1975 年 1 月 1 日起流入欧盟。参考 BGBl II 1970, S. 1261。
[227] 机动车税征税权自 2009 年 7 月 1 日起移至联邦。G. v. 19.3.2009, BGBl I, S. 606；亦参见 Art. 106b GG.

入分配给单个联邦州(所谓的**原始的横向的财政平衡**[228])。有关个人所得税和法人所得税方面,要根据《基本法》第 107 条第 1 款的规定要按照**地方收入原则**进行分配。要根据与分解法相联系的《基本法》第 107 条第 1 款第 2 项的规定对出现的曲解进行纠正。[229]根据《基本法》第 107 条第 1 款第 4 项的规定,营业税收入的分配一开始就不是根据地方收入的标准进行,而是根据**单个联邦州居民数量**的标准进行。然而,根据这种方法只有联邦州在营业税中所占份额的 3/4 得到了分配。剩余的 1/4 根据《基本法》第 107 条第 1 款第 4 项第 2 半句的授权以(任选的)补充性份额的形式分配给财政实力较弱的联邦州。

153 为了对联邦州的不同财政实力进行平衡,在原始的收入分配之后,接着根据《基本法》第 107 条第 2 款规定在联邦州中进行**第三阶段**的有限的收入再分配(所谓的**第二级的水平的财政平衡**或者也称为**严格意义上的联邦州之间财政平衡**)。[230]

154 在第四阶段,《基本法》第 107 条第 2 款第 3 项规定可以进行联邦对能力差的联邦州的补充分配。[231]

155 在所谓联邦改革 I(《基本法》第 91a、91b 条规定的共同任务)范围内的混合财政的第一次变更之后,通过所谓的**联邦改革 II**,联邦与州之间的财政关系被重新规定。[232] 依此,各州在 2011 年至 2019 年间会获得联合帮助,目的是为了能够遵守 2020 年后计划的对州的负债禁令(新版《基本法》第 109 条第 3 款)。[233]

(四)税收管理权

156 税收管理权限的分配根据《基本法》第 108 条来决定。根据《基本法》第 30 条和第 83 条规定的基本思想,税收管理权的重心在联邦州。

1. 联邦的管理权限

157 根据《基本法》第 108 条第 1 款的规定,联邦仅对关税、财政垄断、联邦法律规定的包括进口增值税在内的消费税和欧盟范围内的税收具有管理权(《基本法》第 106 条第 1 款第 1 项的规定)。联邦机构的设立由联邦法律决定(《财政管理法》)。根据这项法律,**最高的联邦财政机构**为联邦财政部,**高级机构**——也就是说没有自己的管理分支机构的机

---

[228] BVerfG, 2 BvF 2, 3/98, 1, 2/99, BVerfGE 101, 158 (221)。

[229] 详见 *Henneke*, Öffentliches Finanzwesen, Finanzverfassung, 3. Aufl, 2010, Rn 734 ff。

[230] BVerfG, 2 BvF 2, 3/98, 1, 2/99, BVerfGE 101, 158 (221 ff)。详见 *Häde*, Finanzausgleich, 1996, S. 217 ff。

[231] BVerfG, 2 BvF 2, 3/98, 1, 2/99, BVerfGE 101, 158 (223 ff); *Birk/Wernsmann*, DÖV 2004, 868。关于补充拨款的问题,详见: *Korioth*, Der Finanzausgleich zwischen Bund und Ländern, 1997, S. 643 ff。

[232] G. v. 29.7.2009, BGBl I, S. 2248。在此背景下新制定的债务规定,Tappe, DÖV 2009, 881。

[233] 参考 Korioth, in: *Junkernheinrich/Korioth*, Jahrbuch für öffentliche Finanzen, 2009, S. 389 (401 ff)。

构——有联邦白兰地垄断管理局、联邦平衡局、联邦税收管理中心、联邦中心服务与公开资产管理局(《财政管理法》第1条第2目)和联邦财政服务监管机构(《财政服务监管法》第1条第1款)。**中级机构**除了关税稽查局之外还有联邦财政管理机构,该机构从2008年起取代了迄今为止的高级财政管理机构的联邦部门。这些机构根据《财政管理法》第2a条第1款的规定可以任意选择(参见《基本法》第108条第1款第3项和第2款第3项规定)。**地方机构**有关税总局,包括办事处和关税稽查局(见《财政管理法》第1条第4目)。

2. 联邦州的管理权限

158　州财政管理局根据《基本法》第108条第2款的规定对所有其他的税收进行管理。只要涉及收入全部或部分归联邦所有的税收,根据《基本法》第108条第3款第1项的规定,联邦州根据联邦的委托进行行动。联邦州财政机构的设立根据《基本法》第108条第2款第2项中规定的联邦权限同时在《财政管理法》中进行了规定(见《财政管理法》第2条)。联邦州财政机构根据《财政管理法》第2条的规定划分为负责财政管理的最高联邦州机构(财政部),高级机构(如巴伐利亚州的州税务局),作为中级机构的**高级财政管理局**(OFD)和作为地方机构的财政局。根据《财政管理法》第2a条的规定,可以通过法规放弃中级机构。在这种情况下,权力就到了联邦财政部或州财政部的手中(《财政管理法》第2a条第2款第1项规定:从《财政管理法》第1条第1目或第2条第1款第1目规定来讲的最高机构)或者如果根据《财政管理法》第2a条第2款2—4项的规定,通过法规对此作出了规定,那么权力就到了其他联邦财政机构或州财政机构的手中。根据《财政管理法》第2条第1款第2、3目规定,上级机关(《财政管理法》第6条)也可作为高级财政管理局。[234] 至2008年为止常见的混合管理(高级财政局作为联邦和州的中级机构)随着设置联邦财政管理局作为中级机构而结束。[235]

159　在税收管理所适用的程序法方面,《基本法》第108条第5款很有意义,在其法律基础上完成了《税法通则》(1977年)。相对应的,财政法庭条约是基于《基本法》第108条第6款。

3. 地方的管理权限

160　只要联邦州把仅流入地方的税收(实际税、地方消费税和支出税)全部或部分委托给地方,地方的管理权可以根据《基本法》第108条第4款第2项的规定得出来。如果联邦

---

[234] 在拜仁州:Bayerisches Landesamt für Steuern,在图林根州:Thüringer Landesfinanzdirektion。
[235] G. v. 13.12.2007,BGBl. I, S. 2897.

州进行了这样的委托,那么根据《基本法》第 108 条第 5 款第 2 项,第 7 款和《税法通则》第 1 条第 2 款的规定,地方就和联邦的税收规定和管理规定联系到了一起。然而对于这两种最重要的地方税,即营业税和土地税而言,地方只能决定征税的税率和确定税额的高低;除此之外,对这些税收的管理通过确定估计税额的联邦州财政机构来完成(《税法通则》第 184 条)。

（五）欧盟内部的财政权分配

情形 5：欧盟委员会特别希望能针对日益恶化的环境污染采取措施。思考路径如下,对二氧化碳排放和能源消耗征税。欧盟理事会可否通过一项条例在欧洲范围内开征此税？它可否通过颁布一项指令,强迫成员国开展施行这一税收？**（页边码 165）** 161

《欧盟运行条约》在第 110—113 条(此前规定在《欧共体条约》第 90—93 条)规定了有关税收的规则。但它仅就税收歧视与税收协调的问题进行了规定。不同于《基本法》,欧洲的基本法中不包含"财政宪法"。有关捐税法领域的权利可在条约的不同条款中找到。[236] 162

对于通过欧盟机关立法适用有限权利原则(《欧洲联盟条约》第 5 条,《欧盟运行条约》第 7 条)。因此议会的每次立法行为都要有条约中的明确的法律依据。征税的权利并未规定在这些条约中。欧盟在原则上不具备独自的税收立法权能。征税的权利,一如既往是成员国的事务。[237] 163

在这一原则之下,只有少数例外。这样(的例外发生在),共同体有权限对其自身的人员征税。[238] 对此的规定在《欧盟运行条约》第 192 条第 2 款第 1 项 a)点(以前在《欧共体条约》第 175 条第 2 款)中,其赋予了理事会在环境政策方面一致地颁布"压倒性税收形式规则"的权能。 164

在**情形 5**(页边码 161)中,根据《欧盟运行条约》第 192 条第 2 款,欧盟理事会有职权引入一项二氧化碳税或能源税,当其涉及环境政策领域的压倒性税收形式规则时,且 165

---

[236] 参见 Lienemeyer, Die Finanzverfassung der Europäischen Union, 2002, S. 112 ff。
[237] 关于对不守约束的欧盟税收的讨论,见 Stiftung Marktwirtschaft (Hrsg), Argumente zu Marktwirtschaft und Politik, Braucht Europa eine Steuer? Heft Nr 77, 2003。
[238] 参考 ABl L 56 vom 4.3.1968, S. 8; ABl L 264 vom 2.10.2002, S. 15。

> 从条约的分类系统中得不出欧盟只具有税收协调功能而不能引入新的税收这点时。当人们将一项二氧化碳税或能源税视作一项间接税时,在减少二氧化碳和能源消耗的指导目标是很重要的情况下,它们即为《欧盟运行条约》第191条第1款规定的目标服务。虽然一项二氧化碳税或能源税作为一种"其他的间接税"也受到《欧盟运行条约》第113条的规制,然而《欧盟运行条约》第192条第2款为以下所有税种作出了特别规定,即追求环保政策的指导目标以及初始目的并非为了公共财政需求的满足。[239] 因此理事会有权在《欧盟运行条约》第192条第2款(委员会提议,听证,一致的决议)前提下通过一项条例颁布施行一种欧洲的二氧化碳税或能源税,或者是通过颁布一个指令强制成员国自己引入这种税。

166 收益权仅规定在《欧盟运行条约》第311条第1款(此前规定在《欧共体条约》第269条第1款),据此规定,财政在不损害其他收入的情况下通过自有财源获得支持。联盟有权获得何种以及多少自有财源,基于《欧盟运行条约》第311条规定在各自实际的基于《欧盟运行条约》第311条颁布的**自有财源决议**中。[240] 据此,农产品进口差价税以及关税中的收益归属于成员国(根据第2条第1款第a点)。对此还包括成员国增值税的一部分(根据第2条第1款第b点)以及成员国国民生产总值(BNE)的一部分(根据第2条第1款第c点)。[241] 根据第2条第2款,欧盟还对其他在条约范围内施行的税收享有收益权(例如根据《欧盟运行条约》第192条第2款规定的生态税,页边码163),当《欧盟运行条约》第311条第3款的严格前提条件(欧洲议会听证,理事会一致决议,成员国批准)被遵守时。[242] 目前自有财源的上限为成员国国民生产总值的1.24%(根据第3条第1款)。

167—169 包括关税和农产品进口差价税的税收上的行政主权仅归属于成员国。欧盟没有自己的税收行政机关。但是存在联盟内法律性质的规定,其规定了在征税方面的国家间税

---

[239] 其结果类似,*Böhm*, in: *Schwarze*, EU-Kommentar, Art. 175 EGV Rn 13; *Kahl*, in: *Streinz*, EUV/EGV, 2003, Art. 175 Rn 19; *Krämer*, in: *von der Groeben/Schwarze*, EUV/EGV, 6. Aufl 2003, Art. 175, Rn 12 ff, 26.

[240] 现在适用 Eigenmittelbeschluss 2007/436/EG v. 7. 6. 2007, ABl Nr L 163, S. 17 ff.

[241] *Birk*, Handbuch des Europäischen Steuer—und Abgabenrechts, § 5 Rn 32 ff.

[242] 参见 *Oppermann*, Europarecht, 4. Aufl, 2009, § 9 Rn 2.

收行政的合作(所谓的行政援助政策[243])。

二、征税权力的宪法法律限制

基本法的国家为自由经济的框架条件提供保障,它不是自己经营经济获得收入,而是依靠税收。[244] 因此,《基本法》以国家分享私人财政实力为出发点,但是通过法治国原则和基本的法律对这种权力加以限制,这些基本的法律保障个人财产(《基本法》第14条第1款)和工作自由(《基本法》第12条第1款)并规定对公共负担进行平等分配(《基本法》第3条第1款)。[245]

170

171

情形6:2001年12月联邦议会经联邦参议院的同意通过了一项法律,内容如下:
a) 为了满足增长了的国家财政需求,所得税税率从2001年1月1日起提高10%。
b) 为了使负责摊销业务的会计们"停止作恶",从2001年1月1日起针对所有投资取消了对于船舶的特殊摊销。
这项法律符合宪法规定吗?**(页边码180)**

(一) 法制国家的限制

1. 税收合法性原则

与《魏玛帝国宪法》(第134条)相比,《基本法》没有明确包括税收合法性原则。然而,作为一部**干预法**,税法总是遇到《基本法》的法律保留条件和正式的(议会)法律保留条件。税收干预只有建立在法律的基础上时,即建立在所谓的征税**合法性基础**上时才被允许。如果金钱给付义务对婚姻和家庭造成了损害(如根据1951年《个人所得税法》第26条进行的收入合计),那么个人对于这种干预可以引用《基本法》第6条第1款规定作为主体防御法。与此相对,与参与个人财产状况分配相关的税收促成了《基本法》第14

172

---

[243] 7/799/EWG v. 19.12.1977, ABl EG Nr L 336/15, 最近一次通过2004年11月16日的 RL 2004/106/EG 进行变更, ABl EG Nr L 359/30, 通过1985年12月19日的《欧共体行政协助法》(EG-Amtshilfegesetz)进行转换, BGBl I, S. 2436, 2441, 最近一次通过2007年12月20日的法律进行变更, BGBl I, S. 3150。

[244] *Kirchhof*, in: *Isensee/Kirchhof*, HStRV, § 118 Rn 1 ff.

[245] 该领域最高法院判例的概况, Birk, Die Verwaltung 35 (2002), 91 ff; *Kirchhof*, AöR 2003, 1 ff; *Papier*, DStR 2007, 973 ff; Waldhoff, Die Verwaltung 41 (2008), 359 ff; *Birk*, DStR 2009, 877 ff; *Spindler*, Stbg 2010, 49 ff; *Morgenthaler/Frizen*, JZ 2010, 287 ff.

条第 1 款第 2 项规定中的法律保留条件的制定。[246] 但是，即使不存在对特殊基本法律的干预，根据联邦宪法法院的看法，"任何情况下"都会从《基本法》第 2 条第 1 款中得出税收的合法性原则。[247] 此外，《基本法》第 20 条第 3 款也以这项法律的保留条件和税收的合法性为前提，因为管理方面的法律规定至少在结合领域排除了国家行政权的恣意行为。

173 在税法中也不能排除以下这种情况，不能从（税）法的规定中直接推断出对于特定法律问题的判决。[248] 这样，一方面有可能税法只给出了一项普遍不完善的规定或者没有给出规定。即使两种法律相互冲突而且在法律中对哪一种法律具有优先权的问题没有作出规定，那么这种情况下法律漏洞也会被接受。此外，如果比如税法导致在它的塑造功能上完全不被立法机构遵循或者至少不被立法机构所考虑的结果，那么根据立法机构的起草意愿原则在税法中就会产生法律空隙。在颁布法律时，立（税）法机构可能对法律空隙有意识，因为有关法律决定的问题还不成熟（有意识的法律空隙）。与此相对，在由于需要进行规定的生活事实情况在法律颁发后通过现实情况的变化而变得重要，但立法机构却完全忽视了这种需要进行规定的生活事实情况或者还完全不能决定这种情况时，就会出现所谓的无意识法律空隙。

174 一般行政法的基本出发点为即使在使用干预标准的情况下也要考虑通过类比推理来填补法律空隙。有时候认为，进行不利于具有纳税义务的人的类比是不可能的。[249] 但是近年来，联邦财政法庭的司法权和相关文献越来越多地认为，如果决定通过空隙填补来实现等价原则而且基于使用的类似法律可以预见这种漏洞填补，那么不能通过税收干预时要求的严格的合法性与符合实际性排除不利于具有纳税义务的人的类比。[250] 损害纳税人的类比只有在公民信任原文规定的界限时才不被允许。如果根据法律明显的目标认为，规定的内容超出了原文规定，即也包括那些尽管没有借助纯粹的定义而是借助了意义的相互关系以及标准的含义可以包含在这个规定领域之内的情况时，可以考虑

---

[246] K. Vogel, in: Isensee/Kirchhof, 1. Aufl. 1990, HStR IV, § 87 Rn 85; Waldhoff, in: Isensee/Kirchhof, HStRV, § 116 Rn 117 ff 和 Kirchhof, in: Isensee/Kirchhof, HStRV, § 118 Rn 117 ff. 进一步说明，BVerfG, 2 BvR 2194/99, BVerfGE 115, 97 (111); Hinzuerwerb von Eigentum.

[247] BVerfG, 2 BvL 5, 8, 14/91, BVerfGE 87, 153 (169).

[248] 法律漏洞的相关概念详见 Barth, Richterliche Rechtsfortbildung im Steuerrecht, 1996, S. 63 ff.

[249] 详见 Lang, in: Tipke/Lang, § 5 Rn 58 ff.

[250] 参见 BFH, VII R 39/91, BFHE 168, 300 (304) 有进一步论证；关于发展历史，亦见 Schenke, Rechtsfindung im Steuerrecht, 2007, S. 216 ff; R. Wendt, in: FS Wadle (2008), S. 1203 ff.

使用类推的方法。[251]

2. 明确性规定

税收的合法性原则通过法制国家原则中固有的信任保护原则得到补充。对于纳税公民而言,对个人财产的干预必须在为该干预提供基础的法律中能够找到相应的规定。他们必须能够对加在他们身上的税收负担作好思想准备。因此,必须尽可能确定地收集法定的税收构成要件。根据构成要件确定性原则,税收构成要件必须根据内容、对象、目标和规模来确定[252],而且要能让公民领会涵义[253]。基于确定性原则而得到的规范明晰原则,即当此类税收立法在符合可征税生活事实关系的特征与规范目的的可能下,立法者对于税收立法应当足够明确、易于理解且清晰。[254]

175

根据这项准则,单是所得税法中的许多规定由于违反了法制国家的确定性规定必须被宣布为属于违宪行为。[255]但是联邦宪法法院在实际上并没有这样做,而是明显降低了对于税收标准构成要件确定性的理论要求。在这项司法权的基础上,只有在立法机构对主要章程规定地足够准确而使管理机构和法院有能力"借助公认的调解手段对出现的疑难问题作出回答"时,构成要件确定性原则才能得到遵守。[256]

3. 追溯禁令

在税法中经常会出现这样的情况,税收负担反过来会对纳税人的财产状况产生不利的影响。因此,立法机构在估价期间可能会把所得税法严格化,对已经课税的年收入部分再额外进行征税。但是具有纳税义务的人只有在了解税收构成要件的法律后果情况

176

---

[251] *Birk*, Steuerrecht I, § 11 Rn 31;质疑的,BVerfG, 2 BvR 2088/93, NJW 1996, 3146。关于税法上的类推,见 *Crezelius*, FR 2008, 889 ff.

[252] BVerfG, 2 BvL 1/59, BVerfGE 13, 153 (160);批判性的,*Jehke*, Bestimmtheit und Klarheit im Steuerrecht, 2004, S. 147 f 有进一步论证。

[253] BVerfG, 2 BvL 19/70, BVerfGE 34, 348 (367); 2 BvR 154/74, BVerfGE 49, 343 (362); 2 BvR 1057, 1226, 980/91, BVerfGE 99, 216 (243); 2 BvL 1/01 ua, BVerfGE 108, 186 (235)。

[254] 参见提及 BVerfG (Az. beim BVerfG 2 BvL 59/06) 司法判决的 BFH 移送裁决, XI R 26/04, BStBl II 2007, 167 (169)和 BFH 裁决 IX B 92/07, DStR 2007, 2150;亦见 *Luttermann*, FR 2007, 18 ff.。参见 *Bartone*, in: Rensen/Brink, Linien der Rechtsprechung des BVerfG, 2009, S. 305 ff 中迄今为止的判例概况。

[255] 例如 § 18 Abs. 1 Satz 2 EStG:此条规定的"类似职业"是什么?§ 15b Abs. 2 EStG 中的"模范式构成"是什么?对 § 15b 确定性的质疑 *Naujok*, BB 2007, 1365。BFH 已经提出了对于旧版 EStG 第 2b 条宪法方面的质疑(BFH, IX B 92/07, BFH/NV 2007, 2270);其他观点,*Jehke*, Bestimmtheit und Klarheit im Steuerrecht, 2004, S. 227 ff (合宪的)。

[256] BVerfG, 1 BvR 334/61, BVerfGE 21, 209 (215)。标准解释客观化规定,*Towfigh*, Der Staat 48 (2009), S. 29 ff。

下才能够预先计算应缴纳的税额和对行为的基础进行计算。因此，原则上追加禁令在税法中也适用，它是联邦宪法法院从法制国家原则中推导出来的。[257]

与刑法（《基本法》第 103 条第 2 款）不同的是，在税法中并没有完全禁止追补加税的法律。一般要对法律后果的追溯作用与事实构成的追溯联系加以区分。据此，如果法律规定时间上适用范围的开始时间被确定在某一标准的时刻，而这一时刻位于法律规定上存在的时间之前，即处于规定生效之前（法律后果的追加作用，"真的"追加作用）[258]，那么这时这项法律规定就发挥了追加作用。与此相对，如果一项规定使得它的法律后果的出现依赖于宣布这项规定之前的实际情况，那么就产生了"事实构成的追加联系"（"假的"追加作用）。[259]

177　法律后果的追加作用（真的追加作用）违反了法制国家原则，因此原则上不被允许。只有在"共同利益的强制原因或者现在不存在（或者不再存在）值得保护的个人信赖"允许违规行为的情况下，才有可能存在例外。[260] 这可以是以下这种情况，即一项规定模糊或者含糊不清，相关人员根据法定的状况必须在与法律后果出现相关的时刻依靠其来解释澄清。[261]

178　与此相比，事实构成的追溯联系（不真正追加作用）在宪法法律中经常是允许的。在这些情况下，大众的利益通常优先于相关人员对于旧规定继续存续的信任。[262]

179　对许可的事实构成的追溯联系与法律后果的追溯作用进行区分比较困难，只能在个别情况的基础上进行区分。对于所得税法而言，联邦宪法法院认为，如果在估价期到期之后宣布了一项规定，而且这项规定对所结束的估价期的法律后果作了事后的改变[263]，那么就存在（不允许的）法律后果的追溯作用。与此相对，如果一项规定是在估价期间宣布的，那么根据联邦宪法法院的看法，仅仅存在至今还未产生法律后果的新规定，因此存

---

[257] BVerfG, 2 BvR 882/97, BVerfGE 97, 67 (78). 亦见 *Wernsmann*，JuS 1999，1177 ff 和 JuS 2000，39 ff；*Desens*, in: *Rensen/Brink*, Linien der Rechtsprechung des BVerfG, 2009, S. 329 ff；关于对判决的信任，参考 BFH, GrS 2/04, BStBl II 2008, 608。
[258] BVerfG, 2 BvL 2/83, BVerfGE 72, 200 (241)。
[259] BVerfG, 2 BvL 2/83, BVerfGE 72, 200 (242)。
[260] BVerfG, 2 BvL 2/83, BVerfGE 72, 200 (258)；2 BvR 882/97, BVerfGE 97, 67 (79 f)；类似的，BVerfG, 2 BvL 1/00, BVerfGE 123, 111 (129 f) 相信法律缺乏，*Tappe*, DB 2009, 2267 (2269 f)；其他观点，*Viskorf/Hernler*, DB 2009, 2507（遗产税案例）。
[261] 关于个别的正当化依据，参考 *Wernsmann*，JuS 1999, 1177 (1178 f)；Tappe, DB 2009, 2267 (2269)。
[262] 提及 BVerfG, 2 BvL 19/91, 2 BvR 1206, 1584/91 和 2601/93, BVerfGE 92, 277 (344) 的 BVerfG, 2 BvR 882/97, BVerfGE 97, 67 (79)。
[263] BVerfG, 2 BvL 2/83, BVerfGE 72, 200 (242 ff)。

在事实构成的追溯联系[264]（所谓的与估价相关的追溯作用概念）。[265] 因为法律后果（＝税收的产生）经常随着日历年（＝估价期）的过程而出现，如参见《个人所得税法》中与第25条第1款规定相联系的第36条第1款规定。如果具有纳税义务的人在信任调节事实构成（页边码205）的情况下进行处理安排，那么其他的规定应该发挥效用。如果立法机构迟些时候想把偏离的法律后果与这种安排联系在一起，这时就存在法律后果的追溯作用。[266] 联邦财政法院在一个提交的决议中继续进行区分：因此在有"处分获得"的法律变动中，对于真的与假的追溯作用之间的差异，时间点是决定性的，在此时间点内，纳税义务人可基于对该时间点产生的法律状态的信任，行使其受《基本法》第2条第1款保护的活动自由。[267] 联邦宪法法院虽在其最新的——在草稿交付后公布的——司法裁决中对真的与假的追溯作用的差异进行了确定，但也审核了在假的追溯作用中的比例，以致于作为假的追溯作用的分类不再自动符合宪法要求。[268]

情形 6a（页边码171）的解决方法： 这项法律有可能违反所谓的追溯禁令。必须对原则上许可的事实构成追溯联系（"假的"追溯效用）与原则上不允许的法律后果的追溯作用（"真的"追溯效用）进行区分。如果一项规定时间上的适用范围被确定在某一标准的时刻，而这一时刻位于规定在法律上存在的时间之前，即处于规定生效之前（见前面的页边码176），就产生了"真的"追溯效用。一项法律规定在进行法律上的宣布后就在法律上开始存在（《基本法》第82条第1款）。此外，整个所得税法都以收益和所得计算中的年收入原则为特点。这意味着，所得税章程的法律后果产生了，它对特定收

180

---

[264] BVerfG, 2 BvR 882/97, BVerfGE 97, 67 (80). 关于在 § 23 EStG 下延长"投机期限"，更严格，BFH, IX R 46/02, BStBl II 2004, 284：BFH 认为 § 23 EStG 新规定是一种假的追加效用，在个别情形下，由于违反信任保护的基本原则，假的追加效用是违宪的（Az. des BVerfG 2 BvL 2/04）。对于不许可的真实追加效用，见 *Birk/Kulosa*, FR 1999, 433. 参考 § 17 EStG 变更的合宪性, BFH, VII R 25/02, BB 2005, 975 和 BFH, VIII R 92/03, BB 2005, 981；*Aßmann*, DStR 2006, 1115.
[265] 批判性的，*Schaumburg*, DB 2000, 1884.
[266] BVerfG, 2 BvR 882/97, BVerfGE 97, 67 (80)；批判性的，*Osterloh*, DStJG 24 (2001), S. 383 (403 f)；*Wernsmann*, JuS 2000, 39 (40 f)；FG Sachsen-Anhalt, EFG 2008, 1220（Az. des BVerfG 1 BvL 3/08）. 有区别的，*Hey*, Steuerplanungssicherheit als Rechtsproblem, 2002, S. 313. 不同于 BVerfG, 2 BvR 882/97, BVerfGE 97, 67 ff, 如今 BVerfG, 2 BvR 305, 348/93, BVerfGE 105, 17 (36 ff) 也是显而易见的：假的追加效用。
[267] BFH, IV R 4/06, BStBl II 2008, 140 und BFH/NV 2009, 214.
[268] BVerfG, 2 BvL 14/02 ua, http://www.bverfg.de.

益的纳税义务作出规定,对所得税进行估价时始终与估价时间段相关联,而且通常与日历年有关(《个人所得税法》第25条第1款)。

因此在估价时期内的税率提高是假的追溯作用。无论如何,联邦宪法法院认为对税率进行适度的提高是允许的。

181—184

在**情形 6b** 的情况下,可能会存在原则上不允许的真的追溯效用。"如果税收法律给纳税人提供了一项节约补贴,而纳税人只有在估价期间内才能接受这项补贴,那么这种情况下的补贴供给在规定的时间范围内就创立了一种信赖基础,纳税人对由补贴引起的行为所作出的决定就以这种基础为依据。纳税人选择了对税收有利的特定的经济行为,而如果没有这项税收刺激措施纳税人就不会选择这种经济行为。通过这项决定调节作用与塑造作用最后都得到了实现。"[269]因此要以原则上不允许的真的追溯效用为出发点。这里这种真正的追溯效用可以例外地得到允许的原因却不清楚。[270]因此,**情形 6b** 情形下的法律由于违反了法制国家原则(《基本法》第20条第3款规定)是违反宪法的。

(二)基本权利的限制

185

国家的税收干预通过基本权利的规定进一步得到了限制。等价原则使立法机构有义务根据税负平等的原则进行征税,而自由的权利则用于防御对受《基本法》保护的自由状况进行的税收干预。[271]

1. 《基本法》第3条第1款规定的一般等价原则作为税法中的税负平等的准则

186

一般等价原则是国家分配合理性的基本原则,它要求通过设立和使用公平的比较准则来实现对(基本)相同的群体进行一致的相同对待和对(基本)不相同的群体进行不同的对待。[272]

187

《基本法》第3条第1款的规定既要求**法律设立平等**——立法机构根据联邦《基本法》第1条第3款的规定受一般平等性原则的约束——又要求**法律使用平等**,即通过财

---

[269] BVerfG, 2 BvR 882/97, BVerfGE 97, 67 (80).

[270] BVerfG, 2 BvR 882/97, BVerfGE 97, 67 (81 f) 中所依据的事实情况,与立法者希望避免的公布效果不相同。

[271] 参考 *Birk*, Die Verwaltung 35 (2002),91 ff; *P. Kirchhof*, AöR 2003, 1 ff。

[272] 参考 *Wernsmann*, in: *Hübschmann/Hepp/Spitaler*, § 4 AO Rn 439 ff; *Pieroth/Schlink*, Grundrechte, Rn 431 ff。

政管理和财政的可判决性来平等使用税收法律。在《税法通则》第 85 条(见页边码 478)中有这项原则简单的法律形式,它规定财政机构有义务对税款进行平等的估算。[273] 如果在征税中通过征收程序的法律塑造使原则上丧失了平等性,那么可以把它看作是法律征税基础的违宪行为(所谓的结构上的执行赤字)。[274]

在审核税法违反平等性时,联邦宪法法院愈发(在支付能力原则之外,见页边码 188 以下)利用被称作**连贯性要求**的具体化形式。立法者有义务"基于负担等价原则连贯性地转化一次遇到的负担裁决"。[275] 这种连贯性转化的例外需要特殊的事实原因,例如存在于指导目标中(页边码 203)。对于连贯性原则,其不关乎于独立的宪法规定,而是关乎于在税法领域对操作普遍的公平性规定的举证救济。其将立法的自由与"足够的理性与权衡"相联系,却不能为通过联邦宪法法院调整和保障"解决复杂且教条争议问题的正当性"提供依据。[276]

(1) 支付能力原则作为税收负担平等分配要求的具体化。

等价原则必须在特殊的领域具体化。[277] 税法中的平等是指根据个人的经济**支付能力**进行不同的负担分配。[278] 联邦宪法法院在税法等价原则具体化中以《魏玛帝国宪法》第 134 条的规定为出发点。这条规定的内容是:"所有的国家公民没有区别按照财产状况根据法律规定对所有的国家负担作贡献。"根据经济支付能力征税的原则尤其严格适用于所得税。[279]

188

---

[273] 关于所谓结构性执行亏损的效果,见 BVerfG, 2 BvR 1493/89, BVerfGE 84,239 (Ls. 1, 268 ff);*Eckhoff*, Rechtsanwendungsgleichheit im Steuerrecht, 1999;亦见 Rn 489—490。关于对判决的解读,见 *Kühn*, FR 2008, 506.

[274] BVerfG, 2 BvL 17/02, BVerfGE 110, 94 ff;参见 *Birk*, StuW 2004, 277 ff;BFH IX R 62/99, BStBl II 2003, 74;BVerfG, 2 BvL 14/05, DVBl. 2008, 652;参见 *Ratschow*, DStR 2005, 2006;*Klein*, DStR 2005, 1883;*Kühn*, FR 2008, 506;关于营业税,*Oellerich*, Defizitärer Vollzug des Umsatzsteuerrechts, 2008. 目前为止联邦宪法法院判决的概览,见 *Werth*, in: *Rensen/Brink*, Linien der Rechtsprechung des BVerfG, 2009, S. 411 ff.

[275] BVerfG, 1 BvL 10/02, BVerfGE 117, 1 (31);BVerfG, 2 BvL 1, 2/07, 1, 2/08, BVerfGE 122, 210 (231) 有进一步论证;参见 Birk, DStR 2009, 877 (881)。

[276] BVerfG, 2 BvL 1/00, BVerfGE 123, 111 (123),参见 *Drüen*, JZ 2010, 91 ff.

[277] BVerfG, 2 BvL 37/91, BVerfGE 93, 121 (134);*Kirchhof*, in: *Isensee/Kirchhof*, HStRV, § 118 Rn 168 ff.

[278] BVerfG, 1 BvL 20, 26/84 und 4/86, BVerfGE 82, 60 (86);*Birk*, Das Leistungsfähigkeitsprinzip als Maßstab der Steuernormen, 1983, S. 169 ff;*Lang*, in: FS Kruse, 2001, S. 313 ff;*Wernsmann*, Verhaltenslenkung in einem rationalen Steuersystem, 2005, S. 261 ff.

[279] BVerfG, 1 BvR 620/78, 1335/78, 1104/79 und 363/80, BVerfGE 61, 319 (351);1 BvL 10/80, BVerfGE 66, 214 (223).

189 　　　在所得税法中，根据支付能力征税的原则通过所谓的**净原则**进一步具体化。通过从获得的毛收入中扣除保证获得收入和保证生存的花费这种方式，确定与所得税纳税义务相关的实际支付能力。在收入获得者设立了获得收入的前提条件以及在经济上为不可避免的实际存在的前提条件提供保证之后，才能产生支付能力。[280] 因此，必须把纳税人应纳税的收入当做"净值"来理解。客观上，在计算需纳税的收入时，原则上要扣除纳税人为获得和保障收入来源所花费的费用（所谓的客观净原则，见页边码 615 以下）。[281] 然而，立法机构不一定要允许扣除实际的花费，而是还可以进行类型确定（见页边码 218 和 219）。此外立法机构可以在存在重要理由的情况下违反客观净原则。[282]

190 　　　只有在需要缴税的**收入**可以**支配**（"可支配"）时[283]，才能考虑国家通过征税分享纳税公民的个人经济收入。作为国家税收干预时课税估算基础的收入因此还不能从市场收入的形式中体现出来，而是还必须考虑到纳税人的削弱支付能力的花费，这些花费对于纳税人维护个人和经济上实际存在的前提条件非常必要。除了客观的净支付能力还要考虑到主观支付能力的因素（主观净原则）。因为在考虑到保障获得收入的花费后还必须考虑到保障生存的花费，因此必须根据今天在税法学中没有争议的理解分两步来计算所得税的课税估算基础。[284] 在所得税法中，客观和主观支付能力的区别在收入总额（《个人所得税法》第 2 条第 3 款）和需纳税的收入（《个人所得税法》第 2 条第 5 款）中得到了体现。

　　　消费税与往来税法也应当以支付能力原则为导向。因为消费税一般为间接税，无法考虑个人的纳税能力。此外，典型生存所必要的商品应当不承受负担或只是轻度地承受负担。现行的法律只是初步考虑了这点。[285] 对 2007 年 1 月 1 日生效的增值税率提高的宪法诉讼，联邦宪法法院并未给出裁决。家庭由此增加的相应的负担对于间接税的体系是必要的，且在（所得税的）家庭负担平衡的范围内须得到补偿。[286]

---

[280] BVerfG, 2 BvL 10/95, BVerfGE 99, 280 (290 f); BVerfG, 2 BvR 301/98, BVerfGE 101, 297 (310), 经常性司法判决; *Lehner*, Einkommensteuerrecht und Sozialhilferecht, 1993, S. 43 f. 亦参考 BFH, XI B 151/00, BStBl II 2001, 552 (553 f).

[281] 最新的讨论，参考 DStR Heft 34/2009 的副刊（不同的作者）。

[282] BVerfG, 1 BvL 4, 5, 6, 7/87, BVerfGE 81, 228 (237); BVerfG, 2 BvL 1, 2/07, 1, 2/08, BVerfGE 122, 210 (234)—Pendlerpauschale.

[283] BVerfG, 2 BvR 1818/91, BVerfGE 99, 88 (96). 对"可以支配"概念（可支配）的选择性的批判，*Fischer*, DStJG 24 (2001), S. 463 (502) 和 *Wernsmann*, StuW 1998, 317 (321—329).

[284] *Friauf*, DStJG 12 (1989), S. 29 ff. 与之相对的，*Bareis/Siegel*, DB 2006, 748。

[285] 参见 *Schaumburg*, in FS Reiß, 2008, S. 25 ff.

[286] BVerfG, 1 BvR 2129/07, DVBl. 2008, 105.

（2）纵向的和横向的税收公平性原则。

> **情形 7**：A 和 B 被 C 企业雇用为销售经理，两人的工资相同（月收入为 4000）。以下情况会对税收产生怎样的影响？
> a）如果 B 正好购买了一栋具有独立产权的公寓，他把公寓出租了出去，从中每月必须承担 500 的损失，
> b）如果 A 无子女，而 B 需要供养两名子女，
> c）如果两人都未婚，但是 B 把收入的 5% 捐给了宗教事业。**(页边码 194)**

在根据《基本法》第 3 条第 1 款的规定进行税法考核的范围内要对**横向的和纵向的税收公平**加以区分："在纵向方向上，与较低收入的税负相比，对较高收入征税必须满足公平性要求。在横向方向上，必须达到对具有同等支付能力的纳税人进行同等征税。"[287] 简短的说：对支付能力相同的人必须同等对待，必须根据他们的支付能力对支付能力不同的人进行不同的对待。

在《个人所得税法》中，个人支付能力分两级进行计算（在页边码 615 以下，628 以下有解释）。首先是根据客观支付能力（扣除了与获得收入有关的花费后的收入＝收益），然后是主观支付能力（扣除了保障生存所需的花费后的收益＝所得）。主观支付能力才显示出了收入中的哪部分需要纳税。

在**情形 7**（页边码 191）中 A 和 B 尽管有同样的工资收入，但是却不能作为同等的支付能力来对待（因此不能征收相同的所得税）。在例子 a）中 B 由于购买了具有独立产权的公寓而开辟了新的收入来源，但是这却给他带来了损失。B 的客观支付能力比 A 的小。在例子 b）中，A 和 B 拥有相同的客观支付能力，但是 B 具有对子女的抚养义务，这降低了他的主观支付能力。在例子 c）中，B 自愿给教会捐赠。在这里所涉及的不是保障生存所需要的花费，因此在确定支付能力时不应该把这种情况考虑进去。A 和 B 具有同等的支付能力，必须根据规定对两人征收同等额度的税。但是如果立法机构允许把捐赠额从课税估算基础中扣除出去（《个人所得税法》第 10b 条），那么这不是出于公平征税的原因，而是出于制度政策的原因。

---

[287] 此处仅参考 BVerfG, 1 BvL 20, 26/84 und 4/86, BVerfGE 82, 60 (89) 参阅 *Birk*, Das Leistungsfähigkeitsprinzip als Maßstab der Steuernormen, 1983, S. 165, 170。

2. 通过其他宪法内容使按支付能力征税原则具体化

195 作为制度性原则,按支付能力征税的原则依赖于立法机构进行的具体化。[288] 支付能力原则的标准性内容因此也主要受到基本法律的宪法法律上的价值决定的影响。

(1) 考虑税收中的最低生活收入的要求。

196 对于格奥尔格·沙恩茨(Georg Schanz)(1853—1931)而言,在个人"可有可无的享受"开始的地方征税就已经是很自然的事情了。[289] 与此相对,联邦宪法法院在司法权上一开始对于家庭最低生活收入免税还持犹豫的态度。一方面尽管要求要考虑到不可支配的个人生活费用支出[290],但是另一方面又违反体制接受了把对由于负担子女的生活费用带来的纳税人支付能力的实际下降的考虑排除在外的做法。[291] 然而,这种在法律文献中受到批评的观点在后来的判决中明确被取消了。

197 联邦宪法法院当前的司法判决使税法立法机构的负担分配决定受到来自《基本法》第1条第1款规定的基本法律的价值决定和《基本法》第20条第1款规定中的社会福利国家原则的约束。[292] 如果国家必须通过社会福利支出为无产公民合乎人的尊严的生活提供最低保障,那么首先通过税收使公民失去了国家必须以社会救济的形式随后返还给公民的那部分费用的做法就会与现存的社会制度格格不入。不应该对纳税人保证生活所需要的那部分收入征税。[293] 其中不仅事实上的最低生活收入被保障。对于私人医疗保险的交费也可成为所得税保护的最低生活收入的一部分。[294] 联邦宪法法院对纳税人最低生活收入免税的宪法要求不仅仅来源于与《基本法》第20条第1款规定中的社会福利国家原则相联系的《基本法》第1条第1款规定,而且还在考虑到《基本法》第14条第1款和第12条第1款规定的情况下与《基本法》第2条第1款规定相关联。据此,要求用于保障纳税人直接的个人需求以及发挥自由权利的收入越多,对立法机构涉入与所得税相关的收益的许可就越少。这些规定的适用与家庭的社会地位无关,因为不可支配的支出费用不能是税收支付能力的基础,因此不能对这部分费用征税。[295]

---

[288] *Lang*, Die Bemessungsgrundlage der Einkommensteuer, 1988, S. 99.

[289] 参考 *Schanz*, Handwörterbuch der Staatswissenschaften III, 1892, S. 325.

[290] BVerfG, 1 BvR 150/75, BVerfGE 43, 108 (120).

[291] BVerfG, 1 BvR 150/75, BVerfGE 43, 108 (124 ff).

[292] BVerfG, 1 BvL 20, 26/84 und 4/86, BVerfGE 82, 60; 2 BvR 1057, 1226, 980/91, BVerfGE 99, 216 (233); BVerfG, 2 BvL 42/93, BVerfGE 99, 246 (259).

[293] *Wendt*, Familienbesteuerung und Grundgesetz, in: FS Tipke, 1995, S. 47 (51).

[294] BVerfG, 2 BvL 1/06, BVerfGE 120, 125 ff.

[295] BVerfG, 1 BvL 20, 26/84 und 4/86, BVerfGE 82, 60 (87 f).

在确定所得税的最低生活收入时,立法者也注意到间接税对于生活成本的提高。对于间接税(例如增值税)的提高,纳税义务人却不能基于最低生活收入须完全免税的理由进行防御。[296]

最后,联邦宪法法院用法律教条主义和法律政策的不确定形式把所谓的减少了课税估算基础的用于**子女监护和教育**的免税金额看作是宪法法律的要求。[297] 这种情况涉及到的监护和教育花费(《个人所得税法》第31、32条第6款),它随着父母支付能力的增长而增长。这与所谓的通过儿童免税金额而设的免税的**实际最低**生活收入不同,并不符合实际情况。 198

(2) 税法中支持婚姻和家庭的要求。

根据《基本法》第6条第1款规定,婚姻和家庭受到国家制度的特别保护。根据这项规定,税法中也规定禁止损害婚姻和家庭。[298] 在税法中,与未婚者和非家庭相比,带来损害的不公平对待不允许影响到婚姻或家庭的存在。与此相适应,在对家庭成员必要的生活需求进行税收方面的考虑时,联邦宪法法院让立法机构的税负分配决定权受到与《基本法》第6条第1款规定相联系的《基本法》第3条第1款规定的约束。[299] 因此,比如说如果根据会带来累计损失的旧版《个人所得税法》第26条规定,在征收所得税时把夫妇双方的收入加在一起进行估算是违反宪法的。[300] 199

3. 财产保证

税收干预也通过《基本法》第14条第1款中的财产保证规定得到限制。[301] 根据联邦宪法法院的判决,《基本法》第14条第1款规定尽管保护具体资产价值的法律地位,但是原则上并没有为这样的财产提供纳税义务方面的保护。[302] 只有在相关人员的税收负担过重而从根本上损害到了他的财产状况,使得税收产生了等同于侵犯财产的**扼喉性影响**时(如企业必须关闭),根据现有的判决这才出现了对于《基本法》第14条第1款规定 200

---

[296] BVerfG, 1 BvR 2129/07, DVBl 2008, 105 (不予受理裁决)。
[297] BVerfG, 2 BvR 1057, 1226, 980/91, BVerfGE 99, 216。对该判决的反对,参考 *Birk*, in: FS Kruse, 2001, S. 339 ff; *Birk/Wernsmann*, JZ 2001, 218 有进一步论证; *Seer/Wendt*, NJW 2000, 1904。
[298] BVerfG, 2 BvR 1057, 1226, 980/91, BVerfGE 99, 216 (232)。
[299] BVerfG, 1 BvL 20, 26/84 und 4/86, BVerfGE 82, 60 (86 ff); 2 BvR 1057, 1226, 980/91, BVerfGE 99, 216 (231 ff); 2 BvL 42/93, BVerfGE 99, 246 (259 f)。
[300] BVerfG, 1 BvL 4/54, BVerfGE 6, 55;关于夫妻间第二住房税的违宪性,见 Rn 90。
[301] 参见 *Birk*, Die Verwaltung 35 (2002), 91 (105 ff); *Englisch*, StuW 2003, 237; *Papier*, DStR 2007, 973 (974)。
[302] BVerfG, 1 BvR 1402, 1528/87, BVerfGE 81, 108 (122); 1 BvR 48/94, BVerfGE 95, 267 (300); 1 BvR 479/92 und 307/94, BVerfGE 96, 375 (397); 2 BvR 2194/99, BVerfGE 115, 97 (109 f; 114 f)。

的侵犯。[303] 然而，如果税收干预在事实上与对资本价值法律地位的占有情况相关联（"存在额外所得"），那么对于所得税和营业税联邦宪法法院的第二判决委员会在**新的判决**中就会进行对《基本法》第14条第1款规定中受保护领域的干预[304]，然后对一般的适度性原则进行查验。[305]

201 保罗·基希霍夫（P. Kirchhof）试图从《基本法》第14条第1款规定中发展出构成税法制度和限制税收干预的准则。[306] 从《基本法》第14条第2款第2项规定中的"同时"这个词组中得出税收负担的上限。[307] 第二判决委员会在对财产税的判决中首先遵循了《基本法》第14条第1款中的这项方案，并作出了这样的规定，只有在额定收益的全部税收负担保持在"个人和国家各占一半的分配的边缘"时，财产税才允许附加到其他的税收收益中。[308] 根据判决和文献中清楚的部分批判[309]，第二判决委员会摒弃了这种看法并明确表示，不能从《基本法》第14条中导出处类似各占一半的分配（"均半分配原则"）的普遍具有约束力的绝对的税负上限。[310]

（三）调节标准宪法法律上的正当性的特殊问题[311]

202 **情形8**：为了促进在环保领域的投资，在所得税法中加入了一项规定，根据这项规定，应该对有利于环保的特定资产提供一项提高了的折旧率（AfA）。A 因为经营服务类的公司而不能要求提高折旧率，他觉得这项规定的引进损害了自己的利益。（**页边码217**）

---

[303] BVerfG, 1 BvL 22/85, BVerfGE 78, 232 (243); 1 BvR 48/94, BVerfGE 95, 267 (300).

[304] BVerfG, 2 BvR 2194/99, BVerfGE 115, 97 (112 f)。参见 *Pieroth/Schlink*, Grundrechte, Rn 907。

[305] BVerfG, 2 BvR 2194/99, BVerfGE 115, 97 (111 f);合理地批判，*Wernsmann*, NJW 2006, 1169 ff, 其区分了负担作用和塑造作用(参见 Rn 38 ff, 202 ff)。

[306] *Kirchhof*, in: Isensee/Kirchhof, HStRV, § 118 Rn 126 ff 和以前版本的 HStR IV, § 88 Rn 96 ff;，VVDStRL 39 (1981), 213 ff。

[307] *Kirchhof*, in: Isensee/Kirchhof, HStRV, § 118 Rn 126 f.

[308] BVerfG, 2 BvL 37/91, BVerfGE 93, 121 (138).

[309] BVerfG-Sondervotum, 2 BvL 37/91, BVerfGE 93, 121 (149 ff); BVerfG, 1 BvR 48/94, BVerfGE 95, 267 (300); BFH, XI R 77/97, BStBl II 1999, 771; VI B 81/97, BStBl II 1998, 671 (672); *Birk*, DStJG 22 (1999), 7 (20 f); *Tipke*, MDR 1995, 1177 (1179); *Weber-Grellet*, BB 1996, 1415 (1417 f); *Wieland*, DStJG 24 (2001), 29 (37 ff); aA *Lang*, NJW 2000, 457; *Seer*, FR 1999, 1280.

[310] BVerfG, 2 BvR 2194/99, BVerfGE 115, 97 (114 f); 亦参见 BVerfG, 1 BvR 1334/07, DB 2009, 773。

[311] 参见 *Osterloh*, DStJG 24 (2001), 383 ff; *Wernsmann*, Verhaltenslenkung in einem rationalen Steuersystem, 2005; *Kirchhof*, Lenkungsteuern, in: Gedächtnisschrift Trzaskalik, 2005, 395。

原则上，税收具有为国家任务的履行提供资金的目的。但是除此之外，税收也经常对行为带来影响并对社会进行塑造，这些甚至能够占主导地位。

203

经常难以对调节效果进行预测。一种适度的收益税能够促进为平衡损失而多加工作；过高的税会给个人提出一个有关"收益性"的问题，使得个人减少工作量。[312]

1. 财政目标标准与调节标准的区分

如果一项税收标准只用于获得收益，那么它就被称为**财政目标标准**。对于立法机构而言，财政目标标准中涉及的是与国家课税相联系的**负担作用**的分配。从公民税收负担总额中得出了国家的税收收益。财政目标标准也被称为负担分配标准，因为立法机构不能任意对负担进行分配，而是必须根据一定的公平性原则进行分配。[313] 因此，税收负担平等的规定被看作是税法中支撑体系的最高原则。

204

与财政目标标准或负担分配标准相比，立法机构在**调节标准**中追求的并不是负担的公平分配，而是以特定**构建功能**的出现与它的政治构建理念相符合。[314] 为了达到预期的调节效果，立法机构也承受着"不公平的"负担分配。调节标准因此也被称为**税收干涉主义标准**。近年来，一个通过税收来调节行为的在政治上和法律教条上尤其有争论的领域就是环保领域。生态上有意义的行动不仅应该通过环境法中被认为是太僵化和无效的制度性法律工具来强迫进行，而且还应该通过所谓的**环保税**[315]和其他的环保税费（支付公共事业的费用，会费和规费）来促进（参见页边码 117 以下）。

205

2. 对税收调节标准的立法权限

如果国家想通过许诺对受到欢迎的行为提供税收上的优惠，而对不受欢迎的行为提供税收上负担的这种方式不仅获得收益，而且还对纳税人的行为施加影响，那么就涉及了税收标准。根据准确描绘了宪法法律中的税收定义的《税法通则》第 3 条第 1 款规定（见页边码 114 以下）获得收益可以是次要目标。这意味着，当"税收"不再带来收益时，立法机构才有可能不再要求税收立法权（《基本法》第 105 条）。这种情况涉及所谓的**窒息税**。此外，调节税在宪法中原则上是允许的。[316]

206

---

[312] *Pöllath*, DB 2002, 1342 (1343).

[313] *K. Vogel*, StuW 1977, 97 (99).

[314] 对税法的"租船货运"的强烈批判，其主要思想见 *Kirchhof*, in: *Isensee/Kirchhof*, HStR V, § 118, Rn 46 ff; *Spindler*, Stbg 2010, 49 (51); 其他观点 *Weber-Grellet*, NJW 2001, 3657 ff; 不同观点见 *Wernsmann*, Verhaltenslenkung in einem rationalen Steuersystem, 2005, S. 120 ff, 485 ff.

[315] 参考 BVerfG, 1 BvR 1748/99, BVerfGE 110, 274 ff.

[316] BVerfG, 1 BvR 345/73, BVerfGE 36, 66 (70 f); 2 BvR 1493/89, BVerfGE 84, 239 (274); 2 BvR 1991, 2004/95, BVerfGE 98, 106 (117); 1 BvL 10/02, BVerfGE 117, 1 (31), 经常性司法判决。

207   即使税收标准意欲影响纳税人的行为，同时还是一项实际规定，那么如果联邦或州立法机构拥有税法立法权，这项标准就足够了。为了颁布税收调节标准，立法机构不一定得到实际权力（《基本法》第 70 条以下）。[317] 然而，联邦宪法法院要求，只有在调节措施既不与实际规定的整体方案也不与具体的单项规定相对立时，才允许立法机构根据税收权限调控性地涉入实际立法机构的权限范围内。[318]

3. 税收调节的基本问题

208   即使税收调节标准原则上是宪法法律允许的，但是这些标准也提出了重要的**公平性问题**。首先，调节税经常会与税负平等发生冲突。如果立法机构为在新联邦州建房领域进行投资的纳税人提供税收优惠，那么它进行税负分配时依据的就不是支付能力，而是根据纳税人听从行为建议的意愿。调节税根据纳税人对可支配资金的支出方式给予具有同等支付能力的人不同的对待。

209   违反征税等价原则需要**合法性**。只有在税收调节规定对目标的实现有用时，即只有当规定适合达到立法目的时，它才与宪法相一致。[319] 进一步需要的是，调节目标有一定的宪法法律上的重要意义，如促进整个经济平衡的形成（《基本法》第 109 条第 2 款）或比如在推动在新联邦州进行投资的情况下促进一致的生活水平的形成（《基本法》第 72 条第 2 款）。

210   另外一个问题是调节税的特别税负情况下的特权问题。如果国家想通过特别税负达到有人遵循特定行为建议的目的，它设立了一项选择责任：具有支付能力的纳税人有机会从国家的调节命令"赎买自由"。[320] 特定的行为选择因此成为具有支付能力的纳税人的特权。如果能源税每升燃料提高到 5，那么如果以今天的油耗值为基础的话，汽车驾驶就成为富有者的特权。支付能力弱的人必须遵照行为建议，放弃汽车驾驶。

211   **调节税的优惠**也体现了这样的平等法律上的赤字。根据所得税法累进税率（页边码 663），课税估算基础越高，调节税的优惠发挥的影响就越大。这意味着，那些（在公平性因素下）对此需要最少的人从中获得的利益越大。

比如说，如果国家给那些进行特定税收优惠投资的人提供了 50% 的特别折旧（页边码 786，900），那么这项优惠在投资总额为 50000 的情况下对于 A，由于特别折旧的缘故，他应缴税的收入从 1000000 降低到（1000000－1/2×50000＝）975000；带来 10500 的

---

[317] 最近 BVerfG, 2 BvR 1991, 2004/95, BVerfGE 98, 106 (118)，经常性司法判决。
[318] BVerfG, 2 BvR 1991, 2004/95, BVerfGE 98, 106 (118 ff)：这要求法律规定的异议自由。批判观点参见 *Wernsmann*, Verhaltenslenkung in einem rationalen Steuersystem, 2005, S. 182 ff 有进一步论证。
[319] BVerfG, 2 BvL 1, 2/07, 1, 2/08, BVerfGE 122, 210 (232)—Pendlerpauschale.
[320] *Kirchhof*, in: *Isensee/Kirchhof*, HStRV, § 118 Rn 49.

税收节余，他的个人税率（平均值）约为 41.2%，对于 B，他应缴税的收入从 40000 降为 15000；尽管（或由于）B 的个人税率从 23.1% 减少为 10.3%，特别折旧只带来 7681 的税收节余。这种促进作用随着支付能力的降低而减弱，尽管本来应该是反过来的效果才对。

最后，调节税的规定能给国家带来利益冲突，就如**环保税**[321]带来的冲突。如果国家使生态上和健康政策上不受欢迎的行为（垃圾制造、能源消耗、抽烟和酒精消费）承受税收负担，那么一方面国家对税收收益感兴趣，这种收益，如烟草税带来的收益可以构成财政收入的重要组成部分。另一方面，获得的收益越少，调节目标就越好地达到了实现。当如烟草税和原油税的调节税几乎成为不能放弃的为财政融资的部分时，这种矛盾使作为行为调节措施的调节税工具很容易失去可信度。但是，对于调节税的法律评价而言，这种"利益冲突"却没有任何意义。[322]

4. 调节标准的税收塑造作用的实际合宪性

财政目标标准首先服务于获得收益的目标。因此，财政目标标准要以税收的负担公平要求为导向。与此相对，调节标准的目标不是负担的合理分配，而是达到特定的塑造作用。为了达到预期的调节效果，立法机构在该框架内必须承受违反根据支付能力征税的行为。

像其他的不平等处理方式一样，在纳税人具有相同支付能力的情况下采取不同的税负分担行为需要得到法律的许可。但是，只有调节目标在宪法上值得划分等级时，而这种等级划分又能平衡不同的税收负担分配时，这种行为才能得到法律上的许可。因此，必须在调节目标的意义和偏离支付能力的重要性之间进行权衡。[323]

在对税法标准进行宪法法律上审核时要按照以下的程序进行：

——第一步先检验一项规定的税收负担作用是否是根据等价原则进行分配的，即是否是根据按支付能力进行征税的原则进行"同等"分配。

——如果税法规定除了负担作用外还发挥了塑造作用，那么在第二步要审核由塑造作用引起的强制性行为是否与公民的自由权利（《基本法》第 2 条第 1 款、第 12 条第 1 款和第 14 款规定等）相一致。如果负担作用与塑造作用都没有违反宪法，那么这项规定整

---

[321] 参考 BVerfG, 1 BvR 1748/99, BVerfGE 110, 274 ff；批判的，*Wernsmann*, NVwZ 2004, 819。

[322] 相应地，*Wernsmann*, Verhaltenslenkung in einem rationalen Steuersystem, 2005, S. 199 ff, 381 ff；其他符合发展趋势的观点，见 *Kirchhof*, EStG, Einl. Rn 26。

[323] 详见 *Birk*, Das Leistungsfähigkeitsprinzip als Maßstab der Steuernormen, 1983, S. 244 ff；*Wernsmann*, Verhaltenslenkung in einem rationalen Steuersystem, 2005, S. 215 ff, 224 ff, 237 ff, 381 ff。

体上是符合宪法规定的。

——那些负担作用违反了按支付能力进行同等征税的原则(《基本法》第3条第1款)，但是塑造原则符合宪法规定，甚至在有的情况下有助于国家目标规定(如《基本法》第20a条规定)的实现的税法标准都是有问题的。因此第三步要弄清楚塑造的目标是否能赋予违反等价原则的行为正当性。

216 进一步提出的问题是，最初立法机构仅作为财政目标标准而制定的税收法律，随后作为调节标准是否具有正当性。

例子：评定法规定，对于房地产要根据所谓的统一价值进行评估，而对于有价证券(例如股票)要根据交易价值进行评估。最初，统一价值非常接近房地产的实际价值，但是随着年代的发展，统一价值越来越低于实际价值。在《基本法》第3条第1款的规定面前，对房地产和有价证券价值的不同评定能根据以下理由获得正当性吗？所述的理由是：不同对待方式的实际原因是为了促进房地产价值评估的实际构成。

只有在"立法机构"明确作出决定让税法服务于财政以外的目标时，联邦宪法法院才同意通过调节目标进行税收上的不同等对待。此外，有关的调节目标必须在**构成要件上预先确定**，而且要进行**平等安排**。[324] 优惠效果必须最大可能地使受惠者平等受益，而不得依赖于偶然性。[325] 因此，立法机构能够遵循但实际上没有遵循的可能的调节目标不能用来证明不平等待遇的正当性。[326]

217 **情形8**(页边码202)**的解决方法**：由于企业经营的是服务类行业，因此企业主A在实际上不可能提出税收优惠的要求。这样，与那些由于经营行业的单一性能够提出提高有利于环保的资产的折旧率要求的企业主相比，就出现了不平等对待的行为。因此重要的问题是这里的不平等的负担作用能否通过标准的调节目标(环境保护)而获得正当性。在这里需要进行考虑的是，环保有助于保障自然的生活基础(《基本法》第20a条)，它由于对大众有益因此基本上是正当的。

---

[324] BVerfG, 2 BvL 37/91, BVerfGE 93, 121 (147 f); 2 BvL 10/95, BVerfGE 99, 280 (296 f); 1 BvL 10/02, BVerfGE 117, 1 (31 ff); BVerfG, 2 BvL 1, 2/07, 1, 2/08, BVerfGE 122, 210 (231 ff).

[325] BVerfG, 1 BvL 10/02, BVerfGE 117, 1 (32 f).

[326] BVerfG, 2 BvL 37/91, BVerfGE 93, 121 (147 f); 赞同的，Wernsmann, NVwZ 2000, 1360 ff 有进一步论证。

（四）税收标准化及税款一次性缴纳的规定在等价原则面前的正当性

如果立法机构同意免税金额或一次性缴清金额（如《个人所得税法》第 9a 条中规定的必要支出总额），那么立法机构对不同的事件进行了同等对待，因为对所有具有纳税义务的人（与个别情况下实际出现的花费无关）都提供了相同的扣除金额。如果立法机构在事件中碰到的是"正常情况"，对不同的情况进行了相同的处理，那么人们把这种情况称为**标准化**。如果对计算的基础进行了标准化（像在限制扣除金额的最高金额的情况，例如《个人所得税法》第 9 条第 2 款第 2 项），那么就涉及**一次性缴清税款的规定**。在《基本法》第 3 条第 1 款规定面前，与此相联系的对不同人的同等对待行为可以通过简化的目标来证明正当性，即通过管理机构更容易执行标准的方式来获得正当性。[327] 此外，税收标准化和一次性缴清税款的规定还可以通过以下方式有助于实现实际公平，即不仅给熟知税法的人提供扣除优惠，还给可能对确定的扣除情况的存在完全不了解或者与此相应在纳税申报单上还没有作出说明的那些人提供扣除优惠。但是税收标准化和一次性缴清税款的规定在宪法法律上具有正当性的前提始终是立法机构在现实生活中实际上碰到了"典型的情况"[328]。对于国会议员的免税费用一次性总额（约 48000 欧元）（《个人所得税法》第 3 条第 12 目第 1 句结合《议员法》第 12 条第 1 款）却不是这种情况。[329] 此外，标准化必须适度，即对简化要适合，必要还要适当。[330] 当简化标准引进了新的（其他的）难的区分标准时，而且这些区分标准与需要个别情况检验的规定一样难以控制，那么这时标准化就缺乏适度性。

218

在行政规则细则（页边码 64）中标准化行政管理，这就简化了法律的执行。由行政管理所引起的一次性缴付或标准化（如公务出差的总计金额，或者根据计提折旧表对折旧期的确认）以法律的文义解释为限（征税的合法性，见页边码 172）。当行政管理在世界杯期间（2006 年）通过一次性特殊规则对面向商业伙伴的捐赠（足球票）给予税收优惠时[331]，此行政管理与法律相违背。

219

---

[327] 详见 *Wernsmann*, in: *Hübschmann/Hepp/Spitaler*, § 4 AO Rn 451 ff 有进一步论证。
[328] BVerfG, 2 BvL 77/92, BVerfGE 96, 1 (6 f); 2 BvR 301/98, BVerfGE 101, 297 (310); 参见 *Birk*, Die Verwaltung 35 (2002), 91 (96 ff)。
[329] 参见 *Stalbold*, Die steuerfreie Kostenpauschale der Abgeordneten, 2004; *Drysch*, DStR 2008, 1217。BFH 拒绝了对 BVerfG 的建议，BFH, VI R 13/06, BStBl 2008, 928（与此相对的，宪法投诉, Az. des BVerfG: 2 BvR 2228/08）；对 BFH 判决的批判，*Desens*, DStR 2009, 727 ff。
[330] BVerfG, 2 BvL 7/98, BVerfGE 103, 310 (319)。
[331] Dazu *Pausch*, INF 2006, 503。

三、欧洲税法

(一) 原始法律基础

220　　税收相关的规定处于《欧盟运行条约》第 110—113 条（此前规定在《欧共体条约》第 90—93 条）。第 110—112 条规定了对成员国税法规范的直接法律效果。它细化了税收方面的货物流动自由（《欧盟运行条约》第 28 条及以下），并且禁止成员国在联盟内为自由的货物流动设置税收障碍，包括对本国产品和市场的保护以及对外国竞争对手的损害。[332]

221　　因此比如根据《欧盟运行条约》第 111 条对销往成员国外的商品的税收退偿不得高于本国产品相关税收的本国负担。由此《欧盟运行条约》第 111 条防止了竞争在其他成员国市场以成员国的出口企业获得税收优惠的方式被扭曲。否则它们可以在外国市场提供更优惠的产品。

222　　对此《欧盟运行条约》第 113 条包含了二次立法的授权以协调成员国在增值税、消费税以及其他间接税（页边码 1678 以下）方面的法律规定。

(二) 基本自由在成员国税法规范上的效果

223　　尽管欧盟条约在直接税领域的规定要少很多，但**欧洲法院**（EuGH）不断在其判决中指出，尽管直接税是处于成员国管辖，但是此方面的权利应在维护联盟权利的前提下行使，并因此每一个公开或隐藏的基于国籍的歧视都应被阻止。[333] 因此，在货物流动自由（《欧盟运行条约》第 28 条以下）外，人员的自由流动（《欧盟运行条约》第 45 条以下），分支机构与服务的自由流动（《欧盟运行条约》第 49 条以下，第 56 条以下）以及资金的自由流动（《欧盟运行条约》第 63 条以下）都成为国家税收规范的审查标准。但是成员国在当下的协调情形下，并不对自身税收体系要与其他成员国的不同的税收体系相适应负责，（而这样的适应）是为了避免因征税权的平行适用所导致的双重征税。[334]

---

[332] EuGH, 142/77, Slg. 1978, 1543 (1557) (*Statens Kontrol med aedle Metaller*); EuGH, 168/78, Slg. 1980, 347 (360) (*Besteuerung von Branntwein*).

[333] EuGH, C-279/93, Slg. 1995, I-225 (*Schumacker*); EuGH, C-80/94, Slg. 1995, I-2493 (*Wielockx*); EuGH, C-107/94, Slg. 1996, I-3089 (*Asscher*); EuGH, C-319/02, Slg. 2004, I-7477 (*Manninen*); EuGH, C-446/03, Slg. 2005, I-10837 (*Marks & Spencer*), stRspr-EuGH 对直接税判决的概括，见 http://ec.europa.eu/taxation_customs/common/infringements/case_law/index_de.htm.

[334] EuGH, C-290/04, Slg. 2006, I-9461 (*Scorpio*); EuGH, C-67/08, NJW 2009, 977 (*Block*).

情形 9（"Schumacker"案）[335] S 是一名在亚琛工作的德国企业员工。他与他的妻子和孩子住在比利时，每天开车跨越国界上班。除 S 的工作收入外，这对夫妇在德国没有其他收入。S 在 1993 年的所得税申报时，申请适用分割税率。财政部门基于《个人所得税法》第 26 条之规定拒绝了他，因为他缺乏在联邦共和国的住所或惯常居所而不是无限制纳税义务的(《个人所得税法》第 1 条第 1 款)。**(页边码 230)**

224

税收性规定可能会妨碍**基本自由**。[336] 欧盟将建立"内部无边界的区域"作为目标(《欧洲联盟条约》第 3 条)，这其中人员(《欧盟运行条约》第 21、45、49 条)、货物(《欧盟运行条约》第 34 条)、服务(《欧盟运行条约》第 56 条)以及资本(《欧盟运行条约》第 63 条)的自由流动得到保障。这些基本自由既不得通过税收歧视被损害，也不得通过税收障碍被限制。在欧洲法院持续性的判决中将隐藏的(间接的)税收歧视与公开的歧视同等对待。[337] 这些基本自由因此也作为**禁止歧视与限制**而对成员国税收规范产生影响。[338] **公开的歧视**表现为，当外国人符合构成歧视要件时，其作为外国人的特征与其税收上的劣势联系在了一起。**隐藏的(间接的)**歧视表现为，可被判断的规则并不明显适用于外国人，但通过其他鲜明的特点的适用典型地使外国人居于不利或使本国人受益。[339] 因为德国的所得税法并不与国籍联系，因此公开的歧视经常会被排除。所得税上的规定典型地会对外国人造成损害，当这些外国人在跨境事务中相比于本国居民受到税收上的歧视时。而这特别容易出现在所谓跨境通勤者身上。在欧盟其他国家居住的其他国家的人，如每日都会进入德国工作，而且其几乎所有收入均来源于此，这些人在税收上的待遇不应差于那些在本国居住和工作的本国人。[340]

225

作为禁止歧视的基本自由发展出了对一国"小箱"内居民与非居民纳税人在税收上

226

---

[335] EuGH, C-279/93, Slg. 1995, I-225 (*Schumacker*).

[336] 参见 *Wienbracke*, Jura 2008, 929; *Cordewener*, IWB 2009, Fach 11, Gruppe 2, S. 959。关于与欧盟一级法律可能的冲突，参见 *Kessler/Spengel*, DB 2010, Beilage 1 的年度"清单"。

[337] 详见 *Eckhoff*, in: *Birk*, Handbuch des Europäischen Steuer—und Abgabenrechts, § 17 Rn 24 ff.

[338] 参见 *Weber-Grellet*, Europäisches Steuerrecht, 2005, S. 44 ff.

[339] EuGH, 152/73, Slg. 1974, 153 (164) (*Sotgiu, Deutsche Bundespost*); EuGH, 175/88, Slg. 1990, I-1779 (1792) (*Biehl*).

[340] EuGH, C-279/93, Slg. 1995, I-225 (*Schumacker*; 涉及个人方面的和程序法方面的优惠); EuGH, C-80/94, Slg. 1995, I-2493 (*Wielockx*; 涉及养老公积金); EuGH, C-107/94, Slg. 1996, I-3089 (*Asscher*; 涉及税率); EuGH, C-385/00, Slg. 2002, I-11819 (*de Groot*; 涉及个人方面的优惠); EuGH, C-329/05, Slg. 2007, I-1107 (*Meindl*; 涉及配偶收入调节征税)。

的同等对待(所谓的"小箱平等")。[341] 欧洲法院的裁决作为"协调的发动机"却对成员国内部的法律规范具有远超针对经常跨越国境案件的意义。[342] 当子公司对国外的母公司的付息行为被视为隐藏的股利分配而被重新评定时,对本国的母公司的支付也应受到同样的重新评定(见页边码1484)。当迁移至国外会被征收特殊税收时(迁移税,见页边码1485),迁徙自由会因此受到限制。[343] 当流向受限的纳税人的股息没有比流向非受限纳税人的股息在税收上更受益时,此也与资金的自由流动相违背(《欧盟运行条约》第63条第1款,见页边码1235)。[344]

227—229 当一项税收规范干涉由欧盟法律保障的基本自由时,应当检验这样的干涉是否合法。成文(例如《欧盟运行条约》第45条第3款:公开的秩序、安全和健康的基础)与不成文的合法性依据都应被考虑。作为不成文的合法性依据,欧洲法院等认定了税收监督的效力[345],对偷税[346]、避税[347]以及税收滥用[348]的防止,征税权的适当分配[349],以及——在极少情况下的——关联性[350]。

230 欧洲法院在情形9(页边码224)中认定雇员迁徙的权利(现规定在《欧盟运行条约》第45条)受到损害。S在依据当时《个人所得税法》的有效规定(《个人所得税法》第1条

---

[341] Birk, in: Lehner (Hrsg), DStJG 20 (1996), S. 63, 76 f.

[342] 对该发展的批判,见 Birk, FR 2005, 121 有进一步论证;Fischer, FR 2005, 457;作者同前,FR 2009, 249;亦参考 Wernsmann, in: Schulze/Zuleeg, Handbuch des Europarechts, § 30 Rn 74—120; Gosch, DStR 2007, 1553。

[343] EuGH, C-9/02, Slg. 2004, I-2409 (Lasteyrie du Saillant)。其他对德国税法摄入效果的案例见 Weber-Grellet, Europäisches Steuerrecht, 2005, S. 192 ff。

[344] EuGH, C-540/07, DStRE 2009, 1444。

[345] EuGH, C-120/78, Slg. 1979, I-649 (Rewe Zentralfinanz); EuGH, C-55/98, Slg. 1999, I-7641 (Vestergaard)。

[346] EuGH, C-264/96, Slg. 1998, I-4711 (ICI); EuGH, C-436/00, Slg. 2002, I-10829 (X und Y); EuGH, C-9/02, Slg. 2004, I-2409 (Lasteyrie du Saillant); EuGH, C-414/06, IStR 2008, 400 (Lidl Belgium)。

[347] EuGH, C-9/02, Slg. 2004, I-2409 (Lasteyrie du Saillant); EuGH, C-446/03, Slg. 2005, I-10866 (Marks & Spencer)。

[348] EuGH, C-212/97, Slg. 1999, I-1484 (Centros)。

[349] EuGH, C-446/03, Slg. 2005, I-10866 (Marks & Spencer); EuGH, C-414/06, IStR 2008, 400 (Lidl Belgium)。

[350] EuGH, C-204/90, Slg. 1992, I-276 (Bachmann); EuGH, C-157/07, IStR 2008, 769 (Ruhesitz Wannsee)。参考 Rspr des EuGH auch Musil, DB 2009, 1037 ff。

第3款)在纳税上受到了限制。他因此不能申请较优惠的分割税率(《个人所得税法》第26,26b条),也不能享有个人的扣除(《个人所得税法》第50条第1款)。欧洲法院在其中认定了(隐藏的)歧视。A在税法上受到较差待遇被合法化,好像A和一名本国雇员之间不存在这些值得一提的差异。然而当A在其所得收入方面与其他本国雇员处在一个可比较的情境下时,《欧盟运行条约》第45条禁止更高额的征税,其只针对非居民的事实因而往往针对外国国籍公民。[351] 德国立法机关须根据此项裁决修改《个人所得税法》。现在,在确定前提下非居民有以下可能,申请受到拥有不受限的所得税纳税义务的对待(《个人所得税法》第1条第3款,第1a条,见页边码682),其也保障了例如税金合计确定(见页边码636以下)时的优势。

(三)欧盟内部的税收协调

间接税一般通过商品价格由消费者缴纳。企业主尽管必须向财政局缴纳这种税,但是他们在计算成本时把这种税加到了商品或服务的售价中。因此消费者在市场上购买承担了这种税的商品时要承担营业税、烟草税和原油税。因此有这样的可能性,各种各样的消费税(间接税,页边码43)会歪曲共同内部市场中的竞争条件,因为它们提高了商品(或服务)的价格。如果有能力的话,消费者会在税收较低因此价格较便宜的地方购买商品。各种各样的间接税会因此损害内部市场的运作功能。 231

1. 间接税的协调

《欧盟运作条约》第113条(以前的《欧共体条约》第93条)因此授权给理事会(理事会也因此承担有义务)颁布协调间接税的规定。规定(《欧盟运作条约》第288条第2款)和指令(《欧盟运作条约》第288条第3款)都可以考虑用作协调的工具。一般情况下,理事会颁布指令,因为这些指令规定了成员国规则的范围。在《欧盟运作条约》第113条规定的基础上,对营业税(见页边码1678)和最重要的特殊消费税即能源税、烟草税和酒精税进行协调。 232

其中,尤其是取代第6条欧共体指令[352]的2006年11月28日的增值税系统指令[353] 233

---

[351] EuGH, C-279/93, Slg. 1995, I-225 (*Schumacker*);参见 *Knobbe-Keuk*, EuZW 1995, 167;*Rädler*, DB 1995, 793;*Schön*, IStR 1995, 119。

[352] RL 77/388/EWG v. 17.5.1977, ABl EG Nr L 145/1, 最近通过 RL 2004/66/EG v. 26.4.2004, ABl EG Nr L 168/35 得以修改。

[353] RL 2006/112/EG v. 28.11.2006, ABl EG Nr L 347/1.

对营业税有重要作用。它包括对征税对象、免税、课税估算基础和预交营业税款扣除方面的详细规定。取消了进出口时的边境验关。有关一般税率方面规定最低额度为15%。[354]

234　　通过1992年2月25日的消费税系统指令[355]或2008年12月16日的消费税系统指令[356]对特殊消费税进行了进一步统一。此外还颁布了结构指令，它对应缴纳消费税的商品的名称作了进一步的规定，而且还对免税确定作出了规定。[357]然而这仅是对原油（能源税）、烟草、酒精和含酒精饮料的消费税做了协调。成员国仍然具有引进或保留其他消费税的权利，只要他们不阻碍过境交易或流通和不会损害竞争。也没有对由地方征收的区域消费税进行协调。

2. 直接税的协调

235　　《欧共体条约》中对**直接税的协调**没有明确的授权规定。《欧盟运作条约》第110-113条中有减少限制自由商品流通的税收壁垒的规定，因此《欧盟运作条约》第112条中有例外规定）涉及的是间接税。但它没有对征税区域作出最终规定。这已经从《欧盟运作条约》第195条第2款中得了出来，这项规定授予理事会在环保政策领域一致颁发税收种类条例的权力。

236　　《欧盟运作条约》第115条（以前的《欧共体条约》第94条）被提出来作为直接税协调的法律基础。根据这项规定，理事会根据执委会的建议以及在欧洲议会和经济和社会委员会的听证后一致颁发协调成员国中会对共同市场建立或运作产生直接影响的法律和管理规定的指令。与《欧盟运作条约》第115条规定不同，在直接税中不存在协调义务，反过而言，只有在对共同市场运行的保障必要时，才允许颁布协调直接税的指令。

237　　对于共同市场而言，协调的纯粹实用性还不够。[358]协调必须具有必要性和适度性。然而，在对必要性的评判中理事会具有一个评判范围。[359]它必须重视辅助性原则（《欧盟条约》第5条第3款）。根据这项原则，欧共体只有在共同体目标仅通过成员国自身不

---

[354] 详见 Mick, in: Birk, Handbuch des Europäischen Steuer—und Abgabenrechts, § 26 Rn 24 ff.

[355] RL 92/12/EWG v. 25.2.1992 über das allgemeine System, den Besitz, die Beförderung und die Kontrolle verbrauchsteuerpflichtiger Waren, ABl EG Nr L 76, 1 ff.

[356] RL 2008/118/EG v. 16.12.2008（2010年4月起生效）。

[357] 参见 Schröer-Schallenberg, in: Birk, Handbuch des Europäischen Steuer—und Abgabenrechts, § 27 Rn 8 有进一步论证；Jatzke, Das System des deutschen Verbrauchsteuerrechts, 1997, S. 28 f.

[358] Fischer, in: Lenz/Borchardt, EU—und EG-Vertrag, 4. Aufl, 2006, Art. 94 Rn 4 ff; Förster, in: Birk, Handbuch des Europäischen Steuer—und Abgabenrechts, § 28 Rn 8.

[359] 参见 Leible, in: Streinz, EUV/EGV, Art. 94 EGV Rn 23 ff 有进一步论证。

能实现时才允许进行行动。如果在直接税领域成员国调节了本国的规定使之与共同市场的需求相适应[360]，那么欧共体不允许颁发相应的协调指令。

经过多年的讨论，在欧共体执委会提交了许多协调建议后[361]，于 1990 年通过了两条指令（合并指令，母、子公司指令）和在联合企业之间进行利润清算的情况下避免双重征税的协定（所谓的分割协定）。随后 2003 年发布了利息指令和利息——许可费用——指令。[362] **合并指令**[363]使股份公司进行税收不介入的跨国融合和分离、企业的跨国捐助以及在无需暴露秘密储备金的情况下在股份公司进行参股成为可能。为了在实际上不用避免由于获利抛售（暴露秘密储备金）引起的流动性困难而带来的重组还提供了"税款停止支付"。[364] 通过**母、子公司指令**[365]应该在子公司向它在其他成员国的母公司支付红利时避免增加税收负担。[366] 最后，所谓的**分割协定**[367]应该避免由联合公司在进行国际清算时通过成员国中不同财政局进行价格清算引起的双重征税。[368]

1990 年的法律文件仅涉及欧洲企业税中的特别方面。整体上还没有出现对企业税的协调。[369] 另外执委会还建议设立统一法人税估算基础。[370] 理事会于 2003 年 6 月 3

---

[360] 相应地有趣的建议，见 Hey, Harmonisierung der Unternehmensbesteuerung in Europa, 1997, S. 349 ff.

[361] 参见 Förster, in: Birk, Handbuch des Europäischen Steuer—und Abgabenrechts, § 29 Rn 6 ff.

[362] Haase, SteuerStud 2009, 121 ff 中的概览。

[363] RL 90/434/EWG v. 23.7.1990, ABl EG Nr L 225, 1, 最近一次通过 RL 2005/19/EG v. 17.2.2005, ABl EG Nr L 58, 19 变更；参见 Saß, DB 2005, 1238。

[364] 详见 Schollmeier, in: Birk, Handbuch des Europäischen Steuer—und Abgabenrechts, § 30 Rn 2 ff. 通过 2005 年 2 月 17 日的 RL 2005/19/EG (ABl EG v. 4.3.2005 L 58, 19 ff)扩展了特别是欧洲公司新法律形式方面的合并指令。对此，值得一读：Blumers/Kinzl, BB 2005, 971 ff; Saß, DB 2004, 2231（关于最初的建议）。

[365] RL 90/435/EWG v. 23.7.1990, ABl EG Nr L 225, 6, 最近一次通过 RL 2005/19/EG v. 22.12.2003, ABl EG Nr L 7, 41 变更；对于最新的变动，详见 Häuselmann/Ludemann, RIW 2005, 123。

[366] 进一步参见 Förster, in: Birk, Handbuch des Europäischen Steuer—und Abgabenrechts, § 30 Rn 118 ff; Jesse, IStR 2005, 151。

[367] V. 23.7.1990, ABl EG Nr L 225, 10 ff. 2004 年 11 月 1 日经过重新批准后，《仲裁公约》再次生效，追溯效用到 2001 年 1 月 1 日，每五年自动延长。

[368] 详见 Förster, in: Birk, Handbuch des Europäischen Steuer—und Abgabenrechts, § 30 Rn 160 ff.

[369] 参见 Hey, Harmonisierung der Unternehmensbesteuerung in Europa, 1997; Laule, IStR 2001, 297 (300 ff); Sedlaczek, in: Streinz, EUV/EGV, Art. 56 EGV Rn 61 f.

[370] 参见 Wiss. Beirat des BMF, Einheitliche Bemessungsgrundlage der Körperschaftsteuer in der EU, Schriftenreihe Bd. 81, 2007, S. 24 ff; Mors/Rautenstrauch, Ubg 2008, 97。

日通过了一项**利息指令**。[371] 为了保障居住国家的税收，这项指令规定从 2005 年 7 月 1 日起在欧盟内部的国家之间对利息收益监管信息进行相互交流。在德国，在**利息信息条例**（ZIV）[372]中对必要的提供信息的程序作出了规定。在过渡时间内，一项例外规定适用于比利时、卢森堡和奥地利，这些国家征收一项匿名的来源税来代替监管信息，这项税的税率为 15%（从 2005 年 7 月 1 日开始）和 20%（从 2008 年开始），最后确定为 35%（从 2011 年开始），这项税收益的 75% 流入居住地国家。这一指令生效的前提是，瑞士、列支敦士登、圣马力诺、摩纳哥以及安道尔对欧盟公民采取措施，这些措施与上述指令相对应。[373]

同样的，在 2003 年理事会颁布了**利息——许可费——指令**[374]。这一指令的目的在于，避免因关联企业或营业机构间利息或许可费用支付而产生的双重征税。此通过对源泉国的利息与许可费用支付的免税而实现（《个人所得税》第 50g 条、第 50h 条）。

---

[371] EU-Zinsrichtlinie 2003/48/EG v. 3.6.2003, ABl EG Nr 157；参见 *Müller*, AO-StB 2004, 330；*Seiler/Lohr*, DStR 2005, 537；*Intemann*, NWB 2005, Fach 3, S. 13635；*Stahl*, KöSDi 2005, 14713；*Wagner*, Stbg 2005, 437；*Schwarz*, IStR 2006, 83。

[372] V. 26.1.2004, BGBl I, S. 128；参见 *Reiffs*, DB 2005, 242。依据 § 17 Satz 2 ZIV 的生效 参考 BMF v. 22.6.2005, BGBl I, S. 1695。

[373] 富有启发性的观点，见：*Seiler/Lohr*, StuB 2005, 109。

[374] 2003 年 6 月 3 日欧盟理事会指令 2003/49/EG，关于不同成员国关联公司之间支付利息和特许权使用费的通用税收规定，ABl. EG Nr L 157, 49 ff。

第二章
一般税收债务法与一般税收程序法

《税法通则》经常被称为税法的框架法,其包括了对所谓税收法律关系的根本性规定,即规定了税收权利人(联邦、州、地方、地区组织)与纳税义务人之间的关系。税收法律关系又划分为税收债务关系(实质的税收法律关系)与税收程序关系(形式的税收法律关系)。

《税法通则》分为九个部分,第一部分包括**总则**,特别是概念定义和管辖权规定。[1] 第二部分涉及**税收债务法**(见页边码 250 以下),第三部分至第七部分规定了**税收程序法**(见页边码 370 以下)。第八部分包括**诉讼程序和罚金程序**的规定[2],第九部分为**终结规定**。

《税法通则》对税收债务关系与税收程序关系作出一般规定,单行税法则在此基础上包含了特殊规定,即特殊的税收债务法与税收程序法。

第三节 税收债务法

一般性的税收债务法规定在《税法通则》第二章(第 33—77 条),分为四部分。第一部分着重定义了**纳税义务人**。第二部分通过**税收债务关系**(页边码 251 以下)构建了税收债务法的核心,由此规定了税收债权人与纳税义务人之间的关系。此部分对单行税法的适用原则也进行了规定(《税法通则》第 39—42 条,页边码 325 以下)。第三部分包含

---

[1] 本书的概念定义原则上通过单个的税收种类进行介绍,而不通过管辖规则进行介绍。对此,参见 Seer, in: Tipke/Lang, § 21 Rn 30 ff.。

[2] 该部分没有涉及税刑法和违反税收条例法,参见 Seer, in: Tipke/Lang, § 23。

了对享受**税收优惠目的**的特殊确定（页边码 355 以下），第四部分规定了**责任构成要件**（页边码 300 以下）。

一、税收债务关系的请求权

251 来自税收债务关系的请求权在《税法通则》第 37 条第 1 款规定中最后进行了列举。它们是课税请求权、税收退给请求权、责任请求权、税收附带给付请求权以及退还请求权。

（1）**课税请求权**从《税法通则》第 3 条第 1 款来讲是税收债权人对税收债务人提出的征税请求（见页边码 252 以下）。

（2）**税收退还请求权**是偿还请求。这项权利属于那些在没有法律依据的情况下缴纳（或者偿还）了税款（或者税收退给、责任金额或税收附加偿付）的人，《税法通则》第 37 条第 2 款（见页边码 316 以下）。

（3）**税收退给请求权**与退还请求权的区别在于，它针对的是对于正当征收的税收金额的偿还。但是这种负担是立法者打算暂时征收的税负，因此过后会重新退还给纳税人。法律尤其在税收债务人与税金承担人不同时规定了税收偿还请求权。典型的例子：根据《增值税法》第 15 条在增值税中扣除先行给付款项（见页边码 1730 以下）。

（4）**责任请求权**是税收债权人对责任债务人提出的缴纳第三方税收债务的请求。（参见《税法通则》第 69 条以下；对此在后面的页边码 300 以下中有详细讲解）。

（5）**税收附加偿付**的请求权针对的是延迟金、息报金、《税法通则》第 162 条第 4 款规定中的附加费、利息、滞纳金、强制金、成本费用以及关税法典中规定的利息的支付（《税法通则》第 3 条第 4 款；对此在后面的页边码 285 以下有讲解）。

（一）课税请求权

252 课税请求权从《税法通则》第 3 条第 1 款来讲是税收债权人对税收债务人提出的征税请求。税收债权人是根据《基本法》第 106 条获得税收收入的团体。税收债务人是有义务把税款作为自身责任进行缴税的人。

按照《税法通则》第 43 条第 1 款规定，通过单项税法来对**税收债务人**进行确定，如《房产购置税法》第 13 条。如果一项税法出现例外不包含税收债务人的明确规定，那么那些主观上须纳税并且拥有征税对象的人就是税收债务人。因此所得税债务人原则上是那些根据《个人所得税法》第 1 条主观上须纳税而且获得了收入的人（例外情况比如有《个人所得税法》第 40 条第 3 款第 2 项第 1 半句、第 40a 条 5 款和第 40b 条 5 款第 1 项，这些例外情况规定了雇主所欠的应一次性缴清的工资所得税，比如对于打折的或者免费的食堂饭菜、雇主为雇员的未来保障所支付的特定费用或者在兼职工作的情况下）。收入原则上被分配给了那些符合收益获得构成要件的人身上（例外情况如《个人所得税法》第 24 条 2 目结束处）。

具体的税收法律也决定可以是纳税主体的人，即决定"**具有税收法律能力**"的人。所得税法仅把自然人看作纳税主体（参见《个人所得税法》第 1 条），尤其不包括依据《个人所得税法》第 15 条第 1 款第 1 项 2 目规定归单个股东所有的人合公司（《民事合伙》（GbR）、无限公司（OHG）、股份公司（KG））（见页边码 1101 以下）。但是，人合公司在其他税种中完全可能是纳税主体，比如在增值税法和营业税法中（《增值税法》第 13a 条第 1 款，《营业税法》第 5 条第 1 款第 3 项；对此在页边码 1376—1380 有讲解）。

必须对《税法通则》第 43 条第 1 项中税收债务人的定义和具有纳税义务的人、具有缴税义务的人和责任债务人的定义加以区分。具有纳税义务的人的概念范围比较宽泛。

《税法通则》第 33 条第 1 款规定的**具有纳税义务的人**包括欠税的人、对税收负有责任的人、必须为第三方保留和缴纳税收的人、必须提交纳税申报的人、必须提供担保的人、必须记账和做记录的人或者必须履行税收法律强制规定的其他义务的人（也可参见《税法通则》第 33 条第 2 款）。

根据《税法通则》第 43 条第 2 款，**具有缴税义务的人**是"作为第三方"必须为税收债务人缴纳税款的人。比如按照《个人所得税法》第 38 条第 2 款第 1 项规定，雇员原则上是工资所得税的债务人（例外情况：一次性应缴清的工资所得税，参见《个人所得税法》第 40 条第 3 款第 2 项第 1 半句、第 40a 条第 5 款和第 40b 条第 5 款第 1 项），其中，工资所得税是所得税的一种征收形式（见页边码 652 和 653）。但是，按照《个人所得税法》第 38 条第 3 款和第 41a 条第 1 款规定，雇主在支付工资时必须保留雇员的工资所得税款项并把它上交给财政局。具有缴税义务的人的其他形式还有按照《个人所得税法》第 44 条第 1 款第 3 项缴纳资本收益税的信贷机构和按照《保险税法》第 7 条第 1 款第 3 项缴纳保险税的保险公司，其中，根据《个人所得税法》第 43 条第 1 款第 1 项规定，资本收益税也是所得税的一种征收形式。

责任债务人是对于他人的税收债务提供担保的人（见页边码 300 以下）。

1. 课税请求权的产生

只要法律规定的义务履行构成要件得到了满足[3]，根据《税法通则》第 38 条就产生了**课税请求权**。税收不是通过税务裁决中的官方核定产生的，而是直接根据法律产生

---

[3] 关于税收构成要素，见 Rn 100 ff.

的。因此核定是说明式的,但对偿付欠款的到期有意义(见页边码 255 以下)。

通过构成要件实现而产生的税收请求权一般而言是不可变更的。通常不得通过事后的更改或所谓的"税收条款"在协议中更改或溯及既往。溯及既往的法律行为的移除(参照《税法通则》第 42 条以及 175 条第 1 款第 1 项第 2 目)或特殊规定中(参照《遗产赠与税法》第 29 条,《增值税法》第 17 条,《土地购置税法》第 16 条)可能会有例外。

例子:按照《个人所得税法》第 36 条第 1 款规定,所得税课税请求权原则上是随着税收估价期的过程产生的,即根据《个人所得税法》第 25 条第 1 条规定随着日历年的过程而产生。但是异常情况出现于所得税预付请求权(《个人所得税法》第 37 条第 1 款第 2 项)、工资所得税课税请求权(《个人所得税法》第 38 条第 2 款第 2 项)和资本收益税课税请求权(《个人所得税法》第 44 条第 1 款第 2 项)的产生。按照《增值税法》第 13 条第 1 款规定,增值税课税请求权原则上随着预先申报期的到期产生。更多讲解参见《法人所得税法》第 30 条、《营业税法》第 18、21 条、《土地税法》第 9 条第 2 款和《遗产赠与税法》第 9 条第 1 款。

产生的时间点尤其对于规定期限(参见《税法通则》第 170 条第 1 款)、第三方责任(见后面的页边码 300 以下)和冲销的可能性(见后面的页边码 262 以下)尤其有意义。

2. 到期

要把到期的时间点与课税请求权产生的时间点区别开来。

(1) 定义和意义。

到期是指税收债权人有权提出征税请求,税收债务人有义务满足请求。根据《税法通则》第 254 条第 1 款第 1 项,到期是执行的前提。如果还没有缴纳税款,那么按照《税法通则》第 240 条第 1 款第 1 项和第 2 项规定,与到期同时产生的是支付滞纳金(见页边码 288 和 289)的义务。到期还关系到《税法通则》第 229 条第 1 款第 1 项(见页边码 275 和 276)规定的支付时效期的开始与冲销状况(《税法通则》第 226 条第 1 款,《民法典》第 387 条;页边码 262 以下)的产生。

(2) 到期的前提条件。

a) 按照《税法通则》第 220 条第 1 款规定,基于税收债务关系的请求的到期原则上依照单项税收法律的规定进行。

例子:按照《个人所得税法》第 36 条第 4 款第 1 项规定,所得税的最终付款,即超过已缴纳的所得税预付款项的金额在所得税征税单发布的一个月后到期。所得税预付在法律中规定的特定时刻到期(《个人所得税法》第37条第1款第1项)。按照《个人所得税法》第41a条第1款第1项规定,工资所得税在工资所得税公布期满(一般是日历月,参见《个人所得税法》第41a条第2款第1项)后的第10天到期。销售税的最终付款,即超过已缴纳的预付款项的全额在收到纳税申报或者征税单发布一个月后到期(《增值税法》第18条第4款)。

b) 如果缺少有关到期的特殊规定(如在责任请求权中),那么必须做如下区分: 257

aa) 如果必须对来自税收债务关系的请求权进行规定——课税请求权中有这样的规定,参见《税法通则》第155条第1款第1项和第218条第1款第1项——那么按照《税法通则》第220条第2款第2项规定,到期就不出现在核定公布之前。

例子:《遗产赠与税法》中不包含《税法通则》第220条第1款中的到期规定。因此《税法通则》第220条第2款与此有关。因为按照《税法通则》第155条第1款第1项必须通过税收裁决来确定遗产税,所以要适用《税法通则》第220条第2款第2项。

bb) 如果法律没有对核定进行规定,那么来自税收债务关系的请求权在产生时就到期了,除非在对于给付的要求中(给付命令,《税法通则》第254条第1款)设置了支付期限(《税法通则》第220条第2款第1项)。 258

《税法通则》第220条第2款第1项尤其涉及滞纳金和根据《税法通则》第37条第2款产生的具有纳税义务的人的税收退还请求权,其中,根据《税法通则》第218条第1款第1项第2半句的规定,滞纳金不需要进行确定。

3. 过期失效

《税法通则》第47条列出了来自税收债务关系的请求权**失效原因**——尽管不是最后的。除此之外,课税请求权也可以根据特殊规定,比如《遗产赠与税法》第29条,过期失效。《税法通则》第47条中包含的失效原因可以分为两类,一类是因为债务人满足了请求或者通过替代方式满足了请求,另一类是尽管没有满足但请求权过期。第一类尤其包括给付(《税法通则》第224、224a、225条)和抵销(《税法通则》第226条)。第二类包括确定程序和征收程序中的规定(《税法通则》第163条与第227条)、确定与给付诉讼时效(《税法通则》第169条以下与第228条以下)和在引起解除性的请求中有条件地出现。 259

需要指出的是,税收法律的诉讼时效根据《税法通则》第47条导致请求权失效,与民法(《民法典》第214条第1款)不同,税收诉讼时效不仅仅提供债务人提出异议时必须依据的拒绝给付权利。

(1) 给付(《税法通则》第224、225条)。

260 根据《税法通则》第47条,课税请求权通过给付失效。**给付**是指对请求的偿付。《税法通则》第224条第1款规定了履约地点和谁有权收取款项的问题。《税法通则》第224条第2款确定了何时把有效给付看作是已经缴纳了税款的行为。《税法通则》第224条第3款涉及通过财政局进行给付的形式。《税法通则》第225条与《民法典》第366条相似,对具有纳税义务的人欠有多项支付款项和在自愿支付(第1、2款)或者强制性支付(第3款)下已支付的金额不够偿付全部的债务的情况下,对偿付的顺序作出了规定。

通过第三方进行支付按照《税法通则》第48条第1款规定是允许的。因为与《民法典》第267条第2款不同,《税法通则》没有规定债务人的反驳权,所以即使在债务人反对的情况下给付也始终会导致请求权的失效。根据《税法通则》第48条第2款,第三方可以通过按照合同的规定承担来自税收债务关系的支付款项的义务。在这些情况下,财政局可以按照《税法通则》第192条仅仅根据《民法典》中的规定对那些按照合同对其他人的税收负有担保义务的人提出请求,即引用民法法律途径。

(2) 交付艺术品替代支付(《税法通则》第224a条)。

261 根据《税法通则》第47条,税收债务在以下的情况下也可以失效,即根据公法合同[4]允许用艺术品、艺术收藏品、科学收藏品、藏书、书法和档案中的财物来替代遗产赠与税的支付。有关其他进一步的前提条件见《税法通则》第224a条中的具体规定。

(3) 抵销(《税法通则》第226条)。

262 **抵销**(《税法通则》第226条)是替代履行义务的劳务或费用。它与履行义务有相同的作用。根据《税法通则》第47条,它会导致《税法通则》第37条第1款中来自税收债务关系的请求权的失效。抵销是指基于一方当事人单方面的说明通过结算对两种互相对立的同种请求进行的相互清偿。[5] 只要没有其他的规定,《税法通则》第226条第1款就宣布可以相应地使用公民法中的规定。《税法通则》第226条第2—4款中包含了情况不同时的规定。

263 a) 前提条件。

aa) 主债权与反对债权的对等(《民法典》第387条,《税法通则》第226条第1款)。债务人和债权人原则上必须相同(见上面的页边码252)。但是出于实用的原因,《税法通则》第226条第4款规定,管理税收的法人也可以被看作是来自税收债务关系的请求

---

[4] 税法领域公法合同是否允许,详见 Rn 461 ff.
[5] Loose, in: Tipke/Kruse, § 226 AO Tz 1.

权债权人或债务人。有管理权的地方法人可被视作管理税收的法人。

例子：(a) 由 A 和 B 组成的 A & B 无限公司有一项金额为 10000 欧元的销售税收债务。A 具有一项金额同样为 10000 欧元的所得税退还请求权。税务局想进行抵消。这可行吗？根据《税法通则》第 226 条第 1 款和《民法典》第 387 条，必须存在主债权与对待债权的对等，也就是说，一项债权的债务人必须是另一项债权的债权人。在销售税法中，根据《销售税法》第 2 条和第 13a 条第 1 款规定，人合公司是纳税主体。销售税的税收债务人因此是 A & B 无限公司。而人合公司不是所得税的纳税主体。所得税退还请求权的债权人因此是股东 A 个人。由于缺乏主债权与对待债权的对等，税务局对此不能进行抵消。

(b) 明斯特尔啤酒商 B 想用原油税收退还请求权来抵消啤酒税债务。两种请求权之间存在对等性吗？按照《基本法》第 106 条第 2 款 4 目规定，啤酒税的债权人是北莱茵—威斯特法伦州。按照《基本法》第 106 条第 1 款 2 目规定，原油税退还请求权的债务人是联邦。因此，债权人和债务人不相同。但是根据《税法通则》第 226 条第 4 款规定，对于抵消而言，管理税收的法人也可以看成是债权人或债务人。根据《基本法》第 108 条第 1 款规定，对于啤酒税和原油税而言，法人都是联邦。因此，尽管根据《基本法》第 106 条规定在征收权限上存在不一致，但是主债权与对待债权之间仍然存在对等性。要以其他前提条件的存在为出发点。

bb) 债权的同类性（《税法通则》第 226 条第 1 款,《民法典》第 387 条）。来自税收债务关系的请求权根据《税法通则》第 37 条第 1 款始终是金钱，因此总是同类的。

cc) 主债权的可完成性和对待债权的到期（《税法通则》第 226 条第 1 款,《民法典》第 271 条、第 387 条）。主债权（是指抵消对方的债权）必须能够完成，对待债权（是指抵消方的债权）必须到期（见上面的页边码 255 以下）。

dd) 没有过期失效（《税法通则》第 226 条第 2 款）。《税法通则》第 226 条第 2 款规定，来自税收债务关系的请求权在由于时效期满[6]或者由于剥夺资格期限到期而失效后不能再进行抵消。

ee) 没有争议的或者法律上确定下来的对待债权（《税法通则》第 226 条第 3 款）。此外，根据《税法通则》第 226 条第 3 款规定，纳税义务人只有在对待债权没有争议或者法律上确定下来时才能用来自税收债务关系的请求权进行抵消。应该用这项规定来避免

---

[6] § 215 BGB 对私人要求不同。

纳税义务人通过假托对请求权产生怀疑而延期履行来自税收债务关系的请求权。然而，仅仅税务机关形式上的争议，是不够的。

264   b）结算条约。

如果抵消的前提条件不存在，那么可以通过规定的结算条约使两种债权过期失效。[7]

265   c）法律救济。

如果税收机构不承认纳税义务人的抵消说明，或者纳税义务人想违背税务局的抵消说明进行行动，那么他可以根据《税法通则》第218条第2款申请**核算裁决**[8]（参见页边码552）。核算裁决将确定，规定的请求权根据《税法通则》第47条是否已经过期失效。纳税义务人可以通过提出异议或者向财政法院起诉对抗这项请求权（见页边码560以下）。但是，他不能再提出反对税收请求权核定的理由。[9] 这是核定程序和征收程序原则上的分离产生的结果（见后面的页边码370和371）。抵消是征收程序的一部分。

（4）核定时效（《税法通则》第169条以下）。

266   **情形10**：律师R在2002年6月1日递交了2001年的所得税说明，他于2002年12月1日收到了所得税征税单。2006年12月15日，他根据《税法通则》第173条第1款2目规定提出了一项可证实的更改申请，根据规定，追加的250欧元的必要支出可以获得承认。2007年1月，税务机关得知，R在2001年有金额为150欧元的额外收益，R错误地认为这部分收益不用纳税，因此他在说明中没有提及这部分收益。税务机关在2007年1月还能对2001年的税务裁决进行修改吗？如果可以，额度为多少？

变种情况：如果后来了解到的R在2001年的收益不是150欧元而是400欧元，那么应该如何来评定这种情况？（**页边码271**）

267   根据《税法通则》第169条第1款第1项规定，如果核定期限已经过期，那么不再允许进行税务核定（见后面的页边码515以下），也不再允许进行撤销或修改（见后面的页边码411以下），包括《税法通则》第129条规定的由于明显的错误进行的更正在内（见后面的页边码402），参见《税法通则》第169条第1款第2项。然后就产生了核定时效，《税

---

[7] 关于结算合同，参考 Seer, in: Tipke/Lang, § 21 Rn 328 有进一步论证。
[8] 详见 Eich, AO-StB 2004, 133 ff.。
[9] BFH, IV R 244/67, BStBl II 1970, 444.

法通则》第 169—171 条。[10] 根据《税法通则》第 47 条,这导致了税收债务关系请求权的失效。但是需要注意的是,如果征税单在期限到期之前离开了主管税务机关的区域,那么根据《税法通则》第 169 条第 1 款第 3 项第 1 目,这个期限就受到了保障。因为税单存在的前提是公布,所以征税单即使在期限到期后事实上还是必须送达给纳税义务人。[11]

时效规定的目的在于建立法律秩序。公民必须在一定期限到期后拥有不再负有纳税债务的保障。通过在《税法通则》第 169 条第 2 款中对核定期限的规定达到这个目的,但是,这个目的通过对期限开始(《税法通则》第 170 条)和时效不完成(《税法通则》第 171 条)的过于宽容的规定而部分地受到了阻碍。

a) 时效期。核定时效期:

——对消费税和消费税退还而言:为 1 年(《税法通则》第 169 条第 2 款第 1 项 1 目);

——对于其他税收和税收偿还而言,只要不涉及从《关税法典》第 4 条 10 目和 11 目讲的进出口税:为 4 年(《税法通则》第 169 条第 2 款第 1 项 2 目);

——对于《税法通则》第 370 条规定的逃税:为 10 年(《税法通则》第 169 条第 2 款第 2 项);

——对于《税法通则》第 378 条规定的轻微漏税:为 5 年(《税法通则》第 169 条第 2 款第 2 项)。

b) 期限的开始。根据《税法通则》第 170 条第 1 款中的法律规定,核定期限原则上开始于税收产生(《税法通则》第 38 条)的日历年。但是在《税法通则》第 170 条第 2—6 款中包含了重要的异常情况,根据这些规定,核定期限晚些开始(所谓**开始的停止**)。事实上尤其重要的是这种情况,即纳税义务人必须提交纳税说明或者纳税申报。这涉及的有所得税(《个人所得税法》第 25 条第 3 款)、销售税(《销售税法》第 18 条)、公司所得税(《法人所得税法》第 31 条第 1 款与《个人所得税法》第 25 条第 3 款)和营业税(《营业税法》第 14a 条)等。在这些情况下,期限根据《税法通则》第 170 条第 2 款第 1 项 1 目规定原则上开始于递交了申报的日历年届满之时,但最晚于税收产生的日历年之后的第三个日历年届满时开始。其他的特殊情况参见《税法通则》第 170 条第 2—6 款规定。[12]

c) 期限的结束。aa)《税法通则》第 171 条规定了许多情况,在这些情况下,核定期的到期受到了阻碍(所谓**时效不完成**)。其中,下面的这些情况具有重要的意义:

---

[10] 关于税务核定的实践相关问题,见 AO-StB 2009,9。*Fleischmann*,StuB 2002,751 中通过实例给出的期限计算概览。亦见 *Birk/Wernsmann*,Klausurenkurs,Fall 5(Rn 319 ff)。

[11] 亦见 BFH,GrS 2/01,BStBl II 2003,548(549 f)。

[12] 关于赠与税中期限的开始,参考 BFH,II R 54/05,BStBl II 2007,954;II R 36/06,BStBl II 2009,232。

——《税法通则》第 171 条第 2 款：在税收裁决的公布中如果有明显的不正确（《税法通则》第 129 条，见页边码 402），核定期限终止，只要未在此税收裁决公布后的一年届满前。

——《税法通则》第 171 条第 3 和 3a 款：在对申请进行最终裁决之前，在**申请进行税务核定**[13]或者申请撤销或者修改时，核定期没有到期。需要注意的是，时效不完成限制在申请（"在此范围内"）的范围内，以至于在此外的情况下，核定期到期。在此范围内，加重改判不会再有可能[14]；修改申请拆毁了款项的框架，在这个框架内，修改是可能的[15]；但是，在这个根据款项确定的框架内，要考虑到根据《税法通则》第 172 条以下和《税法通则》第 176 条和 177 条规定（见后面的页边码 411 以下、442 以下）其他撤销或修改原因的影响。[16] 如果在核定期到期前提出了法律救济，那么所有税收请求权的核定期只有在对法律救济进行了最终裁决时才到期（《税法通则》第 171 条第 3a 款第 1 项第 1 半句）。如果法律救济期限长于核定期限，那么要把后者延期到法律救济期限到期日（《税法通则》第 171 条第 3a 款第 1 项第 2 半句）。

271

> **情形 10**（页边码 266）**的解决方法：**当核定期期满后，根据《税法通则》第 169 条第 1 款规定，排除了对 2001 年税务裁决的修改。根据《税法通则》第 170 条第 2 款 1 目、《个人所得税法》第 25 条第 3 款和《个人所得税执行条例》第 56 条第 1 项 2 目 a 点规定，核定期开始于日历年 2002 年，在这一年 R 递交了说明。根据《税法通则》第 169 条第 2 款 1 项 2 目规定，核定期在 2006 年 12 月 31 日到期。2007 年的修改据此不予考虑。但是根据《税法通则》第 171 条第 3 款规定，期限的到期可能会受到阻碍。然后 R 必须在核定期期满之前提出修改税务核定的申请。根据《税法通则》第 173 条第 1 款第 1 项 2 目规定，R 在 2006 年 12 月 15 日提出了申请，即在 2006 年 12 月 31 日核定期限期满之前提出了申请。这样在对修改申请作出无可质疑的裁决之前，核定期在该范围内（最高额度为 250）没有到期。因此，税务机关在 2007 年 1 月在（可证实的）修改申请的范围内还可以对税务裁决进行修改。尽管对 R 不利，但同样要考虑后来得知的 R 的额度为 150 的收益，因为没有超过 250 的范围。

---

[13] 根据判决观点，依法起草的纳税申报，不在此列。见 BFH, VIII R 54/89, BStBl II 1992, 124；FG Bad.-Württ., 12 K 292/92, EFG 1993, 623；其他观点，合理地，FG Saarl., 1 K 179/87, EFG 1988, 149.
[14] BFH, I R 112/97, BStBl II 1999, 123 (126 ff).
[15] FG Nürnberg, V 32/81, EFG 1987, 224 (225)；FG Bad.-Württ., VI K 36/86, EFG 1987, 277.
[16] *Kruse*, in: *Tipke/Kruse*, § 171 AO Tz 16a.

> **变种情况的解决**：核定期限的时效不完成由于《税法通则》第 171 条第 3 款规定在额度上要限制在 250 欧元内。即使根据《税法通则》第 173 条第 1 款 1 目修改的基础金额为 400 欧元，但是根据《税法通则》第 169 条第 1 款第 1 项规定，超过 250 欧元的部分不在修改的考虑范围内，因为就这点而言，核定期在 2006 年 12 月 31 日到期并由此出现了核定时效。因为要考虑分别有利于和不利于纳税义务人的 250 欧元，因此要进行均衡（《税法通则》第 177 条，见后面的页边码 445 以下）。

——《税法通则》第 171 条第 4 款：在**实地调查**（见后面的页边码 501 以下）开始时或者根据纳税义务人的申请进行的延期开始时，在根据实地调查颁发最终的税收裁决之前，实地调查延伸到的（这里时效不完成的范围也再次受到了具体的限制）税收的核定期原则上没有期满。阻碍时效的效力并不会延伸到非此次检查通知收件人的人。尤其考虑到在通知中提及的合计估定税额的夫妻时适用这点。[17]   272

——《税法通则》第 171 条第 5 款：通过开始**税收稽查**或者《税法通则》第 92 条中规定的其他调查行动进行时效不完成。对于这项规定，存在有重大的宪法上的顾虑，原因是在完全没有颁布税务裁决时该项根据《税法通则》第 171 条第 5 款生效的时效不完成无限制地持续下去。因此法制国家要求的核定时效不发生。联邦财政法院认为可以通过使用过期原则（见后面的页边码 351—354）来应对这种情况。[18] 但是对此提出异议的是，它的发生也难以确定。更多的是需要类似地使用《税法通则》第 171 条第 4 款第 3 项规定。[19]   273

——《税法通则》第 171 条第 8 款：在从《税法通则》第 165 条讲的**临时裁决**的情况下进行的时效不发生（见页边码 523 以下）。

——《税法通则》第 171 条第 10 款：当必须先进行**基本裁决**时税务核定的时效不发生（见后面的页边码 532 以下）。

bb)《税法通则》第 171 条没有列举出确实的时效不完成的情况。其他的规定在《税法通则》第 174 条第 3 款第 2 项、第 4 款第 3、4 项的**有冲突的税务核定**（见页边码 430 以下）和《税法通则》第 191 条第 3 款第 4、5 项的责任裁决中可以找到。   274

---

[17] BFH, X R 42/05, BStBl II 2007, 220 (221).
[18] BFH, I R 25/01, BStBl II 2002, 586 (589).
[19] 详见 *Birk/Naujok*, DStR 2003, 349。

(5) 缴纳时效(《税法通则》第228条以下)。

275 核定时效涉及的问题是在哪些时间限制内税务机关允许核定税务,而缴纳时效规定的是现有来自税收债务关系的请求权可以在多长时间内进行实施。与此相应,有关缴纳时效的规定(《税法通则》第228条以下)位于《税法通则》有关征收程序(有关具体的程序阶段见后面的页边码370和371)的第五章中。

缴纳时效根据《税法通则》第47条和第232条同样会导致来自税收债务关系请求权的过期。根据《税法通则》第228条第2项缴纳时效期限为五年。按照《税法通则》第229条第1款第1项规定,期限开始于请求权首次到期的日历年期满时(见前面页边码255以下),但是根据《税法通则》第229条第1款第2项规定,期限不是在请求权核定起作用的年期满之前开始(开始之停止)。根据《税法通则》第230条,只要由于更高的权限在时效期限前的6个月之内不能实现请求权(时效不完成),时效就受到了阻碍。[20]

与核定时效不同,在缴纳时效领域中《税法通则》也包括有时效的中断。这意味着,五年的时效期在停止结束后从头开始计算,《税法通则》第231条第3款。根据《税法通则》第231条第1款第1项等规定,时效停止通过请求权的书面强制、延期付款、停止执行和执行措施的方式发生。对于管理措施的中断时效作用是否能够有追溯力地取消这个问题还有争议。[21]《税法通则》第231条第2款涉及中断持续多长时间这个问题。时效中断的作用在这儿也受到了具体的限制,《税法通则》第231条第4款。

(6) 核定和缴纳免除(《税法通则》第163条和第227条)。

276 根据《税法通则》第47条,免除同样会导致来自税收债务关系请求权的过期。如果税款通过更低的核定完全或部分得到免除,那么人们把这种情况称为**核定免除**(《税法通则》第163条);如果已经核定了的税收债务得到了免除,那么涉及的是缴纳免除[22](《税法通则》第227条)。在两种情况下,税收请求权的执行根据具体事件的情况本该是不合理的,这一点是必要的(《税法通则》第163条第1款第1项和第227条第1款)。要按照《税法通则》第222条(见页边码555及以下)对免除和延期付款加以区分,延期付款仅仅是推迟了到期日,但是请求权本身还存在。

有争议的是,《税法通则》第163、227条是否包括不确定的法律概念("不适当的")和

---

[20] 缴纳时效详见 Lemaire, AO-StB 2005, 106。

[21] 对实际行动的否定,见 BFH, VII R 3/06, BStBl II 2009, 575。

[22] 对此,参见 Bartone, AO-StB 2004, 356。

裁量("能够")的联结或者是否规定了"统一的裁量裁决"。[23] 尽管司法判决接受裁量，但是它以广泛的可校验性为出发点，而且所有的对合法性评定的裁量判决止于上一次官方裁决的时间点。[24]

a) **免除的前提条件。**要对个人的和客观的不公平加以区别。**个人的不公平**以免除的需求性和值得免除性为前提。当征税对纳税义务人的经济或个人生存具有毁灭性或者具有很大的威胁性时，就产生了免除的需求性；仅对不是出于自身的原因而无能力完成支付以及不是由于粗心大意而忽视了纳税义务的那些人值得免除。

277

由于**客观的**不公平要考虑的免除，这些情况有：第一，根据立法机构声明或猜测的意愿，以下的情况能够被接受时，即立法机构基于合理性措施的意义对在个别情况下需要裁决的免除问题作出规定，如果立法机构认识到了这个问题时。第二，或者当税收征收在个别情况下导致违反基本法的情况时。[25] 由于客观的不公平进行，免除实现了非典型个别情况下的法律校正。[26]

> 情况(1)下的**例子**：根据《税法通则》第240条第1款规定的滞纳金的(完全)征收(见后面页边码288以下)对于失去支付能力后的时间而言，是客观上不合理的。[27] 对情况(2)：对遗产税的税收核定可能在价值丧失后变得客观上不合理(页边码1557)。与此相对，出于良知上原因(《基本法》第4条第1,2款)的免除，即为了避免对国防财政作出资金上的贡献而进行的免除不予考虑。[28] 在这点上，司法判决[29]恰当地对国家收入(税收征收)和支出(税收使用)进行了分离。税收正是通过以下方式与其他费用进行区分，即无任何前提条件而且也没有用途限定地进行征税(参见《税法通则》第3条第1款)；民主合法的立法机构独自决定资金的使用。

b) **撤销免除。**违法的免除可以根据《税法通则》第130条第2款规定进行撤销。这

278

---

[23] 关于联邦最高法院的统一评议会的最后提及的意义，见GmS-OGB 3/70, BStBl II 1972, 603。进一步说明，*Wernsmann*, in: *Hübschmann/Hepp/Spitaler*, § 5 AO Rn 92 ff.
[24] 参考 BVerwG, 8 C 42/88, DVBl 1990, 1405 (1407 f)。
[25] BFH, X R 124/92, BStBl II 1995, 824 (826)。
[26] 举例见 *Günther*, AO-StB 2009, 311。
[27] BFH, V R 13/98, BFH/NV 1999, 10。
[28] 详见 *Naujok*, Gewissensfreiheit und Steuerpflicht, 2003。
[29] BVerfG, 2 BvR 478/92, NJW 1993, 455；BFH, III R 81/89, BStBl II 1992, 303 (304)；其他观点，*Tiedemann*, StuW 1992, 276 (277)。

必须在生效发生于过去的情况下完成,因为根据《税法通则》第 47 条,请求权通过免除已经过期。因为根据《税法通则》第 131 条第 2 款,一项合法免除的废止只对将来而言有可能发生,因此在过去已经失效的请求权通过废止不能再重新起作用(有关撤销和废止的内容,参见页边码 403 以下)。

4. 税收请求权的转移

279—284 与民法一样,在税法中也有从税收请求权向其他法律主体的转移。这种转移或者通过权利的个别继受或者通过概括的权利继受得到实现。在**概括的权利继受**中(如继承、公司的转变和融合),来自税收债务关系的债权和债务根据《税法通则》第 45 条第 1 款转移给权利继受人(例外情况:对立遗嘱的人征收的强制金,《税法通则》第 45 条第 1 款第 2 项,基于强制金绝对私人的特点)。[30] 概括的权利继受人甚至是必须承认已经交付给原权利人的税收裁决或者等同的裁决对其约束(见页边码 515 以下)的税收债务人,见《税法通则》第 166 条、182 条第 2 款和 184 条第 1 款第 4 项,这种情况下,都不用把税收裁决告知给税收债务人。也可以通过**权利的个别继受**对税收请求权进行转移。根据《税法通则》第 50 条第 2 款规定,在消费税中有条件的税收债务在特定的前提条件下由开始的税收债务人过渡给权利继受人。与税收退还请求权与税收退给请求权(对于详细的转让情况参见《税法通则》第 46 条)不同的是,法律并没有对税收请求权的转让作出规定。

要把来自税收债务关系的请求权的转移与下面的问题进行区分,这个问题就是特定的课税特征(如《个人所得税法》第 10d 条规定的累积亏绌,见后面的页边码 617)是否过渡给继承人。

(二) 对税收附带给付的请求权

285 人们把在税收债务关系中由于特殊情况所欠下的税收之外的金钱给付称为税收附带给付。它们在《税法通则》第 3 条第 4 款中有以下最终确实的情形:延迟金(《税法通则》第 146 条第 2 款)、息报金(《税法通则》第 152 条)、《税法通则》第 162 条第 4 款规定的附加费、利息(《税法通则》第 233—237 条)、滞纳金(《税法通则》第 240 条)、强制金(《税法通则》第 329 条)和费用(《税法通则》第 89、178、178a 条和第 337—345 条)以及从关税法典来讲的利息。[31]

---

[30] 关于对税法地位的继承,深入观点见 *Vogt*,DStR 2007,1373。

[31] 关于滞报金更详细的内容,见 *Bruschke*,DStZ 2007,22。关于利息和滞纳金,参照 *Gahbler*,SteuerStud 2005,354。

1. 怠报金

(1) 定义和前提条件。

根据《税法通则》第 152 条第 1 款，税务局可以在提交纳税申报延误的情况下收取**怠报金**。根据《税法通则》第 152 条第 2 款第 1 项规定，怠报金最高为最终税款或者确定的测量金额的 10%，且最高数额为 2.5 万欧元。怠报金不是一种制裁，而是一种高压手段。它用于保障纳税申报的按时到达并且由此为顺利估价创造前提条件。当因纳税义务消失而可能对之后的行为不施加压力时，怠报金的核定具有裁量上的瑕疵。[32] 从分类上而言，它是核定程序的一部分（在后面的页边码 370 和 371）。

286

(2) 产生、到期和失效。

根据《税法通则》第 152 条第 1 款第 1 项，怠报金以裁量裁决为基础，因此一项有效的核定对于它的产生是必要的。[33] 根据《税法通则》第 152 条第 3 款，怠报金经常要通过税款或者税款计量金额来进行确定。它随着通知而到期，只要另外的日期不是在给付命令中提到（《税法通则》第 220 条第 2 款第 1 项）。过期失效的构成要件从《税法通则》第 47 条规定中得出（见前面的页边码 259 以下）。然而根据《税法通则》第 169—171 条，由于《税法通则》第 1 条第 3 款第 2 项的规定，核定时效作为时效的基础被排除了出去。当作为课税估算基础对怠报金非常必要的税收裁决由于核定时效不能再发出时，怠报金就要被排除掉。

287

2. 滞纳金

(1) 定义与前提条件。

滞纳金是在到税收到期日还未缴纳税款时征收的与税收相关联的金钱给付。滞纳金与怠报金类似，不仅仅是一种高压手段，而且类似于利息，也是一种对于推迟到期期限的报偿，同时应当作为对额外管理支出的报偿。[34]

288

(2) 产生、到期和失效。

根据法律规定，滞纳金产生于规定的或申报的税款没有按时缴纳时。它的数额对于每一个已经开始拖延了的月份而言，为未结清的税款的 1%（详情参见《税法通则》第 240 条）。如果课税请求权通过抵消而失效，那么根据《税法通则》第 240 条第 1 款第 5 项规定，用于抵消的债务到期之前产生的滞纳金保持不变。因为滞纳金没有得到核定（《税法

289

---

[32] Bruschke, DStR 2009, 1792. 关于针对全部继受人的滞报金，参考 BFH. XI R 56/07, BFH/NV 2010, 12.

[33] 关于自由裁量权的行使，参考 BFH, VI R 29/05, BFH/NV 2007, 1076。

[34] BFH, V R 13/98, BFH/NV 1999, 10.

通则》第218条第1款第1项第2半句),所以它随产生而到期(《税法通则》第220条第2款第1项)。失效遵守《税法通则》第47条的规定。对于税收债务的附加要求并不存在(《税法通则》第240条第1款第4项)。滞纳金也在此后的税收确认中认定为不合法时缴纳。[35]

3. 利息

(1) 定义和前提条件。

只有在法律中有明确规定时,才对来自税收债务关系的请求权(《税法通则》第37条)**加付利息**(《税法通则》第233条第1项)。法律区分的有追加债权利息和退还利息(《税法通则》第233a条)[36]、延展清偿期利息(《税法通则》第234条)、逃税利息(《税法通则》第235条)、加在退还金额上的诉讼利息(《税法通则》第236条)以及执行中止时的利息(《税法通则》第237条)。对从《税法通则》第3条第4款来讲的税收附带给付请求权不加付利息(《税法通则》第233条第2项)。

利息率为每月0.5%(有关计算参见《税法通则》第238条具体规定)。利息必须进行核定。核定期限为1年,这与《税法通则》第169条第2款规定不相同(见《税法通则》第239条具体规定)。

(2) 产生、到期和失效。

有关利息的产生依据《税法通则》第233a条以下的规定。因此根据《税法通则》第233a条第2款在税收产生的日历年后15个月内有对税款补征的利息请求权。因为利息必须被核定,所以《税法通则》第220条第2款第2项的规定适用于利息到期,根据这项规定,到期不出现在通知之前。利息的失效遵守《税法通则》第47条规定。

4. 强制金

强制金是执行程序中的预防措施(即不是压力性的责罚)。因此在《税法通则》第六章有关执行的内容中对此作出了规定(《税法通则》第329条)。当纳税义务人在一定的期限内没有履行应履行的进行某一行为(非金钱给付)的义务时,就会考虑到强制金的核定(《税法通则》第333条)。强制金的征收需要官方的裁量。因此,它随着核定产生,并且只要没有同意给予缴纳期限,它就会随通知立即到期(《税法通则》第220条第2款第2

---

[35] BFH, V R 2/04, BStBl II 2006, 612.
[36] 对于补缴款利息的确定是合宪的,参考 BVerfG, 1 BvR 2539/07, BFH/NV 2009, 2115—Ls 1c:根据§ 233a AO 1977,有利息缴付义务和无利息缴付义务的纳税人之间的区别被事实上正当化。这种被特殊许可的承认的原因在于,全部或部分纳税须在较迟的时间点确认的某人较之纳税能在较早时间已确认的人而言,拥有一个流动资金上的和潜在的利息优势。

项)。它在《税法通则》第 47 条规定的情况下失效,并且根据《税法通则》第 45 条第 1 款第 2 项,它在继受的情况下也失效。

5. 费用

费用(规费和支出费用)针对处理发出有约束力陈述的申请(《税法通则》第 89 条第 2—5 款)、海关特殊的要求(《税法通则》第 178 条)、处理协商程序实施的申请(《税法通则》第 178a 条)以及强制执行征收(《税法通则》第 337 条以下)。核定期限:《税法通则》第 178 条 4 款结合 169 条第 2 款 1 目或 346 条第 2 款。

293—296

6.《税法通则》第 162 条第 4 款规定的附加费

最后,当纳税义务人没有递交《税法通则》第 90 条第 3 款规定的会计记录或者提交的会计记录基本上不可使用时,根据《税法通则》第 162 条第 4 款第 1 项规定,税务机关要加收 5000 欧元的**附加费**。[37]

297

7. 延迟金

在全球化的发展过程中,外国母公司在德国的子公司依据《税法通则》第 146 条第 2a 款愈发地将其簿记设置在外国的康采恩中心。而这就实现了国内的附加合作义务。《税法通则》第 146 条第 2b 款赋予了财政管理以下可能,即缺乏例如在纳税检查范围内的合作时处以 2500 至 25 万欧元的延迟金。当纳税义务人未遵照财政机关参照《税法通则》第 200 条第 1 款而提出的有关答复提供以及书面材料展示的要求时,尤其会被施加延迟金。[38]

298—299

(三)责任请求权

情形 11:雇员 A 在企业主 U 的公司工作。他的毛工资为 2000 欧元。此外,U 为 A 缴纳了总额为 800 欧元(雇主和雇员在保险中承担的部分)法定养老保险费、医疗保险费、护理保险费和失业保险费。最后,U 为 A 的附加养老金每年向所谓的直接保险公司支付金额为 600 欧元的保险费,这项保险费根据《个人所得税法》第 40b 条规定一次性按工资税缴纳。U 由于财政困难在最近 3 个月没有再向税务机关缴纳工资税。税务局能够向谁提出多高金额的要求?**(页边码 315)**

300

---

[37] 对此规定的合理批判,见 *Lüdicke*, IStR 2003, 433; *Andresen*, RiW 2003, 489; *Seer*, in: *Tipke/Kruse*, § 90 Tz 47, 57; § 162 Tz 73.

[38] FG Schleswig-Holstein, 3 V 243/09, EFG 2010, 686.

301 　　根据《税法通则》第33条第1款,纳税义务人不仅是税收债务人,而且也是对纳税负有责任的人。在民法中,债务人同时也是责任人,而与民法不同的是,税法中**责任**是指必须**为他人的税收债务作担保**(税收债务人的定义见页边码252和253)。除了人的责任外,《税法通则》第76条还包括有对消费税的物的责任的特殊情况。责任通过以下方式实现对国家的担保目的,即通过国家包括有扩展的干预可能性的方式。根据《税法通则》第44条第1款,税收债务人和责任债务人是连带债务人。

1. 责任构成要件

(1) 一般情况。

302 　　第三方的责任以**责任构成要件**的实现为前提,参见《税法通则》第38条。除了在《税法通则》第69条以下[39]和个别税收法律(如《个人所得税法》第42d条和第44条第5款、《遗产赠与税法》第20条第3、5款)中规定的税收责任构成要件之外,还存在主要产生于私法尤其是商法的非税收种类,如在公司交割期限展延中交易业务受让者的责任(《商法典》第25条)。从《税法通则》第191条第1款第1项和第4款中得出,税收责任标准和私法担保责任标准同等并存。除了法律规定的责任外,一个人也可以通过合约的形式承担对他人的税收提供担保的义务,如通过《商法典》第765条规定的担保方式。在这种情况下,税务机关只拥有合约上的请求权,税务机关不能借助责任裁决而只能通过在民事法庭起诉的方式执行这项请求权(《税法通则》第192条)。

　　从《税法通则》中得出的责任构成要件可以根据人的或物的责任加以区分。根据《税法通则》第69—75条,人的责任是指责任债务人个人必须对第三方的税收债务提供担保。根据《税法通则》第76条,物的责任是指在不顾及第三方存在的权利的情况下,事物作为对于以此为基础的税收的担保。

　　责任法上重要的**问题**是:

——何种原因须担责(见页边码303以下)

——责任债务在多大程度上与税收债务相关(见页边码305以下)

——是否存在责任限制(见页边码308)

——对责任债务人的请求如何实现,是强制的或存在裁量?(页边码310和311)

303 　　下面给出了责任构成要件的图解概况:

---

[39] *Müller*,SteuerStud 2004,429 中的概况。关于纳税责任的指导性情形,见 *Birk/Wernsmann*,Klausurenkurs,Fall 2 (Rn 185 ff)。

第二章 一般税收债务法与一般税收程序法

对税收债务的担保责任

- 根据税法
  - 《税法通则》
  - 个别税收法律
- 根据民法
  - 根据法律（《税法通则》第191条）
  - 根据合约协定（《税法通则》第192条）

责任	责任	责任	
代理人 第69条	雇主对于薪资 《个人所得税法》第42d条	交易业务的受让者 《商法典》第25条	债务约束 《民法典》第780条
被代理人 第70条	资本所得债务人对于资本所得税 《个人所得税法》第44条Ⅴ 款项收取人对于建筑款项中的扣取金额 《个人所得税法》第48a条Ⅲ	公司交割期限展延中的继承人 《商法典》第27条	担保 《民法典》第765条
逃漏税犯和偷税漏税教唆犯 第71条	特定的支付给有限纳税义务人的退给的债务人 《个人所得税法》第50a条Ⅴ 5	进入与个体零售商人的交易中 《商法典》第28条	承担债务 《民法典》第311条Ⅰ
违反账户真实性义务的情况下 第72条	遗产或者由继承人馈赠的财产对于遗产和馈赠所得税 《遗产赠与税法》第20条Ⅲ, Ⅴ	对于无限公司（OHG）中的公司债务 《商法典》第128条 有限责任股东对于股份公司的公司债务 《商法典》第171条	
在综合性公司中 第73条		对于民事合伙的公司债务 《民法典》第714条、421条、427条、431条	
企业运作中使用的物品所有权人 第74条	用益权人和地产购买人对于不动产税 《不动产税法》第11条	遗产购买情况中 《民法典》第2382条	
营业受让人 第75条	企业主对于拖欠未缴纳的销售税	对于夫妻共有财产债务	

责任	责任	责任	（续表）
《增值税法》第 25d 条	《民法典》第 1489 条		
物的责任 第 76 条			
通过责任裁决提出的要求（《税法通则》第 191 条 Ⅰ）			通过在民事法庭进行起诉的方式提出要求《税法通则》第 192 条

(2) 特殊情况：《税法通则》第 69—75 条规定的人的责任。

这里要区分三个组群：

a) 责任能够以下面的情况为依据，即人包括在**税收债务人的税收责任**领域内并通过违反义务使课税请求权受到损害。

这涉及的尤其是《税法通则》第 34、35 条范围内的法定代理人[40]，即经理人、财产管理人和作为处分权人出现（《税法通则》第 69 条）的人、逃税漏税或者教唆偷税漏税的犯罪人和参与者（《税法通则》第 71 条）[41]和通过使用假名字开设账户或者通过做假账的方式损害课税请求权的人（《税法通则》第 72 条）。

b) 在《税法通则》第 73—75 条规定的情况下，承担责任的基础是人与应当缴纳税收的**财产**之间有**特别紧密的经济关系**或者**物质**方面的关系。

《税法通则》第 73 条规定了综合性公司的责任[42]，《税法通则》第 74 条规定了物品所有人的责任。那么根据《税法通则》第 75 条，接管经营企业的企业主对企业税负有责任，前提是税收债务从上一个处于转让之前的日历年开始就已经产生而且直到一年到期时（根据受让者对企业的登记）已经得到了核定（《税法通则》第 155 条）或登记（《税法通则》第 167、168 条）。担保责任限制在接收财产存在的范围内（《税法通则》第 75 第 1 款第 2 项）。

c) 最后，当存在偷税漏税或者轻率的减税时，被代理人也承担有责任（详见《税法通则》第 70 条）。这项规定在关税和消费税法中具有实际意义，在这些法律领域存在被代

---

[40] 亦参见 BFH，VII S 33/85，BStBl II 1986，384。关于经理人责任的指导性说明 Jochum，DStZ 2007，335 和 561 以及 Peetz，GmbHR 2009，186，welcher sich auch ausführlich mit den Mitwirkungspflichten befasst.

[41] 关于银行工作人员通过客户而逃税的责任，参考 FG Düsseldorf，8 V 2459/08，EFG 2009，716。

[42] Hierzu näher Bröder，SteuerStud 2008，164.

理人不是税收债务人的可能性。[43]

2. 责任的继受性

责任构成要件的满足以责任债务的存在为前提条件(**继受性**)。[44] 然而在《税法通则》第 76 条规定的同样随着税收债务而过期(《税法通则》第 76 条第 4 款第 1 项)的物的责任中需要注意的是,责任请求权可以在税收债务之前产生(《税法通则》第 76 条第 2 款)。

通过税收债务的完成,责任请求权也将失效。这是从《税法通则》第 44 条第 1 款第 1 项和第 2 款第 1 项规定中得出来的。承担责任人和税收债务人是连带债务人,因此通过连带债务人实现的完成(同样也包括抵消,《税法通则》第 44 条第 2 款第 2 项)也对其他债务人起作用。但是其他的事实根据《税法通则》第 44 条第 2 款第 3 项规定仅对事实发生在其身上的连带债务人起作用(所谓**有限继受性**)。这样的事实比如有:出于公平原因的免除、但也是违法税收裁决的存续力。因此责任债务人可以在反驳对自己不利的责任裁决的框架内对税收裁决的合法性提出异议。

如果税收债务因时效或免除而失效,那么根据《税法通则》第 191 条第 5 款规定不再允许发布责任裁决,除非该责任以责任人的逃税漏税行为为依据。这样《税法通则》第 191 条第 5 款第 1 项第 2 目规定在结果上再次导致**更严格的继受性**。然而,初期债务的失效根据《税法通则》第 191 条第 5 款第 1 项第 2 目规定,仅与责任裁决的免除相对立,因此它不对在时效发生之前已发布的责任裁决的合法性造成影响。[45]

就责任的范围,它原则上以税收债务的额度为根据。可以对税收债务人的所有财产提出请求,而担保责任限制的适用有利于一些责任债务人。因此企业中的主要股东仅以所投入的财产承担责任(《税法通则》第 74 条第 1 款第 1 项);企业接管人仅以接管的财产状况承担责任(《税法通则》第 75 条第 1 款第 2 项)。

3. 责任裁决和要求

(1) 责任裁决的发出

根据《税法通则》第 191 条第 1 款第 1 项规定,可以通过对税收的**责任裁决**向责任债务人提出要求。责任裁决的发出不以此前对税收债务人税收裁决的发出为前提(《税法通则》第 191 条第 3 款第 4 项)。然而在责任裁决发出之前(《税法通则》第 191 条第 5 款

---

[43] 参考 Blesinger, in: Kühn/von Wedelstädt, AO, 19. Aufl 2008, § 70 Rz. 1 ff.
[44] 更多内容参见 Müller, AO-StB 2006, 153。
[45] 参考 BFH, VII R 29/99, HFR 2002, 277 (278)。

第 1 目），对税收裁决的核定期限不得到期。主流观点认为《税法通则》第 191 条可类推适用于税收的附带给付。[46] 责任裁决不等同于税收裁决，而是一种一般性的税收管理行为（见后面的页边码 378）。因此，《税法通则》第 155—177 条不可使用；责任裁决的校正要根据《税法通则》第 130 条以下进行。

由于《税法通则》第 191 条第 3 款的规定，必须相应地使用有关核定时效的规定（《税法通则》第 169 条以下）。《税法通则》第 191 条第 3 款第 2、3 项包括关于期限和期限开始的特殊规定，第 3 款第 4 项规定了时效不完成。[47] 诉讼时效期限原则上为 4 年，仅在《税法通则》第 70、71 条规定的情形中延长到 5 年或 10 年。在由于代理人（《税法通则》第 69 条）的严重过失而违反义务的情况下此期限为 4 年，而被代理者的核定期限也许为 5 年或 10 年。[48] 如果责任不是从税收法律中得出来的，那么根据《税法通则》第 191 条第 4 款，只要责任请求权根据对其适用的法律还未失效，那么就可以发出责任裁决。

与税收裁决相比较，责任裁决的发出根据《税法通则》第 191 条第 1 款（可以）根据《税法通则》第 5 条中规定的税务机关尽责的**裁量**进行（有关裁量参见页边码 391 以下）。

司法判决创设了事件群，在事件群中**决议裁量**应该是有瑕疵地进行实现，如在《个人所得税法》第 42d 条框架内雇主无过失的判决错误的情况中。[49] 决议裁量根据《税法通则》第 219 条第 1 项，因其系统地位只适用于征收程序的规定，所以进一步受到了限制（有关《税法通则》第 219 条见页边码 290）。因为如果税务机关根据《税法通则》第 191 条允许颁布一项责任裁决，而这项责任裁决由于《税法通则》第 219 条第 1 项的规定不能得到执行，那么这就会不合理。因此只有在对流动财产的强制执行没有成功的希望时，才允许发出责任裁决。

当存在若干潜在的责任债务人时，**选择裁量**就出现了问题。在一个公司存在多个经理人的情况下，原则上每一位经理人都会被指定履行公司的税收义务。但是如果存在内部业务分配，那么只要不存在特别的对其他经理人提出请求的客观原因，税务局就必须向主管的经理人提出要求。[50]

(2) 责任裁决发出后的要求。

《税法通则》第 191 条规定了责任裁决发出的前提条件（参见其在《税法通则》第四章

---

[46] BFH, VII R 4/84, BStBl II 1987, 363; Loose, in: Tipke/Kruse, § 191 AO Tz 14.
[47] 财政局发出的承担缴纳税款义务通知书的时效，详见 Eich, AO-StB 2005, 208。
[48] BFH, VII R 21/07, BStBl II 2008, 735.
[49] 参见 Schmidt/Drenseck, EStG, § 42d Rn 26 ff 有进一步论证。
[50] BFH, VII B 172/94, BFH/NV 1995, 941 (942); VII R 4/98, BStBl II 1998, 761 (765).

关于核定程序的责任裁决中的系统地位;有关征税程序具体阶段的界定见页边码370和371),责任裁决一产生,纳税义务人的要求就以《税法通则》第219条为依据,这是《税法通则》第五章中关于征收程序的规定。《税法通则》第219条第1项包括**担保责任补充性**的原则。根据责任裁决,只有当对流动财产的强制执行一直无成效或者没有成功的希望时,才能对责任债务人提出要求。《税法通则》第219条第1项包含了这项原则在现实中重要的例外情况,参见《个人所得税法》第42d条、第38条第3款、第41a条第1款中有关雇主对薪资所得税所担负的责任。

责任请求权在缴纳催告中确定的缴纳日期期满时到期。由于到期是缴纳时效的前提条件(见前面的页边码275),所以税务机关可以对责任债务人无限制地提出请求,其中税务机关尽管针对责任债务人发出了责任裁决,但是并没有发出缴纳催告。这受到了《税法通则》第229条第2款规定的阻碍,这项规定在上述情形中使缴纳时效随着责任裁决已起作用的年份到期而开始。

4. 责任事件中的调查顺序

A. 责任裁决的合法性

Ⅰ. 授权基础:《税法通则》第191条第1款第1项第1目

Ⅱ. 裁决形式上的合法性:资格,形式(书面形式,《税法通则》第191条第1款第3项;理由:《税法通则》第121条),程序(如《税法通则》第91条:听证)

Ⅲ. 裁决实质上的合法性:

1. 存在《税法通则》第191条第1款第1项中构成要件的前提条件("根据法律规定谁对税收担负责任")

a) 存在税收债务(继受性原则:如果税收债务没有产生或者已经通过履行或抵消失效,那么责任就要取消,《税法通则》第44条第2款第1、2项。在税收债务免除或时效期内尽管责任没有取消,但是由于《税法通则》第191条第5款规定,责任裁决原则上不允许再进行颁布。)

b) 存在责任构成要件(《税法通则》第69条,单项税收法律和民法)

c) 根据法律规定的责任:在条约(例如《税法通则》第48条第2款,《民法典》第765条)规定的责任的情况下,通过责任裁决提出的要求是违法的;税务机关因此会被控告至民事法庭,参见《税法通则》第192条。

2. 责任范围:存在责任的限制吗?(如《税法通则》第74条第1款第2项、第75条第1款第2项和第76条)

3. 核定时效:《税法通则》第191条第3款和169条

4. 法律后果:裁量(《税法通则》第5条)

314

> **B. 要求的合法性(缴纳催告)**
> Ⅰ. 法律基础:《税法通则》第 219 条
> Ⅱ. 存在合法的或者具有存续力的责任裁决
> Ⅲ.《税法通则》第 219 条第 1 项规定的补充性原则:税收债务人的第一要求,例外情况:毫无希望(《税法通则》第 219 条第 1 项)或者《税法通则》第 219 条第 2 项
> Ⅳ. 缴纳时效:《税法通则》第 228、229 条

315

情形 11(页边码 300)的解决方法:薪资所得税的债务人原则上是雇员,《个人所得税法》第 38 条第 2 款第 1 项。但是这在税率为 20% 的一次性应缴清的薪资所得税中不适用,这项税对 A 有利,分摊到了 U 为直接保险所缴纳的保险费中。一次性应缴清的薪资所得税的债务人根据《个人所得税法》第 40b 条第 5 款第 1 项和 40 条第 3 款第 2 项第 1 半句的规定是雇主身份的 U。因此由于缺乏责任构成要件不能对雇员身份的 A 提出要求。

此外,就薪资所得税,原则上作为雇员的 A 是这项税的债务人,《个人所得税法》第 38 条第 2 款第 1 项。可以对 A 提出请求。[51] 有问题的是,在这里是否也可以向作为雇主的 U 提出请求。根据《税法通则》第 219 条颁布的缴纳催告可以与责任裁决有联系。然后首先可以根据《税法通则》第 191 条第 1 款合法地颁布责任裁决。必须以形式上的前提条件的存在为出发点。实质上必须首先存在《税法通则》第 191 条第 1 款规定的构成要件的前提条件。然后 U 必须根据法律规定对薪资所得税担负责任。根据《个人所得税法》第 42d 条第 1 款第 1 项规定,U 对他按照《个人所得税法》第 38 条第 3 款必须扣缴的薪资所得税和按照《个人所得税法》第 41a 条第 1 款第 1 项 2 目必须缴纳的薪资所得税担负责任。责任裁决的发出,按照《税法通则》第 191 条第 1 款规定,需要《税法通则》第 5 条规定的税务机关的按照义务进行裁量。税务机关必须进行无瑕疵的裁量。对于决议裁量适用的是,如果薪资所得税瑕疵扣缴的原因在税务局的领域内,那么从一开始就要排除雇主的要求。[52] 关于此点目前不清晰。在选择裁量上存在的问题是,是否应该首先把 A 作为薪资所得税的债务人对其提出要求。如果雇主有意识地或者轻率地疏忽了缴纳已扣除的薪资所得税或者税收扣缴,那么对雇主的请求经

---

[51] 关于雇员要求的技术细节,见 *Schmidt/Drenseck*,EStG,§ 42d Rn 18 ff。

[52] 参见 *Schmidt/Drenseck*,EStG,§ 42d Rn 26 ff。

常是裁量上无瑕疵的。[53] 任何反对性的规定从《税法通则》第 219 条第 1 项中的补充性原则中都得不出来,因为这项原则与《税法通则》第 38 条第 3 款第 1 项相联系的 219 条第 2 项以及《个人所得税法》第 38 条第 3 款第 1 项,41a 条第 1 款的规定并不适用于雇主的薪资所得税责任的情况。关于其他的薪资所得税,A 和 U 作为从《税法通则》第 44 条来讲的连带债务人担负责任。因此可以对两者都提出要求。

(四)税收退还请求权

情形 12:A 在 2001 年向 P 党捐献了 200 欧元,但是忘记了把这项捐款在 2001 年的所得税纳税申报中进行说明,是由于他填写纳税申报时不认真,忽视了表格中的方框。他在 2002 年 7 月 1 日收到了对于 2001 年的所得税征税单,他想现在,即 2002 年 10 月 1 日提出金额为 100 的税收退还请求,因为他没有法律根据地缴纳了所得税。存在退还请求权吗?(**页边码 318**)

根据《税法通则》第 37 条第 2 款第 1 项规定,当没有法律根据(即错误地)缴纳或偿还了税收、税收退给、责任款项或者税收附带给付时,存在**退还请求权**。[54] 根据《税法通则》第 37 条第 2 款第 2 项,这也适用于法律基础事后被取消的情况。这项请求权既可以针对税务机关,也可以针对纳税义务人和受托人(论据《税法通则》第 37 条第 2 款第 3 项:"也")。

要注意的是,在通过行政行为进行税收核定的情况下,缴纳的法律根据的存在不是根据实质上的法律规定进行评定,而是根据是否存在根据《税法通则》第 124 条规定而有效的行政行为(见页边码 380 以下)。行政行为应该与它的功能相适应,使法律状况有拘束力地具体化,并且在法律救济期限到期后,原则上不允许在它的内容方面对其产生疑问(详解见后面的页边码 396)。

但是根据司法判决,当对行政行为不生效力的上诉违反了可靠与信任的规定时,不存在退还请求权。这可能是以下的情况,当对行政行为不生效力的上诉可能会导致完全

---

[53] Schmidt/Drenseck,EStG,§ 42d Rn 31 有进一步论证。
[54] 参考 BFH,VII B 257/02,BFH/NV 2005,3 (5)在这个特殊的案例中,与预缴税款通知书中的年度纳税通知相反,存在对纳税义务人有益的税前盈余。在此案中,预缴税款通知书作为对税前补贴保留的法律依据而存在,并(直到征税时)与财政机关的税款退换请求权相冲突。

无法承担的结果时,如当纳税义务人必须对不生效力的原因承担责任时。[55]

318　**情形 12**(页边码 316)**的解决方法**:根据《税法通则》第 37 条第 2 款规定,如果 A 没有法律依据地缴纳了额度为 100 的所得税,那么他对税务机关存在有退还请求权。根据《个人所得税法》第 34g 条第 2 款和第 1 款 1 项规定,在对政治党派的捐赠的情况下,按照税率规定的所得税要减少捐赠额的一半,减少的最高额度为 825。据此,A 在这里多缴纳了 100 欧元。但是具有存续力的税务裁决是缴纳的法律依据。对于裁决的无效(《税法通则》第 125 条)而言,没有什么是明显的。由于法律救济期限的到期(《税法通则》第 355 条),A 也不能再反对裁决。根据《税法通则》第 173 条第 1 款 2 项规定,税务机关也没有义务更改裁决,因为是 A 粗心大意的行为(对于《税法通则》第 173 条的进一步解释,见后面的页边码 417 以下)。因此根据第 37 条第 2 款规定,A 不具有退还请求权。

(五)税收退给请求权

319　税收退给请求权的目的是对已征收的正当缴纳的税款进行偿还,但该税款应当只是暂时地负担。这样当预缴的营业税款超过自身的营业税债务时,具有扣除预缴营业税款权利的企业主(参见《营业税法》第 15 条,见后面的页边码 1739)就具有退给请求权。

320—324　根据《税法通则》第 155 条第 4 款规定,要把适用于税务核定的规定相应地应用到税收退给的核定中。因此税收退给要通过裁决进行核定,而且也有一定的核定时效(《税法通则》第 169 条以下)。

二、个别税收法律使用的一般原则

325　《税法通则》包括个别税收法律使用的一般原则。税法经常与民法的法律状况相联系,但是却又独立于民法,与民法并列(对此在前面的页边码 46 已经有过讲解)。偏离民法之处,或者需要法律基础,或者它们必须是对税收构成要件进行方法合理的解释的结果。[56]

《税法通则》在第 39—42 条中制定了原则,在这些原则中,税收法律的评判偏离了民

---

[55] BFH, X R 47/88, BStBl II 1993, 174 (177).

[56] 税法规定的解释参见 *Birk*, Steuerrecht I, 2. Auflage 1994, § 11 Rn 27 f,合宪性解释参见 Steuerrecht *Birk*, StuW 1990, 300;关于方法论的批评参见 StuW 2008, 206。

法的视角。在使用个别税收法律时应该注意这些原则。它们通过**经济上的思考方法**这一概念得到了解释说明[57]，这一思考方法以前在《经济观察法》第1条第1款中就做了明确的规定。现行法律中表现这一思考方法的《税法通则》第39—42条(**对此的解释**见页边码326以下)的目的是,把真实经济事实及实际情况和结果纳入该规定的适用范围之内,不包括与此相偏离的民法形态。此外在对所有的税收法律进行解释时要顾及到诚实和信任的一般法律原则(见页边码350第351)。[58]

(一) 资产的归属(《税法通则》第39条)

> **情形13**:E于1996年将一个较大的土地出租给了物流企业主U。此外,E在租赁中没有获得收入。租赁合同有效期为10年,附加地,U被赋予了建造权。在合同到期后,U有义务将土地连同建筑物归还于E。由U建造的建筑物的补偿请求权被排除。U在同一年花费15万欧元于此土地上建造了2个贮存仓库。在2006年租赁合同到期时,其仍具有10万欧元的交易价值。财政机关因此考虑将此仓库的价值作为E的出租所得。然而主管人员不能确定,对2006年估税期间的考虑能否进行,以及对1996年估税期间的税收裁决是否必须变更。对此应如何回答?
>
> **变种情况**:当U与E间的协议未将由U建造的建筑物补偿请求权排除时,在此期间继续其父亲U的企业经营的S在租赁合同结束后错过了权利主张的机会,则此情形的裁决会不同吗? (**页边码328**)

原则上来讲,民法上的所有人也是经济上的所有权人。与此相适应,《税法通则》第39条第1款规定,资产在税法上的归属通常要跟随私法上的归属。但是如果民法所有权人以外的其他人在经济上拥有所有人的地位,那么根据《税法通则》第39条第2款1目规定,资产就归属于此人。根据这条规定**经济上的所有人**是指对资产进行事实上的实物控制以至于一般情况下可以把民法规定的权利人持久地从资产使用中排除出去的人。[59]

但是作为经济上的所有权人,司法判决也承认那些作用可能性尽管未超出资产使用

---

[57] 参见 *Eibelshäuser*, DStR 2002, 1426。
[58] 参见 BFH, IX R54/99, BFH/NV 2004, 1088。
[59] 详见 *Fischer*, in: *Hübschmann/Hepp/Spitaler*, §39 AO Rn 39 ff. 关于经济财产的要求参见 *Schmid*, DStR 2010, 145。

期却针对使用终结情况拥有要求现行市价补偿权利的人,而这项要求或者从协议中或者从法律中得出来。[60] 司法判决尽管不是直接从《税法通则》第39条第2款第1目第1句中得出来的,但是它符合经济上的思考方法。此外,《税法通则》第39条第2款1目定要求对各种事件群体的**实质区分**,即关照具体的事实问题进行定性。实质区分始终以是否同意非所有权人与所有权相近的法律地位为导向。[61] 通常而言,"转移"法律上财产的法律地位的作用范围来自于作为根据的约定。[62] 其中,作为经济上所有权人地位的后果是他是以对于资产具有控制权为依据基础的那些税收的债务人。《税法通则》第39条第2款第1目第1句主要在**所有权保留**、**担保所有权转移**(页边码329)、用益权和租赁业务领域具有意义。[63] 原则上,用益权的设定并不导致资产的获得,因为用益权人仅享有派生的占有,且无法长期地将民法上的所有权人从资产和利润中排除。[64]

328

情形13(页边码326)**的解决方法**:首先,在两个由U建造的,E在未向U进行补偿性支付而获得的建筑上,其须是关乎于因出租活动而得到的收入(无关乎此后确定的流入时间点)。根据《个人所得税法》第8条第1款之规定,收入是指所有货币或货币价值形式的,以《个人所得税法》第2条第1款第4—7目规定的收入所得形式范围内流入纳税义务人的财产。所有通过取得收入所得活动(页边码1001)而形成的报酬都属于租赁收入,即与其有客观经济上的或事实上的关联。实物给付形式的报酬也可是承租人建造的建筑物,若承租人为建造支付了费用而未获得出租人的补偿。结果是由U出钱建造的两间仓库构成了E以实物形式的出租所得。

问题在于,何时此笔收入流入了E。需考虑的有2006年土地由U归还E时,以及1996年房屋建造时。对流入起决定作用的是经济处分权的获得。[65] 当E在此时间点已成为建筑物的法律或经济上所有权人时,实物支付价值通过仓库的建造流入了E。与此相反,若作为土地承租人的U是法律上或至少是经济上的所有权人时,只有在E

---

[60] 参见BFH, X R 23/99, BStBl II 2002, 281; X R 15/01, BStBl II 2002, 278; 更多参见FG Köln, 4 K 6414/02, EFG 2007, 570 (571 f); 此判决肯定了租赁房屋是承租人的经济财产,尽管判决BFH, IV R 2/07, BFH/NV 2010, 1018对《民法典》第951条、812条产生的赔偿请求权受到合同的严格限制。

[61] 参见BFH, VIII R 30/98, BStBl II 2002, 741 (742)。

[62] 关于有价证券参见 Kolbinger, Das wirtschaftliche Eigentum an Aktien, 2008, S. 145 ff。

[63] 详见 Fischer, in: Hübschmann/Hepp/Spitaler, § 39 AO Rn 54c, 75 ff, 111 ff。

[64] 参见BFH, IV R 39/98, BStBl II 1999, 263; X R 38/98, BStBl II 2000, 653; FG Münster, 1 K 3132/04, EFG 2008, 1937。

[65] 参见BFH, IX R 170/85, BStBl II 1990, 310 (311); Schmidt/Drenseck, EStG, § 11 Rn 12。

再次自由支配且收回租赁标的物时，U 的价值提升的费用才流入作为土地所有权人的 E。[66]

E 可根据法律随着仓库的建造而成为其所有权人，以致实物给付的价值自 1996 年就流入 E。根据《民法典》第 946 条，财产涉及土地上附着的动产，此动产成为土地的基本构成要件。根据《民法典》第 94 条第 1 款第 1 项与土地紧密联系的物体，尤其是建筑物，属于土地的基本构成要件。因此，仓库是 E 的土地上的基本构成要件。然而，出于暂时目的而与地面或土地连接的物体，根据《民法典》第 95 条第 1 款第 1 项不属于土地的构成部分。[67] 而连接是否出于暂时目的，主要基于生产者对外展现的意图来判断。[68] 合同上 U 有义务将土地以及他建造的建筑还给 E。因为与土地的连接不是仅出于暂时的目的，所以两间仓库是土地的基本构成要件。E 随着该建筑物的建造而根据《民法典》第 946 条以及 94 条第 1 款第 1 项获得该建筑物所有权。

U 却能依据《税法通则》第 39 条第 2 款第 1 目第 1 句至 2006 年租赁物归还之前被视作建筑物的经济上的所有权人。此时，他须通过下述形式实施了事实上的支配，即他可将 E 作为民法上的所有权人在资产的通常使用期限内在经济上进行排除。只有在民法上所有权人的归还请求权不再具有经济意义或不存在归还请求权时才可采纳这点。[69] 此处，E 在租赁合同结束时享有归还请求权（《民法典》第 581 条第 2 款以及 546 条第 1 款）。此归还请求权也具有"经济意义"，因为在租赁到期时建筑物仍具有可观的价值且 U 的根据《民法典》第 951 条、第 812 条规定的法定补偿请求权通过合同约定被排除。因此，不是 U 而是 E 随着建筑物的建造而成为经济上的所有权人。因此自 1996 年，以两间仓库为对待给付的实物给付价值便流入了 E。对 E 的租赁收入的考量因此只需在此估税期间进行。然而诉讼时效的发生（参照《税法通则》第 169 条第 2 款第 1 项第 2 目，页边码 266 以下）阻碍了 1996 年估税期间内所得税收裁决的变更（根据《税法通则》第 173 条第 1 款第 1 目）。

变种情况的解决方法：此处 E 以及 S 至租赁合同结束的时间点前根据《税法通则》第 39 条第 2 款第 1 目第 1 句可成为经济上的所有权人，以致直到租赁标的物归还时实

---

[66] 参见 BFH, IX R 54/99，BFH/NV 2004, 1088 (1089)。
[67] 与之相反，第 95 条第 1 款第 2 目的适用以行使物权性权利的联系为前提，参见 *Ellenberger*, in: *Palandt*, Bürgerliches Gesetzbuch, 69. Aufl 2010，§ 95 Rn 5。U 只有基于债权协议的使用权。
[68] 参见 *Ellenberger*, in: *Palandt*, Bürgerliches Gesetzbuch, 69. Aufl 2010，§ 95 Rn 2。
[69] 参见 BFH, X R 61/91，BStBl II 1992, 944 (945)。

> 物给付(建筑物)才流入 E。经济上的所有权人可通过下述形式实施对一项资产的事实支配,即其能够在资产的通常使用期限内在经济上排除了民法上的所有权人对经济物品的影响。U 仅能在由自身占有资产(建筑物)的使用期间内,至租赁期间结束,基于租赁合同产生的占有权而将 E 对经济物品的影响排除(参照《民法典》第 986 条第 1 款以及 581 条第 1 款)。然而,就一项经济物品而言,接受经济财产的司法判决[70]就可以了,即经济物品的寿命尽管有所减损,但使用权人有权对此获得合同约定的或法律规定的对交易价值补偿的请求权。U 享有至少法律规定的他在 E 的土地上建造的建筑物的补偿请求权(《民法典》第 951 条、812 条)。结果是 U 在土地及其上的建筑物归还之前为经济上的所有权人。E 直到通过经济财产的归还才获得所有权。因此,2006 年才流入 10 万欧元的实物给付价值。此流入可在 E 的租赁所得中考量。

329 《税法通则》第 39 条第 2 款第 1 目第 2 句涉及**信托关系**、**财产担保**和**私有财产**。这项规定首先在营业财产决算中具有意义。

例子:U 为了保障针对自己存在的要求把他的成品库转让给了 B 银行,并在所有权保留的条件下从 V 的手中购买了一辆载重汽车。从法律上来讲,B 银行成为成品库的所有权人,但是从经济上来看,B 银行拥有的只是(不占有财产的)担保物权。根据《税法通则》第 39 条第 2 款 1 目第 2 句规定,成品库仍然是 U 的企业财产。说到载重汽车方面,在完全付清购买价之前(参见《民法典》第 449 条)V 是所有权人。只要 U 履行买卖合同中规定的义务,根据《民法典》第 986 条第 1 款,他就有拥有这辆载重汽车的权利而且能够把 V 从对这辆载重汽车的影响中排除出去。因此,根据《税法通则》第 39 条第 2 款 1 目第 1 句规定,载重汽车也归于 U 的企业财产。

330— 与民法中的规定不同,《税法通则》第 39 条第 2 款第 1 目在税收法律上把资产归于
331 其他人,而不同于此的是,《税法通则》第 39 条第 2 款第 2 目规定是一项**分配规定**。

这项规定不理会适用于人合公司(民事合伙、无限公司、股份公司)、共同继承和夫妻共同财产的共同共有民法原则,只要分割归属对于征税是必要的(《税法通则》第 39 条第 2 款第 2 目规定的结束处)。这在不是合伙关系而是税收的单个合伙人受到约束时是这样的情况,如在人合公司的企业主所得税领域(参见《个人所得税法》第 1 条和第 15 条第

---

[70] 参见 BFH,I R 88/92,BStBl II 1994,164;XI R 77/96,BStBl II 1997,774。

1款第1项2目;见后面的页边码704)[71]。尽管共同共有财产归合伙人共同所有,单个的合伙人既不能支配公司财产中属于他的那部分,也不能支配属于单个人的物品(与《商法典》第105条第2款和161条第2款相联系的《民法典》第719条第1款;《民法典》第1419条第1款;部分不同的《民法典》第2033条第2款),但是对于征税而言,在这些情况下应该这样来对待共同共有财产,好像根据合伙人的看法共同共有财产属于极小的部分(见《民法典》第741条以下)。与此相对,当共同共有是纳税主体时,分割的归属并不是根据《税法通则》第39条第2款第2目结束处的规定而必要。尤其在增值税(《增值税法》第13a条第1款第1目,第2条第1款)、营业税(《营业税法》第5条第1款第3项)和房产购置税(《房产购置税法》第13条第5目第a点第第6目)中是这样的情况。

需要注意的是,《税法通则》第39条仅直接涉及资产的归属,而不是收益的归属(见页边码326)。

(二)通过违反法律和惯例的行为获得经济支付能力(《税法通则》第40条)

根据《税法通则》第40条,可以对通过**违法行为**获得的收益征税。这项规定考虑到了支付能力原则,根据这项原则按照每一个人经济上的实际增长对其征税。但是根据《税法通则》第40条规定,在任何情况下,收入可税性和支出可扣除性的前提都是税法的构成要件得到了满足。

332

例子:走私集团是销售税上的企业主体。

窝赃者从工商企业取得收入(《个人所得税法》第15条第1款第1目)。窝赃者进行的购买费用作为企业支出(《个人所得税法》第4条第4款)可以得到扣除,只要没有法律规定的扣除禁令干预。因此根据《个人所得税法》第4条第5款10目规定,窝赃者不能够扣除贿赂金。

与此相对,盗贼即使连续作案,获得的收入也不具有纳税义务。因为根据《个人所得税法》第15条不存在来自工商企业的收入,由于盗贼不是根据《个人所得税法》第15条第2款规定参与一般的经济往来。其他的收益类型也不予考虑。

特性存在于**增值税**法中。来自如毒品交易或提供伪钞等完全禁止而且绝对的非法交易行为的收益已经不是《增值税体系指令》第2条、第14条以下、24条以下意义内的

333—334

---

[71] 但是 BFH, GrS 7/ 89, BStBl II 1991, 691 (699)中支持了通过 § 15 Abs. 1 Satz 1 Nr 2 EStG 对 § 39 Abs. 2 Nr 2 AO 的修改。

可征税的收益（见页边码1653,1678）。[72]按照法律条文,这项司法判决与《税法通则》第40条没有处于冲突之中,因为税收法律的构成要件根本没有完成。但是它通过把这些收益定性为不可税收益的"战略"与规定的意义与目标相违背。但是要遵循这项司法判决,因为《税法通则》第40条不能导致欧洲法律决定的征税构成要件的修订。

（三）无效的但经济上完成的法律行为（《税法通则》第41条）

1. 原则

335　　根据《税法通则》第41条第1款第1项,**无效的法律行为**同样会带来税收后果,只要参与者愿意承认针对自己的经济结果。《税法通则》第41条第1款第1项适用于开始的或事后的无效（如根据《民法典》第142条进行的申诉）。

《税法通则》第41条与《税法通则》第40条有部分重合,当《税法通则》第41条不仅包含根据《民法典》第134、138条规定无效的法律行为而且包含其他的法律行为时,如包含由于形式缺乏（《民法典》第125条第1项）或无行为能力（《民法典》第105条第1款）而无效的法律行为时,它涵盖的范围更广泛。当《税法通则》第41条仅包含法律行为时,它比《税法通则》第40条涵盖的范围更窄,而《税法通则》第40条的构成要件涉及每一种行为。

336　　当从税收标准的目的中得出重要的应属法律行为的有效性时,《税法通则》第41条第1款第1项规定不可适用（《税法通则》第41条第1款第2项）。因此《税法通则》第41条第1款第2项仅仅包括普遍适用的原则"特殊法优于一般法"。[73]

根据《税法通则》第41条第2款第1项规定,虚假交易和虚假行为对于征税无关紧要。这里不应该相应出现与声明相关联的法律后果。如果通过一项虚假交易隐藏了另一项合法交易,那么根据《税法通则》第41条第2款第2项规定,隐藏了的合法交易对征税具有决定意义。这与《民法典》第117条第2款中的规定相适应。

2. 家庭成员之间合约的特点

337　　**情形14**:a）教师L与他18岁的孩子K签订了一项雇用合同。根据这项合同他每年支付给K 7000欧元用于购置办公材料、准备郊游日的旅行路线和从学校接回家的服务。K事实上也做了这些事情。L能够把这些费用作为必要支出进行扣除吗？

---

[72] 参见 EuGH, C-343/89, Slg. 1990, I-4477 (4496 f, Rn 19 ff) (*Witzemann*) 关于 6. EG-RL,该指令已被 MwStSystRL 所替代；*Reiß*, Umsatzsteuerrecht, 10. Aufl 2009, S. 24 f 有进一步论证。

[73] 参见 *Wernsmann*, in: *Hübschmann/Hepp/Spitaler*, § 4 AO Rn 364。

b) 企业主 U 在企业中雇佣了他的妻子 F。F 是秘书,她获得的薪水是根据事先签订的合同提前协商好的而且薪水很平常。U 付给 F 薪水时使用的是所谓的共同账户,U 和 F 可以独立地使用这个账户。在向 F 的支付中和在为 F 缴纳的社会保险中涉及的是 U 的企业支出吗?**(页边码 340)**

由于亲近的人的利益具有相同的指向,**在家庭成员之间的合约**中要注意一些特点。尽管从规定禁止歧视婚姻和家庭的《基本法》第 6 条第 1 款中得出,不能一般性地对这样的合约拒绝进行税收上的承认。[74] 但是另一方面也必须阻止一些纳税义务人通过巧妙的形式能够在税收上扣除违反《个人所得税法》第 12 条第 1、2 目规定的抚养费或个人生活费。

家庭成员之间合约盛行的背景在于:**在情形 14a)**(与子女签订的劳动合同)中,L 在承认的情况下可以作为必要支出(见页边码 756)扣除对 K 的支付。K 的收益由于基本免税金额的规定(《个人所得税法》第 32a 条第 1 款第 2 项 1 目)完全免税。

夫妻之间劳动合同(上面**情形 14b**)的利处在于:如果企业主 U 在公司中雇佣了他的妻子 F,尽管在共同估算税额中根据《个人所得税法》第 26b 条在累进缓和过程中不会出现影响,因为这种影响在夫妻分开纳税(《个人所得税法》第 32a 条第 5 款)的情况下才会出现。受益的是归被雇佣的配偶所有的总额(尤其是《个人所得税法》第 9a 条第 1 款 1 目规定的雇员总额)及从工商企业的收益中扣除的作为企业支出的薪资金额,因为这也减少了营业税收益(页边码 1383)。在薪资所得税的情况下,通过《个人所得税法》第 40、40a、40b 条规定的一次性总付可能性进一步存在税收利益。

作为家庭成员间的合约,尤其要考虑的是劳动合同、贷款协定、租赁合同和公司合同。[75]

一方面为了像《基本法》第 6 条第 1 款所要求的那样并不是对所有家庭成员间的合约关系拒绝进行税收上的承认,但是另一方面为了阻止通过合约来掩饰不可扣除的生活费(《个人所得税法》第 12 条 1 目),司法判决[76]对于对家庭成员间合约的承认制定了以下的前提条件:

a) 合约必须在实施之前就进行了**有效**签订。民法上形式要求的注意在合同意向方

---

[74] 参见 BVerfG,1 BvR 571/81,BVerfGE 69,188 (205)。

[75] 详见 Ganzen *Schmidt/Heinicke*,EStG,§ 4 Rn 520 „Angehörige/Angehörigenverträge"; *Balluf*, EStB 2008,290; *Zipfel/Pfeffer*, BB 2010,343。

[76] 参见 BFH,IX R 30/98,BStBl II 2000,223 (224); IX R 55/01,BStBl II 2003,627 (629 f)。

严肃真诚性总体评价范围内才有关联意义。司法裁决在民法有效性中注意到了某个证明迹象,当形式的不遵守不可归咎于合同当事人以及合同当事人在意识到合同无效后及时满足形式要求时,该证明迹象是至少可被驳倒的。[77]

b) 法律行为必须进一步得到**实际实行**。然而,根据联邦财政法院的新裁决,不可以从个别合同条款的未实行推断出缺乏约束意愿的结论。在整体尊重的范围内,所有同意或反对约束意愿的根据都将相互进行权衡。[78]

c) 合约必须在内容上也能经受住**陌生比较**,也就是说它必须像陌生的第三方已经做过的那样来进行安排(和实行)。家庭方面的特殊性(公开的工作时间,在私人住宅内的活动)则可得到宽容对待。[79]

340 　对**情形 14 a)** 而言这意味着:L 和 K 签订了有效的合约。这项合约在事实上也得到了实行。然而对于这些相关的服务,L 是不会付给陌生的第三方如此高的费用的。因此这项合约经受不住第三方的对比,因此在税收上不能给予承认。因此在 L 向 K 支付的 7000 欧元中涉及的不是非自主职业收入中的必要支出(《个人所得税法》第 9 条)。反过来,K 尽管获得了 7000 欧元,但是这也不是来自非自主职业的收益。

　在**情形 14 b)** 中,U 和 F 签订了有效的合约。这项法律行为必须进一步在事实上得到实行。可以与劳动关系事实上的实施相对立的是,劳动报酬流入到作为雇主的配偶的账户中,即使作为雇员的配偶可以单独支配该账户(共同账户)。[80] 但是劳动报酬流入到谁的账户中这个问题仅仅是劳动合同是否在事实上得到了实行这个问题的(可推翻的)情况证据。[81] 因为在存在的事件中,F 事实上获得了利益,而且合同的形式也适用于其他陌生人之间的普遍的情况,因此要对该劳动合同在事实上予以承认。薪资和社会保险费支出(雇主承担的部分)因此是 U 的企业支出。对 F 而言,这涉及的是劳动工资,在这种情况中,当时的总额归她所有。社会保险费中雇主承担的部分根据《个人所得税法》第 3 条 62 目规定对于她而言是免税的。

---

[77] 参见 BFH, VIII R 29/97, BStBl II 2000, 386;另见 BFH, IX R 4/04, BStBl II 2007, 294 (295) (非应用程序法令 BMF v. 2.4.2007, BStBl. II 2007, 441);BFH, IX R 45/06, DStR 2007, 986 (987)。参见 *Heuermann*, DB 2007, 1267。
[78] 参见 BFH, X R 14/01, BStBl II 2004, 826 (827 f)。
[79] 参见 BFH, VI R 59/06, BStBl II 2009, 200。
[80] 在此意义上,多年的联邦财政法院判决 BFH, GrS 1/88, BStBl II 1990, 160。
[81] BVerfG, 2 BvR 802/90, BStBl II 1996, 34 (36),因此在给定地点 BFH (GrS) 将其废除了。

(四) 税收筹划的滥用(《税法通则》第 42 条)

> **情形 15**：A 和 B 是同事。A 于 2006 年 2 月 4 日在明斯特尔购买了一套拥有独立产权的三室公寓，而且在同一天，他还与 B 签订了一项租赁合同。B 几天之前在市郊买了一套相同大小的拥有独立产权的公寓。他在 2006 年 6 月 2 日又把这套公寓租给了 A。B 支付了 400 欧元的房租。A 同样也支付了 400 欧元的房租。他想在他的所得税纳税申报中要求一项金额为 10758 欧元(债务利息和其他的负担)的必要支出盈余。税务局以法律不当行为为由对此不予承认。正当吗？[82] **(页边码 347)**

341

原则上，纳税义务人有权进行以下的经济行为，在这样的行为中没有税收或仅仅很少的税出现。[83] 原则上，纳税义务人可以自由支配收益来源、收入和财产，而且他也可以这样来调整他的行为，以避免出现形成税收的构成要件。

342

有的人为了节省税收而用养猫代替养犬或者在长于十年的时间之后才卖掉房产，而不是在 9 年 11 个月之后就把房产卖掉(参见《个人所得税法》第 22 条第 2 目、第 23 条第 1 款第 1 项 1 目)，这些人通过以下方式来避免税收负担，即他们在法律上和经济上不完成税收法律中构成要件的前提条件。

然而，有的人仅仅在法律上用这样的方式来歪曲原本属于税收法律范畴的经济事实，使形成税收的构成要件根据条例原文而不存在，但是根据事实却已经得到了满足，这些人和那些不仅在经济上而且在法律上满足了税收负担构成要件的人一样同样必须考虑到征税。《税法通则》第 42 条对这种所谓的合法**避税滥用**的情况进行了规定。[84] 根据这项规定，税收法律不能通过法律上税收筹划可能性的滥用而得到规避。出于税收负担平等的原因(《基本法》第 3 条第 1 款)，形式上的未满足构成要件不重要。当一个不当的法律上的税收筹划被选择，且这一筹划较之适当的情形会导致对于纳税义务人或第三

343

---

[82] 参见 BFH，IX R 134/86，BStBl II 1991，904 判决对其进行了重复。
[83] 参见引入半收入所得程序前的股份转让，BFH，IX R 77/06，EStB 2008，303 含 Schwetlik 的注释。
[84] 具体案例参见 Roth，Die Begrenzung der Rechtsfolgenseite des § 42 AO 1977，2004，S. 13 ff. 由于年度税法 2008 (BGBl I 2007，3150) mWz 1.1.2008 引起的变更，新规定的效果，参见 Mack/Wollweber，DStR 2008，182. 执行另见 Wendt，DJStG (33) 2010，117 以及 Hey，DStJG (33) 2010，139. 以及 Drüen，AO-StB 2009，209 和 240。

方在法律上不可预见的税收利益时,则存在滥用(《税法通则》第 42 条第 2 款第 1 项)。[85] 原则上,纳税义务人通过不寻常的且对其税收上有利的税收筹划会使自己遭受滥用的谴责。因此《税法通则》第 42 条第 2 款第 2 项保障了纳税义务人以下可能,通过参阅值得注意的非税收原因而使谴责无效。若滥用存在,则如同在符合经济事件的法律构成一样,出现了税收请求权(《税收通则》第 42 条第 1 款第 3 项)。

对《税法通则》第 42 条的法律理论类别颇有争议。一部分人认为,《税法通则》第 42 条是多余的,在过失性的税收筹划中税收规定的适用性或非适用性已经通过公认的解释规则而得出(所谓的**内部理论**)。但是司法判决和资料的其他部分认为,《税法通则》第 42 条具有独立的规定内容,必须归入其中(所谓的**外部理论**)[86]。

当单行税法规避规则的前提条件存在时,不用审核《税法通则》第 42 条,《税法通则》第 42 条第 1 款第 2 项("保护伞效果")。[87] 若为此种情况,法律后果的得出仅因相应的单行税法。否则,必须审核是否存在《税法通则》第 42 条第 2 款规定的合法避税滥用。[88]

344 在以下的**前提条件**下存在合法避税滥用:

a) 法律上避税的**不适当性**。前提是,理智的当事人鉴于事实和经济上的目标设置不是以选择的方式行事。只有当纳税义务人选择了不寻常的、人为的途径时,而且在这条途径中根据立法人的评估,目标应该不会达到时才会是这样的情况。[89] 单是节省税收的动机不会使避税变得不恰当。然而,司法判决有时会以结果为导向。[90] 当鉴于经济上的事实形成在缺乏税收节省的情况下不能进行时,联邦财政法院也会把避税看成是不恰当的。[91]

---

[85] 由 BFH 通过判决确立的一组特殊案例是 „**Gesamtplan**"。一个在税收上毫无疑问地被拆分为子步骤的时间可能由于一个随后的总计划而被认为是滥用,详见 *Spindler*, DStR 2005, 1; *Kugelmüller-Pugh*, FR 2007, 1139。

[86] 基本的 *Sieker*, Umgehungsgeschäfte, 2001; 另见 *Crezelius*, FR 2003, 537 ff; *Fischer*, FR 2001, 1212 ff 以及 FR 2003, 1013 ff; *Clausen*, DB 2003, 1589 ff; *Hahn*, DStZ 2005, 183 ff; *Rose*, FR 2003, 1274 ff; BFH, IV R 54/01, BFH/NV 2003, 1246; BFH, IX R 56/03, BStBl II 2004, 648; BFH, I R 55/03, BFH/NV 2005, 1016。

[87] 参见 *Roser*, FR 2005, 178 中特殊规定的概览。

[88] 参见 *Drüen*, Ubg 2008, 31; *Mack/Wollweber*, DStR 2008, 182。

[89] BFH, I R 77/96, BStBl II 2001, 43 (44 ff); I R 48/97, BFHE 196, 128 (130)。

[90] BFH, IX R 39/99, BStBl II 2000, 224 (225); IX R 55/01, BStBl II 2003, 627 (628)。指导性的 FG Saarbrücken, 2 K 1179/04, DStRE 2009, 120; *Hey*, BB 2009, 1044 (1046)。

[91] BFH, VIII R 36/98, BStBl II 1999, 769。对此的批评,*Clausen*, DB 2003, 1589 (1591)。

例子：如果纳税义务人的行为以调节标准为导向,那么就不存在税收规避。这也适用于出于税收的原因而建立婚姻关系的情况。

b) 不当的避税对于纳税义务人或第三人必须会导致**法律上未预见的税收利益**。其意义不明确。立法者是否对于这种避税行为预见到了税收利益,需通过法条解释而确定。[92] 基本上阐释的是显而易见的情况:若这是属于基于一项法规的构成前提,而该法规的法律后果是一种税收利益,则对滥用的谴责不能得到支持。

联邦财政法院因此在下述情形中不认为有合法避税滥用,即证券,其出售根据至 2008 年有效的法律情况落入《个人所得税法》第 23 条第 1 款第 1 项第 2 目规定的范围,在年期限到期前在损失情况下出让,再以更低价格回购。因为按照《个人所得税法》第 23 条第 1 款第 1 项第 2 目规定的意义与目标仅对相当短的价值环节征税。对此,纳税义务人可调整其支配。[93]

c) 若存在说明避税不正当性的暗示,纳税义务人可提出反证:其可对被选择的形成提出**税收之外的原因**,这些原因对于关系的整体构成而言是值得注意的(《税法通则》第 42 条第 2 款第 2 项)。[94] 当纳税人可举出切实的[95]经济原因使避税行为正当化,而不构成滥用。总体而言,自 2008 年生效的《税法通则》第 42 条的新规定有显著的不确定性,以至于无法谈及法律确定性上的收益。[96]

> **情形 15**(页边码 341)**的解决方法**:财政管理机构可能根据《税法通则》第 42 条第 1 款规定由于合法避税滥用的原因正当拒绝了把花费当做企业支出予以承认。其前提是,一个不当的法律上的税收筹划被选择(aa),导致了法律上未预见的税收利益(bb),以及对于该税收筹划纳税义务人不能证明税收以外的原因(cc)。
>
> 税收筹划在以下的情况下不恰当,即当选择了一条不寻常的人为途径一个明智的出租人是不会为了在同一时间从承租人那里租入一套相同的公寓而租出自己的公寓。

---

[92] 参见 *Drüen*, Ubg 2008, 31 (36); *Mack/Wollweber*, DStR 2008, 182 (184); *Hey*, BB 2009, 1044 (1046)。
[93] BFH, IX R 60/07, BStBl II 2009, 999。
[94] 关于负担确定和新规定带来的变化参见 *Mack/Wollweber*, DStR 2008, 182 (185)。
[95] 相关的,FG München,10K 1573/07,EFG 2009,153,夫妇之间的工作室出租(出于影响婚姻和谐的担心)是不切实的。
[96] 关于实践和法律政策性的考量参见 *Hahn*, DStZ 2008, 483。

> 因此该税收筹划导致了法律上没有规定的税收优惠。使这种税收筹划例外地变得有意义的理由也不明显。因此必须以《税法通则》第42条中的滥用为出发点。A不能要求把这项支出看成是必要支出。因此税务局对此拒绝给予承认是正当的。

(五)诚实与信任

350　　诚实与信任原则尽管在《税法通则》中没有明确地进行规定,但是除了在民法(《民法典》第242条)中外,它在税法中也被看成是一般的法律准则。[97] 这项原则的适用性以纳税义务人与税务局之间具体税收法律关系的存在为前提。[98] 诚实与信任原则需要行政部门的预先行为(信任构成要件),纳税义务人对此可以信任且基于此可进行具体的安排(对信任构建和操作的因果联系需求)。对诚实与信任原则的违反能够阻碍法律地位的实现,但是不能使来自税收关系的请求权失效。[99] 比如在实行法律地位时用偏离目标的方式或使用偏离目标的手段[100]或者当管理机构与它们自己以前(持续性的)的行为处于矛盾之中时,会出现对诚信的违反。[101] 然而需要注意的是,诚实与信任原则适用于来源于税收债务关系的所有参与者,以至于纳税义务人的行为也可能是违反诚信原则的理由。

351—354　　诚实与信任原则的一个重要的特点是**权利失效**的法律制度。[102] 权利失效的前提是,义务人根据权利人的各种行为已经相信了或者可以相信,权利人不会再对他的权利提出要求。其可使《税法通则》第172条以下允许的税收裁决的更正受到限制[103];但是仅是(权利人)多年的不作为不会使权利失效出现。[104] 此外,税收管理机构针对纳税义务人在法律未规定领域中执法时,诚实与信任原则首先拥有了实际意义。因此,对事实上理解的约束在诚实与信任原则的司法裁决方面被支持(见后面页边码463)。由财政机关向纳税义务人发出的关于其事实情况的税收裁决的答复的约束作用至今也随着诚实与信任原则被建立。2006年,实行了一项普遍的法律规定(见页边码466和467),由

---

[97] BFH, I R 181/85, BStBl II 1989, 990 (991).
[98] BFH, X R 24/03, BStBl II 2004, 975 (979).
[99] BFH, I R 181/85, BStBl II 1989, 990 (992).
[100] 参见 BFH, VII R 64/80, BStBl II 1983, 541 (542).
[101] 参见 BFH, I R 181/85, BStBl II 1989, 990 (992); X R 47/88, BStBl II 1993, 174 (177).
[102] 参见 *Eich*, AO-StB 2006, 48.
[103] FG München, 9 K 1717/05, EFG 2007, 1569.
[104] FG Brandenburg, 5 K 668/02, EFG 2005, 87 含 *Fumi* 的赞同性注释。

此不再需要对诚实与信任原则的追索。

三、附加：公益权利

国家通过以下方式对为实现公共福利的活动优先照顾，即对其社团在一定前提下免税，并在税法中许可在相应所得的使用情况下降低税收估算基础。税收上的公益权利据此分成两部分，即免税（享受税收优惠的）的**公益性社团**的权利（页边码 356 以下）与**捐赠权**（页边码 363 以下）。这样既针对资金给予者（捐赠人）又针对资金受让人（相关社团）的税收优惠的目的在于在税收上促进公共福利的发展，并由此减轻国家实现其任务的负担。[105]

355

（一）公益性社团的免税

社团以及其他根据《法人所得税法》第 1 条第 1 款命名的法律主体在以下情况下根据《法人所得税法》第 5 条第 1 款第 9 目免于征收社团税，即当根据其法律性宪法（通常是章程）和事实上的管理中专门且直接服务于公益、慈善或宗教的目标时。人合公司与自然人不可获得公益性的法律地位。[106] 免税的前提是详细规定于《税法通则》第 51—68 条的严格的**公共福利导向**（页边码 357）。根据《税法通则》第 59 条之规定，社团的目标须在章程中规定且须符合《税法通则》第 52—55 条之规定，以此社团才能获得税收优惠。包括解散时财产处分在内章程须确切规定，以使基于章程的前提可被检验，可见《税法通则》第 60—61 条。公司的经营也须按照章程执行，如《税法通则》第 63 条之规定。实践中，免税的要求通常由社团[107]和基金会[108]提出。在福利事业、科学上的进修安排领域的公益性有限公司[109]并不少见。根据《法人所得税法》第 5 条第 2 款第 2 目之规定，受限的纳税义务人在一定条件下（尤其是欧盟内企业经营的场所与地点）也可根据《法人所

356

---

[105] *Leisner Egensperger*，in：*Hübschmann/Hepp/Spitaler*，Vor §§ 51—68 AO Rn 36；通过进一步加强民事承诺的法律（BGBl I 2007，2332），变更了 mWz 1.1.2007 共有权。新规定参见 *Schauhoff/Kirchhain*，DStR 2007，1985。欧盟法改革问题，参见 *Drüen/Liedtke*，FR 2008，1。共有权条件，参见 *Desens/Winkler*，RdJB 2009，474。

[106] *Schauhoff*，Handbuch der Gemeinnützigkeit，2. Aufl 2005，§ 5 Rn 2.

[107] *Hüttemann*，Gemeinnützigkeits—und Spendenrecht，2008，§ 2 Rz. 27 ff.

[108] 参见 *Seer/Versin*，SteuerStud 2007，588。

[109] *Hüttemann*，Gemeinnützigkeits—und Spendenrecht，2008，§ 2 Rz 6 ff.

得税法》第5条第1款，尤其是第5条第1款第9目之规定要求免税。[110]

1. 严格的公共福利导向

357　社团为实现公共福利的活动的税收优惠，与社团是否谋求专门且直接的公益性、慈善性或宗教性目标有关，参考《税法通则》第51条第1款第1项。为此《税法通则》第52条以下作出了一般性规定与概念的确定。

根据《税法通则》第52条第1款第1项，社团谋求**公益性目标**是指其业务以无私地促进公众物质、精神或道德领域的发展为导向。《税法通则》第52条第2款第1—25项包含了**法律上承认的公益性目标目录**[111]，例如促进科学与研究、青少年救助或老人救助等。原则上对休闲行为的促进不是公益性的。与此原则相违背，立法者在目录的第23目列出了小型园艺、模型飞机和狗类运动，这并不符合公益性权利有关减轻国家在生存保障与福利事业方面负担的基本思想。[112] 在税收上对业余活动的促进是不妥当且在宪法层面令人质疑的。[113]

在《税法通则》第52条第2款第2、3项包含了未规定在目录中的公益性目标的"开放型条款"。与第一项条文相反，并未出现对财政管理的评估。[114]

《税法通则》第53、54条对**慈善性与宗教性目标**作出了规定。

此种税收优惠目标也可在国外实现，只要其在一定程度上与本国相关（详见《税法通则》第51条第2款）。激进主义组织根据《税法通则》第51条第3款并不享受优惠，在激进主义组织方面宪法保护报告中的提及已对可反驳的推测提供了依据（《税法通则》第51条第3款第1—3项）。

(1) 不谋私利性（《税法通则》第55条）。

358　《税法通则》第52—54条的统一前提是享受税收优惠的社团须满足**不谋私利**。有关不谋私利的解释详细规定在《税法通则》第55条。不谋私利性包括以下情况：不首要追求自我经济目标，且社团的资金仅用于符合章程的意图（第1目）；社团成员在退职或社

---

[110] 此项法律改革（自2009年起）由欧洲法院的判决引发，除免税外资本流通自由的限制，参见 EuGH, C-386/04, DStR 2006, 1736 (*Centro di Musicologia Walter Stauffer*)；参见 *Jachmann*, BB 2006, 2607。联系欧洲法院的判决 BFH, I R 94/02, BB 2007, 701 有 *Wachter* 的注释；对此亦见 *Fischer*, FR 2007, 361 含原则性的批判。亦见 BFH 提交给 EuGH 关于 §§ 10b Abs. 1 EStG, 49 EStDV 的方案（参见 Rn 363），BFH, XI R 56/05, BStBl II, 2010, 260。

[111] *Hüttemann*, Gemeinnützigkeits— und Spendenrecht, 2008, § 3 Rz 79 ff.

[112] *Hüttemann*, Gemeinnützigkeits— und Spendenrecht, 2008, § 3 Rz 130; *Birk*, StuW 1989, 212 (217).

[113] *Schauhoff*, Handbuch der Gemeinnützigkeit, 2. Aufl 2005, Einleitung Rn 42.

[114] 深入的，*Hüttemann*, DB 2007, 2053 (2055 f)。

团解散时不得再拿回作为自身的资本部分或自身的实物入股价值(第2目);社团不得通过不合比例或与目标不符的支出使任何人获利(第3目);社团的财产——除资本的回购以及实物入股的价值外——在社团解散时仅能用于符合税收优惠的意图(财产联系原则,第4目);以及社团应与时俱进为了受税收优惠的目标而采取措施(第5目)。

第55条第5目规定的合时代的采取措施,通过《税法通则》第58条第6、7、11目创设了关于准备金和设备资本的例外。

(2)专门性(《税法通则》第56条)与直接性(《税法通则》第57条)。

社团必须专门且直接的谋求此享受税收优惠的目标(《税法通则》第51条第1款)。根据《税法通则》第56条之规定,当社团**仅仅**谋求其受税收优惠且符合公司章程的目标时,此社团是专门从事公益性的活动。此规定并非是指,每一个业务自身都必须是公益性的,因为管理活动如财产处置或建筑物养护从其自身看来并非公益性的。只要它们是为了推动公益性目标的合适的方法,它们也是服务于此享受税收优惠的目标的。[115]

359

根据《税法通则》第57条第1款第1项的规定,当社团自身实现其享受税收优惠待遇的目标时,是社团直接谋求税收优惠待遇的目标。当社团为此获得援手并不受影响,参照《税法通则》第57条第1款第2项。《税法通则》第57条第2款规定了其他例外:根据该规定一个由多个享受税收优惠待遇的社团联合在一起的社团,与一个直接谋求享受税收优惠待遇之目标的社团,等同视之。[116]

360

根据《税法通则》第64条第1款之规定,社团将在以下情况下失去被列入工商业企业的税基的税收优惠:其服务于《税法通则》第14条意义上的**经济性工商业企业**的维护且法律排除了为此的税收优惠。当经济性工商业企业未获得超过35000欧元收入时,《税法通则》第64条第3款规定的相应税收义务取消。当经济性工商业企业是一个目标企业时,其税收义务也取消。根据《税法通则》第65条存在一个这样的**目标企业**,即当这样的企业应实现受税收优惠待遇的符合章程的目标时(第1目),而此目标只能通过这样的企业实现(第2目),并且在实现享受税收优惠待遇的目标时,它与同样或类似的不受优惠的企业,不会在更大范围出现不可避免的竞争(第3目)。[117]

---

[115] *Schauhoff*, Handbuch der Gemeinnützigkeit, 2. Aufl 2005, § 8 Rn 4.

[116] 此规定对体育协会的伞式组织作了着重规定,例如德国足球联会;*Schauhoff*, Handbuch der Gemeinnützigkeit, 2. Aufl 2005, § 8 Rn 64。

[117] 对于目标企业定义的解释 § 66 AO(福利院)、§ 67 AO(医院)、§ 67a AO(体育活动)和 § 68 AO(个别目标企业)可以被特别顾及;*Sauter/Voigt de Oliveira*, in: *Erle/Sauter*, KStG, 3. Aufl 2010, § 5 Rn 287。目标企业的税收优惠/经济性企业经营的划分,参见 BFH, I R 15/07. BStBl II 2009, 262。

2. 公益性的税收后果

361— 谋求公益性、慈善性或宗教性目标的税收后果是显著的[118]：
362
——法人、人合团体或财团根据《法人所得税法》第 5 条第 1 款第 9 目**免征法人所得税**。根据《营业税法》第 3 条第 6 目免除营业税义务。增值税领域实行 7％ 的较低税率（《增值税法》第 12 条第 2 款第 8 目第 a、b 点）。

——在《法人所得税法》第 5 条第 1 款第 9 目所规定的服务或委托中做**教练**、培训者、教育者以及护理员**兼职**，或做艺术上的兼职，或兼职护理老人、病人、残疾人，由此产生的收入，根据《个人所得税法》第 3 条第 26 项在每年 2100 欧元以内享受免税。

——由兼职地在公法或公益性社团的服务或委托中承担"名誉性"工作而产生的收入，在 500 欧元以内享受免税（《个人所得税法》第 3 条第 26a 目，所谓的**名誉性总额**）。只有当此工作并未根据《个人所得税法》第 3 条第 12 目或第 26 目享受优惠时（《个人所得税》第 3 条第 26a 目第 2 句），此免税额才能维持。当作为企业支出或必要支出的可扣除费用高于此免税额时，仅超过部分可被扣除（《个人所得税法》第 3 条第 26a 目第 3 句）。

——用于促进受税收优惠待遇的目标而产生的费用（特别是捐赠）在《个人所得税法》第 10 条规定的范围内可作为**特殊支出**扣除（见页边码 1038）。

（二）捐赠权

1. 对公益性社团的捐赠

363 在所得税法中，《个人所得税法》第 10b 条规定，为促进受税收优惠待遇的目标的捐赠（来自外界的捐赠与会员费）依《税法通则》第 52—54 条之意可作为**特殊支出**享受一定数额的扣除（见页边码 1038）。一个几近相同的规定出现在《法人所得税法》第 9 条第 1 款第 2 目，规定了法人的捐赠扣除（见页边码 1263），在《营业税法》中也有类似规定（《营业税法》第 9 条第 5 目）。

原则上（来自外界的）捐赠与会员费可被扣除。限定的**会员费**，特别是体育社团的会员费，不能扣除（参见《个人所得税法》第 10b 条第 1 款第 8 项）。

受捐赠人须为公法上的法人或者是欧盟或欧洲经济区的公共办事处（《个人所得税法》第 10b 条第 1 款第 2 项第 1 目），亦或者是《法人所得税法》第 5 条第 1 项第 9 目规定的免税法人、人合社团或财团（《个人所得税法》第 10b 条第 1 款第 2 项第 2 目），亦或者是在欧盟或欧洲经济区的法人、人合社团或财团并且满足《法人所得税法》第 5 条第 1 款

---

[118] 参见 *Seibold-Freund*，StB 2007，211 (213) 中的概览。

第 9 日规定之条件(《个人所得税法》第 10 条第 1 款第 2 项第 3 目)。对于非本国受捐赠人,其前提是此境外国家进行国际间行政协助(《个人所得税法》第 10 条第 1 款第 3 项)。

《个人所得税施行条例》第 50 条对**捐赠证明**的要求进行了规定。此尤其对小额捐赠(不超过 200 欧元)规定宽松。

依《个人所得税法》第 10b 条第 1 款第 1 项之意的捐赠仅能不多于收入所得总**额**的 20% 或流转总额的 4‰ 且在公历年度内支出的工资与薪金作为特殊支出可被扣除。依《个人所得税法》第 10b 条第 1a 款之意为基金会的捐赠,可有不超过 100 万欧元的扣除额度。

依《个人所得税法》第 10b 条之意不得有关于**企业支出**(《个人所得税法》第 4 条第 4 款)的捐赠。此为以下情况:捐赠人期许通过捐赠获得经济上的利处,包括其声誉的保障或提升或者获得广告效果[119](所谓的**赞助**[120])。

2. 对政治党派的捐赠

不同于捐赠扣除权利,根据联邦宪法法院在 1992 年 4 月 9 日[121]作出的对党派捐赠(成员贡献与(来自外界的)捐赠)的税收优惠的判决,有如下规定:

——对于**小型捐赠人**,捐赠额不超过 825 欧元(夫妻不超过 1650 欧元)的,《个人所得税法》第 34g 条保障了捐赠金额 50% 的所得税优惠。此额度下的成员分担额与(来自外界的)捐助并不减少税基,而是所得税自身,尽管其高达金额的一半(《个人所得税法》第 34g 条第 2 句)。

——只要超过最高额度(825 欧元或 1650 欧元),捐赠将根据《个人所得税法》第 10b 条第 2 款将作为**特殊支出**以总额不超过 1650 欧元(夫妻 3300 欧元)从税基中扣除。

会员费与(来自外界的)捐助从税基中的纯粹扣除将根据依赖于累进的减税效果有如下发展,拥有对富有的纳税义务人更高吸引力的政治党派结果(直接)受惠。联邦宪法法院对此进行了拒绝。[122] 现行规定通过保障一个在《个人所得税法》第 34g 条范围内平等的税收扣除额度对此进行了最大限度的避免。然而基于累进税率表的对公益性社团的捐赠(见边码 363)仍一如既往的随着收入的不同而不同,而这理所当然地受到了宪法性的批评。[123] 因为捐赠并不是降低了纳税义务人的能力,受保障的税收优惠相反奖励

---

[119] BFH, V R 21/01, BStBl II 2003, 438.
[120] BMF v. 18.2.1998, BStBl I 1998, 212 (资助公告).
[121] BVerfG, 2 BvE 2/89, BVerfGE 85, 264.
[122] BVerfG, 2 BvE 2/89, BVerfGE 85, 264 (313).
[123] *Seer*, DStJG 26 (2003), 11 (43).

了为实现公共福利的支出,而这样的奖励不应随着可支配收入的额度提升。[124]

第四节 税收程序法

370 《税法通则》不包含税收行政程序的法律定义。但是根据《行政程序法》第9条可以这样来表达,即征税程序是税务局对外产生影响的活动,这种活动以为了实现源于税收债务关系的请求权而进行的税收行政行为或者公法条约(参见《税法通则》第224a条)的颁发为指向(参见《税法通则》第78条第2、3目)。《税法通则》把税收程序法分成了以下几个部分:

371 (1)《税法通则》第三章(78—133条)包括一般的程序条例和有关定义,与一般税收行政行为的实现和存续力的规定。

(2)《税法通则》第四章(134—217条)对课税的实行进行了规定。它是指包括税收核定在内之前的程序(核定程序)。

(3)《税法通则》第五章(218—248条)涉及征收程序。是指处于核定之后但处在执行之前的课税请求权实现之前的程序。

(4)《税法通则》第六章(249—346条)对执行程序进行了规定。当在征收程序中课税请求权还没有失效时会用到执行程序。执行程序不能因为空间上的原因而不实行。[125]

(5)因为在庭外的法律救济程序中也涉及行政程序,所以同样在《税法通则》中,而且是在第七章(347—367条)中对行政程序进行了规定。法庭的法律保护程序不是在《税法通则》中而是在财政法庭条例中进行了规定。

一、税收行政的处理方式

372 税收法律是行政干预法。[126] 因此,税收行政最主要的处理方式是作为单方面自主措施(参见《税法通则》第118条)的行政行为。除此之外在特定的前提条件下使用的其他处理方式还有公法条约、非正式的行政行为(尤其是协议)和私法的意愿声明。

(一)税收行政行为

373 《税法通则》第118条以下的(一般)规定与行政程序法的规定十分协调,因此为了深

---

[124] Trzaskalik, Gutachten E für den 63. Deutschen Juristentag, Bd. 1, Teil E, S. 87.
[125] 参见 Jakob, Abgabenordnung, Rn 126 中的概览。
[126] 参见 Mayer, Deutsches Verwaltungsrecht I, 3. Aufl 1924, S. 316。

化内容可以考虑一般行政法律的教材。下面仅仅对税收行政行为的特点进行探讨。[127]

1. 税收行政行为的定义、种类和内容

(1) 税收行政行为的定义。

根据与《行政程序法》第 35 条相协调的《税法通则》第 118 条的法律定义,行政行为是每一条法令、判决以及税务机关为了规定公法领域内的个别事件而采取的并且指向直接的对外法律效力的其他自主措施。[128]

税务机关在税法领域经常通过行政行为进行行动,因此对税务机关所采取措施的评定通常不会引起困难。但是有问题的是财政局发布的抵消声明(《税法通则》第 226 条,见页边码 262 和 263)的法律性质以及税法中有约束力的承诺(《税法通则》第 204—207 条)、有约束力的陈述(《税法通则》第 89 条第 2 款)和不进行估税处分的法律性质。[129]

不估税处分是一种书面的确证,即纳税的前提条件不存在。有关它的法律性质,必须对以下情况进行区分:如果仅仅涉及的是税务局文件中的内部服务附注,那么由于缺乏外部效力不存在行政行为。如果给纳税义务人颁发了所谓的税务局出具的不用纳税证明(参见《个人所得税法》第 44a 条第 2 款第 1 项 2 目),那么就存在行政行为。它指向的是直接的对外法律效力而且包含有规定,因为它对发出这种证明的资格进行裁决。[130]

(2) 税收行政行为的种类。

实践中重要的尤其是税收行政行为种类的如下分类[131]:

a) **授益性和负担性的税收行政行为**。税收行政行为可以分为授益性和负担性的税收行政行为。在作为行政干预法的税法中,负担性的税收行政行为是常见的情况。属于负担性税收行政行为的有根据《税法通则》第 155 条第 1 款进行的税务裁决、根据《税法通则》第 179 条进行的核定裁决、根据《税法通则》第 184 条进行的征税估算裁决和根据《税法通则》第 191 条进行的责任裁决和容忍裁决。对税务裁决的更正或对《税法通则》第 130 条、第 131 条、第 172 条以下规定的不利于纳税义务人的其他行政行为的更正也是通过负担性的行政行为完成。根据《税法通则》第 130 条第 2 款的定义,授益的是证实或确认一项法律或者法律上重要的利益的行政行为。比如有清偿期延展(《税法通则》第

---

[127] 参见案例 1 的梗概(Rn 181),*Birk/Wernsmann*, Klausurenkurs。
[128] 关于税法领域行政行为概念的个别要素,参见 *Ruffert*, in: *Erichsen/Ehlers*, Allgemeines Verwaltungsrecht, 13. Aufl 2006, § 20 Rn 14—50; *Maurer*, Allgemeines Verwaltungsrecht, 17. Aufl 2009, § 9 Rn 6—30; 税法通则中行政行为,参见 *Pfab*, SteuerStud 2007, 12。
[129] 参见 *Tipke*, in: *Tipke/Kruse*, § 118 AO Tz 26 f。
[130] 参见 BFH, I R 65/90, BStBl II 1992, 322 (324)。
[131] 关于进一步的分类参见 *Seer*, in: *Tipke/Lang*, § 21 Rn 56。

220 条)、免除(《税法通则》第 227 条)、和有利于纳税义务人的行政行为的废弃或变更(《税法通则》第 130、131、172 条以下)。

授益性的和负担性的行政行为之间的差别在税收行政行为的更正中十分重要(见后面页边码 401 以下)。

377　　b) **有约束力的行政行为和裁量行政行为**。进一步需要区分的是颁发和内容需要税务机关裁量(《税法通则》第 5 条)的行政行为和税务机关必须进行颁布的行政行为(所谓的有约束力的行政行为)。

例子：税务裁决和对其进行的更正是有约束力的行政行为，也就是说裁量不属于税务机关的权限。当《税法通则》第 155 条第 1 款第 1 项和第 173 条以下这样或者进行用类似的方式来表述时："……必须颁布、废弃或更改"，这就会很清楚。与此相对，在责任裁决和容忍裁决(《税法通则》第 191 条第 1 款)中法律规定税务机关("可以")进行裁量。

当裁量判决在法庭上仅仅可以有限地进行校验时，这种区别具有意义(参见《财政法庭条例》第 102 条；见后面页边码 391)。

378　　c) **一般的和特殊的税收行政行为**。《税法通则》在第 118 条以下中包含有关于税收行政行为的一般规定。但是只要在《税法通则》第四章没有关于"税收执行"的特殊规定，它们就只适用于税务裁决和与此等同的裁决。需要区分的是《税法通则》第 118 条以下不受限制地适用的一般税收行政行为，如根据《税法通则》第 191 条进行的责任裁决和容忍裁决以及根据《税法通则》第 163、222、227 条进行的关于税收清偿期延展和税收免除的裁决，和特殊税收行政行为——尤其是**税务裁决行政行为**，对于它们的颁布、废弃和更改要考虑到《税法通则》第 155 条以下的特殊规定。特殊的税收行政行为是根据《税法通则》第 155 条第 1 款进行的税务裁决和通过归属而等同的裁决。这里涉及的是免税裁决(《税法通则》第 155 条第 1 款第 3 项)、税收退给裁决(《税法通则》第 155 条第 4 款)、税收确认裁决(《税法通则》第 181 条第 1 款第 1 项)、税收估算裁决(《税法通则》第 184 条第 1 款第 3 项)、分割裁决(《税法通则》第 185 条和 184 条第 1 款第 3 项)和配给裁决(《税法通则》第 190 条第 2 句、185 条、184 条第 1 款第 3 项)。

例子：《税法通则》第 109 条规定的期限延长可以通过口头形式完成，参见《税法通则》第 119 条第 2 款，与此相对，税务裁决必须根据《税法通则》第 157 条第 1 款第 1 项的特殊法律规定书面上进行颁发。根据《税法通则》第 179、180 条规定的确认裁决的更正根据特殊的《税法通则》第 172 条以下进行，而与此相对，一般税收行政行为的更正则要根据《税法通则》第 130 条以下进行。《税法通则》第 164、165 条也仅仅适用于税务裁决和与此等同的裁决。

(3) 税收行政行为的附加条款。

《税法通则》第 120 条规定了**附加条款**[132]的许可性。与一般行政法中相同，具有争论的是是否可以孤立地即独立于(主要)管理行为地对附加条款进行反驳。[133]

2. 税收行政行为的实现与生效

根据《税法通则》第 124 条第 1 款规定，行政行为通知所指定或所涉及之人时，对其发生效力。[134] 联系《税法通则》第 122 条规定的通知作为生效前提条件，通过这种方式，这项规定同时也涉及关于税收行政行为的时间点、内容和收件人。通知以**通知意图**为前提，若相关机构在通知到达前明显地放弃了对纳税义务人的通知意图，那么税收行政行为就不发生效力[135](所谓的"非行政行为")。但是司法判决承认法律救济程序中没有有效地进行通知的税收行政行为的补正。[136]

行政行为的通知出于以下的原因具有意义：(1) 申诉或撤销诉状提出的月期限按照《税法通则》第 355 条第 1 款或《财政法庭条例》第 47 条第 1 款(详解见《财政法庭条例》第 54 条第 1 款)规定开始。(2) 只要执行不是根据《税法通则》第 361 条由税务机关或者根据《财政法庭条例》第 69 条由财政法院停止了，行政行为就是可执行的。(3) 税务机关原则上要受到由他们所颁布的行政行为的约束；如果他们想要更改行政行为，必须存在更正条例(《税法通则》第 129 条以下或《税法通则》第 172 条以下)的前提条件。

税务机关可以通过简单的信函(《税法通则》第 122 条第 2 款)、传真[137]或者其他的方式如电子的方式(《税法通则》第 122 条第 2a 款)、公开通告(《税法通则》第 122 条第 3、4 款)以及在税务机关认为适宜或者法律上具有明文规定的情况下通过投递的方式(《税法通则》第 122 条第 5 款)送达税收行政行为。其中，最后一种方式依据的是行政法庭条

---

[132] 因为 § 120 AO 与 § 36 VwVfG 一致，参见关于一般行政管理法的教科书。代表性的 *Ruffert*, in: *Erichsen/Ehlers*, Allgemeines Verwaltungsrecht, 13. Aufl 2006, § 22; *Maurer*, Allgemeines Verwaltungsrecht, 17. Aufl 2009, § 12。

[133] 参见 BFH, VII B 3/81, BStBl II 1982, 34 (35 f)。

[134] 参见 *Bröder*, SteuerStud 2004, 251 中税收行政行为公告的概览。

[135] BFH, III R 84/06, BStBl II 2009, 949 (送达前电话方式撤销税务裁决)。

[136] BFH, X R 147/87, BStBl II 1990, 942 (944); II R 255/85, BStBl II 1991, 49 (51); XI R 42, 43/88, BStBl II 1992, 585 (586); XI B 69/92, BStBl II 1993, 263 (264); 限制性的, FG Hamburg, I 7/91 (III 1/88), EFG 1992, 645。

[137] 参见 BFH, I S 78/97, BFH/NV 1998, 1318 (1320)。

例的规定,《税法通则》第 122 条第 5 款第 2 项。[138] 若纳税义务人对通知的到达进行反驳,则举证责任在税务局。[139]

(1) 时间点。

381 　　根据按照《税法通则》第 366 条,结合适用于申诉裁决的《税法通则》第 122 条第 2 款 1 目规定,在《税法通则》的适用范围内像税务裁决中常见的那样通过邮政业务传达的书面行政行为在发出邮寄后的第三天被认为是进行了通知,除非行政行为迟些时候或者根本没有送达。在具有疑问的情况下,根据《税法通则》第 122 条第 2 款规定,税务机关必须证实行政行为的送达情况或者送达的时间点。

　　税务局使用表面上确凿的证据不能证实是否已经送达时[140],主张送达延误的通知受领人必须通过用事实证实的方式说明他没有按时收到裁决。[141] 只有从中产生对按时性的怀疑时,税务机关才必须根据《税法通则》第 122 条第 2 款的规定证实送达的时间点。

382 　　联邦财政法院不久前认为,在**送达假定**中涉及的是期限的问题。[142] 据此《税法通则》第 108 条第 3 款与《税法通则》第 108 条第 1 款或《财政法庭条例》第 54 条第 2 款相应的规定以及与《民法典》第 193 条相关的《民事诉讼法》第 222 条第 1 款可以适用。通过这种方式,寄出行政行为到预计的通知送达之间的 3 日期限,在期限结束日是周日、法定节假日或周六的情况下,延长到其后的首个工作日。

　　联邦财政法院与以往的常见司法判决[143]相偏离的观点不能够令人信服。与期限相关规定的直接适用,受挫于期限的定义。期限是指受到限制的、确定的或者可以确定的时间范围。[144] 与此相反,《税法通则》第 122 条第 2 款 1 目把它描述成一个特定事件出

---

[138] 参见 *Erichsen/Hörster*, Jura 1997, 659 (662 f)。

[139] 参见 BFH, X R 35/08, BStBl II 2009, 1165。

[140] 参见 BFH, II B 70/05, BFH/NV 2006, 1249。

[141] 参见 BFH, XI B 13/06, BFH/NV 2007, 389; 亦见 FG Bad.-Württ., 2 K 191/00, EFG 2002, 378 (379)。

[142] 参见 BFH, IX R 68/98, BStBl II 2003, 898 (899); IX R 4/01, BFH/NV 2004, 159; 关于本判决参见 *Kranenberg*, AO-Stb 2007, 13。

[143] 参见 BFH, X R 97/95, BFH/NV 1997, 90 (91); IV B 145/97, BFH/NV 1999, 286; X B 147/98, BFH/NV 1999, 745。主流观点认为 § 41 Abs. 2 VwVfG 涉及的不是期限问题,参见 *Erichsen/Hörster*, Jura 1997, 659 (661); *Kopp/Ramsauer*, VwVfG, 10. Aufl 2008, § 41 Rn 44 有进一步论证。

[144] 参见 *Ellenberger*, in: *Palandt*, Bürgerliches Gesetzbuch, 69. Aufl 2010, § 186 Rn 3。——另见 BFH, IX R 68/98, BStBl II 2003, 898 (899)。

现的时刻(视为送达)。[145] 因此无论如何都要考虑与期限有关的规定的类推适用。另一种情况是,联邦财政法院对其进行详细研究并且认为,与期限有关的规定的意义与目标表明类推适用是正确的。《税法通则》第108条第3款针对的是对周日和节假日休息的保护以及对经济和管理中通常的每周五天工作日的考虑。原则上,纳税义务人应该可以充分利用法律救济期限。[146] 但是就私人而言,保护需求不大,因为他们能够及时知悉。在企业方面,借助《税法通则》第122条第2款得出合乎实际情况的结果,因为原则上行政行为在紧接着的工作日才能送达。[147] 送达需要(与《民法典》第130条类似)假定为下一个通常的营业时间的开始时刻,因为在这一时刻之前,通常无法预期企业能够知悉。[148] 因此对于《税法通则》第108条而言缺少一种对超出预期规定漏洞的类比。

例子:税务局在11月6日星期四在邮局寄出了征税单。征税单在11月7日星期五送达纳税义务人S。

根据联邦财政法院的观点,到达的假定(《税法通则》第122条第2款第1目)是一个期限。因此,征税单的到达并非在星期日(11月9日,由邮局寄出后第3天),而是在此后的星期一(11月10日)。实际上更早时间的到达是无关紧要的(参照《税法通则》第122条第2款的表述)。因此,申述期限根据《税法通则》第108条第1款,《民法典》第187条第1款,开始于11月11日;根据《税法通则》第355条第1款,以及《税法通则》第108条第1款,《民法典》第188条第2款,终止于12月10日结束,这一天不能为星期六、星期日或法定节假日。

根据这一代表性观点,到达的假定不是一个期限。根据《税法通则》第122条第2款1项规定,他被认为在11月9日星期日得到通知,而不是在随后紧接着的工作日。因此,根据《税法通则》第108条第1款和《民法典》第187条第1款规定,申诉期限开始于11月10日,并且根据与《税法通则》第108条第1款相关的《税法通则》第355条第1款和《民法典》第188条第2款规定结束于12月9日,只要这天不是星期六,星期日或法定节假日。

---

[145] 参见 V. Senat, BFH, V B 84/02, BFH/NV 2003, 140 (141)。
[146] BFH, IX R 68/98, BStBl II 2003, 898 (900)。
[147] 参见 BFH, I R 111/04, BStBl II 2006, 219 (200),据此送达的三日期限在星期六也可发生。
[148] 参见 *Larenz/Wolf*, Allg. Teil des Bürgerlichen Rechts, 9. Aufl 2004, § 26 Rz 21。

(2) 针对多数人的通知（《税法通则》第122条第6、7款）。

情形16：M和F夫妇近来经营房地产生意。税务局认为，自2001年以来在他们之间存在有合伙经营的关系，因此在2001年首次给作为送达受托人的M寄送了关于统一的和分开的利润核定裁决。对这项裁决进行了有效的通知吗？（页边码384）

统一估算税额（《个人所得税法》第26b条）的夫妻始终是连带债务人（《税法通则》第44条）。因此，针对他们可以根据《税法通则》第155条第3款第1项发布总计裁决。在此涉及的是两项裁决合并为一项仅仅是表面上共同的核定。在夫妻统一估算税额的情况下，如果按夫妻双方共有的通讯地址把征税单送交给他们，那么根据《税法通则》第122条第7款第1项这样做就足够了。

若《税法通则》第122条第7款第2项的前提不满足且通知已让夫妻中一人知悉，则视为通知到夫妻二人。[149]

情形16（页边码383）**的解决方法**：裁决根据与《税法通则》第122条第1款第3项有关的183条第1款第2项既有效地通知了M，也有效地通知了F。

(3) 在第三方授权情况下的通知。

具有争议的是，在纳税义务人指定了**意定代理人**（税务顾问）但是行政行为同样（仅仅）通知了纳税义务人本人的情况下，行政行为是否也进行了有效的通知。根据《税法通则》第122条第1款第3项规定，行政行为也"可以"通知给意定代理人。[150] 但是因为《税法通则》第122条不能被看成是针对《税法通则》第80条第3款的特殊法律规定，因此在裁量执行中需要考虑《税法通则》第80条第3款，结果是《税法通则》第122条第1款第3项"可以"能够读成"应该"（也就是说通常情况下"必须"）。当行政机关在纳税义务人已委托代理人的情况下，仍把裁决送达给纳税义务人本人时，行政机关的行为就属于具有裁量瑕疵的行为（有关裁量瑕疵见后面页边码392）。[151]

---

[149] 参见 FG Bad.-Württ., 8 K 144/02, EFG 2006, 1127 (1129 f)。
[150] 关于被委托人范围和时间适用的解释问题参见 BFH, IV R 53/05, BStBl II 2007, 369 (370)。
[151] FG Bad.-Württ., 6 K 219/96, EFG 1998, 80 (81); *Tipke*, in: *Tipke/Kruse*, § 122 AO Tz 41 ff. 其他观点，BFH, I R 148/79, BStBl II 1981, 3 (4), 也认为，只要"特殊情况"未告知被委托人。

然而,基于正当目的而违背《税法通则》第122条第1款第3项通知纳税义务人的行政行为,根据《税法通则》第124条第1款也有效,因为通知条例完成的不是目标本身,而是应该确保获悉的可能性。[152] 这一点受到了保障,但是只要不是《税法通则》第126、127条(见后面页边码398—400)规定的干预,行政行为在形式上的缺陷是可被反驳的且认定无效。根据《行政投递法》第9条第1款和《民事诉讼法》第189条的法律概念,通知缺陷通过把税务裁决发送给意定代理人的方式进行补正。但是申诉期限只有在意定代理人接收到裁决时才开始。[153]

3. 具有瑕疵的税收行政行为

在通知(与《税法通则》第122条和123条有联系的第124条第1款)并非无效的(与《税法通则》第125条有联系的第124条第3款)行政行为后,根据《税法通则》第124条第2款规定,只要行政行为没有被撤销、废止,另外也没有被废弃或完成,那么它就保持有效力。

在由行政机关对行政行为进行废弃时,需要区分一般的和特殊的税收行政行为(见前面的页边码378)。一般税收行政行为的废弃要根据《税法通则》第129—132条的规定进行。而特殊税收行政行为的更正要根据特殊的《税法通则》第164—165条和第172—177条的规定进行;但是《税法通则》第129条在此不能受到排除(论据《税法通则》第172条第1款第1项2目d点,根据这项规定(只有)《税法通则》第130条和131条不得适用于税务裁决。)

此外需要注意的是《税法通则》第130条以下和《税法通则》第172条以下之间在法律后果上的区别。《税法通则》第172条以下允许对税收裁决进行废弃或更改,而《税法通则》第130条和131条仅仅规定了行政行为(全部或部分)废弃的可能性,但是没有规定用新的而且本质不同的内容进行更改。[154]

在针对一般税收行政行为的废弃条例之内需要区别违法行政行为的撤销(《税法通则》第130条)和合法行政行为的废止(《税法通则》第131条)。在这个方面首先出现的问题是,行政行为是否是合法的或违法的(有瑕疵的)。

(1) 瑕疵来源。

当一项税收行政行为不符合法律规定对其的要求时,它就是**违法的**(具有瑕疵的)。

---

[152] 参见 Birk, Steuerrecht I, 2. Auflage 1994, § 13 Rn 17。
[153] BFH, IV R 24/87, BStBl II 1989, 346 (347)。
[154] 参见 FG Düsseldorf, 15 V 12/89 A (H, U), EFG 1989, 329。

这样的情况尤其出现在存在违反法律优先权或保留条件[155]的情况时。

388　　a) **法律保留条件**。在这个方面首先要检验的是,根据法律保留原则的法律基础(**权限标准**[156])对于行政行为是否必要,若必要的情况下,是否存在有这样的法律基础。当应该颁布对公民具有负担性的措施时,根据法律保留的原则,法律授权基础是必要的。对于税法领域而言,法律授权基础的必要性产生于它的干预特点。然而,作为合适的法律基础只有符合宪法的规定(有关对于税收法律的宪法法律上的要求见前面页边码 130 以下、170 以下)才能得到考虑。

提示:在考试和家庭作业中,规定的合宪性问题只有在从提出的问题中得出相应的提示时才能作为题目。

389　　b) **形式上的合法性**。行政机关在作出行政行为时必须注意到具有决定意义的**管辖权、程序规定和形式规定**。根据《税法通则》第 16 条,税务机关的实际管辖权产生于财政管理法。地方的管辖权在《税法通则》第 17 条以下中进行了规定。必须遵守的程序规定中,尤其需要举出《税法通则》第 91 条的听证规定和《税法通则》第 121 条的理由说明。形式规定在《税法通则》第 157 条可以找到,不同于《税法通则》第 119 条第 2 款,对税务裁决规定了书面形式。

有关形式上瑕疵的补正和不考虑的内容见后面页边码 398。

390　　c) **实际上的合法性**。税收行政行为实际上的合法性首先以法律基础**构成要件的前提条件**存在为前提。

391　　如果在行政机关的裁量中存在法律规定的法律后果,那么进一步需要检验的是是否存在裁量瑕疵。[157] 在个别事件的合法性只有通过行政机关的自主而不是由法律预设的行政裁决才能决定时,法律通常才会授予行政机关以裁量权。在根据《税法通则》第 163、222、227 条进行的关于纳税延期和豁免税款的裁决就属于这种情况。

根据《税法通则》第 5 条,行政机关必须根据授权的目的进行裁量而且必须遵守裁量的法律界限。[158] 在标准的构成要件方面可以找到的不确定的法律概念原则上在法庭上可以进行全面的校验,而法庭只能根据裁量瑕疵(法律瑕疵)检验税务机关的裁量执行

---

[155] 参见 *Erichsen*, Jura 1995, 550 有进一步论证。
[156] 任务和授权形式的区别,参见含案例的 Rn 477 ff。
[157] 参见 *Wernsmann*, in: *Hübschmann/Hepp/Spitaler*, § 5 AO Rn 150 ff.
[158] 参见 *Dauven*, SteuerStud 2009, 254 中关于裁量的概览。

（参见《财政法庭条例》第 102 条）。与此相对，申诉机构既可以根据合法性也可以根据目的性对裁量裁决进行检验。

若行政机关颁布使用裁量权的法规，法院须审核，这样的法规是否遵守了裁量的法律界限，以及行政机关是否以一种与授权目的相应的方式使用了裁量。[159]

如果同意行政机关进行决议裁量和选择裁量，那么从这两种裁量角度看，必须无裁量瑕疵地作出裁决。

例子[160]：根据《税法通则》第 152 条第 1 款第 1、2 项规定，可以对那些没有履行或没有按期履行递交纳税申报义务的人加收怠报金，其中不用考虑何时这种疏忽是可被原谅的。因此，税收机关需作出决定，根据《税法通则》第 152 条第 2 款的法律界限，是否作出加收滞报金裁决（决议裁量）以及金额为多少（选择裁量）。

可以对以下的**裁量瑕疵**进行区分：逾限裁量、怠于裁量和误用裁量。 392

aa）当为保障裁量而设定的构成要件未被满足或财政机关选用了不在规定范围内的法律后果时，就出现了逾限裁量。

例子：税务机关根据《税法通则》第 152 条第 1、2 款规定确定了一项金额为 30000 欧元的怠报金。[161]

bb）怠于裁量，也可称为裁量不足，它在行政机关没有使用裁量和没有进行裁量考虑时产生，大概是因为行政机关错误地接受了具有约束力的裁决的存在而且错误地认为自己具有颁发裁决的义务。 393

例子：行政机关在责任构成要件存在的情况下没有对具体情况进行进一步调查就根据《税法通则》第 191 条第 1 款颁发了责任裁决。[162]

cc）当行政机关的裁决与授权规定的目标相违背时，即进行不恰当的考虑时，就产生了误用裁量。如个人的或党派政治的考虑通常是误用裁量。 394

---

[159] 参见 BFH VI R 64/02, BStBl II 2006, 642（ermessensfehlerhafte Verweigerung eines Fristverlängerungsantrags）。
[160] 参见 BFH, X R 14/95, BStBl II 1997, 642 (644)。
[161] 参见 FG Nürnberg, IV 403/2004, DStRE 2007, 1061。
[162] 参见 Nd 见 FG, XI 351/81, EFG 1983, 155。

例子：根据《税法通则》第160条，当纳税义务人没有遵守税务机关提出的明确对受领人进行提名的要求时，通常不用考虑与税收有重大关系的支出。这项规定的目的是防止通过没有把第三方的与支出相一致的收入列进去的方式产生的可能的税收损失。当确定了受领人在国内不进行纳税时，没有考虑到纳税义务人的支出的行为就是具有裁量瑕疵的行为。[163]

(2) 瑕疵的后果。

395　　如果税收行政行为具有瑕疵，那么这只在例外情况下导致其无效的后果。行政行为合法性的问题要与行政行为法律上的有效性问题进行严格区分。

396　　a) 有效性和无效性。这种区分具有以下意义：当事人只能在申诉期限或起诉期限（《税法通则》第355条和《财政法庭条例》第47条）内对违法的但是具有效力的行政行为进行对抗。据此，行政行为具有形式上的存续力。[164] 它只可以由行政机关而且只有在更正构成要件（《税法通则》第129条以下特别是172条以下，见页边码401以下特别是411以下）存在的情况下进行废止。如果行政行为根据《税法通则》第125条无效而且根据《税法通则》第124条第3款失去了效力，那么它就发挥不了法律效力。当事人可以在任何时候不用遵照期限规定引用无效性来作证。税务机关可以（必要情况下必须）根据《税法通则》第125条第5款核定无效性。

397　　《税法通则》第124条第1款原则上不是把行政行为的有效性与它的合法性联系在一起，而是把它的有效性与通知联系在了一起（见前面页边码380以下）。但是这不适用于**无效的行政行为**（《税法通则》第124条第3款）。当行政行为在(1)承受有特别严重的瑕疵时而且(2)这种情况在对所有考虑的情况合理评价下很显然时（《税法通则》第125条第1款），它就失去了效力。因此，内容上不够确定的征税通知是无效的（《税法通则》第119条第1款、第125条第1款、第124条第3款）。[165] 在行政行为严重违反了法律规定而无法期望有人会承认行政行为具有约束力的情况下，就产生了尤其严重的瑕疵。[166] 当任何一个理智的第三方，在考虑到所有情况下，能够认识到此行政措施的瑕疵尤其严

---

[163] 参见 BFH, IV R 8/98, BStBl II 1999, 333 (334); Tipke, in: Tipke/Kruse, § 160 AO Tz 9。

[164] 参见违反欧盟救济禁令时的税收裁定存续力, de Weerth, IStR 2010, 172 (Durchbrechung der Bestandskraft durch Rechtsprechung des EuGH)。

[165] 参见 BFH II R 5/04, BStBl II 2007, 472。

[166] 参见 BFH, IV B 13/81, BStBl II 1982, 133 (135); VIII B 3/87, BStBl II 1988, 183 (185); III B 5/89, BStBl II 1990, 351 (352).——当通知涉及无效(因未签名)的纳税申报时不是此种情况，参见 BFH, V R 42/01, BStBl II 2002, 642。

重时,瑕疵就很明显。[167]《税法通则》第 125 条第 2 款包含了行政行为无效的情形。第 3 款阐明了哪些理由不能导致无效。这两款规定针对《税法通则》第 125 条第 1 款而言更特殊,因此必须优先进行适用。

《税法通则》第 125 条第 4 款包括一项与《民法典》第 139 条相偏离的规定:根据这项规定,在部分无效的情况下通常不会出现全部无效。

b) **形式瑕疵的补正与不予考虑**。当行政行为是在违反管辖权、程序或形式规定的情况下进行时,即**形式上的违法性**,它也是违法的。然而《税法通则》第 126 条规定,如果在一定的时期内(《税法通则》第 126 条第 2 款)的特定程序行为在事后实现,形式上违法的行政行为就进行了补正。在成功的补正之后行政行为就是合法的。

因此根据《税法通则》第 127 条,不可以只因为以下原因就要求废止不是按照《税法通则》第 125 条而失去效力的行政行为,即只因为当它在这种情况下不可能作出其他的裁决时,行政行为是在违反关于程序、形式或地方管辖权的规定的情况下而得到了实现。这样首先具有约束力的判决就得到了使用,如果存在减少到零的裁量削减,那么裁量判决也会得到使用。[168]

4. 一般税收行政行为的更正[169]

税收行政行为随着通知而生效(《税法通则》第 124 条第 1 款),它既针对当事人也针对作出税收行政行为的行政机关具有约束效力。人们把这称为存续力,并且区分**形式上的存续力**(无可争辩性)和**实质上的存续力**(法律后果的出现,即内容上的约束力)。实质上的存续力随着行政行为的生效而产生(有争论的[170]),也就是说,只有在相应更正条例的前提条件存在的情况下,才能在行政行为生效之后还可以对其进行更正。

对一般税收行政行为进行**更正的可能性**在《税法通则》第 129 条以下中进行了规定。

与此相对,根据《税法通则》第 128 条的规定,转换的可能性不属于本意上的更正条例规定。行政行为的转换只有在行政行为存在实质上的瑕疵的情况下才有可能。它使主管行政机关有可能颁布具有计划中的正确内容的行政行为。因为进行转换的行政行

---

[167] 参见经常性判决,BFH,VII R 56/00,BStBl II 2003,109 (111) 有进一步论证。
[168] 参见 BFH,VI R 41/81,BStBl II 1986,169 (171)。
[169] 税收行政行为的更正,*Birk/Wernsmann*,Klausurenkurs 中关于情形 1 的概览(Rn 182);进一步见 *Lühn*,SteuerStud 2008,4 和 *Hartmann*,SteuerStud 2009,15。
[170] 与此处相同,参见 *Krumm*,DStR 2005,631;*Stadie*,Allgemeines Steuerrecht,2003,Rn 597;*Jakob*,Abgabenordnung,Rn 554;*Groll*, in: *Hübschmann/Hepp/Spitaler*,AO,Vor § § 172 ff Rn 12 的其他观点:实质的生效以形式的有效性为前提。

为必须针对内容上相同的目标,所以责任裁决(见前面页边码310以下)不能够被转换为税务裁决。[171] 反过来的情况根据《税法通则》第128条第3款也是禁止的。与此相对,有争议的是,转换本身是否是一种行政行为。[172]

(1) 明显瑕疵的更正。

402 根据《税法通则》第129条的规定,税务机关可以在任何时候对颁发行政行为中出现的书写瑕疵、计算瑕疵以及类似的明显瑕疵进行更正,但是在税收裁决(见页边码411和412)情况下,仅仅只能在核定期限到期之前进行更正(《税法通则》第169条第1款第2项)。[173] 根据司法判决[174],类似的**明显瑕疵**的前提是这些书写和计算瑕疵相类似。据此,涉及时必须是机械上的疏忽,如输入或翻译瑕疵、在编程中出现的瑕疵[175],但是也包括忽略的情况和没有考虑到基础裁决(此定义见后面的页边码435)的情况,其中,基础裁决在没有税务机关进行进一步考虑的情况下也必须被执行。[176] 在事实或法律适用领域的明显瑕疵(如未婚人士的合并课税)不能根据《税法通则》第129条进行更正。[177] 另外一方面,由于机械上的原因产生的瑕疵根据《税法通则》第129条应该始终进行考虑,即使这样的瑕疵不明显(如在电子数据处理(EDV)程序中出现的瑕疵[178])。适用范围更宽于条文所指明的范围。[179]

这项司法判决不能得到承认。《税法通则》第129条是一项例外规定,这项规定在违反信任保护原则的情况下允许在任何时间进行更正,因为由于瑕疵的可辨认性不能产生纳税义务人的信任,而合法性原则在任何情况下都必须优先于行政。因此,《税法通则》第129条意义下的"类似的明显瑕疵"这一概念只有在以下情况下才能够被接受,即"当行政机关希望的瑕疵与其在行政行为中表达出来的瑕疵之间的矛盾容易辨认而使瑕疵引人注目时"。[180]

---

[171] BFH, VI S 10/82, BStBl II 1983, 517 (518).
[172] 关于争议一,参见 *Rozek*: *Hübschmann/Hepp/Spitaler*, §128 AO Rn 6 有进一步论证。
[173] 参见 *Rosseburg*, SteuerStud 2010, 58 中的概览。
[174] BFH, VI R 4/83, BStBl II 1986, 541 (542); XI R 78/92, BFH/NV 1995, 937.
[175] BFH, III R 10/81, BStBl II 1985, 32 f.
[176] BFH, X R 37/99, BStBl II 2003, 867.
[177] BFH, IX R 75/98, BFH/NV 2002, 467 (468); X R 49/00, HFR 2003, 3 (4).
[178] BFH, III R 10/81, BStBl II 1985, 32; I R 83/94, BStBl II 1996, 509 (510).
[179] *Borgdorf*, AO-StB 2009, 334.
[180] 对于 VwVfG 颁布前一般行政管理法中对应于当前 §42 VwVfG 的法律地位,BVerwG, VI C 24.69, BVerwGE 40, 212 (216) 如此表述。

(2) 一般税收行政行为的撤销与废止。

> **情形 17**：行政机关根据《税法通则》第 191 条颁发了一项责任裁决。它确定了一项金额为 10 万欧元的责任款项。在法律救济期限已经到期的情况下，H 向行政机关要求撤销，因为实际情况中并不存在责任构成要件的前提条件。行政机关必须撤销这项责任裁决吗？
>
> **变种情形 a**：行政机关确定，责任款项的实际金额为 20 万欧元，这符合实际情况，因此行政机关撤销了该项（过低的）责任裁决。后来行政机关确定了一项款项为 20 万欧元的责任款项。后面的这项责任裁决合法吗？[181]
>
> **变种情况 b**：如果一项责任裁决的撤销和重新核定在同一项裁决中合并为 20 万，裁决发生改变了吗？（页边码 407）

《税法通则》第 130、131 条不适用于税务裁决（《税法通则》第 172 条第 1 款第 1 项 2 目第 d 点；有关适用的更正条例规定见页边码 411 以下），与《行政程序法》第 48、49 条的规定相类似。如果要废弃的行政行为是违法的，那么规定了撤销的《税法通则》第 130 条就与此相关。如果要废弃的行政行为是合法的，那么规定了废止的《税法通则》第 131 条就与此有关系。[182]《税法通则》第 130 条和《税法通则》第 131 条都是根据是否存在授益性的或者负担性的行政行为来进行区分[183]（见前面页边码 376 和 377）。

a) 违法的非授益性的行政行为也可以根据《税法通则》第 130 条第 1 款规定的无可争辩性随时进行撤销。在裁量执行中，必须对行政合法性原则和个别事件的合法性以及对法律秩序与法律担保的必要性进行考虑。在实际情况和法律情况发生了改变的情况下，尤其在持续效力的行政行为的情况下，裁量可削减至撤销义务。[184] 与此相对，当当事人仅仅由于行政行为的违法性而要求对其进行撤销时，行政机关通常在考虑到其他裁量要求的情况下根据《税法通则》第 130 条第 1 款的规定，因不具有裁量瑕疵，而拒绝撤

---

[181] 根据 BFH，VII R 112/81，BStBl II 1985，562。
[182] 注意：行政行为被宣告前可被自由撤回或撤销，无需满足§§ 130，131 AO 关于生效行政行为被撤回或撤销，或者§§ 172 ff AO 生效征税通知被撤销或变更的条件，参见 BFH，III R 84/06，BStBl II 2009，949。
[183] 参见（含案例）*Hartmann*，SteuerStud 2009，15。
[184] BFH，VI R 101/84，BStBl II 1989，749（750）。

销。[185] 在这种情况下,当事人可以而且必须采取法律救济措施。

> 因此在**情形 17**(页边码 403)中,行政机关拒绝撤销责任裁决的行为是合法的。

406 b) **违法的授益性的行政行为**根据《税法通则》第 130 条第 1 款仅仅在考虑到《税法通则》第 130 条第 2、3 款中规定的裁量限制的情况下才能够被撤销。根据《税法通则》第 130 条第 2 款的法律定义,当行政行为对一项法律或法律上重要的利益进行证实或确认时,它就是授益性的行政行为。与此相适应,只有当行政行为是由实质上不具有管辖权的行政机关作出的时候(《税法通则》第 130 条第 2 款第 1 目),当它是通过不正当的手段,如通过欺骗性的诡计、威胁或贿赂而达到时(《税法通则》第 130 条第 2 款第 2 目),当受益人通过在重要的关系中进行不正确或不完整的陈述而促成行政行为时(《税法通则》第 130 条第 2 款第 3 目)或者当受益人知道它的违法性或者由于粗心大意而不知道它的违法性时(《税法通则》第 130 条第 2 款第 4 目),行政机关才能撤销授益性的违法行政行为。此外,原则上的前提条件是行政机关在期限内根据《税法通则》第 130 条第 3 款撤销了行政行为。期限为 1 年,它从获悉应当撤销行为事实的时间点开始算起。根据司法判决,期限在行政机关得知行政行为的违法性和所有对撤销具有重要作用的事实时才开始。[186] 但是当行政行为是通过《税法通则》第 130 条第 2 款第 2 目提到的不正当手段而达到时,期限就不具有适用性,《税法通则》第 130 条第 3 款第 2 目。

如果存在《税法通则》第 131 条第 2 款中规定的官方撤销合法授益性行政行为的前提,那么违法授益性行政行为才可以"合法地"进行撤销。[187] 除此之外,撤销也可以在纳税义务人同意的情况下完成,因为《税法通则》第 130 条第 2 款是信任保护的后果,而且纳税义务人可以随自己的意愿放弃这项保护。

407 有问题的和具有争议的是,在负担性的行政行为没有确定更高额度的负担时,它是否也可以具有授益性的内容。[188] 在这种情况下,它们是具有混合效力的行政行为。[189]

---

[185] 参见 BFH, VII R 15/89, BStBl II 1991, 552。
[186] 参见(针对 § 48 VwVfG) BVerwG, GrS 1, 2.84, BVerwGE 70, 356 (362);其他观点,*Maurer*, Allgemeines Verwaltungsrecht, 17. Aufl 2009, § 11 Rn 35a。BFH, VII R 15/89, BStBl II 1991, 552。
[187] 参见 BFH, VIII R 9/80, BStBl II 1983, 187 (188) zu § 131 Abs. 2 Nr 1 AO。一般行政管理法领域的其他观点,例如 *Ruffert*, in: *Erichsen/Ehlers*, Allgemeines Verwaltungsrecht, 13. Aufl 2006, § 24 Rn 1。
[188] 参见 *Jakob*, Abgabenordnung, Rn 572;*Kruse*, in: *Tipke/Kruse*, § 130 AO Tz 11。参考 BFH, VII R 112/81, BStBl II 1985, 562 (563)。
[189] 参见 *Ruffert*, in: *Erichsen/Ehlers*, Allgemeines Verwaltungsrecht, 13. Aufl 2006, § 23 Rn 12。

在以**情形 17**(页边码 367)的变种情况 a 为基础的情况中,联邦财政法院[190]没有解决这个问题。联邦财政法院认为:责任裁决(＝时间上的第一次裁决)是负担性的。对负担性的责任裁决进行撤销(＝时间上的第二次裁决)是授益性的。对(授益性的)第二项裁决进行撤销(＝时间上的第三次裁决)因此又是负担性的。

有鉴于此,(授益性的)第二次裁决只有在《税法通则》第 130 条第 2 款规定的前提条件下才允许进行撤销。尽管在形式上撤销没有再次被废弃,但是通过新的规定根据实际情况再次消除了通过第一次撤销获得的有益的法律地位。最后一次责任裁决的合法性因此依赖于当时是否存在《税法通则》第 130 条第 2 款规定的前提条件。

而在**情形 17**(页边码 403)的变种情况 b 的情况下重要的是争端。根据《税法通则》第 130 条第 2 款的意义和目标,纳税义务人应该可以信任法律情况保持它在行政行为中被具体化时的形式。他应该适应法律情况而且能够作出相应的安排。但是,当追加要求可以是任意的额度时,这个目标就会遭到挫败。此外,《税法通则》第 130 条第 2 款的规定提供了足够的担保,它使不值得保护的纳税义务人不能从中得益。根据正确的观点,当没有确定更高的款项时,负担性的行政行为也可具有授益性的内容。因此在这种情况下也必须根据是否存在《税法通则》第 130 条第 2 款规定的前提条件对最后一次裁决的合法性进行评判。

c) **合法的非授益性行政行为**根据《税法通则》第 131 条第 1 款在它变得无可争辩之后也可以全部或部分地在对未来具有效力的时候进行废止,除非必须重新颁布相同内容的行政行为或者出于其他原因废止不被允许。 408

尤其是负担性的行政行为只要在不具有混合效力时不具有授益性(前面页边码 407)。**例子**:把行政行为的负担额从 500 欧元降到了 300 欧元。这里对一般税收行政行为的废止依《税法通则》第 131 条第 1 款进行。**变种情况**:把负担额确定为 500 欧元的行政行为应该通过把负担额度提高到 800 欧元的行政行为来代替。在这里,当行政行为把最高负担额确定为 500 欧元时,行政行为根据上面所说的情况因此也是授益性的。废止的可能性因此要根据更加严格的《税法通则》第 131 条第 2 款规定进行。

在具有约束力的非授益性行政行为[191]中,根据《税法通则》第 131 条第 1 款进行的废止通常不予以考虑,因为通常情况下必须重新颁发内容相同的新的行政行为。但是在

---

[190] BFH, VII R 112/81, BStBl II 1985, 562 (564).
[191] 同样适用于裁量缩减为零。

法律情况发生了改变的情况下，可以对根据《税法通则》第 131 条进行的废止进行考虑。最初的行政行为在这种情况下尽管一直是合法的而且不会"变得"违法，因为重要的是行政行为颁发的时间点（论证源于：《税法通则》第 131 条第 2 款第 1 项 3 目）。[192] 但是它可以根据《税法通则》第 131 条第 1 款进行废止，因为在这种情况下不必重新颁发内容相同的行政行为。

409　　d) **合法的授益性行政行为**只有在《税法通则》第 131 条第 2 款规定的前提条件下才允许被废止。在这种情况下，信任保护推到了次要的位置，或者是因为不能产生对于行政行为最终存在的信任（参见《税法通则》第 131 条第 2 款第 1 项第 1、2 目），或者是因为公共的利益占了优势（参见《税法通则》第 131 条第 2 款第 1 项第 3 目）。合法授益性行政行为的废止在以下的情况下是允许的，即当它通过法律规定可以被允许时或者当它根据《税法通则》第 120 条第 2 款第 3 目（见前面页边码 379）在行政行为中被保留了下来时（《税法通则》第 131 条第 2 款第 1 项第 1 目），当负担根据《税法通则》第 120 条第 2 款第 4 目通过行政行为具有约束力而且受益人没有完成或者在规定的期限内没有完成这项负担时（《税法通则》第 131 条第 2 款第 1 项第 2 目），或者当税务机关根据事后出现的事实有权不颁发行政行为时，还有当在不进行废止的情况下公共利益就会受到危害时（《税法通则》第 131 条第 2 款第 1 项第 3 目）。在这些情况下，年期限也适用，与《税法通则》第 131 条第 2 款第 2 项相联系的《税法通则》第 130 条第 3 款。

410　　e)《税法通则》第 132 条第 1 句阐明了《税法通则》第 130、131 条在申诉和起诉程序中也适用。符合《行政程序法》第 50 条规定的《税法通则》第 132 条第 2 句涉及在税法中少见的具有双重效力的行政行为的情况。这样的行政行为有益于受领人，但是却给第三方带来负担。在这种情况下，如果由于行政行为而承受负担的第三方的法律救济得到了补救，那么有利于受领人的信任保护规定就不具有适用性。《税法通则》第 133 条规定了在行政机关废弃行政行为后证书和物品的归还。

5. 税务裁决的更正

411　　对于特殊的税收行政行为的更正而言，即对于税务裁决和通过参阅法律与此等同的裁决（详见前面页边码 378）的更正而言，适用的不是《税法通则》第 130、131 条（参见《税

---

[192] 参见主流观点 Kruse, in: *Tipke/Kruse*, § 131 AO Tz 1; *Ruffert*, in: *Erichsen/Ehlers*, Allgemeines Verwaltungsrecht, 13. Aufl 2006, § 21 Rn 38 有进一步证明和相反的观点；部分地其他观点 Schenke, Verwaltungsprozessrecht, 12. Aufl 2009, Rn 795 ff.

法通则》第 172 条第 1 款第 1 项第 2 目第 d 点），而是特殊的规定。[193] 更改（废弃）根据司法判决并没有根除裁决，而是使它隐藏起来继续存在；如果一项税收裁决进行了更改或遭到了废弃而且税务局接下来再次清除了变更（废弃裁决），那么最初的裁决就会重新得到适用。[194] 需要注意的是，根据《税法通则》第 169 条第 1 款第 1、2 项的规定，在核定期限到期之后（《税法通则》第 169 条第 2 款；见前面页边码 266 以下）不再可能废弃或更改税务核定。

详细情况下，下面的情况适用：

a) 明显的瑕疵（此概念见前面页边码 402）在核定期限到期之前可以根据《税法通则》第 169 条第 1 款第 2 项和 129 条进行更正。《税法通则》第 129 条也适用于这里（《税法通则》第 172 条第 1 款第 1 项 2 目第 d 点，它仅仅排除了《税法通则》第 130、131 条用于税务裁决的情况），使《税法通则》第 132 条也可适用于税务裁决（见页边码 410）。明显的瑕疵是机械性错误，无关于可知性（页边码 402）。此规定原则上仅对财政机关在税收通知发布时的机械性疏忽适用（移转瑕疵，以及程序设计错误）。若纳税义务人在纳税申报时进行了有瑕疵、基于机械性疏忽的说明（例如在已递交的、用于纳税申报的文件 G 中的资产负债表中的移转过失），且税务机关的征税通知发布是以文件 G 为基础，其根据司法裁决承担纳税义务人的明显瑕疵，以致根据《税法通则》第 129 条可进行通知的变更。[195]

412

b) 不包括最终核定的税务裁决，即或者是根据《税法通则》第 165 条进行的临时税务核定，或者是在《税法通则》第 164 条规定的审查的保留条件下进行的税务核定（有关这些内容见后面页边码 517 以下、523 以下）可以在核定期限期满之前（见《税法通则》第 164 条第 4 款或《税法通则》第 171 条第 8 款）的任何时候进行更正，参见《税法通则》第 164 条第 2 款或 165 条第 2 款。

413

c) 最终的税务核定仅仅在《税法通则》第 172 条以下规定的前提条件下才可以进行更正。[196] 根据《税法通则》第 172 条第 1 款规定，当最终的税务裁决涉及了消费税[197]（1 目）时或者在其他税种的情况下（除《关税法典》第 4 条 10、11 目规定中的进出口税或消

414

---

[193] 参见 *Birk/Wernsmann*, Klausurenkurs, Fall 1 (Rn 130 ff), 另见 概论 (Rn 182 f); 以及 *Möller*, SteuerStud 2008, 331; 对一般和特殊税收行政行为的修正二元论的批判, *Jochum*, StW 2006, 91。

[194] 参见 BFH VII R 16/03, BStBl II 2006, 346。

[195] 参见 BFH, X R 47/08, BStBl II 2009, 946; FG Düsseldorf, 8 K 2348/09 F, EFG 2010, 544 含 Kuhfus 的注释。

[196] 参见 *Höfling/Breitkreuz*, JA 1999, 728 (733 ff); *Hufeld/Abeln*, JuS 1999, 684。

[197] 营业税不包括在内, 参见 BFH, V B 64/86, BStBl II 1987, 95 (96)。

费税之外）允许对其进行废弃或更改，只要纳税义务人进行了同意或者他的申请得到了满足（2目a点——也在页边码416有讲解），只要它是由实际上没有管辖权的行政机关进行进行的（2目b点），只要它是通过不正当的手段如通过欺骗性的诡计、威胁或贿赂而达到的（2目c点）或者只要这种行为法律上是许可的（2目d点）。[198] 后者尤其是指《税法通则》第173条以下，但是也指《税法通则》以外的特别更正规定，如《个人所得税法》第10d条第1款第2项（见页边码617和618）和《营业税法》第35b条的规定。

415　在税务裁决的每一次更正中都要注意《税法通则》第176、177条的限制性规定（见后面和页边码442以下）。

　　（1）根据申请或者在纳税义务人同意的情况下根据《税法通则》第172条第1款第1项2目规定进行的更正。

416　根据《税法通则》第172条第1款第1项2目a点规定，如果并且只要纳税义务人在申诉期限[199]内提出申请时——所谓的**简易**更改，可以对税务裁决进行废弃或者更改。在申诉期限期满后只能对税务裁决进行不利于纳税义务人的更改，但只是在纳税义务人同意的情况下。当在一年内进行的消极更改对另一年有积极的作用时，也可以是这种情况。

　　服务于程序经济学的规定为纳税义务人提供了在申诉和申请简易更改之间的**选择权**。[200] 主要根据它们的前提条件和法律后果进行了如下区分：(a) 根据《税法通则》第172条第1款第1项2目a点规定进行的申请在非要式的情况下是可能的，而《税法通则》第357条第1款规定了申诉的书面形式。(b) 申诉的范围包括所有的裁决，而根据《税法通则》第172条第1款第1项2目a点规定进行的更改只有在提交申请或者纳税义务人同意的情况下才有可能。(c) 此外，申请不会阻碍形式上的存续力，其后果是与《税法通则》第361条第2款规定的申诉的情况不同，对执行中止不予以考虑。最后，在存续力产生后，不再可能对申请进行款项上的扩展。(d) 与此相对，只有在根据《税法通则》第367条第2款第2项进行申诉的情况下，加重改判才有可能（见后面页边码576），然而这只有根据税务机关的指示才有可能出现，使得纳税义务人能够撤销申诉；与此相对，在根据《税法通则》第172条第1款第1项2目a点进行的更改申请的框架内，税务

---

[198] 关于根据 § 172 AO 更正的进一步说明，见 Möller, Steuer Stud 2008, 331。

[199] 关于新版法律 § 172 Abs. 1 Satz 1 Nr 2 lit. a AO（以"申诉期"代替"抗议期"）的解释，参见 BFH, I R 25/99, BStBl II 2000, 283（284）；关于申请对象必要的具体化问题参见 BFH, X R 30/05, BStBl II 2007, 503。

[200] 申诉和申请的不同法律后果参见 Müller, AO-StB 2009, 111。

机关可以在"最糟糕的情况下"根据《税法通则》第 177 条进行结算,但是不能进行加重改判。

对拒绝所申请的简易更改进行申诉,根据《税法通则》第 347 条规定是许可的;因为拒绝进行、废弃或更改行政行为的行为本身就是行政行为。[201] 但是申诉被限制在随申请出现的问题[202]和首次在拒绝裁决中出现的瑕疵上,如具有瑕疵的裁量执行。也可以对具有更改作用的第二次裁决进行质问,但是根据《税法通则》第 351 条第 1 款,这只有在它使无可争辩的首次裁决恶化而损害纳税义务人利益的情况下才能进行。原则上对申请变更或撤销税收核定的拒绝,通过针对申请者的《税法通则》第 118 条第 1 款意义上的行政行为而实现。在根据《税法通则》第 172 条第 3 款规定的前提下,自 2006 年起也可以通过颁布根据《税法通则》第 118 条第 2 款意义上的普遍支配权拒绝多个变更请求。对此必然关系到变更与撤销申请,其已经涉及由欧洲法院、联邦宪法法院以及联邦财政法院裁决的法律问题,且此前程序的结果也不能与之适应。对于程序问题可参阅《税法通则》第 367 条第 2b 款第 2 至 6 项。相关规定有益于减轻行政负担。根据《税法通则》第 348 条第 6 目,对普遍支配权的申述是不允许的。与《税法通则》第 173 条第 3 款相平行,对普遍支配权引起的申述的裁决规定在《税法通则》第 367 条第 2a 款(见页边码 577)。

其他的补正可能性规定在《税法通则》第 172 条第 1 款第 2 目 b—d 点中。《税法通则》第 172 条第 1 款第 2 目 d 点第 1 半句规定了对后续的补正规则的参阅条款(《税法通则》第 173 条以下)。

(2) 由于出现新的事实或证据而根据《税法通则》第 173 条进行的更正。

情形 18[203]:A 没有递交 2004 年的纳税申报。因此在对他来自非自主工作和租赁所得的收入进行估价的情况下,计算他的所得税。所得税税务裁决在没有审查保留条件(《税法通则》第 164 条)的情况下于 2005 年 12 月 9 日对其进行了通知。在 2006 年 10 月 12 日 A 提交了对于 2004 年的纳税申报,其中包含有一项金额为 8000 欧元的来自为机械设备的电子计算机编制程序的 A 的营业损失。但是税务局拒绝对 2004 年的所得税税务裁决进行更改。这正当吗?(**页边码 428—429**)

---

[201] 参见 *Tipke*, in: *Tipke/Kruse*, § 347 AO Tz 21。
[202] 参见 FG Köln, 5 K 1078/90, EFG 1992, 246 有进一步论证。
[203] 根据 BFH, XI R 28/89, BStBl II 1991, 606。

418　《税法通则》第 173 条第 1 款对两种情况作出了规定，在这两种情况中，由于事后获悉的事实或证据可以对违法的税务裁决进行不利于纳税义务人（1 项）和有利于纳税义务人（2 项）的更正。

419　两种更正可能性的前提是：a) 事实或证据 b) 是在**事后得知**。此外在两种情况下，c)《税法通则》第 173 条第 2 款的更正禁止条令不允许进行干预。如果事后获悉的事实或证据导致了更低的税，那么根据《税法通则》第 173 条第 1 款 2 目规定，原则上还具有的前提是 d) 事后获悉的粗心大意的责任不归于纳税义务人。[204] 作为根据《税法通则》第 173 条进行更正的其他前提条件，司法判决规定了在法律原文中自然没有涵括到的 e) 新的事实和证据的**法律相关性**的必要性（见页边码 426）。如果税务局在最初的对于事实或证据的认识中极有可能没有确定其他的税，就要对法律相关性进行否定。[205]

420　如果仅仅由于违反了《税法通则》第 88 条规定的调查义务而对行政机关隐瞒事实或证据，即纳税义务人完全履行了《税法通则》第 90 条规定的协作义务的话，那么根据诚实与信任原则（见页边码 350）对根据《税法通则》第 173 条第 1 款 1 目进行的不利于纳税义务人的更改不予考虑。[206] 然而在明确的纳税申报情况下，税务局通常可以从正确性与完整性出发，而且在自己发现疑问的情况下必须进行进一步的调查。[207] 如果纳税义务人和税务局都错过了澄清事实的机会，那么一般情况下责任归于纳税义务人，产生的后果是税务裁决可以进行更改。[208]

421　a) 规定意义内的**事实**是指所有可以是法律上的税收构成要件的特征或部分，即状态、过程以及物质或者非物质形式的关系和特征。[209]

事实不是推断或法律上的总结，如估计。这也适用于由联邦宪法法院进行的对一项规定的违宪性进行的确定和由立法者颁布的具有追溯力的新规定。[210] 但是，纳税人从诸如"购买""租赁""出租""公司股份""馈赠""经理人"等所谓的先行法律关系中主张税

---

[204] 根据慕尼黑财政法庭的观点，基于诚实信用原则的考量，当相关税务机关在行使其调查义务时同时有重大过失，则纳税人的责任可减轻。在纳税申报中纳税评估员的错误未被发现的情况下，FG Münster, 1 K 5419/02 E, EFG 2006, 7 (8)（含 Adamek 的批判性注释）这样表述。

[205] BFH, GrS 1/86, BStBl II 1988, 180 (182 f)；II R 99/97, BStBl II 1999, 433 (434)；但此前提被 *Krebs* 所拒绝，参见 AO-StB 2005, 77 ff. 批判, *Graw/Loose*, AO-StB 2008, 336。

[206] BFH, IV R 79/99, BStBl II 2002, 2 (4)；*Seer*, in: *Tipke/Lang*, § 21 Rn 406. 参考 FG Baden-Württemberg, 8 K 360/09, EFG 2009, 1174：在无理由违反协作义务时，不会有变得不利的变更。

[207] FG Rh.-Pf., 1 K 1915/97, EFG 2001, 334。

[208] BFH, IX R 17/01, BFH/NV 2003, 137 (138)；XI R 10/03, BStBl II 2004, 911 (912)。

[209] BFH, X R 60/01, BFH/NV 2003, 1144。

[210] BFH, III R 50/92, BStBl II 1994, 389 (391)；Seer, DStR 1993, 307 (312 f) 有进一步论证。

收法律后果,则是一种事实。如"企业的供给养老金"的概念意味着引起特定法律评估的事实的综合。[211] 标的物的价值并非事实情况,而是从价值构成的事实推断的结果。[212]

证据是所有适合于证实事实存在或不存在的认知手段。[213]《税法通则》第 92 条第 2 句列举出了传统的证据,但是并不能认为是最终的。

b) 事实或证据必须根据《税法通则》第 173 条第 1 款 1 目和 2 目规定在**事后进行公布**。

这种行为的前提是,它们在税务裁决颁布时就已经存在。《税法通则》第 175 条第 1 款第 1 项第 2 目规定对于事后出现的事实或证据适用。而事后出现的情况证据(所谓的辅助事实)根据《税法通则》第 173 条能够使更正正当化,因此这样仅仅可以推定在颁发裁决时已经存在的主要事实(如收益获得意图作为内部的事实)。[214]

例子:S 在赠与税税收裁决具有无可争辩性之后才得知《遗产赠与税法》第 13a 条第 1 款第 2 项规定的免税金额,而且提交了必要的说明。这里,由于第 13a 条第 1 款第 2 项内的说明是提供免税金额的实质法律上的前提,因此根据《税法通则》第 173 条第 1 款第 2 项规定进行更正的行为遭到了失败。

法律没有对重要的是谁对知识的缺乏这一点作出明确规定。主流观点认为,主管的税务局而且在税务局内部组织方面被委派处理税收事件的办事处应有相关认知。[215] 因此,必须把主管人、负责的业务经理和负责的办事员的知识归于税务局。[216] 因为在征税通知公布时缺乏说明,则缺乏了《税法通则》第 173 条意义上的事实。之后的说明构成了一个事后产生但不能仅仅事后被知悉的事实。根据《税法通则》第 173 条第 1 款第 2 项作出的补正因此不被考虑。与此相对,只有当事实被记进调查报告中时,才能把实地调查人员的认识归于估税部门。[217] 主管的办事处要立即得知在当地进行的行为,而不能按照当时工作人员的个人认识。主管的办事处只有在以下情况下,即在求教主管办事处

422

---

[211] 参见 BFH,X R 60/01,BFH/NV 2003,1144 (1145)。
[212] *Loose*, in: *Tipke/Kruse*, § 173 AO Tz 9 有进一步论证。
[213] BFH,VIII R 121/83,BStBl II 1989,585 (587); Loose, in: Tipke/Kruse, § 173 AO Tz 21。
[214] BFH,IX R 11/91,BStBl II 1995,192 (193)。
[215] BFH,II R 56/81,BStBl II 1984,140 (143)这样表述;I R 82/97,BStBl II 1998,552 (553) 有进一步论证;*Jakob*, Abgabenordnung, Rn 602。进一步说明,*Loose*, in: *Tipke/Kruse*, § 173 AO Tz 28 ff。
[216] BFH,VIII B 96/01,BFH/NV 2002,621 (622) 有进一步论证。调查人员知识归属于评估区,FG Münster, 9 K 2231/07 G, F, EFG 2009,1179。
[217] BFH,I R 140/97,BStBl II 1998,599。参见 *Seer*, in: *Tipke/Lang*, § 21 Rn 413。

时出现特殊理由,才必须允许他人援引较旧的已经被束之高阁的档案的内容。[218]

此外,具有争议的是从什么时候开始可以认为是"事后"的通知。司法判决原则上确定为负责裁决的办事员签署了估价单据或申报价格单据的时刻。[219]

423　c)根据《税法通则》第 173 条第 2 款[220],只要税务裁决根据**实地调查**(见后面页边码 501 以下)而发出,那么就不可以按照《税法通则》第 173 条第 1 款第 2 目或第 3 目规定对其进行撤销或更改("更改禁令")。其他的情况仅仅在存在逃税漏税或轻率的税款削减时才适用。《税法通则》第 173 条第 2 款的依据是,税务机关在实地调查的框架下具有实行广泛调查和认真评定事实材料的可能性。

424　d)(aa)如果后来获悉的事实或证据会导致**更低的税**,那么根据《税法通则》第 173 条第 1 款第 2 目第 1 句,原则上其他的前提条件是事后获悉的粗心大意的责任不在于纳税义务人。作为粗心大意的责任,纳税义务人必须为蓄意和粗心大意辩护。[221] 当纳税义务人在很高的程度上违反谨慎而根据个人的知识和能力他又有义务并且有能力谨慎时,纳税义务人就是进行了疏忽大意的行为。[222] 由此产生的例子是,纳税义务人在纳税申报表中未就问题进行说明,尽管他在仔细阅读中本该有此机会说明[223];或税务顾问未向其当事人就确定的费用进行询问而提交了不完全的说明。[224] 司法裁决根据个案进行详细研究。[225] 与《税法通则》第 110 条第 1 款第 2 项和 152 条第 1 款第 3 项的规定类似,必须把法定代理人的责任或者制作纳税申报的税务顾问的责任归于纳税义务人。[226] 若分别进行了税基确定(页边码 533),则对于事后被知悉的事实是否导致更高或更低税收的疑问,只关乎于税基的变更而不关乎于后续裁决的效果。[227]

425　**事件群**:第一类:纳税义务人 S 了解税收上重要的事实(证据)或者必须了解这些情

---

[218] BFH, I R 82/97, BStBl II 1998, 552 (553) 有进一步论证。
[219] BFH, II R 226/84, BStBl II 1987, 416 (417);VIII R 3/01, BFH/NV 2002, 473 (474)。对此的批判,*Loose*, in:*Tipke/Kruse*, § 173 AO Tz 43 ff.
[220] 详见 *Müller*, AO-StB 2005, 73。
[221] BFH, VI R 17/91, BStBl II 1993, 80 (81) 有进一步论证。
[222] 参见 BFH, IV R 62/02, BStBl II 2005, 75;IV B 98/05, BFH/NV 2006, 2226 (疾病造成的错过期限情况原则上也是疏忽大意责任)。
[223] FG Münster, 2 K 3152/05 E, EFG 2010, 292。
[224] BFH, VI R 58/07, DStR 2010, 373。对此的注解,*Schwenke*, NWB 2010, 814。
[225] 参见 *Loose*, in:*Tipke/Kruse*, § 173 AO Tz 76 ff 有进一步论证。
[226] 适用的,BFH, VIII R 37/81, BStBl II 1984, 2 (3 f);VI R 8/82, BStBl II 1984, 256 (257);限制性的,*Loose*, in:*Tipke/Kruse*, § 173 AO Tz 79 ff.
[227] BFH, IV R 55/06, BStBl II 2009, 950。

况,他也知道这些情况在税收中的重要性;而税务局不了解事实(证据)。

例子:S知道生活费扣除的可能性,但是他最初时没有对此提出要求,因为他弄错了支付的时间点。在这种情况下通常粗心的责任归于S。因为根据《税法通则》第90条第1款规定,他具有协作进行事实调查的义务,所以按时拿出税收上重要的事实和证据属于他的责任范围。

第二类:纳税义务人了解事实(证据),但是他不知道它们对于税收的重要性;税务局不了解事实(证据)。在这种情况下,通常只有在以下的情况下粗心大意的责任才能被接受,即在纳税义务人没有阅读官方的或者附加在表格中的说明因此不清楚特定事实在税收方面的作用的情况下,或者在纳税义务人由于认为纳税申报表格中提出的问题不重要而有意地对其不加以说明的情况下。然而在税务局发送出的说明书中的说明对于税收方面的非专业人士而言必须可以充分理解,而且表达必须清楚明确,涉及通读方面,不允许对纳税义务人提出不合理的要求。[228]

例子[229]:一位纳税义务人尽管遭受了很大的损失仍进行了利润为0的申报,因为他把申报表(参见GSE附件)中"利润"的概念仅仅理解为积极的利润。联邦财政法院在这种情况下否定了与一般的语言习惯相关的疏忽的责任。

bb) 根据《税法通则》第173条第1款第2目第2句规定,当事实或证据与第1目规定内的事实与证据——导致更高额度的税的事实或证据——有直接或间接的联系时,纳税义务人的责任不重要。在这种情况下,尽管责任归于纳税义务人,但是有利于纳税义务人的事实或证据仍必须得到考虑,且是无限制[230]的,而不仅仅是只达到税收提高事实的额度。

此外,需要对估计中的特点进行强调:如果对来自一定收益种类的收益进行了估计,那么必须在整体上把这些收益的实际额度看作事后获悉的事实。对为了根据《税法通则》第173条第1款第2目第2句达到更低额度的税而划分为提高税额的收入或财产增加及减低税额的支出或财产减少的行为不予以考虑。[231]

---

[228] BFH, VI R 17/91, BStBl II 1993, 80 (81).
[229] 根据 BFH, XI R 42/00, BStBl II 2001, 379。
[230] 在此意义上参见 BFH, VIII R 190/80, BStBl II 1984, 4 (5), 因为德国《税法通则》(AO)第173条第1款第2项第2点规定的是"何时"而非"只要"; *Jakob*, Abgabenordnung, Rn 611。
[231] BFH, XI R 28/89, BStBl II 1991, 606 (607).

427　　e) 未成文的特征（其他观点：更高或更低税收的部分特征[232]）是，事后被知悉的事实以及证据相当显著。随着这一特征，应当避免纳税义务人从司法裁决的变更中获益，尽管他并未破坏自己的裁决。较之于向财政机关告知事实，他不能获得更好的待遇，然而这些事实（以旧的司法裁决位基础）并不相关联，且不会因此在税收通知中产生作用。根据《税法通则》第 173 条第 1 款，若对后获悉事实的认知缺乏并非是最初税金估定的原因时，变更不予考虑。[233]

428—429
　　情形 18（页边码 417）**的解决方法**：根据《税法通则》第 173 条第 1 款第 2 目第 2 句规定，当导致更低税额的事后事实进行了公布而且粗心大意的责任不归咎于纳税义务人时，就可以对税务裁决进行更改。在这里，这样的事实是 A 进行的经营活动和从中遭受的损失。这个事实在事后通过所得税纳税申报得到了公布而且在作为所得税税务裁决基础的估计中没有得到考虑。然而 A 通过以下的方式进行了不法的行为，即他违反法定的义务没有按时递交所得税纳税申报。但是根据《税法通则》第 173 条第 1 款第 2 目第 2 句规定，这种责任可以是无关紧要的。然后，导致更低税额的事实必须与导致更高税额的事实处于直接或间接的联系之中。只有当人们把损失分离成导致更高税额的企业收入和导致更低税额的企业支出时，这种情况才能被接受。但是这种分离的观点不具有说服力。而更多的是，营业的损失在整体上是一件事实。因此在结果中对根据《税法通则》第 173 条进行的所得税税务裁决的更改不进行考虑。

　　(3) 由于相互冲突的核定根据《税法通则》第 174 条进行的更正。

430　　一件事实[234]在不同的裁决中受到了不同法律上的评价的情况是可能的，其中在裁决中包含的总结，在逻辑推理上相互排除——所谓的相互冲突的税收核定。[235] 在这种情况下，《税法通则》第 174 条使对有瑕疵的税务裁决进行废弃或更改成为可能。与此相对，《税法通则》第 174 条不会强制进行使两种税务事件互相取得一致的行为[236]，如发出税收裁决的一方和接收税收裁决的一方。

---

[232] Loose, in: Tipke/Kruse, § 173 AO Tz 54 ff.
[233] BFH, IX R 45/08, BStBl II 2009, 891.
[234] 对"特定事实"的概念解释参见 Wedelstädt, AO-StB 2009, 294。
[235] 深入说明，参见 Hardtke, AO-StB 2003, 262；Demuth, KÖSDI 2006, 15207；Heger, DStZ 2006, 393。Birk/Wernsmann, Klausurenkurs, Fall 1 (Rn 183) 中的检查流程。
[236] BFH, IV R 52/90, BStBl II 1992, 126 (128); X R 57/89, BStBl II 1994, 597 (598).

《税法通则》第 174 条第 1、2 款涉及对不利于或者有利于纳税义务人（**积极的冲突**）的事实的多种考虑。《税法通则》第 174 条第 2 款第 2 项对纳税义务人的信任进行了保护。

431

根据《税法通则》第 174 条第 1 款对一件事实进行多样考虑的**事件群**：
a）把几个相互排除的税收种类归入同一种事实。
例子：一项捐赠的金钱款项对受领人而言既要缴纳所得税也要缴纳遗产税。
b）把几个税收债务人归入同一种事实，尽管只能考虑一个。
例子：X 把欠律师 R 的酬金付给了税务顾问 S，其中 R 把对 X 的债权转让给了 S。税务局把这项收入既列入了 R 的收入范围，也列入了 S 的收入范围。只有 R 实现了收益取得的构成要件；针对 S 颁发的所得税税务裁决根据《税法通则》第 174 条第 1 款必须进行更改。R 与 S 间的法律关系是一个其他的事实情况，对于二者要分别进行所得税上的评估。
c）在多个估价时期内涉及相同的事实。
d）相同的事实由于相同的税收债务被多个税务官员考虑。

《税法通则》第 174 条第 3 款在具有下面明显猜测的情况下，即猜测在其他的税务裁决中会对这件事实进行考虑的情况下涉及了对事实不进行考虑的行为（**消极的冲突**）。[237] 因此这种猜测对于不考虑行为而言必须是构成原因的。对此点的缺乏出现在下述情形中，即纳税义务人在申诉过程中得知，对于事实情况的其他方面的考量未被观照到且未发生[238]，或者，因主管行政人员完全未意识到此事实情况或认为其完全没有税收意义，而使此事实情况在征税通知中并未被注意。[239] 但是如果存在有《税法通则》第 174 条第 3 款的前提条件，那么就必须[240]对裁决进行更改。

432

例子：基于 2009 年的财务清查，财务机关确定，在 2009 年中包括的资本收益是在 2008 年取得的，并作出了有利于纳税义务人的 2009 年征税通知的变更。2008 年的征税通知须根据《税法通则》第 174 条第 3 款同样进行变更。[241]

---

[237] BFH，IV R 33/07，DB 2010，765。
[238] BFH，XI R 62/05，BStBl II 2007，238 (240)。
[239] BFH，VIII R 19/00，BStBl II 2001，743 (745 f)。
[240] BFH，II R 208/82，BStBl II 1986，241 (243)这样表述。
[241] 参见 *Wedelstädt*，AO-StB 2009，332。

433—
434

最后，根据《税法通则》第 174 条第 4、5 款规定，当根据纳税义务人的申请或者法律救济对其他的具有瑕疵的裁决进行了有利于纳税义务人的废弃或更改时，对于纳税义务人（第 4 款）或第三方（第 5 款）的其他裁决而言，能够得出正确的税收上的结论（"**由法律救济引起的冲突**"）。[242] 与《税法通则》第 174 条第 1—3 款中的情况不同，在这里根据司法判决[243]基于相偏离的法律原文规定，强制性的选择性情况是不必要的。征税通知的顺序并不重要。[244] 财政机关根据《税法通则》第 174 条第 4 款作出的变更通知并不对与其在之前通知中出现的代表性法律观念有约束。[245]

纳税义务人在上述案例（页边码 432）的申诉程序中取得了 2009 年征税通知的变更。与此同时，根据《税法通则》第 174 条第 4 款，存在 2008 年征税通知变更的前提条件。

（4）根据《税法通则》第 175 条第 1 款第 1 项第 1 目进行的后续裁决的更正。

435—
437

根据《税法通则》第 175 条第 1 款第 1 项第 1 目规定，只要对于税务裁决具有约束效力[246]的基础裁决得到了颁布、废弃或更改，那么就可以对税务裁决（后续裁决）进行颁布、废弃或更改。

根据《税法通则》第 171 条第 10 款中的定义，**基础裁决**是确认裁决（《税法通则》第 179、180 条，见页边码 533 以下）、税收计算裁决（《税法通则》第 184 条，见页边码 1417 以下）或者其他对一项税的核定具有约束力的行政行为，如配给裁决和分割裁决（《税法通则》第 185、190 条，见页边码 1425 和 1426）。[247] 据此，**后续裁决**是在基础裁决中对确认行为具有约束力的税务裁决。

对于一个无效且因此不生效的基础裁决，约束力不会产生，以至于后续裁决不得被调整。[248] 对于生效的基础裁决，应当注意，后续裁决的撤销或变更只有根据《税法通则》第 175 条第 1 款第 1 项第 1 目才可能，类似于约束效果的达到（参照法条："只要……"）。

由于《税法通则》第 155 条第 2 款明确允许在基础裁决颁发之前颁发税务裁决（＝后

---

[242] 《租税通则》§ 174 Abs. 4 和 5 中对第三人的征募须在对第三人确定的期限到期前进行，参见 BFH, V R 82/07, BStBl II 2009, 876。

[243] 参见 BFH, IV R 52/90, BStBl II 1992, 126 (128)；VIII R 54/95, BStBl II 1997, 647 (649)。

[244] 参见 BFH, X R 27/07, BStBl II, 2009, 620, 第一次通告发出前变更可能性已经出现，但未被顾及。尽管如此联邦财政法院根据 § 174 Abs. 4 AO 允许嗣后对不正确的通告进行修正。

[245] BFH, I R 74/06, BStBl II 2008, 277。

[246] 关于约束力参见 Tiedtke/Wälzholz, DStZ 2000, 353 (354 f) 以及 Wedelstädt, AO-StB 2009, 203。

[247] 非缴税通知与处罚通知相关，参见 BFH, VII R 7/04, BFH/NV 2005, 1646。

[248] BFH, X B 72/05, BFH/NV 2005, 1490 (1492)。

续裁决），所以，最常见的根据《税法通则》第 175 条第 1 款第 1 项第 1 目规定更改的事件是根据后续的基础裁决进行的对税务裁决的更改。

例子：A 在一家股份公司参股。由于在 1997 年的所得税估价中他的红利还没有进行确认，所以负责估价的税务局必须根据《税法通则》第 155 条第 2 款和 162 条第 5 款（见后面页边码 481）对此进行估计。在颁发基础裁决（根据《税法通则》第 179 条和第 180 条第 1 款第 2 目第 a 点进行的统一的或单独的利润确认）后，根据《税法通则》第 175 条第 1 款第 1 项第 1 目规定可以对裁决进行更正。

(5) 由于有追溯力的事件根据《税法通则》第 175 条第 1 款第 1 项第 2 目进行的更正。

情形 19：G 在 1994 年是 X 有限责任公司的总经理。负责的医疗保险公司通知他，说他具有必须进行社会保险的义务。之后他缴纳了相应的保险费。2005 年医疗保险公司通知 G，他当时并不具有必须进行社会保险的义务。1994 年缴纳的保险费退还给了 G 和 X 有限责任公司（雇员和雇主缴纳的部分）。2005 年出现的问题是，能否对 1994 年的所得税税务裁决进行更改。**(页边码 440)**

438

《税法通则》第 175 条第 1 款第 1 项第 2 目规定了对后来出现的有税收追溯力的事件进行考虑的情况。[249]

439

a)《税法通则》第 175 条第 1 款第 1 项第 2 目中的**事件**的概念仅仅包括事实[250]（关于此概念见前面页边码 421），亦包括在先的法律关系。与此相对，根据正确的看法，没有事实符合税收法律中关于有追溯力更改规定，或者是符合联邦宪法法院的裁决，其中联邦宪法法院的裁决根据《联邦宪法法院法》第 78 条第 1 句和第 82 条第 1 款及第 95 条第 3 款的规定追加宣布一项规定无效。[251]

b) 事件必须**事后发生**。由此，《税法通则》第 175 条第 1 款第 1 项第 2 目区别于《税

---

[249] 联合评估的缴税通知变更参见 BFH, X R 14/08, BFHE 227, 312。
[250] BFH, II R 55/86, BStBl II 1989, 75 (76); VIII R 55/86, BStBl II 1992, 479 (484); 其他观点 FG Schl.-Holst., II 87/99, EFG 2000, 412; *Loose*, in: *Tipke/Kruse*, § 175 AO Tz 25。
[251] BFH, III R 50/92, BStBl II 1994, 389 (391); III R 78/94, BStBl II 1995, 385 (387); *Seer*, DStR 1993, 307 (313) 有进一步论证。

法通则》第 173 条。后者以公布时间点时的现存事实为前提（见前面的边码 422），而这事实于事后被知悉。

c) 根据司法判决，当事件改变了事实而且在这种情况下通过以下方式对过去起到了反作用时，即存在使在《税法通则》第 118、157 条内的已经具有存续力的规定与事实的改变相适应的需求，事件有**对于过去的税收效力**。更改必须通过以下的方式在税收上起到作用，即要让改变了的事实代替之前已经实现了的事实，成为征税的基础。至于这种情况在什么时候出现，要借助于事实上的税收法律来进行决定。[252] 司法裁决依个案分析。[253] 因此，对补偿的偿还不是有追溯力的事件（并且在流出年度被考虑），即使在流入年度对补偿优惠地征税。[254] 但是存在如下的一致意见，即尤其在以下的情况下存在对于过去的税收效力：通过撤销、削减、解除、一项条件的出现或者通过法庭或行政机关的公权行为、有法律根据的形成判决和基本有效的行政行为引起的法律关系的改变。然而需要注意《税法通则》第 41 条第 1 款的相关规定（见前面页边码 335 和 336）。特别是在下述情形中，一个税收上的溯及既往与此相反而被否定：司法裁决的变更，执行判决或确认判决，宣告性的行政行为。

例子[255]：当教会税退还超过在退还年份所支付的教会税时，根据《个人所得税法》第 10 条第 1 项 4 目，最初作为特殊支出而扣除的过多缴纳的教会税的退还是具有追溯效力的事件。

需要列举的另外一个例子是来自《个人所得税法》第 16、17[256] 条中转让的购买价债券的不可收回性。根据《税法通则》第 175 条第 2 款，在法律上确定对于特定的时间必须给出税收优惠的前提条件时或者通过行政行为确定了该前提是提供税收优惠行为的基础时，税收优惠前提条件的取消也被看作是具有追溯效力的事件。例子：没有遵守所谓的留存期限（可参见《个人所得税法》第 7d 条第 6 款；《促进区域法》第 2 条 2 目；2010 年《投资补贴法》第 2 条第 1 款第 1 项第 2 目）；违反公益法中的合法的财产约束规定（《税法通则》第 61 条第 3 款）。

---

[252] BFH, X R 67/01, HFR 2004, 89 (90) 有进一步论证。
[253] 事件组和个别事件 *Loose*, in: *Tipke/Kruse*, § 175 AO Tz 33 ff.。
[254] BFH, VI R 33/03, BStBl II 2006, 911.
[255] BFH, X R 46/07, BStBl II 2009, 229.
[256] BFH, GrS 1/92, BStBl II 1993, 894 (896); GrS 2/92, BStBl II 1993, 897 (900 ff.).

出示关于正当的公司所得税[257]的证明也被看作是具有追溯效力的事件,这使得根据在 Manninen[258] 法律事件中欧洲法院的判决,事后出示的关于外国公司所得税的证明可能导致根据《税法通则》第 175 条第 1 款第 1 项第 2 目进行税务裁决更改的义务。[259] 立法人通过《税法通则》第 175 条第 2 款第 2 项的介入阻止了由欧洲法院司法判决引起的存续力的中止,其中根据我的观点没有理由对《税法通则》第 175 条第 2 款第 2 项与欧共体法律的一致性进行怀疑。[260]

《税法通则》第 175 条第 1 款第 1 项第 2 目的规定通过特殊的条例规定受到了排斥,如通过《销售税法》第 17 条、《房产购置税法》第 16 条。其他的规定,如《遗产与赠与税法》第 29 条调整了(遗产税上的)追溯效果,却没有程序上的后果。在这些情形中,《税法通则》第 175 条第 1 款第 1 项第 2 目可被适用。根据《税法通则》第 165 条第 2 款的更正可能性并不排除《税法通则》第 175 条第 1 款第 1 项第 2 目的可适用性。[261]

> **情形 19 的解决方法**(页边码 438):根据《税法通则》第 173 条进行的更改,由于核定期限的到期(《税法通则》第 171 条第 10 款),根据《税法通则》第 169 条第 1 款从一开始就遭到排除。根据《税法通则》第 175 条第 1 款第 1 项第 2 目进行的更改以有追溯效力的事件的出现为前提。由于保险义务的免除而进行的保险费的退还就是这样的情况。[262] 按照《税法通则》第 175 条第 1 款第 2 项的规定,核定期限也是在 2005 年的期满时才开始。核定期限根据《税法通则》第 169 条第 2 款第 1 项 2 目的规定为 4 年,因此在 2007 年还没有到期。

440

(6) 由于达成谅解协议根据《税法通则》第 175a 条进行的更正。

根据《税法通则》第 175a 条第 1 款,税务裁决在以下情况下可以进行颁发、废弃或更改,只要此行为对于谅解协议或者根据《税法通则》第 2 条中的国际法协约进行的仲裁的实施是必要的。谅解程序在协议国之间根据避免双重征税协定得到实行(见前面页边码

441

---

[257] BFH, VIII R 75/98, BStBl II 2000, 423 (424).
[258] EuGH, C-319/02, Slg. 2004, I-07477; 亦见 EuGH, C-292/04, DStR 2007, 485 (*Meilicke*), 关于德国公司税折算系统违反欧洲法。
[259] 参见 FG Köln 的移送判决, 2 K 2241/02 (Az EuGH: R 见 C-262/09), EFG 2009, 1491; *Delbrück/Hamadeer*, DStR 2009, 771.
[260] *Hahn*, IStR 2005, 145 ff; 亦见 *Gosch*, DStR 2004, 1988; *Höck*, Stbg 2005, 416.
[261] 参见 BFH, IX R 30/06, BStBl II 2007, 807.
[262] 参见 BFH, X R 7/96, BStBl II 1999, 95 (96).

1455 及以下),它有助于避免不符合协定的征税行为的发生(核定期限过期时,注意适用《税法通则》第 175a 条第 2 句的中止)。

7) 更正中的根据《税法通则》第 176 条进行的信赖保护。

442 《税法通则》第 176 条是有利于纳税义务人的**保护条例**规定,它限制了《税法通则》第 172 条以下、《税法通则》第 164 条第 2 款和《税法通则》第 165 条第 2 款中涉及的更正构成要件。《税法通则》第 176 条也通过《税法通则》第 177 条(见后面页边码 446 以下)而一直没有改变,《税法通则》第 177 条第 4 款。

根据《税法通则》第 176 条,在废弃或更改没有对纳税人不利的税务裁决中允许对以下情况进行考虑,即联邦宪法法院对一项法律的无效性(或者违宪性)[263]进行确认(1 目),该项法律是到目前为止的税务核定的基础,或者联邦的最高法院(尤其是联邦财政法院)由于认为以前的税务核定引以为基础的一项规定违宪而对其不进行使用(2 号)。后面所说的这种情形涉及一些规定,对于这些规定而言,根据《基本法》第 100 条不存在联邦宪法法院的驳回独占,而且每一个法院也因此在猜测其违法的情况下,都可以对其不进行适用,尤其是宪法生效之前的正式法律或者是处于正式法律之下的法律标准。[264]

443 根据《税法通则》第 176 条第 1 款第 1 项第 3 目规定,在对没有不利于纳税义务人的税务裁决进行的更正中允许考虑以下情况,即联邦最高法院(尤其是联邦财政法院)的司法判决发生了改变,而税务机关在迄今为止的税务核定中已经使用了该司法判决。[265]如果纳税义务人在纳税申报或纳税报告中已经考虑到了以前的司法判决,而且当时税务机关没有认识到这一点,那么根据《税法通则》第 176 条第 1 款第 2 项,这种情况在以下的情况下才适用,即只有在可以假定税务机关在了解到情况时会使用从前的司法判决的情况下。

444 《税法通则》第 176 条第 2 款确保在对没有不利于纳税义务人的税务裁决进行了废弃或更改的情况下,联邦最高法院(尤其是联邦财政法院)认为某项行政条例违法的行为允许发生作用。[266]

(8) 根据《税法通则》第 177 条对相互对立的实质瑕疵的平衡[267]。

---

[263] BVerfG, 2 BvL 10/95, BVerfGE 99, 280 (299).
[264] 参见 Wernsmann, in: Hübschmann/Hepp/Spitaler, § 4 AO Rn 296.
[265] 参见 Söffing, DStZ 2006, 588. 关于异议程序的范围,参考 BFH, XI R 30/ 05, BStBl 2007, 524.
[266] 参见 BFH, IV R 65/96, BStBl II 1999, 46 (47); IX R 86/00, BStBl II 2002, 840 (841).
[267] 关于考试答案中 § 177 AO 的内容,参见 Birk/Wernsmann, Klausurenkurs, Fall 1 (Rn 130 ff).

> **情形 20**：税务局把能够认可的额度为 350 欧元的 S 的必要支出用确认为生活费（《个人所得税法》第 12 条），S 没有提出申诉。后来税务局确认，S 没有申报金额为 150 欧元的额外收入。税务局能够更改裁决吗？**（页边码 450—454）**

445

税务裁决中的瑕疵只有在对此存在有法律基础的情况下才能进行更正。《税法通则》第 172 条以下与以前的《税法通则》第 222 条第 1 款第 1 目的规定不同，它只允许逐项的更正，不允许对税务事件完全展开。这导致了在税务裁决颁布之后必须对每一项瑕疵单独进行审查，看是否存在更改裁决的前提条件。

446

《税法通则》第 177 条限制了《税法通则》第 172 条以下中包含的原则，根据这项原则，只能根据法律基础逐项对瑕疵进行更正。《税法通则》第 177 条允许**瑕疵平衡**。在撤销或更改税务裁决之际也要对本身不是撤销或更改原因的相互对立的瑕疵进行更正。《税法通则》第 177 条因此**不是不受约束的更正规则**，而是使与其他变更有关的瑕疵结算成为可能。[268] 第 177 条以根据第 172 条以下规定或单行税法中一定的更正规则[269]的征税裁决撤销为前提。因《税法通则》第 129 条规定的明显瑕疵而进行的变更中，《税法通则》第 177 条不可适用，因为其只适用于撤销或变更，而不适用于更正。

447

实质上的瑕疵根据《税法通则》第 177 条第 3 款是包括《税法通则》第 129 条内的明显瑕疵在内的所有瑕疵，其中，《税法通则》第 120 条会导致与根据法律产生的税相背离的税收的核定。《税法通则》第 177 条并未规定，在因公开瑕疵导致的变更中对实质瑕疵的补偿。而在其他更正规定（《税法通则》第 172 条以下）导致的变更中，明显瑕疵能够被补偿。对于瑕疵概念，只是关乎于税收请求权是否根据实体法而产生，即使其——例如通过诉讼时效——随后消灭。[270]

然而，根据《税法通则》第 177 条第 1 款或第 2 款，更正只有在变更达到一定程度的情况下才允许进行。根据联邦宪法法院的司法判决，在《税法通则》第 177 条的框架内也可以对这样的法律瑕疵进行更正，对于该瑕疵由于核定时效的出现而排除了法律更正的可能性。[271] 然而这种观点没有考虑到按照《税法通则》第 47 条时效会导致课税请求

---

[268] 参见 BFH，X R 14/08，BFHE 227，312：只有当通知已经被变更时，§ 177 AO 中规定的实质法律错误才可能出现。不得超出或者低于纠正框架。

[269] 参见结合单行税法更正规定的 § 177 AO 的适用性，*Loose*，in：*Tipke/Kruse*，§ 177 AO Tz 1。

[270] 参见 BFH，I 96/04，BFH/NV 2008，6；BVerfG，1 BvR 1402/08 没有接受宪法诉愿。

[271] 参见 BFH，X R 38/90，BStBl II 1992，504；BFH，II R 24/05，BStBl II 2007，87；批判的，F. Kirchhof，DStR 2007，2284。

权失效的情况（见页边码 259）。[272]

448 《税法通则》第 177 条第 1 款的目的在于：一方面，根据《税法通则》第 172 条以下只存在逐项的瑕疵更正，另一方面，只要更改足够，纳税义务人可以对废弃或更改了的裁决提出抗议（《税法通则》第 351 条第 1 款，《财政法庭条例》第 42 条）。

这意味着：如果税款最初是 1 万欧元，但更改税务裁决后成了 1.5 万欧元，那么"只要"更改足够，即在 5000 欧元的范围内，纳税义务人就可以根据《税法通则》第 351 条第 1 款对更改了的裁决提出抗议。在该范围之内，由于税基原则上不会产生存续力*，所以纳税义务人也可以补交对自己有利的事实，而税务局即使在法律救济程序中的更正规定之外也必须对这些事实进行考虑。

由于税务裁决的更正根据《税法通则》第 172 条以下不允许超出更正基础的范围，另外一方面，根据《税法通则》第 157 条第 2 款税基不产生存续力，因此纳税义务人也可以针对废弃或更改了的裁决提出与由行政机关进行的更正没有关系的理由。在这个方面，《税法通则》第 177 条第 1 款的目标是在税务裁决的更正中就考虑到纳税义务人在法律救济程序中针对更正裁决可以对其提出要求的实质上的错误。

449 当税务裁决必须进行有利于纳税义务人的更改时以及当不存在对于其他实质上的瑕疵进行更正的法律基础时，《税法通则》第 177 条第 2 款允许税务机关进行瑕疵更正。

当有利于和不利于纳税义务人的更改都有可能时，而且对立的法律瑕疵与这些更改相对立时，这种情形就存在问题。在此种情况下，基于更正规定而对纳税义务人有利或不利的变更并不互相进行结算（"结算禁止"）。[273] 对于在《税法通则》第 177 条第 3 款范围内确定的"符合实质的税收"，所有瑕疵的结算却是必要的（"结算需求"）。[274]

在考试中，第一步，将所有的更正规定分别进行审核，随后由最后确定的税收来确定变更范围。第二步，则应当确定《税法通则》第 177 条第 3 款规定的"符合实质的税收"。第三步，将变更范围与符合实质的税收进行对比：若符合实质的税收在变更范围内，则其得到确定。若不在范围内，则税收根据变更范围的上限或下限确定。

---

[272] 适用的，Hess FG, 2 V 4602/03, juris; von Groll, StuW 1993, 312 (317); 有区别的，Musil, DStZ 2005, 362 (364).

* 原文为"da die Besteuerungsgrundlagen grundsätzlich nicht in Bestandskraft erwachsen."其中，Bestandskraft 根据《德国行政程序法》第 43 条，译为存续力，即行政行为一旦作出，未经撤销、废止，则一直有效。因此只有行政行为会产生存续力，税基本身不会，纳税人可据此提出抗议。——译者注

[273] BFH, X R 34/90, BStBl II 1994, 77 (80); Loose, in: Tipke/Kruse, § 177 AO Tz 7.

[274] BFH, I R 90/91, BStBl II 1993, 822; Loose, in: Tipke/Kruse, § 177 AO Tz 9.

例子:至此,税收金额核定为1000欧元。这一核定在若干问题上存在瑕疵:

a)根据《税法通则》第173条,税收裁决可能因变更,而再增加500欧元。

b)根据《税法通则》第175条第1款第1项第2目,税收裁决可能因变更而减少500欧元。

c)这一税收裁决包含了有利于以及不利于纳税义务人的其他实质瑕疵,对此未有相关的更正规定。符合实质的税收金额总共为1200欧元(变型1)或1700欧元(变型2)。

解决方法:

第一,根据a)与b)的变更不进行结算。变更范围因此为500—1500欧元。

第二,对于变型1,符合实质的税收(1200欧元)在变更范围内(500—1500欧元)。因此,根据《税法通则》第177条第1、2款,所有瑕疵的补偿是可能的。税金确定在1200欧元。

对于变型2,符合实质的税收(1700欧元)在变更范围外。因此,根据《税法通则》第177条第1、2款,对所有瑕疵的补偿仅在变更范围内可行。许可的最高税金被确定,即1500欧元(变更范围的上限)。

情形20(页边码445)**的解决方法**:有关必要支出方面不存在更改的法律基础。《税法通则》第173条第1款第2目由于缺乏新的事实而不具有相关性。有利于S的更改的其他法律基础不明显。

有关金额为150欧元的额外收益方面,导致更高税的事实事后进行了公布。因此根据《税法通则》第173条第1款1目可以更改裁决。只要不利于S的更改足够(150欧元),那么根据《税法通则》第177条第1款也要对不是更改原因的实质上的瑕疵进行考虑。在没有考虑必要支出用的情况下涉及《税法通则》第177条第3款中的实质上的瑕疵,因此,这里根据《税法通则》第177条第1款必须对金额为350欧元的必要支出进行抵消,抵消的最高额度为150欧元。在结果上,从金额看税务核定保持不变。

---

6. 附录:结构说明

选择的结构取决于开始时需要认真阅读的相应的情景问题。

在检查**税收行政行为的效力**时,建议使用以下的检查顺序:

(1)究竟是否存在《税法通则》第118中涉及的行政行为?

(2)是否生效-是否进行了通知?(与《税法通则》第122条相关联的124条第1款)。

> (3) 是否由于无效变得没有效力？（与《税法通则》第 125 条相关联的 124 条第 3 款）。
> (4) 行政行为是否保持有效？在废弃或者完成时不（再）有效（《税法通则》第 124 条第 2 款）。
>
> 检查行政行为的合法性：
> (1) 如果不存在授权基础（EGL）：授权基础根据法律保留原则必要吗？如果存在授权基础以及**只要存在怀疑**：授权基础符合宪法吗？
> (2) 形式上的合法性：管辖权、程序、形式（如有可能根据《税法通则》第 126 条进行补正检查）。
> (3) 实质上的合法性：法律基础的前提条件（通常情况下：授权基础）——税收构成要件的前提条件（如《个人所得税法》或《税法通则》的权限标准，如强制或更正标准[275]）必须存在；如果例外情况下同意行政机关进行裁量，那么要进一步检查是否存在裁量瑕疵。与此相对，应该（至少在涉及起诉的可证实性时）在违反法律（参见《财政法庭条例》第 100 条第 1 款第 1 项）的问题中对《税法通则》第 127 条进行检查。
>
> 如果要问法律救济（申诉或起诉）的成功机会（程序上的结构），那么需要把许可性和可证实性区分开来。[276]

根据《税法通则》第 172 条及以下条款对**税收裁决撤销或变更**的审查，详见 Birk/Wernsmann，考试课程，**情形** 1（页边码 130 以下）以及页边码 183（审查模式）。

（二）合作的行为形式

460

> **情形 21**：为了获得或者设立劳动岗位，G 镇致力于工业企业的落户。但是在企业主 U 告知他喜欢另外一个区位后，根据《营业税法》第 1 条具有征税权限的 G 镇与 U 达成协议，对其免征 5 年营业税。这项协议有效吗？（页边码 462）
>
> **情形 22**：法学系学生 J 获得了一些额外收益（其中也有来自股份公司的资本收益）。他想把每天阅读和研究的《法兰克福汇报》作为额外收益中的必要支出根据《个人所得税法》第 22 条第 2 目和第 23 条进行扣除。税务局尽管认为这项扣除不合法，但他们认为拒绝扣除不值得。因此他们想与 J 达成一致，在这一年承认《法兰克福汇报》，但是以后的年中就不再承认。（页边码 462）

---

[275] 撤销通知或变更通知的合法性"检查清单"，参见 *Groll*, in: *Hübschmann/Hepp/Spitaler*, vor §§ 172—177 AO Rn 130。

[276] 参见 *Schoch*, Übungen im Öffentlichen Recht II, 1992 S. 71 ff.。

> **情形 23**：A 是医生，他在诊所的候诊室放置了几份报纸和新闻杂志。不能够弄清楚，A 在家中也阅读哪些报刊杂志。税务局想与 A 达成一致，他们承认 80％的报刊杂志费。可能吗？（页边码 465）

1. 公法协议

在一般的行政法中，行政机关不必通过行政行为进行行动，而是还可以使用公法协议的行为方式。这得出于《行政程序法》第 9 条和第 54—62 条。而在税法领域里反复多次得到接受的是对**公法协议**行为**方式的禁止**。[277] 这是从税务行政严格的法律约束中以及从在《税法通则》中不存在与《行政程序法》第 54 条以下相适应的规定的情况中推断出来的，其中，根据税务行政的严格法律规定来自税收债务关系的请求权不归有关当事人支配；《税法通则》第 78 条第 3 目已提到公法上的协议，（但）被认为是法条编辑的疏忽。一般行为形式的禁止不能从《税法通则》中推断出来。《税法通则》第 224a 条也证明了这一点，立法者通过这条规定甚至把交换协议列入了法律中。行政也可以通过协议来松动法律约束，但并不比在颁布行政行为时更容易松动法律约束（《基本法》第 20 条第 3 款）。协议的内容可以完全进行检查，所以有关税收债务本身的协议是不可能的。[278] 税务行政在公法协议与法律规定不相违背时，可以公法协议的形式进行行动。《税法通则》第 155 条第 1 款就是这样的规定。据此，税收通过税务裁决而确定。因此，在《税法通则》第 155 条第 1 款适用的情况下，排除了通过协议形成的核定。[279]

> 在**情形 21**（页边码 460）中，G 和 U 之间签订的协议可以是无效的。由于与《北莱茵—威斯特法伦州地方税收法》第 12 条相联系的《北莱茵—威斯特法伦州行政程序法》第 2 条第 2 款 1 目的规定不能使用《行政程序法》第 54 条。即使人们不同意以下这种观点，即针对公法协议的一般协议形式禁令在税法中不能被接受，但是根据与《税法通则》第 155 条第 1 款有联系的《北威州地方税收法》第 12 条第 1 款第 4 目第 b 点规定，还是存在行为方式禁令，因为税收必须通过税务裁决进行核定。根据《税法通则》

---

[277] 参见 BFH，IV 281/54 U，BStBl III 1955，92；II 38/55 S，BStBl III 1955，251。

[278] 参见 Wernsmann，in：Hübschmann/Hepp/Spitaler，§ 4 AO Rn 334；Lang，in：Tipke/Lang，§ 4 Rn 163；详见 Seer，Verständigungen im Steuerverfahren，1996。

[279] 参见 Maurer，Allgemeines Verwaltungsrecht，17. Aufl 2009，§ 14 Rn 3b。

第 155 条第 1 款第 3 项规定，这也适用于全部或部分免征税收的情况。此外，核定必须根据法律的要求实现（《基本法》第 20 条第 3 款）。最后，维护课税的平等性（《基本法》第 3 条第 1 款）与有关课税请求权的协议在原则上相互对立。[280]

在**情形 22**（页边码 460）中，与 J 达成的协议，即承认这一年《法兰克福汇报》的购入费用为必要支出这一协议同样可以是无效的。协议的无效性得出于以下的情况，即普通教育内容的日报和杂志——不考虑商业报刊[281]——不是《个人所得税法》第 9 条第 1 款第 3 项第 6 目规定内的劳动资料因此不是《个人所得税法》第 9 条第 1 款规定内的必要支出。[282] 因此，由于与情形 21 中相同的原因，协议是无效的。但是如果已经颁布了税务裁决，那么它可以不再随便地进行更正。更多的是，必须存在更正标准规定的前提（见前面页边码 411 及以下）。由于缺乏事后的事实通知不对《税法通则》第 173 条第 1 款第 1 目规定进行考虑。

2. 实际谅解

463　　在结果上税务机关不可以通过协议放弃法律上所欠的税收。但是对法律上所欠税收进行精确调查可能会带来问题。若事实情况，例如在有瑕疵或漏洞的簿记中无法再进行确切的说明，那么财政机关与纳税义务人可对可能的事实情况过程达成一致。当主管的公务人员参与且谅解未导致明显不恰当的结果时，这种**实际谅解**根据联邦财政法院的司法裁决对双方都有约束。[283] 此外，前提是事实情况无法被调查，或调查须花费相当大且不适当的费用。[284] 存在的问题是，实际谅解是否也须遵循书面形式的要求。[285] 尽管存在无可争议的实际需求（证明功能和监管功能！），但是由于在《税法通则》中缺乏明确的法律规定不允许通过这种方式从一项彼此同意的协议中推出这项协议要遵守特殊的形式要求的理由。相反，财政管理机关认为书面形式是必要的。[286]

---

[280] 参见 BVerwG, 8 C 174.81, DVBl 1984, 192 (193); OVG Lüneburg, 9 OVG A 5/82, DÖV 1986, 382。
[281] 参见 BFH, VI R 193/79, DB 1983, 372; 其他观点, Hess. FG, 3 K 2440/98, EFG 2002, 1289。
[282] 参见 Schmidt/Drenseck, EStG, § 9 Rn 175 "Tageszeitung" und "Zeitschriften"。
[283] 参见 BFH, I R 63/07, BStBl II 2009, 121 有进一步论证；BMF-Schreiben vom 30.7.2008, BStBl I 2008, 831。
[284] 参见 BFH, VIII R 131/76, BStBl II 1985, 354 (357 f); III R 19/88, BStBl II 1991, 45 (46)。
[285] 部分文献这样表述；例如参见 Offerhaus, DStR 2001, 2093 (2096) 有进一步论证。
[286] 参见 BMF-Schreiben vom 30.7.2008, BStBl I 2008, 831。另见 Lichtinghagen, StuB 2009, 63 和 Baum, NWB 2008, 4385。

根据司法判决,实际谅解的后果是,税务机关根据诚实与信任要受到协议的约束(违反诚实与信任原则禁令)[287],而文献把实际谅解恰如其分地定性为公法协议并且从中得出税务机关受到的约束的结论。[288] 关于实际谅解的法律后果的错误对约束力没有影响。若财政管理机关用不正当的方式(例如以将进入刑事司法程序相威胁)强迫纳税义务人同意,或纳税义务人用相关情况迷惑财政机关,约束力不会发生。[289]

(许可的)关于事实的谅解与(不允许的)关于法律问题的一致之间的差异对于约束力问题而言,意义重大;尽管这种差异常常无法明显区分。因为关于相关事实的谅解始终是在考虑到法律后果的情况下达成的,因为谅解对于有争议的事件没有意义。[290] 如果有关法律问题的裁决不能够明确地而且毫无疑问地进行,那么在文献中关于法律状况达成一致也被视为是允许的。[291]

464

在**情形 23**(页边码 460)中,不再可以对 A 个人也阅读了哪些报刊杂志的情况进行调查。如果负责办理人进行行动,那么可以签订实际谅解。否则,必须根据举证责任进行裁决,因为 A 没有满足税收削减因素方面的协作义务(有关举证责任参见后面页边码 480)。

465

3. 有约束力的陈述

与实际谅解相区别的是**有约束力的陈述**。在对此的设计建议中,对于较难的事实情况往往存在显著的利益,其与主管财政机关发布的专项措施在法律保障的税收上的评断紧密相关。首先,法律上的规定过去仅存在于部分领域:对于根据一项税收检查的有约束力的允诺(《税法通则》第 204 条以下,见页边码 507)以及在工资税的纳税信息的情形

466

---

[287] BFH, I R 13/86, BStBl II 1991, 673 (675); X R 24/03, BStBl II 2004, 975 (977).
[288] 参见 *Jakob*, Abgabenordnung, Rn 105; *Offerhaus*, DStR 2001, 2093 (2097 f); *Seer*, in: *Tipke/Lang*, § 21 Rn 21 f.
[289] 参见 FG München, 15 V 182/09, EFG 2009, 1807 mit Anm. Matthes.
[290] 参见 *Birk*, StuW 1993, 296 (301); *Eckhoff*, StuW 1996, 107 (112); *Seer*, StuW 1995, 213 (222 f); 但 BFH, II R 64/97, BFH/NV 2000, 173 mwN,持反对意见。
[291] 参见 *Wernsmann*, in: *Hübschmann/Hepp/Spitaler*, § 4 AO Rn 334 ff; *K. Vogel*, in: FS für Döllerer, 677 (685 ff).

中(《个人所得税法》第42e条[292][293]。除了有法律规定的适用范围外，一项陈述的约束力可通过诚实和信赖原则(页边码350)建立，对前提和法律后果的详细规定包含在联邦财政部的公文中。[294]

根据最安全方式的要求，税务顾问有义务向其当事人建议补交一份有约束力的陈述。[295] 自2006年起，存在一个普遍的法律基础(《税法通则》第89条第2—5款)。[296] 申请的前提条件和约束力的细节规定在《税收陈述细则》(StAuskV)中。[297]

《税法通则》第89条第2款第1项，财政局与联邦中央税务局可依申请作出关于明确确定但尚未实现的事实情况的税收评估的有约束力的陈述，当在显著的税法效果方面存在特殊利益时，《税法通则》第89条第2款第1句规定了所谓的联合规则，也即在事实构成要件方面包含不确定性法律概念，在法律后果方面规定评估的规则(见页边码276，《税法通则》第163、227条)。为了便于对构成要件中"特殊利益"的理解，法律草案[298]的制定中参阅了之前的联邦财政部有关有约束力陈述的公文。其中规定，有约束力陈述特别是在以下情况不作出，即事实情况基本已经实现或税收优惠的取得非常重要时(例如减税模型的审查，合法避税滥用的边界点的确定)。[299] 对申请的处理需要收取费用(《税法通则》第89条第3—5款)，此受到合宪性的争议。[300]

---

[292] 根据到目前为止的判决(BFH. VI R 97/90, BStBl II 1993, 166)，§ 42e EStG 中的上诉意见是财政机关关于工资所得税问题给出的无法律拘束力的法律意见(知识性解释)，对此相对人无权提出抗议。现在联邦财政法院认为，上诉意见是行政行为，对此可以提出申诉或者控告，参见 BFH, VI R 54/07, DB 2009, 1682。财政管理将会遵循现有的联邦财政法院的判决，将来绝大部分规定会成为以外部审计为基础的承诺，同样适用于上诉信息，参见 Plenker, DB 2010, 192。

[293] § 204 AO 规定的上诉信息和有法律约束力的承诺，参见 Borggreve, AO-StB 2007, 77。关税法中在有约束力的关税规则信息(Art. 12 Zollkodex)中有类似规定。

[294] 最近一次 BMF v. 29.12.2003, BStBl I 2003, 742 (已废除)。

[295] BGH, IX ZR 188/05, BB 2007, 905; BGH, IX ZR 34/04, DStR 2008, 321。

[296] 参见 Birk, Transaktionen, Vermögen, Pro Bono, FS zum zehnjährigen Bestehen von P+P, 2008, S. 161 ff; 作者同前, NJW 2007, 1325; Bruschke, DStZ 2007, 267; Lahme/Reiser, BB 2007, 408; Simon, DStR 2007, 557; von Wedelstädt, DB 2006, 2368。

[297] BGBl I 2007, 2783。

[298] 联邦制改革—附随修法草案的依据，BT-Ds. 16/814, S. 23。

[299] 参见 AEAO zu § 89, BStBl I 2007, 894；见 Bruschke, DStZ 2007, 267 (269 f)。

[300] 宪法性思考，参见 Lahme/Reiser, BB 2007, 408 (411 f); Simon, DStR 2007, 557 (563 ff); Stark, DB 2007, 2333; Hans, DStZ 2007, 421。其他反对意见 Söhn, in: Hübschmann/Hepp/Spitaler, § 89 AO, Rn 322; Seer, in: Tipke/Kruse, § 89 AO Tz 64; Birk, NJW 2007, 1325 (1327)。有区别的，Wienbracke, NVwZ 2007, 749 ff。Baden-Württemberg 财政法院认为此规定符合宪法规定(1 K 46/07, EFG 2008, 1342; 1 K 661/08)。

二、征税实行

征税的实行在《税法通则》(第134—217条)第四章中进行了规定。它涉及颁发特殊税收行政行为(前面页边码378)、责任裁决或者废弃或更改裁决之前的程序。 475

在第四章中,第一节讲述了纳税义务人的登记(第134—139d条),第二节(第140—154条)讲述了纳税义务人在事实调查中的协助义务。事实调查之后讲述的是核定和确认程序,它们在第三节中(第155—192条)进行了规定而且通常随着税务核定及税基的确认或者责任裁决的核定而结束。最后,第四节讲述了实地调查(第193—207条),第五节讲述了税收查缉(第208条),第六节讲述了特殊情况下的税务监督,即对关税和消费税的监督(第209—217条)。

(一)事实调查

1. 纳税义务人的登记

在事实调查之前首先潜在的纳税义务人必须由税务机关进行登记(参见《税法通则》第134条以下)。只有通过这种方式,平等负担分配的原则(《基本法》第3条第1款)才能够得到保障。这项原则在征税仅仅以纳税义务人自愿纳税为依据的情况下会受到损害。[30] 476

2. 事实澄清

(1) 任务说明与干预标准。

事实澄清经常与对纳税义务人的自由领域进行干预相联系。因此,根据法律保留原则,单独的干预行为需要有法律基础。但是即使在干预与事实澄清没有联系的情况下,行政根据法律优先的原则也必须遵循法律条例规定,只要这样的条例规定存在。 477

对所有程序都适用的条例规定不是在《税法通则》第四章(征税的实行)而是在第三章中(一般程序条例规定)进行了规定(第85条以下)。根据《税法通则》第85条第1句规定,税务机关必须根据法律规定平等地核定和征收税收。尤其根据《税法通则》第85条第2句,他们必须确保税收没有被削减以及没有不合理地进行征收或者没有不正当地提供税收退还和税收退给,同时税收退还和税收退给也没有遭到不正当的拒绝。《税法通则》第85条和第88条使行政机关具有出于职务的原因而进行行动的义务——**调查原** 478

---

[30] 参见 BVerfG, 2 BvR 1493/89, BVerfGE 84, 239 (273);另见 BVerfG, 2 BvL 17/02, BVerfGE 110, 94 (112 ff)。

则。此外,行政机关还有义务引入程序(**不法行为举报原则**)。[302] 在实践中,对于财政机关愈发困难的是,让其在每个个案中施行根据《税法通则》第 85 条、88 条规定的任务,且同时要掌控税收案件的统一性。[303]《税法通则》第 88 条第 3 款的新实施规定现在明确了可以使用自动设备(数据分析,计算机支持的风险管理系统等)。[304]

479　　需要强调的是,《税法通则》第 85 条和第 88 条仅仅简要地说明了税务机关的任务,但是没有提供颁发行政干预处分的法律权限。这样的情况同样适用于《税法通则》第 90 条第 1 款,这款规定使当事人具有在事实调查中进行协助的义务。而行政干预的法律基础(权限标准)表现在

——关于陈述义务和出示义务的《税法通则》第 85、97、100 条[305],

——关于登记义务和报告义务的《税法通则》第 134 条以下,

——关于制作账册义务和制作会计记录义务的《税法通则》第 140 条以下,

——关于申报义务的《税法通则》第 149 条以下和

——关于协助义务和容忍义务的《税法通则》第 200、208、211 条。

尽管具有这些广泛的权限,尤其在来自资本资产的收益领域仍然对课税赤字有很高的估计。这不仅是由于国内缺乏事实澄清,也是由于外国的监督可能性受到了限制。立法者因此加强了税务机关的**调查可能性**。根据《税法通则》第 93 条第 7、8 款和第 93b 条,自 2005 年起关于账户或者储蓄方式的数据可以由联邦财政统计局取得并且可以转交给税务机关或者其他执行与所得税法条款有联系的法律的国家机关。[306] 在税收刑法的调查范围内,成员国有义务提供相应的信息。[307] 联邦财政法院根据税收行政的这项新权力作出判决,关于在 1999 年的估价期限内对私人有价证券投机交易进行征税的结

---

[302] § 86 Satz 1 AO 似乎与机会原则相反。但仅适用于处罚程序(Söhn, in: Hübschmann/Hepp/Spitaler, § 86 AO Rn 42 有进一步论证)。

[303] 关于同等的法律执行规定,详见 Birk, StuW 2004, 277。

[304] 风险管理和合规议题,参见 Huber/Seer, StuW 2007, 355。

[305] 关于范围,BFH, VII R 63/05, BStBl II 2007, 155; 另见 Steinberg, DStR 2008, 1718。关于与外国相关的合作和记录义务参见 Hagen, NWB 2008, 3555。

[306] 参见 Stumpe, SteuerStud 2005, 237 ff; Schmidt, BB 2005, 2151; Fehling, DStZ 2006, 101; Mack, DStR 2006, 394; Geuenich, NWB 2006, Fach 2, S. 8997; 法律保护, Maidorn, NJW 2006, 3752 和 FG Düsseldorf, 7 K 4756/06 AO, EFG 2007, 1536 含 Loose 的注释。

[307] 关于欧盟成员国之间刑事案件法律救济公约的 2001 年 10 月 16 日协议的法律,BGBl II 2005, 661; 另见 Geuenich, NWB 2006, Fach 2, 8997。

第二章 一般税收债务法与一般税收程序法　　**157**

构上的执行赤字不再存在(见页边码795)。[308] 联邦宪法法院已作出判决,账户调查的新规定本质上符合宪法规定,然而关于旧版《税法通则》第93条第8款之规定(由财政机关向实施与个人所得税法概念相联的法律的其他机关转递账户基本数据的可能性),其对确定性原则的违反受到了指责。[309] 因而立法者对此进行了仔细的阐明。[310]

(2)调查义务的种类和范围。

aa)调查义务和纳税义务人协作的相互作用。根据《税法通则》第88条第1款第2、3项,行政机关确定调查的种类和范围,其中,这些义务的范围以具体事件的实际情况为依据。在这里需要进行考虑的是,《税法通则》第90条规定事实调查的责任也属于纳税义务人——**合作原则**(见前面页边码49以下)。因此在行政机关的调查义务和纳税义务人的协作之间存在相互作用。纳税义务人对协作义务履行得越少,行政机关的调查义务就越有限。[311] 义务违反越恶劣,行政机关就可以越早地从构成税收的构成要件出发。但是具有决定性作用的是具体事件的情况,即紧密相关的证据或者事实的不寻常性。[312] 如果事实的不可解释性不是以纳税义务人对协助义务的违反为依据,那么以下的规定就适用:构成税收的事实的不可证实性会加重税务局的负担,降低税收的事实的不可证实性会加重纳税义务人的负担。[313]

480

b)**估计**(《税法通则》第162条)。只要税务机关不能调查或者不能估算税基(是"多少",不是"是否"[314]),那么它必须按照《税法通则》第162条第1款第1项对税基进行估计。[315]

481

例子:U有一家工商企业。1997年在公司发生的一场大火中所有的簿记材料都丢失了。

根据《税法通则》第162条第2款第1项,这种情况尤其在纳税义务人违反了他的协

---

[308] BFH, IX R 49/04, BStBl II 2006, 178;宪法申诉无结果(2 BvR 294/06; DStR 2008, 197);批判, *Mack*, DStR 2006, 394 (397 ff); *Seipl/Wiese*, NWB 2006, Fach 2, S. 9025。
[309] BVerfG, 1 BvR 2357/04, StuB 2007, 558。
[310] UntStRefG 2008 vom 14.8.2007, BGBl I 2007, 1912 mWz 18.8.2007。
[311] BFH, X R 16/86, BStBl II 1989, 462 (464);另见 *Jakob*, Abgabenordnung, Rn 184。
[312] *Kruse*, Lehrbuch des Steuerrechts, Bd. I, 1991, S. 330。
[313] BFH, X R 17/85, BStBl II 1989, 879 (881)。
[314] 参见 *Jakob*, Abgabenordnung, Rn 189; *Seer*, in: *Tipke/Kruse*, § 162 AO Tz 2; *Söhn*, in: *Hübschmann/Hepp/Spitaler*, § 88 AO Rn 81。
[315] 参见 *Bruschke*, DStZ 2006, 222 以及 *v.Wedelstädt*, AO-StB 2008, 244。

作义务时适用。在税务机关试图强迫纳税义务人进行协作之前,估计也是可能的。[316]

482　　c) 猜测规定(《税法通则》第 158—161 条)。《税法通则》第 158—161 条也可以导致行政机关忽视事实的澄清。他们颁发了有关纳税义务人和税务机关责任范围的特殊规定。

《税法通则》第 158 条提出了对纳税义务人的符合《税法通则》第 140—148 条规定的账册和会计记录正确性的猜测。行政机关不必检查它们的正确性,纳税义务人不必对它们的正确性进行证明。只有存在怀疑正确性的理由时,税务局才可以进一步澄清事实而且在这种情况中可以使用具体的调查权力。

483　　《税法通则》第 161 条包含了进一步的猜测。如果盘存中具有消费税缴税义务的商品的数量出现了短缺,那么就猜测在这方面也产生了缴纳消费税的义务,只要与之相反的情况不可靠。

484　　此外,《税法通则》第 159、160 条解决了权责的问题,其免除了税务机关在使用手段的情况下完全澄清事实的义务,但是并没有免除进行这项行为的权利(参见《税法通则》第 159 条第 1 款第 2 项和 160 条第 1 款第 2 项)。根据《税法通则》第 159 条第 1 款第 1 项,那些宣称为其他人履行权利或为其他人占有事物的人必须证明权利或事物属于谁所有;否则它们就归他自己所有。与此相应,《税法通则》第 160 条第 1 款第 1 项[317]确定,当纳税义务人没有明确指定债权人或受领人时,通常不考虑与税收有重要关系的支出。因此,《税法通则》第 160 条的目的是阻止没有把与纳税义务人的支出相一致的第三方的收入列入征税范围的行为的发生(参见前面页边码 394 的例子)。

(3) 拒绝协作权利(《税法通则》第 101—104 条)。

485　　国家对事实的澄清不可避免地与对公民私人领域的干预相联系。这同在刑法中适用一样也适用于税法。相似的基础法律和法制国家的界限在两种情况下适用,这使得和在税法中拒绝协作权利的前提相似的拒绝作证权利和拒绝陈述权利(参见《刑事诉讼法》第 52、53、55 条)的前提条件在这个方面适用。不存在不惜任何代价的事实真相调查。

486　　在税法中有权利拒绝协作的有:

——根据《税法通则》第 101、104 条在《税法通则》第 15 条规定内的家庭成员,只要他们不是自己作为有关他们自身的税收状况的当事人具有陈述义务或者必须履行当事人的陈述义务;

---

[316] Seer, in: *Tipke/Kruse*, § 162 AO Tz 13 结尾有进一步的证明。

[317] Übersicht zu § 160 AO bei *v. Wedelstädt*, AO-StB 2007, 325.

——根据《税法通则》第 102、104 条职业秘密的承载者,如牧师、律师[318]、医生和新闻界成员,关于这些人因为职业的特点被告知或得知的情况;

——通过陈述或提示会遭受到刑事侦查的第三方[319](《税法通则》第 103、104 条)。

487 对家庭成员或第三方就陈述拒绝权方面的内容进行指导,这里所述的家庭成员或第三方由于对税务机关进行陈述会遭受到刑事侦查危险,参见《税法通则》第 101 条第 1 款第 2 项和 103 条第 2 句。如果没有进行指导,那么要考虑利用禁令。

(4) 银行客户的保护(《税法通则》第 30a 条)。

488 《税法通则》没有规定基于银行保护**银行客户秘密**的一般陈述拒绝权。同样根据《税法通则》第 30a 条第 5 款第 1 项的规定,《税法通则》第 93 条适用于对信贷机构提出的陈述请求。但是《税法通则》第 30a 条包括有对事实澄清可能性的重要限制。[320] 尤其根据《税法通则》第 30a 条第 3 款第 2 项的规定,税务机关应该在信贷机构调查之际放弃监督通知的宣传,其中,主流观点[321]认为,《税法通则》第 30a 条第 3 款第 2 项限制了《税法通则》第 194 条第 3 款。[322]

489—490 在这项出于程序上的原因本身不是调查对象的规定中,联邦宪法法院恰当地看到了不相同的**利息征税**的主要原因[323](见页边码 186)。根据正确的观点,《税法通则》第 30a 条是违反宪法的,因为这条规定使对资本资产所得收益进行的征税(页边码 760 以下)在结果上广泛地听从纳税义务人的意愿。但是联邦宪法法院的第八判决委员会通过以下方式认为《税法通则》第 30a 条第 3 款的与宪法相一致的解释是可能的,即当存在"足够进行证明的原因"时,这款规定在信贷机构进行实地调查之际不对监督通知的完成和利用造成阻碍。[324] 根据联邦宪法法院的第八判决委员会的观点这样的原因应该在以下情况下存在,即实地调查人员在根据一般经验所作出的预测决定的框架下在提前发生的证实认识中得出以下的结果,监督通知能够导致重大税收事实的揭露。[325]《税法通则》第

---

[318] 但律师协会不能在财政机关要求其提供协会某成员的银行账户细节时引用 § 102 Abs. 1 Nr 2 lit. b 的拒绝答复权,参见 BFH,VII R 46/05,BFH/NV 2007,799 (801)。
[319] 详见 *Breilmann*,SteuerStud 2010,250。
[320] § 30a AO 的内容和适用范围,参见 *Bleisinger*, in:*Kühn/von Wedelstädt*, AO,§ 30a 有进一步论证。
[321] 关于目的,参见 *Tipke*, in:*Tipke/Kruse*, § 30a AO Tz 9 ff,15 有进一步论证。
[322] 信贷机构的控制调查和外部审计的可能性及限制,参见 *Wagner*,DStZ 2010,69。
[323] BVerfG,2 BvR 1493/89,BVerfGE 84,239 (278 ff,284)。
[324] 参见 BFH,VIII R 33/95,BStBl II 1997,499;对此判决合理地批评,参见 *Eckhoff*,DStR 1997,1071。
[325] 见前脚注;VII. Senat 的司法判决,参见 BFH,VII B 40/97,DB 1998,172 (175 f);VII B 290/99,BStBl II 2001,665;VII R 28/01,BStBl II 2004,1032。在一个较新的判决中(VII R 47/07,BStBl II 2009,509) VII. Senat 肯定了引人注意的银行业务中的控制性调查,通过其判决表达了倾向性态度。参见 *Buse*,AO-StB 2009,135。

30a 条的适用范围因此受到很大限制。这样就会错误地判断,与宪法相一致的解释不允许给予根据法律原文和意义明确的法律相对立的意义。[326]

根据实施了**欧盟利息指令**的利息信息条例规定(ZIV),对于向欧洲的外国进行利息支付的情况引进了一项自动的监督通知程序(见页边码 239—249)。

3. 税收保密(《税法通则》第 30 条)

491

> **情形 24**:收税员 F 执行著名足球明星 S 的所得税征税事务。在此他了解到 S 每年的收入为多少,还得知 S 同他的妻子分居,还有他在哪里有第二住宅以及他向哪个政治党派进行了捐助。F 在职工餐厅中把这些消息讲述给了他的同事,还在老顾客的固定餐桌上讲给了他的朋友们。此外,他还把窝赃的嫌疑通知给了检察官,因为 S 恰好购买了偷窃的商品。他按照法律规定对来自窝赃的收益进行了缴税。信息的传播允许吗?F 的行为有哪些后果?(页边码 496—499)

492

税务机关具体执行人员的维护**税务秘密**的义务是宪法法律要求的对于纳税义务人和其他人的揭发和协作义务的平衡力。《税法通则》第 30 条第 1 款规定《税法通则》第 7 条内的税务执行人和根据《税法通则》第 30 条第 3 款与此相等同的人员具有维护税务秘密的义务,因此这款规定为公民的私人空间提供了保护。

493

根据《税法通则》第 30 条第 2 款,当税务执行人没有权力透露或者利用他在行政程序或财政法庭程序亦或在税收刑法法律程序和税收罚金程序中或者通过税务机关的通知而得知的其他或者陌生的企业秘密或业务秘密的状况时,他就违反了税务秘密。其他的状况是所有个人的、职业的和业务的与第三方有关系的情况。此外,税务执行人或与其等同的人必须根据职务的或者其他正式的身份(不能通过个人途径)获悉信息。透露是指传播收取人之前不知道的信息。当根据《税法通则》第 30 条第 4 款的规定不存在权限时,传播信息是未经授权的。

494

根据《税法通则》第 30 条第 4 款,在以下的情况下存在权限,

——当它有助于行政程序、计算审查程序或者财政法庭程序时或者有助于由于违反税收法律规定而实施税收刑事诉讼程序或罚款程序时(1 目),

---

[326] BVerfG 的经常性判决这样表述,仅参见 BVerfG, 1 BvL 149/52, BVerfGE 8, 28 (34); 2 BvF 2/90 und 4, 5/ 92, BVerfGE 88, 203 (333); 1 BvL 44, 48/92, BV rfGE 95, 64 (93); 110, 94 (125 ff); § 30a AO 的合宪性,参见 *Wernsmann/Stalbold*, StuB 2000, 252 和 302。

——当它通过法律明确得到允许时(2目,参见《税法通则》第31—31b条,第51条第3款),

——当当事人同意时(3目),

——当它有助于由于非违反税法的行为而引起的刑事诉讼程序的实行时,以及认识或者是在违反税法的刑事诉讼程序和税收法律规定违反程序中获悉时(4目a点),或者是在不存在税收义务的情况下亦或是在放弃了陈述拒绝权的情况下获悉时(4目b点),或者

——当对于这项权限存在有强制性的公共利益时(5目)。最后一项情况通常出现在犯罪和蓄意的严重不法行为中以及出现在严重干扰经济秩序或者严重动摇大众对于交易公正性和行政机关按规章制度工作的信赖的经济犯罪行为中(详情见《税法通则》第30条第4款第5目a—c点)。

当事人非故意性的虚假说明享受税收秘密的保护(《税法通则》第30条第5款)。《税法通则》第30条第2款第3目和第6款涉及数据的自动调出。[327] 在财政法院司法程序中,税收秘密(《税法通则》第30条)与公开性原则(《法院组织法》第169条)间存在着紧张关系。[328]

情形24(页边码491)**的解决方法**：F的行为根据《税法通则》第30条第1款可能是不允许的。F作为收税员根据《税法通则》第7条1目是税务执行人员。在有关S的私人生活和他的窝赃行为的信息中涉及的是其他人的状况(《税法通则》第30条第2款1目)。这些信息也是他在行政程序——这里是所得税核定程序——中根据《税法通则》第30条第2款第1目第a点的规定得知的。他通过在职工餐厅中和在老顾客的固定餐桌上的讲述以及通过把情况通知给检察官的方式传播了收取人以前不知道的信息和透露了S的状况。在根据《税法通则》第30条第4款没有许可构成要件介入时,这就是未经授权的行为。对于S私人生活信息的传播而言,没有明显的许可构成要件。

有问题的是,是否允许F把S窝赃的消息(《刑法典》第259条)传达给检察官。这条消息不是有助于税收程序或者违反税法的刑事诉讼程序,这使得《税法通则》第30条第4款第1目得到了排除。在窝赃事件(《刑法典》第259条)中涉及的也不是税收犯罪行为,因此《税法通则》第30条第4款第4项第a目也得到了排除。F在税收法律上

---

[327] Steuerdaten-Abrufverordnung中有相似设计,参见 BStBl I 2005,950。
[328] 问题和解决方法,*Schnorr*, StuW 2008,330。

也有义务说明通过窝赃获得的收益(参见《税法通则》第 40 条),他也不具有陈述拒绝权,因此也不对《税法通则》第 30 条第 4 款第 4 目第 b 点进行考虑。此外,《税法通则》第 30 条第 4 款第 5 目的规定示例中也没有示例情况得到了满足:涉及的既不是有关犯罪行为的窝赃,也不存在《税法通则》第 30 条第 4 款的其他前提条件。[329] F 传播所有信息的行为因此违反了《税法通则》第 30 条第 2 款规定。

此外,根据《刑法典》第 355 条的规定,F 由于违反了税收秘密要受到惩罚。此外,他违反了职责,这使得根据《民法典》第 839 条和《基本法》第 34 条可以存在行政人员职责请求权。此外 F 必须等候惩戒法律的后果。

4. 事实澄清的特殊程序

500 《税法通则》有关征税实行的第四章在第四节、第五节和第六节中包含了事实调查的特殊程序,更确切的说是关于实地调查(《税法通则》第 193—207 条)、税务查缉(《税法通则》第 208 条)和税务监督(《税法通则》第 209—217 条)。

(1) 实地调查(第 193—207 条)。

501 实地调查[330]的概念尽管在法律条文(《税法通则》第 193 条)中出现,但是在实践中却不常见。它在实践中始终被称为"企业内部审计"。因此它与在实地调查中首先涉及的企业情况(《税法通则》第 193 条第 1 款)有关系,但是它也与实地调查的法律首要任务只把检查账册和企业财务清查作为对象的情况有关系。实地调查的法律概念应该弄清楚,不仅可以调查企业,而且根据《税法通则》第 193 条第 2 款还可以调查私人的税收状况。实地调查是指在税务局的空间之外由负责的官员在考虑到《税法通则》第 193 条以下特殊程序条例规定的情况下实施的事实调查。

在税收估价官员为了核实所得税纳税申报中所做的说明(如关于家庭的工作室)而探访纳税义务人的情况下,不存在实地调查,而是《税法通则》第 98、99 条规定的一项措施。其他的情况只适用于以下的这种情况,即颁布了以《税法通则》第 193 条第 2 款第 2 目规定为依据的调查指令(《税法通则》第 196 条)。后面的任务就不再是由税收估价官员进行执行,而是由实地调查人员执行。

---

[329] 商业活动因税收的不可靠性而被取消时,信息向贸易部门继续传递的问题,参见 BFH, VII R 77/84, BStBl II 1987, 545 (549) 和 BVerwG, 1 C 146.80, BVerwGE 65, 1 (2)。对该判决的批判,*Hofmann*, DStR 1999, 201。

[330] 参见 *Keller*, SteuerStud 2009, 300。

在实地调查的范围内，核定期限的到期根据《税法通则》第 171 条第 4 款受到了阻碍，存在《税法通则》第 173 条第 2 款规定的更改阻碍，而且根据《税法通则》第 371 条第 2 款第 1 目第 a 点的规定，具有免除惩戒效力的自首不再有可能。

a）在形式方面，实地调查许可性的前提是，进行调查的机构根据《税法通则》第 195 条具有管辖权，而且以书面形式颁发的具有法律救济教育条款的调查指令中的实地调查的范围要按时通知纳税义务人（详情见《税法通则》第 196、197 条）。在实质上必须存在《税法通则》第 193 条的前提条件。根据《税法通则》第 193 条第 1 款，一般情况下允许对经营工商企业和农林企业的纳税义务人或者从事自由职业的纳税义务人（所谓的**企业财务清查**）进行实地调查以及对《税法通则》第 147a 条内的纳税义务人进行实地调查。

随着**打击逃税法**[331]而新增的《税法通则》第 147a 条在其第 1 条为纳税义务人设定了新的纪录与文档保管义务，在此情形下，根据《个人所得税法》第 2 条第 1 款第 4—7 目规定的正收入所得总额在规定年度内超过 50 万欧元。这些人需将关于构成利润的所得与必要支出的记录与文档保存 6 年。当纳税义务人未履行《税法通则》第 90 条第 2 款第 3 句[332]新设定的（境外）协作义务时，主管财政机关也可依据《税法通则》第 147a 条第 6 句，在缺乏《税法通则》第 147a 条第 1 句设定的前提时，为纳税义务人设定保管的义务。

对其他纳税义务人的实地调查只有在《税法通则》第 193 条第 2 款的前提条件下才允许。该款的第 1 项规定首先涉及的是**薪资所得税实地调查**。第 2 项规定涵盖的范围非常广泛，并且总是在以下情况下才能进行使用，即在根据税务行政的经验有可能出现纳税义务人没有或者没有完全递交纳税申报或者递交了内容不正确的纳税申报的情况下。[333]

---

[331] 在打击逃税法（29.7.2009，BGBl I S. 2302）的框架内，根据 § 147a AO 负有保管义务的人减轻其外部审计义务，现在根据 § 193 Abs. 1 AO 的规定不再需要特别的理由陈述。此法的目的在于，当案情涉外但外国政府不提供足够的帮助时，改善财政机关在与德国课税相关案情中的说明义务。财政机关应尽可能以国内事实为标准，介绍相关案情。参见 *Baum*, NWB 2010, 332。详见 *Rotter*, SteuerStud 2009, 562, *Schauf/Adick*, Praxis Steuerstrafrecht 2009, 229 以及含批评性注解, *Geurts*, DStR 2009, 1883。

[332] 当存在客观可见的已接受的线索，纳税人在不积极合作的国家或地区与财政机关有商业联系时，可认定存在有合作义务。此项新的合作义务被 § 162 Abs. 2 Satz 3 AO 规定的放宽的估算授权所补充。注意：此项新规定仅适用于 2009 年 12 月 31 日后开始的纳税期，到目前为止还没有国家或的确被认为是不合作的，参见 2009 年 1 月 5 日的 BMF Schreiben, DStR 2010, 55。因此目前该新规定还没有实践意义，参考 *Plewka*, NJW 2010, 488。

[333] BFH, VIII R 25/89, BStBl II 1993, 146 (147); *Eckhoff/Luderschmid*, in: Hübschmann/Hepp/Spitaler, § 193 Rn 145 有进一步论证。

此外，实地调查许可性的前提还有国家机构为了履行在《税法通则》第 85 条中规定的任务而进行行动。因此，当从一开始就确定比如由于核定期限期满(《税法通则》第 169 条以下；而有关因为实地调查开始而带来的核定时效的到期阻碍的内容见《税法通则》第 171 条第 4 款)或者由于《税法通则》第 173 条第 2 款的更改阻碍而从实地调查中得不出税收上的结果时，以及当以前已经进行了实地调查时，实地调查是不允许进行的。[334] 实地调查的指令由于缺乏过度禁令(适度性原则)意义内的资格也是具有裁量缺陷的。但是根据联邦宪法法院的观点，当只有根据实地调查才可以对是否已经产生了时效的情况作出确切的判断时，实地调查许可性的条件就得到了满足[335]；这在怀疑有会导致更长的核定期限的税款削减或偷税漏税行为的情况下十分重要，参见《税法通则》第 169 条第 2 款第 2 项。

在废弃了再调查保留条件(《税法通则》第 164 条)之后也还允许规定实地调查。值得保护的信赖在实地调查实行之后才存在(参见《税法通则》第 173 条第 2 款)。[336]

503　b) 在实地调查实行中首先要注意到**实地调查**的实际范围(《税法通则》第 194 条)。[337] 根据司法判决，从《税法通则》第 193 条中得不出具体的限制，这使得在对自由职业者进行的实地调查中也可以调查他的个人税收状况。[338]

504　实地调查只允许针对在调查规定中提到的那些人进行(但是要注意《税法通则》第 194 条第 1 款第 4 项和第 3 款)。这也适用于合并课税的夫妻。[339] 如果应该对夫妻双方进行调查，那么必须针对夫妻双方颁发调查指令而且必须在夫妻二人中存在《税法通则》第 193 条的前提条件。在对公司的实地调查中存在特殊性。根据《税法通则》第 194 条第 1 款第 3 项，对人合公司进行的实地调查包括合伙人的税收状况，只要该状况对于进行调查的整体确认情况(《税法通则》第 179 条第 2 款和 180 条第 1 款第 2 目第 b 点)有作用。调查的实际范围扩展到了取款和储蓄过程以及《个人所得税法》第 15 条第 1 款第

---

[334]　Seer, in: Tipke/Kruse, § 193 AO Tz 2.

[335]　BFH, VIII R 48/85, BStBl II 1986, 433 (434); II R 102/85, BStBl II 1988, 113 (114); 另见 Groh, DStR 1985, 679 (682); 其他, Nds. FG, XI 87/85, EFG 1989, 90。

[336]　BFH, VIII R 197/84, BStBl II 1986, 36 (37); III R 236/83, BStBl II 1987, 664; VII R 35/86, BStBl II 1989, 440 (441).

[337]　关于 § 194 AO 深入说明，参见 Buse, AO-StB 2008, 274。

[338]　参见 BFH, IV R 323/84, BStBl II 1986, 437 (438); Eckhoff/Petruch, in: Hübschmann/Hepp/Spitaler, § 194 Rn 41; 其他观点 Tipke, in: Tipke/Kruse, § 194 AO Tz 2.

[339]　BFH, III R 236/83, BStBl II 1987, 664 (666); Arndt/Jenzen, Grundzüge des Allgemeinen Steuer—und Abgabenrechts, 2. Aufl 2005, S. 254.

1项第2目第1句规定内的特殊退还。此外根据《税法通则》第194条第2款,还可以将合伙人的税收状况列入在公司中实行的实地调查的范围内,只要这在具体情况下有用处。据此,也可以对企业之外的情况,如对特殊支出和极为重要的负担进行调查。

此外,调查的范围根据《税法通则》第196条通过调查指令得到了限制。[340] 如果调查人员想超越该范围,必须首先扩展调查指令的范围。调查指令是行政行为。纳税义务人可以对调查指令提出申诉(《税法通则》第347条以下)和提出撤销诉状的控告(《财政法庭条例》第40条第1款)。但是,申诉根据《税法通则》第361条不具有延缓的效力,也就是说,不能通过这种方式来阻止调查。尽管随着调查的结束而出现了完成,但是纳税义务人在此之后可以提出继续确认诉状控告(参见《财政法庭条例》第100条第1款第4项)。[341] 只有这样纳税义务人才能防止违反法律达到的调查结果受到利用(具有争议,见后面页边码508—509)。

505

调查实行中调查人员的义务在《税法通则》第198、199条中进行了规定,而纳税义务人的协作义务在《税法通则》第200条中进行了规定。其中,在《税法通则》第147条第6款(《税法通则》第200条第1款第2项)规定的权限内支持官员的义务属于该项义务。据此,调查官员具有在材料使用中通过数据处理系统查阅存储数据的权利(**电子数据选取**)。[342] 官员可以要求,(1) 同意他在接受调查人的处所查阅资料(《税法通则》第147条第6款第1项),(2) 根据指示用机器对数据进行评估(《税法通则》第147条第6款第2项和第1条)或者(3) 对机器上可以使用的可移动存储设备中的数据进行使用(《税法通则》第147条第6款第2项和第2条)。有关"是否"和"如何"的裁决需要调查人员的裁量(《税法通则》第5条,见页边码391以下)。[343]

506

规定[344]通过以下方式而具有合法性,即征税的平等性原则和税收公平性在大量数据的保存中以及考虑到对电子结账进行承认的情况需要数据和数据存储系统的可校验性。

在实地调查终结之后,根据有关调查结果的《税法通则》第201条必须进行终结评

507

---

[340] 审计规定,参见 *Buse*,AO-StB 2008,138。
[341] BFH,X R 158/87,BStBl II 1989,483 (488);FG Nürnberg,III 95/88,EFG 1989,589;关于该问题范围,详见 *Groh*,DStR 1985,679。
[342] 详见 *Drüen*,SteuerStud 2004,211。数字财务审计的范围参见 *Krain*,StuB 2010,98。
[343] 电子数据存取的实践适用,参见 BMF v. 16.7.2001,BStBl I 2001,415 ff。
[344] 参见 *Burchert*,INF 2001,230 (Teil I) und 263 (Teil II);*Schaumburg*,DStR 2002,829。

讼。[345] 在调查报告(《税法通则》第 202 条)[346]完成之前应该再次提供给纳税义务人法律上的倾听。在该框架内，纳税义务人也可以申请具有约束力的承诺(《税法通则》第 204 条及以下条)。[347] 在终结评讼的框架内常常会导致签订协议(有关所谓的实际谅解见前面页边码 463 和 464)。

508—509　　出现的问题是，是否允许使用法律缺陷方式获得的认识。[348]《税法通则》不包括对于违反法律而达到的调查结果的一般使用禁令。人们必须有理由地区分不影响实际结果和纳税义务人协作的瑕疵和对调查结果有重要影响的瑕疵("定性实质**使用禁令**")。属于第一情况的有违反纯粹的程序和形式条例规定的行为，如违反《税法通则》第 198 条规定的证明义务。这样的瑕疵没有带来使用禁令。[349] 属于第二种情况的是没有合法的调查指令就进行了调查的情形或者在调查期间发生了对受到基础法律保护的状况进行了干预(如秘密的录制磁带)或者违反了保护条款的情形，如逾越了调查指令中规定的调查范围的情形。但是，只有在纳税义务人对包含有法律救济的违法的澄清措施进行了反驳的情况下，才存在使用禁令(该情况具有争议)[350]。如果针对单项措施没有给出法律救济，那么纳税义务人可以通过以下理由来对裁决进行反驳，即在单项调查结果方面存在有使用禁令。[351]

(2) 税务查缉(《税法通则》第 208 条)。

510　　税务查缉的**任务**在《税法通则》第 208 条第 1 款中有说明，即对税收犯罪行为和税收违法行为进行调查、在这些情况中对税基进行调查以及揭露和调查未知的税务事件。[352] 因此税务稽查具有**双重功能**，即刑法的功能(《税法通则》第 208 条第 1 款第 1 项第 1 目)和税法的功能(《税法通则》第 208 条第 1 款第 1 项第 2、3 目)。[353]

税务查缉的**权限**在《税法通则》第 404 条中进行了规定。根据这条规定，海关缉私官员和被委托进行税务查缉工作的联邦州税务机关的办事处以及它们的工作人员与行政

---

[345] 参见 Buse, AO-StB 2007, 269。
[346] 审计报告参见 Buse, AO-StB 2008, 50。
[347] 有拘束力的承诺参见 Wedelstädt, AO-StB 2009, 15。
[348] 详见 Eckhoff, in：Hübschmann/Hepp/Spitaler, vor §§ 193—203 AO Rn 560 ff。
[349] BFH, VIII R 54/04, BStBl II 2007, 227 (233)；VIII R 4/94, BStBl II 1998, 461 (465 f)。
[350] BFH, VI R 157/83, BStBl II 1985, 191 (194)；详见 Seer, in：Tipke/Kruse, § 196 AO Tz 32 ff 有进一步论证。
[351] BFH, I R 210/79, BStBl II 1984, 285 (286)；IX R 83/88, BStBl II 1990, 789 (790)。
[352] 税务机关也可以进行现场调查以获取信息，进一步的调查才能是可能的和必须的(例如对妓院进行现场调查)参见 BFH, VII B 121/06, BStBl II 2009, 839 (841)。
[353] Schick, in：Hübschmann/Hepp/Spitaler, § 208 AO Rn 41 ff 认为此点在法律上存有疑虑。

机关和刑事诉讼法规定的警察局的机关和工作人员具有相同的权利与义务。此外,他们还具有税务官员所拥有的调查权限(《税法通则》第 208 条第 1 款第 2 项)。根据《税法通则》第 208 条第 1 款第 3 项的规定,某些限制条款不适用。

例子:由于《税法通则》第 208 条第 1 款第 3 项的规定,在还没有对纳税义务人本身进行询问时,违背《税法通则》第 93 条第 1 款第 3 项规定的税务查缉允许对非纳税义务人的其他人提出陈述请求。[354]

根据《税法通则》第 208 条第 2 款的规定,税务查缉也负责包括应主管税务机关请求进行的实地调查(所谓的搜查调查)在内的其他税收调查和其他任务,如强制执行措施。

(3) 特殊情况下的税务监督。

与实地调查不同,税务监督不是有助于发生在过去的事实的再调查,而是有助于对满足消费税构成要件的企业的持续监督。消费税通常与一定商品的投入使用,与越过边境的商品流通的关税相联系。在这些情况下需要的监督在《税法通则》第 209—217 条中进行了规定。税务监督的最主要的手段是勘察(《税法通则》第 210 条)。为了打击销售税逃税漏税行为,立法者在《销售税法》第 27b 条中作出了一项销售税勘察规定,通过这项规定,负责销售税的税务机关为了确认与税收有重要关系的事实能够在没有事先进行通知或者在实地调查的范围之外在业务和工作时间内进入《销售税法》第 2 条第 1 款(见页边码 1688 以下)规定内的企业主的房地产和空间内(《销售税法》第 27b 条第 1 款第 1 项)。[355] 此外,在有用的情况下,可以要求查阅执照(《销售税法》第 27b 条第 2 款)。这种重大的对基本权利的干预必须特殊地用宪法法律的禁止过度禁令来进行衡量。[356]

511—514

(二) 税务核定与税基的确认

1. 通过税务裁决进行核定

在事实调查之后税务机关必须对事实在法律上进行评价。根据这项评价,如果存在纳税义务,那么他们就必须颁布**征税裁决**,《税法通则》第 155 条第 1 款第 1 项。

515

---

[354] Nds. FG, 6 K 21/05, EFG 2006, 232 (234), BGH VII R 63/05, BStBl II 2007, 155;一般法律界定(比例原则),见 BFH, VII B 121/06, BStBl II 2009, 839 (842)。
[355] 税务机关因税务调查或增值税检查而进行的现场调查,参见 *Kemper*, DStZ 2008, 527。
[356] 参见 *Seer*, in: *Tipke/Lang*, § 21 Rn 259;对 § 27b UStG 的批判,亦见 *Nieskens*, UR 2002, 53 (73 ff)。

如果不存在课税请求权,那么他们可以颁布免税裁决。[357] 它根据《税法通则》第155条第1款第3项第1种变种情况的规定同样是税务裁决,这对于行政机关方面的撤销期限,核定期限和更正可能性的问题具有重要的作用。同样的情况也适用于由于核定期限期满而对税务核定的申请进行了拒绝的情况,《税法通则》第155条第1款第3项第2种变种情况。在税务核定中,税务机关必须选择行政行为的行为方式,《税法通则》第155条第1款第1项和第2项。达成一致的核定——如通过公法协议——是不允许的(见前面页边码461)。

税务裁决的受领人是税收债务人(见前面页边码252)。有关税务裁决的形式、内容和通知参见前面页边码380以下。

要对以下的税务裁决的种类进行区分:

(1) 最终的税务核定(《税法通则》第155条第1款)。

516　　根据《税法通则》第155条第1款的规定,法定的标准情况是通过税务裁决进行的**最终税务核定**(有关无税务裁决的税务核定见后面页边码531)。税务机关针对纳税义务人颁布税务裁决,该税务裁决随着法律救济期限的到期而产生了存续力,在行政机关方面只有在更正标准规定(《税法通则》第172条以下)中的一项规定进行了干预的前提条件下才能对该税务裁决进行废弃或更改。根据《税法通则》第169条第1款,税务核定和对它的废弃或更改只有在核定期限到期之前才允许进行。

(2) 审查保留下的税务核定(《税法通则》第164条)。

517　　在每年颁布的税务裁决中,有数百万件会出现以下情况,即一项事件在可调查的时间内不能进行全面的审查。然后,一方面对迅速进行税务核定存在利益需求,但是另一方面对不受《税法通则》第172条约束的裁决之后的审查和变更可能性亦存在有利益需求。有助于加快程序进程的《税法通则》第164条考虑到了这两种目的。[358]

518　　根据《税法通则》第164条第1款,可以[359]在**审查保留下**对税收进行核定,只要对税务没有进行最后的调查。这种做法根据《税法通则》第164条第2款第1项会带来以下后果,即税务核定(在所有范围内)任何时候都可以进行废弃或更改,只要保留条件具有

---

[357] 此处还包括非评估性通知报告,在通知中税务机关确认未进行评估。纯粹的内部行为(非评估性通知报告)不具备行政行为和缴税通知的性质。

[358] 参见 § 164 AO 的目的,BFH, VI R 51/83, BFH/NV 1986, 715。

[359] 纳税人无权对保留嗣后审计权提出要求,参见 FG Rheinland-Pfalz, 2 K 2211/06, EFG 2008, 350。

效力。[360] 纳税义务人也可以提出相应的废弃或更改申请,《税法通则》第164条第2款第2项。

但是税务机关可以把裁决延缓到对税务事件进行最后的调查之前,其中,对税务事件的最后调查要在适当的期限内进行,《税法通则》第164条第2款第3项。这项申请会导致核定期限的时效不完成,《税法通则》第171条第3款(参见前面页边码270和271)。

《税法通则》第164条根据法定的案件转移规定可以适用于其他特殊的税收行政行为(见前面页边码378)。如果实现了不利于纳税义务人的更改,那么在这里也要注意顾及纳税义务人信赖保护的《税法通则》第176条的更正界限(见前面页边码422以下)。

审查保留下的税务核定的效力不仅仅借助正式的命令产生,此外,《税法通则》第164条第1款第2项把预缴款项(如参见《个人所得税法》第37条第3款)的核定与审查保留下的税务核定等同了起来,这使得税务核定的效力借助法律而产生。根据《税法通则》第168条第1项,同样的情况也适用于税收申报,即纳税义务人本身进行的税收估算。税收报告根据《税法通则》第150条第1款第3项在法律规定的情况下完成,如对于销售税和薪资所得税。单项税收法律也可以规定这样的法律后果案件转移,如《个人所得税法》第39条第3b款第4项和第39a条第4款第1项。

根据《税法通则》第164条第1款第1项,审查保留下的核定需要行政机关进行与其职责相符的裁量(《税法通则》第5条),但是不需要证实。在裁量执行中,要在纳税义务人对尽快完成税收估算的兴趣和税务机关对简单的更正可能性的追求之间进行平衡。

根据司法判决[361]的观点,审查的保留是《税法通则》第120条第1款规定内的不独立的附加条款,它应该与税务裁决构成一个整体。因此,纳税义务人应该不可以自主反驳保留附注,而应该必须申请所有税务裁决的撤销判决。[362]

由税务机关规定的审查保留根据《税法通则》第164条第3款第1项可以在任何时候进行废弃。当税务机关认识到不再进行最后的检查时,裁量在这个方面降低到了零。保留的废弃等同于无审查保留的税务核定,《税法通则》第164条第3款第2项。而申诉是允许的,《税法通则》第347条第1款第1项1目。在进行实地调查后,保留被废除。

---

[360] 只有在例外情况下纳税人才能引用诚实信用原则(Rn 350 ff),参见 BFH, VIII R 75/05, BStBl II 2008, 817.
[361] BFH, III B 40/82, BStBl II 1983, 622.
[362] BFH, IV R 168—170/79, BStBl II 1981, 150 (151); X R 109/87, BStBl II 1990, 278 (279); 另见 *Söhn*, in: *Hübschmann/Hepp/Spitaler*, § 120 AO, Rn 201, 以及 *Heuermann*, 出处同前, § 164 AO, Rn 10, 它否认了附属条款的特性。

但是，与《税法通则》第164条第3款第3项使人误解的原文相反，这不仅仅适用于在审查保留条件下没有出现针对税务核定的更改的情况。[363] 因为根据最后的调查不再存在进一步实现随时更正的必要性。

只要根据法律规定没有出现审查保留的法律后果，行政机关就可以对审查保留不进行废弃。

例子：税务机关根据《个人所得税法》第37条第2款对一项所得税的预付款项进行了核定。根据《税法通则》第164条第1款第2项，这是审查保留条件下的税务核定。行政机关不能根据《税法通则》第164条第3款第1项废弃保留条件。但是它通过当时那一年的所得税税务裁决得到了完成。

522　根据法律规定，当核定期限到期时，保留条款就取消了，《税法通则》第164条第4款。

（3）临时税务核定（《税法通则》第165条）。

523　根据《税法通则》第165条，需要对**临时税务核定**和审查保留条件下的税务核定进行《税法通则》第164条）区分。[364] 《税法通则》第165条适用于税务裁决和参照相关法律可等同视之的裁决（见前面页边码378）。

524　a）前提条件（《税法通则》第165条第1款第1项和第2项）。

aa）根据《税法通则》第165条第1款第1项，可以对税收进行临时的核定，只要不确定是否出现税收产生的前提条件。在这些情况中，不确定性必须关系到事实的存在（"**事实上的不确定性**"）。事实的概念与《税法通则》第173条（见前面页边码421）中事实的概念相同。因此，仅仅关系到事实税收评估（法律上的评估）的不确定性不属于《税法通则》第165条第1款第1项[365]的内容（见《税法通则》第165条第1款第2项）。而所谓的在先的法律状况是事实。

例子：A和B有一个富有的叔叔，他指定把遗产留给了两人。在他临死之前，他更改了遗嘱，A应该是他所有遗产的继承人。B对（更改了的）遗嘱提出了抗议。只要诉讼没有对继承权这一在先的法律状况作出判决，当A的遗产税涉及他具有疑问的单独继承地位时，就可以对A的遗产税进行临时核定。在这里，在不存在反驳理由的情况下，尽管A的继承权地位在客观上得到了确定，但是税务局根据悬而未决的诉讼还不能对A

---

[363] 一般观点，例如 Seer, in: Tipke/Kruse, § 164 AO Tz 48 f.
[364] 参见 Müller, SteuerStud 2006, 10 以及 Lühn, SteuerStud 2009, 108 中的临时税务核定概览。
[365] BFH, II R 99/88, BStBl II 1990, 1043 (1044).

的法律地位进行确认。

《税法通则》第 165 条第 1 款第 1 项的前提是，不确定性用适当的支出不能够得到消除。但是要注意的是，《税法通则》第 165 条与《税法通则》第 164 条不同，它不能免除税务机关具有的《税法通则》第 88 条中规定的澄清义务。

bb)《税法通则》第 165 条第 1 款第 2 项涉及法律状况的不确定性（"**法律上的不确定性**"）。[366] 根据这条规定，只有在以下情况下才能考虑临时税务核定，即当《避免双重征税协定》(DBA)的签订即将进行而且计划的避免双重征税协定对于纳税义务人而言意味着状况的改善时（第 1 目），当联邦宪法法院确定一项税收法律与《基本法》不一致（但是不是无效性！）和立法人在涉及期限具有进行新的规定的义务时（第 2 目）或者当税收法律与更高级别法律的一致性是欧洲法院、联邦宪法法院或最高联邦法院中的程序的对象时（第 3 目）。

525

2009 年 1 月 1 日，新增了《税法通则》第 165 条第 1 款第 2 项第 4 目规定。据此，当税法的一项解释成为联邦财政法院的审理对象时，一项税收可被暂时核定。在针对简单法律解释（合宪性问题，见第 3 目）的集体程序中，也因此存在通过暂时性的附注使核定依然是有待讨论的可能性。然而暂时性的附注只能与在核定时间点仍在上述某法院中悬而未决的程序有关。[367]

cc)《税法通则》第 165 条第 1 款规定的临时税务核定的其他前提条件是，涉及的仅仅是**暂时**的不确定性。

526

如果持续存在不确定性，那么就要区分以下情况：如果不确定性仅仅涉及税收事实的要素，那么举证责任规定会进行干预。如果不确定性涉及全部的税收事实而且涉及使法律与税收联系在一起的事实构成要件，那么就要估计税基（《税法通则》第 162 条）。

dd) 根据《税法通则》第 165 条第 1 款第 3 项，需要对临时性的**范围和根据**进行说明。[368] 在怀疑的情况下，可以通过说明对临时性范围以及更改权限范围进行调查。[369] 根据《税法通则》第 165 条第 1 款第 1 项，临时的税务核定只有在不确定性足够的情况下才能够实行。与根据《税法通则》第 164 条不同，它通常不涵盖所有的裁决。

527

b) 临时税务核定的法律后果（《税法通则》第 165 条第 2 款）。只要税务机关已经对

528

---

[366] "标准程序"中临时应纳税额确定，参见 Lühn, SteuerStud 2009, 108。
[367] BFH, X R 9/05, BStBl II 2006, 858 (858 ff)；批判，Hallerbach, StuB 2006, 921。
[368] 内容性要求参见 BFH, X R 22/05, BStBl II 2008, 2。
[369] 参见 BFH, X R 20/95, BStBl II 1997, 791 (792 f)。

税收进行了临时核定,它(裁量)就可以废弃或者更改核定,《税法通则》第165条第2款第1项。

当不确定性得到了消除时,在《税法通则》第165条第1款第1项规定的情形中就可以对临时的税务裁决进行废弃、更改或者宣布其为最终核定,《税法通则》第165条第2款第2项。当得到证实,不确定性不是临时的而是最终的不确定性时,这种情况也适用。一项设好的暂时性附注不会因在事后的变更裁决中未明确重复而被取消。[370] 当核定期限到期时,审查保留根据《税法通则》第164条第4款第1项取消,而《税法通则》第171条第8款第1项规定,在不确性得到消除之后以及行政机关如通过纳税义务人的通知获悉此情况后,关系到宣布为临时的部分的核定期限不是在该年份到期之前终结。在通过《税法通则》第171条第8款第2项延长的核定期限到期后,如果必要的话可以根据其他规定进行更正。[371]

如果税收由于法律上的不确定性(《税法通则》第165条第1款第2项)临时得到了核定,适用《税法通则》第165条第2款第3、4项。在《税法通则》第1款第2项第4目情形中(税法的有争议性的解释),一旦确定联邦财政法院有关重要个案的裁决的原则进行普遍适用(《税法通则》第165条第2款第3项),不确定性就结束。财政管理通常通过在联邦税务公报上公布裁决而记录在案。《税法通则》第165条第1款第2项的所有情形中,税收核定在未被取消或更改时,必须是出于行政管理的简化的原因仅仅依纳税义务人申请才对税收核定作出最终解释(《税法通则》第165条第2款第4项)。

c)临时税收核定情况的法律保护。

具有问题的是,如何在临时税务核定的情况下提供法律保护。根据司法判决的观点[372],同《税法通则》第164条规定的保留条款附注相同,这同样涉及的是非独立性的附加条款,这项附加条款具有的后果是,可以非独立地对其提出抗议(见页边码520)。除此之外,当税务机关根据《税法通则》第165条第1款第2项2、3目宣布了还在由于违宪性问题而进行的起诉之前进行的税务裁决为临时性的裁决时,司法判决[373]否定了对于出于宪法法律的原因而进行起诉提供法律保护的必要性。在这种情况下,等候联邦宪法法院的裁决是一条比自己的起诉更简便和更便宜的得到法律保护的途径。然而,若暂时性附注是否保障了宪法的地位这点仍有待解决的话,则法律保护的需求不得被否定。[374]

---

[370] BFH, III R 191/84, BStBl II 1989, 9 (10).
[371] BFH, IX R 30/06, BStBl II 2007, 807.
[372] BFH, II R 99/88, BStBl II 1990, 1043.
[373] BFH, VI R 37/01, BFH/NV 2005, 1323 有进一步论证。
[374] BFH, VI R 37/01, BFH/NV 2005, 1323.

2. 无税务裁决的核定

当根据法定的义务必须报告税收情况时，根据《税法通则》第 167 条第 1 款第 1 项，原则上不需要通过税务裁决进行的税务**核定**(《税法通则》第 150 条第 1 款第 3 项)，除非核定会导致异常的税收或者税收债务人或责任债务人没有递交纳税申报。

属于这项规定范围之内的尤其有所谓的到期税，如《销售税法》第 18 条第 1—3 款规定的销售税、《个人所得税法》第 41a 条规定的薪资所得税、《个人所得税法》第 44 条第 1 款和第 45a 条第 1 款规定的资本收益税以及《保险税法》第 8 条规定的保险税。

税收报告根据《税法通则》第 168 条第 1 项在效力上等同于审查保留条件下(《税法通则》第 164 条)的税务核定。这种情况带来的后果是允许进行申诉。

对于税收报告导致至今需要缴纳的税额的降低或者导致税收退给的情况，税收报告的效力只有在得到税务机关的批准时，才会出现，《税法通则》第 168 条第 2 项。批准具有规定的内容(具有争议)[375]，因此必须把它定性为《税法通则》第 118 条范围内的行政行为。税收报告不需要形式(《税法通则》第 168 条第 3 项)，它随着通知而生效(《税法通则》第 124 条第 1 款第 1 项)。含蓄的批准存在于对退还款项进行的支付中。

例子：通过销售税年度申报上报的税额低于销售税提前报告中上报的税额。年度申报首先不是作为税务核定而发生作用，《税法通则》第 168 条第 2 项。

3. 对税基的特殊确认

情形 25：A 在 ABC 无限公司中拥有股份。这家公司在 A 的地皮上经营蔬菜批发贸易。为了不向合伙人透露这块地皮是通过借入资本进行融资，A 向他的合伙人隐瞒了一笔重要的利息支出费用，并在统一与分别的利润确认的范围内的申报中作为特殊企业支出而记入为"0"。主管税务局颁发了利润确认裁决，在这项裁决中没有涉及这笔支出费用。这项裁决具有存续力。在 A 的所得税税务裁决中涉及这项具有确定额度的利润。A 针对他的所得税税务裁决提出的申诉会成功吗？当 A 对这项利息支出费用进行通知后，税务局必须更改利润确认裁决或者所得税税务裁决吗？**(页边码 541)**

---

[375] 参见 BFH，XI R 42/94，BStBl II 1996，660 (661) 有进一步论证；Seer，in：*Tipke/Kruse*，§ 168 AO Tz 5；其他观点，*Baum*，DStZ 1992，589；*Heuermann*，in：*Hübschmann/Hepp/Spitaler*，§ 168 AO Rn 16。

(1) 定义和意义。

533 根据在《税法通则》第 199 条第 1 款中包含的法律定义,税基是指对纳税义务和税收估计具有决定意义的实际或法律状况。它是税务裁决中对税收债务额度进行核定的基础。原则上,税基和税额在程序和裁决中进行了核定。其中税基不是属于具有支配力的裁决的部分("内容"),而仅仅属于裁决的根据。因此,根据《税法通则》第 157 条第 2 款,税基的确认,构成了在纳税人寻求法律救济时,不可单独进行反驳的税务裁决的一部分。

纳税义务人因此在原则上可以抨击具有法律救济的税务裁决的内容。

534 然而,立法者在《税法通则》第 179 条第 1 款中针对特定的情况例外地作出了**税基的特殊确认规定**。[376] 这构成了《税法通则》第 171 条第 10 款范围内的纳税义务人可以独立反驳的基础裁决,《税法通则》第 157 条第 2 款。根据《税法通则》第 351 条第 2 款,只有通过对这项裁决进行反驳(如利润确定裁决)才能对这样的基础裁决中的裁决进行质问,而不是通过对《税法通则》第 182 条第 1 款范围内的后续裁决进行反驳(如仅接受利润确定裁决的内容的所得税税收裁决)对其进行质问。根据文献的主要观点,针对后续裁决提出的法律救济由于缺少负担而在这一范围内是不允许的。与此相对的是,联邦财政法院认为,这种法律救济是没有依据的。[377] 与此相应,根据《税法通则》第 182 条第 1 款,基础裁决对于**后续裁决**具有约束力。[378]

535 根据《税法通则》第 155 条第 2 款,可以在颁发基础裁决之前颁发后续裁决。因为对基础裁决的等候可能导致长期的延迟进而导致十分重大的暂时的税收损失。根据《税法通则》第 162 条第 5 款,负责颁布后续裁决的税务局可以估计在基础裁决中需要确定的税基。基础裁决颁发之后,根据《税法通则》第 175 条第 1 款第 1 项第 1 目可以更改后续裁决(见前面页边码 435 以下)。但是,如果基础裁决后来得到了废弃,那么根据基础裁决对于后续裁决的约束效力,税基必须一直不受到考虑,而且不能在后续裁决中对其进行规定。[379] 对于根据《税法通则》第 169 条第 1 款第 1 项对哪一时间点之前允许进行税务裁决和废弃或更改裁决进行确定的税务裁决的核定期限而言适用的情况是,核定期限不是在基础裁决通知之后的两年期限期满之前结束,《税法通则》第 171 条第 10 款。

---

[376] 参见概览 *Melchior*, SteuerStud 2007, 377。

[377] 关于不允许有说服力的,FG Hamburg, V 242/86, EFG 1990, 282 有进一步论证;其他观点 BFH, VIII R 211/84, BFH/NV 1986, 168, 其以没有依据为前提。争议情况参见 *Tipke*, in: *Tipke/Kruse*, § 351 AO Tz 54 有进一步论证。

[378] 基础裁决范围参见 BFH, X R 63/96, BFH/NV 2001, 729。另见 *Jahndorf/Kister*, DB 2008, 608 中关于约束效力范围的其他问题情形。

[379] 参见 FG Köln, 8 K 378/05, EFG 2005, 1907 (1908 f) 含 *Th. Müller* 的批判性注释。

特殊确认的情况既可以在《税法通则》(180 条)中也可以在单项税收法律中(如《个人所得税法》第 10d 条第 4 款第 1 项和第 39 条第 3b 款第 4 项)找到。如果必须把征税对象归属于几个人,尤其在人合公司(民事合伙、无限公司、股份公司)的股东中就是这种情况(见后面页边码 1101 以下),那么根据《税法通则》第 179 条第 2 款第 2 项,也会针对股东统一进行特别确认。 536—537

对税基进行特殊确认的理由是,或者是相同的税基对不同的税种都具有决定性的意义(《税法通则》第 180 条第 1 款 1 项)以及税基对于大部分纳税人具有重要的意义(《税法通则》第 180 条第 1 款 2 目 a 点),或者是在利润调查所得中,营业地、占用地或经营地征税机关(《税法通则》第 18 条)比其他主管的居住地征税机关(《税法通则》第 19 条)更靠近征税事件发生地。《税法通则》第 179 条第 1 款规定的对税基进行特殊确认的目的是避免出现分歧裁决和实现行政效率。

《税法通则》第 183、352 条包含有关于确认裁决的通知和提出法律救济的权限的特殊规定。

根据《税法通则》第 181 条第 1 款第 1 项的含义,有关税收执行的条例规定适用于单个确认的情况。这涉及的是特殊的税收行政行为(见前面页边码 378),这使得不是《税法通则》第 130 条、131 条而是《税法通则》第 172 条以下可以在裁决更正的情况中使用。

(2) 特殊确认事件组。

具体上,尤其是下列税基特殊确认的事件组对于在实际情况中十分重要: 538

a)《估值法》中规定的课税标准价格(与《估值法》第 19 条相联系的《税法通则》第 180 条第 1 款第 1 目);有关权利继承的内容见《税法通则》第 182 条第 2 款。

b) 需要缴纳个人所得税或法人所得税的收益(以及与它们具有联系的其他税基),当几个人参与收益分配并且要把收益在税收上归属于他们时(参见《税法通则》第 180 条第 1 款第 2 项第 a 目;出于行政简化原因的例外情况,原因是不一致裁决的危险并不存在,《税法通则》第 180 条第 3、4 款)。 539

这尤其涉及人合公司的股东(民事合伙、无限公司、股份公司),但是也涉及《民法典》741 条范围内的集团成员,如用于获得租赁收益的出租房屋的共同所有人。《税法通则》第 180 条第 1 款第 2 项不能用于股份公司的股东,因为股份公司本身是纳税主体(见页边码 1200),而且股份公司的收益不能归属于股东。《税法通则》第 180 条第 1 款第 2 项第 a 目与《税法通则》第 180 条第 1 款第 2 项第 b 目不同,它没有被限制在利润收益的范围内,而是也涉及过量收益,只要存在一个共同的收益源头,如处于多个纳税义务人共同所有状态下的出租房屋。

在《税法通则》第 180 条第 1 款第 2 目第 a 点规定的情况中（在几个纳税主体参与的情况中），根据《税法通则》第 179 条第 2 款第 2 项对税基进行的特殊确认同时也是一种统一的确认，也就是说它以相同的方式适用于所有合伙人。

540   c) 利润收益，当负责特殊确认的税务机关不负责所得税的税收时（《税法通则》第 180 条第 1 款第 2 目第 b 点）。

这项条例规定涉及来自农林业、工商企业或者自由职业的收益（见后面页边码 692 及以下）。对税务工作人员的职责是否进行分工的问题的评估具有决定性作用的时间点根据《税法通则》第 180 条第 1 款 2 目 b 点是盈余调查结束时。只要公历年度不是会计年度，那么这个时间点的确认是根据《个人所得税法》第 4a 条和《个人所得税执行条例》第 8b、8c 条。对特殊确认的管辖权以《税法通则》第 18 条为依据，根据收入对自然人进行征税的管辖权以《税法通则》第 19 条为依据，这项管辖权原则上受到《税法通则》第 8 条范围内的居住地的影响或者以辅助的形式受到《税法通则》第 9 条范围内纳税义务人经常的居留地的影响（关于《税法通则》第 8、9 条的内容在后面页边码 667 以下有讲解）。

《税法通则》第 180 条第 1 款第 2 目第 b 点的例子：A 居住在明斯特，他在多特蒙德经营蔬菜批发贸易。

d) 个人所得税（《个人所得税法》第 10d 条第 4 款）范围内的可向以后年度结转亏损。所得税税务裁决与亏损确认裁决为两个分离的不互相依赖的裁决。[380]

541   **情形 25 的解决方法**（页边码 532）：A 针对所得税税务裁决所提出的申诉在申诉允许和有根据时会成功。《税法通则》第 351 条第 2 款与申诉的许可性（联邦财政法院的其他观点：有根据性，参见前面页边码 534）可能相对立。根据这款规定，只有通过对这项裁决进行反驳才能对基础裁决中的裁决进行质问，而不能通过对后续裁决进行反驳对其进行质问。根据《税法通则》第 171 条 10 款，基础裁决是对税务核定有约束力的裁决。而根据《税法通则》第 182 条第 1 款，确认裁决对核定裁决具有约束力。因此，在利润确认裁决中涉及的是《税法通则》第 171 条 10 款范围内的基础裁决。但是有疑问的是，A 的利息支出根据《税法通则》第 180 条第 1 款第 2 目第 a 点的规定是否涉及几个人参与分配的在税收上归这几个人所属的具有所得税缴纳义务的收益。A 的地

---

[380] 关于关系和问题情形，进一步参见 *Ettlich*，DB 2009，18。

产是所谓的特殊企业财产,因为这只归 A 一人所有。与此相联系的利息支出是唯一降低他的红利所得的特殊企业支出,《个人所得税法》第 15 条第 1 款第 1 项第 2 目(详情见后面页边码 1148)。利息支出本来在利润确认裁决中就必须考虑进去。因此,A 针对所得税税务裁决提出的申诉根据《税法通则》第 351 条第 2 款是不允许的(联邦财政法院的其他观点:无根据),因此这也不会成功。

行政机关更改基础裁决的义务可以从与《税法通则》第 181 条第 1 款第 1 项相联系的 173 条第 1 款第 2 项规定中得出来。尽管利息支出是行政机关后来才得知的,但是这项支出却给 A 带来了重大的债务(见前面页边码 424,425)。因为他出于个人的原因有意识地想对这项利息支出进行保密。与《税法通则》第 181 条第 1 款第 1 项相联系的 172 条第 1 款第 1 项第 2 目第 a 点规定的更正由于已经产生的利润确认裁决的存续力而不予以考虑。因此,利润确认裁决不必由行政机关进行更改。根据《税法通则》第 175 条第 1 款第 1 项第 1 目,只有在对税务裁决具有约束效力的基础裁决进行了颁发、废弃或更改的情况下,才能更改 A 的所得税税务裁决。在利润确认裁决中涉及的是基础裁决(见上)。但是,不能对其进行更改,因为不存在与《税法通则》第 181 条第 1 款第 1 项相联系的《税法通则》第 172 条以下中规定的更改条例的前提条件(见上)。因此,也不能对所得税税务裁决进行更改(见上)。

然而 A 能够根据《税法通则》第 179 条第 3 款申请补充裁决,此裁决须根据《税法通则》第 175 条第 1 款第 1 目而使所得税税务裁决变更。根据《税法通则》第 179 条第 3 款,补充裁决中需补上必要的确认,只要在确认裁决中没有这些确认。特殊企业支出属于这些必要的确认,然而只有税务局未作(也没有否定)裁决的确认才是可补充的,即没有作出积极或消极确定。[381]

此处,A 在确认程序范围内将特殊企业支出记作"0",因此确认裁决是错误的,而非有漏洞,因为税务局对此作出了消极裁决。仅有漏洞(不完整的)确认裁决可依《税法通则》第 179 条第 3 款进行补充。[382]

税务局既不得变更盈利确认裁决(基础裁决),也不得变更 A 的所得税税收裁决(后续裁决)。

---

[381] 参见 BFH IX R 21/98,BStBl II 2002,309。
[382] 参见 BFH,IX R 43/07,BFH/NV 2009,1235。

(3) 附录：税收计算标准额的特殊核定。

税收计算裁决是基础裁决的另外一种重要的情形。通过该项裁决，对土地税和营业税裁决（有关营业税计算裁量见后面页边码1417）具有重要意义的税收计算标准额根据《税法通则》第184条第1款的规定得到了核定。

三、征收程序

情形26：尽管对V要求了多次，但是他仍未递交他的2001年的所得税纳税申报。因此通过估计途径（《税法通则》第162条）对所得税进行核定。V没有提出申诉。在申诉期限期满后，他申请进行核算裁决，因为税务局恰巧对他的租赁收益估计得太高。另外，他提出退还请求，因为他在2001年缴纳了过多的税，而给付是在没有法律根据的情况下完成的。合理吗？**（页边码553）**

《税法通则》对核定、征收和强制执行程序进行了严格区分（见前面页边码370和371）。在《税法通则》第五章中（第218—248条）进行了规定的征收程序涉及在核定之后而在强制执行之前的课税请求权的实现。因此，征收程序针对的是课税请求权的履行。

通常情况下，在纳税义务人进行自愿缴纳的情况下，全部税收程序随着征收程序的终结而结束。征收程序结束于，

——请求权过期失效时

（参见《税法通则》第47条中失效原因非最后确定的列举，见前面页边码259及以下），

——请求权实现的基础（即通常是在《税法通则》第218条第1款中列举的税收行政行为的一种；见页边码552）遭到了废弃时，

不管是在法律救济程序中纳税人的推动下（见页边码560及以下），还是在法律救济程序之外由行政机关进行的行为（见前面页边码401以下和411以下），

——请求权在征收程序中不能够得到实现时以及税务局必须强制执行时。

在最后列举的情况中，强制执行程序紧接着征收程序。强制执行程序在《税法通则》的第六章中（第249—346条）进行了讲述。[383]

---

[383] 参见 Jakob, Abgabenordnung, Rn 126 ff; Seer, in: Tipke/Lang, § 21 Rn 370 ff.

《税法通则》第 218 条以下只包含在几项极少纯粹的程序法律规定(《税法通则》第 218、219、224、225、241 条以下)。而税收债务法律的规定(在页边码 251 以下中已经有过讲述),即实质上的税收法律规定主要出现在有关征收程序的《税法通则》第五章中。所以,《税法通则》第 220、222、226、227、228 条以下关系到税务核定之后的课税请求权的命运,《税法通则》第 233 条规定了在延期支付或以其他的方式延误支付的情况下《税法通则》第 3 条第 4 款范围内的税收附带给付的产生。

来自税收债务关系的税务机关的请求权的执行通常以存在条款和请求权期满为前提。

(一) 法律条款

根据《税法通则》第 218 条第 1 款第 1 项第 1 目规定,执行来自税收债务关系的课税请求权或者其他请求权原则上以**法律条款**为前提。根据《税法通则》第 218 条第 1 款第 1 项,需要进行考虑的有《税法通则》第 155 条范围内的税务裁决、税收退给裁决(见页边码 319 和 320)、《税法通则》第 191 条范围内的责任裁决(见页边码 310 和 311)和通过《税法通则》第 3 条第 4 款(见前面页边码 285 以下)范围内的税收附带给付进行了核定的行政行为;其中,《税法通则》第 218 条第 1 款第 2 项根据《税法通则》第 168 条把纳税报告与《税法通则》第 155 条范围内的税务裁决等同了起来(见页边码 531)。需要注意的是,根据《税法通则》第 218 条第 1 款第 1 项第 2 目,《税法通则》第 240 条范围内滞纳金的执行没有行政行为(条款)也是可能的。

552

来自税收债务请求权实现的基础也可以是《税法通则》第 218 条第 2 款规定的所谓的核算裁决。行政机关通过核算裁决对关系到来自税收债务关系请求权实现的争论进行裁决。它仅仅包括一项有关请求权是否还存在或者已经失效的问题的规定。而请求权是否已经产生的问题不是核算裁决的对象。核算裁决尤其在《税法通则》第 226 条规定的抵消中具有重要的作用(见前面页边码 265)。

条款行政行为不仅是征收(《税法通则》第 218 条)和强制执行(《税法通则》第 249 条)的前提条件,而且还是获得的收益的法律根据。当存在具有存续力的税务裁决时,不存在《税法通则》第 37 条第 2 款规定的退还请求权(见前面页边码 317)。

情形 26(页边码 550)**的解决方法**:颁布核算裁决的义务能够从《税法通则》第 218 条第 2 款中得出来。然后必须存在关于来自税收债务关系请求权实现的争论。但是存在的情况是,V 对课税请求权的核定提出了质疑。他对请求权的产生而不是请求权

553

的继续存在存有疑问。这样，行政机关不能根据《税法通则》第 218 条第 2 款颁布核算裁决。V 也不具有《税法通则》第 37 条第 3 款规定的退还请求权，因为有效力的税务裁决对他的义务进行了具体化（参见前面页边码 317）。

(二) 请求权到期与执行延期

554　　课税请求权的执行以**请求权到期**（参见《税法通则》第 220 条）为前提（见前面页边码 255 以下）。

但是在一些情况下可以推迟来自税收债务关系的请求权的到期日，而且是通过清偿期**延展**（《税法通则》第 222 条）和延期缴纳（《税法通则》第 223 条）的方式；与此相对，强制执行的停止（《税法通则》第 361 条）只会引起执行障碍。（具有争议，见页边码 572）。

555—559　　根据《税法通则》第 222 条，在以下情况下可以对请求权进行**延展**，即当来自税收债务关系的请求权的没收在到期日 (1) 对于债务人意味着重大的打击时以及 (2) 当请求权通过清偿期延展看起来没有危险时。[384] 清偿期延展通过以下方式与《税法通则》第 163 条和 227 条（见前面页边码 276 以下）规定的衡平法判决进行区别，即不是像具体事件中那样的征税不适合（不公平），而是只是征收的时间点不公平。

(1) 当手段的撤销在经济上明显影响到纳税义务人时，不存在重大的打击。而必要的是，与相同的其他纳税人相比纳税义务人由于请求权实现受到了更大的影响。

与衡平法判决中的情况相同（见前面页边码 276 以下），要对实际的和个人的原因进行区分。实际的清偿期延展的原因是在短时间内等候到的税收退还，而不存在抵消的可能性（所谓的技术上的清偿期延展）。当纳税义务人根据个人情况（大多数情况是厄运）有清偿期延展的需要和值得进行清偿期延展时，就出现了个人的清偿期延展的理由。当纳税义务人自己造成无力支付的情况时，就缺少清偿期延展的价值。

(2) 此外，延期的请求不应造成任何损害，《税法通则》第 222 条第 1 句。

根据法律条文，这涉及了构成要件的前提条件。与《税法通则》第 5 条规定的在法庭上根据《财政法庭条例》第 102 条只能针对裁量瑕疵进行校验的裁量执行相反，这样的裁量在法庭上可以进行完全的校验（前面页边码 391）。与此相对，联邦财政法院[385]把课税请求权受到威胁的问题看作是行政机关（在法庭上只能有限制地进行校验的）裁量裁决

---

[384] 参见 *Günther*，AO-StB 2009，280 中的概览。
[385] 参见 BFH，VII B 9/77，BStBl II 1977，587。

的一部分。

根据《税法通则》第 222 条第 2 项的规定,应该仅根据申请或者在收取担保给付的情况下才提供清偿期的延展。可能的担保给付的种类、前提条件和后果在《税法通则》第 241 条中进行了规定。担保给付通常排除了请求权的危险。

(3) 根据《税法通则》第 222 条第 3 项和第 4 项的规定,只要某第三方必须为纳税债务人缴纳税收或者被当作责任债务人对其提出请求的第三方已经扣留或征入了税收款项,清偿期延展就得到了排除。因此根据第 3 项的规定,有利于根据《个人所得税法》第 38 条第 2 款为薪资所得税债务人(见前面页边码 253)的雇员的薪资所得税的清偿期延展得到了排除。根据第 4 项的规定,只要雇主已经扣除了薪资所得税,就排除了有利于作为责任人的雇主(参见《个人所得税法》第 42d 条;见前面页边码 302)的清偿期延展。

四、法律保护程序

向财政法院提出**起诉**通常以庭外法律救济程序的无效实行(**申诉程序**)为前提。与行政诉讼法不同,财政法院起诉的先置程序不是在诉讼条例(《财政法庭条例》)中而是在《税法通则》中进行了规定。

(一)庭外法律保护

庭外法律救济程序在《税法通则》的第七章中进行了规定。[386] 这一章划分为有关申诉许可性的第一节(第 347—354 条)和有关程序条例规定的第二节(第 355—368 条)。申诉程序具有三重目标。它有助于(1)纳税义务人的法律保护(免费的法律保护程序),(2)行政的自我监督(延期的行政程序)以及(3)财政法院的减负,因为在已经存在申诉的情况中,原则上(《财政法庭条例》第 44 条,例外情况:《财政法庭条例》第 45 和 46 条)在法律救济程序终结之后才允许起诉(先置程序)。

1. 申诉的许可前提

事实上,只有在**申诉得到允许**时,才能对申诉进行裁决。主管税务机关根据《税法通则》因为职权的原因必须对许可性进行检查并且在许可性具有瑕疵时必须作出认为申诉不允许而对其进行摒弃的决定。在具体情况中,必须对以下的实际判决前提进行检查:

aa)申诉的许可性(《税法通则》第 347、348 条)。

申诉的法律救济根据《税法通则》第 347 条第 1 款第 1 项第 1 目在《税法通则》得到

560

561

562

563

---

[386] 关于申诉程序的指导性说明,*Günther*,AO-StB 2008,280 (Teil I),313 (Teil II),348 (Teil III)。

使用(参见《税法通则》第 1 条)的《税法通则》第 347 条第 2 款范围内的税收事件中是**允许的**。《税法通则》第 347 条第 1 款第 1 项第 2—4 目规定了申诉得到许可的其他领域。根据《税法通则》第 347 条第 3 款,有关申诉的条例规定不能用于刑事诉讼和罚金程序。针对《税法通则》第 367 条范围内的申诉判决提出的申诉根据《税法通则》第 348 条第 1 目的规定是不允许的。这些裁决尽管也是《税法通则》规定的税收事件中的行政行为。但是纳税义务人要考虑到对财政法庭提出的起诉。此外,当申诉没有经过裁决时,《税法通则》第 348 条 2 目会宣布申诉不许可(而《税法通则》第 347 条第 1 款第 2 项针对的是在适当的期限内没有对颁布如清偿期延期的行政行为的申请进行裁决的情况)。在这里,公民同样必须提出(撤销诉状或强制履行的)起诉(《财政法庭条例》第 46 条规定的所谓**不作为之诉**)。因为由于《财政法庭条例》第 102 条规定,法庭在裁量裁决中只拥有有限的检查权(见前面页边码 391),而税务机关对有疑问的行政行为重新作了全面的(也就是说既根据合法性也根据目的性!)检查,这可以证实是对纳税义务人不利的。其他关于申诉不被许可的情形参考《税法通则》第 348 条第 3、4、6 款。

(2) 申诉权限(《税法通则》第 350—353 条)。

564　　根据《税法通则》第 350 条,只有提出要求通过行政行为或者行政行为的**停止**而提出意见的人才具有提出申诉的**权限**。

与符合《行政法庭条例》第 42 条第 2 款的《财政法庭条例》第 40 条第 2 款不同,《税法通则》第 350 条不要求法律违反的可能性,而是可能性的税负加重就满足了条件。所以,在申诉提出人可以提出法律违反情况下,申诉权限才可以得到接受。在申诉提出人是负担性行政行为的受领人时,就总是归于这种情况,因为这时总是存在有至少损害他的《基本法》第 2 条第 1 款的权利的可能性。但是,受到法律保护的利益的损害也满足了条件,如通过不适当的(即使还不是违法的)裁量使用。但是纳税义务人必须是通过行政行为的内容提意见;理由中的意见是不重要的。因此,当税收太低或者降到零时,[387] 原则上否定投诉行为。同样,针对结束申诉程序的全面补救裁决(见页边码 576)不可能有重复申诉。[388] 如果税基是裁决的对象(参见《税法通则》第 179 条,见前面页边码 533 以下),那么当然可以存在诉苦。

有关申诉权限的其他限制具体参见《税法通则》第 351—353 条。

---

[387] 根据 § 155 Abs. 1 Satz 3 AO 的规定申请免税时,参见 BFH,I R 152/93, BStBl II 1998, 711;另见 FG Köln, 12 K 1538/98, EFG 1999, 440;*Tipke*, in: *Tipke/Kruse*, § 350 AO Tz 12.

[388] 参见 BFH, XI R 47/05, BStBl II 2007, 736;其他观点 FG Hamburg, III 219/02, EFG 2004, 832 和 FG München, 10 K 4445/03, EFG 2005, 1509.

(3) 形式和期限(《税法通则》第 355、356 条和第 357 条第 1,3 款)。

申诉必须进行书面提交而且为了记录必须加以说明,《税法通则》第 357 条第 1 款第 1 项。不正确的称呼(如"异议""控诉"等)没有害处,《税法通则》第 357 条第 1 款第 4 项。但是根据《税法通则》第 357 条第 3 款,应该对申诉针对的行政行为加以说明。

与《行政法庭条例》规定的申诉情况相同,月期限原则上也适用于这种情况,《税法通则》第 355 条第 1 款。期限随着《税法通则》第 122 条范围内的行政行为的通知而开始(见前面页边码 380 以下),参见《税法通则》第 355 条第 1 款第 2 项。在书面行政行为的情况下,只有附上了合法的法律救济指引,才开始计算期限,见《税法通则》第 356 条第 1 款。然而,当年限期满后即使在行政行为具有瑕疵的情况下原则上提出申诉也不再具有可能性,《税法通则》第 356 条第 2 款。根据《税法通则》第 108 条第 1 款的规定,《民法典》第 187 条以下各条原则上对期限计算适用。根据《税法通则》第 355 条第 2 款,没有期限适用于《税法通则》第 347 条第 1 款第 2 项规定的不作为申诉的情况。如果没有债务的纳税义务人受到了阻碍,没能遵守法律救济期限,那么他可以根据《税法通则》第 110 条申请复原以前的状况[389],如由于假期而延误履行[390];详情见《税法通则》第 126 条第 3 款。

565

(4) 没有使用法律救济。

允许通过有效放弃(《税法通则》第 354 条)或者有效撤销[391](《税法通则》第 362 条)等方式出现没有使用**申诉**的情况。在撤销的情形中,在申诉期限内重新提出申诉是可能的,因为根据《税法通则》第 362 条第 2 款第 1 项只会出现已提出的申诉的损失。而放弃作为形成程序的意愿声明在交付之后不能够被撤销或者由于缺陷对其提出抗议。它是最终性的。[392]

566

(5) 其他行政行为的约束力。

对于《税法通则》第 351 条中与第 1 款规定类似根据正确的观点同样是许可前提的第 2 款规定的约束效力的重要情形(参见前面页边码 534)。

567

(6) 其他许可前提。

最后要检查的是申诉是否是对正确的受领人发出的,《税法通则》第 357 条第 2 款,以及在事实对此提供了根据的情况下,是否可以赞同在法庭上进行审判(《税法通则》第

568—569

---

[389] 参见 § 110 AO *Tetzlaff/Schallock*, SteuerStud 2005, 492。
[390] 参见 FG Bad.-Württ., XII K 326/85, EFG 1989, 48。
[391] 撤回上诉的撤销参见 BFH, X R 38/05, BStBl II 2007, 823。
[392] 参见 *Jakob*, Abgabenordnung, Rn 704。

365 条和第 79 条以下）。

2. 中止效果与执行停止

(1) 原则：申诉无延缓效力。

570　　根据《行政法庭条例》第 80 条第 1 款，申诉提出和撤销诉状的提出原则上具有延缓的效力（中止效果；但是尤其要注意的是《行政法庭条例》第 80 条第 2 款第 1 目对于公共税收和费用的要求），这条规定却不适用于《税法通则》第 361 条第 1 款规定的申诉和《财政法庭条例》第 69 条第 1 款规定的向财政法庭提出的起诉。通过对**中止效果进行排除**应该阻止纳税义务人仅仅出于赢得时间的目的而提出法律救济行为的出现。

但是，一般的对中止效果的排除难以与《税法通则》第 361 条第 1 款第 1 项的目的相协调。而纳税义务人为什么在针对不以给付义务为对象的行政行为的法律救济程序中的状况比起他在可以使用行政法庭条例时进行延期支付中的状况更为不利这种情况的理由不明显。

例子：如果要求某人进行陈述（《税法通则》第 93 条第 1 款），那么针对陈述要求提出的法律救济就发挥不出延缓的效力，也就是说，他必须按照行政行为行事。若与此相反，德国科隆西部广播电台请求出示关于广播收听费的陈述，则这样的反驳是许可的（《行政法院法》第 68 条，《北威州地方行政法院法》第 6 条第 2 款第 4 目）且根据《行政法院法》第 80 条第 1 款也可发挥延缓效果。

因此，（除《税法通则》第 361 条第 4 款的例外情况之外的）在干预行为中是"宪法法律法律保护"[393]保证的适宜特征的中止效果的完全排除鉴于《基本法》第 19 条第 4 款和第 3 条第 1 款的规定在宪法法律上令人担忧。[394]

(2) 执行中止。

571　　根据申请，同时也出于职务上的原因，颁布了无效行政行为的税务机关可以按照《税法通则》第 361 条第 2 款第 1 项的规定**完全或部分地**中止执行。税务机关在以下情况下应该（通常情况下必须）中止执行，即当对无效行政行为的合法性存在有重大怀疑时或者当执行会给当事人带来不适当的而且不是由于占优势的公众利益引起打击的后果时（《税法通则》第 361 条第 2 款第 2 项）。

---

[393] 参见 BVerfG, 1 BvR 23, 155/73, BVerfGE 35, 382 (402)。
[394] 参见 *Birk*, in: FS Menger, 1985, S. 161 (162 f)。

当在总结调查之后有重要的原因说明了出发点是错误的事实状况或者当在法律使用（总结）中不能够排除瑕疵时，就存在对合法性的重大怀疑。司法判决在对法律基础的合宪性存在有怀疑的情况下也使用《税法通则》第361条第2款第2项第1选项的规定[395]，但是当公共执法利益超过了提供暂时法律保护的申请人利益时，司法判决就会否定中止义务。[396] 对受抨击法规的合宪性的严肃怀疑，在此并不具有重要意义。[397]

不适当的打击在以下情况下存在，即当通过执行会对纳税义务人造成具有威胁性的超出正常的资金外流效果的不利条件时，同时，这种正常的资金外流的效果不能够通过对无法律根据的给付过后进行偿还的方式再次进行补偿，如对经济生存造成威胁的情况。

法律救济的延缓效力通过执行的中止得到了确定，即不能进行征税。

执行中止的**效力**具有争议。在税法中，人们必须认为执行的中止不是推迟了到期日，而仅仅是**阻断了执行**。这个从条例原文中的词组（"执行"）容易理解的假定以《税法通则》的具体程序阶段的分离为基础。但是，到期的后果一部分没有出现；尤其由于中止效果没有出现《税法通则》第240条规定的滞纳金，而且裁决也不可以进行强制执行。但是根据《税法通则》第237条出现了中止利息。

原则上，纳税义务人在财政法庭上只有在行政机关按照《税法通则》第361条第2款的规定拒绝了执行中止时才能根据《财政法庭条例》第69条第3款申请执行的中止，参见《财政法庭条例》第69条第4款第1项（例外情况《财政法庭条例》第69条第4款第2项）。

需要注意的是，只有存在可以执行的行政行为时才能对执行中止进行考虑。执行的中止意味着仍然有效的行政行为实质上规定的内容暂时不再能够实现，这使得不允许从行政行为中得出法律上的和实际上的结论。[398] 尤其是税务行政不允许进行抵消。[399] 可以执行的不仅有命令式的（＝可以强制执行的）行政行为，在这个意义内可以执行的还有确定性的和形成性的行政行为，如参见关于（确定性的）基础裁决（见前面页边码534以下）的《税法通则》第361条第3款和《财政法庭条例》第69条第2款第4、5项规定。

---

[395] 参见 BFH, III B 101/86, BStBl II 1988, 134 (135); FG Bremen, II 28/91 V, EFG 1991, 541; 批判的, *Birk*, in: FS Menger, 1985, S. 161 (169 f)。另见 *Schallmoser*, DStR 2010, 297。
[396] 参见 BFH, II B 168/09, BFH/NV 2010, 1033。
[397] 参见 BFH, II B 168/09, BFH/NV 2010, 1033。
[398] 参见 BFH, GrS 3/93, BStBl II 1995, 730 (731)。
[399] 参见 BFH, VII R 58/94, BStBl II 1996, 55 (57)。

而不能进行执行的是对纳税人提出的以颁发授益性行政行为为目的的申请的拒绝,如清偿期延缓和免除。在这些情况中,纳税义务人仅仅通过根据《财政法庭条例》进行的临时规定的颁布达到暂时的法律保护。

3. 税务机关的申诉裁决

575 　　作出行政行为的机关按照《税法通则》第367条第1款第1项通过申诉裁决对纳税义务人的申诉进行裁决。这样就不出现转移效果。原则上允许针对救济裁决的申诉。[400]

576 　　申诉裁决必须进行书面颁布,而且必须有根据,同时还必须具有法律救济劝告的规定(《税法通则》第366条;有关具有瑕疵的或者不正确的法律救济劝告的后果见财政法庭条例第55条)。当行政行为提出了加重改判的可能性时而且也存在有公布的机会时,行政机关必须重新对事实进行检查而且可以对行政行为作出不利于申诉提出人的更改,《税法通则》第367条第2款。[401] 如果行政机关同意申诉("完全补救"),那么就不需要申诉裁决,裁决的更改就满足了条件,如根据《税法通则》第172条第1款第2目第a点规定(所谓的的补救裁决)。[402] 若行政机关未对此申诉进行部分地救济,为此则需要申诉裁决(《税法通则》第367条第2款第3项)。

577 　　申诉裁决构成了一项行政行为。原则上,其关乎于一项《税法通则》第118条第1句规定的单独处分权。平行于根据《税法通则》第172条第3款对单纯的变更申请的拒绝(页边码416),若干申诉也可根据《税法通则》第367条第2b款通过普遍处分权被驳回。此规定应当缩减所谓的集体程序中的行政劳力资源。通过普遍处分权而驳回一项申诉是可能的,只要其关系到欧洲法院、联邦宪法法院或联邦财政法院曾作出判决的法律问题且这些申诉基于最高级别法院判决不被支持。若此申诉因其他问题而被提起,则其不会包含在通过普遍处分权的驳回中。相关机关享有裁量权,裁量是否通过普遍处分权将申诉驳回。根据《税法通则》第367条第2b款第2项,最高财政机关主管一项普遍支配权的免除。详细的程序性前提条件规定在《税法通则》第367条第2b款第3—6项。[403]

　　根据《税法通则》第367条第2a款第1项,财政机关有可能就申诉的部分内容提前作出裁决。部分申诉裁决的发布取决于相关机关的裁量("可以"),然而必须是"有助于

---

[400] 参见 BFH, XI R 47/05, BStBl II 2007, 736。
[401] 根据部分赔偿通知的加重可能性参见 BFH, XI R 51/05, BStBl II 2007, 83。
[402] 关于救济参见 *Bilsdorfer/Morsch*, DB 2008, 2610。
[403] 参见 *Bergan/Martin*, DStR 2007, 1384。

案件情况查明的"。[404] 对此相关机构必须明确,关于哪些部分存续力不得介入(《税法通则》第 367 条第 2a 款第 2 项)。[405]

根据《税法通则》第 359 条的规定,参与程序的有申诉提出人和行政机关为了程序而求教的人。如果第三方以以下方式进行了参与,即裁决针对他们仅能统一颁发(如在统一的和单独的确认情况下;见页边码 533 以下),那么必须按照《税法通则》第 360 条第 3 款的规定对第三方人士进行求教。

578—579

(二)庭内的法律保护

《财政法庭条例》的起诉体制与《行政法庭条例》的起诉体制相似。与行政法庭条例形同,《财政法庭条例》也规定了撤销起诉和义务起诉(《财政法庭条例》第 40 条第 1 款)、确认起诉(《财政法庭条例》第 41 条第 1 款)以及一般的给付起诉(《财政法庭条例》第 40 条第 1 款最后一种情形)。持续确认起诉也是可能的(论据:《财政法庭条例》100 条第 1 款第 4 项)。因为税法是行政干预法,国家通过税务裁决实现他的课税请求权,所以在财政法庭程序中的绝大多数事件中涉及的是撤销起诉。[406]

580

1. 财政法庭起诉的许可前提[407]

由于与行政法庭条例的相似性,在这里仅仅给出了《财政法庭条例》第 33 条以下规定的财政法庭起诉许可前提的概况。

581

(1)财税法律途径。

根据《财政法庭条例》第 33 条第 1 款 1 目,**财税法律途径**在有关《财政法庭条例》第 33 条第 2 款规定的税收事件的公法争论中存在,只要税收遵守联邦法律并且由联邦和联邦州财政局进行管理。

582

例子:根据《基本法》第 105 条第 2 款的规定,营业税(见后面页边码 1351 及以下)受到联邦法律的约束。但是它仅仅是在税收计算标准额核定之前由州财政局(财政官员)进行管理。而税务核定是地方的责任(《营业税法》第 1、14、16 条)。按照《财政法庭条例》第 33 条第 1 款 1 目,只有营业税估算裁决在财税法律途径中可以得到反驳,而由地

---

[404] 关于"相关性"问题参见 Steinger, DStZ 2008, 674。只要纳税人有可能嗣后提出有效的异议,部分请求决定则不具备相关性(参见结合临时性说明 Nds. FG, 7 K 249/07, AO-StB 2008, 239 f 含 Bauhaus 的注解)。

[405] 部分上诉裁决时的问题案件,参见 Intemann, DB 2008, 1005。

[406] 关于财政法庭程序的"成功率",参见 Schmidt-Troje/Schaumburg, StBg 2003, 154。

[407] 根据 § 69 FGO 规定申请中止执行的前提条件,参见 Birk, Steuerrecht I, 2. Auflage 1994, § 18 Rn 14 ff。

方颁发的营业税税务裁决则不能得到反驳。与此相对,行政法律途径根据《行政法庭条例》第40条第1款是对外开放的。

(2) 允许的起诉方式。

583　　依赖于**起诉方式**的是是否必须存在特殊的事实裁决前提。《财政法庭条例》包括有《行政法庭条例》中熟知的起诉方式(见页边码580)。

(3) 形式和期限。

584　　有关**形式**的规定见《财政法庭条例》第64条。[408] **期限**仅仅在撤销起诉和义务起诉中存在(《财政法庭条例》第47、55条,但要注意根据《税法通则》第367条第2b款第5项不同的起诉期限)。[409]

(4) 起诉权限。

585　　所有的起诉只有在以下条件下才允许,即当起诉人可以提出以下情况作为理由,即他通过被质问的行政行为和对它的拒绝或遗漏在他的权利中受到了损害(《财政法庭条例》第40条第2款,类似的情况可以用于确认起诉中[410])——**起诉权限**。自身权利的损害至少必须看起来是可能的。因此应该排除纳税人诉讼。有关统一确认和单独确认(见前面页边码533以下)情况中的起诉权限参见《财政法庭条例》第48条。

(5) 无效的申诉程序。

586　　根据《财政法庭条例》第44条第1款,只有在根据《税法通则》第347条以下进行的申诉程序完全或部分地保持无效时,原则上才允许撤销起诉和给付之诉。然而根据联邦财政法院的观点,不完全法律救济判决也结束了庭外的预审程序,在该法律救济判决中行政机关没有进行部分裁决。它通过恰当的考虑使《财政法庭条例》第44条第1款也有助于不允许受到阻碍的起诉人的保护的行为具有合法性。在其他方面,只可能通过克服《财政法庭条例》第46条第1款的受到阻碍的前提条件(不作为起诉)获得法律保护。[411]

庭外先置程序的必需性中存在以下**例外情况**:

如果行政机关同意,那么可以根据《财政法庭条例》第45条提出所谓的跳跃式诉讼。当纳税义务人指责某项税收法律的违宪性时,可以对这样的行为进行考虑;因为行政机

---

[408] 参见传真提起诉讼 GmS-OGB, 1/98, NJW 2000, 2340;另见 FG Hamburg, II 137/00, EFG 2001, 302;另见 FG Düsseldorf, 16 K 527/09, EFG 2009, 1769:可以通过电子邮件提起诉讼。

[409] 关于未完全公布的上诉请求决定的诉讼期限,参见 BFH, III R 15/07, BStBl II 2008, 94。

[410] 参见 BFH, I R 10/92, BStBl II 1998, 63 (65 f)。此外确定利益是必要的 (§ 41 Abs. 1 FGO)。

[411] 参见 BFH, X R 134/98, BStBl II 2002, 176 (178)。

关不能因为违宪性而对法律不进行使用(论据《基本法》第 100 条第 1 款),因此申诉程序仅会导致延迟。

先置程序的执行必要条件中的第二种例外情况是所谓的根据《财政法庭条例》第 46 条进行的不作为起诉。根据《财政法庭条例》第 46 条第 1 款的规定,当行政机关在适当的期限内(根据《财政法庭条例》第 46 条第 1 款第 2 项至少为 6 个月)在实际上没有对申诉作出判决,那么就要对不作为起诉进行考虑。此外,当在《税法通则》第 348 条第 3 款第 4 目规定中所列举的行政机关中的某一处在适当的期限内没有通过行政行为颁布的申请作出判决时,根据《财政法庭条例》第 46 条的规定,也要对不作为起诉进行考虑。这种情况的依据是,在这些情况中由于《税法通则》第 348 条的规定不存在根据《税法通则》第 347 条第 1 款第 2 项进行的不作为申诉,因此诉诸法庭的途径应该是对外开放的。

即使在这里使用了"跳跃式诉讼"和"不作为起诉"(参见《财政法庭条例》第 138 条第 2 款)的法律专业术语进行表述,但是人们必须想到,这里涉及的不是独立的起诉方式,而是仅仅涉及许可前提内的例外情况。

(6) 其他情况[412]。

在考试或家庭作业中,只有在事实给出了原因的情况下才能对下列许可前提进行探讨:《财政法庭条例》第 57 条规定的当事人的能力、《财政法庭条例》第 58 条规定的诉讼能力、《财政法庭条例》第 62 条规定的诉讼权。此外,当当事人在行政行为颁发后以书面的形式放弃了起诉时,起诉按照《财政法庭条例》第 50 条第 1 款第 3 项的规定是不允许的。

2. 针对财政法庭判决的法律救济手段[413]

法律手段是针对财政法院判决的法律救济;它阻碍了法律效力的出现(**中止效果**)而且把诉讼转到了上一级法院(**转移效果**)。财政法庭管辖是联邦德国独有的法院分支,仅有两层审级(基于历史原因)。不存在就争议材料再次进行事实审查的上诉审级,而仅有复核审级,其被限制在对财政法院判决的法律审查中(参见《财政法庭条例》第 118 条)。可进行复核的原因列举在《财政法庭条例》第 115 条第 2 款中。

针对财政法院的判决(《财政法庭条例》第 95 条)和法庭裁决(《财政法庭条例》第 90a 条第 2 款),财政法庭条例在一定的前提条件下规定了**复核**(《财政法庭条例》第 115 条),它针对所有其他的判决规定了对联邦财政法院的**控诉**(《财政法庭条例》第 128 条)。自

---

[412] 婚姻关系下诉讼程序的特殊性参见 Nöcker, AOStB2009, 299。
[413] 法律手段系统,参见 Seer, in: Tipke/Lang, § 22 Rn 230 ff.。

从《财政法庭条例》第 133a 条规定生效以来，由于所谓的看得见的违法性一般不再允许进行特殊的控诉，其中，根据《财政法庭条例》第 133a 条的规定，在对法定的倾听权有重大违法的情况中，必须在有关的法院中继续进行审理。[414] 具有特殊意义的是不准许控诉（《财政法庭条例》第 116 条），因为根据《财政法庭条例》第 115 条的规定，只有在财政法院准许进行复核或者联邦财政法院根据控诉准许进行复核的情况下，才有可能对财政法院的判决进行复核（准许原则，《财政法庭条例》第 115 条第 1 款）。在严格的前提条件下，法律未作规定的对立于预想的法律手段也是许可的[415]。

---

[414] BFH，VIII B 181/05，BStBl II 2006，188。
[415] 参见 BFH，V S 10/07，BStBl II，2009，824，1019。

第三章
收入和收益的税

第五节 个人所得税法

个人所得税是对自然人所得收入所征收的税(纳税人,见《个人所得税法》第 1-1a 条,对此解释见页边码 663 以下)。它以纳税人在一段时间内的、已被证明的财力为征收依据,这即是说,征税应根据个体的支付能力进行。但在现行的《个人所得税法》中,这些基础理论不断因为其他目的而被牺牲,原始的税收体系也因此多次被打破。《个人所得税》早期被称为"税收女王",但当下却被认为"太过复杂""承载了太多导向性法规"以及"为在国际税收竞争中获利而遭到扭曲"。基于前述原因(而不仅是因为经济上的重要意义),现存的税法改革模式将主要涉及对个人所得税的改革(见页边码 95 以下)。

法人所得税(见页边码 1200 及以下)是对法人收入所征收的税。个人所得税和法人所得税均属于收益税。除个人所得税和法人所得税外,营业(收益)税(见页边码 1351 以下)也是收益税的一种。营业税作为一种对实物所征收的税只是有限地考虑个体的支付能力。[1]

---

[1] 详见 Hey, JZ 2006,851; Pöllath, Einkommensteuer—einfach am Ende, am Ende einfach, in: FS für Raupach, 2006, S. 153。

一、历史发展概述[2]

601	1799 年	为筹措对拿破仑战争的经费,英国财政部长皮特(William Pitt d. J.)首次创立了"个人所得税"这一税种(见页边码 18)。
	1808—1812 年	普鲁士的战争税,战争税依据收入所得进行征税,创设该税是因为对拿破仑战争的失败。
	1820 年	普鲁士实行等级税
	1851 年	普鲁士开始实行分级个人所得税
	1891 年	普鲁士财政部长约翰内斯·冯·米凯尔(Johannes von Miquel)对普鲁士所得税征税模式进行了改革(也叫米凯尔税改)。米凯尔税改有关收入的定义以伯恩哈德·富斯廷(Bernhard Fuisting)提出的源头理论为依据(页边码 20 和 611)。
	1920 年	出台了第一个帝国所得税法(以帝国财政部长马提亚·艾尔兹贝格命名的艾尔兹贝格税改)。1920 年《个人所得税法》中的有关收入的定义以格奥尔格·冯·沙恩茨所提出的纯财产增值理论为依据(页边码 20 和 610)。
	1925 年	1925 年《个人所得税法》引入了收入种类的概念。其中一些收入种类符合纯财产增值理论,另一些收入种类则符合源头理论。今天的个人所得税法主要继承了这一市场。
	1934 年	1934 年《个人所得税法》:现行个人所得税法的结构以该法为基础建立。

二、作为个人所得税征税对象的收入:概念及基本准则

(一)根据《个人所得税法》中第 2 条第 5 款的规定需要收税的收入所得

1. 有关收入所得的基本概念综述

602 　《个人所得税法》规定了如何对收入进行征税。根据《个人所得税法》第 2 条第 5 款第 1 项,待征税收入构成了应用税率进行课税的估算基础(按税率确定的应纳税所得额)。根据《个人所得税法》第 2 条第 6 款,从按税率确定的应纳税所得额出发,进行相应加减,而出现了待确认的所得税。《个人所得税法》第 2 条第 2 款至第 5 款对如何调查需要纳税的收入部分进行了规定。《个人所得税法》第 2 条第 5 款第 1 项将需要纳税的收入部分定义为"减掉第 32 条第 6 款中规定的免税项目及其他需要从收入中扣除的费用之后的收入"。这一定义使用了《个人所得税法》第 2 条第 4 款中关于收入的概念,即减去特殊支出及特殊负债后的收入所得总额。《个人所得税法》第 2 条第 3 款中规定,收入所得总额是"减去老年减免额、单亲父母的减免额以及第 13 条第 3 款的规定减免额之后的收入总和"。《个人所得税法》第 2 条第 1 款和第 2 款解释了什么是收入。收入是调查收入所得的起点。根据《个人所得税法》第 2 条第 1 款和第 2 款的规定,共有七种收入种

---

[2] 历史发展详见本书 Rn 18 ff 和 *Gehm*,SteuerStud 2008,188 ff。

类需被征收所得税：

——来自农业和林业的收入（第 2 条第 1 款第 1 项第 1 目）
——来自工商业的收入（第 2 条第 1 款第 1 项第 2 目）
——来自自由职业的收入（第 2 条第 1 款第 1 项第 3 目）
——来自非自由职业的收入（第 2 条第 1 款第 1 项第 4 目）
——来自资产的收入（第 2 条第 1 款第 1 项第 5 目）
——来自出租和租赁的收入（第 2 条第 1 款第 1 项第 6 目）
——《个人所得税法》第 22 条意义上的其他收入（第 2 条第 1 款第 1 项第 7 目）

《个人所得税法》从所谓的综合收入的概念出发，也就是说，不对各收入种类区别计算所得税，而是将各收入种类视为一个共同的估算基础。不过，法律上对各收入种类的规定有所不同（页边码606），尤其对源于资本资产的收入有特别的规定（页边码759及以下，参见《个人所得税法》第 2 条第 2 款第 2 项、第 5 款）。

《个人所得税法》第 2 条规定了在调查需要纳税的收入部分时应依据的调查步骤：

第一步：调查每种收入种类内的收入所得（《个人所得税法》第 2 条第 1 款和第 2 款）
- 来自农业和林业的收入所得，《个人所得税法》第 13—14a 条
- 来自工商业的收入所得，《个人所得税法》第 15—17 条
- 来自自由职业的收入所得，《个人所得税法》第 18 条
- 来自非自由职业的收入所得，《个人所得税法》第 19 和 19a 条
- 来自资产的收入所得，《个人所得税法》第 20 条
- 来自出租和租赁的收入所得，《个人所得税法》第 21 条
- 其他收入所得，《个人所得税法》第 22—23 条

第二步：计算收入总和（《个人所得税法》第 2 条第 3 款）
第三步：计算需要纳税的收入部分
收入总和
— 老年减免额（根据《个人所得税法》第 24a 条）
— 单亲父母的减免额（根据《个人所得税法》第 24b 条）
— 农林业的免税额（根据《个人所得税法》第 13 条第 3 款）
＝收入所得总额（《个人所得税法》第 2 条第 3 款）
— 扣除损失（根据《个人所得税法》第 10d 条）
— 特殊支出（根据《个人所得税法》第 10-10c 款）
— 特殊负债（根据《个人所得税法》第 33-33b 款）
— 税收优惠（根据《个人所得税法》第 10e—10i 条和《促进领域法》第 7 条）
＝收入（Einkommen，《个人所得税法》第 2 条第 4 款）
— 子女免税额（根据《个人所得税法》第 31 条和第 32 条第 6 款）
— 困难补助金（根据《个人所得税法》第 46 条第 3 款，《个人所得税法》实施规定第 70 条）
＝需要纳税的收入部分（根据《个人所得税法》第 2 条第 5 款）

2. 客观的所得税缴纳义务

(1) 需要纳税的收入。

604　**情形 27**：法学院的学生 A，在课余为他人补课并于 2010 年因补课赚得收入 3000 欧元。同时，他叔叔每个月还会给他 300 欧元以资助其学业。那么，A 要缴纳个人所得税吗？（页边码 607）

605　根据《个人所得税法》第 2 条第 1 款的规定，是否能以《个人所得税法》对某一个事实行为作出判断，其依据是是否主要存在应纳税的收入，能了解自己收入来源的人应当对其所得收入进行分类。

不能被归入任何收入种类的收入归为己有的同时不用纳税。这里包括例如博彩中奖[3]或者因为个人品格或"成就"而获得的奖励（如诺贝尔奖）。[4] 偶然的财产增加也是不需要纳税的收入，因为所有收入所得种类都是以取得盈利为目的（《个人所得税法》第 2 条第 2 款第 1 项第 1 目中规定了以取得收益为目的各种情况；《个人所得税法》第 2 条第 2 款第 1 项第 2 目中规定了以取得盈余为目的各种情况）。[5] 如果不以取得盈利为目的，而仅仅是出于个人偏好而进行的行为，那么从个人所得税法的角度来看就称之为爱好（页边码 701），由爱好带来的财产增加不需要纳税。

如果某纳税人出售了其私人财产中的一件物品，仅当出售对象主要涉及《个人所得税法》第 17 条意义上的股份公司或者属于《个人所得税法》第 22 条第 2 款和第 23 条所规定的情况，那么这种出售才与税收有关（对此详见页边码 719 和 795）。对不包含被这些构成要素的出售行为，其所获得的盈利（例如在购买一个艺术品两年后售出）不需纳税。

606　不同的收入所得种类会带来法律上的不同效果，例如

---

[3] 详见 BFH, X R 8/06, BFHE 223, 31；其他原因：BFH, X R 25/07, BFHE 223, 35。

[4] BFH, IV R 184/82, BStBl II 1985, 427。奖金或者资助奖金是可被征收的，例如一位工程师展示其作品获得的奖金（这里指《个人所得税法》第 18 条规定的自由职业的收入）；资助奖金是指提供给科学工作的奖金，见 Sch.-H. FC, I 210/95, EFG 2000, 787（这里指《个人所得税法》第 19 条规定的非自由职业的收入）。

[5] BFH, GrS 4/82, BStBl II 1984, 751 (766)；参见教条性推导，详见 Escher, Steuerliche Liebhaberei, S. 18 ff.

——有关调查收入所得的方式

对于收益收入(《个人所得税法》第 2 条第 2 款第 1 项第 1 目)当根据《个人所得税法》第 4 条第 3 款的规定不存在通过收入—盈余进行计算的记账义务时(纳税人有自主选择权),可根据《个人所得税法》第 4 条第 1 款和第 5 款的规定通过编制资产负债表(企业财产比较)来调查盈余。对于盈余收入(《个人所得税法》第 2 条第 2 款第 1 项第 2 目),则通过收入—盈余结算来调查盈利情况。《个人所得税法》第 13a 条(农林业的平均税率)及《个人所得税法》第 5a 条(针对特定工商业的所谓的吨位征税[6])是关于调查盈利的特殊规定。

——"是否"免税和免税金额的额度及限度

例如:《个人所得税法》第 13 条第 3 款规定了农林业免税金额;《个人所得税法》第 20 条第 9 款中对资产收入所得中的储户免税总额进行了规定;《个人所得税法》第 23 条第 3 款第 5 项规定了有私人出售行为取得的收益的免税限额。

——必要支出是否能由总收入中全额扣除,《个人所得税法》第 9a 条

根据《个人所得税法》第 9a 条第 1 款,必要支出的全额扣除只适用于某些特定的盈余收入;非自由职业收入所得中可扣除的必要支出是 102 欧元,只要其与维系工作有关(《个人所得税法》第 19 条第 2 款);非自由职业其他收入所得中的可扣除的必要支出为 920 欧元《个人所得税法》第 19 条第 1 款;特定的其他收入所得为 102 欧元《个人所得税法》第 22 条。

——所得税的征收形式

例如:对于非自由职业收入所得(工资税,《个人所得税法》第 38 条以下)和资产收入所得(资本收益税,《个人所得税法》第 43 条以下)所实行的源头征税参见页边码 652。

——对其他税种的影响

某一行为是否能被定性为工商行为(《个人所得税法》第 15 条),这点具有特别重要的意义;如果行为被认定属于工商行为,那么纳税人就要为其工商行为缴纳营业税,按照《营业税法》第 2 条第 1 款第 2 项的规定,有关工商企业的定义要参考所得税法。倘若纳税人的收入所得不具有工商性质,则财政部门会因此否定其营业税的缴纳义务(见页边码 737)。

——其他税种的计算

需要纳税的收入中,工商性质收入(《个人所得税法》第 15 条第 1 款)按比例分摊所得税,仅在此种情况下,才能根据《个人所得税法》第 35 条将营业税完全算为所得税(详

---

[6] 详见 *Dißars*, NWB 2009, 3656。

见页边码649和650)。

——可适用的税率

区别于普通税率(《个人所得税法》第32a条),源于资本资产的收入通常会统一适用25％的特殊税率(《个人所得税法》第32d条,边码760)。对于收益收入所得(《个人所得税法》第2条第2款第1项第1目)可适用《个人所得税法》第34a条规定的特殊税率(所谓的累积优惠,页边码648)。

解答27(页边码604):如果一项收入能够被归入某一收入种类,那么该收入就需要纳税。按照《个人所得税法》第2条第1款第1项第3目和第18条第1款第1项第2目的规定,3000欧元属于自由职业的收入("教课行为")。而根据《个人所得税法》第2条第1款第1项第7目和第22条第1款第1目,叔叔对A的额外资助作为所谓的重复收入(wiederkehrende Bezüge)可以被归为其他收入。然而,尽管额外资助是重复收入,但是根据《个人所得税法》第22条第1款第2项第1目,倘若叔叔本身负有无限的纳税义务(《个人所得税法》第1条第1款规定:参见页边码666),那么A对此项收入就不再负有纳税义务。

作为自由职业的收入,A对其赚取的3000欧元负有纳税义务。但根据《个人所得税法》第2条第5和6款的规定,A实际上是否必须纳税,这还取决于其需要纳税的收入部分的多少和所应用的税率。

1. 调查自由职业收入所得

工商营业收入	3000 欧元
工商营业支出[7]	0 欧元
收入所得	3000 欧元

2. 调查收入所得总额   3000 欧元

3. 调查收入

—特殊支出—总费用额,《个人所得税法》第10c条第1款	−36 欧元
—特殊债务,《个人所得税法》第33条	−0 欧元
收入	2964 欧元

[7] 一般而言,营业成本限于可证明范围。然而,财政部认为,独立工作的特定收入也应被征收30％(最高4800德国马克,合2454欧元)或25％(最高1200德国马克,合614欧元)的税收:BMF v. 21.1.1994, BStBl I 1994, 112 = EStH 143. 前提是,这种收入计算方式不会导致个体征税的明显不公:BFH, IV R11/87, BStBl II 1980, 455 (456)。参见 Schmidt/Wacker, EStG, § 18 Rn 216。

> 4. 调查需要纳税的收入部分
> —无其他扣除   —0 欧元
> 需要纳税的收入   2964 欧元
> 5. 调查按税率所对应的所得税,《个人所得税法》第 32a 条第 1 款第 1 项
> 需要纳税的收入部分不超过 8004 欧元(估定时间:2010 年):所得税＝   0 欧元
> A 不必为其补课所得的收入缴纳所得税。

(2) 收入种类的二重性。

《个人所得税法》第 2 条第 1 款规定了需要征收所得税的收入种类,而第 2 款则规定了什么是收入所得。法律对收益收入所得和盈余收入所得[8]进行了区别。按照《个人所得税法》第 2 条第 2 款第 1 项第 1 目的规定,来自农林业、工商业和自由职业的收入所得属于收益收入所得。《个人所得税法》第 2 条第 2 款第 1 项第 2 目则规定,来自非自由职业、资产、出租和租赁的收入及其他收入所得属于盈余收入所得。

原则上,个人所得税法将收入扣除必要支出后的盈余定义为盈余收入所得中的收入所得(《个人所得税法》第 2 条第 2 款第 1 句)。仅在源于资本资产的收入中,情况有所变化:根据《个人所得税法》第 2 条第 2 款第 2 句,第 20 条第 9 款,此处不允许扣除实际的费用支出,而只是允许扣除储户免税额(参见页边码 769)。

收益收入所得和盈余收入所得的不同使得收入**种类具有二重性**。这两者的区别是所得税法的基础,因为相关立法上的根本性决定正是由它衍生而出的。[9] 收入种类的二重性兼顾了不同的法学理论,它考察的是,在调查收入所得时,是否考量为取得收入而投入的财产的价值改变。

收益收入所得是以**纯财产进入理论**为基础的。该理论是由冯·尚茨提出并于 1920 年被首次引入到所得税法中(见页边码 21)。根据该理论,收入所得就是某一特定时期内的财产增加。该理论与现行《个人所得税法》的联系体现在《个人所得税法》第 4 条第 1 款上,该条款将收益定义为企业财产在本会计年度结束时与上一个会计年度结束时的差额。这意味着,在收益收入种类的问题上,必须考量已实现的、(企业)财产的价值

---

[8] 详见 Daniels, SteuerStud 2008, 175 ff.
[9] 对平等性的约定(Art. 3 Abs 1 GG)是存疑的:Lang, in: Tipke/Lang, § 9 Rn 185; Kirchhof, in: Kirchhof/Söhn/Mellinghoff, § 2 Rz C 150. 但联邦宪法对此并不否认:BVerfG, 2 BvL 20/65, BVerfGE 26, 302 (312)。

增长。

611　　盈余收入所得是以**源头理论**为基础的。根据这个由富斯廷阐述的理论（页边码20），仅当收入源自具有持续性的收入来源时，才需要对其收税。在调查收入所得时，并不需要考量财产（"源头"）本身。在盈余收益所得的问题上，财产的价值改变对于个人所得税而言没有任何意义。为了取得盈余收益所得而投入的财产仍旧是私人财产。这意味着，对于为取得收入所得（比如通过出租和租赁）而投入的私人财产而言，以及按照《个人所得税法》第23条第1款及《个人所得税法》第17条以及第20条第2款所规定的前提条件、在资产剥离期外被出售并带来收益的私人财产而言，征收所得税时无需考量作为私人财产的财产本身，因而不用为其收益纳税。与之相比，**市场收入理论**则根据收入所得是否通过市场获得（所谓的作收入→不确定应被译为"投资收益"还是"买进收益"）来确定其是否需要纳税。[10] 根据这一理论，那些不是由市场规律下的价值交换所获得的收入所得就不需要纳税（比如：赠与、中奖收益）。按照该理论，通过节俭支出（例如：住在自己家里）而取得的收入（推算收入）也无需纳税。现行所得税法没有将上述任何一个理论予以全面应用。

　　倘若某一纳税人将自己的私人住宅出租出去，那么按照《个人所得税法》第21条第1款第1项第1目的规定，其所获得的租金作为来自出租和租赁的收入所得就需要纳税。如果该纳税人将这个房子出售出去，那么由此而获得的收益就不属于来自出租和租赁的收入所得。相反，倘若该纳税人将同样的物品作为一种工商财产出售（通常是为了获取收益收入所得），那么由该出售行为所获得的收益就需要缴纳个人所得税。然而，如果纳税人在5年的时间内购买了三块以上的地产并将其出售，此人的私人财产，尤其是用于出租的不动产，可能会迅速地"转变"为工商财产（关键词：三物品限制以及营业性的地产贸易）[11]，对此解释见页边码703。

　　（3）免税的收入（《个人所得税法》第3条，第3b条）。

612　　某些情况下收入可以被全部或部分予以免税，《个人所得税法》第3条第1—70目和第3b条以不系统的顺序罗列了这些情况。其中有几类情况仅仅是申报性的，也就是说，这些情况下获得的收入本不属于任何一种收入种类下的财产增加（例如：《个人所得税法》第3条第19目、第20目和第58目）。相比之下，这些被罗列的情况多属于需要纳税的收入所得（《个人所得税法》第1条第1款），但是根据《个人所得税法》第3、3b条，这些

---

[10]　基本的，Ruppe, DStJG 1 (1978), 7, 16。参见 Lang, in: Tipke/Lang, § 8 Rn 30 f.
[11]　BFH, GrS 1/93, BStBl II 1995, 617 和 GrS 1/98, BStBl II 2002, 291.

情况被例外地予以免税(宪法性效果),也就是说纳税人不对它们负纳税义务。

例如:某服务员每年除了年薪(1.8万欧元)外,还可以从那些对其满意的客人那儿拿到1000欧元的小费。小费属于《个人所得税法》第19条第1款第1项第1目意所称的工资(参见页边码754和755),即属于非自由职业的收入所得(《个人所得税法》第2条第1款第1项第4目)。在这个非自由职业中,通过计算(具有纳税义务的)收入中超过必要支出的盈余(《个人所得税法》第2条第2款第2项第2目)以调查收入所得额度。对于该服务员而言,只有年薪(1.8000万欧元)才属于《个人所得税法》第8条意义上的收入,因为根据《个人所得税法》第3条第51目,小费被列入了免税的收入范围。

根据《个人所得税法》第3条的规定,重要的免税收入举例如下:
——医疗保险/护理保险及法定的意外事故保险的给付(《个人所得税法》第3条第1目a点),
——失业金及临时工工资(所得税法第3条第2条),
——联邦财政或州财政支付的津贴(《个人所得税法》第3条第2目),
——从事练习教练、培训师或兼职教师这类兼职或类似的兼职[12]所赚的收入所得(《个人所得税法》第3条第26、26a目),
——从员工参股中所获得股利分红(《个人所得税法》第3条第39目),
——对已进行归属征税的国外资本份额的股利分配与出售(《涉外税法》第7条以下)(《个人所得税法》第3条第41目),
——由公共资金支出的奖学金(《个人所得税法》第3条第44目),
——雇员因私使用企业的电脑及通讯工具而获得的利益——"工作场所的网络"(《个人所得税法》第3条第45目)[13],
——雇主特别支付的企业退休金(《个人所得税法》第3条第56目),
——员工保险中由雇主支付的社会保险(《个人所得税法》第3条第62目),
——养老相关的特定费用(《个人所得税法》第3条第63目)[14],
——不动产投资信托—股份公司根据不动产投资信托法获得的企业财产增长(《个

---

[12] § 3 Nr 26 EStG 对改卷(作业)助理的适用,参见 *Seel*, JA 2008, 296。
[13] 对于自营者的不公平行为是违宪的:BFH, XI R 50/05, BStBl II 2006, 715。
[14] 参见 *Hartmann*, INF 2005, 56; *Seifert*, StuB 2004, 1041。

人所得税法》第 3 条第 70 目）[15]，

——周日、节假日或夜间上班的补助（《个人所得税法》第 3b 条）[16]。

613　根据《个人所得税法》第 3 条第 40 目，一定的（企业家的）企业财产增加、营业收入或通过在某一个股份公司参股而获得的股利及出售收益所得，这些收入所得的 40% 不需要缴纳所得税（所谓的部分收入所得程序；此见页边码 1204）。[17]

根据《个人所得税法》第 3 条第 40 目第 1 句，特别是在如下情况中，收入所得的 40% 也是免税的：

——根据《个人所得税法》第 16 条第 1 款进行的企业转让的转让价格，及通过《个人所得税法》第 16 条第 3 款进行的企业放弃而获得的市场价值，当其被分摊至企业财产的资本份额中时（《个人所得税法》第 3 条第 40 目第 1 句第 b 点）；

——《个人所得税法》第 17 条第 2 款规定的转让价格或市场价值（《个人所得税法》第 3 条第 40 目第 1 句第 c 点）；

——特定的收入，即那些若无《个人所得税法》第 20 条第 8 款之规定则归入资本资产的收入（首先是盈余，其被分摊至企业财产中的资合公司的部分，若无《个人所得税法》第 20 条第 8 款之规定则依据《个人所得税法》第 20 条第 1 款有征税义务；参照《个人所得税法》第 3 条第 40 目第 1 句 a、b、d—h 点以及第 2 句）。

614　根据《个人所得税法》第 3c 条第 1 款的规定，与之相对应，如果某类支出与免税收入（主要是《个人所得税法》第 3 条所规定的那些）存在某种直接的、经济上的联系，这样的支出就不能作为企业支出或者必要支出而扣免。那些与可以部分免税的收入之间存在着某种经济联系的支出，则只可以对需缴税的那部分金额进行扣免，即对此类支出的 60% 进行扣免。[18]

如果将非税收的法律规定与个人所得税法的相关定义（比如收入所得或收入）联系起来，为了非税收相关的目的就必须取消以部分收入所得程序实现的免税（《个人所得税法》第 2 条第 5a 款）。部分收入所得程序同样也不适用于调查教会税的估算基础；所有的地方教堂税法都要动态地参照《个人所得税法》第 51a 条第 2 款（例如：《北威州教堂税

---

[15] 参见 *Sieker/Göckeler/Köster*, DB 2007, 933；*Spoerr/Hollands/Jakob*, DStR 2007, 49。

[16] 根据 BFH 的结论，§ 3b EStG 并不会导致妇女歧视，也不会引起宪法反思和欧洲法上的反思（VI B 69/08, BStBl II 2009, 730, 731）。

[17] 详见 *Birk/Wernsmann*, Klausurenkurs, Fall 8 (Rn 512 ff)。

[18] BFH 认为这种做法（§ 3c Ab 见 2 EStG aF）是合宪的：BFH, VIII R 69/05, BStBl II 2008, 551；批判参见 *Englisch*, FR 2008, 230；*Intemann*, DB 2007, 2797。

法》第 4 条第 2 款；《巴伐利亚州教堂税法》第 8 条第 2 款），该规定取消了《个人所得税法》第 3 条第 40 目所规定的免税情况。[19]

(二) 客观的净收入原则(《个人所得税法》第 2 条第 2 款)

1. 对经营中的损失进行补偿及扣减

从收入所得的定义及收入所得总和的定义可以得出所得税法意义上的重要结论。作为超过必要支出的收益收入或盈余(《个人所得税法》第 2 条第 2 款第 1 项)(或根据《个人所得税法》第 20 条的资产收入所得，通常为超过存款总额的收入盈余，见《个人所得税法》第 2 条第 2 款第 2 项、第 20 条第 9 款)(见页边码 759 以下)，收入所得是一个网状模型，简言之，在扣除为取得收入而产生的花费之后的收入所得组成了这一模型。支出可以从收入所得中扣抵，这是基于纳税人仅对其收入所得中可以供他使用的那部分收益付缴税义务，为了取得收入而必须花费的那部分收入，纳税人不对其付缴税义务。个人所得税法在收益收入所得范围内，将这样的支出称为营业费用(《个人所得税法》第 4 条第 4 款)，而在盈余收入所得范围内则称为必要支出(《个人所得税法》第 9 条第 1 款)。

倘若将收入所得简单地描述成将支出扣减后的收入，那么需要纳税部分就只是净收入所得或纯收入所得。《个人所得税法》第 2 条第 2 款由此规定了客观的净收入原则。根据这一原则，在收入所得调查这个领域，才可能实现**依据个体的能力来进行征税这一准则**。作为基本原则，该原则尤其适用于收益税法。[20]

由于客观的净收入原则的存在，不仅使得在调查收入所得的时候能将费用扣减，而且还必须可以**使损失得到补偿**。个体的给付能力不能由通过某一项收入种类而取得的收入进行确定，而是以各种收入所得的总和(《个人所得税法》第 2 条第 3 款)为前提。因此，在可以用某一收入种类下的收益进行内部损失补偿的同时，还可以用另外一种收入种类下(比如，工商类营业)取得的收益来对其他收入种类(比如，出租和租赁)进行外部的损失补偿。[21]

由于同时计算正收入所得和负收入所得，这就自然产生了一些避税的可能方法(例如，参与所谓的折扣模型，这能够产生负收入所得)，因此立法者总是不断地尝试去限制对损失进行的补偿。[22] 在现行的《个人所得税法》中，外部的损失补偿基本上可以实现。

---

[19] 参见 *Homburg*, FR 2008, 153 ff.。
[20] BVerfG, 1 BvR 620/78, 1335/78, 1104/79, 363/80, BVerfGE 61, 319 (343 f)；1 BvL 20, 26/84, 4/86；BVerfGE 82, 60 (86)；2 BvL 37/91, BVerfGE 93, 121 (135)；*Lehner*, DStR 2009, 185.
[21] 网络损失补偿也被分为一般损失补偿和特殊损失补偿。
[22] 详见 *Weber-Grellet*, Stbg 2004, 31；*Eisgruber*, DStZ 2007, 630。

然而，在此情况下，根据《个人所得税法》第 20 条第 6 款第 2 句，外部的损失补偿中要排除资本资产的亏损（消极收入）。《个人所得税法》第 20 条第 6 款第 1 项以及第 3—6 句包含了更多的、关于结算资本资产的积极和消极收入的复杂规定。对于其他收入，《个人所得税法》中有特殊的禁止损失补偿（此见页边码 626—627 以下）。

例子：2010 年，A 从工商性营业活动Ⅰ中取得收益 60 万欧元，同时在工商性营业活动Ⅱ中损失 10 万欧元。那么其从事工商性营业活动所获得的收入所得（《个人所得税法》第 15 条）为 50 万欧元（所谓的内部损失补偿）。同时，A 从出租和租赁活动中（《个人所得税法》第 21 条）损失了 60 万欧元。通过所谓的外部损失补偿，来自工商性营业活动及出租和租赁活动的收入所得及损失需要被算在一起，即产生了数额为 10 万欧元的总损失，也就使得 A 在 2010 年的收入所得总和为 0 欧元。因此，2010 年，A 不用支付所得税。

617 像案例中展示的那样，并非所有的损失都能通过损失补偿而被实际补偿，当这种情况发生时，按照《个人所得税法》第 10d 条的规定，可以考虑跨时期或暂时的损失扣抵。这一规定容许将亏损退回到上一个纳税期（《个人所得税法》第 10d 条第 1 款第 1 项），可以退回的亏损最多为 511,500 欧元（夫妇为 1,023,000 欧元）。如果亏损在进行退回的时依旧不能被实际补偿，那么可以适用《个人所得税法》第 10d 条第 2 款提供的、无限期的亏损向后转账。但是采用这种转账时，转账金额的额度是受到限制的。100 万欧元（夫妇：200 万欧元；所谓的基本转账金额）的亏损可以完全被补偿，超过 100 万欧元的部分只能对其 60% 进行补偿。[23]

例如：B 在 2009 年的纳税期内亏损了 700 万欧元。因为 B 在 2008 年纳税期内没有收入所得，（按照《个人所得税法》第 10d 条第 1 款第 1 项的规定）该亏损不可能通过退回得到补偿。2010 年的纳税期内，B 的收入所得总额为 300 万欧元。根据《个人所得税法》第 10d 条第 2 款的规定，此时可将 2009 年的亏损向 10 年的纳税期转账，可转账金额为 220 万欧元〔＝100 万欧元基本转账金额＋（超过基本转账金额部分 200 万欧元的所得收入×60%＝)120 万欧元〕。如此算来，2010 年纳税期内，B 的收入所得总额为 80 万欧元（＝300 万欧元－220 万欧元）。对于那些仍然存在的、但未能被结算的、总额为 480 万欧元的亏损（＝700 万欧元－220 万欧元），B 只能在接下来的几年中实现补偿（未涉及特殊

---

[23] 详见 Lang/Englisch，StuW 2005，3（5—21）。参见 Forst/Frings，EStB 2004，80。

费用、特殊负债及税收优惠的解决方案)。

根据《个人所得税法》第 10d 条第 1 款第 5 项的规定,为了实现某些亏损的向后转账,纳税人也可以完全或部分放弃亏损退回,因为在特殊情况下,这样可能使纳税人在未来几年的收益结算中更加有利地利用亏损。如果将来的预期收益比过去高,且可能面临着更高的累进负担,那么就存在纳税人利用过往亏损的可能性。因为,亏损向后转账可以缓解将来的累进负担。

一直有争议的是,被继承人遭受的损失继承人是否能在缴税时予以扣减,根据《个人所得税法》第 10d 条的规定这种说法是可能成立的,只要损失发生时立遗嘱人没有去世。对此,联邦财政法院的大审判庭否定了这个说法。[24]

至于这种跨时期的亏损扣抵是基于客观的净收入原则及给付能力原则而形成的[25],还是说基于公平原则[26]而成,这个问题目前尚有争议。根据《基本法》第 3 条第 1 款所规定的客观净收入原则,联邦宪法法院要求至少要对出自同一收入所得源头[27]的所得进行跨时期的亏损扣抵。[27]

2. 对客观的净收入原则的打破——禁止扣抵和禁止补偿损失

工商性营业费用和必要支出可以从收入所得中扣除,这一基本原则可以通过许多其他的法律规定来打破。[28] 禁止扣除与禁止补偿损失,这两者是有区别的。禁止扣除发生于调查收入所得的阶段,而禁止补偿损失则发生在对收入所得进行总结算时,因此必然在外部的或纵向的损失补偿这一层面上发挥作用(页边码 616)。

禁止扣除和禁止损失补偿是对客观的净收入原则的打破(见页边码 615)。然而,它们具有区分私人领域和职业领域(页边码 622—625)的作用,或者甚至可以用来防止纳税人拥有某种双重的税收优势。例如,根据《个人所得税法》第 3c 条,只要必要支出和工商性营业费用与免税的收入有着某种直接的、经济上的联系,那么就禁止对其进行扣除(见页边码 614)。

(1) 为私人原因进行的花费,禁止扣除。

立法机构不允许对某些特定的工商性营业费用和必要支出进行扣除,这种禁止扣除

---

[24] BFH, GrS 2/04, BStBl II 2008, 608 保护期待权的临时条款;参见 *Birnbaum*, DB 2008, 778; BMF v. 24.7.2008, BStBl I 2008, 809。
[25] 参见 *Lang*, in: *Tipke/Lang*, § 9 Rn 62。
[26] *Söffing*, Steuerberaterkongress Report 1977, 131。
[27] BVerfG, 2 BvR 1818/91, BVerfGE 99, 88。
[28] 参见 *Fritz*, SteuerStud 2009, 569 中的不可扣除的营业费用概览。

不具有系统性的理由。其中，为私人原因而开销的工商性营业费用和必要支出是禁止扣除的一个主要方面（《个人所得税法》第 4 条第 4a 款、第 5 款、第 9 条第 5 款）。《个人所得税法》第 4 条第 4a 款排除了扣除利息的情况，即通过所谓的**多账户模式**能够将利息转移到营业领域中去（详见页边码 974）。《个人所得税法》第 4 条第 5 款第 1 项第 1 点到第 12 目例举了一系列不可进行扣抵或者仅能有限扣抵的工商性营业费用。这些费用的共同之处在于，它们都是为应酬所进行的支出。这些费用尽管都可以视为工商性营业费用，但因为其种类和数额的关系，使它们也涉及一个与税收无关的领域，即私人生活（混合的费用；参照《个人所得税法》第 12 条第 1 目第 2 句的分割禁止与扣除禁止间的关系，页边码 967 以下和 1019 以下）。

622—625

《个人所得税法》第 4 条第 5 款应当起到一种作用，即防止在确定所得税时算入了不恰当的营业性应酬费用。[29] 这一基本的观点[30]与《个人所得税法》第 4 条第 5 款第 1 项第 7 目的规定有关，按照该规定，涉及纳税人或者他人生活的营业费用，只要以人情往来的普通标准予以考察而被认为是不恰当的，那么这些费用就不能被扣抵。需要进行恰当性检查的项目，罗列在《个人所得税法》第 4 条第 5 款第 1 项第 7 目所规定的费用领域。那些不涉及纳税人私人生活的营业费用，尽管种类或金额与法律规定相悖，但同样可以作为营业费用进行扣除。根本而言，为了经营该如何投入费用，是否应该投入，或者该投入多少，在这些方面纳税人可以进行自由选择。

《个人所得税法》第 4 条第 5 款第 1 项第 1—11 目包含了禁止扣除的具体情况。特别是以下罗列的费用，不能将其扣除的或只能有限地扣除：

——一年中，向不是纳税人雇员的人员赠予礼物，其花费超过了 35 欧元（《个人所得税法》第 4 条第 5 款第 1 项第 1 目），

——出于业务的原因招待他人，以人情往来的普通标准考察，其花费超过了恰当金额的 70%（《个人所得税法》第 4 条第 5 款第 1 项第 2 目），

——用于打猎或捕鱼、帆船或机动船艇的费用以及相关的招待费用（《个人所得税法》第 4 条第 5 款第 1 项第 4 目），

——超过特定总费用额的超额膳食费用（《个人所得税法》第 4 条第 5 款第 1 项第 5 目）和交通费用（《个人所得税法》第 4 条第 5 款第 1 项第 6 目，第 9 条第 1 款第 3 项第 4

---

[29] BFH，I R 111/77，BStBl II 1981，58(59)。

[30] 该基本特征使 §4 Abs. 5 Satz1 Nr 7 EstG 在系统上显得不合适；参见 *Lang*，in：*Tipke/Lang*，§9 Rn 287。

目和第5目的第1—6句以及第2款),此过程中特别允许自第1公里起,按照到工作地点的距离,每公里享受0.3欧元扣除(见页边码757),以此扣除补偿实际的费用。

——家里的工作室,除非该工作室是整个经营及职业活动的中心(《个人所得税法》第4条第5款第1项第6b目)。然而,根据联邦宪法法院于2010年6月7日判决,此规定违反了《基本法》第3条第1款,自此,若营业或职业活动中没有其他的工作场地可用于支配,则不在税收中考量为家庭工作室而进行的支出。[31]

被排除在扣除范围之外的还包括由法庭或职能部门开出的罚款、警告金(《个人所得税法》第4条第5款第1项第8目)、逃税部分的利息(《个人所得税法》第4条第5款第1项第8a目)以及为实现某种违法的利益而进行的支出(《个人所得税法》第4条第5款第1项第10目;比如:贿赂金)。

根据《个人所得税法》第4条第5b款,经营者已支付的营业税(尽管毫无疑问因营业活动引起),也不能记入企业支出。通过所得税之外的营业税而增添给企业上的负担,应当通过《个人所得税法》第35条规定的总计减税来予以计算。

《个人所得税法》第4h限制了企业依赖(根据一定标准调整的)收益的利息支出的扣除(所谓的**利息限制**)。[32] 在所谓的《加速增长法》[33]中,该条规定有所缓和。[34] 因该条规定十分复杂,其合宪性(以及是否符合欧盟法的相关规定)受到了合理的质疑。[35]

(2) 在计算收入所得总和时对补偿损失的禁止。

基于所得税法体系和一些明文规定,可以系统的阐释禁止补偿损失的情况。这些原因系统性的说明了,对不需要纳税的收入所得禁止进行损失补偿〔源自爱好的损失,即不带盈利目的的行为(页边码701),和私人拍卖的损失及免税的收入所得,尤其是借助于双重征税协定(详见页边码1463)在德国不用纳税的国外收入所得〕。倘若某些收入所得与课税的估算基础完全无关,这就意味着,因无纳税义务而取得的收益或者免税的所得收益不会提高估算基础,相应的,由此产生的损失也不能降低估算基础。

---

[31] BVerfG, 2 BvL 13/09, juris。立法者应当追溯到2007年1月1日通过新版§ 4 Abs. 5 Satz 1 Nr. 6b EStG 排除违宪状况。该法规在已确定的合意范围内不再适用,相关程序不再被使用。对此 BFH VI B 69/09 提出了异议,BStBl II 2009, 826。参见扣除禁令违宪性 *Drenseck*, DStR 2009, 1877; *Wernsmann*, Beihefter zu DStR 2008, Heft 17, S. 37 (44 f)。

[32] 参见 *Drissen*, SteuerStud 2008, 533。

[33] V. 22.12.2009, BGBl I 2009, 3950。

[34] 参见 *Gemmel/Loose*, NWB 2010, 262。

[35] *Hey*, BB 2007, 1303 (1305 ff); *Homburg*, FR 2007, 717; *Musil/Volmering*, DB 2008, 12; *Töben/Fischer*, Ubg 2008, 149。

627   此外，禁止补偿损失的情况也包括如下几种特殊规定，例如

——《个人所得税法》第2a条第1款规定的、来自第三国的、特定的负收入所得，

——《个人所得税法》第15条第4款第1项和第2项所规定的、来自职业性动物养殖的收入所得，

——《个人所得税法》第15条第4款第3—8项所规定的、因期货交易产生的特定损失，

——《个人所得税法》第15a条(与《个人所得税法》第21条第1款第2项或第20条第1款4项第2目相结合)所规定的、某位有限责任合伙人的负资本账户(详见页边码1134)，

——《个人所得税法》第15b条(与《个人所得税法》第20条第7款或第21条第1款第2项相结合)所规定的、与某个纳税延迟模式有关的损失[36]，

——《个人所得税法》第17条第2款第6项所规定的、来自出售股份公司股份而产生的特定损失，

——《个人所得税法》第20条第6款第2、3项所规定的、资产收入所得上的损失[37]，

——《个人所得税法》第22条第3目第3句和第4句所规定的、在《个人所得税法》第22条第3目第1句意义上的其他收入所得中产生的损失，

——《个人所得税法》第23条第3款第7句和第8句所规定的来自私人出售业务的损失[38]。

《个人所得税法》第15b条第1款第1项第1半目的规定保障"富裕的折旧艺术家们"能够享受最低征税。只要他们与"纳税延迟模式"有关，《个人所得税法》第15条就可以作为对经营中的损失实行禁止补偿和禁止扣除的依据。[39] 根据《个人所得税法》第15b条第1款第2项，只允许用来自"同一收入来源"的正收入所得对损失进行抵免。《个人所得税法》第15b条第3款第2项中包含针对此种情况的例外(不顾虑界限)。从

---

[36] 参见追随生效的合宪性 *Lindberg*, INF 2006, 269. 相关程序（§ 2b EStG aF）视为违宪，BFH IX B 92/07, BFH/NV 2007, 2270. 参见 *Kohlhaas*, DStR 2008, 480; *Plewka/Klümpen-Neusel*, NJW 2008, 901 (903).

[37] 宪性思考：*Loos*, DStZ 2010, 78.

[38] 参见 BFH, IX R 28/05, BStBl II 2007, 327 (合宪的)。

[39] 该规定也适用于农业和继续产业（§ 13 Ab 见 7 EStG），独立工作（§ 18 Ab 见 4 EStG），资本财产（§ 20Ab 见 7 EStG），租赁（§ 21 Ab 见 1 Satz 2 EStG）和重复收入（§ 22 Nr 1 Satz 1 HS 2 EStG）。参见 *Reiß*, in: *Kirchhof*, EStG, § 15b Rn 12 ff.

现实层面上来说,该规定与法律上未清晰界定的概念相联系("典型形态""收入来源")。它们在具体应用上带来了大量的问题,这与法治国理念中对法律具有明确性的要求不相统一。[40] 从系统学的观点来看该规定前后矛盾,因为立法机构一方面希望通过创造税收上的优惠来吸引投资,但另一方面却不再考虑由税收上的优惠(如高的折扣率)而带来的法律效果(税收的损失)。或许只有通过减少需要纳税的补贴[41],才能系统性地、较好地解决这些问题。

(三)主观的净收入原则——个人所得税法中对私人因素的考虑(《个人所得税法》第 2 条第 4 款)

纳税人为了取得收入而进行的支出(营业费用,《个人所得税法》第 4 条第 4 款;必要支出,《个人所得税法》第 9 条第 1 款)可以从其收入中扣除。由客观的净收入原则可以看出,可扣除的支出基本只限于经营范围内(突破见页边码 619 以下)。相反,纳税人若为私人原因而使用财产,原则上此范围内产生的费用是不能从其收入中进行扣抵的,即不能减少其需要纳税的收入的数额。从《个人所得税法》第 12 条第 1 目特别能够得出前述结论,该法条规定,纳税人为家务和其家庭膳食所花费的费用既不可以从某一收入种类下的收入中进行扣除,也不可以从收入总额中扣除。因此,对于因私支出基本上都是属于禁止扣除的支出(有关混合费用的例外情况,见页边码 967 以下,1019 以下)。 628

然而,这一基本原则不是无限适用的。按照《个人所得税法》第 2 条第 4 款的规定,只要涉及的是特殊支出(《个人所得税法》第 10-10c 条)和特殊负债(《个人所得税法》第 33—33b 条)[42],那么在无限纳税义务范围内,因私支出可以降低收入所得的总额。这些例外情况基于不同的理由产生。这其中大部分是那些为保障纳税人生存而开销的费用,纳税人不用为此缴纳所得税,因此为了实现主观的净收入原则必须从税收的估算基础中扣除(详见页边码 1033 以下)。 629

由《基本法》第 1 条第 1 款、第 20 条第 1 款、第 3 条第 1 款以及第 6 条第 1 款,派生出了满足生存所必须的最低标准应免税这一要求。由此,国家对公民为满足其自身与家庭尊严最低要求所需的收入予以免税[43],据此,《个人所得税法》第 2 条第 4 款实现了所得 630

---

[40] Schmidt/Seeger, EStG, § 15b Rn 11, 16; Fleischmann/Mayer-Scharenberg, DB 2006, 353 (354); Nau-jok, BB 2007, 1365;其他观点 Beek, DStR 2006, 112. 参考 BMF v. 17.7.2007, BStBl I 2007, 542 和 Fleischmann, DB 2007, 1721.

[41] Birk/Kulosa, FR 1999, 433; Seer/Schneider, BB 1999, 872; Raupach/Böckstiegel, FR 1999, 487.

[42] 根据 § 50 Abs. 1 Satz 3 EStG,限制税收义务也适用于不利损害,参见 Rn 678。

[43] BVerfG, 2 BvL 1/06, DStR 2008, 604 (607).

税法中的主观净收入原则。主观的净收入原则也可以用给付能力原则来进行解释,因为该原则考虑了纳税人无法避免的私人开支,这些费用因此必然会减少可供支配的收入。不过,为保障生存而进行的私人开支并不是特殊费用的通用特点,因为在《个人所得税法》第10条以下中包含了许多立法机构出于(调控)政策上的理由而允许进行扣抵的例子。[44]

(四)需要确定的所得税及税率(《个人所得税法》第2条第6款和第32a条以下)

631   按照《个人所得税法》第2条第5款第1项第2半目和第32a半款的规定,需要纳税的收入是按照税率征收的所得税的课税估算基础。按照税率征收的所得税是通过应用税率(《个人所得税法》第32a条)对需要纳税的收入进行计算而得出的。按照税率征收的所得税,减去可能需要计算的国外税收(《个人所得税法》第34c条第1款)以及其他税收优惠(例如,《个人所得税法》第34-35b条),再加上《个人所得税法》第2条第6款中规定的特定的追加计算,就得出了需要确定的所得税。[45]

个人所得税税率是累进的(例外:根据《个人所得税法》第32d条规定的源于资本资产的收入,页边码759—778),并且按照《个人所得税法》第32a条第1款的规定,税率图是一张多少有些复杂的计算表格。

许多法律汇编在附件中包含了一些表格,人们可以通过表格看出按照税率征收的所得税。此外,联邦财政部在网上提供了一个简单的计算程序(http://www.bundesfinanzministerium.de)。

632   累进税率与财政拖累,这两个概念间是有区别的。财政拖累是指被隐藏的税收负担,它的产生是基于一种情况,即收入所得的增加仅能平衡因通货膨胀而导致的损失,此时纳税人(并未提高纳税能力)要承担更高的税率。[46]

1. 个人所得税税率(《个人所得税法》第32a条)

633   按照《个人所得税法》第32a条第1款第2项的规定,根据需要纳税的收入所得的数额不同,一共有5个不同的税率区。

2010年税率区:

零区(《个人所得税法》第32a条第1款第2项第1目):总额不超过8004欧元的收入所得不需要征税(基本免税额)。据此,最低生活保障应该保持免税。

---

[44] Wernsmann, StuW 1998, 317 (322 ff).

[45] 参见 Keß, SteuerStud 2004, 639; Laux, BB 2010, 1183。累进税额合法性:Lammers, Die Steuerprogression im System der Ertragsteuern und ihr verfassungsrechtlicher Hintergrund, 2008。

[46] 参见 Kruhl, BB 2009, 987(举例)。

第三章 收入和收益的税 **209**

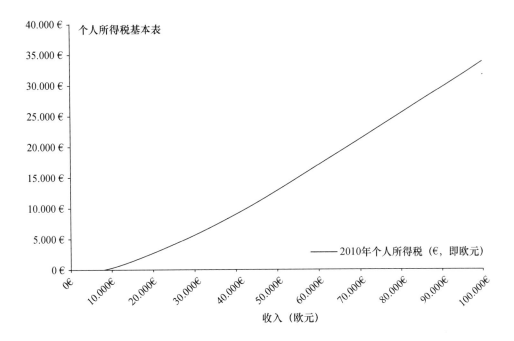

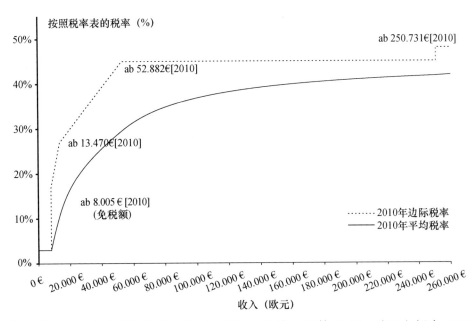

低级累进区（《个人所得税法》第 32a 条第 1 款第 2 项第 2 目）：对于金额在 8005 欧元至 13 469 欧元之间的收入，对其中超出基本免税额的部分将以 14%—23.97% 之间的

税率(通过线性累进的办法)进行征税。

高级累进区(《个人所得税法》第 32a 条第 1 款第 2 项第 3 目):对于金额在 13 470 欧元—52 881 欧元之间的收入,对于超出低级累进区额度的部分将以 23.97%—42%的税率,通过线性累进递增的办法进行征税。

第一高级成比例区(《个人所得税法》第 32a 条第 1 款第 2 项第 4 目):对于金额在 52 882 欧元至 250 730 欧元之间的收入,其中的超额部分以 42%的税率成比例地进行征税。

第二高级成比例区(《个人所得税法》第 32a 条第 1 款第 2 项第 5 目;所谓富人税):对于金额高于 250 731 欧元的收入,超额部分以 45%的税率成比例地进行征税。

634—635　德国的税率体系是根据边际税率原则而建立的:计算税费时,后一税区中的税率仅针对超出前一税区额度的那部分收入,而非针对所有需要纳税的收入。因此需要区别:

边际税率(Grenzsteuersatz):应用于收入中超出前一税区规定金额的那部分收入的税率。

最高税率:合法税率中最高的边际税率,即 45%。由于团结税(页边码 73)提高了所得税债务,因此实际上的最高税率被提高到了 47.5%。

平均税率:此税率针对需要纳税的收入的整体而提出。它由按税率征收的个人所得税与需要纳税的收入相除而得。因此它肯定总是比边际税率要低。

2. 针对夫妻的分割课税

636　夫妻可以选择,是否一起(《个人所得税法》第 26 条)、或分开(《个人所得税法》第 26a 条)或是在结婚的那年"特别"地(《个人所得税法》第 26c 条)计算需要缴纳的个人所得税。通常来说,夫妻可以共同结算所得税(比较:《个人所得税法》第 26 条第 3 款)以利用分割课税这一方法能提供的优势。夫妻可以提交一份共同的纳税申报(《个人所得税法》第 25 条第 3 款第 2 项)。从所得税法的角度看,按照《税法通则》第 44 条第 1 款第 1 项第 3 种情况的规定[47],夫妻属于连带纳税人。

637　在进行共同估算时,首先会分开调查夫妻双方的收入,然后再对其进行合算。之后,按照《个人所得税法》第 26b 条的规定,在没有其他规定的情况下,应将夫妻双方的收入所得相加,并把夫妻两人视为一个纳税人。[48]

---

[47] 税收优惠不适用于有收入的生活伴侣:BFH,III R 51/05,BStBl II 2006,515;BFH,III R 8/04,BStBl II 2006,883(jeweils Verfassungsbeschwerde eingelegt—Az: 2 BvR 909/06 und 2 BvR 1981/06);III R 29/06,BFH/NV 2007,663。

[48] 案例分析:Birk/Wernsmann,Klausurenkurs,Fall 10 (Rn 610 ff)。

有关应在调查的哪个阶段对需要纳税的收入进行合算，《个人所得税法》并没有给出具体规定。这即是说，可以考虑在调查同一种类的收入所得时、在调查所得时或收入总额的时候进行合算。对于这个问题，联邦财政法院的司法判决也并不统一。在部分情况中，联邦财政法院选择在计算收入的时进行合算。[49] 而在稍后一些的判决中，联邦财政法院选择在计算夫妻双方同种收入种类时，对收入所得进行合算。[50] 在不同的阶段进行合算会影响对可以有限扣抵的损失的计算，比如，当损失最多只能折算到等同于同种收入种类的其他正收入所得时（例如，《个人所得税法》第 2a 条第 1 款第 3 项和第 15 条第 4 款）。

在合算之后，夫妻双方所有的费用，诸如特殊支出、特殊负债及可以从收入中进行扣抵的费用，要统一进行调查和扣抵。

确定了需要（统一）纳税的收入后，在计算需要确定的所得税时就要应用夫妻分割课税的方法，即《个人所得税法》第 32a 条第 5 款：将需要纳税的共同收入的总额进行折半。然后，按照《个人所得税法》第 32a 条第 1 款的规定，对这些折半了的金额按照基本税率来计算税额。之后，将税额乘二，就得到了夫妻总共应缴纳的税额。由于个人所得税税率是线性累进提高的，通过夫妻分割课税的方法，夫妻双方需要纳税的收入将处于一个较低的税区内，即比简单地先将需要纳税的收入合计在一起，然后再应用基本税率要低得多。

638

在采用分割课税方法的时候，因为夫妻双方的收入会先被算在一起，然后按总额的一半对应基本税率来计算税额，这就会形成这样的一个状态，即如果夫妻双方收入相同，那么双方分开计算税额（按照基本税率）时，与分割课税时相比，两种情况下的税额是一样的。总之，如果夫妻双方有着同样数额的收入，那么分割课税就没有什么优势了。最能体现分割课税优势的情况，是家里只有一个人具有收入的情况。一般来说，收入的差距越大，分割课税的优势也就越大（富人之妻效应）。

639

1951 年《个人所得税法》第 26 条还提供了在共同估算时将夫妻收入进行合算的方法，此时是对收入总和应用对应税率。由于税率线性累进的特性，这一方法会加重夫妻的缴税负担，因此违反了《基本法》第 6 条第 1 款的规定。据此，联邦宪法法院于 1957 年宣布，1951 年《个人所得税法》第 26 条的规定因不符合《基本法》而被视为无效。[51] 夫妻分割课税的方法自此进入法律，但是此后多年中，对分割课税这一方法的正当性也存在

---

[49] BFH, IX R 13/81, BStBl II 1987, 297.
[50] BFH, IV R 32/86, BStBl II 1988, 827；赞同的，*Schmidt/Seeger*, EStG, § 26b Rn 3.
[51] BVerfG, 1 BvL 4/54, BVerfGE 6, 55.

颇多争议。[52]

640　　分割课税对双方都具有收入的夫妻而言是没有坏处的。它只会通过虚拟平分夫妻的总收入额,使其获得税收上的最大优惠。如果夫妻本身就处于收入相同的情况并因此获得了优惠的税收结果,那么与其他夫妻相比,他们也不会因运用分割课税而受到损失,只是在他们这种情况下,分割课税不能再带来更多的好处。

这即是说,分割课税的方法是将夫妻看成是一个收益共同体(以总收入折半后分别计算税率的方式),而非单纯的生计共同体,正是这点使该方法为许多文章激烈抨击。[53] 作为纯生计共同体而存在的婚姻,如离婚的夫妻,或许会支持真正的分割课税方法(见页边码1045以下)。而与此相反,从原则上对分别征税持反对意见的人(例如很多经济学家),认为夫妻分割征税方法是对给付能力原则的破坏。[54]

例子:2010年2月2号,A和B结婚。A需要纳税的收入为5万欧元,B没有收入。

变型:A和B需要纳税的收入金额分别为2.5万欧元。

按照《个人所得税法》第32a条第5款所规定的分割课税方法而得出的个人所得税是:

	基本情况	变型
需要纳税的收入:	50 000 欧元	50 000 欧元
其中的 1/2:	25 000 欧元	25 000 欧元
根据 2010 年基本税率所算出的所得税:	4106 欧元	4106 欧元
根据分割课税税率所算出的所得税(=×2):	8212 欧元	8212 欧元

如果没有使用分割课税的方法,那么A和B就必须以如下方法纳税:

	基本情况	变型
A:需要纳税的收入:	50 000 欧元	25 000 欧元
根据 2006 年基本税率所得出的所得税:	12 847 欧元	4106 欧元
B:需要纳税的收入:	0 欧元	25 000 欧元
根据 2006 年基本税率所得出的所得税:	0 欧元	4106 欧元
合计:	12 847 欧元	8212 欧元

---

[52] 源自显而易见的文献,例如 *Seer*, in: FS für Kruse, 2001, 357; *Vogel*, StuW 1999, 201; *Siegel*, in: *Herrmann/Heuer/Raupach*, § 32a Anm. 46 ff (评注 1 前有大量证据); *Richter/Steinmüller*, FR 2002, 812; *Winhard*, DStR 2006, 1729。

[53] 参见 Kanzler, FamRZ 2004, 70。

[54] *Siegel*, in: *Seel* (Hrsg), Ehegattensplitting und Familienpolitik, 2007, 155 ff。

由最终结果明显可以看出，分割课税的方法降低了累进赋税的负担。变型的部分表明，如果夫妻双方的收入具有很大差别，那么分割课税的方法能最大化地体现出降低赋税负担的效果。如果夫妻双方收入相同，那么分割课税的方法就不会带来任何降低赋税的方法。

根据《个人所得税法》第 26 条第 1 款第 1 项的规定，在婚姻关系建立的当年，分割课税的方法就适用于全年而不仅是婚后的那部分时间。对于夫妻来说，共同估算通常比分开估算要更为有益。但假若夫妻中的一方能够适用《个人所得税法》第 10d 条中所规定的损失退回，那么按照《个人所得税法》第 26 条第 2 款第 1 项的规定，分开估算就可能例外地更有益一些（比较：《个人所得税法》第 10d 条，见页边码 617）。

例子：丈夫在 2009 年和 2010 年通过非自由职业分别赚得了 2.5 万欧元。妻子在 2009 年通过工商性营业活动赚得了 3 万欧元，但在 2010 年却亏损了 2.5 万欧元。夫妻双方在 2009 年和 2010 年中的特殊支出和特殊负债分别合计 1.5 万欧元。这笔特殊支出和特殊负债由丈夫独立支付。

2009 年：
合算：		25 000 欧元（丈夫的收入所得）
	＋	30 000 欧元（妻子的收入所得）
夫妻收入总和：	＝	55 000 欧元
特殊支出＋特殊负债：	－	15 000 欧元
需要纳税的收入：	＝	40 000 欧元
税额（2009 年分割课税税率）：		5518 欧元

2010 年：
合算：		25 000 欧元（丈夫的收入所得）
	－	25 000 欧元（妻子的负收入所得）
夫妻收入总和：	＝	0 欧元
需要纳税的收入：		0 欧元
税额：		0 欧元

数额为 1.5 万欧元的特殊支出和特殊负债不作用于 2010 年。2009 年和 2010 年，按照共同合算，该夫妇共需要纳税 5518 欧元。

但如果 2010 年他们选择了分开来计算，那么就会出现如下情况：

2010 年：	丈夫	妻子
收入所得：	25 000 欧元	— 25 000 欧元
特殊支出＋特殊负债：	— 15 000 欧元	
需要纳税的收入：	10 000 欧元	0 欧元
税额（2010 年基本税率）：	315 欧元	0 欧元

根据《个人所得税法》第 10d 条第 1 款第 1 项的规定，妻子可以将其 2010 年的损失退回至 2009 年的纳税期进行补偿，即使该夫妇在 2009 计算收入时采用的是合算，也可以将 2010 年的损失退回（比较：《个人所得税法实施规定》第 62d 条第 1 款第 1 项）。根据《个人所得税法》第 10d 条第 1 款第 3 项，此前已作出的、对该夫妇 2009 年的税收决定应变更如下：

2009 年：		
合算：		25 000 欧元（丈夫的收入所得）
	＋	30 000 欧元（妻子的收入所得）
夫妻收入总和：	＝	55 000 欧元
《个人所得税法》第 10d 条第 1 款（妻子）	—	25 000 欧元
特殊支出＋特殊负债：	—	15 000 欧元
需要纳税的收入：	＝	15 000 欧元
税额（2005 年分割课税税率）：		<u>0 欧元</u>

此时，该夫妇在 2009 年和 2010 中共需交税 315 欧元（315 欧元＋0 欧元），与 5518 欧元相比，共省下 5203 欧元。这即是说，仅当夫妻中一方遭受了损失、与夫妻正负收入相加后折半对比、采用将损失退回上一个纳税期的办法能够节省更多税款时，采用分开计算收入才会比合算收入带来更多的税收优惠。

3. 特殊税率

不同于《个人所得税法》第 32a 条规定的普通税率，所得税法中包含针对不同情形而适用不同税率的特殊规定。其中，根据《个人所得税法》第 32d 条第 1 款、第 32a 条第 1 款第 2 项（例外：第 32d 条第 2 款），源于资本资产的收入通常统一按 25％ 的税率征税。当适用普通税率更加优惠时，通过纳税义务人的申请，可例外地适用《个人所得税法》第 32a 条规定的普通税率：见《个人所得税法》第 32d 条第 6 款（更有利审查）。[55] 除此以

---

[55] 参见 *Rauenstein*，StuB 2007，527。

外,《个人所得税法》第 32b、34、34a 条对税率也作出了特殊规定。

旧《个人所得税法》第 32c 条包含的降低税率的规定仅仅适用于收益收入所得,目的是为了减轻根据《个人所得税法》第 32a 条第 1 款第 2 项第 5 目提出的、企业经营中的高收入所具有的负担(所谓的富人税)。作为对收益收入所得的特别税率,这项法规因违反给付能力原则而被认定违宪。[56] 与《个人所得税法》第 32a 条第 1 款第 2 项第 5 目不同,此法规(同样也有违体系)从生效起就仅适用于 2007 年的纳税期(参照《个人所得税法》第 52 条第 44 款)。

(1) 累进保留条件(《个人所得税法》第 32b 条)。

情形 28: 2010 年,单身者 S 的收入包括需要纳税的收入 2 万欧元,及根据德国的一项双边征税协定而免于征税的国外收入所得 11000 欧元。那么 S 在 2010 年中要缴纳多少个人所得税呢?**(页边码 645)**

《个人所得税法》第 32b 条规定了所谓的累进保留条件,这是一种特殊税率的计算方式。《个人所得税法》第 32b 条适用于负有无限纳税义务的纳税人(纳税的国内人),同时也适用于负有有限纳税义务的、适用《个人所得税法》第 50 条第 2 款第 2 项第 4 目规定的纳税人(纳税的外国人)。倘若前述纳税人具有一定的免税收入(工资补偿金及其他的社会福利金、免税的国外收入所得;见《个人所得税法》第 32b 条第 1 款和第 1a 款的罗列),那么就可以应用累进保留条件。按照《个人所得税法》第 32b 条第 2 款的规定,这种特殊税率,是假定免税金额(某些特定部分除外,见第 2 款)需要缴纳个人所得税时所应用那个税率。这即是说,当需要通过虚拟免税金额的纳税义务以计算运用累进保留条件所必须的平均税率(页边码 634)时,首先要按照《个人所得税法》第 32a 条去计算总税额,之后,再将这种虚拟的纳税义务下所计算出的平均税率应用到实际需要纳税的收入上。因此,《个人所得税法》第 32b 条的规定优先于基本税率(《个人所得税法》第 32a 条)的适用。

自一定的金额起,需要纳税的收入就要按照一定的线性累进税率来对其个人所得税进行计算。因此,税额不仅因为计算基数的提高而提高,还因为税率的提高而提高。如果某项收入是免税的,这不仅降低了该项收入所需支付的税额,同时还使纳税人的其他收入所得落入一个税率相对较低的税区。这一结果,应通过《个人所得税法》第 32b 条的

---

[56] 同样地,Schmidt/Loschelder,EStG,§ 32c Rn 3 有进一步论证。

规定予以排除,以实现按照个体经济能力进行征税这一原则。[57] 也就是说,例如对于那些收入中既包含免税的社会福利金也包含需要纳税的收入所得的人群,与收入所得数额相同、但均为需要纳税的收入所得的人群相比,应该避免前者在税收上获得后者所没有的优待。

解答情形 28(页边码 644):

需要纳税的收入(《个人所得税法》第 2 条第 5 款第 1 项):　　　　20 000 欧元

《个人所得税法》第 32b 条第 1 款第 3 项第一种情况所规定的免税收入:

　　　　　　　　　　　　　　　　　　　　　　　　　　　　　　11 000 欧元

合计:　　　　　　　　　　　　　　　　　　　　　　　　　　　31 000 欧元

根据 2010 年基础税率得出的所得税额:　　　　　　　　　　　　5943 欧元

如果免税的收入所得是需要纳税的,那么需要纳税的收入就要用 19.17% 的平均税率(=5943 欧元×100/31000 欧元)来进行课税。因此,该特殊税率为 19.17%(平均税率)。在实际计算需要纳税的数额时,应将此平均税率应用到金额为 2 万欧元的、需要纳税的收入中。由此得出的所得税额为:

2 万欧元的 19.17%　　　　　　　　　　　　　　　　　　　　　3834 欧元

比较:如果没有《个人所得税法》第 32b 条的规定,那么一笔金额为 2 万欧元的需要纳税的收入需要缴纳 2701 欧元的个人所得税,也就是说要少 1133 欧元。

646　　《个人所得税法》第 32b 条也适用于负收入所得(亏损),人们将之称为负累进保留条件。因此,正如免税的收益(比如,外国的企业收益)提高了国内收入所得的需要适用的税率,在外国的企业亏损也可以降低国内收入所得所对应的税率。

　　不过,在这里需要注意,联邦财政法院[58]将《个人所得税法》第 2a 条第 1 款所规定的损失补偿限制(见第 554 行)也适用于负累进保留条件。对于第三国的负收入所得,仅在满足《个人所得税法》第 2a 条第 2 款所规定的前提时,即由某个外国的、使用中的企业场所(活动附加条款)所产生的亏损,才可以进行负累进补偿(其结果就是税率降低)。

　　(2) 对特殊收入所得的税率优惠(《个人所得税法》第 34 条)。

647　　除了基本税率、分割课税税率和累进保留条件,《个人所得税法》还规定了对特殊收

---

[57] BFH, VI R 19/84, BStBl II 1987, 856 (857)。
[58] BFH, I R 176/87, BFH/NV 1991, 820 和 BFH, I R 127/88, BFH/NV 1992, 104。

入所得的优惠税率。按照《个人所得税法》第34条第2款的规定,属于特殊收入所得的是:

——《个人所得税法》第14条、第14a条第1款、第16条和第18条第3款意义上的、除了需要纳税的拍卖收益部分之外的企业拍卖收益和营业支出收益,需要纳税的拍卖收益部分,根据《个人所得税法》第3条第40目第1句第b点的规定及《个人所得税法》第3c条第2款的规定,属于部分免税收入。

——为已经失去的或正失去的收入、或是为放弃某一行为、或是为没有做某一行为而进行的赔偿和补偿(《个人所得税法》第24条第1目)以及

——超过三年后才被补充支付的:为公共目的征用土地而支付的使用赔偿金及相应利息,与为公共目的征用土地有关的(《个人所得税法》第24条第3目)补偿金的利息。

《个人所得税法》第34条规定了两种不同的税率优惠:即1/5规定(《个人所得税法》第34条第1款)和对特殊收入所得(《个人所得税法》第34条第3款)[59]适用的优惠税率(平均税率的56%)。对后一种税率的使用,纳税人一生中能选择一次,要求是纳税人年满55周岁,或者其长久没有劳动能力而将其企业出售或放弃,且出售所得的收益在《个人所得税法》第34条第3款所规定的金额限度之内。在这种情况下,优惠税率是平均税率的56%。如果按税率征收的所得税要根据需要纳税的收入总额加上有累进保留条件优惠的收入所得来计算,那么此时平均税率最低不得低于15%。[60]

对其他所有的卖方或者作出相反选择的企业而言,可以运用所谓的1/5规定。按照该规定可以将收入分配到五年中,之后再对其需要缴纳的税款进行计算,这样可以每次的累进税负,在出售小型企业时,这种做法可以带来更多的税收优惠。

例子:55岁的G在2010年的纳税期内将其旧书店卖出并由此获得13.5万欧元的出售收益。此外,G还通过出租和租赁行为赚得6万欧元的收入所得。那么G需要缴纳多少所得税呢(出于简化的原因,解答中没有考虑特殊之处、特殊负债等)?

——第一种可能性:采用相当于平均税率56%的优惠税率(《个人所得税法》第34条第3款)

来自工商性营业的(特殊)收入所得:

---

[59] 参见对此的全面说明 *Korezkij*, DStR 2006, 452。
[60] 详见:*Wendt*, FR 2000, 1199。

出售收益（《个人所得税法》第 16 条第 2 款第 1 项）	135 000 欧元	
根据《个人所得税法》第 16 条第 2 款第 1 项的免税额	－45 000 欧元	
扣除免税额后的出售收益	90 000 欧元	90 000 欧元
来自出租和租赁的收入所得		＋60 000 欧元
收入所得总额		150 000 欧元

按平均税率的 56％计算：

按税率征收的个人所得税（2010 年估算期的基本税率）	54 828 欧元
平均税率（36.55％）的 56％	20.47％

（《个人所得税法》第 34 条第 3 款第 2 项所规定的税率下限：15.00％）计算所得税：

来自出租和租赁的收入所得	60 000 欧元	
按税率征收的个人所得税（2006 年基本税率）	17 028 欧元	17 028 欧元
出售收益	90 000 欧元	
税率：20.47％的税率	18 423 欧元	＋18 423 欧元
2010 年个人所得税（总）		35 451 欧元

——第二种可能性：1/5 规定（比较：《个人所得税法》第 34 条第 1 款第 2 项）

需要纳税的收入	150 000 欧元
－减去免税额后的特殊收入所得（《个人所得税法》第 16 条第 4 款）	－90 000 欧元
余下的需要纳税的收入	60 000 欧元
特殊收入所得的 1/5	＋18 000 欧元
提高了的、余下的需要纳税的收入	78 000 欧元

根据 2010 年基本税率得出

60 000 欧元的税额	17 028 欧元	
78 000 欧元的税额	24 588 欧元	
差额	7 560 欧元	
特殊收入所得的所得税（差额×5）：		37 800 欧元
出租和租赁收入所得的所得税（60 000 欧元）		＋17 028 欧元
2010 年个人所得税（总）：		54 828 欧元

对于例子中的 G 来说，以平均税率的 56％来纳税更有利。相比之下：如果没有《个

人所得税法》第 34 条的规定，那么 G 要缴纳的所得税为 54 828 欧元。在本例子中，1/5 规定并没有带来更有利的结果，因为在加上他其余的收入所得后，G 已经达到了最高税率，因而也就不再具有累进优势。

(3) 未分配利润。

对有制定财务报表义务的个体经营者和作为人合公司合伙人的自然人的收益收入，《个人所得税法》第 34a 条作出了税率优惠的规定，通过企业财产比较（《个人所得税法》第 4 条第 1 款，页边码 804）确定盈利。对于人合公司，原则上，每个独立的合伙人都具有申请资格（《个人所得税法》第 34a 条第 1 款第 2 项），只要盈利份额达到 10% 或超过 1 万欧元（《个人所得税法》第 34a 条第 1 款第 3 项）。该优惠只能通过申请实现，且仅作用于未提取出（未分配）的收益（所谓的未分配利润）。根据《个人所得税法》第 34a 条第 2 款，这部分未被提取并能**享受优惠的收益**被定义为，根据《个人所得税法》第 4 条第 1 款及第 5 条第 1 款确认的收益但减去了本财政年度提取与存入的正余额。可以偶尔动用未分配收益的一些部分。此部分收益所适用的税率为 28.25%（《个人所得税法》第 34a 条第 1 款第 1 项）。

如果**后来取用**了受到税收优惠的那部分收益，则在接下来的财政年度内就会对被取用的那部分额度追加征税，额度为 25%（追加征税义务的金额，《个人所得税法》第 34a 条第 4 款第 1、2 项，第 3 款）。[61] 追加征税的金额，基本上由受优惠的收益减去预先负担得出，这笔金额需要针对企业或合伙人出资额每年专门确定（《个人所得税法》第 34a 条第 3 款第 3 项）。

根据《个人所得税法》第 34a 条第 6 款，追加征税在下述情形中实行：

——根据《个人所得税法》第 14，16 条第 1 款、第 3 款，第 18 条第 3 款，企业的转让或放弃（《个人所得税法》第 34a 条第 6 款第 1 项第 1 目）；

——在出资或组织变更的情形中（《个人所得税法》第 34a 条第 6 款第 1 项第 2 目）

——在收益调查方式的变换中（《个人所得税法》第 34a 条第 6 款第 1 项第 3 目）

——依纳税义务人的申请（《个人所得税法》第 34a 条第 6 款第 1 项第 4 目）[62]

未分配利润应当首先实现法律形式上的税务**负担衡平**，并在其范围内将人合公司和

---

[61] 详见 BMF-Schreiben v. 11.8.2008，BStBl I 2008，838；*Wendt*，Stbg 2009，1，5；*Wrede/Friederich*，Stbg 2010，57。

[62] 参见 *Reiß*, in: *Kirchhof*, EStG, § 34a Rn 78 f。

个体经营者的法人所得税税率从25％降至15％(参照边码1276—1280)，以实现这种平衡。[63] 对于资合公司及人合公司而言，未分配利润负担约为29％。若此后若取用将余下的71％，对于资合公司而言，则导致需要负担25％的补偿税率(支出71％的25％=17.7％的后续税收负担，页边码1281及以下)，在人合公司情形中同样适用25％税率(对71％"分红")进行追加征税。就这类**分红征税的情形**而言，人合公司和资合公司对其经营所得收益承担的税收负担是一样的。

4. 对某些需按税率缴纳的所得税的免除

649　　根据《个人所得税法》第2条第6款，对于需按税率缴纳的所得税，所得税法准许在核定税额前的各种扣除。这些减免税款的条款(《个人所得税法》第34c—35b条)所要实现的目标各不相同。

例如，《个人所得税法》第35a条中许可了对家政相关工作、社会保险法意义上的不重要工作(《个人所得税法》第35a条第1款)以及特定家政类服务(《个人所得税法》第35a条第2款)的费用扣除。该条款起到了导向性法规的作用，即一方面服务于打击非法劳工[64]，另一方面是对从事不重要工作提供劳动力市场相关的政策性激励。其他减税所具有的目的，包括避免或减轻收入承受双重负担：《个人所得税法》第34c、34d条实现了在事实的跨境行为中、对国外已缴税款的抵免(详见页边码1460以下)。《个人所得税法》第35b条许可了对通过遗产税而预先负担的收入的税款减免(参照页边码1638)。更详细的相关内容，见《个人所得税法》第35条。通过这些法规，可以实现对营利收入所得中已缴纳的营业税的一次性抵免：

650　　根据《营业税法》第2条，第6条，第7条，商业经营所获得的收益有缴纳营业税的纳税义务，并因此在税收上承担双重负担，因为此收益也是对个体经营者(《个人所得税法》第15条第1款第1项)与合伙经营者(《个人所得税法》第15条第1款第1项第2目)征收个人所得税的基础。[65]

这种双重负担通过《个人所得税法》第35条被减轻：通过减税的规定，其允许了营业

---

[63] 相关评论：*Schmidt/Wacker*，EStG，§34a Rn 5 有进一步论证；*Knirsch/Maiterth/Hundsdoerfer*，DB 2008，1405。

[64] 法规适用范围：FG Hamburg，6 K 175/05，EFG 2008，1888(通过BFH，VI R 28/08，BStBl II 2010，166 确证)。

[65] 参见 BMF v. 24.2.2009，BStBl I 2009，440。

税的一次性抵免(《个人所得税法》第 35 条第 1 款第 1 目)。[66] 享受减税的金额仅限于对待征税收入中、来自商业经营的那部分收入所得进行抵免(详见《个人所得税法》第 35 条第 1 款第 2 目)。[67] 其为(一次性总计地)营业税计税金额的 3.8 倍。此相当于一个近 400%的税率基数。如果将其实际运用在个案中,则会导致对营业税的过度补偿。因此,根据《个人所得税法》第 35 条第 1 款第 5 项,减税扣除最多不得超过实际需缴的营业税。

此过程中,要先对免税金额中跨时期的损失补偿予以计算,因为《个人所得税法》第 10 条的亏损扣除也是计算待征税收入时需要考虑的内容(参照页边码 603 的流程)。[68]

根据《个人所得税法》第 35 条第 1 款第 2 项,对合伙经营企业的某些税收进行抵免也是可能的,其可将 1.8 倍的营业税计税金额按比例分摊到所得税中而实现抵免(程序见《个人所得税法》第 35 条第 2、3 款)。[69]

《个人所得税法》第 35 条不适用于调查教堂税与团结税的税基(边码 73),因为《个人所得税法》第 51a 条第 2 款第 3 项——所有教堂税法均动态参阅此规定(例如《北威州教堂税法》第 4 条第 2 款,《巴伐利亚州教堂税法》第 8 条第 2 款)——撤回了通过《个人所得税法》第 35 条提供的优惠。

(五) 所得税的估算(《个人所得税法》第 2 条第 7 款和第 25 条)

1. 征收形式及核定所得税

(1) 估算程序。

按照《个人所得税法》第 2 条第 7 款和第 25 款的规定,每年(纳税期)对个人所得税的基数进行调查及核定个人所得税都要通过估算程序来进行。所谓估算程序是指完成前述内容所需的、所有行政程序的总称。为了调查征税基础并核定赋税,该程序通过一份征税单来进行。

这里涉及的程序规定包含在《税法通则》中,比如关于提交纳税申报,而根据《税法通则》第 149 条该程序通常也是从纳税申报开始的;《税法通则》第 88 条规定了通过行政部门进行调查;《税法通则》第 155 条规定了税收核定(详见页边码 515 以下)。

根据《个人所得税法》第 25 条第 3 款第 1 项及《税法通则》第 149 条第 2 款第 1 项,

---

[66] 3.8 倍营业税计税金额通过账目和企业所得(现在,EStG 第 4 条 5b 款规定了税收扣除)获得减税。相关评论:*Zuschlag*, Die pauschalierte Gewerbesteueranrechnung nach § 35 EStG, 2009;*Gosch*, in: *Kirchhof*, EStG, § 35 Rn 2. 参见 *Birk/Wernsmann*, Klausurenkurs, Fall 7 (Rn 472 ff).

[67] 参见 *Wichert*, NWB, Fach 3, S. 14975。

[68] *Stuhrmann*, FR 2000, 550 (552);其他观点 *Herzig/Lochmann*, DB 2000, 1192 (1193)。

[69] 详见 *Gosch*, in: *Kirchhof*, EStG, § 35 Rn 23 ff。

有关已经结束的估算时间内的个人所得税的申报表,纳税人最迟必须在下一年5月31日提交。之后,根据《税法通则》第155条第1款,税务局通常会通过征税单来确定已估算的所得税。

如果员工除了已缴纳工资税的工资外还有其他收入所得,对于最多不超过410欧元的其他收入所得,根据《个人所得税法》第46条及《个人所得税法实施规定》第56条,可以免除纳税人为这部分收入所得提交个人所得税申报表的义务,因此,也不对这部分收入所得进行估算。

(2) 对来源税的扣除。

652　在一些情况下,会直接在收入产生的源头扣除所得税(来源税),属于这类情况的,包括来自非自由职业的收入所得(工资税,《个人所得税法》第38条)、特定的资产收入所得(资本收益税,《个人所得税法》第43条以下)以及给承担有限纳税义务的纳税人的特定补偿(《个人所得税法》第50a条)。[70] 由此可见,来源税不是一个独立的税种,而只是征收所得税的一种特殊形式。

在纳税人取得工资前,雇主就已为纳税人缴纳了工资税,不必与年底实际需要缴纳的个人所得税保持一致。因为需要缴纳的工资税税额,是在纳税期结束后才进行调查的。根据《个人所得税法》第36条第2款第2目的规定,已经缴纳过的工资税会被算入已确认的、应缴纳的个人所得税税额中。

与此相反,根据《个人所得税法》第2条第5b款,源于资本资产的收入所得并未被包含在收入总额的计算中以及此后待征税收入的计算中。相应地,源于资本资产的收入所得中、通过信贷机构缴纳的资本收益税也并未在所得税债务上被抵免。根据《个人所得税法》第43条第5款第1项(通常情况下)其具有补偿性效果(见页边码774以下)。此时没有进行税额估算。

653　对建筑税(Bauleisungen)的扣减(《个人所得税法》第48—48d条)也发生收入产生的源头。如果某人在国内、为《营业税法》第2条意义上的某个公司或为某个公法法人(劳务接收者)带来一个建筑项目(劳务提供者),那么该劳务接收者就有义务从其报酬中为劳务提供者扣减15%的税(《个人所得税法》第48条第1款)。[71] 税额扣减是为了保障

---

[70]　§ 50a Abs. 4 EStG 对于 EU-外国人的应用与劳务自由原则上是一致的:在 EuGH C-290/04, Slg 2006, I-9461 (*Scorpio*) 之后, BFH, I B 181/07, BStBl II 2008, 195。参见 Schmidt/Loschelder, EStG, § 50a Rn 3, 28 ff; *Cordewener/Grams/Molenaar*, IStR 2006, 739。

[71]　IE BMF v. 27.12.2002, BStBl I 2002, 1399; 参见 *Ebling*, DStR 2003, 402 ff; vgl zudem *Apitz*, FR 2002, 10 ff; *Diebold*, DStZ 2002, 471 ff。

劳务提供者自己的个人所得税或法人所得税，但也是为了保障劳务提供者对其负有缴纳义务（为其雇员缴纳工资税，自己的建筑扣减税）的第三方所负的税额。因此，劳务提供者可以将15％的税额扣减计算到其自己的个人所得税、或法人所得税、或对第三方所负有的缴纳义务（比较《个人所得税法》第48c条）中去。在建筑扣减税直接保障税款清偿（比如，由雇主缴纳工资税）的情况下，雇员的个人所得税只是间接地得到了保障，以至于只能称之为是一种间接的来源税（这是有争议的）[72]。实行建筑扣减税的目的在于打击德国建筑工地上的打黑工行为，间接保障与这一目的相吻合。欧盟法中存在有关反对建筑扣减税的思考[73]，对此，联邦财政法院并未予以采纳。[74]

与针对其他收入所得的估算程序相比，来源税这种征税方法（尤其是工资税方法）会导致不平等待遇的出现。因为，按照《个人所得税法》第19条的规定，雇员从非自由职业中取得的收入所得，根据《个人所得税法》第38条的规定是有义务缴纳工资税的，其个人所得税通过其雇主（《个人所得税法》第38条第3款）通常按月上缴给财政部门。而如果按照《个人所得税法》第25条第1款的规定，其他的收入所得需要缴纳的个人所得税将在纳税期结束后才得以确定，那么，相对于某些人来说公司雇员就处于不利地位，比如与那些从自由职业活动中取得收入所得的人相比。延期纳税相对于工资税而言具有一些优势，为了减小这些优势并保障提前完成税收工作，根据《个人所得税法》第37条第1款的规定，就要根据预见到会产生的、一段税期内的个人所得税实行每季度一次的提前缴纳。根据《个人所得税法》第37条第3款的规定，此时缴纳的金额是由财政部门通过提前缴纳通知单来确定。根据《个人所得税法》第36条第2款第1目的规定，纳税人提前支付的税额会被记入到年纳税额中。

654

2. 单独结算及合并结算（《个人所得税法》第25条—第26c条）

《个人所得税法》以个体征税的基本原则为出发点。根据该原则，基本上会对每一位纳税人独立的结算其收入所得并进行征税（单独结算，《个人所得税法》第25条第1款）。

655

《个人所得税法》第26条第1款第1项规定，对于法律上有婚姻关系、没有长期分居且负有无限纳税义务的夫妻需要例外对待。只要在纳税期的任何阶段中出现了"结婚"这个前提条件，那么纳税人就可以在单独结算、合并结算（《个人所得税法》第26a条和第

656

---

[72] 其他观点 *Diebold*, DStZ 2002, 252 (256 ff)：若不能确定直接税收，则建筑税扣减就没有税收来源，也没有《税法通则》第3条意义上的税收，这会导致税收通则的不可适用。（例如：没有根据§ 48a Abs. 3 EStG 规定的惩罚而产生的 § 191 AO）。
[73] 参见 *Hey*, EWS 2002, 153 (158 ff)；*Gosch*, in: *Kirchhof*, EStG, § 48 Rn 4 有进一步论证。
[74] BFH, I B 160/08, BFH/NV 2009, 377 (378)。

26b 条）及在结婚这一年（《个人所得税法》第 26c 条）中特别的结算之间选择一种结算方式。

657　在前文页边码 636 及以下，通过例子已对这种操作方式及由分割课税方法所带来的合算优势进行了说明。按照《个人所得税法》第 26 条第 3 款的规定，如果夫妻没有明确选择哪种结算方式，那么就默认为其选择了合算这种方式。相反，根据《个人所得税法》第 26 条第 2 款的规定，如果夫妻选择了分开结算，那么就按照分开结算方式进行结算。

658　根据《个人所得税法》第 26a 条的规定，如果夫妻选择了分开结算，那么就会分别调查夫妻每一方的收入所得，并且附算到各自的收入中去。夫妻中的一方将只能扣减本人的特殊支出。夫妻每一方的需要纳税收入将按照基本税率进行征税。夫妻将分别提交纳税申报。针对夫妻每一方独立地加以确定税额。不过，即使夫妻选择了分开结算的方式，部分情况下，他们也会被看成是一个统一体（比较：《个人所得税法》第 26a 条第 2 款），比如在特殊负债和儿童照料费用（《个人所得税法》第 9c 条）的问题上。如果夫妻没有一起就特殊负债的分配方式作出其他申请（有关其他特殊规定，见《个人所得税法》第 26a 条第 2 款及第 3 款及与之相关的《个人所得税法实施规定》第 62d 条针对《个人所得税法》第 10d 条的规定），那么将首先像采用合算时那样调查特殊负债，折半后算入夫妻每一方的收入所得中。采用该做法的理由是，生活共同体和经济共同体中的私人花费通常不能认为仅应由夫妻中的某一方承担，因为由谁承担这些费用，这个问题的答案常常难以确定。

659—662　按照《个人所得税法》第 26c 条的规定，如果选择了特殊结算，那么夫妻在结婚当年的纳税期内就会像他们没有结婚时那样被征税。

三、个人的纳税义务

（一）自然人是所得税的主体

663　所得税法区分个人承担的纳税义务和客体承担的纳税义务。根据《个人所得税法》第 2 条第 1 款和第 5 款，客体承担的纳税义务描述的是承担纳税义务的客体并以此来确定所得税的征收对象，即课税对象（见页边码 604 以下）。

《个人所得税法》第 1 条规定了个人的纳税义务，即谁有缴纳个人所得税义务并因此成为所得税的主体。根据该规定，倘若自然人在国内有自己的住所（《税法通则》第 8 条）或者有经常居住地（《税法通则》第 9 条），那么该自然人就负有**无限纳税义务**（《个人所得税法》第 1 条第 1 款）。否则，如果其取得了《个人所得税法》第 49 条规定意义上的国内收入所得，他们所负有的就是**有限纳税义务**（《个人所得税法》第 1 条第 4 款）。

此外，该法还认为

——具有德国国籍，但在国内既没有居住地也没有经常居住地，且为国内公法法人工作并因此从某个国内的公共账户上支取工资，这类人负有扩大了的无限纳税义务（《个人所得税法》第1条第2款，见页边码682），

——跨境上班族经申请可获得虚拟的无限纳税义务（《个人所得税法》第1条第3款，见页边码682），

——具有德国国籍并迁入到低税额国家居住的，这类人负有扩大了的有限纳税义务（《涉外税法》第2条和第5条，见页边码685—690）。*

按照《个人所得税法》第1条的规定，个人的纳税义务只涉及自然人。因此就排除了法人（比如，股份公司、股份有限责任公司）、UG（企业家有限公司、协会）作为所得税纳税主体的情况，它们需要缴纳的是法人所得税，见《法人所得税法》第1条以下（页边码1200以下）。即使是人合公司（比如，民事合伙、无限责任贸易公司、有限责任两合公司），也不是所得税的纳税主体，它们缴纳的税也不属于法人所得税。人合公司所取得的收入所得，会被直接算入合伙人的所得，并部分地对其征税（见页边码1101以下）。如果合伙人为自然人，那么他们就要为其收益缴纳所得税（例如《个人所得税法》第15条第1款第1项第2目）。如果是法人（比如，某个股份有限责任公司）参股了某人合公司，那么该股份有限责任公司所获得的收益就要被征收法人所得税（《法人所得税》第8条第1款）。根据《税法通则》第179条第1款和第2款、第180条第1款第2项a目的规定，通过统一及各自独立的收益确定方法对合伙人收益进行分配（见页边码532以下和1101以下）。 664

所得税法中不存在对特定主体的免税[75]，而只存在对特定客体的免税、税收优惠及减税，而这些情况部分是与负有纳税义务者的特点相联系的（见《个人所得税法》第3条）。 665

与《个人所得税法》相反，《法人所得税法》在第5条的规定中承认特定主体享受免税。根据《法人所得税法》第5条第1款第1项，其中重要的例子包括德意志联邦银行（《法人所得税法》第5条第1款第2目）和国有彩票公司。

---

* 企业家有限公司（Unternehmergesellschaft haftungsbeschränkt，简称 UG），德国政府在2008年修改了公司法，增加了一种有限责任公司的特别形式，降低公司成立门槛，即企业家有限公司（Unternehmergesellschaft），最低仅需1欧元的注册资金即可成立。——译者注

[75] 根据慕尼黑地区负责人和国家秘书的协商，尽管 Adolf Hitler 免税并非法定，但却是事实存在的。人们认为，Hitler 基于其宪法地位有权被免税，其税收也因此免除，参见 Pausch, DStR 1983, 499。

(二) 无限的纳税义务(《个人所得税法》第 1 条第 1 款)

666 《个人所得税法》第 1 条中对无限的纳税义务作出了规定。

负有无限的纳税义务的是所谓的纳税的国内人,即在国内拥有居住地(《税法通则》第 8 条)或者经常居住地(《税法通则》第 9 条)的自然人。某人是否属于是纳税的国内人与其国籍无关。

税法并没有对国内这一概念加以定义,不过一种共识是,国内指一切属于联邦德国的区域。按照国际协议,海关、自由港及三海里领海区内所包含的领海均属于国内。挂有德国国旗的海船只要其位于本国水域或者公海,而非逗留在外国的水域内,也属于国内。[76]

1. 住所地

667 如果某自然人在国内有自己的住所地,那么他就负有无限纳税义务。这就意味着,从原则上来说,其在全球范围内取得的所收入都要接受德国的征税(见页边码 1452)。

如果纳税人打算避免德国的征税,则其必须放弃其在德国的住所或者经常居住地,反之,仅靠作出如"在瑞士有一处新的住所"这样的解释,是不足以实现避免德国对其征税的。

《税法通则》第 8 条规定了什么是住所地。根据规定,"某人在某地拥有一个居所,且其可以保留和使用该寓所",在这种情况下即可认为,此人在该处有自己的住所地。从原则上说,实际使用时间的长短并不重要。[77]

668 居所这一概念很宽泛,并且是按照客观的标准来进行解释的。纳税人是否具有拥有一处居所或放弃一处居所的意愿并不重要。居所就是适合居住的一切空间。因此,《税法通则》第 8 条意义上的居所可以是一间有家具的房间、某个集体收留所中的一处栖身之地、一个第二住宅、一个夏季住所或者打猎住所。如果一辆固定在原地的野营车常常被用于居住,而不仅仅是为暂时休憩目的而被使用,那么它也可以成为一个居所。[78] 巡游马戏团演员使用的宿营车和某个度假公园中的大型宿营式旅游车都不是《税法通则》第 8 条意义上的居所。为使用者仅带住宿感觉(旅馆)的场所也不足以构成居所。相反,如果某个旅馆房间被长期租用并且为某纳税人所使用,那么这个房间也可以成为一个住所。具有决定性意义的,是实际的使用支配性,而不是法律上的支配可能性。因此,纳税

---

[76] 参见 BFH, I R 250/75, BStBl II 1978, 50 (51)。

[77] 参见 BFH, I B 79/05, juris; BFH, I R 56/02, BStBl II 1978, 50。

[78] 参见 BFH, VI R 195/72, BStBl II 1975, 278。

人是否在私法上被禁止居住于某地并不重要。[79]

例子：(1) A 是一名美国人，任某美国公司的经理。公司位于美国，他住在达拉斯。该美国公司在杜塞尔多夫收购了德国的股份公司 D。因此，A 一年必须数次前往德国，并在股份公司 D 中执行公务。该美国公司为 A 在杜塞尔多夫的希尔顿酒店租了一间房。该房间可供 A 长期支配，且房间里还存放了 A 的洗浴用品及几件西装。——在这种情况下，就可以认为 A 在德国有一处住所地，因此在德国就负有无限纳税义务（此处没有考虑双重征税协定）。

(2) 一位 5 岁的法国女孩和她父母一起住在德国，并且她还可以凭借在瑞典的、属于她的一栋房子拿到租金收入，按照《个人所得税法》第 1 条第 1 款第 1 项及《税法通则》第 8 条的规定，她负有无限纳税义务。因此，德国会对她的租金收入进行征税（此处没有考虑双重征税协定）。

(3) 德国顶尖运动员 S 几年前在摩纳哥建了一个住所。有时他会回德国看望家人，并住在他年轻时候曾住过的房间里。这间老房间仅在 S 回家逗留的时候才会被使用。——对 S 来说，该房间是否构成其在德国的居所，这一事实的认定取决于如下问题，即 S 多久一次看望他的家人、S 在家待多久，以及他是否还保留着一些个人物品（比如，衣服、牙刷）以便急用，他是否能随时使用该房间。

2. 经常的居住地

除了住所地，经常的居住地也是判断是否存在无限的纳税义务的关键点。根据《税法通则》第 9 条第 1 项的规定，"如果可以看出，某人在一个地方或者一个地区不仅仅是暂时停留，那么在这种情况下就可以说，某人在此处有其经常居住地"。与住所地不同，经常的居住地不需要拥有一个居所，只要纳税人有目的性的停留或者预期会经常性的停留就可以了。一个人可以同时有数个住所地，然而每次只能有一个经常居住地。

对于经常的居住地具有决定性意义的是，某人实际上会"在这个地区"停留一定的时期。《税法通则》第 9 条的规定中也包含了在国内的、非定居性的停留。《税法通则》第 9 条还包括了违法的和非自愿性的逗留（医院、监狱）。按照《税法通则》第 9 条第 2 项的规定，对于那些在国内逗留超过 6 个月的人，则无例外的确认其在国内有经常居住地。

例子：一位英国指挥家，因为巡回音乐会而在德国呆了 6 个多月的时间，根据《税法

---

[79] BFH, VI R 127/76, BStBl II 1979, 335 (336).

通则》第9条第2项的规定,他在德国有经常居住地,只要双重征税协定(页边码1463)没有提供其他的规定,则德国就必须以其在全球范围内获得的所有收入所得征收个人所得税。

675　　根据《税法通则》第108条第1款及与《民法典》第187条和第188条的相关规定,6个月的期限指,从其入境日起,到第6个月中与其入境日具有相符日期的那天为止。计算期限的时候不考虑逗留的短期,也就是说,期限被视为继续延续,且中断的时间也会被计算在内。《税法通则》第9条第3项规定了6个月规定中的例外情况,即仅仅是为了疗养、休息及拜访等目的且不超过1年的逗留。

由此,无需讨论的是某人在国内停留超过6个月的情况(通常183天):这构成了一种经常居住地,因而在德国负有无限纳税义务。需要讨论的是不到6个月的逗留。《税法通则》第9条第2项作出的规定仅意味着,逗留超过6个月则确凿构成经常居住地,但是并没有排除通过相对较短的停留也可以构成经常居住地的情况。对于6个月以下的逗留就要视具体情况来进行判定。对此没有相关的确切规定。不过,通常可以这么认为,3个月内的逗留不可能构成经常居住地。关键需要判断的是时间为3个月到6个月之间的逗留。

(三) 有限纳税义务(《个人所得税法》第1条第4款)

676　　只有需要纳税的外国人才可能负有有限的纳税义务,这是指在德国(国内)既没有一处住所也没有经常性居住地的外国人。《个人所得税法》第1条第4段指出,这些人仅就其国内收入所得承担纳税义务(因此是"有限的")。《个人所得税法》第49条明确规定了什么是国内的收入所得,其指与德国领土有特别联系的收入。《个人所得税法》第49条由此规定了所谓的来源地征税原则与属地原则。这些构成要件中与领土的连接点构成了征税在体系上(与国际法上)的正当性。

重要的国内收入所得包括以下类型:

——工商营业的收入所得,并为此在国内设有营业场所(《税法通则》第12条)或聘用一名常设代表(《税法通则》第13条)(《个人所得税法》第49条第1款第2目第a点),

——在国内从事或因其取得收益的自由职业和非自由职业的收入所得(《个人所得税法》第49条第1款第3项和第4项),

——某国内债务人所支付的来自资产的特定收入所得(《个人所得税法》第49条第1款第5目),

——通过在国内占用土地进行出租和租赁而获取的收入所得(《个人所得税法》第

49条第1款第6目)。

例子[80]:(1) S是法国人,住在巴黎,他在那儿经营一家机械厂,并在慕尼黑有一处分厂。此外,他还从在汉堡的一块建筑地皮中取得租金收入。根据《个人所得税法》第1条第4款、第49条第1款第2目第a点第1选项规定S对从分厂(=《税法通则》第12条第2目意义上的营业场所)获得的收入,以及根据《个人所得税法》第1条第4款、第49条第1款第6目第1种变化情况,第21条第1款第1项第1目的规定对出租收入负有(有限的)缴纳义务。(此处没有考虑双重征税协定)

(2) F是一个巴西的顶级模特,于2010年在柏林参加了为期一天的照片拍摄,拍摄的照片根据合同约定由一家时尚杂志进行出版。因参与此次拍摄而支付给F的报酬并不适用《个人所得税法》第49条第1款第2目第d点之规定,因为她的参与与"演出"无关。《个人所得税法》第49条的另一个构成要件也未满足。对在印刷物上出版肖像的个人权利进行有偿转化,将产生《个人所得税法》第1条第4款、第49条第1款第2目第f点所指的、源于营业经营的国内收入(权利的转让,其利用是在国内的营业地发生)。若F获得的是统一收益,则需在必要时分开处理。[81] (此处没有考虑双重征税协定)

这种与国内收入所得的构成要件间具有的、唯一的联系,使得征税过程中**不考虑纳税人的个人的情况**(比如,家庭状况、孩子、特殊支出)。[82] 有限纳税义务者,只要其负有纳税义务,其待遇就一定与无限纳税义务者不同。《个人所得税法》第50条第1款第1—3项、第5项规定了对负有限纳税义务者不利的限制,主要涉及在调查估算基础时有关扣减的规定(比如,根据《个人所得税法》第32条第6款而得出的必要支出的有限可扣减性、不提供全额的特殊支出和全额养老金、不考虑特殊负债和儿童;《个人所得税法》第50条第1款第4项中的反例)。合算和使用分割课税税率也同样被排除。有限纳税义务者的个人情况被忽视,其合理性基于以下原因,即其个人情况通常已在其国外住所地对其征税的过程中被予以考虑。

原则上,可适用的税率依照《个人所得税法》第32a条第1款施行,但书如下,即不考虑基本免征额;《个人所得税法》第50条第1款第2项规定,收入高出此基本免税

---

[80] 详见案例:*Birk/Wernsmann*, Klausurenkurs, Fall 11 (Rn 629 ff)。
[81] 参见 BMF v. 9.1.2009, DStR 2009, 375 (376)。
[82] 符合欧共体条约:FG Düsseldorf, 16 K 4273/07, DStRE 2010, 137。对于退休金作为特殊支出的其他观点 FG Niedersachsen, 3 K 278/07, IStR 2010, 31 (提交给欧洲法院的方案, Az C-450/09)。

额。——旧《个人所得税法》第50条第3款规定的最低税率有违欧盟法并因此被废除，其在2009年纳税期间后失效。[83]——只要有限纳税义务人的收入进行了税收扣除（工资税、资本收益税、《个人所得税法》第50a条的情形），原则上就将税收债务视为用税收扣除补偿了：《个人所得税法》第50条第2款第1项（例外：《个人所得税法》第50条第2款第2项）。[84]

（四）虚拟的无限纳税义务（《个人所得税法》第1条第3款和第1a款）

682 作为对欧洲法院[85]（见页边码220以下）判决的回应，德国立法机构自1996年制定了一项对于定居在欧盟国家但在德国取得大部分收入所得的跨境通勤者的特殊的规定，并更改了《个人所得税法》第1条第3款和第4款的规定，同时引入了《个人所得税法》第1a条。根据该规定，负有限纳税义务的纳税人，经申请，可以被当成负有无限纳税义务的纳税人，如果其一个会计年度中的收入所得的至少有90%要向德国缴纳个人所得税，或者其在外国的收入所得一年不多于基本免税额（《个人所得税法》第32a条第1款第2项第1目），见《个人所得税法》第1条第3款（**虚拟的无限纳税义务**）。[86] 该规定限制在欧盟及欧洲经济区的范围内使用，《个人所得税法》第1a条第1款第2项现在也允许对满足上述条件的、负有限纳税义务的纳税人进行分割课税税率之下的合算，因为夫妻的无限纳税义务也被虚拟了，《个人所得税法》第26条规定的前提条件由此才得以实现（比较：页边码656中的有关合算需要的前提条件）。[87]

（五）特殊形式：扩大了的无限纳税义务及扩大了的有限纳税义务

683 《个人所得税法》第1条第2款和《涉外税法》第2条和第5条中包含了对无限纳税义务和有限纳税义务的特殊规定。其中《个人所得税法》第1条第2款规定了扩大了的无限纳税义务，《涉外税法》第2条和第5条则规定了扩大了的有限纳税义务。两个规定的共同之处在于，它们均可以被应用到在国内没有住所地或经常居住地的德国公民身上。

---

[83] 参见 EuGH, C-234/01, Slg. 2003, I 5933 (*Gerritse*)。

[84] 参见 *Nacke*, NWB 2009, 1910。

[85] EuGH, C-279/93, Slg. 1995, I-225 (*Schumacker* 案件，涉及个人和程序法优惠); EuGH, C-80/94, Slg. 1995, I-2493 (*Wielockx* 的案件，涉及养老公积金); EuGH, C-107/94, Slg. 1996, I-3089 (*Asscher* 案件涉及税率)。

[86] 相关限制规定见 Art. 39 EGV（现在 Art. 45 AEUV）以及欧洲法形式解释；参见 EuGH, C-391/97, Slg. 1999, I-5451 (*Gschwind*), BFH, I R 40/01, BStBl II 2002, 660。批判 *Lang*, RIW 2005, 336 ff; 参见 *Birk/Wernsmann*, Klausurenkurs, Fall 10 (Rn 609)。

[87] 虚拟夫妻无限义务，参见：BFH, I R 78/07, BStBl II 2009, 708。

扩大了的无限纳税义务：根据《个人所得税法》第 1 条第 2 款所的规定，如果纳税人与某个公法法人有某种服务关系，并从某个国内的公共账户获得工资（比如，外交官），那么有限的纳税义务就凭借法律被转化为了无限的纳税义务。《个人所得税法》第 1 条第 2 款第 1 项的规定还包含了负担纳税义务的家庭中，或具有德国国籍、或没有收入所得、或只有需在国内缴纳所得税的人。该规定旨在避免上述人群在任何一个国家内都不属于无限纳税义务的纳税人。这应该保证，纳税人的个人情况及由此涉及的、其在某个国家内的主体给付能力都能得到考量。因此，只有当这些人在其住所地国家或者经常居住地国家也像负有限纳税义务者那样对其收入征税，那么《个人所得税法》第 1 条第 2 款第 1 项的规定才有效，见《个人所得税法》第 1 条第 2 款第 2 项。

扩大了的有限纳税义务：《涉外税法》第 2 条涉及住所变更至低税收国家的情况。这里涉及的是在过去 10 年中、在无限纳税义务结束前至少有 5 年负有无限纳税义务的、且搬迁到一个低税收国家（比较：《涉外税法》第 2 条第 2 款）去的德国人（"逃税族"）。此外还必须满足的条件是，该纳税人在德国还有主要的经济利益（比如，是某个国内企业的合伙人或超过了特定的收入所得界限或财产界限，比较《涉外税法》第 2 条第 3 款）。扩大了的有限纳税义务将导致，纳税人在 10 年期结束前不仅仅——同其他每一位负有限纳税义务者一样——需按照《个人所得税法》第 49 条的规定使其在国内的收入所得被德国征税，而且还需要使其符合《个人所得税法》第 2 条第 1 款第 1 项意义上的、其他所有的（国内）收入所得均被德国征税。

例子：德国顶尖的运动员 A 于 2010 年由明斯特搬家至摩纳哥。通过其在外国赚取的奖金和赞助商的资助，2010 年 A 的年收入为 260 万欧元。此外，他在一家德国体育营销有股份限责任公司拥有 5% 的股份。这每年可以为他带来 40 万欧元的分红。那么 2010 年 A 在德国需要纳税的收入是多少呢？

如果没有《涉外税法》第 2 条第 1 款的规定，A 对其在德国取得的 40 万欧元的分红负有有限的纳税义务（《个人所得税法》第 1 条第 4 款和第 49 条第 1 款第 5 目第 a 点）。税款以税率为 25% 的资本收益税扣减得以缴纳（《个人所得税法》第 50 条第 2 款第 1 项、第 43a 条第 1 款第 1 目和第 43 条第 1 款第 1 项第 1 目）。

根据《涉外税法》第 2 条第 1 款的规定，A 对那些不属于《个人所得税法》第 34d 条意义上的国外收入所得的收入负有扩大了的有限纳税义务。因为作为德国人，在他搬家到低税收国之前的 10 年里，他有 5 年以上的时间是负有无限纳税义务的，而且由于他在该股份有限责任公司 5% 的参股，他在德国还有主要的经济利益（比较《涉外税法》第 2 条第3款第1目及与之相关的《个人所得税法》第17条第1款)。由于A的奖金及赞助商的资助不是通过某个国外的常设机构或是说由某个国外常设代理人而获得的(《个人所得税法》第34d条第2a款第2种变化情况),对这300万欧元A要负扩大了的有限纳税义务。

四、各种独立的收入种类

691 《个人所得税法》第2条第1款第1项规定了哪种收入所得需要缴纳个人所得税。《个人所得税法》第13—24条规定了,满足各收入所得的事实构成的前提。

(一)工商营业的收入所得(《个人所得税法》第15—17条)

1. 概述

692 **情形29**:A经营一家铸造厂。B是一家零售无限责任公司的股东。C是一家管理财产股份有限两合公司的合伙人,其中,该股份有限责任公司由一名女股东个人承担责任的且被授权单独管理义务。D是X股份有限责任公司的股东,他每年都会获得收益分红。10年之后,他出售其股份。L是位农民,同时还养马。R经营一家律师事务所。那么A、B、C、D、L、R和X股份有限责任公司的收入所得属于哪种所得种类呢?

页边码693

693 《个人所得税法》第15—17条规定了来自工商营业的收入所得的事实构成。最重要的有:

——来自工商性企业的收入所得(《个人所得税法》第15条第1款第1项第1目;此见下面页边码695及以下),

在**情形29**中(页边码692),A有来自工商营业的收入所得(《个人所得税法》第15条第1款第1项第1目第1点)。R作为律师没有营业性收入所得(《个人所得税法》第15条第2款第1项),而有《个人所得税法》第18条第1款第1项所规定的来自自由职业的收入所得。L作为农民也没有来自工商营业的收入所得(《个人所得税法》第15条第2款第1项),而有来自农林业的收入所得(《个人所得税法》第13条第1款第1项)。养马属于工商营业行为还是农林业行为,取决于养马的种类和规模(见页边码744,748)。如果L没有盈利目的(《个人所得税法》第15条第2款),那么他的行为就是爱好,而爱好不会被征税(比较页边码701)。

——无限责任公司、两合公司或股东被看作是企业家(合伙经营者)的其他公司的股东收益分红(《个人所得税法》第 15 条第 1 款第 1 项第 2 目;见页边码 1104),

> **情形 29**(页边码 692)中的 B 是否有来自工商营业的收入所得,这取决于其参股的种类。如果他是该无限责任公司的合伙经营者,即他发起企业倡议并承担着企业家风险,那么他取得的就是来自工商营业的收入所得。如果他只是从资本上参股该无限责任公司,比如作为静态的合伙经营者,那么此时的情况就与前述情况不相同了(例外:非典型的静态合伙人;对此具体见页边码 1113)。
>
> C 在**情形 29**(页边码 692)中有来自工商营业的收入所得,尽管该公司只从事财产管理并且也没有进行商业经营。这一结论由《个人所得税法》第 15 条第 3 款第 2 点的特殊规定得出,因为在这个股份有限责任两合公司(人合公司)中,一个股份公司由女股东个人承担责任,而且只有她被授权管理业务(具有营业特点的人合公司;页边码 1119)。

——由出售或放弃某个工商企业、分支企业或合伙经营者股份所得的收益(《个人所得税法》第 16 条第 1 款第 1 项第 1 目至第 3 目和第 3 款;此见页边码 716 以下),

——由出售某股份公司的股份所取得的收益,只要出售者在过去 5 年中的某个时期,成为最少拥有 1% 股份的股东(《个人所得税法》第 17 条第 1 款;此见页边码 719 以下),

> **情形 29**(页边码 692)中的 D 拥有根据《个人所得税法》第 20 条第 1 款第 1 项规定的持续分红的资产收入,因为他将分红作为私人财产对待(页边码 759 及以下)。对于转让收益的归类,取决于 D 是否在过去的 5 年内的某个时期,以多于 1% 的比例参股了 X 股份有限责任公司。如果具有前述情况,那么就是《个人所得税法》第 17 条规定的、源于工商营业的收入。除此以外,转让收益适用《个人所得税法》第 20 条第 2 款第 1 目以及第 1 款第 1 目的规定。由《个人所得税法》第 20 条第 8 款可以得出对《个人所得税法》第 17 条的优先适用。

——根据《法人所得税法》第 8 条第 2 款,根据《商法典》的规定、有义务进行记账的法人所得税主体(尤其法人)的收益。根据《商法典》第 238 条第 1 款和第 6 条第 1 款的规定及《股票法》第 3 条第 1 款、《股份有限责任公司法》第 13 条第 3 款中与之相关的规定,这种情况存在于股份公司和股份有限责任公司中(见页边码 1233)。

> 上述情形 29 中 X 股份有限责任公司的收益与其行为种类无关,属于来自工商营业收入所得(《法人所得税法》第 8 条第 2 款)。然而,该收益并不缴纳个人所得税,而是缴纳法人所得税(此见页边码 1212)。

694　　《个人所得税法》第 15 条和第 16 条中规定的出发点是,如果纳税人从事的是一种"原"工商行为,那么就会出现来自工商营业的收入所得。此外,某些法律上的或者是从司法判决中发展而来的事实,尽管其并非以原工商行为为基础,但也可以被虚拟成或转变成营业性的收入所得。此外还有《个人所得税法》第 17 条及从司法判决中发展而来的企业租赁这一法律手段(此见页边码 721 以下)。

2. "原"工商行为

(1) 一家工商企业的收入(《个人所得税法》第 15 条第 1 款第 1 项第 1 目)。

695　　界定工商营业这一概念的事实构成包含积极的和消极的两方面特征。根据《个人所得税法》第 15 条第 2 款第 1 项的规定,工商营业是一种独立的持续行为,这种行为带有盈利目的并且表现为参与一般的经济往来。[88] 然而,这种行为不涉及农林业、独立职业(尤其是自由职业)或私人财产管理。

696　　a) 独立的、持续的行为并参与一般经济往来。独立的行为是企业家的特点,并由此将其与从非自由职业中取得收入所得(《个人所得税法》第 19 条)的雇员相区别开来。承担企业经营者风险且发展企业经营倡议的人,就是独立的。如果纳税人工作时自己结算并承担风险,那么就更属于这种情况了。根据经济往来观点对这种情况的全局予以考量,这在有疑问时具有决定性作用。

697　　如果某项行为意在多次重复,则具有可持续性。至于该行为是否实际上在重复,这是无关紧要的,在例外的情况下,倘若纳税人有重复的打算,一次性的行为也可能被视为是持续的。

698　　倘若商品或劳务在市场上明显是被有偿供应给第三方的[89],那么就是参与一般的经济往来。对于典型的商人活动来说,即使纳税人只是为某一位顾客或为某一个极其有

---

[88] 相关概念参见:*Schmidt-Liebig*,FR 2003,273。
[89] BFH,IV R 66—67/91,BStBl II 1994,463。

限的领域内的人群提供劳务(例如,为某个生产商提供装配服务)[90],那也参与了一般的经济往来。

b) 盈利目的。只有当某个营业行为带有盈利目的的时候,该行为才是工商营业行为,对于工商营业行为而言,即使盈利目的只是在该经营过程中的一个附加目的(《个人所得税法》第 15 条第 2 款第 3 项),也足以满足对盈利目的的要求。在规范中,盈利目的尽管只被视为构成工商营业收入所得事实的特征,然而它实际上也是所有需要纳税的收入所得的前提条件,即是说,盈余收入(获取盈余为目的)[91]也是以此为前提条件。盈利目的区分了税法意义上的取得收入及税收中不予考虑的、由爱好中取得收入所得的情况(页边码 701)。

在取得收入所得的不同形式中,都可能缺乏这种营利性目的,并因此使行为被认定为征收所得税时不予以考量的爱好。[92] 爱好不满足税收相关的构成要件,因此由爱好产生的损失也不能带来减税的效果。

倘若纳税人在一段完整的时期内,即从其工商行为开始到结束为止,试图取得完全收益意义上的企业财产增加,那么就存在盈利的目的。完全收益是指企业从成立到放弃或者出售时期内的最后成果。完全收益与一个会计年度内的时期收益是不同的,按照《个人所得税法》第 4 条第 1 款和第 5 款的规定,时期收益对税收上的收益调查具有决定性意义。

同判断任何目的性事实一样,具有取得收益的目的,对这一目的作出判断需要根据外部的特征来进行。[93] 最表面的基本证据是,纳税人在新建一家企业的时候,试图在其行为过程中取得完全收益。多年的、启动阶段后完全损失的,以及根据企业特性和企业的经营能判断其客观上不适合获取持续盈利的,存在以上特征时就能够支持不存在盈利目的(所谓的爱好[94])的这一假设。然而,必须要指出的是,当纳税人以个人生活方式的理由,从事带来损失的行为时,这就构成了爱好。[95] 收入在未来如何发展,对这一问题

---

[90] BFH, X R 39/88, BStBl II 1991, 631;X R 44/88, BFH/NV 1990, 798.
[91] *Schmidt/Weber-Grellet*, EStG, § 2 Rn 22 有进一步论证。
[92] BFH, VI R 50/06, BStBl II 2009, 243 关于非自由职业收入时的爱好。
[93] BFH, XI R 10/97, BStBl II 1998, 663 (664); IV R 33/99, BStBl II 2000, 227.
[94] *Theisen*, StuW 1999, 255; *Kanzler*, DStZ 2005, 766; *Birk*, BB 2009, 860; *Falkner*, DStZ 2010, 778.
[95] 相关案例:摩托艇出租(BFH, III R 273/83, BStBl II 1988, 10);度假屋出租(BFH, IV R 6/91, BFH/NV 1994, 240);养马(BFH, IV R 33/99, BStBl II 2000, 227, 亦见 Ritzrow, EStB 2009, 205);所谓的传代经营(BFH, IV R 46/99, BStBl II 2000, 674)。对于通常的自由职业行为存在这样的猜想,即其是以获取盈利为导向的。(§ 18 Abs. 1 Nr 1 EStG 意义上的目录职业)但在个别情形下会反驳这种猜想(BFH, IV R 60/01, BStBl II 2003, 85—建筑师;BFH, XI R 10/97, BStBl II 1998, 663 和 XI R 6/02, BStBl II 2005, 764—律师)。

作出判断是困难的,因此税收核定通常不是永久性的。

702　　c) 非农林业、自由职业或财产管理的行为。前述的、构成工商行为的事实的积极特征也适用于农林业行为和自由职业的行为,部分也适用于财产管理的行为。

因此,《个人所得税法》第 15 条第 2 款第 1 项明确地将工商经营行为与农林业及自由职业行为区别开来。此外,一个并非由法律明确规定的、但是被普遍认同的事实是,私人的财产管理,同样可能是一种独立的、持续的且带有盈利目的的、参与经济往来的行为,但其不在《个人所得税法》第 15 条第 2 款第 1 项所规定的事实之列。[96]

703　　在个案中,有关在什么前提条件下管理私人财产的行为会进入工商营业行为的范畴,对这一问题的判断可能会有难度。问题存在于对出售私人财产物品的判断,尤其是出售土地。因为,利用物质性财产的价值,在这一情况下的出售可能超出了"由自己利用或出租而获得收益"这一意义上的土地利用,并且根据经济往来观点考虑该行为全局特征,可能进而认为它是一种工商行为(贸易)。[97] 只要是与建设用地的出售有关,那么根据联邦财政法院提出的一种举证责任规定,不得将该规定理解为对免税限额的设定。[98] 因此,在一定的前提条件下,可以推测该私人土地出售行为是工商性的土地贸易。司法判决中,将被出售的物品的数量及从购买到出售之间的时间长短与之相联系。倘若纳税人购买了数块土地,并且在买后大约 5 年的时间内将三块以上的土地出售出去(3—物品—规定)[99],那么就被认定为是涉及建设用地的**工商性土地贸易**。(规模很大的)购买或出售**有价证券**,只有在出现特殊情况(比如,雇佣员工、巨大的外资、办公场所等)的时候,才会超越私人财产管理的范畴。当有价证券的变化十分显著时,司法判决否定了此时存在商业性证券交易的可能性。[100] 因此,通常仅根据《个人所得税法》第 20 条第 2 款或例外地根据《个人所得税法》第 17 条确认收益与损失。

---

[96]　依据参见:BFH GrS, 4/82, BStBl II 1984, 751 (762)。

[97]　BFH GrS, 1/93, BStBl II 1995, 617;BFH, X R 37/00, BStBl II 2003, 464 (房车);BFH, X R 21/00, BStBl II 2003, 520 (给短期停车者的收费停车场)。营业性有价证券交易视该判决为例外:BFH, III R 31/07, BFH/NV 2010, 844。

[98]　例外情形:BFH GrS, 1/98, BStBl II 2002, 291 (294);BFH, X R 183/96, BStBl II 2003, 238;参见 BMF v. 6.1.2003, BStBl I 2003, 171。

[99]　该区分十分重要,并被判决所确认,参见:例如 *Carle*, DStZ 2009, 278;*Schießl*, SteuerStud 2008, 852。参考 BMF v. 24.2.2004, BStBl I 2004, 434 和 参见 *Söffing*, DStR 2004, 793。案例分析:*Birk/Wernsmann*, Klausurenkurs, Fall 4 (Rn 279 ff) und Fall 11 (Rn 629 ff)。评论:*Leisner-Egensperger*, FR 2007, 813。

[100]　BFH, X R 14/07, BFH/NV 2008, 2012;*Wagner*, StuB 2009, 875。

（2）合伙企业（Mitunternehmerschaft）（《个人所得税法》第 15 条第 1 款第 1 项第 2 目）。

无限责任公司、两合公司和其他的、股东也被视为合伙经营者的（合伙）公司的股东收益部分，以上三者都视为来自工商营业的收入所得。这些公司被称为合伙企业（关于人合公司的征税，参照页边码 1101 以下）。

（3）企业分离（Betriebsaufspaltung）。

> **情形 30**：A 经营着一家作为个体企业的建筑公司。企业财产包括土地、汽车、建筑机器及建筑材料。2010 年 1 月 1 日他创立了 A 建筑股份有限责任公司并将建筑材料转让给了该股份有限责任公司。他将几处土地和汽车也出租给了该 A 建筑股份有限责任公司。那么租金收入在税收上要如何界定呢？**页边码 710**
>
> **情形 31**：父亲（V）、母亲（M）和儿子（S）分别掌握 X 股份有限责任公司 1/3 的股份。V 是土地所有者，并将土地出租给了 X 股份有限责任公司。那么租金收入在税收上要如何界定呢？——2010 年 1 月 1 日，V 去世了。根据遗嘱，M 从 V 那儿继承土地及其在 X 股份有限责任公司所占的股份（M 现在占 2/3，S 占 1/3）。在租赁土地问题上没有任何改变。那么租金收入在税收上又该如何界定呢？**页边码 710，712—715**

企业分离是一个从司法判决中发展而来的、对某类企业的分类。[101] 该分类的特点是，某公司，从经济上看是统一的公司，但从法律上看是数个公司（通常作为所谓的双重公司）。[102] 分离是指，一个所谓的持有公司持有固定资产，一个所谓的经营公司拥有流动资产。经营公司继续主动地从事现在正在运行中的业务，而持有公司的行为只局限于将根据经营种类和目的所需要的主要经营基础（尤其是土地）租赁给经营公司（通常作为个体企业或合伙企业来经营的持有公司的被动行为）。[103] 形成这种公司结构的动机，在于限制经营企业内的责任，其通常以股份公司形式运营（例如，与《有限责任公司法》第 13 条第 2 款相比较）。

---

[101] BFH，X R 59/00，BStBl II 2004，607；参见 *Strahl*，NWB 2002，Fach 3 S. 11921；*Limberg*，Steuer-Stud 2001，300；类推基础，参见 *Drüen*，GmbHR 2005，69；评论：*Knobbe-Keuk*，Bilanz—und Unternehmensteuerrecht，S. 862 ff. 参见：*Birk/Wernsmann*，Klausurenkurs，Fall 7（Rn 463 ff.）。

[102] 参见 *Reiß*，in：Kirchhof，EStG，§ 15 Rn 75 ff.。

[103] 参见 BFH，VIII R 11/99，BStBl II 2000，621；BMF v. 18.9.2001，BStBl I 2001，634。

倘若一个企业从一开始就计划着成立一个持有公司和经营公司,这就是**虚假的企业分离**。倘若某公司现在是一个公司而之后分立为两个公司,那么就是**真实的企业分离**。下面所阐述的法律后果适用于真实的企业分离,也同样适用于虚假的企业分离。

707　除了将重要的经营基础租赁给经营公司(事实上的联系)[104],持有公司和经营公司在人员上也必须要存在联系。当两个公司内的参股情况是一致的(参股一致性)或者在固定公司中拥有多数股份的股东在经营公司中也同样占多数股份(控制一致性),这种情况下就出现了人员上的联系,这样在固定公司和经营公司中就会有一个统一的行动意愿。[105]

708　企业分离在税收上的好处在于,一个经营性股份公司的作为公司领导的股东,其薪金可以作为经营费用来减少该股份公司的收益及经营收益额,并形成能够减少收益的退休金准备金(对于准备金的解释见页边码855以下)。

对于持续的收益征税,持有公司和经营公司都是独立的税法主体,并且作为这类税法主体需要分开来进行判断。经营公司基于其营业行为而从工商营业中取得收入所得。问题是该如何界定持有公司的收入所得性质,因为持有公司的活动被限制于将资产出租给经营公司。

709　如果仅按照行为本身判断,按照《个人所得税法》第21条的规定,必须将资产的租赁划入到来自出租和租赁的收入所得。然而,企业分离的特殊性就在于,此时,来自租赁行为的收入所得会被界定为营业性收入所得。两个公司的人员联系使得两个公司内存在一个统一的行动意愿,通过该意愿,固定公司参与一般的经济往来并因此从事营业活动。这就使得固定公司也负有营业税缴纳义务[106],因为其营业性收入所得是原工商性的。

710　**情形30**(页边码705)中的租赁收入因此是来自工商营业的收入所得。——在**情形31**(页边码705)中,V活着的时候所取得的租赁收入属于来自出租和租赁的收入所得(《个人所得税法》第21条),因为这个时候没有企业分离。尽管V是"租赁公司"的所有者,但他并没有掌控着股份有限责任公司。将M和S的股份都附加进去的这种做法排除

---

[104] 经营基础是否"重要",须视功能性观察方式而定;BFH, IV R 25/05, BStBl II 2006, 804(简单的办公空间作为重要的经营基础)。

[105] BFH GrS, 2/71, BStBl II 1972, 63 (64);IV R 62/98, BStBl II 2000, 417;VIII R 72/96, BStBl II 2002, 722 (723);IV R 96/96, BStBl II 2002, 771 (772);VIII R 24/01, BStBl II 2003, 757。某些情况下间接的个人联系也足够了,参照 BFH, X R 50/97, BStBl II 2002, 363。

[106] BFH GrS, 2/71, BStBl II 1972, 63 (65);XI R 8/99, BFH/NV 2000, 1135。

> 了。在 V 去世后，企业分离偶然地（在与股东意愿相悖的情况下）产生了。因为此时，M 成了这个固定公司的所有者并且掌控着经营股份有限责任公司（人员上的联系）。结果就是，租赁收入现在成了一种营业性收入所得，需要缴纳营业税。土地及 M 在该股份有限责任公司中的股份也都成了固定公司的企业财产。其在企业分离之初时所出现的价值增长在变现（撤回、出售、企业放弃，见页边码716）过程中是需要纳税的。

在真实的企业分离过程中，流动资产中的资产（Wirtschaftgueter）从原先的公司中转移到经营公司中，而固定资产则从固定公司处租来。资产转移的过程会揭示固定资产的价值。《个人所得税法》第 6 条第 6 款第 2 项规定，某股份公司的参股购置费，在以隐蔽投资方式进行的（见页边码 1258）单项资产转移的过程中被提高，其涨幅是该投资资产的连续经营价值，并以此实现收益。 711

倘若属于纳税人私有财产（比较**情形 31**，页边码705）的资产（比如，土地）被租赁，那么固定公司的营业性可能会意外地起作用。在这种情况下虚假的企业分离就使这些资产变成了企业财产。这也适用于之前属于私有财产的有限责任经营公司的股份。从纳税人的角度来看，这是在不期望或者甚至是部分不知情的情况下发生的，因为构成企业分离的事实的前提条件也可能是偶然出现的。[107] 712—715

（4）企业转让及企业放弃（《个人所得税法》第 16 条）。

在个人所得税法的视角下，一个自然人的经营性行为不是从**启动实际的广告活动**开始的，而是从实施最早的、用于筹备该行为及与之有着直接的经济联系的措施起，就已经开始了。其前提条件是，纳税人已经作出了要开办一家工商企业的最终决定。[108] 花费于筹备行为的费用就构成了提前的经营费用（见页边码961）。 716

与个人所得税法相反，在营业税法上，营业性行为是从**启动实际的广告活动**开始的。从《营业税法》第 2 条第 1 款第 1 项的规定中可以得出前述结论，前提是存在某个在国内进行经营的工商企业（见页边码1362）。

营业性行为终止于造成企业解散的最后一次交易活动。通过出售单项资产而取得的收益属于来自工商营业行为的流动收益。

个人所得税法将企业出售（《个人所得税法》第 16 条第 1 款）和企业放弃（《个人所得税法》第 16 条第 3 款）看成是特殊的结束理由。 717

---

[107] 其他案例：*Schoor*，SteuerStud 2009，84。另一练习案例：*Jahndorf*，JuS 2001，575 ff.
[108] BFH，III R 58/89，BStBl II 1994，293（295）.

《个人所得税法》第 16 条第 1 款和第 3 款明确规定,企业出售与企业放弃的过程是负有纳税义务的。出售价格中,超过企业财产价值的那部分金额,属于有纳税义务的出售收益(《个人所得税法》第 16 条第 2 款)。由于在企业放弃的情况下是没有出售价格的,此时就用企业财产的普通价值来替代(比较《个人所得税法》第 16 条第 3 款第 7 项),普通价值也可以简单地转述成交易价值(比较《估值法》第 9 条第 2 款)。若一个企业业主停止了他的宣传活动,这并不自动导致企业放弃,也可能是企业中断(见页边码 725)。[109]

根据新的司法裁决,企业迁至境外并非企业放弃。[110] 然而当企业迁移导致联邦德国征税权利被排除或受限时(页边码 1488)[111],可以根据《个人所得税法》第 4 条第 1 款第 3 项假设提取(页边码 943)。如果企业(也指部分企业、合伙经营者部分)被无偿地转让给第三方,该过程中会产生一笔资本收益,其数额相当于被"储存在"企业财产中的隐蔽储备金〔企业财产的普通价值(往来价值)与企业财产的资产收益表的价值之间的差额〕,因为这部分财产由纳税人的收益范围中分离出去了(《个人所得税法》第 4 条第 1 款第 1 项的法律概念:亏损附加到收益中去)。因为出售者在此期间没有取得可支配的收益,并且固定设备会被不断投入经营用途中("被储存了"),所以《个人所得税法》第 6 条第 3 款规定,出售者必须按市场价值估算其税务的账面价值,买方必须在其资产负债表中采用该税款账面价值(继续记录账面值)。这个估算方法会导致在进行收益调查时得出没有形成出售收益的结论。

企业放弃与企业解散的区别在于,企业放弃是以在一段比较集中的时间段内完成的,相反,企业解散则是逐渐地通过一段较长的时期来完成的。这一区别在税收上是很重要的,因为在某个企业放弃及某个企业解散范围内所取得的收益,从许多方面来看,会带来税收上的优惠。因为,根据《个人所得税法》第 16 条第 4 款,特定的情况下可获得最高为 4.5 万欧元的免税额。此外,根据《个人所得税法》第 34 条的规定,对企业放弃的收益和企业出售的收益还适用一种特殊的税率。对企业放弃收益和企业出售收益的税收优惠,使纳税人一次就能将其企业财产中、所有隐蔽储备金变现并且获得一笔同样金额的需要纳税的收益。免税额(《个人所得税法》第 16 条第 4 款)和《个人所得税法》第 34 条带来的优惠应该减弱由这种集中收益的实现而产生的税收结果。

---

[109] BFH,I R 235/80,BStBl II 1985,456;VIII R 80/03,BStBl II 2006,591.
[110] BFH,I R 99/08,BFHE 227,83;I R 28/08,BFH/NV 2010,432.
[111] 参见 Schönfeld,IStR 2010,133;Dörr/Bühler,IWB 2010,123。

在纳税人出售了其整个企业的情况下,以及在出售只是涉及企业的一个在经济上和组织上均独立的部分(部分企业)时(《个人所得税法》第 16 条第 1 款第 1 项第 1 目),都产生优惠的可支配收入。出售某个合伙经营者的全部份额(包括主要的特殊企业财产,此见页边码 1149)或者出售某个两合股份公司内、某个个人承担责任的股东的全部份额,这些情况下都可以得到优惠(《个人所得税法》第 16 条第 1 款第 1 项第 2 目和第 3 目);相反如果只是出售股份的一部分,则不能得到优惠(《个人所得税法》第 16 条第 1 款第 2 项)。这就导致在接纳一名新的合伙人加入人合公司的时候,需要不断地对被售出的合伙经营者股份中、有关隐蔽储备金的那部分进行完全征税,新的合伙人要同接收他的合伙人们为其接收行为支付对待给付。[112]

《个人所得税法》第 16 条第 2 款意义上的出售价格由部分收入所得方法决定,只要出售价格被分摊在股份公司出售的股份上,而这些股份被保留在合伙企业的企业财产中(见页边码 1281、1286、613)。按照《个人所得税法》第 3 条第 1 项的规定,仅需对这些收入的 60%纳税,不过,计算出售费用及购置费时,也只能按实际花费的 60%进行计算(《个人所得税法》第 3c 条第 2 款)。如果某个企业放弃时被估算的是普通价值而不是出售价格(比较《个人所得税法》第 3 条第 40 目第 1 句第 b 点中的第 2 句),那么也与前述情况相类似。

3. 被虚拟的或转变为工商营业收入的收入

(1) 对至少占据股份公司 1%的股份的出售(《个人所得税法》第 17 条)。

倘若纳税人在过去 5 年内的某个时候以最低 1%的比例入股(《个人所得税法》第 17 条第 1 款第 1 项和第 4 项)[113],那么来自出售某个资合公司(尤其是股份公司、股份有限责任公司)股份的收益也属于来自工商企业的收入所得。该规定的特别之处就是,它将一个本来只能在《个人所得税法》第 20 条第 3 款范围内进行征税的私人的出售收益,转变成一个可以征税的营业性收益。因为,《个人所得税法》第 17 条针对的对象,是保留在**纳税人私有财产中的、某个资合公司的股份**。

根据《个人所得税法》第 17 条第 2 款的规定,出售价格及普通价值要按照所谓的部分收入所得方法(见页边码 1281)进行计算。然后根据《个人所得税法》第 3 条第 40 款第 1 项第 3 目的规定,这些收入只有 60%需要纳税,相对的,计算出售费用和购置费用时,

---

[112] 参见 *Kai*, SteuerStud 2002, 333。

[113] 详见 *Fohler*, Private Anteilsveräußerung und vermögensverwaltende Personengesellschaften—zur Auslegung des § 17 EStG, 2003。判决 *Moritz*, NWB 2004, Fach 3 S. 13119。

也仅能按照实际花费的60％进行计算(《个人所得税法》第3c条第2款)。

倘若某个股份公司的股份是某个工商企业的企业财产(比如,某个企业分离的情况(此见页边码712)或者某个股份公司的股份又参与到其他的股份公司这样的情况),那么《个人所得税法》第17条就不可适用。根据《个人所得税法》第15条第1款第1项第1目及《法人所得税法》第8条的规定,在这种情况下,企业财产的价值增加是可以被征税的。

720　　因为对资合公司股份的转让也会实现《个人所得税法》第20条第2款第1项以及第1款第1句的构成要件,所以《个人所得税法》第17条与有关源于资本资产的收入的相关规定之间存在优先适用哪一个规定的问题。根据《个人所得税法》第20条第8款、第17条较之第20条的定性优先适用(参见页边码762以下)。特殊性适用于入股(《个人所得税法》第17条第1款第2项),企业迁入(《个人所得税法》第17条第2款第3项)以及公司所在地迁移(《个人所得税法》第17条第5款)。[114]

(2) 企业租赁。

721　　**情形32**:A经营一家生产车身零件的企业。他想退出这个行业,并将整个企业租赁给了B。那么A从B那儿得到的租金在税收上要如何界定呢?**(页边码726—730)**

722　　倘若某纳税人将他的整个企业租赁出去了,那么就会产生两个问题:(1) 出现了《个人所得税法》第16条第3款意义上的企业放弃了吗?(2)前任企业所有者的租金收入在所得税法上应该如何界定呢?

723　　根据纳税人的行为进行判断,某个工商企业的租赁会致使工商经营行为被放弃,因此就造成了《个人所得税法》第16条第3款意义上的企业放弃。这一假设尽管会带上企业放弃在税收上的优惠(根据《个人所得税法》第16条第4款的免税额和根据《个人所得税法》第34条的优惠),但可能会对纳税人造成不公,因为纳税人一次性就将整个企业财产转移成了私人财产,并且将隐蔽储备金变现,特别是通过资产折旧或资本价值增加而存在的隐蔽储备金,这一过程无疑会增加纳税人的收益总额。因此,联邦财政局为纳税人提供了一个选择权。[115] 即纳税人将其企业用于租赁时,可以选择是将其视为一种企业放弃还是一种企业中断。

724　　如果是**企业放弃**,那么纳税人就要为通过企业放弃取得的收益缴纳税,并根据《个人

---

[114] 参见 Weber-Grellet,DB 2009,304。
[115] BFH GrS,1/63,BStBl III 1964,124 (126);VIII R 2/95,BStBl II 1998,388。

所得税法》第21条第1款第1目和第2目的规定,继续从租赁中获得来自出租和租赁的收入。

如果是**企业中断**,那么纳税人就是让这个工商企业"休息"。这以之后可能并打算重操旧业为前提条件。倘若该纳税人,正如他将企业租赁出去一样,从客观上看,今后还能重新开始经营,只要该纳税人没有表达相反的意见[116],那就可以预见他有继续经营的目的。对纯粹的营业中断的假设可以认为资产的企业财产属性并未改变,隐蔽储备金并没有通过企业租赁得到弥补。作出这种假设的前提,是企业的主要基础设施也被一并租赁了。[117] 只有当固定设备在以后的某个时刻通过出售、收回或最终的企业放弃得到变现,那么隐蔽储备金才能被揭示并由此对其征税。也就是说,这会造成征税延迟。这种延迟是合理的,因为法律上允许对固定设备价值的滞后鉴定。倘若存在一种可能性,即纳税人今后会再次接收该工商企业并且继续自己进行经营,那么隐蔽储备金就仍然"被储存"在企业财产中。

相反,倘若不存在重新接收的可能性,比如由于租赁者将原来的企业改造成了一个"全"新的企业,那么在这种情况下,就排除了纳税人对企业中断的选择权。即出现了一种(非自愿性的)企业放弃(比较页边码717)。

根据《个人所得税法》第15条第1款第1项第1目和第21条第3款的规定,由于出租人在企业中断期间所取得的租赁收入,是利用了企业的财产而得到的收入,因此被界定为营业性收入所得。

这些收入之所以不需要缴纳营业税,是因为没有广告行为意义上的参与普通经济往来(与页边码1637比较)。[118]

> 在**情形32**(页边码721)中,A有一个选择权,他或者宣布企业放弃并因此而取得税收上有关企业放弃收益的优惠,或者将原来的企业作为租赁企业继续经营。在宣布企业放弃的情况下,A就获得了来自出租和租赁的收入所得(《个人所得税法》第21条第1款第1目和第2目)。而倘若A没有宣布企业放弃,而那么财政部门就认为是营业性的企业租赁。在这种情况下A(还)不能获得放弃收益。根据《个人所得税法》第15条第1款第1项第1目的规定,这些租赁收入就是来自工商营业的收入。

---

[116] BFH,I R 163/85,BFH/NV 1991,357 (358);VIII R 72/96,BStBl II 2002,722 (724)。
[117] BFH,X R 20/06,BStBl II 2010,222。
[118] BFH,I R 160/85,BStBl II 1990,913 (914);XI R 8/99,BFH/NV 2000,1135。

(二) 自由职业的收入所得(《个人所得税法》第18条)

731 **情形33:** B是一家诊所的继承人,这家诊所是她丈夫A去世前经营的。在一位医生代理人的帮助下,她继续经营这家诊所。基于这位医生代理人的活动,财政部门将B所得的收入所得看做是来自工商营业的收入所得。B认为,这是来自自由职业的收入所得。**(页边码734)**

732 来自自由职业的收入所得是:
——来自自由职业工作的收入所得(《个人所得税法》第18条第1款第1目),
——国家彩票收账员的收入所得,如果该收入所得不是来自工商营业的收入所得(《个人所得税法》第18条第1款第2目),
——来自其他自由职业的收入所得(《个人所得税法》第18条第1款第3目),
——参股财产管理公司或组织而得到的特定报酬(《个人所得税法》第18条第1款第4目;所谓的附股权益(carried interest))以及
——通过出售用于自由职业工作的财产而取得的收益(《个人所得税法》第18条第3款及与之相关的《个人所得税法》第16条)。

733 自由职业的工作像营业性活动一样,以独立性、持续的活动、参与普通的经济往来和盈利目的为前提条件(比较《个人所得税法》第15条第2款)。[119] 若缺乏盈利目的,则不可对此活动征税(爱好,页边码701)。[120]《个人所得税法》第18条第2款明确规定,倘若只是暂时从事某一活动,那么就不存在持续性。

734 自由职业工作中最重要的例子是《个人所得税法》第18条第1款第1目所规定的自由职业工作。法律对它并没有进行具体定义。立法者仅仅例举了他们认为是自由职业的活动。具有独立性的科学、艺术、写作[121]、教学或者教育活动都属于自由职业。此外,立法者在《个人所得税法》第18条第1款第1目第2句中罗列了一系列的、可以总是形成自由职业收入所得的职业。这个**职业列表**特别列出了属于学术性的职业,比如医生、律师、税收咨询师、工程师。

---

[119] 参见: *Ritzrow*, SteuerStud 2009, 66。
[120] FG München, 7 K 1731/07, juris。
[121] 电子设备的引入程序也属于此列,参见 BFH, IV R 4/01, BStBl II 2002, 475。

> 在情形 33(页边码 731)中，有关 B 在 A 去世后是否取得了《个人所得税法》第 18 条第 1 款第 1 项中所规定的来自自由职业的收入所得，这是一个值得讨论的问题。B 个人并不从事经营，而是让一位医生代理人为其工作。对于 B 是否从事自由职业这一假设而言，重要的不仅仅是她的助手是否从事职业列表中的例举职业，更重要的是她本人是否满足了具有从事例举职业的资格这一前提条件。倘若她没有职业资格，并因此没有自己为运作业务负责及独立地从事业务的权利，那么继续经营这家诊所就构成一种营业性行为。根据《个人所得税法》第 18 条第 1 款第 1 项第 4 目的规定，因使用代理而短期阻碍自由职业者的从业不会对自由职业者造成是不利影响，但该规定不适用于本情形，因为 A 已经去世了，因此对代理的行为不仅仅是对自由职业者从业的暂时阻止。[122]

倘若纳税人没有从事例举职业，但也从事着一种"类似的职业"(《个人所得税法》第 18 条第 1 款第 1 项第 2 目)[123]，那么有关纳税人是否自由职业从业者，对此问题的判断存在一定的困难。**相似性**必须鉴于例举职业所有的典型特征而存在。[124] 倘若对于某个例举职业有对培训(比如大学学习)的要求，那么该培训就必须为这个"类似的"的职业传授一些相似的理论知识。[125] 如果某人没有接受针对某一例举职业的培训，那么他可以通过参加某个权威机构进行的知识考试[126]，以证明他以其他方式学到了相应的知识。倘若自学者凭借着自己的知识通过了某个相应的结业考试[127]，那么可以起到证明作用。若不能成功证明相似性，就会构成源于工商营业的收入。司法裁决——就如同在法律采用列举那样——是不确定的。[128]

---

[122] BFH，VIII R 143/78，BStBl II 1981，665.
[123] 参见 *Zaumseil*，FR 2010，353；*Brandt*，DStZ 2002，867 ff；对判决的界定尝试的批评 *Caspers*，Die Besteuerung freiberuflicher Einkünfte，1999，S. 60。
[124] BFH，I R 66/78，BStBl II 1981，121（122）；IV R 65/00，BStBl II 2002，149（150）；IV B 156/99，BFH/NV 2001，593（594）.
[125] 参见 BFH，IV R 65/00，BStBl II 2002，149（151）关于职业"医学足部护理者"和目录职业"理疗师"的可比性，参见治疗和治疗辅助人员的归属 BMF v. 3.3.2003，BStBl I 2003，183。关于废物经济顾问和工程师的可比性 BFH，IV R 27/05，BFH/NV 2006，1270。
[126] BFH，IV R 56/00，BStBl II 2002，768（770）；XI R 62/04，BFH/NV 2006，505。
[127] BFH，IV R 74/00，BStBl II 2003，27.
[128] 参见 *Jahn*，DB 2007，2613。

736　　例如：(1) C是计算机专家，独立从事电子数据处理咨询师的工作，而且还为工业企业和手工业企业研发软件。倘若C以传统工程师的行为方式（计划、构建、监控）研发专业软件[129]，那么C只是从事一种类似工程师的职业。他获得工程师相关知识的方式与方法并不重要。[130] 相反，若C拥有工程学学位，但仅仅是从事独立的数据处理系统管理工作，有关他的活动是否属于典型的工程师工作，这个问题的答案是有争议的。对此，联邦财政法院予以了肯定的解答。[131]

　　(2) 一个营销顾问，他基于自己开发的测试程序为他的顾客进行个人天资分析，这不是一项独立的科学活动，因此是营利性的行为。[132]

　　(3) 相反，如果一位建筑施工技术员，通过建筑设计实践领域中长期工作获得了理论知识，而这些知识堪比一位建筑师的知识，那么他从事的就是类似建筑师的职业。[133]

737　　通过对自由职业行为和营业性行为的区分，立法者希望考量这样的一个事实：与营业性行为相反，从事自由职业时，资本的投入变得无足轻重，因为自由职业者的脑力工作和其工作成绩对他的职业而言更有意义。一个职业者应当提供具有典型性的个人工作成绩。因此，纳税人接受了某个例举职业要求的培训是不够的。更重要的是，他的实际的从业活动也必须与资质的要求相符合。

　　例子：一位从事人力资源顾问的工商管理专业毕业生，为其委托人介绍了由他挑选出来的、适合空缺职位的候选人，只要他为此获得了报酬，那么他就不是从事自由职业工作。[134]

　　倘若一位自由职业者让受过专业培训的工作人员帮助自己，这也可能产生问题。根据《个人所得税法》第18条第1款第1目第3句的规定，原则上允许这样的行为。然而需要注意的是，自由职业者需要通过自己所掌握的专业知识**引导自己工作且独立的对从业负责**。为此，他必须检验那位受过专业培训的同事之前所完成的工作，自己为该自由职业活动花费足够的时间并在工作上留下他的特征。倘若由于庞大的工作数量和同事

---

[129] BFH, XI R 9/03, BStBl II 2004, 989; XI R 29/06, BStBl II 2007, 781.
[130] 自学方式的获取也是可能的：BFH, VIII R 63/06, BFHE 227, 386; VIII R 79/06, BFHE 227, 390。
[131] BFH, VIII R 31/07, BFHE 227, 394.
[132] BFH, VIII R 74/05, BStBl II 2009, 238.
[133] BFH, IV R 118—119/87, BStBl II 1990, 64 (66).
[134] BFH, IV R 70/00, BStBl II 2003, 25.

数量使该自由职业者不能继续从事原来的工作,那么他就是在从事营业性活动。[135]

倘若几个自由职业者组成了一个(民法意义上的)人合公司,其中,所有的合伙人都在从事自由职业活动,那么他们取得的就是来自自由职业的收入所得。如果不是这种情况,比如某个合伙人没有从事自由职业的资格,或者某个合伙人只是从资本上加入了该人合公司,那么从总体上看,就出现了一个营业性的合伙经营体。[136] 那么此时,所有的合伙人取得的则均是来自工商营业的收入所得(对此,参照页边码1115以下)。

738 有人可能会问,收入所得是有营业性收入所得还是自由职业的收入所得,这样的区分有什么作用呢?这当中的差别是很明显的。从趋势上来看,取得自由职业的收入所得相比于取得营业性收入所得,是更有利的。因为,肯定纳税人从事自由职业工作,这同时就意味着,纳税人没有营业税的缴纳义务。

739 此外,自由职业者在收益调查方面的限制也会有所缓解。自由职业者可以选择,在企业财产比较过程中是通过资产负债表(《个人所得税法》第4条第1款)还是通过一个简单的收入——盈余结算(《个人所得税法》第4条第3款)来调查其收益(此见页边码801,933)。从事经营者通常则正好相反,他们往往有义务进行资产结算。

740 《个人所得税法》第35条允许从事工商经营者将营业税附加到其营业收入所得中去(详见页边码650),这一规定减弱了由收入所得税和营业税所造成的双重税负。

741 《个人所得税法》第18条第1款第4项有一个特殊的地位:该规定将所谓的基金发起人("carry holder")的收益优先("附股收益")虚拟成了劳务报酬,并且因而解决了一个关于其归属的教条性的争论。根据《个人所得税法》第3条第40a款的规定,这里也需要用到部分收入方法[137];即对收入的60%征收所得税,而对应的,企业支出也仅可扣除其60%(《个人所得税法》第3c条第2款第1句)。

742 其他来自自由职业的收入所得(国家彩票的收账员的收入所得和来自其他独立工作的收入所得)实际上并不是如此重要。作为其他自由职业的例子,《个人所得税法》第18条第1款第3目列举了遗嘱执行的报酬、财产管理的报酬以及作监事会成员工作的报

---

[135] BFH, IV R 140/88, BStBl II 1990, 507; IV B 12/99, BFH/NV 2000, 837(实验室医生);参见 BMF v. 31.1.2003, BStBl I 2003, 170; BFH, XI R 56/00, BStBl II 2002, 202(204)(破产管理者)。如果将两者分开计算,则可以从诊所的营业中分离出营业收入,并从其不动产中分离出非营业收入,参见 BFH, IV R 48/01, BStBl II 2004, 363。参考 *Birk/Wernsmann*, Klausurenkurs, Fall 3 (Rn 256 ff)。

[136] BFH, VIII R 254/80, BStBl II 1985, 584 (585); IV R 235/84, BStBl II 1987, 124 (125); IV R 48/99, BStBl II 2001, 241 (242 f); VIII R 73/05, BStBl II 2008, 681。

[137] 参见 *Schmidt/Wacker*, EStG, § 18 Rn 280 ff; *Desens/Kathstede*, FR 2005, 863; *Leez*, Die Besteuerung der Initiatoren inländischer Private Equity Fonds, 2010。

酬。其特点是，这些活动都是偶然而为的。只要这些活动和某一个类似律师这样的主要职业活动同时发生，那么他们就属于该主要职业活动之列。

（三）来自农林业的收入所得（《个人所得税法》第13—14a条）

743　《个人所得税法》第13—14a条对来自农林业的收入所得作了规定。来自农林业活动的收入所得也必须具备《个人所得税法》第15条第2款所规定的、与工商企业类似的积极事实特征：是一种独立并持续的、带有盈利目的且参与普通经济往来的情况下进行的经营活动（来自工商营业的收入所得见上面页边码695以下）。

744　与工商企业不同，农林业包括了有计划地使用土地的自然力（所谓的**初级产品生产**），以及对那些通过自然再生产而得出的产品进行利用。[138] 初级产品生产首先包括来自植物和树木种植以及，当饲料能从农林业用地本身中取得时，来自动物饲养和畜牧的收入所得（《个人所得税法》第13条第1款第1目；所谓的初级收入，还包括来自农林副业的收入所得（《个人所得税法》第13条第2款第1目；所谓的次级收入所得）。

745　直接由《个人所得税法》第13条第1款意义上某种经济活动而产生的一切收入所得，均属于来自农林业的初级收入所得。在种植植物的情况下，这就是利用来自植物产品的经济价值（比如，出售小麦或蔬菜）而取得的收入所得。如果是动物饲养和畜牧，那么所有来自出售动物及动物产品（比如出售牛奶和鸡蛋）的收益都是来自农林业的初级收入所得。

746　次级的收入所得产生于农林副业。所谓副业，仅指根据《个人所得税法》第13条第2款第1目的规定、对主业具有特定作用的那些生产活动。以下例子均属于这类副业，比如酿酒厂、乳制品制造、锯木厂、磨坊、采砂场及采石场或者泥炭采掘场，在此过程中所投入的原料，必须有50%以上来自自己的主业。如果是采砂场及采石场或者泥炭采掘场，所获得的物质中，必须要有50%以上的部分被主业所使用。倘若这些前提条件都得到了满足，那么收入所得就是来自农业林的次级收入所得，否则，就是来自工商营业的收入所得。

747　在判定是否属于初级的农林业生产活动的问题上，也可能出现一些有关条件认定的争议。例如在对副业进行判断时，就存在着与营业性活动及与爱好相区分这一问题。

748　比如倘若纳税人不仅仅利用自己生产出来的产品，而且也利用别人生产出来的产品，那么就有可能产生营业性活动。特别可能产生争议的，是购买他人产品以作为自己的产品的情况。由司法判决和行政规定可以认为，购买他人产品不超过总量的30%，不

---

[138]　BFH, IV R 191/74, BStBl II 1979, 246 (247).

会产生税收上不利[139](比较2008年《个人所得税指令》第15.5条第5款)。因此,一位农场或林场主可以(比如)提供从其他地方购进的农作物,倘若这种反复且持续的购买没有超过其总供货营业额的30%。若一个为销售自家产品而在村中开店的农民,从他人处购买的产品超过了前述的最高限额,这不能导致该商店完全变成一个企业,而仅能导致它具有营利性。[140]

因为《个人所得税法》第13条第3款所规定的免税额,区分农林业和工商营业企业,在是否具有营业税缴纳义务的问题和收益调查方法不同这一问题上具有意义。可以在《个人所得税法》第13a条所规定的前提条件下,根据平均税率完成对农林场主进行的收益调查,这要比通过《个人所得税法》第4条第1款中规定的资产清单比较来调查收益要有利得多。

同营业性行为一样,在个别情况下,倘若该行为是不带盈利目的而为的,一个客观的农林业行为实际上可能是爱好,而爱好不会被征税(页边码701)。这里是指长期存在亏损的行为,或者那些根据其方式而表明其更接近于私人生活方式的行为。[141]

(四)来自非自由职业的收入所得(《个人所得税法》第19条)

根据《个人所得税法》第19条的规定,雇员获得来自非自由职业的收入所得。根据《个人所得税法》第19条第1款第1项的规定,属于这种收入所得的是:

——《个人所得税法》第1目:薪酬、工资、分红、红利和公职或私职中、某种工作的其他报酬及利益;

——《个人所得税法》第2目:临时工资、寡妇抚恤金、孤儿津贴和因此前从事的劳务而获得的其他报酬及利益,即使该报酬伴随权利移交而流向这些权利的接受人,按照《个人所得税法》第24条第2目的规定,它也属于来自非自由职业的收入所得。

——《个人所得税法》第3目:在企业性养老的范围内,由雇主给予的特定资助。

对来自非自由职业的收入所得进行调查,是通过收入-盈余结算而进行的,并且根据《个人所得税法》第38条以下的规定,要通过工资税扣减方法这种所得税征税的特殊形式进行征税。

1. 雇员

税法上的雇员概念是在《工资税法实施规定》第1条中被定义的,该定义与劳动法上

---

[139] BFH,V R 24/92,BFH/NV 1995,928(929).
[140] BFH,IV R 21/06,BStBl II 2010,113.
[141] 参见BFH,IV R 82/89,BStBl II 1991,333(335)关于运营赛马房;参见 Ritzrow,EStB 2009,205。BFH,IV R 8/03,BStBl II 2003,804 出于延续家族酿酒传统的个人动机,继续运营葡萄庄园。

的概念具有极大的一致性。按照《个人所得税法》第 19 条第 1 款第 1 项第 1 目的规定，雇员指那些在公职或私职中供职，且从该职位或此前的雇佣关系中获得工资的人。根据《民法典》第 611 条的规定，存在一种雇佣关系对于雇员地位具有重要意义。其特点是，雇员对雇主负有作出工作业绩的义务，听从雇主的指令且从雇主那儿获得薪水。

一个股份有限责任公司的合伙人——业务经理也可以是这个股份有限责任公司的雇员，如果他有一份固定的聘用合同，有义务提供自己全部劳动力并且报酬主要也不取决于该股份有限责任公司的经济成果。

夫妻及近亲属间的劳动合同具有其特殊性（此见页边码 337 以下）。这里所称的劳动合同必须在民法上有效，并且，该合同应具备对陌生第三方（外人比较）的合同所具有的普遍内容，同时这些内容也要实际地被执行。因此，根据《个人所得税法》第 19 条第 1 款第 2 项的规定，劳动合同中必须存在对工资的合法要求。

2. 工资

752   工资指包括雇员从现在雇佣关系、或者以前的雇佣关系、亦或是鉴于某个将来的雇佣关系中获得的、包含所有收入在内的毛工资（《工资税法实施规定》第 2 条）。工资的存在，并不取决于对工资的合法要求的存在（《个人所得税法》第 19 条第 1 款第 2 项）。[142] 属于毛工资的还包括养老保险中雇员所支付的那部分（根据《个人所得税法》第 3 条第 6 目的规定，雇主所支付部分像一定的其他补助一样是免税的）以及工资税。根据《个人所得税法》第 38 条第 1 款的规定，工资税由雇主从工资中预先扣除，然后作为一种"所得税的提前支付"交给财政部门（此见页边码 253）。

某人是从自由职业中获取收入所得、还是处于一种雇佣关系中并由此取得工资收入所得，这个问题有时候并不能被轻易解答。司法判决在此发展出一系列的区别标准[143]，然而对判定有决定性意义的，始终是要对其全貌进行观察后才能得出结论（"开放性的典型概念"）。[144] 因此，比如，在某个协商好的时间内、使用企业的载重汽车来完成运输的长途司机，这样的人从事的是非自由职业，即便他们没有要求假期或者带薪病假。[145] 同样的，由司法判决可知，在（提供性服务的）"俱乐部"工作，却没有固定工作地点和基本收入的性工作者也被视作雇员，因为其固定的、与俱乐部的企业组织机构联系，且服从于俱

---

[142] 因此，奖品也可被视为工资，BFH, VI R 39/08, BStBl II 2009, 668。参见 *Wübbelsmann*, DStR 2009, 1744。

[143] 依据 BFH, VI R 150, 152/82, BStBl II 1985, 661（广告女郎情形）。

[144] BFH, VI R 5/06, BStBl II 2009, 931（制作广告片时的国外摄影模特）。

[145] FG Münster, 15 K 4362/95 U, EFG 1999, 1046。

乐部所有者的人事管理。[146] 同样的，电话调查员通常来说也不是自由职业者。[147]

工资不仅包含雇主支付的金钱，如果通过某些有价商品能使雇员在经济上变得富足，那么这些有价商品也是工资（实物报酬，《个人所得税法》第 8 条第 2 款至第 3 款，比如优惠转让资产、提供股票期权[148]或者针对汽车工业雇员的工厂折扣[149]；此也见下面页边码 1005 以下）[150]。 753

相反，如果雇主基于除雇佣关系之外的、某种其他的利用关系[151]，或者主要基于经营中的个人利益[152]方面的原因而支付钱款，这就不属于工资。除经营中的个人利益外，雇主还可能为其他原因给雇员相应利益，这要与工资进行区分。[153] 例如司法认为雇主在存在净工资协议的前提下承担的雇员为所得税申报而产生的税务咨询费是工资。[154]

《个人所得税法》第 19 条第 1 款第 1 项第 1 目所规定的"从事某个工作的利益"这一个事实特征还需要展开说明（见页边码 1001）。它包括了由雇佣关系而产生的所有收入。不仅仅是当雇主为纳税人所做的工作支付报酬时，会出现工资，而且在当雇员从某个第三方那儿获得了劳务[155]的情况下，也会出现工资。"倘若从合理的角度而言，雇员需要把第三方给予的资助视为为雇主工作的成果"[156]，既可以认为，第三方的资助是由雇佣关系引起的，因而也是《个人所得税法》第 19 条第 1 款第 1 目意义上的工资。 754

小费收入是对雇员所提供的服务的额外报酬，尽管它应该按照《个人所得税法》第 19 条第 1 款第 1 项第 1 目的规定被征税，但是根据《个人所得税法》第 3 条第 51 目的规 755

---

[146] FG München, 8 K 849/05, EFG 2008, 687.
[147] BFH, VI R 11/07, BStBl II 2008, 933；参见 Demme, BB 2008, 1540。
[148] BFH, VI B 116/99, BStBl II 1999, 684; I R 100/98, BStBl II 2001, 509; I R 119/98, BStBl II 2001, 512；和股票期权有关的实物利用；BFH, VI R 4/05, BStBl II 2008, 826。
[149] BFH, VI R 95/92, BStBl II 1993, 687 (689)。
[150] 雇主对雇员共同体的补助，参见 BFH, VI R 157/98, BStBl II 2006, 437 和 VI R 151/99, BStBl II 2006, 439. 其他参考 Lang, DB Beilage 6 zu Heft 39, 2006, 16。
[151] BFH, VI R 145/99, BStBl II 2002, 829（支付雇员机动车辆停车）。
[152] BFH, VI R 112/98, BStBl II 2003, 886（支付驾驶证费用）；X R 36/03, BFH/NV 2005, 682（奖励旅游）。参见 Greite, NWB 2006, Fach 5, S. 4673。
[153] BFH, VI R 47/06, BStBl II 2009, 151。
[154] BFH, VI R 2/08, BFH/NV 2010, 998。
[155] BFH, VI R 62/88, BStBl II 1993, 117 (118)。
[156] BFH, VI R 10/96, BStBl II 1996, 545。

定,它是免税的收入。[157] 由第三方提供的利益不一定要以金钱的形式存在,也可以是其他的优惠,比如,购买折扣、度假旅游或者费用上的折扣(例如所谓的"越多里程—越多折扣"[158],根据《个人所得税法》第3条第38目的规定,一个会计年度免税额最多为1080欧元)。[159]

3. 必要支出

756   根据《个人所得税法》第2条第2款第1项第2目,工资减去必要支出,这就构成了超出必要支出的收入盈余,即来自非自由职业的收入所得。

757   根据《个人所得税法》第9条第1款第1项的规定,雇员可以从其工资中,将由劳动关系所造成的花费,作为必要支出减去。该规定不是专门针对非自由职业领域内的必要支出的规定,同时也适用于所有的盈余收入所得种类(必要支出的概念和提出必要支出的原则见下面页边码1012以下)。《个人所得税法》第9条第1款第3项列举了一些花费的种类,它们对来自非自由职业的收入所得具有重要的意义。其中包括了:

——雇员为两处住处而开销的多项必要支出,《个人所得税法》第9条第1款第3项第5目。[160]

——为劳动资料的花费,《个人所得税法》第9条第1款第3项第6目。

——雇员为往返于住房和工作地之间的开销(《个人所得税法》第9条第1款第3项第4目)。对于这类开销,根据路程的距离,雇员每公里会获得0.3欧元的补贴金,不过通常来说,最高金额为4500欧元。该固定费率具有补偿损失的效果;而对更高费用的主张则会被排除。

雇员如何经过这段路程,这对于主张该固定费率而言并不重要。只要固定费率的金额明显超过运用某种环保交通工具的实际费用,比如达成拼车或使用公共交通工具,那么就是一种引导性规定(目的是:鼓励环保的行为)。

立法者曾撤销了把花费视为必要支出的主张,直到2007年,仅许可自第21公里起通过固定费率的进行扣除。联邦宪法法院认为,这样的规定,与源自《基本法》第3条第

---

[157] 区分可征税的劳动收入 BFH,VI R 37/05,BStBl II 2007,712(集团协会中的特殊支付不是小费);VI R 49/06,BStBl II 2009,820(赌场小费方式支付不是小费)。参见 Birk/Wernsmann,Klausurenkurs,Fall 5(Rn 332 ff)。

[158] 参见 Lühn,BB 2007,2713。

[159] 参见 BFH,VI R 10/96,BStBl II 1996,545(度假旅游);FG Münster,15 K 3309/99E,EFG 2005,687(抽奖金条)。参见 Birk/Wernsmann,Klausurenkurs,Fall 2(Rn 203 ff)。

[160] 非婚共同生活关系的问题,参见 BFH,VI R 31/05,BStBl II 2007,533。

1款的、对当时有关所得税税负的裁决合乎逻辑的转化,并不一致。[161] 因此,立法者废弃了这个规定,并重新启用了更早先的规定。[162]

根据《个人所得税法》第9条第1款的规定,从工资中扣减必要支出时,要求雇员证实费用业已产生。为了雇员和管理上对工作的简化,立法者在《个人所得税法》第9a条第1句第1目第a点中提供了一笔金额为920欧元的雇员固定费率,该固定费率与实际产生的必要支出无关,并且不会被记入工资。[163] 即使雇员没有做任何事,此固定费率也会被予以考量。因此,雇员可以自由选择,是否把更多的费用在所得税估算的过程中记入固定费率(此还见页边码1013以下)。

758

(五)来自资本资产的收入所得(《个人所得税法》第20条)

情形34: P于2010年通过储蓄存款获得了金额为801欧元的利息。她需要为此纳税吗?(页边码770—773)

759

情形35: X是有限责任公司A的股东。2010年,A公司获得收益10万欧元,这些收益作为分红全部给了X。那么X负有纳税义务的收入是多少呢?(页边码767)

《个人所得税法》第20条规定了来自资本资产的收入所得。《企业税改革法》彻底变革了税法对该收入所应用的税制的规定。[164] 自此以后,此类收入的税制从根本上区别于其他收入应用的税制。变革的核心是**资本利得税**的引入,该改革使源于资本资产的收入应用了另一个税制,《个人所得税法》第2条第1款规定的其他收入所运用的规则体系完全不同于该税制(《个人所得税法》第43条第5款第1项)。这其中,还包括因股份转让而产生的、属于私人的转让所得(《个人所得税法》第20条第2款第1目,页边码763)。必要费用的扣除,通过储户免税额综合计算得出(《个人所得税法》第20条第9款第1项,页边码769)。资本利得税谋求的是具有清偿效果的、将需要扣除的所有税费、从收入产生的源头直接扣除。根据《个人所得税法》第2条第5b款,源于资本资产的收入不会被记入收入总额。不同于其他收入形式,此类收入所得适用统一的25%的税率(《个

760

---

[161] BVerfG, 2 BvL 1, 2/07, 1, 2/08, BVerfGE 122, 210;批判性的注解 *Müller-Franken*, NJW 2009, 55。赞同观点,例如 *Bilsdorfer*, SteuerStud 2009, 136;*Drüen*, Ubg 2009, 23 (25 ff)。参见 *Birk*, DStR 2009, 877 (881 f);*Wernsmann*, DStR 2007, 1149。

[162] 参见 *Niermann*, DB 2009, 753。

[163] BVerfG, 2 BvL 77/92, BVerfGE 96, 1 (9) 认为雇员固定费率是合宪的。

[164] 参见 *Thönnes*, SteuerStud 2008, 480。案例分析 *Birk/Wernsmann*, Klausurenkurs, Fall 8 (Rn 512 ff)。

人所得税法》第32d条第1款第1项)。对于纳税义务人而言,当《个人所得税法》第32a条规定的个别税率较统一税率更优惠时,能且只能通过申请而选择适用(《个人所得税法》第32d条第6款)。对于资本利得税的实施、尤其是将其实施到源于资本资产的收入上的动机,其中最重要的是对资本流向海外的担忧,因为这通常会阻碍德国财政机关对税收的掌控("宁愿对 X 征25％的税,而不对没有的东西征42％的税")。据此,实施资本利得税有利于行政简化的实现。[165]

761　　该资本资产收入以哪种形式流入,并不是一个决定性的因素。《个人所得税法》第20条第3款明确规定,所有为使用转让而支付的对待给付都需要被征税,即与其种类和名称[166]无关,且与它是参股/利息流入还是代替参股/利息而流入无关。在支付或偿付资本时,这些酬金是持续地还是一次性地流入,这也不重要。

　　根据《个人所得税法》第20条第3款的规定,溢价额和贴现因此也属于来自资本资产的收入。溢价额是一种一次性的、在偿付资本时额外花费的金额。贴现或回扣是需要偿付的贷款值与实际支付的金额间的差额;贴现一般通过投入缩减的贷款额而流入贷款方的账户。[167]

　　在《个人所得税法》第20条范围内需注意的是,仅资本收入的收益可被征税。相应地,本金的筹措以及此后产生的价值变动(通货膨胀、汇率变动等)均不会产生必要支出或收入。仅《个人所得税法》第20条第2款规定的本金转让,会引起源于资本资产的收入。

762　　根据《个人所得税法》第20条第8款,仅当委托资本的酬金不属于收益收入所得种类(《个人所得税法》第13、15—17、18条)也不属于源于租赁收入(《个人所得税法》第21条)时,才存在源于资本资产的收入所得。因此,《个人所得税法》第20条在适用上处于次要地位。然而,根据《个人所得税法》第23条第2款,在适用于前述问题的优先性上,《个人所得税法》第20条第2款优先于《个人所得税法》第23条第1款第1项第2目,即优先于普通法上的私人的出让行为。

1. 构成《个人所得税法》第20条第1款和第2款意义上单项收入的事实

763　　《个人所得税法》第20条主要包含了取得收入的三大类情况:

---

[165] 参见 Ferdinand/Hallebach, SteuerStud 2010, 115 中的新规定概览; Schmitt, Stbg 2009, 55 ff 和 101 ff; Schießl, StW 2009, 93 ff。评论 Englisch, StuW 2007, 221 ff 和 Wernsmann, DStR 2008, Beihefter zu Heft 17, S. 37 ff。

[166] BFH, I R 98/76, BStBl II 1981, 465.

[167] BFH, VIII R 1/91, BStBl II 1994, 93.

——来自特定参与形式的收入：参与股份公司(《个人所得税法》第20条第1款第1、2、9和10目)，匿名参股(《个人所得税法》第20条第1款第4目第1句可选情况1)以及来自参与股本贷款(《个人所得税法》第20条第1款第4目第1句可选情况2)的收入；

——利息收入(《个人所得税法》第20条第1款第5—7目)[168]。

——能够产生资本收入的资产转让收益(《个人所得税法》第20条第2款)[169]，其中也包括人寿保险请求权的转让：《个人所得税法》第20条第2款第1项第6目以及第1款第6项)或者其他通过出售资本资产而获得的增值(所谓的金融创新[170])。此处需特别提到《个人所得税法》第20条第2款第1项第1目，据此，转让资合公司股份而取得的收益，无关持有期限均可被征税(此处优先适用《个人所得税法》第17条，其次《个人所得税法》第20条第8款)。

(1) 来自参与股份公司的收入所得(《个人所得税法》第20条第1款第1目)。

在《个人所得税法》第20条第1款第1目中，包含了纳税人参与某股份公司、或特定的其他的法人而流向该纳税人的、且不是为偿付名义资本的所有收益。属于这种收益的，包括了来自股票的分红与来自参股某个股份有限责任公司而取得的收益。此处必须要保障的是，公司支付给股份所有者的行为是基于公司关系而为的。

如果公司支付给股份所有者的行为是出于债法关系的理由(例如由于贷款，租赁合同或工作合同)而为，那么从根本上就不会带来《个人所得税法》第20条第1款第1目所规定的收入，而是按照普通的原则、应属于其他收入所得种类。然而，倘若支付行为是所谓的隐蔽的收益分红(见页边码1247以下)，那么按照《个人所得税法》第20条第1款第1目第2句明确规定，隐蔽的收益分红也属于《个人所得税法》第20条第1款第1目意义上的收入。

按照《个人所得税法》第3条第40目第2句，第20条第8款的规定，《个人所得税法》第3条第40目第d句规定的部分所得程序(页边码1286)不适用于源于资本资产的收入，除非，此源于资本资产的收入会被例外地归入营业性收入。此规定在符合以下条件时就是合乎逻辑的，即源于资本资产的收入尽管被预征了15％的法人所得税，但在向自然人股东分配红利时还会被另外征收25％的税款，使总税负大约达到40％(个人所得税＋法人所得税)。

764

765

766

---

[168] 参见 *Jakob*, Einkommensteuer, Rn 403 ff.。
[169] 参见 *Helios/Link*, DStR 2008, 386。
[170] 参见 *Jörißen/Jörißen*, SteuerStud 2009, 25。

767　在**情形35**(页边码759)中，A股份有限责任公司的收益首先要缴纳法人所得税，最终的法人所得税税率为15%（《法人所得税法》第23条第1款）。A股份有限责任公司可以给X的分红共计85 000欧元。X取得金额为85 000欧元的收入所得，此收入所得属于《个人所得税法》第20条第1款第1点所规定的收入所得。此时，只有801欧元的储户免税额是可扣除的，以致X最后获得了总共84 199欧元的应税收入。

从方法的运用这个角度出发，需要说明的是，根据《个人所得税法》第43条第1款第1项和第43a条第1款第1项的规定，A股份有限责任公司从85 000欧元的资本收益税中保留了25%（= 21250欧元）并且必须交付给财政部门（《个人所得税法》第44条第1款第3项和第5项）（此处基于简化原因未考虑营业税，根据《个人所得税法》第4条第5b款它不可作为企业支出被扣除，且因此减少了可分配的盈利）。

(2) 来自其他资本债权的收入所得（《个人所得税法》第20条第1款第7目）。

768　《个人所得税法》第20条第1款第7项描述了构成获得此类收入所得的事实。作为委托资本而支付的酬金、不属于《个人所得税法》第20条第1款第1项规定的其余事实构成的各种收益种类，以上收入所得都被包含在前述法条之内。资本债权指所有针对金钱的债权，即不考虑权利要求的法律依据或资本转让的时间长短。

属于《个人所得税法》第20条第1款第7项规定的，还有比如延迟利息、过程利息以及来自储蓄存款、借款、债券及贷款的利息。购买价的应付款项，如果其期限超过1年且在某个特定的时期会到期，那么根据联邦财政法院的司法判决，其中就包括了一部分的利息。该部分基本上以5.5%的比例（《估值法》第12条第3款第2项）来估算；甚至在当事人明确排除利息[171]的时候，这条规定也可以起作用。

2. 收入所得的计算

769　为了确认源于资本资产的收入所得，需将资本资产的收入总额减去储户免税额。由《个人所得税法》第20条第9款第1项第2半句，第2条第2款第2项可知，在源于资本资产的收入所得的计算中，不考虑事实的必要支出。根据《个人所得税法》第20条第9款第1项第1半句，仅许可将801欧元的储户免税额（夫妻1602欧元）作为"必要支出"而在计算时扣除。与此相反的、宪法性的观点，依作者看来，在高额贷款融资的情形[172]中，并不够有力。[173]

---

[171] BFH, VIII R 163/71, BStBl II 1975, 431; VIII R 190/78, BStBl II 1981, 160.
[172] *Kämmerer*, DStR 2010, 27.
[173] 参见 *Musil*, FR 2010, 149.

纳税义务人仅可例外地、根据《个人所得税法》第32d条第2款第3目第2句作出申请,以使事实上的必要支出能够具有效力,这需要满足以下条件,即当纳税义务人或在资合公司中参股至少25%,或在某资合公司参股1%且同时在该公司工作时。在这种情形中,他的收入可例外地适用《个人所得税法》第3条第40目第2句以及根据第3条第40目d点以及e项的部分收入程序,即,他须为他收入的60%上税,他能也仅能从此60%的收入中对必要支出进行扣除(参照页边码1284和1285,613)。

源于资本资产的损失,根据《个人所得税法》第20条第6款第2项,不得再通过由其他收入种类所获得的收入进行平衡。根据《个人所得税法》第20条第6款第2项第2半句,此类损失也不可根据《个人所得税法》第10d条转为新账,但可根据第3项、在下一个估税期间计算收入所得时,减少源于资本资产的收入所得。

若源于资本资产的收入适用资本利得税,按照《个人所得税法》第2条第5b款第1项,计算源于资本资产的收入所得时不再享受私人领域的税务减免。[174] 例外包含在《个人所得税法》第2条第5b款第2项中,其中最重要的例子包含了特殊负担(《个人所得税法》第2条第5b款第2项第2目)以及依申请针对值得促进的目标的特殊支出(《个人所得税法》第2条第5b款第2项第1目)。

> **在情形34**(页边码759)中,P取得了《个人所得税法》第20条第1款第7目中所规定的收入所得。P可以从其利息收入所得中扣减掉针对未婚人士的、金额为801欧元的储户免税额,这样的结果就是,她获得的利息收入中有801欧元的额度属于免税收入。

3. 对资本收益税的扣除(《个人所得税法》第43条以下)和税率(《个人所得税法》第32d条)

原则上,资本收益的债务人不能将全部的资本收益都支付给债权人,而必须保留其中的一部分,即所谓的资本收益税,并且上交财政部门(《个人所得税法》第44条第1款第3项和第5项)。按照《个人所得税法》第43条第5款第1项,以这种方法对此种收入所得的征收所得税。有关哪种资本收益可以以此方法进行征税,《个人所得税法》第43条作出了最终规定。

截至1992年12月31日,对资本收益的征税仅在有限的限度内进行;尤其对于来自带固定利息的有价证券的利息、银行账户利息及储蓄账户利息不适用在收入源头直接扣

---

[174] 评论 *Englisch*, StuW 2007, 221 (222 ff)。

税的做法。鉴于这个原因，以及由于对资本收益的监管是有缺陷的(《税法通则》第 30a 条)，联邦宪法法院这认为违反了宪法上所规定的税负公平，而使立法者有义务应用 1991 年 6 月 27 日的判决[175]、扭转在利息征税问题上存在的违宪情况。自 1993 年起，根据《个人所得税法》第 43 条第 1 款第 7 目的规定，《个人所得税法》第 20 条第 1 款第 7 目意义上的资本收益(来自资本债权的利息)基本上也是可以以此方法征收税额("利息贴现")。自 2005 年 7 月 1 日起，为改善有关非定居者资本收益信息交流状况的欧盟指令(延迟)生效(页边码 239—249)。

776　　根据《个人所得税法》第 43a 条第 1 款，资本收益税的通常税率为 25%(例外为 15%)。根据《个人所得税法》第 43a 条第 2 款，计税依据为全部资本收益。然而，纳税义务人可以根据《个人所得税法》第 44a 条第 1、2 款，在资本收益上(《个人所得税法》第 43 条第 1 款第 1 项第 3、4、6—8 目，第 2 项)给予信贷机构一份金额为 801 欧元(夫妻 1602 欧元)的免税申请单，此数额内的利息不进行扣税。由此，可以尽可能灵活地考虑储户免税额。

　　资本收益税的扣税方法类似于工资税扣除：从根本上看，资本收益税的纳税人是资本收益的(《个人所得税法》第 44 条第 1 款第 1 项)债权人，不过，资本收益税的纳税人对财政部门负有按规定交付税款的责任(《个人所得税法》第 44 条第 5 款；普通责任，页边码 301 以下)。

777—778　　根据《个人所得税法》第 32d 条第 1 款、第 32a 条第 1 款第 2 项，源于资本资产的收入所得(《个人所得税法》第 20 条)原则上统一按 25% 的税率征税(特殊税率)(例外：第 32d 条第 2 款[176])。因此，根据《个人所得税法》第 43 条第 5 款第 1 项第 1 半句，对源于资本资产的收入所得进行征税，自 2009 年 1 月 1 日起，通常以在收益产生(收益的"来源")时扣除税款这种方式进行("**资本利得税**")。在此处不进行税额估定。[177]

　　(六)来自出租及租赁的收入所得(《个人所得税法》第 21 条)

779　　**情形 36**：A 是一家公寓的所有人。他以当地一般租金的价格将该公寓中的一间房子出租给了 X 家，另一间房子则以当地一般租金 2/3 的价格出租给了他自己的父母。这分别在税收上产生何种效果(页边码 781)？

---

[175] BVerfG, 2 BvR 1493/89, BVerfGE 84, 239.
[176] 参见 *Behrens/Renner*, BB 2008, 2319。
[177] 参见 *Ferdinand/Hallebach*, SteuerStud 2010, 115。

情形 37：B 是一辆房车的所有人。他将该车出租给了他的朋友 X，租期是整个暑假。B 实现了哪种收入所得事实(页边码 782)？

1.《个人所得税法》中的出租和租赁

根据《个人所得税法》第 21 条规定，在经济上利用私有财产物品而得的收益可以作为来自出租和租赁的收入所得来进行征税。税收上的出租和租赁的概念与民法上的概念是不同的(《民法典》第 535 条和第 581 条)。一方面，税收上的概念要更宽泛一些，甚至包括了法律行为的出售(《个人所得税法》第 21 条第 1 款第 1 项第 4 目)。但另一方面，它也要更狭窄一些，因为它没有包括对动产的出租。在《个人所得税法》第 21 条第 1 款第 1—4 目中，对构成可以征税的、出租和租赁的事实行为进行了罗列。这里包括：

——不动财产的出租和租赁，尤其是对地产和土地质权(《个人所得税法》第 21 条第 1 款第 1 项第 1 目)。

由租赁者抬高的出租附加费用份额也应被记入来自出租和租赁的收入所得，然后才可以合乎逻辑地、在继续下一步计算时当做必要支出来进行扣减。[178]

在**情形 36**(页边码 701)中，根据《个人所得税法》第 21 条第 1 款第 1 项第 1 目，X 家以及 A 的父母所支付的租金减去必要支出就是 A 来自出租和租赁的收入所得。按照《个人所得税法》第 21 条第 2 款，对于必要支出的完全扣除(尤其是《个人所得税法》第 9 条第 1 款第 3 项第 7 目第 1 句及与之相关的第 7 条以下所规定的折旧折扣)所必须的是，租金至少要相当于当地一般市场租金价格的 56%。否则，出租者 A 只能按照协议租金与市场租金的价格之比来扣减必要支出(页边码 787)。

——物业整体的出租和租赁(比如，图书馆，某自由职业者用于作业的设施，《个人所得税法》第 21 条第 1 款第 1 项第 2 目)。

纳税人在结束自己的工商营业活动后，将其工商企业租赁出去(企业租赁)，倘若他是为了企业放弃而这样做的，就获得了《个人所得税法》第 21 条第 1 款第 1 项第 2 目所规定的、来自出租和租赁的收入所得。否则，他取得仍然是来自工商营业的收入所得，尽管这个行为在表面上是租赁行为(对此，比较下面页边码 722 以下)。

---

[178] BFH, IX R 69/98, BStBl II 2000, 197.

——权利的暂时转让,尤其是著作权(《个人所得税法》第 21 条第 1 款第 1 项第 3 目)。

——房租和租金债权的出售(《个人所得税法》第 21 条第 1 款第 1 项第 4 目)。

> 在**情形 37**(页边码 779)中,B 没有取得来自出租和租赁的收入所得。出租私有财产中的单个可移动物品,这一情况并没有包含在《个人所得税法》第 21 条内。然而,根据《个人所得税法》第 22 条第 3 目的规定,B 的收入作为其他收入所得依旧是需要纳税的(比较页边码 796 以下)。

2. 与其他收入种类的区别

783 　《个人所得税法》第 21 条只能应用于属于私产的物品。某工商企业经营者或自由职业者,通过比如出租企业财产(例如营业性的地产)而获得的租金收入,属于《个人所得税法》第 15 条第 1 款第 1 项第 1 目所规定的、来自工商营业的收入所得或《个人所得税法》第 18 条第 1 款第 1 目意义上的、来自独立工作的收入所得。这种从属关系是从《个人所得税法》第 21 条第 3 款的规定中得出的。根据该款,只有当出租和租赁收入所得不属于其他收入所得种类的时候,才可以根据《个人所得税法》第 21 条的规定对其征税。

784 　倘若出租和租赁活动涉及的范围看起来像营业性的活动,那么在判断收入所得种类时,也会遇到一些问题。在这个问题上,被出租的或被租赁的物品的数量并不重要,而更重要的则是,纳税人是否为此造成了企业性的花费,是否有超过财产利用意义上的、一般出租和租赁活动(比如,出租酒店房间、网球场)[179]的成绩。

3. 必要支出

785 　同其他盈余收入所得种类一样,为取得收入而开支的费用可以作为必要支出进行扣除,只要该支出是为出租活动而引起的。[180] 这里需要区别的是:从根本上说,可以马上扣除必要支出(《个人所得税法》第 9 条第 1 款第 1 项),除非该费用是购置费或生产费用,对于后者,根据折旧扣除规定,只能每年扣减一部分(比较《个人所得税法》第 9 条第 1 款第 3 项第 7 目及与之相关的第 7 条,此见下面页边码 1025 以下)。对于区分所谓的

---

[179] BFH, III R 31/87, BStBl II 1990, 383 (384 f):只有当位于景区的假日住宅与一个被多次用于相同用途的住宅相连,并出示了短期出租的广告,且受假日服务业机构的行政管理时,假日住宅的出租才牵涉到营业(ebenso BFH, III R 167/73, BStBl II 1976, 728)。

[180] BFH, VIII R 34/04, BStBl II 2006, 265 (Vorfälligkeitsentschädigung);IX R 45/05, BStBl II 2006, 803。

类似购置费的花费的情况，《个人所得税法》第 9 条第 5 款第 2 项要求参照《个人所得税法》第 6 条第 1 款第 1a 目。因此，只有在购置建筑物后三年内采取的修复或者改式样措施时才会产生有记入贷方义务的生产费用，只要该费用没有超过某个特定的金额（例外情况，比较《个人所得税法》第 6 条第 1 款第 1a 目）。[181]

具有决定意义的是，该费用是否将房子置于一种可以用于出租的状态或更高的使用标准之下，还是仅仅用于保持迄今为止的使用标准。[182] 不是由出租活动、而是由出售一块地产而造成的费用，不能作为必要支出进行扣除。对于此观点，联邦财政法院表示认同，条件是某物品的抵押贷款必须在出售该物品且没有购买另外一个物品前被清偿（所谓对提前还款的赔偿费）。[183] 与此相反，通过贷款供资的维护费用，其利息是可以作为（后补的）必要支出被扣减的，因为这些费用属于在出租期间实际花费的费用。[184]

对出租和租赁的收入所得的必要支出进行扣除后，可能会导致产生**负收入所得**（亏损），负收入所得可以用来自其他收入种类的正收入所得进行弥补（损失补偿的限制见页边码 626—627）。富有的纳税人可以利用这种可能性，通过用其他所得种类的收益来补偿出租和租赁的亏损，并由此获得税收意义上的双重好处。首先，购置费用在折旧扣除过程中是必要支出（《个人所得税法》第 9 条第 1 款第 3 项第 7 目和第 7 条以下），必要支出可以部分地通过节税来进行支付。同时，这一过程中创造出了新的私产，如果在 10 多年之后出售此物（比较《个人所得税法》第 22 条第 2 目和第 23 条第 1 款第 1 项第 1 目），通过出售而获取的收益是不用纳税的。法律允许免税出售由节约税款供资的财物。此外，立法者还通过准许提高特定的投资客体（比如，保护纪念碑的建筑物，《个人所得税法》第 7i 条）的购置费折旧（特殊折旧），促进了利用（允许免税出售由节约税款供资的财物），而这正是法律上的出发点。由此，人们构建了一些投资模型（比如封闭的不动产基金），这些模型保证了投资者在最初的几年内能获得高额的、在税收上可抵消的亏损。需要考虑到的是，在采用这些投资模型时存在一些风险。一种税收上的风险是，如果进行某个活动时，纳税人的参与时间过短且在此期间积累了损失，就可能否定该活动的盈利目的[185]，该活动因而会被界定为爱好，而爱好不属于税法调整的客体，因此不能用其他的正收入对因爱好而产生的负收入进行补偿（页边码 701）。

786

---

[181] 参见 *Neufang*, BB 2004, 78.
[182] BFH, IX R 71/00, BFH/NV 2003, 600.
[183] BFH, VI R 147/99, BStBl II 2000, 476; VIII R 34/04, BStBl II 2006, 128.
[184] BFH, IX R 28/04, BStBl II 2006, 407 und BMF v. 3.5.2006, BStBl I 2006, 363.
[185] 参见 BFH, IX R 47/99, BStBl II 2003, 580; IX R 7/07, BStBl II 2007, 873.

787 　　在对来自出租和租赁的收入所得与**爱好**间进行区分的过程中,可能产生一些问题。[186] 因此,例如,在出租一个不是由自己使用的假日公寓时,一般要通过是否具有获得收入所得这一目的出发,进行判断[187];但是如果该房子的部分由纳税人自己使用,那么只有(通过预测)当租金在 30 年的时期内,能够带来完全的收益时[188],才会认为纳税人有取得收入所得的目的。相反,如果纳税人只是有期限的出租(5 年),那就可以证明这只是一种爱好。[189] 最后,要根据联邦财政法院[190]针对优惠租金的分类规定进行解释。倘若租金不少于当地一般租金的 75%(可以不受限地扣除必要支出),就基本上可以假定存在取得收入所得的目的。如果租金在 50% 至 75% 之间,那么就通过盈利预测进行判定。如果能够带来完全收益,那么与该优惠房有关的必要支出就可以全额扣免。倘若不能,那么按照《个人所得税法》第 21 条第 2 款的规定,只能对必要支出的一部分进行扣减,即实际用于出租活动的那部分支出。若租金少于一般租金的 56%,则必要支出只能对其按比例看、用于出租活动的那部分进行扣除。

(七) 其他的收入所得

788 　　《个人所得税法》第 22 条和第 23 条规定了其他负有所得税缴纳义务的收入所得。只有当收入所得不能归于任何其他一种收入所得种类时,他们才属于此类收入所得。不过,不能将《个人所得税法》第 22 条和第 23 条理解为 "包含了所有可以想到的收入所得",此二条法规仅包含如下情况:

——来自重复收入的收入所得(《个人所得税法》第 22 条第 1 目),

——来自抚养费的收入所得(《个人所得税法》第 22 条第 1a 目),

——来自于特定的护理服务的收入所得(《个人所得税法》第 22 条第 1b 和 c 目,参照页边码 1042 以下),

——来自私人出售业务的收入所得(《个人所得税法》第 22 条第 2 目和第 23 目),

——来自其他给付的收入所得(《个人所得税法》第 22 条第 3 目),

——以议员法为基础而获得的收入所得的某些部分,以及类似的给付(《个人所得税

---

[186] BFH, IX R 102/00, BStBl II 2003, 940;参见 Stein, Verluste oder Liebhaberei bei der Vermietung von Immobilien, 3. Aufl, 2008; *Brehm*, SteuerStud 2009, 127 ff; *Moritz*, NWB 2009, 2965。

[187] BFH, IX R 15/06, BStBl II 2007, 256。

[188] BFH, IX R 97/00, BStBl II 2002, 726; IX R 30/08, BFH/NV 2010, 850。

[189] BFH, IX R 47/99, BStBl II 2003, 580。

[190] BFH, IX R 48/01, BStBl II 2003, 646;参见 Schmidt/Drenseck, EStG, § 21 Rn 61 f. 详见:Müller, Einnahmeverzicht im Einkommensteuerrecht, S. 129 ff, S. 165 ff。

法》第 22 条第 4 目）[191]以及

——通过优惠的养老合同而被给付从而取得的收入所得，前提是该费用是可以扣减的或者有补贴优惠的（《个人所得税法》第 22 条第 5 目）；所谓的里斯特养老金（此还见页边码 1051）。

接下来介绍的内容限于《个人所得税法》第 22 条第 1—3 目。

1. 来自重复收入的收入所得（wiederkehrende Bezuege）（《个人所得税法》第 22 条第 1 目和第 1a 目）

《个人所得税法》第 22 条第 1 目针对的是来自重复收入的收入所得，是其他收入所得种类中最复杂的一种。重复收入，指以货币或货币价值形式的收入，这类收入不是购买价的分期付款，而且是出于某个特定的义务原因，或至少是出于某个在特定时间中作出的某个决定而周期性地、重复地支付给某个人的款项。[192] 789

《个人所得税法》第 22 条第 1 目第 2 句第 a、b 点、第 3 句第 a、b 点以及《个人所得税法》第 22 条第 1a 目也都明确列举了特定的重复收入。这些基本情况（《个人所得税法》第 22 条第 1 目第 1 句）包含了所有其他的重复收入。具体如下：

——抚养费，《个人所得税法》第 22 条第 1a 目。 790

抚养费是丈夫支付给他长期分居或离婚的配偶的，根据《个人所得税法》第 10 条第 1 款第 1 目的规定，支付抚养费的一方可以将抚养费作为特殊支出进行扣减，前提是接受方对此收入负有纳税义务（实际分割课税，此见页边码 1046）。相反，倘若抚养费是由一方自愿支付的、或者是基于某个建立在自愿之上的法律义务而支付的，那么这种抚养费就不负有纳税义务（《个人所得税法》第 22 条第 1 目第 2 句）。这一规定与《个人所得税法》第 12 条第 2 目是一致的，该规定不允许将抚养费从估算基础中扣除（比较情形 27，页边码 604）。

——该法还例举了终身养老金这一情况（《个人所得税法》第 22 条第 1 目第 3 句第 a 791 点）。终身养老金包含了来自法定养老保险的养老金以及来自农业上的老年基金或专业的养老计划以及《个人所得税法》第 10 条第 1 款第 2 目第 b 点意义上的、来自私人养老合同的养老金（比较《个人所得税法》第 22 条第 1 目第 3 句 a aa 点）。不过，养老金只是

---

[191] 议员免税收入的征税（§ 3 Nr 12 Satz 1 EStG）因违反《基本法》第 3 条第 1 款规定而违宪。财政法院因不具裁判权而被联邦宪法否认（VI R 13/06，BStBl II 2008，928）。因此，公民不会因相应的免税政策而被违反公平原则的税收优惠排除政策所累，*Desens*，DStR 2009，727；作者同前，AöR 2008，404；*Drysch*，DStR 2008，1217；*Schmidt/Weber-Grellet*，EStG，§ 22 Rn 162。

[192] BFH，VIII R 9/77，BStBl II 1979，133 (134)；*Lang*，in：*Tipke/Lang*，§ 9 Rn 523。

部分地需要纳税(见下面的具体情况)。对于养老金中需要被征税的那部分(所谓的征税部分),大多数会在2040年以前逐步提高。从这个时间起,才会对养老金有规律地进行全面征税(所谓的**下游征税**)。

迄今为止,公务员的养老收入(养老金)基本上已经是要被全面征税的,而根据截至2004年12月31日均有法律效力的法规,来自法定养老保险的养老金中,只有其所谓的收益部分负有纳税义务。法律上基于如下考虑作出了这个规定,即养老金是对纳税人此前投入的资本(已经由雇员纳税)的返还。[193] 联邦宪法法院在2002年3月6日的判决中对旧的法律情况作出了判决,根据《个人所得税法》第19条(旧版)规定的、对公务员养老金以及《个人所得税法》第22条第1目第3句第a点(旧版)中规定的、来自法定养老保险的养老金,对此二类养老金的不同征税违反了《基本法》第3条第1款中对平等条款的规定。从其雇主份额(《个人所得税法》旧版第3条第62目)以及联邦补贴的角度考虑,法定的社会保险中的养老金与实际取得养老金的原则不符。因此,联邦宪法法院要求立法机构在2005年作出新的规定。[194]

通过《**老年收入所得法**》[195],立法机构完成了联邦宪法法院所布置的任务,并且对税法中有关养老费用和养老金的规定进行了根本性的改革。只在特定的情况下,才适用对养老金收益部分进行征税(比较《个人所得税法》第22条第1目第3句a bb点)。

此外,《个人所得税法》第22条第1目第3句第a aa点)要逐步将养老金过渡到下游征税体系中去:在此之后,养老金需要被全面征税,而养老保险费的部分(作为特殊支出)则是不需要纳税的。特别是出于财政方面的原因,该体系的转变会在一种复杂的过渡规定框架内得以实现。直至2040年,个人所得税法才会实现对养老金完全的下游征税。到那时,养老金的一部分会被征税(所谓的征税份额)。征税份额与相应费用的扣减可能性逐级提升。[196]

收入所得中纳税部分占据的具体比例,取决于开始领养老金的年份以及该年表格中所规定的百分比(《个人所得税法》第22条第1目第3句第a aa点第3句)。若第一次取得养老金的时间在2005年及以前,则收入的50%需纳税。对于之后至2020年为止的每个年度,养老金的征税份额将每年增长2%,此后,至2040年,每年增长1%。如果第一

---

[193] 参见 Ertragsanteilsbesteuerung, 7. Aufl Rn 156a, 712。
[194] BVerfG, 2 BvL 17/99, BVerfGE 105, 124.
[195] 参见 Wagner, DStZ 2006, 580; Merker, SteuerStud 2004, 420; Myßen, BetrAV 2004, 415; Weber-Grellet, DStR 2004, 1721。
[196] 根据BFH的观点,征税份额和相应费用的扣减可能性是合宪的(X R 15/07, BStBl II 2009, 710)。

次取得养老金的时间在 2010 年的,征税部分为 60%。

养老费用的扣减可能性与养老金征税部分的提高,具有一致性。《个人所得税法》第 10 条第 1 款第 2 目第 1 句第 a 点在此处保障了一项通过复杂规定进行的、特殊支出的扣除。[197]

首先,增加了雇员支付的费用,增加的额度为(根据《个人所得税法》第 3 条第 62 目,免税的)雇主负担的保险费份额(《个人所得税法》第 10 条第 1 款第 2 目第 2 句)。随后,由《个人所得税法》第 10 条第 3 款第 4、6 项算出的百分比,会被适用到雇员与雇主保险费额的总额上(最高 2 万欧元,夫妻 4 万欧元,《个人所得税法》第 10 条第 3 款第 1、2 项)。在 2005 年,此比例为 60%。根据《个人所得税法》第 10 条第 3 款第 6 项,此份额每年增长 2%,至 2050 年将允许全部的扣除。2010 年,可被扣除的比例为 70%。雇主负担的保险费额从增加的费用与百分比的乘积中扣除(《个人所得税法》第 10 条第 3 款第 5 项)。

《个人所得税法》第 10 条第 3 款第 3 项包含了对以下纳税人的特殊规定,他们完全或部分地获得养老请求权,他们无需为此支付费用,也没有对雇主费用免税的请求权(例如公职人员、议员)。根据《个人所得税法》第 10 条第 1 项第 2 项 b 目,特殊支出扣除也适用于一类特定费用,即为构建由自己出资投保的养老金(所谓的**吕胡普养老金**)[198]而缴纳的特定费用。

此外,国家还通过补贴促进私人养老(《个人所得税法》第 10a 条、第 79 条以下,所谓的"**补丁养老金**")。前提是,纳税人需要签订被认证的养老协议并向一个需要出资投保的机构缴纳款项。对无限纳税义务人的区别对待,欧洲法院认定为违反《欧盟法》[199],立法者对相关规定进行了调整。[200] 与此相关的给付纳税义务由《个人所得税法》第 22 条第 5 目规定,其在此方面,相对于其他规定,该法条是一条特别法。

——《个人所得税法》第 22 条第 1 目在第 3 句第 b 点中还包含了作为重复收入而被支付的补贴和其他利益。

这几组情况没有自己独立的意义,而只是用于明确《个人所得税法》第 22 条第 1 目

---

[197] 争议 *Heidrich*, FR 2004, 1321;参见其结果 *Schmidt/Heinicke*, EStG, § 10 Rn 68 ff;合宪性 BFH, X B 165/05, BStBl II 2006, 420 (AdV-Verfahren)。运用参见 BMF v. 24.2.2005, BStBl I 2005, 429 和 BMF v. 30.1.2008, BStBl I 2008, 390 和 *Risthaus*, DStR 2008, 797。
[198] 参见 *Dommermuth/Hauer*, FR 2005, 57。
[199] EuGH v. 10.9.2009, C-269/07, DStR 2009, 1954。
[200] 关于转换税收上的欧盟指南的本法的第 1 款第 4 号, BStBl I 2010, 386;参见 *Myßen/Fischer*, FR 2010, 462。

第1句的应用范围。

793　——法律上没有提及的,但是在与终生养老金进行区别时,同样包含在《个人所得税法》第22条第1目第1句的规定的、属于重复收入的基本情况的是定期养老金。

定期养老金是一种在某个特定时间支付的养老金,它与接收方的年龄无关。倘若定期养老金是有偿支付的,比如为某种资产投入而支付,那么在税收上它就不是一种养老金,而是一种不考虑期限的、对购买价的分期付款。[201] 接收方需要为一笔出售收益(企业财产:比如《个人所得税法》第15条第1款第1项第1目;私有财产:比如《个人所得税法》第22条第2目、第23条第1款第1项第1目)以及一部分利息(《个人所得税法》第20条第1款第7)纳税。按照《个人所得税法》第22条第1目第1句的规定,无偿的定期养老金基本上需要被全额征税。根据《个人所得税法》第22条第1目第3句第a点的规定,终生养老金只有收益部分需要被征税。而终生养老金的这一优惠并不适用于定期养老金。

794　——《个人所得税法》第22条第1b目包含了源于提供照料服务的收入,前提是对于付款义务人来说,根据《个人所得税法》第10条第1款第1a目它作为特殊支出可以被扣除(参见页边码1042以下)。[202]

2. 来自私人出售业务的收入所得(《个人所得税法》第22条第2目和第23目)

795　根据《个人所得税法》第22条第2目的规定,《个人所得税法》第23条意义上的、来自私人出售业务的收入所得,也是其他的收入所得。[203] 只要出售行为会被看作是营业性的活动(比如,营业性的地产贸易或者营业性的有价证券贸易,此见页边码703),那么就不能应用《个人所得税法》第23条的规定,而只能应用《个人所得税法》第15条第1款的规定。《个人所得税法》第23条同样未包含已在《个人所得税法》第20条第2款中(资合公司股份的出售,证券交易)规定的出售行为。《个人所得税法》第23条第2款已清楚表述了此条款的辅助性作用。

因此,属于《个人所得税法》第23条规定的出售活动是否可被征税,这取决于其是否在一定的出售期间内发生。对于出售地产及租赁权,期限是10年(《个人所得税法》第23条第1款第1项第1目),而对于出售其他物品,期限则为1年(《个人所得税法》第23条第1款第1项第2目),当资产此前被用作收入产生的来源时(《个人所得税法》第23

---

[201] BFH, VI R 212/69, BStBl II 1970, 541 (542); VIII R 37/90, BFH/NV 1993, 87 (89 f.).
[202] 参见 Merker, SteuerStud 2008, 60 (61 f.). S. zur Anwendung § 52 Ab见 23e EStG。
[203] 参见 Birk/Wernsmann, Klausurenkurs, Fall 4 (Rn 302 ff)。

条第 1 款第 1 项第 2 目第 2 句），对该资产的出售，作为一种例外，其期限也为 10 年。此外，《个人所得税法》第 23 条第 1 款第 1 项第 2 目还列出了与其条文相对应的日常使用对象，对已出售的对象并不考虑是否曾经包含增值潜力。[204]

源于《个人所得税法》第 23 条第 1 款规定的出售行为的盈利，根据《个人所得税法》第 23 条第 3 款，通过从出售价格中扣除购置费、建设费、或必要支出得以确定。允许根据《个人所得税法》第 23 条第 3 款第 7、8 项通过来自私人出售行为的盈利对产生的亏损进行平衡。根据《个人所得税法》第 10d 条规定的亏损向后转账也仅被许可在此范围内进行。[205]

3. 来自其他行为的收入所得（《个人所得税法》第 22 条第 3 目）

> **情形 38**：A 是某个独宅的所有者。天气好的时候，他从他的卧室可以看到山脉。其邻居 B 同样打算建一栋房子，但这样就可能会将 A 现有的美好视野挡住。B 的建设行为已获得许可，为了不让 A 提出反对，B 支付给 A 30 000 欧元作为"补偿"。
>
> （1）A 需要为此款纳税吗？
> （2）倘若 B 的地产为 A 基于相邻土地所有者的利益、以地役权实现的限制所负担，B 因此被禁止在该地进行开发建设，为了取消该地役权，B 支付了 30 000 欧元，那么此时又该如何来判定这种情况呢？**页边码 798**

796

根据《个人所得税法》第 22 条第 3 目规定，来自其他行为的收入所得需要纳税。《个人所得税法》第 22 条第 3 目意义上的行为，具体指任何一个作为、容许或放弃，它们均具有成为某个有偿合同的对象的可能，而且均为获得报酬而为。[206] 尽管《个人所得税法》第 22 条第 3 目涉及的是其他行为。不过，不属于其他任何收入所得种类的经济行为，也并非全部属于该规定的范畴之内。通过出售[207]或者带有运气特征的赌博博彩行为实现的财产重组就不属于其他行为这一领域。[208]《个人所得税法》第 22 条第 3 目在第 2 句

797

---

[204] BFH，IX R 29/06，BStBl II 2009，296（297 f）；参见 Hummel，JuS 2007，453 的案例分析。
[205] BFH，IX R 45/04，BFH/NV 2007，1473，盈利平衡的排除是合宪的；争议：Intemann，NWB 2007，S. 14809。
[206] BFH，X R 197/87，BStBl II 1991，300（301）；IX R 74/98，BFH/NV 2002，643。
[207] BFH，IX R 32/04，BStBl II 2007，44（Zahlung von Reuegeldern beim Rücktritt vom Kaufvertrag）.
[208] FG Münster，5 K 1986/06 E，DB 2010，1042；参加所谓的"金字塔式传销"的传销圈获得的 § 22 Nr 3 EStG 收入。

包含了256欧元的免税限额,在此免税限额范围内的收入无纳税义务。

798　　**在情形38(1)**(页边码796)中,A为了容许这个建筑计划而得到的金额为3万欧元的"赔偿",这可以是《个人所得税法》第22条第3目所规定的其他行为。这里存在的问题是,这是否是一种《个人所得税法》第22条第3目中没有包含的、类似出售的行为。倘若报酬在实质上是对某个资产财产价值降低的补偿,那么就出现了一种类似出售的行为。联邦财政局否定了这点(有争议)[209]并且因而将对某个建筑计划的容许看作是一种其他行为。

(2) 倘若某个具体的权利被放弃了,这就是另一种情况了。地役权是在相邻土地上的物权,这个权利可以被单独设立并可以被放弃。它可以作为一个独立的商品,放弃它而获得了报酬因此就是一种类似出售的行为。[210] 这笔3万欧元的行为因此不能根据《个人所得税法》第22条第3目来纳税。

799　　司法判决还对《个人所得税法》第22条第3目进一步作出了解释。因此,比如(包括一次性的)出租私有财产中的动产,这也属于来自其他行为的收入所得。《个人所得税法》第21条并不与此相关,因为它不涉及属于移动财产的物品(页边码781)。出租的频率并不重要。不过,倘若出租行为经常发生,此时就需要为是否已经存在一个工商企业进行检验(《个人所得税法》第15条第1款第1项第1目)。

联邦财政法院也将妓女取得的报酬包括在了《个人所得税法》第22条第3目内[211],不过对提供电话性爱服务的报酬不被包括在其中。[212] 卖淫(也根据《卖淫法》的规定)是否被视为违反公序良俗,这个问题与征税无关(《税法通则》第40条,比较页边码332)。由违反公序良俗的行为而得来的报酬提高了接收者的给付能力,因此是需要对其进行征税。

另外的例子:《个人所得税法》第22条第3目意义上的其他行为也指:为私家车的拼

---

[209] BFH, VIII R 83/79, BStBl II 1983, 404 (405); IX R 36/07, BFH/NV 2008, 1657.
[210] 参考 BFH, IX R 96/97, BStBl II 2001, 391。
[211] BFH, GrS 1/64, BStBl III 1964, 500; VI R 164/68, BStBl II 1970, 620; 有疑问的 X R 142/95, BStBl II 2000, 610 (611)。
[212] BFH, X R 142/95, BStBl II 2000, 610:营业收入(§ 15 EStG)。

车而支付的报酬,活动补贴——比如收集并上交须付押金的瓶子[213]、因为给出某个"有价值的建议"[214]而参与利润分成、参与电视节目的奖金。[215] 针对利润分成的外国诉讼,通过接管其成本风险,也可能导致其他收入的产生。[216] 房东向房客支付的、为其提早放弃来自租约的租赁权的补偿,不属于《个人所得税法》第 22 条第 3 目规定的范围(如果报酬仅是为了房客同意搬迁义务而支付的对待给付,则与此情况不同)。[217]

五、收入所得的调查

(一)概述

根据《个人所得税法》第 2 条第 2 款的规定,对于来自农林业、工商企业和独立工作的收入所得情况,收入所得是收益,而对于来自非自由职业、资本资产、出租和租赁的收入所得以及《个人所得税法》第 22 条意义上的其他收入所得,收入所得是收入超过必要支出的盈余(与收入所得种类的二重性相比较见页边码 608 以下)。

800

只有以获得盈余为目的时,才假定成立收入所得。而任何一种形式的收入所得的持续性亏损通常将会导致获得盈余的目的及相应的收入所得被否认(所谓的爱好,见页边码 699 以下)。爱好的假定对任何一种收入所得形式均有可能性。[218] 结果便是,这些"收入所得形式"的损失不能用其他收入所得形式的盈余来补偿(损失补偿,见页边码 615 以下)。

所得税法认同四种收入调查方法:

801

——《个人所得税法》第 4 条第 1 款所规定的企业财产比较

《个人所得税法》第 4 条第 1 款针对的是自由职业者和农林场主。由于法律上的规定,他们有义务进行记账并且定期地进行结账,或者自愿做这些(论据是《个人所得税法》第 4 条第 3 款和第 5 条第 1 款)。相反,《个人所得税法》第 5 条第 1 款包括了由于法律

---

[213] BFH, I R 203/71, BStBl II 1973, 727 (729).
[214] BFH, IX R 53/02, BStBl II 2005, 167.
[215] BFH, IX R 39/06, BStBl II 2008, 469 和 BMF v. 30.5.2008, BStBl I 2008, 645;参见 *Birk/Wernsmann*, Klausurenkurs, Fall 5 (Rn 359 ff);现区别于 FG Köln, 15 K 2917/06, EFG 2010, 570 (Rev. Az IX R 6/10).
[216] BFH, IX R 47/07, BFH/NV 2008, 2001;批判性的,*Fuhrmann/Kohlhaas*, FR 2008, 1081.
[217] BFH, IX R 89/95, BFH/NV 2000, 423.
[218] 参见 *Birk*, BB 2009, 860. 非自由职业收入所有人 BFH, VI R 50/06, BStBl II 2009, 243;*Dißars*, NWB 2009, 3656.

规定有义务记账且定期进行结账或者自愿做这些的工商经营者。

——《个人所得税法》第 4 条第 3 款所规定的通过盈余结算进行收益调查

《个人所得税法》第 4 条第 3 款针对的是那些不是因为法律上的规定而有义务记账并定期结账的纳税人，以及不是自愿做这些的纳税人，尤其是自由职业者。此款同样不适用非承担法定记账义务的工商经营者，只要其是非自愿记账的。

——《个人所得税法》第 13a 条所规定的根据平均值进行收益调查

《个人所得税法》第 13a 条针对的是农林场主。[219]

——《个人所得税法》第 5a 条所规定的根据吨位进行收益调查

《个人所得税法》第 5a 条针对的是经营国际往来中的商船。[220]

802　法定的会计义务和结算义务可以从税法（《税法通则》第 141 条）或者从其他法律（《税法通则》第 140 条）中产生。若存在《税法通则》第 140 条衍生出的记账义务，那么就没有《税法通则》第 141 条规定的原始的税法记账义务。[221]

作为《税法通则》第 140 条意义上的其他的法律，《商法典》第 238 条尤其被考虑在内。从该条规定中就产生了针对零售商（《商法典》第 1 条）、无限责任公司和两合公司（《商法典》第 6 条）以及有限责任公司和股份公司（《有限责任公司法》第 13 条第 3 款及《股票法》第 3 条及与之相关的《商法典》第 6 条）的记账义务。倘若尽管负有记账义务但却没有记账，那么收益就需要估计（《税法通则》第 162 条第 2 款），就如同根据《个人所得税法》第 4 条第 1 款及第 5 条第 1 款的规定需要对收益进行调查一样。

《商业结算法》由于 2009 年 3 月 4 日的《结算现代化法案》而发生重大变化。目的在于，使《商法典》相较于国际会计准则成为更完整、更简便、成本更低廉的选择，从而使其具有竞争力。[222] 由《结算现代化法案》而产生的《商法典》第 241a 条引入了记账义务的简便化规则：零售商只要能证明在两个连续的会计年度的结算截止日销售收入不高于 50 万欧元且年盈余不高于 5 万欧元，那么就不需要适用《商法典》第 238—241 条的规定。《商法典》规定的记账义务也因此根据《商法典》第 241a 条被取消。但由此而使《税法通则》的第 141 条规定的原始记账义务得到重新适用。[223]

---

[219] 整体收益的合宪性是存疑的，参见 Lang, in: Tipke/Lang，§ 9 Rn 410。

[220] 实际上，国际往来中的税收合宪性也是存疑的，参见 Lang, in: Tipke/Lang，§ 9 Rn 202。

[221] 参考 Schmidt, BBK 2009, 535 有进一步论证。对该主题的详细说明 Künkele/Zwirner, DStR 2009, 1277。

[222] 这一章我们只讨论法律原则，其他的具体规定将在本书第 11 版讨论。

[223] 详见 Schoor, SteuerStud 2009, 452。

不同的盈余调查方法的合宪性还是存在争议的。[224] 根据联邦宪法法院的解释,这样的区分并未逾越立法者对法律解释的空间。[225]

盈余调查是一种纯金钱往来计算。从收入中要扣减掉必要支出(此见页边码930以下)。 803

而自2009年起,资本收入所得(《个人所得税法》第20条)事实产生的必要支出在第32条第2款的例外条件下将不被扣除,而是对资本总收入所得只是有801欧元/1602欧元的储户免税额(《个人所得税法》第20条第9款)可扣除。资本转让收益的额度(《个人所得税法》第20条第2款)将根据《个人所得税法》第20条第4款进行调查。

(二)《个人所得税法》第4条第1款及第5条第1款所规定的收益调查(企业财产比较)

根据《个人所得税法》第4条第1款和第5条第1款的规定通过编制资产负债表来规范收益调查的规定被称为资产负债表税法。属于这种情况的一方面是《个人所得税法》第4—7k条,然而此外还有《税法通则》第140条以下,而且由于决定性原则(比较下面页边码819)也有《商法典》第238条以下。 804

《个人所得税法》第4条第1款应用于有记账义务的和自愿进行记账的自由职业者和农林场主,《个人所得税法》第5条第1款则应用于有记账义务的和自愿进行记账的工商经营者(此见上面页边码801)。《个人所得税法》第4条第1款和《个人所得税法》第5条第1款涉及通过企业财产比较进行的收益调查。只有《个人所得税法》第5条第1款才与商法上的决定性基本原则有关。对于《个人所得税法》第4条第1款所规定的情况,根据《税法通则》第141条第1款第2项,《商法典》的许多公布账目规定也相应地适用于有记账义务的纳税人。此外,司法判决倾向于对于《个人所得税法》第4条第1款所规定的情况[226]也相应地适用《个人所得税法》第5条第2款至第5款。最重要的区别就产生于连续经营价值折旧的情况,因为对于根据《个人所得税法》第4条第1款的规定自愿编制资产负债表这种情况,税法上的选择权不会因为商法上的最低价值原则而受到限制(此见页边码885以下)。 805

1. 通过企业财产比较来调查收益

不仅对于《个人所得税法》第4条第1款,而且对于其第5条第1款,收益都会通过 806

---

[224] 参见 Kanzler, in: Herrmann/Heuer/Raupach, vor §§ 4—7 Anm. 35。
[225] BVerfG, 2 BvL 20/65, BVerfGE 26, 302; 2 BvL 3/66, 2 BvR 701/64, BVerfGE 27, 111。
[226] 参考 BFH, IV R 145/77, BStBl II 1980, 146; VIII R 74/77, BStBl II 1980, 244; IV R 126/78, BStBl II 1981, 398; IV R 96/78, BStBl II 1982, 643。

企业财产比较来进行调查。《个人所得税法》第 4 条第 1 款将收益定义为这个会计年度年底时的企业财产与上一个会计年度年底的企业财产之间的差额再加上支出的价值并减去存入的价值。

2. 企业财产的调查

(1) 编制资产负债表。

807　　收益调查的前提条件因此就是**调查**每一个会计年度年底的**企业财产**。这是通过编制资产负债表来完成的。《个人所得税法》第 4 条第 1 款和第 5 条第 1 款意义上的企业财产就是从一个企业的资产(贷方)和负债(借方)之间的差别而得出来的,而且构成企业的自有资本。

例子:商人 H 在一个属于他自己的商店里(建筑物折旧到 7 万欧元,地产是以 3 万欧元购置的)进行业务经营。他把他花了 8 万欧元购买的货物存放在那里。其现金存款显示有 2 万欧元的存款。此外,他还有银行负债 5 万欧元。那么其《个人所得税法》第 4 条第 1 款和第 5 条第 1 款意义上的企业财产(自有资本)是多少呢?

贷方	截至 2001 年 12 月 31 日的资产负债表		借方
Ⅰ 固定资产		**Ⅰ 自有资本**	
地产	30 000	(企业财产)	150 000
建筑物	70 000	**Ⅱ 债务**	
Ⅱ 流动资产		银行负债	50 000
货物	80 000		
现金	20 000		
结算总额	200 000		200 000

808　　两个期限之内的企业财产改变了多少,取决于哪些报表科目是需要根据理由进行确定的("是否"结算)以及如何对其从金额上进行评定("如何"结算,此见页边码 836 以下和 870 以下)。单个的报表科目在这一年中由于业务上的偶然事件会不断地变化。每一个业务偶然事件都会改变资产负债表的样子。为了确定一个业务上的偶然事件会对企业财产产生何种影响以及进而会对税法上的收益产生何种影响,可以让自己养成"在结算中思考"的习惯。为此设想一下,在每一个业务偶然事件出现的时候就继续编制资产负债表。由此,可以马上看出流入和流出是如何改变企业财产。

809　　由业务偶然事件而引起的资产负债表的改变是不能改变平衡方程式(贷方=借方)的。为了保证平衡,每一个业务偶然事件必须要至少改变两个资产负债表项目。另外,倘若找不到资产负债表项目,就自动产生了企业财产的改变,而这个改变又会重新产生资产负债表的平衡。

业务偶然事件是根据它是否对企业财产造成影响以及是否是成功影响,也就是说是否能影响收益来进行区别的。

对企业财产没有影响的企业偶然事件是纯企业财产转变,因而对于企业的影响是中性的。它们可以被当做贷方项目交换(贷方交换)、借方项目交换(借方交换)或贷方项目和借方项目之间的交换(贷方—/借方交换)。

贷方交换的例子:U 花了 10 万欧元购买了一块企业地产并且从企业账户中付款的。企业存款这个实际资产就减少了 10 万欧元。这需要用相应的款额来确定一个企业地产的贷方项目。企业财产尽管在其结构上发生改变,然而其数额并没有发生改变。这个企业偶然事件的影响就是中性的。

借方交换的例子:U 接受了一笔金额为 1 万欧元的贷款,并且将其用来偿还一笔由某次供货所产生的负债。银行债务的负资产提高了 1 万欧元。由供货和服务而产生的债务这个负资产就减少了相应的金额。在这种情况下,企业财产数额也并没有改变。这个企业偶然事件的影响就是中性的。

贷方/借方交换的例子:U 因为一笔金额为 5 万欧元的房地产抵押贷款而加重了企业地产的负债,而且将这笔贷款计入银行账户的存款账下。这需要确定一个金额为 5 万欧元的房地产抵押贷款借方项目。银行存款这个实际资产就提高了相应的款额。另一方面,企业财产额却并没有改变。这个企业偶然事件的影响就是中性的。

增加或减少企业财产的业务偶然事件,倘若它们没有造成提取或存入(见页边码 913 以下),那么就对企业成功与否有影响。成功影响的企业财产流入就被称为收益,成功影响的企业财产流出就被称为费用。

收益的例子:U 从一套出租出去的(属于企业财产的)房子获得了 2000 欧元的租金。银行存款这个实际资产就增加了 2000 欧元。因为没有涉及其他的资产负债表项目,所以企业财产(自身财产)就增加了 2000 欧元。这就出现了一笔金额为 2000 欧元的收益。

费用的例子:U 支付其雇员工资 5 万欧元。银行存款这个实际资产减少了 5 万欧元。因为没有涉及其他的资产负债表项目,所以企业财产(自身财产)就减少了 5 万欧元。这就出现了一笔金额为 5 万欧元的费用。

(2) 记账。

812 　　根据每一个业务偶然事件而持续地编制资产负债表可能是一个大量的且不能一目了然的因而也是实际中不可执行的工作。因此，人们就利用**记账**[227]这个辅助工具。这个与用其他方法来继续编制资产负债表是没有什么不同的。

813 　　为了记账，针对记录了业务偶然事件的账户的资产负债表被取消。为每一个资产负债表项目开设了一个账户，而在某些情况下这些账户还可以被分成其他的下属账户。与资产负债表两边一致，单独的账户也要区分贷方账户和借方账户。资产负债表的情况被转移到了这些账户内，因此，它们也被称为盘点账户。一个账户的左边叫借方，右边叫贷方。这种称呼是要从历史上进行解释的，而且在内容上并没有含义，盘点账户的初始存量都在账户的同一边，在这一边存量在资产负债表中得以证实。因此，贷方账户在借方中就有其初始存量。对于借方账户，初始存量就位于贷方的那一边。流入是需要分别在初始存量之下（如果是贷方账户就在借方，如果是借方账户就在贷方）进行记账的，流出就在另一边（如果是贷方账户在贷方，如果是借方账户就在借方）。

814 　　严格而言，在从资产负债表中将初始存量转移到盘点账户的时候，根据"没有记账就没有冲销记账"这个原则某个记账就可以在某个其他的账户发生。这是通过在资产负债总表（EBK）上进行冲销记账而发生的。因此，这是资产负债总表的镜像。常常也会放弃仅仅是一个记账技术的辅助工具的资产负债总表。

　　例子：为了将现金为 1000 欧元的初始存量（AB）从资产负债表（贷方）中转移到"现金"这个账户，而现金初始存量就必须出现在借方，那么就要在现金这个账户上的借方记入 1000 欧元，并且在资产负债总表记入同样金额的贷方。

贷方	截至 2001 年 1 月 1 日的资产负债表（摘选）	借方
现金	1000	

借方	现金	贷方
AB/EBK	1000	

借方	资产负债总表（EBK）	贷方
现金 1000		

---

[227] 这个问题将在后面被讨论。详见 *Jakob*, Einkommensteuer, Rn 578 ff.

第三章 收入和收益的税

每一个业务偶然事件由于平衡方程式的原因必须要至少记入两个账户("没有记账就没有冲销记账")。在此过程中,一个账户是涉及在借方的记账,另一个账户则是涉及贷方的记账。在这个账户上分别在金额之前被称为对销账户。记账要通过会计分录进行准备。会计分录以一种简短的形式来称呼涉及业务偶然事件的账户以及账户状态所改变了的金额。先列出应该记录借方的账户,然后再列出包含贷方的账户。账户通过"对"(an)这个词联系了起来。

例如:一位顾客用现金支付了欠款(=公司的债权)1万欧元。会计分录就是:"现金1万欧元对债权1万欧元"。记入到账户上(使初始存量(AB)记入):

借方		现金		贷方
AB	20 000			
债权	10 000			

借方		债权		贷方
AB	90 000	现金		10 000

企业财产所涉及的业务偶然事件(见页边码 811)是不能单独通过盘点账户来展示的。因此,要将一个资本账户建成一个借方账户,这些业务偶然事件被记入到这个账户内。因为在涉及企业财产的业务偶然事件发生的情况下,会有成功影响的和不影响成功的业务偶然事件(见页边码 811),因此必须还对该资本账户进行划分。收益和亏损账户(GuV-Konto)包括了那些会影响盈利的企业财产改变,即收益和费用。此外,还分为单个的收益账户和费用账户,例如利息收入,租金收入或支出,工资和薪金以及折旧。私人账户纳入的是不影响收益的企业财产改变,即支出和存入。因为收益和亏损账户及其下属账户以及私人账户都是资本账户的下属账户,所以贷方的财产增加和借方的财产减少是需要记账的。

倘若所有的业务偶然事件都是以这种方式而被记账的,那么在会计年度年底的时候就必须对所有的账户进行结算。将某个账户中较大的一边相加,再减去较小的一边的总和。作为差额就得出了(平衡)结余,结余实际上同时体现的是账户的最终存量:初始存量 + 流入−流出 = 结余(=最终存量)。要将结余记入到账户中就必须取消某个冲销记账。这个冲销记账列有这个年终结算账户(SBK)。该年终结算账户因而包括了账户所有的最终存量(EB),而且实际上就是年终结算。因此,为了编制年终结算表只需将年终结算账户记入就可以了。

在此过程中,单个的收益和费用账户会通过收益和亏损账户进行结算。收益和亏损账户以及私人账户然后就要通过资本账户进行结算。

例子:

借方	现金		贷方
初始存量	1 000	流出	8 000
流入	10 000	最终存量	3 000
	11 000		11 000

借方	负债		贷方
流出	9 000	初始存量	7 000
	13 000		13 000

借方	负债		贷方
最终存量	4 000	流入	6 000
	13 000		13 000

借方	年终结算账户(摘选)		贷方
现金	3 000	债务	4 000
……		……	

借方	年终结算表(摘选)		贷方
现金	3 000	债务	4 000
……		……	

818　　因为企业财产的改变是从盈利账户和亏损账户中的收益和费用中体现的,因此收益可以通过两种途径进行调查。一种就是可以对收益和费用进行结算(收益和亏损结算)。另一种就是可以借助于年终结算表根据《个人所得税法》第4条第1款和第5条第1款的规定通过企业财产比较来调查收益。这两种方法的结合体就被称为**双重记账**。

(3) 贸易结算对税款结算的决定性作用

819　　根据《个人所得税法》第5条第1款第1项的规定,需要确定根据商法上的准则证明是合法记账(GoB)的企业财产。这一引述诠释了**决定性基本原则**。该原则规定,商法的规定在所得税法内也是有约束力的,只要这些规定包含了合法记账的准则(实际的决定性)。这适用于"根据理由"编制资产负债表的情况(比较《商法典》第 246—251 条的确定规定),然而除了《个人所得税法》第 5 条第 1 款第 1 项的表述("确定")之外也适用于"根据金额"编制资产负债表(比较《商法典》第 252—第 256 条的评定规定)。[228]

然而,决定性原则是有限制的。当税法权人在行使税收选择权的范围内选择了其他的估价方法时(《个人所得税法》第 5 条第 1 款第 1 项第 2 半句)或者有其他特殊的税收规定时(如《个人所得税法》第 5 条第 2—5 款)[229],这一原则即无效。税法权人可以不依赖于商法的规定而践行税法选择权利(与 2009 年前的法律状态正相反),根据《个人所得税法》第 5 条第 1 款第 2、3 项现行的名单目录接受与商法价值不同的估价方法。) 820

《个人所得税法》第 5 条第 1 款第 1 项第 2 半句是否提供了这样的可能性,即税法权人完全不依赖于德国会计准则而实践税法选择权,这仍然具有高度争议。这种争议对诸如连续经营价值折旧(页边码 885)之类的问题具有决定性的意义。[230] 其由商法强制性地规范(《商法典》第 253 条第 3 款第 3 项),但受税法任意性规范(《个人所得税法》第 6 条第 1 款第 1 目第 2 句、第 2 目第 2 句)。这对纳税义务人在亏损情况下有挽回损失的可能性。根据《个人所得税法》第 5 条第 1 款第 1 句第 2 半句的字面意思,连续经营价值折旧可以不需要缴税。[231] 但根据该规定的立法历史及其意思和目的,立法者仅仅想要使违背会计准则的选择权从资产负债表中脱离出来,但其仍保留与资产负债表的联系,因此根据这种理解,对部分财产的折旧具有强制力。[232] 根据这样的限制性解释,《个人所得税法》第 5 条第 1 款第 1 句第 2 半句的分立性规定仅仅适用于税收优惠选择权,而此选择权基于导向政策的原因而允许一个比会计准则更低的估值。[233] 821

《个人所得税法》第 5 条第 6 款中的价值保留性对于估值的决定性甚至又产生了进一步的限制,因此需首先注意《个人所得税法》第 6 条以下条款(对此的解释还有页边码 871)。另外一个限制就是根据联邦财政局的司法判决从税法上收益调查的意义和目的而得出的,即收益调查应该包括全部的收益,而且要符合征税的平等性这一原则(《基本法》第 3 条第 1 款)。根据该规定,商法上的记入贷方选择权会导致出现**税法上的记入贷** 822

---

[228] 参见 *Crezelius*, in: *Kirchhof*, EStG, § 5 Rn 31 有进一步论证; *Thiel*, Bilanzrecht, Rn 322。
[229] 关于新规定,有案例,参见 BMF v. 12.3.2010, BStBl I 2010, 239。
[230] BMF 解释结果的概览,参见 *Scheffler*, StuB 2010, 295; *Kußmaul/Gräbe*, StB 2010, 106。
[231] 参见 BMF v. 12.3.2010, BStBl I 2010, 239; auch *Günter*, Stbg 2009, 395 (397); *Werth*, DStZ 2009, 508; *Hey*, in: *Tipke/Lang*, § 17 Rn 42。
[232] 参见 *Hennrichs*, GmbHR 2010, 17 (21); *Schenke/Risse*, DB 2009, 1957; *Herzig/Briesemeister*, WPg 2010, 63 (65)。
[233] *Hennrichs*, GmbHR 2010, 17 (21); 作者同前, Ubg 2009, 533。

方许可，商法上的记入借方选择权则会造成**税法上的禁止记入借方**。否则的话，纳税人就可以随意把自己算穷或者算富。[234] 应用这种司法判决的例子就是针对《商法典》第 250 条第 3 款所规定的贴现（比较页边码 865）这种位于贷方的延期结算项目以及位于借方的《商法典》第 249 条第 1 款第 3 项和第 2 款所规定的延期（比较页边码 859）。

联邦财政法院也再次强调了税法上的实际合法性优先于具有决定性的商法上的规定。在那种情况下，联邦财政局出于征税的等价原则而支持税法，由此它拒绝了联邦法院对商法上的价值澄清原则（见页边码 835）的解释。[235] 从结算税法的独立性及其发展的视角来看，这一决定在文献中被称为"教条的鼓声"。[236]

823　　税款结算与贸易结算之间的联系所存在的问题首先是其不同的目的。贸易结算的目的首先是保护债权人和针对商人的关键性的自我信息。因此，一个商人与其把自己算得更富一些还不如把自己算得更穷一点。税款结算的目的相反就是，衡量能力并以此来调查真正的收益。[237] 税收上的收益通常通过未加考虑的贸易结算接收而被算得很低。因此，在过去的几年中，越来越多的限制决定性准则的规定被加入到所得税法中来。举例就是特别是连续经营价值折扣的限制以及其他对构建准备金的限制（此见页边码 869 和 885 以下）。取消这个决定性准则并引入一种独立的结算税法也再三地被要求。[238]

824　　公布账目的国际标准的特点就是一种"真理和公平视野"意义上的"公平展示"这一构想（IAS＝国际会计标准和美国会计标准（US-GAAP）＝被普遍所接受的会计原则）。由于公布账目适应国际标准的这种趋势，贸易结算现在当然可能会接近于税款结算。[239] 2002 年 7 月 19 日[240]的 IAS-规定使上市的跨国母公司在从 2005 年 1 月 1 日起的经营年度里有义务，在基于 IAS/IFRS 基础之上进行巩固的结算。

（4）合法会计准则。

825　　因为**合法会计准则（GoB）**对于税款调查的目的（《个人所得税法》第 5 条第 1 款）是

---

[234] BFH，GrS 2/68，BStBl II 1969，291.
[235] BFH，GrS 2/99，BStBl II 2000，632 禁止分红要求的同期记入贷方.
[236] *Weber-Grellet*，BB 2001，35. 关于裁决，详见 *Wassermeyer*，DB 2001，1053. 基于税收盈利调查目的的合理性界限，*Hennrichs*，StuW 1999，138（143 ff）.
[237] 商务税收边际计算的不同功能：*Weber-Grellet*，Bilanzsteuerrecht，S. 15 ff；结算税法的宪法根据，*Schlotter*，FR 2007，951.
[238] 参见 *Weber-Grellet*，DStR 1998，1343，作者同前，StuB 2002，700，此外，通过盈余计算出的边际盈利应被排除.
[239] 详见合法会计准则：HGB，IAS und US-GAAP *Großfeld/Luttermann*，Bilanzrecht，Rn 146 ff；*Thiel*，Bilanzrecht，Rn 52 ff，831 ff.
[240] EG Nr 1606/2002，Amtsblatt Nr L 243 v. 11.9.2002，S. 0001—0004.

有约束力的,所以需要弄清楚其内容。《商法典》第 238 条以下内编撰了最重要的合法会计准则。不过,也有没写明的合法会计准则。[241]

在这里不应该进一步地阐述的是形式合法会计准则,即资产负债表的明晰性(《商法典》第 238 条第 1 款)、结算禁止(《商法典》第 246 条第 2 款)、单独评定(《商法典》第 252 条第 1 款第 3 目)以及同时编制资产负债表(《商法典》第 243 条第 3 款)这些准则,以及实际的合法会计准则中的资产负债表的真实性及完整性(《商法典》第 239 条第 2 款和第 246 条第 1 款)[242]这些准则。 826

a) 资产负债表的连续性和同一性。按照资产负债表的**连续性**准则,应用了一次的评估方法(比如,行使选择权利)应该被保留,《商法典》第 252 条第 1 款第 6 目。按照资产负债表的同一性(资产负债表的关联)准则,初始的资产负债表必须要与前一个营业年度或会计年度度的年终资产结算表一致,《商法典》第 252 条第 1 款第 1 目。从由此决定的所谓的资产负债表的两面性中就得出了一个自动的误差补偿。太低或太高的估计在接下来的会计年度内会产生相反的影响。总收益由此会被恰当地加以阐述,而在此过程中要接受的是,收益不是周期性地被调查。在《个人所得税法》第 4 条第 2 款的范围内,事后的资产负债表变更仍是可行的。[243] 827

例子:倘若在 2001 年某个应付款项被错误地只是以 8 万欧元而非准确的金额为 10 万欧元的价值进行了确定,那么就导致在 2001 年出现了一个少了 2 万欧元的很低的收益。因为 8 万欧元的错误的价值确定却还会被接收作为 2002 年的初始资产负债表,所以这笔"缺少的"收益在 2002 年的数字上可以通过提高 2 万欧元的收益来"后补"一下。 828

b) 因果关系原则。费用和收益都与支付的时间无关而需要归入到其在经济上被引起的营业年度或会计年度度中,《商法典》第 252 条第 1 款第 5 目(**因果关系原则**,合乎周期地进行收益调查原则)。根据《个人所得税法》第 11 条第 1 款第 5 项和第 2 款第 6 项的规定,流入和流出原则无效。因果关系原则首先通过把债权记入贷方项目[244],再通过把负债和准备金记入借方项目(比较页边码 853 以下)并通过建立结算延期项目(比较页边码 861 以下)来实现。 829

---

[241] 参见 *Kleinle*, in: *Herrmann/Heuer/Raupach*, § 5 Anm. 210 ff.
[242] 参见 *Weber-Grellet*, Bilanzsteuerrecht, S. 28 ff.
[243] 参见 BFH, IV R 7/06, BStBl II 2008, 600;I R 47/06, BStBl II 2007, 818;IV R 54/05, BStBl II 2008, 665。
[244] BFH, IV R 62/05, BStBl II 2008, 557 关于讨债情况的盈利实现。

830　　c) 谨慎原则。根据**谨慎原则**,商人不会把自己结算得比实际还富有,而只会更穷一些。这是在《商法典》第 252 条第 1 款第 4 目针对评估而编撰的,不过也适用于根据理由来确定资产负债表的情况。但正是谨慎这一原则可能会与税收上的收益调查陷入冲突(见页边码 823)。税收上的收益调查准确地说明了客观的能力大小。谨慎原则通过实现原则、差异性原则以及对悬而未决的协议不进行结算的准则而具体化了。

831　　根据**实现原则**,只有当收益实现了的情况下,收益才可以得到证明,《商法典》第 252 条第 1 款第 4 目第 2 半句。它也就需要通过营业额才能实现(出售或其他的劳务交换)。纯粹的企业中资产的增值还不会引发收益,由此可能会形成隐蔽储备(另见页边码 902 和 903)。

832　　实现原则却有所突破。一方面有法律上的特殊规定,按照该规定,即便在没有出现营业活动也可以实现某个收益。这比如提取(《个人所得税法》第 6 条第 1 款第 4 目第 1 句)这种情况以及企业放弃(《个人所得税法》第 16 条第 3 款)的情况,以保障在最终可能的时候对静储备进行征税。另一方面,尽管出现了某个营业行为,但会例外地不会实现收益。这比如根据《个人所得税法》第 6b 条第 6c 条所规定的某个储备金的形成或者某个替代储备金的形成(比较页边码 866 和 867)。

833　　与收益相反,当面临风险和亏损的威胁时,它们都需要已被考虑在内,《商法典》第 252 条第 1 款第 4 目第 1 半句。因为由此没有实现的收益和亏损会被不同地进行处理,因此就要谈到**不同原则**。不同原则的流出尤其体现在**最低价值原则**(《商法典》第 253 条第 3 款和第 4 条,见页边码 885 以下)、对准备金形成的规定(《商法典》第 249 条,见页边码 855 以下)以及对结算延期项目确定的限制(《商法典》第 250 条,《个人所得税法》第 5 条第 5 款第 1 项,见页边码 862)。

834　　来自**悬而未决业务**的债权和债务不能进行结算。[245] 因此,预先所作的给付(如对于没有实现的资产交货)不仅对于给予方而且对于接收方都是需要保持中性的。尽管有根据《商法典》第 249 条第 1 款第 1 项第 2 半句的规定,准备金是因为可能的亏损威胁而设的,但在税法上不再允许设立这类准备金,《个人所得税法》第 5 条第 4a 款。[246] 然而其中的区别就是来自已办理业务的未清偿债务(比如,租户的还未到期的更新租赁资产的义务)[247]。

835　　d) 期限原则。按照**期限原则**,编制资产负债表要根据与结算截止日期的关系进行调

---

[245]　*Schmidt/Weber-Grellet*, EStG, § 5 Rn 76.
[246]　该规定违宪且从体系上看是存在争议的(参见 *Schulze-Oster-loh*, DStJG 23 (2000), 80; *Schmidt/Weber-Grellet*, EStG, § 5 Rn 450),但并没有被排斥。
[247]　BFH, VIII R 88/87, BStBl II 1993, 89.

整,《商法典》第 252 条第 1 款第 3 目。对于关系的判断,一位谨慎的纳税人的主观知识对在期限范围内编制资产负债表具有决定性意义。[248] 期限之后才出现的影响价值的事实就不能再被考虑在内了。而期限当日已经出现但之后才为人所知的价值澄清事实相反是要考虑的,只要其是在编制资产负债表之前已经为人所知了(参阅《商法典》第 252 条第 1 款第 4 目第 1 半句)。

(5)"根据理由"编制资产负债表。

哪些报表科目"**根据理由**"是需要在资产负债表中进行确定的,根据《个人所得税法》第 5 条第 1 款第 1 项的规定,首先要依据商法,除非它涉及税法上的特别规定(见页边码 819 以下)。

根据《商法典》第 246 条第 1 款第 1 项,资产负债表应当包括所有的财物(税法上:资产)、负债(税法上:应付款项和准备金)以及延期结算项目。确定贷方(记入贷方项目)是针对可以记入贷方的资产以及贷方的延期结算项目,而这些资产是主观地被分配给了纳税人而且属于企业财产。不过,不允许出现禁止记入贷方的情况。确定借方(记入借方项目)是针对由经营引起的应付款项和准备金,以及借方的延期结算项目。这种情况下也不允许出现禁止记入借方的情况。此外,免税的储备金也需要确定到借方。自有资本(税法上:企业财产)然后就从资产负债表的平衡性原则中得出。因此,它基本上要位于借方一侧,除非借方超过了贷方(过度债务时的负资产净值)。资产负债表的划分是从《商法典》第 247 条第 1 款得出的,针对资本公司的划分则来自《商法典》第 266 条。

贷方	借方
Ⅰ. 固定资产 　　土地 　　建筑物 　　机器 　　等	Ⅰ. 自有资本(企业财产) Ⅱ. 准备金 Ⅲ. 应付款项 Ⅳ. 借方的延期结算项目
Ⅱ. 流动资产 　　货物 　　库存 　　现金 　　等	
Ⅲ. 贷方的延期结算项目	

---

[248] BFH, I R 266/81, BStBl II 1984, 723.

838　　　a) 资产的概念。在商法上需要确定的是财物(比较:例如《商法典》第 246 条第 1 款、第 252 条、第 253 条、第 266 条),在税法上需要确定的是**资产**(《个人所得税法》第 4、5、6 条)。不过,资产的概念和财物的概念是相当一致的。[249] 当然,资产这一概念也延伸到资产负债表的借方(观点来自《个人所得税法》第 6 条第 1 款第 3 目,比较页边码 853,855)。根据联邦财政局的规定,资产可以被很广泛地进行定义为(aa) 民法意义上的所有事实和权利(尤其是债权)以及其他包括实际情况和具体的可能性在内的有资产价值的优势,(bb) 商人要获得这些需要有一些花费,(cc) 根据往来的观点可以进行某种特别的评估以及(dd) 个别的情况或者在与企业有关的时候可以进行转移。[250] 此外,对于记入贷方项目,它们必须还要带来一种超过各个税收段时期的益处。

839　　　**例子**:一个德甲协会可以在劳动合同结束之后聘用某位球员的这个权利就可以作为资产来记入到贷方项目。支付给该球员迄今为止所在的协会的转会费总额就可以确定为购买这个权利的费用。[251]

840　　　将某个资产记入贷方首先具有一个费用存储器的功用:支出(比如:用于购买机器)并非立即会作为费用而造成收益的减少,而是会在实现以前"被储存"(或通过折旧扣除分摊到下一年)。不过,将某个资产记入贷方也可能引起收益(比如:在将某个债权记入贷方时)。

841　　　需要区分不同的**资产种类**。法律将这些不同与在资产负债表中的不同处理方面的法律后果联系了起来。固定资产中的资产决定了要持续地为企业服务(《商法典》第 247 条第 2 款),而流动资产中的资产则决定了要进行利用并出售。具有决定性意义的不是这个物品的种类,而是企业家的目的何在,且通过客观的情况必须能看出来这点。[252] 这个不同对于估价尤其有意义,因为可以应用不同的规定(对固定资产而言适用限制的较低值原则—页边码 887—,甚至折旧扣除—页边码 894—,对于流动资产适用严格的较低值原则—页边码 890—;《个人所得税法》第 6 条第 1 款第 2 目),不过也可以适用许多其他的规定(如《个人所得税法》第 5 条第 2 款、第 6 条第 2 款)。

842　　　**例子**:某个运输公司老板的汽车属于固定资产,而对于某个汽车制造商而言,它生产

---

[249] BFH, GrS 2/86, BStBl II 1988, 348.
[250] BFH, I R 218/82, BStBl II 1987, 14; Schmidt/Weber-Grellet, EStG, § 5 Rn 94.
[251] BFH, I R 24/91, BStBl II 1992, 977. 其他还有 BFH, I B 179/86, BStBl II 1987, 777.
[252] 参见 Hoffmann, StuB 2008, 285.

并出售的汽车属于流动资产。

物质性(实体上可见的)资产和非物质性(非实体性的)资产[253](例如域名[254])之间的区别对于应用《个人所得税法》第5条第2款的记入贷方禁止规则尤其有意义。与税法上的记入贷方禁止正相反的,则是商法上的根据结算现代化法案所进行的修改,其使自己购买的固定资产的非物质性资产以其自身的价值记入资产负债表(参阅《商法典》第248条第2款)。但例外的是,属于固定资产的自主商标、书面荣誉、著作权、客户清单或其他相似的非物质性资产。 843—844

将物质性资产继续分成移动性的资产和非移动性的资产意义重大(比如对《个人所得税法》第6条第2款和第7条第2款有意义)。[255] 可损耗资产和不可损耗资产之间的差别见页边码894及以下。 845

每一个资产在资产负债表中构成了一个确定单位和评估单位。因此,必须要将**独立的资产**和**资产的非独立部分**彼此相区别开来(单个评估的准则)。[256] 所依据的是,比如,一个属于企业财产还是私人财产(此见页边码849)的不同归属是否是允许的,或者是否可以选择不同的折旧扣除方法(此见页边码893以下)。原则上,根据《民法典》第90条,每一个物都是一项独立的资产。不过,一个根据民法统一的事实在税法上也可以由多个独立的资产构成,比如,某个建筑物的处于不同用途的各个部分。土地和地产(不能磨损)以及正在修建中的建筑物(可磨损)也都构成了独立的资产。 846

例子:倘若某个建筑物是部分自己经营,部分被用于自己居住,那么此建筑物的这两部分以及土地和地产的相应部分就构成了四个独立的资产。用于自己经营的建筑物部分就属于必要的企业财产,而用于自己居住的部分就属于必要的私有财产。尽管地皮部分也是独立的资产,但是它们只能与相应的建筑物部分统一在一起被归到企业财产之列或私有财产之列。[257] 847

b) 主观的归属。某个资产只能结算到它所要归属的部分。在商法上,商人可以根据 848

---

[253] 参见 *Weber-Grellet*, Bilanzsteuerrecht, S. 116 ff, 119 ff, 134 ff。
[254] BFH, III R 6/05, BStBl II 2007, 301。
[255] 参见 BFH, I R 109/04, BFH/NV 2006, 1812; *Schmidt/Weber-Grellet*, EStG, § 5 Rn 115; *Weber-Grellet*, Bilanzsteuerrecht, S. 122。
[256] *Wöhe*, Die Handels—und Steuerbilanz, 5. Aufl, 2005, S. 139。
[257] BFH, GrS 7/67, BStBl II 1969, 108 (111); *Schmidt/Weber-Grellet*, EStG, § 5 Rn 133 f.

《商法典》第 240 条和第 242 条第 1 款的规定来确定"他的"财物,这要求一种经济上的财产属性。《税法通则》第 39 条对经济财产做了明确规定,这是相当一致的[258](根据《税法通则》第 39 条的归属,页边码 326 以下)。

849　　c) **企业财产属性**。为了某个资产在资产负债表中能够得到确定,它必须属于企业家的**企业财产**。这是从税收上的只涉及由经营而引起的财产流入和流出的收益调查目的中以及直接从《个人所得税法》第 6 条第 1 款第 1 半句中得出的,该款是它所涉及的资产属于企业财产这一属性的前提条件。企业财产的概念代表的不仅仅是企业自有资本(《个人所得税法》第 4 条第 1 款,第 5 条第 1 款,见页边码 807),而且同时还表示属于企业的资产的总和。

850　　一个资产是企业财产的一部分,倘若这部分是出于经营的原因而购置、生产或存入的。[259] 要区分必要的企业财产和意定的企业财产。倘若某个资产在某种意义上直接服务某个企业,即可以客观看出该资产是由其自身决定而直接用于企业的[260],那么就出现了**必要的企业财产**。属于这种情况的比如企业所用的地产、机器和汽车等。

851　　**意定的企业财产**就是那些在客观上适合且在主观上是肯定能促进企业的资产。[261] 企业财产是通过企业家的目的决策才变成企业财产的(比如,资产负债表中的结单)。由此,资产也可能是企业财产,这些资产能够通过其财产价值或收益价值作为保障而为企业所投入(比如,有价证券、出租地产等)。如果不存在一个这样的经营联系,那么就是**必要的私人财产**(比如,企业家的私人住房)。如果一项资产(如有价证券)是为了使预计的个人损失转移到企业领域而将其置于企业财产中的话,那么这仍属于必要的私人财产。[262]

852　　一个**混合利用的资产**(比如,轿车,既可以用于企业也可以用于私人)只能统一地或者归为企业财产或者归为私有财产。[263] 归属哪个是依据利用程度而得出的。倘若企业家利用该资产超过 50% 是出于经营的目的,那么就是必要的企业财产。倘若用于经营的比例在 50% 至 10% 之间,那么企业家就让这个资产"献身"成为意定的企业财产。在用于经营的比例少于 10% 的情况下,就是必要的私有财产(2008 年《所得税指令》第 R4.

---

[258] *Weber-Grellet*, Bilanzsteuerrecht, S. 148 ff.

[259] BFH, X R 57/88, BStBl II 1991, 829 (830).

[260] 260 BFH, X R 57/88, BStBl II 1991, 829 (830).

[261] BFH, XI R 1/96, BStBl II 1997, 399 (402); IV R 13/03, BStBl II 2004, 985; IV B 73/05, BFH/NV 2007, 1106 (1107).

[262] FG München, 13 K 3971/07, juris.

[263] 其他观点 *Wassermeyer*, DStJG 3 (1980), 313, 331 ff.

2 条)。[264]

d) 应付款项和准备金。**应付款项**是要记入借方的资产,证明了对某个第三方所负有的给付义务,而这种义务在结算期限内根据理由及金额都是确定了的。不过,只有当其产生是由经营而引起的(《个人所得税法》第 4 条第 4 款),也就说与获得企业财产有关或者为了承担营业支出,那么就只是一种经营性的应付债款。[265] 要将应付款项记入借方也是在没有明确确定规定(比较《个人所得税法》第 5 条第 2a 款)的情况下从《商法典》第 253 条第 1 款第 2 项和第 266 款第 3 项中的提及中而得来的。[266] 853

出于谨慎的原因,法律上的可实践性并不重要(比如,商人出于"其优惠条件"完成义务)。另一方面,倘若应付款项出于安全界限的可能性而一定不会再得以偿付(比如,30 年以来没有再被动过的储蓄存款[267]),那么这样的应付款项就不能记入借方。某个债权人若**放弃债权**相反则会导致企业应付款项的取消并且因此变成一笔金额为被记入借方金额的记账收益。[268] 854

准备金是应计入借方的资产,这种资产是根据理由和/或根据金额不确定、但已证明了由经济原因而引起的经营性应付款项。[269] 准备金实现了谨慎原则以及由符合周期性的收益调查所要求的因果关系原则(见上面页边码 829,830),这是以将来会发生的支出从结算技术上提前这种方式实现的。 855

通过形成储备金,在之后出现费用的经济原因那一种,企业财产已经减少。在实现的那一年所产生的费用也被中和了。倘若准备金从数字上不符合实际的要求,那么这个差额在消除准备金的时候就会影响企业财产:如果准备金太高了,那么企业财产就会增加,而如果准备金太低了,企业财产就会减少。 856

由于缺少在税法上的确定规定,准备金的形成基本上是以《商法典》第 249 条为依据的。根据《商法典》第 249 条第 1 款第 1 项第 1 半句,要为**不确定的应付款项构建准备金**。这种记入借方的义务在税法上也是决定性的。仅仅包含了针对第三方的应付款项,而没有纯企业内部的费用。要记入借方的前提条件一方面是,某个应付款项的存在或产 857

---

[264] 参照 *Schmidt/Heinicke*, EStG, § 4 Rn 206。
[265] BFH, GrS 2—3/88, BStBl II 1990, 817。
[266] BFH, VIII R 62/85, BStBl II 1989, 359; I R 153/86, BStBl II 1991, 479。
[267] BFH, I R 3/95, BStBl II 1996, 470; 见 BFH, VIII R 21/92, BStBl II 1993, 543 关于时效约束力。
[268] 参见 *Paus*, EStB 2003, 433。
[269] 概述见 *Schumann*, SteuerStud 2008, 137。

生以及要求是可能的,而且在此过程中,赞成的理由要多于反对的理由。[270] 不过,对于产生于悬而未决业务的应付款项,是不能构建准备金的(比较《个人所得税法》第 5 条第 4a 款),因为这里通常会期待一种等值的报酬。[271] 此外,不确定的应付款项必须是已经在过去的会计年度中由经济原因引起的。[272] 一个在结算期限内合法产生的应付款项然而是独立于其经济原因的时间而被记入借方的。[273]

通过《结算现代化法案》(BilMoG),《商法典》第 253 条第 2 款被作了如下补充:对于剩余期限长于 1 年的准备金进行贴现。在结算现代化法案变更之前,根据《个人所得税法》第 6 条第 1 款第 3a 目第 e 点的文义解释,这已经被视作是对税法准备金的一项义务。

858   **例子**:在某个企业地产遭受有害物质危害的情况下,当这种危害为专业部门所知或者它至少是直接即将来临时,那么才需要确定一个要求清理准备金,比如,根据《联邦土地保护法》)。否则的话,确定清理要求就是不可能的。[274] 不过,工业废料情况下的准备金与连续经营价值折旧(见页边码 885 以下)之间的区别还没有完全搞清楚。助听器技术员有义务在出售某个助听器时在某个特定的时期内提供免费的器械售后服务,因此他要为了这个(只是合法产生的)义务来构建一个准备金。[275]

859   对于**其他的准备金**也存在商法上的记入借方的义务,而这义务在税法上是决定性的。因此,就要为在没有法定义务的情况下所带来的(《商法典》第 249 条第 1 款第 2 项第 2 目)担保以及特定的费用构建准备金(《商法典》第 249 条第 1 款第 2 项第 1 目)。对于退休金准备金,则假定《个人所得税法》第 6a 条不含有真正的选择权,而是将商法上强制性的(《商法典》第 249 条第 1 款第 1 项)的估价与附加条件相连接(有争议的,税收选

---

[270] BFH, IV R 33/05, BStBl II 2006, 517(侵犯专利权);VIII R 40/04, BStBl II 2006, 749(未按规定返还空瓶的侵权损害赔偿);I R 6/05, BStBl II 2007, 384(告慰函);IV R 42/04, BStBl II 2008, 956(庆典补助)。

[271] 在个案中难以鉴定,见 BFH, I R 45/97, BStBl II 2003, 121(政府对于安装排气系统的责任);I R 43/05, BStBl II 2006, 593(租金支付中的未履行部分);VIII R 40/04, BStBl II 2006, 749(未按规定返还空瓶的侵权损害赔偿);IV R 52/04, BStBl II 2009, 705(客车的优先回购权)。

[272] BFH, I R 110/04, BStBl II 2007, 251;由此招致的批判,参考 Schmidt/Weber-Grellet, EStG, § 5 Rn 386;BFH, IV R 85/05, BStBl. II 2008, 516。

[273] BFH, I R 45/97, BStBl II 2003, 121。

[274] BFH, VIII R 14/92, BStBl II 1993, 891;IV B 177/04, BFH/NV 2006, 1286。

[275] BFH, I R 23/01, BFH/NV 2002, 1434。

择权情况下对商业资产负债表的约束力问题见页边码 821）。[276]

因为恰恰是准备金可能与税收上收益调查获得准确的收益这一目的陷入矛盾中（见页边码 823），所以立法者在过去的几年中在《个人所得税法》中加入了几个**特别的税法上的禁止记入借方**的规定。这些禁止优先于商法上的规定而且进一步限制了决定性基本原则。因此，针对侵犯他人专利权、著作权或类似保护权（《个人所得税法》第 5 条第 3 款）以及针对为庆祝就职周年纪念日（《个人所得税法》第 5 条第 4 款）[277] 而提供资助的准备金只有在特定的前提条件下才能构建。针对来自悬而未决业务受威胁的亏损的准备金尽管根据《商法典》第 249 条第 1 款第 1 项第 2 半句的规定有记入借方的义务，但是在税法上是不能再构建的（《个人所得税法》第 5 条第 4a 款，比较页边码 834）。根据《个人所得税法》第 5 条第 4b 款第 1 项的规定，不能为未来会计年度中会记入贷方的购置费用或生产费用构建准备金，因为这些费用不涉及过去的会计年度。[278]《个人所得税法》第 5 条第 2a 款规定，对于仅仅需要从将来的收入或收益来进行偿付的应付款项，在这些收入或收益产生以前禁止确定应付款项或准备金。

e）**延期结算项目**。延期结算项目不是资产，而是改正项目，以便合乎周期地进行收益调查。为了实现因果关系原则（见页边码 829），它们将收入和支出作为收益或费用归入到它们在经济上所属的会计年度中。

此外，一个贷方的延期结算项目就中和了支出年内的支出。然后在下一个会计年度中，它就会被取消，引起收益减少。反过来，一个借方的延期项目中和了获得收入年内的收入并且在下一个会计年度中被取消，引起了收益的增加。

根据《个人所得税法》第 5 条第 5 款第 1 项第 1 目（与《商法典》第 250 条一致）的规定，**贷方的延期结算项目**是针对结算期限前的支出进行确定的，只要它们在这个日期之后的某个特定时间成为费用。根据《个人所得税法》第 5 条第 5 款第 1 项第 2 目的规定，**借方的延期结算项目**是针对收入进行确定的，只要它们在结算期之后的某个特定时间成为收益。某个特定的时间是指在计算上可以调查的，即从日历上看是特定的时期，或者从计算量中可以用数学方法推断出的时期，但不是仅仅通过估计方法而决定的（比如，某

---

[276] Schmidt/Weber-Grellet，EStG，§ 6a Rn 2.
[277] 自联邦财政法院 1987 年承认庆典补助后，立法者自 1988 年至 1992 年对此则持完全否定态度。联邦宪法法院认为其中没有违宪（不同于 BFH，X R 60/95，BStBl II 2000，131），BVerfG，2 BvL 1/00，BVerfGE 123，111；批判性的，Hey，DStR 2009，2561.
[278] 但是这符合此前的判决，参考 BFH，XI R 8/96，BStBl II 1999，18。而此规则在第二句包含对已没有资金的核心要素准备的特殊分割禁止。参考 Schmidt/Weber-Grellet，EStG，§ 5 Rn 369。

个资产的使用寿命)[279]时期。一段长年的时期也可能是一个特定的时间。延期结算项目只能针对提前支付的支出和收入而构建，而非针对接下来的支付过程。也就是说，只允许暂时性的延期结算项目，而不允许提前性的延期支付项目。

864　　**例子**：房东 V 营业性地将经营店面出租了出去。U 已经于 2001 年 12 月支付给其房东 V 2002 年 1 月的店铺租金 1000 欧元。对于 U，在 2001 年提前支付租金以中和支出，能确定一个相应高的贷方延期结算项目，该项目在 2002 年被消除后会引起收益的减少。对于 V，在 2001 年中和了收入能确定一个相应高的借方延期结算项目，而这在 2002 年被消除后会引起收入的增加。

865　　对于在接受某项贷款时(**贴水**)偿付额和支出额之间的差额有一项特殊的规定。为此而存在的商法上针对贷方延期结算项目的选择权(《商法典》第 250 条第 3 款)会根据联邦财政法院的司法判决在税法上变成记入借方义务，金额差(贴水)存在于主动的结算期延迟中，因为随着利息约定的时间推移，盈利降低消解了此金额差(见页边码 821)。[280]

866　　f) 免税的储备金。储备金在商法上是自有资本部分。[281] 倘若收益的一部分放入到准备金中去，那么这就是一种利用收益的措施，而不是收益调查。不过，在特定的情况下，税法却允许构建所谓的**免税准备金**。在此过程中，展示的隐蔽储备就被免税地放入准备金中并且在下一个会计年度终通过可以减少购置费用的准备金消除转移给其他某个资产，这就引起纳税延迟效应。

867—869　　免税准备金的**例子**是从司法判决中发展而来，且反映在 2001 年《所得税指令》第 R6.6 条中的针对在同一企业中[282]替代购买功能相同的资产[282](目的：为了排除某个资产而需要的赔偿应该能完整的用于替代购买)的准备金以及《个人所得税法》第 6b、6c 条所规定的再投资准备金(目的：对于经济，从经济上有意义的适应结构变化应该缓解；此见页边码 1167)。

(6)"根据金额"编制资产负债表(评定)。

870　　资产负债表中的所有项目都需要加以评定。首先适用于没有具体金额(比如像债权、基金、银行)的项目。但是对于有具体金额的项目可以从价值上归入面值之下(比如

---

[279] BFH, X R 23/89, BStBl II 1992, 488.
[280] BFH IV R 47/85, BStBl II 1989, 722.
[281] 参见 Weber-Grellet, Bilanzsteuerrecht, S. 216 ff。
[282] BFH, IV R 65/02, BStBl II 2004, 421; 参见 Weber-Grellet, StuB 2004, 459。

针对没有偿付能力的债务人的债权)。

从《个人所得税法》第 5 条第 6 款中得出,评定所适用的是《个人所得税法》第 6 条以下中的规定,而《商法典》第 252—256 条只是辅助性的。 871

倘若在商法上存在一个强制性的评定规定,那么该规定在税法上也是有决定性意义的,《个人所得税法》第 5 条第 1 款第 1 项(主要例子就是商法上的最低值原则,见页边码 885 以下)。[283] 除非,在税收选择权履行领域选择了一项其他的估价(《个人所得税法》第 5 条第 1 款第 1 项的最后半句)。如果《个人所得税法》规定了某个特定的值,那么税法上的规定就优先于商法上的评定规定,而且该值对于纳税清单是强制性的。倘若《个人所得税法》没有加以规定,那么根据《个人所得税法》第 5 条第 1 款第 1 项的规定(决定性原则)就要应用商法,不过在此过程中评定选择权在税法上就变成了规定或禁止(见页边码 821)。 872

a) 购置费用、生产费用与连续经营价值。

> **情形 39**:U 于 2001 年为其企业购买了一块地产(100 000 欧元)。他从中所期望的是该地产会升值。实际上,2002 年该块地产的价值达到了 200 000 欧元。那么这块地产在 2001 年和 2002 年的资产负债表中应确定哪种金额呢?**(页边码 876)** 873

倘若资产产生了或者被购买了,那么就必须评定资产。某个资产在资产负债表中**价值确定的出发点**就是购置费用或生产费用。这在税法上是从《个人所得税法》第 6 条第 1 款第 1 目和第 2 目对固定资产和流动资产的规定中得出的。 874

《个人所得税法》第 6 条没有对购置费用和生产费用这些概念进行了定义。因此,可以追溯到《商法典》第 255 条第 1 款和第 2 款这个商法上的定义。根据这个规定,**购置费用**就是那些为了获得某个财物并将其用于企业范围内所用掉的费用(第 1 款)。**生产费用**就是为了生产某个财产而从使用商品并要求劳务中产生的费用(第 2 款)。 875

在**情形 39**(页边码 873)中,不仅在 2001 年而且也在 2002 年 U 都需要将金额为 100 000 欧元的购置费用记入贷方。 876

---

[283] BFH,I 189/65,BStBl II 1970,107.

877　对于资产的评定，倘若是存款（《个人所得税法》第 6 条第 1 款第 5 目）以及在企业开业（《个人所得税法》第 6 条第 1 款第 6 目）以及有偿的企业获得（《个人所得税法》第 6 条第 1 款第 7 目）的情况下，基本上是需要确定连续经营价值的，而在此过程中提到的后一种情况的购置费用或生产费用，在通常情况下只有在特定的前提条件下才会构建上限。根据《个人所得税法》第 6 条第 1 款第 4 目的规定，纳税人的提款也基本上需要用连续经营价值来确定。这对连续经营价值折旧也是有重大意义（此见页边码 885 以下）。

878　根据《个人所得税法》第 6 条第 1 款第 1 目第 3 句中的**法律定义**，连续经营价值是指"某个整个企业的购买者在总购价范围内为单个的资产所确定的金额；同时，出发点是，该购买者会继续经营该企业"。连续经营价值考虑了资产的企业属性对待给付值决定的影响。即它涉及某个资产的增值，而这个增值存在的基础就是此资产属于某个特定的尚在经营中的企业。因此，连续经营价值是基于三个假定：(1) 购买整个企业、(2) 总购价并将总购价分摊给具体的资产以及 (3) 企业继续经营。

879　**例子**：根据一般的土地价格算出某块未建的地产的价值为 250 000 欧元。由于有方便经营目的的位置（铁路—轨道衔接），企业的购买者（为了继续经营）准备支付 400 000 欧元来购买。结果，连续经营价值就是 400 000 欧元。

880　在此区分的是连续经营价值与《营业税法》第 9 条第 2 款第 1 项意义上的**一般价值**。[284] 一般价值与现行市场价值是一致的。它是由一般业务往来中的单个出售价格所决定的，并且因此就与企业属性无关。一般价值在《个人所得税法》上比如对于调查企业放弃收益（《个人所得税法》第 16 条第 3 款第 7 项）或在限定范围之外资产的提取或存入处理时（《个人所得税法》第 6 条第 1 款第 4 目第 1 句、第 5a 目，见页边码 914，918）都是有决定性意义的。

881　根据假定，连续经营价值是以估计为基础的。估计的下限通常就是一般价值，而上限则是重新购置费用。尤其是对于那些随时可以被其他的资产所取代的资产或者可有可无的资产，连续经营价值就和一般价值是一致的，因为这些资产通常没有基于企业属性的剩余价值。

882　将这些假定（连续经营价值的决定因素）付诸实践在实际中会造成巨大的困难。因此，人们就利用从司法判决中发展而来的**连续经营价值**估测来确定连续经营价值。纳税人可以驳斥这些估测。同时，纳税人需要举证，这就意味着他必须充分地说明所偏离的

---

[284] 关于连续经营价值和一般价值的构想，见 *Diller/Grottke*，SteuerStud 2007，69。

连续经营价值。

例子：估测说，在购买或生产出来某个新的资产的时候，连续经营价值与购置费用或生产费用是一致的。[285] 对于流动资产中的资产则估测，倘若没有特殊的情况[286]，连续经营价值与结算期限当日的重新购置费用是一致的。

b) 企业财产中的价值改变。在资产属于企业财产期间，通常会产生价值改变。这种价值改变在结算期限内是否需要在资产负债表中进行证明，取决于这是否是价值增长或价值减少。

aa) 价值减少——连续经营价值折旧。与价值增长不同，(本法提供一种选择权，《个人所得税法》第 6 条第 1 款第 1 目第 2 句、第 2 目第 2 句)价值损失可以通过用较低的连续经营价值(通常被称为连续经营价值折旧[287])评定来影响在资产负债表上的企业财产。这是谨慎原则的体现。

第一，固定资产。

> **情形 39**(页边码 873)**的变型**：U 投机失败了。地产的价值在购买后一年由于发现了工业废料而跌至 5 万欧元。那么他可以将这个损失进行结算吗？还是他必须等到该地产被卖出？**(页边码 888)**

对于**固定资产**中的资产(可损耗的和不可损耗)，商法规定，在预计价值降低会是长期的情况下，必须确定一个较低的价值作为购置费用或生产费用(《商法典》第 253 条第 3 款第 3 项)。对于金融资产，即使预计不会长期的价值降低，仍可实行计划外的折旧(比较《商法典》第 253 条第 3 款第 4 项)。

在税法上，只有当存在某个预计会是长期的价值降低[288]情况时，才可以将固定资产中的资产(可损耗的和不可损耗的)用较低的连续经营价值进行确定，《个人所得税法》第 6 条第 1 款第 1 目第 2 句和第 2 目第 2 句。对于可损耗资产而言，价值流失必须至少在

---

[285] BFH, IV R 71/04, BFH/NV 2008, 347.
[286] 关于此处和更多的连续经营价值估测，见 *Schmidt/Glanegger*, EStG, § 6 Rn 241 ff; Thiel, Bilanzrecht, Rn 562.
[287] 尽管具有较低连续经营价值的估值完全不能折扣而且是不明确的，这一概念还是被贯彻下来。参考 *Blümich/Ehmcke*, § 6 EStG Rn 542.
[288] 参见 BFH, I R 22/05, BStBl II 2006, 680; I R 58/06, BStBl II 2009, 294。

剩余使用期限的一半以内停止。[289] 在引入《个人所得税法》(2009)第5条第1款第1项第2半句之后,商法不再强制较低值的估价(有争议的,见页边码820和821)。[290] 对商事资产负债表的不一致应当记录在目录中(《个人所得税法》第5条第1款第2项)。

888
> **在情形39**的变型(页边码886)中,U可以将这块由于工业废料而预计会长期存在价值降低的地产以较低的连续经营价值(5万欧元)确定到资产负债表中,《商法典》第253条第3款第3项、《个人所得税法》第6条第1款第2目第2句。在与商事资产负债表不一致时,将此不一致记录到目录中,《个人所得税法》第5条第1目第2句)在出现工业废料的情况下,也要考虑为清理及处理有害物质的措施构建一笔准备金(比较页边码857)。[291]

第二,流动资产。

889
> **情形40**:一位商人那儿存放了1000件货物,这些货物是他于2001年以每件3欧元的价格买进的。在结算期限当日,由于引入了某种技术上改进了的后继产品,这些存货的市场价格每件只有2.5欧元(符合连续经营价值)。那么根据商法和税法存货需要确定多少值呢?
>
> **情形41**:一位商人那儿存放了1000件货物,其购置费用为1万欧元,在结算期限当日的连续经营价值为8000欧元,市场现值(由于短期的供给过剩)为7000欧元。那么根据商法和税法这些存货需要确定多少值呢?
>
> 倘若在情形41中市场现值为8000欧元,连续经营价值为7000欧元,而且较低的连续经营价值预计会长期存在,那么又是何种情况呢?**(页边码892)**

890
流动资产的对象在商法上必须以较低的价值作为购置费用或生产费用来进行确定,《商法典》第253条第4款(严格的最低价值标准)。在税法上,根据《个人所得税法》第6条第1款第2目第2句的规定,只有在某个预计会长期存在的价值减少情况下才可以进行折旧。不过,倘若没有预计长期存在的价值减少,按照税法上的特别规定,就不能进

---

[289] BFH, I 74/08, BStBl II 2009, 899.
[290] Schmidt/Kulosa, EStG, § 6 Rn 361.
[291] 参见 Schmidt/Weber-Grellet, EStG, § 5 Rn 550 „Umweltschutz und Umweltschaäden".

行连续经营价值折旧。

倘若根据《商法典》第253条第4款所确定的价值高于连续经营价值,则根据《个人所得税法》第5条第1款第1项第2半句,选择较低的价值。按照第5条第1款第2项的规定,商法上价值与较低的连续经营价值之间的差额将记录在目录中。倘若这个连续经营价值相反高于商法上的价值,那么在税法上这个连续经营价值是不能下降的,因为根据《个人所得税法》第5条第6款的规定,税法上的规定优先。

情形40(页边码889)**的解答**:这些货物是企业的流动资产。因此适用:

按照商法:根据《商法典》第253条第4款第1项的规定,货物需要按照较低的市场价格进行折旧。在贸易结算中,这些货物就要以2500欧元(=2.50欧元/件×1000)的价值进行结算。

按照税法:《个人所得税法》第6条第1款第2目第2句规定,对于这里一个预计会长期存在的价值降低这样的既定情况是有选择权的(……"可以"……),或者确定较低的连续经营价值,或者选择在购置费用上保留该选择权。即货物在税款结算中要以2500欧元的价值进行确定。

情形41(页边码889)**的解答**:这里的货物也是企业的流动资产。不过,价值的降低预计不是长期的。因此适用:

按照商法:根据《商法典》第253条第4款第1项的规定,这些货物要以较低的市场价值进行折旧。即在贸易结算中,这些货物要以7000欧元的价值进行确定。

按照税法:在仅仅是短期价值降低的情况下,根据《个人所得税法》第6条第1款第2目第1句的规定,保留在购置费用所确定的价值(1万欧元)。根据《个人所得税法》第6条第1款第2目第2句的规定,连续经营价值折旧(折旧到8000欧元)的可能性只适用于某个预计会长期存在的价值降低。

情形41(页边码889)**变形的解答**:

商法:确定市场价格为8000欧元(《商法典》第253条第4款第1项)。

税法:存在一个将货物以较低的连续经营价值7000欧元来折旧(《个人所得税法》第6条第1款第2目第2句)的选择权。

bb) 折旧扣除。《个人所得税法》第6条第1款第1目规定了对固定资产中可损耗的资产按照《个人所得税法》第7条进行**折旧扣除(AfA)**。商法上相对应的《商法典》第253

条第3款第1项和第2项的规定就这点而言就是有计划的折旧。经营的形式在于,物质的损耗一旦开始,那么根据《个人所得税法》第7条第6款、第1款的规定,**物质损耗的扣除(AfS)**也将进行。

折旧扣除会造成,购置或生产固定资产可磨损的资产的费用被分摊到几年中(费用储存器)。购买资产首先是一种不影响成功的过程(贷方交换或借贷交换)。每年的折旧扣除才是影响成功的。

例子:倘若某个企业家购买了一辆卡车,并且用流动的银行资金支付了车款,那么首先其银行账户价值上的降低通过固定资产价值上的提高而得到了补偿。然后通过每年对卡车购置费用的折旧扣除又会减少企业财产。

894　根据《个人所得税法》第6条第1款第1目以及与之相关的《个人所得税法》第7条的规定,只有对那些固定资产中可磨损的但使用或利用时间根据经验是一年以上的资产,才能进行折旧扣除。

不能折旧的是比如地产(但是在税收上与地产分开对待的建筑物可以,见页边码846)、参与资本公司部分、货币债权、有价证券、现金。对于这些资产不存在折旧扣除。这里可能的仅仅是连续经营价值折旧(见页边码885)。

895　多次变更的《个人所得税法》第6条第2款保留了对**低价值资产的即刻扣除**。自2010年1月1日起,一项**选择权**生效:当低价值资产的购置设备费用或生产费用(不包含增值税)未超过410欧元时,此一低价值资产可以**作为企业的费用而即刻折旧**(《个人所得税法》第6条第2款第1句,**选择**1)。如果资产的购置设备费用或生产费用总额高于151欧元低于1000欧元时,纳税义务人可以将其计入**集中项目**中,即在接下来的5年内(每年20%)完成折旧(所谓的库存折旧,《个人所得税法》第6条第2a款,**选择**2)。纳税义务人也可将购置设备费用与生产费用计入贷方,也即按企业通常的使用年限进行折旧(《个人所得税法》第7条第1款,**选择**3)。[292] 对于所有价值在151欧元至1000欧元之间的资产只能统一地要求综合项目扣除选择(选择2)(《个人所得税法》第6条第2a款第5项)。如果确定了选择2,选择权(即刻折旧或计入贷方)则仅仅针对于价值不超过150欧元的资产。这些资产必须属于可移动的固定资产且具有独立的使用可能性。

---

[292] 争议,也见 *Scheunemann/Dennisen/Behrens*, BB 2010, 30; *Siegle*, DStR 2010, 1068; 其他观点 *Kanzler*, NWB 2010, 747。

例：2001年，A为他的企业购置了一台钻机（150欧元，不含增值税），一张工作台（400欧元，不含增值税），一台磨床（750欧元，不含增值税）以及一台电脑（1020欧元，不含增值税）。那么2001年的纳税影响如何？[293]

对钻机的购置费（150欧元）用可以适用即刻折旧（《个人所得税法》第6条第2款第1项），或按照正常的使用期限按年分摊进行扣除（《个人所得税法》第7条第1款第1项）。累积折旧扣除《个人所得税》第6条第2款并不在考虑之中，因为决定性的额度（151欧元）并未达到。工作台则可以根据低价值资产规则（《个人所得税法》第6条第2款第1项）被立即扣除。但这会导致一个后果，即对本年度所购置的所有资产的累积扣除（《个人所得税法》第6条第2a款）不能进行请求。磨床要么根据常规的折旧规则（《个人所得税法》第7条第1款第1项）要么根据累积折旧（《个人所得税法》第6条第2a款）进行扣除；累积折旧扣除也仅当磨床被计入综合项目时才有可能。这台电脑则只能按照常规的折旧进行扣除（《个人所得税法》第7条第1款）。

《个人所得税法》第7条第1款首先规定了针对所有可磨损的资产以相同的年度款额进行折旧扣除（**线性的折旧扣除**）。在这种方法中，购置费用和生产费用被平均分摊到了营业一般的使用寿命年中。

企业一般的使用寿命是需要估计的。[294] 作为估计的辅助手段，折旧扣除表格是由联邦财政部发行的。[295] 不过，需要注意的是，财政法院与折旧扣除表格并无关系。[296]

例子：U在2001年2月17日购买了一台机器（使用期限10年），花费12万欧元。在2001年的年终结算表中，U将机器在线性折旧情况下确定为10.9万欧元，并可以要求2001年费用有效的折旧扣除1.1万欧元（购置费用－折旧扣除（12万欧元－1.1万欧元＝10.9万欧元））。根据《个人所得税法》第7条第1款第1句的规定，年折旧扣除额为12000欧元（120000/10）。但根据《个人所得税法》第7条第1款第4项，年折旧扣除额自购置月份起才开始计算（此处自2月1日起）。12000欧元×11/12＝11000欧元

对于固定资产中移动的资产，折旧扣除可以根据《个人所得税法》第7条第1款第6项的规定也可以依据贡献的大小（**贡献—折旧扣除**）而定。通过2009年年度税法（有效

---

[293] 对集中邮递的详细文献，参见 *Ortmann-Babel/Bolik*，BB 2008，1217。
[294] 详见 *Schmidt/Kulosa*，EStG，§ 7 Rn 104 ff。
[295] 关于一般的可适用资本货物，BMF v. 15.12.2000，BStBl I 2000，1532。
[296] BFH，VI R 82/89，BStBl II 1992，1000。

期至 2010 年底），对于在 2009 年和 2010 年购置或生产的资产设备，重新适用《个人所得税法》第 7 条第 2 款的按年总金额递减的折旧扣除（**递减的折旧扣除**），以使短期内刺激投资。递减的折旧扣除最高额为按线性折算扣除方法计算百分比的 2.5 倍，但总计不能超过 25%。

898 对于**建筑物**，《个人所得税法》第 7 条第 4—5a 款中有特殊规定：《个人所得税法》第 7 条第 4 款将线性的折旧扣除的折旧率依据建筑物的使用及修建年代来进行确定；《个人所得税法》第 7 条第 5 款包括了——出于经济增长政策的理由经常改变的——针对递减性折旧扣除的等级。……对于 2006 年 1 月 1 日以后购置或建造的建筑物则不再适用递减性折旧扣除。

899 《个人所得税法》第 7 条第 1 款第 7 项**对特殊的技术上折旧或经济上折旧的扣除（AfaA）**做了规定。除了"正常的"折旧扣除之外，它是可行的。区分特殊的技术上折旧或经济上折旧的扣除和连续经营价值折扣（页边码 885 以下）常常是有困难的。

900 《个人所得税法》第 7a—k 条包含了**许多针对提高了的扣除和特殊折旧的特殊规定**。这里，代表性的只能探讨一下《个人所得税法》第 7g 条，通过 2008 年《企业税收法修正案》，第 7g 条对 2007 年 8 月 17 日之后终止的会计年度做了全面修订[297]：规定保留了对中小企业（《个人所得税法》第 7g 条第 1 款第 2 项）可移动固定资产的投资扣除金额和特殊折旧。对于利润降低的投资扣除金额可以保留在有意图进行投资之前（至多 3 年前）以最高额达设备购置和生产所预计费用的 40% 且总计不能超过每个企业 20 万欧元（《个人所得税法》第 7g 条第 1 款）。当投资未发生时，这些优惠将溯及既往地被取消（《个人所得税法》第 7g 条第 3 款）。但与此无关的则是特殊折旧，其可按 5 年的折旧年限以设备购置费或生产费 20% 进行折旧（《个人所得税法》第 7g 条第 5、6 款）。

cc) 价值增加。

901 **情形 42**：一台机器（购置费用 1 万欧元，使用寿命 10 年）在第 5 年结束的时候以 5000 欧元记在账上，然而连续经营价值由于预计会长期存在的价值降低却只还有 3000 欧元。纳税人确定了这个较低的连续经营价值。在第 6 年底，连续经营价值上升到了 4000 欧元。那么纳税人需要确定哪种价值呢？（**页边码 908**）

---

[297] 对新规定的说明，*Kulosa*，DStR 2008，131；vgl auch *Bruschke*，DStZ 2008，205；*Seifert*，DStR 2007，791。

> **情形 43**：对于一台机器，使用寿命被估计为 10 年。在这段时间内，它会以一种 1 欧元的"记忆价值"被折旧。这表明，这台机器还很好用。那么需要对这个评定进行修改吗？（页边码 909）

在纳税人没有对这个资产再花费其他的费用的情况下，出现的价值增长不是反映在资产负债表中的，因为财物能最大限度地以购置费用和生产费用来进行确定，《个人所得税法》第 6 条第 1 款第 1 项和第 2 目。这是商法上的谨慎原则的体现。收益可以在其实现的时候才被考虑（《商法典》第 252 条第 1 款第 4 目第 2 半句，实现原则）。

没有实现的纯价值增长仍然作为隐蔽储备金"被储存到"资产中。只要它们不影响企业的收益，那么它们就像资产一样保留在企业里。因此并没有取消对待给付值增长进行征税，而只是延期了。有纳税义务的收益会在该资产从企业财产中脱离出来的时候得以实现。这可以通过提款、出售资产、企业出售或企业放弃而发生。

> 在上面的**情形 39**（页边码 873）中，U 的地产也要在 2002 年的资产负债表中以 10 万欧元被评定。倘若 U 在 2002 年以 20 万欧元的价格出售了这块地产，那么他就实现了价值的增长并且获得了一笔金额为 10 万欧元的有纳税义务的出售收益。

倘若在先前的连续经营价值折旧之后出现了价值增长，那么要通过某个连续经营价值转账进行价值补偿（《个人所得税法》第 6 条第 1 款第 1 目第 4 句和第 2 目第 3 句）。在这些情况下，就可能会出现比之前的资产负债表中的估计要**高一些的估价**。

如今，《商法典》也在其第 253 条第 5 款中规定了对转账的强制实施。其例外仅针对有偿得到的商誉的较低价值估价。

在商法上和税法上，购置费用或生产费用构成了转账的最高限额，对于可磨损的固定资产减少了有计划的折旧以及折旧扣除（所谓的"继续的购置费用/生产费用"）。相反，根据有计划的折旧及折旧扣除进行转账是不可能的。由此而产生的账面价值需要不断地被保持（例外：在某个折旧之后转账，倘若其理由取消了，《个人所得税法》第 7 条第 1 款第 7 项第 2 半句）。

情形 42（页边码901）的解答：

商法：

1. 有计划的折旧，《商法典》第253条第3款第1项和第2项：

每年1000欧元→2005年底的账面价值　　　　　　　　　　　　　5000欧元

2. 较低的价值，《商法典》第253条第3款第3项：

强制的折旧→2005年底的账面价值　　　　　　　　　　　　　　3000欧元

3. 较高的价值（转账），《商法典》第253条第5款

——强制的转账

——购置费用或生产费用/有计划的折旧

就是转账的上限，即

在有计划的折旧情况下2006年年底的账面价值：　　　　　　　　4000欧元

因此2006年贸易结算中的转账最高可以为4000欧元。

倘若纳税人将机器确定为4000欧元，那么这个价值

就是新的折旧基础，该折旧基础要分摊到余下的四年。

税法：

1. 有计划的折旧扣除，《个人所得税法》第6条第1款第1目第1句和第7条第1款：

——每年1000欧元→2005年底的账面价值　　　　　　　　　　　5000欧元

2. 较低的连续经营价值（连续经营价值折旧），《个人所得税法》第6条第1款第1目第2句：

确定选择权（页边码887）→2005年底的账面价值　　　　　　　3000欧元

3. 以较高的连续经营价值强制转账，《个人所得税法》第6条第1款第1目第4句：

转账的上限就是购置费用或生产费用/折旧扣除

→2006年年底的账面价值　　　　　　　　　　　　　　　　　　4000欧元

（＝新的折旧折扣—估算基础）

情形 43（见页边码901）的解答：账面价值仍然是1欧元，因为《商法典》第253条第5款和《个人所得税法》第6条第1款第1目第4句中的价值转移可能性只是存在，以取消计划之外的折旧以及连续经营价值折旧，但不是为了更改有计划的折旧及折旧扣除。

c) 评估应付款项和准备金。对于**应付款项**，根据《个人所得税法》第 6 条第 1 款第 3 目第 1 句的第 1 半句规定，按照意义所适用的是第 2 目的规定。因为应付款项是没有本来的购置费用的，因此对于《商法典》第 253 条第 1 款第 2 项所规定的价值确定而言，偿付金额是决定性的。对于预计会长期存在义务提高（比如，在外国货币应付款项这种情况下，通过汇率变化），但《个人所得税法》第 6 条第 1 款第 2 目第 2 句为某个连续经营价值折旧提供了可能性，而这种可能性对于要遵守商法规定的纳税人而言由于《商法典》第 253 条第 4 款实质的应用是强制性的。最短期限为 12 个月且无需押金或提前偿付的无息债务，按年盈利增长额的 5.5% 进行贴现（《个人所得税法》第 6 条第 1 款第 3 目第 1 句第 2 半句）。[298]

乍一看，贷方的双面性看起来是混乱的，这会导致，在贷方（页边码 833）所适用的不是最低价值原则，而是最高价值原则。[299] 因此，对应付款项进行转账会产生收益的减少。倘若在某个连续经营价值折旧之后应付款项的连续经营价值又出现新的降低，在这种情况下，《个人所得税法》第 6 条第 1 款第 2 项第 3 目及与之相关的第 1 项第 4 目规定应进行一个（提高收益的）连续经营价值折旧。

准备金（页边码 855）所适用的是《个人所得税法》第 6 条第 1 款第 3a 目中的特殊评估规定。根据该规定，对于特定的准备金可以考虑，纳税人只是被要求支付总额中的一部分（《个人所得税法》第 6 条第 1 款第 3a 目 a 点）这种可能性，而且这是在评估准备金时引起价值降低所需要考虑在内的将来的好处（《个人所得税法》第 6 条第 1 款第 3a 目 c 点），而这些好处预计会与履行义务有关。正如应付款项，此处也存在贴现需求（《个人所得税法》第 6 条第 1 款第 3a 目 f 点）。在评估时，价值比例在决算日被决定；未来的价格和费用上涨不予以考虑（《个人所得税法》第 6 条第 1 款第 3a 目 f 点）。

3. 提取和出资

倘若调查了这个会计年度底的企业财产与上一个会计年度底的企业财产之间的差额，那么它还要加上提取的价值并减去出资的价值，《个人所得税法》第 4 条第 1 款第 1 项。这种修正旨在清除掉收益调查中不是由经营而产生的流入和流出。尽管它们改变了企业财产，但是它们却不允许对收益产生影响。

根据《个人所得税法》第 4 条第 1 款第 2 项的规定，**提取**就是纳税人为自己、其家庭或者为其他经营之外目的在会计年度内从企业中"提取的"所有资产。在企业外部产生

---

[298] 详述，BMF v. 26.5.2005, BStBl I 2005, 699；*Groh*, DB 2007, 2275。
[299] *Fischer*, in: *Kirchhof*, EStG, § 6 Rn 145.

的经由资产负债表上的资产"流出"引起企业资产缩水,则不允许降低盈利额。除了资产外,与资产紧密相关的隐蔽储备金也排除在企业资产之外。为了揭开其真面目及对其征税,提取额不能仅按账面额("消耗"一词的中性表达)确定,而是要根据其连续经营价值确定(《个人所得税法》第 6 条第 1 款第 4 目第 1 句)。在收益调查时应当将提取按这些价值重新追加计算。

915　　**例子**:商人 A 从其企业财产中提取了一块地产。这块地产是他在几年前为了用作仓库而购买的,价格为 10 万欧元(购置费用=账面价值)而现在他只想将其用于私人的住宅目的。这块地产在此期间价值已经增长到 15 万欧元到。这种价值增长("隐蔽储备")在被提取的时候被揭开真面目并提高了收益(5 万欧元)。与提取相反,额外的 10 万欧元仅能抵消由固定资产带来的地产的流出的损失。

916　　困难的是,在何种条件下才能成立提取是为了"营业外的目的"？因为在某种程度上,提取的概念——由于其高度争议的不确定性——依赖于企业的概念而定。在《个人所得税法》第 4 条第 1 款第 3 项里,有一种情形被明确地视作为营业外的目的而为的提取,即,**将资产转运至国外**,由此德国对此资产的租税权得以排除或限制。[300] 内国企业将资产转运至其国外的企业经营场所的行为(主要应用的情形)因此将至少被视为一种为经营外目的的提取(见欧盟案例,页边码 1488)。隐蔽储备金将通过普遍价值的评估(特殊规则见《个人所得税法》第 6 条第 1 款第 4 目第 1 句第 2 半句)而得以征税。

917　　有关使用提取的最重要案例为**企业小型客车私用**的情况。只要企业小型客车用作企业的用途超过 50％以上(见页边码 852),且同时私用的时候,私用的情形可以总计(《个人所得税法》第 6 条第 1 款第 4 目第 2 和第 3 句)[301]:每月按第一次登记日期的内国商品标价(包括特殊配件的费用和增值税)的 1％来确定提取费用。根据联邦财政法院的判例[302],按照严格的文义解释,总计这种所谓的 **1％规则**仅针对私用的提取,而非针对其他经营外用途的提取。后者是还要按连续经营价值(《个人所得税法》第 6 条第 1 款第 4 目第 1 句)进行评估和征收。对于微不足道的使用提取,纳税义务人可用驾驶日志证明(《个人所得税法》第 6 条第 1 款第 4 目第 4 句)。[303]

---

[300] 批判观点见 *Kahle/Franke*, DStR 2009, 406; *Wassermeyer*, DB 2006, 1176。
[301] 详见 *Haas*, DStR 2008, 656; *Seifert*, DStZ 2008, 182 (185 f)。
[302] BFH, X R 35/05, BStBl II 2007, 445; 批判的,*Plewka/Kluempen-Neusel*, NJW 2007, 1184 (1185)。
[303] 关于对驾驶日志的要求, 见 BFH, IV R 62/04, BFH/NV 2007, 691; VI R 94/04, BFH/NV 2007, 1302。

根据《个人所得税法》第 4 条第 1 款第 7 项第 1 个半句的规定，**出资**是纳税人在会计   918
年度内从其私有财产中添加到企业中的所有的资产(也包括现金支付)。

例子：企业家从其私人账户中将钱转到一个企业的账户，以度过暂时的流动资金   919
瓶颈。

经由资产负债表上的出资资产的"流入"引起的企业资产增加若由私人方式形成的，   920
则不允许其增加收益。出资因此在收益调查时被扣除。通过出资已出现在私人财产中
的且因此原则上不可征税的增值由于出资又卷入税收中，由此可确定的是，被出资的实
质的资产原则上会根据其连续经营价值(页边码 877)而被评估(《个人所得税法》第 6 条
第 1 款第 5 目第 1 句第 1 半句)。[304]

例：商人 A 将其 1 万欧元私人购买而今价值 5 万欧元的房产归入了企业财产中。   921
所增加的价值(4 万欧元)产生于 A 的私人财产，不允许未来其企业收益上升，因此，这宗
房产在企业固定资产中的价值估价为 5 万欧元。通过不动产的流入而使企业资产的增
加，将抵消**出资**的估值，所以，并不存在企业的收益。

相反地，联邦财政法院对使用**出资和使用权出资**的情况作出例外规定，其不得按连   922
续经营价值出资。[305] 其价值评估如下，即使用必须首先在企业中带来营利性收入并因
此可被征税。然而连续经营价值的评估却会预先估计其营利性收入而使税收中性。联
邦财政法院从以下思想出发认为，出资不应是为了将未来可征税的使用征税中抽走(所
谓的最终出资概念)。[306]

对于出资，一项**德国征税权的创立**在资产上被给予同样的地位和权利(《个人所得税   923
法》第 4 条第 1 款第 7 目第 2 半句)，首先是在从国外常设机构向国内常设机构的资产输
送中。[307] 因为在国外产生的至今无法对其适用德国征税权的隐蔽储备金不应被随之混

---

[304] 关于连续经营价值的折旧扣除的课税依据，见 BFH，X R 40/06，BFHE 226，504。
[305] BFH，GrS 2/86，BStBl II 1988，348。
[306] BFH，GrS 1/05，BStBl II 2007，508 也将这种思想运用到对私人财产建立的采沙场的出资中：这尽管是作为实物出资(§ 6 Abs. 1 Nr 5 Satz 1 EStG)。相应地，未来的使用则在税收上不能中立，所以不得进行 § 7 Abs. 6 EStG 规定的折耗(Afs)(见 Rn 895)。赞同的，*Weber-Grellet*，FR 2007，515；*Kanzler*，DStR 2007，1101；批判的，*Prinz*，StuB 2007，428 (430)；*Fischer*，NWB 2007，Fach 3，14601；*Paus*，DStZ 2007，523。
[307] 参见 *Förster*，DB 2007，72 (76)。

入,所以此资产需依一般价值进行设置(特殊规定,在《个人所得税法》第6条第1款第5a目)。

4. 免税收入及禁止扣除的特殊性

924 《个人所得税法》第3条所规定的针对特定提取情况的免税(见页边码612和613)在进行收益调查的时候会根据《个人所得税法》第4条第1款和第5条第1款的规定而被考虑,方式就是将相应的企业财产增加再从收益中扣除掉。根据《个人所得税法》第4条第5款(见页边码973)或者《个人所得税法》第3c条的规定(见页边码614和621及以下),在扣除禁止的情况下,相应的企业财产减少又会被附加到收益当中。

925—929 属于这种情况的尤其是按照由《个人所得税法》第3条第40目和第3c条第2款所规定的部分收入方法进行计算(此详见页边码1281以下)的企业财产增加和企业财产减少。

(三) 根据《个人所得税法》第4条第3款调查收益

930 **情形44**:A是律师,根据《个人所得税法》第4条第3款[308]来调查他的收益。他在2001年做了如下的报告:

来自酬金结算的收入:	100 000 欧元
支出:	
办公室租金	12 000 欧元
薪金	20 000 欧元
2001年3月购买了一台电脑	
(仅仅用于经营;使用寿命3年)	3 600 欧元
口述录音机	250 欧元
在办公室庆祝40岁生日的花费	500 欧元
轿车的费用(经营的部分,	
按照《个人所得税法》第6条第1款第4目第2句和第3句进行调查,页边码914)	4 000 欧元
送给重要委托人的礼物	250 欧元
在开车去法庭时因乱停车而被罚款	25 欧元

那么他的收入所得是多少呢?(**页边码990**)

---

[308] 参见 Birk/Wernsmann, Klausurenkurs, Fall 8 (Rn 513 ff)。

1. 总述

《个人所得税法》第 4 条第 3 款允许特定的纳税人根据简化的方式来调查收益：收益就是企业收入超过企业支出的盈余部分。企业财产的财产转变基本上既不会表现出来也不会被考虑。编制资产负债表和会计，像根据《个人所得税法》第 4 条第 1 款进行收益调查（见页边码 807 以下）一样，不是必须的。纳税义务人拥有选择权，哪些事项可以不用每年重新确认。[309]《个人所得税法》第 4 条第 3 款所规定的收益调查是以货币周转结算这一理念为基础的（例外情况见页边码 939）。[310] 在根据《个人所得税法》第 4 条第 3 款进行收益调查时，可以形成意定的企业财产（页边码 851）。前提条件就是，资产归属到意定的企业财产中以没有误解的方式通过相应及时建立的记录得到了证明。[311]

931

因为在盈余结算（现金流量—结算）的时候，企业财产的价值改变基本上是没有作用的，所以周期结果不可避免的是与企业财产比较时所不同的一个结果。但倘若周期结果是不同的，那么根据累进的税率税收上的总负担也可能不同。出于征税的均衡性原因基于盈余结算（见页边码 802）来统一收益调查可能是值得期待的。[312]

932

(1) 个人的适用范围。

根据《个人所得税法》第 4 条第 3 款的规定，下列人员有权进行收益调查（《个人所得税法》第 4 条第 3 款第 1 项，与上面页边码 801 比较）：

933

——农林场主，只要他们没有根据《税法通则》第 140 条和第 141 条的规定是负有记账义务的，并且也没有自愿进行记账，

——不属于《个人所得税法》第 5 条第 1 款规定的工商经营者，即根据商法（见《商法典》第 214a 条）或者根据税法（《税法通则》第 141 条）是没有负有记账义务的，而且也没有自愿记账，

——《个人所得税法》第 18 条意义上的自由职业者，只要他们没有自愿记账。即若不考虑其企业的大小（但是不会对自由职业者的特性构成损害，见页边码 737），自由职业者有权根据《个人所得税法》第 4 条第 3 款的规定调查其收益。

(2) 流入及流出原则。

什么时候应该估计企业收入和企业支出，是由《个人所得税法》第 11 条所规定的：适

934

---

[309] BFH，X R 58/06，BFHE 223，80。
[310] 相关概述见 *Kantwill/Halstenbeck*，SteuerStud 2006，65。
[311] BFH，IV R 13/03，BStBl II 2004，985；VIII B 216/06，BFH/NV 2008，42；其他观点见 BFH，IV R 32/80，BStBl II 1983，101。
[312] 详见 *Ehrhardt-Rauch*，DStZ 2001，423；*Elicker*，StuW 2002，217（229 ff）。

用的是流入原则和流出原则。[313] 根据该原则应该

——将企业收入放入到收入所流入时所在的日历年(《个人所得税法》第 11 条第 1 款第 1 项,例外情况见页边码 939),

——将企业支出从支出所产生时所在的日历年中减去(《个人所得税法》第 11 条第 2 款第 1 项,例外情况见页边码 939)。

流入原则意指:获得经济上的支配力。这点在个别情况下,当不是面向金钱,而是面向经济上的利益时,难以确定。比如,将一种不可流通的股权(所谓的股票期权)作为收入时,那么流入的时间点将不是提供股权的日期,而是股权履行的那个日期。[314] 因为不可流通的期权并非独立的资产,且只能在特定的时期过后方能兑现。雇主出让可流通的期权时,只有当期权被使用时才被视为流入。[315]

935 由于流入和流出原则的适用性,企业收入和企业支出不一定被包含在它们在经济上所属的年份内。更重要的只是,钱款的流入和流出何时发生。因此对于流动资产的购置,其生效时间原则上是付款的时间点,而非如资产负债表的那样定于货物使用的时间点(之前:贷方—交换,见页边码 810)。但是对于流动资产的确定货物,法律规定,企业支出扣除仅允许在转让收入流入的时间点或作为企业支出而提取的那个时间点方可成立(《个人所得税法》第 4 条第 3 款第 4 项,见页边码 981)。因此,《个人所得税法》第 4 条第 3 款**没有提供符合周期的收益调查**。这是与根据《个人所得税法》第 4 条第 1 款和第 5 条第 1 款进行收入调查主要的不同之处。根据该规定,企业收入和企业支出在它们经济上所属的(见页边码 829,831)会计年度的收益账中被考虑。

936 **例子**:工商企业经营者 A 根据《个人所得税法》第 4 条第 1 款和第 5 条第 1 款的规定来调查他的收益。他拥有对客户 B 的债权,在债权产生之时他便把这笔债权记入到贷方(见页边码 838)。因此,债权的产生也已经是起关键作用。倘若 A 相反按照《个人所得税法》第 4 条第 3 款来调查他的收益,那么这笔债权单独对他的收益是不会产生影响的。只有当这笔债权得以偿还的时候(流入,《个人所得税法》第 11 条第 1 款第 1 项),才会出现一笔企业收入。

937 因为《个人所得税法》第 4 条第 3 款是根据流入及流出而进行规定的,所以纳税人有

---

[313] 直观说明见 *Fritz*,SteuerStud 2008,324。
[314] BFH,VI R 105/99,BStBl II 2001,689;关于该复杂难题的概览 *Spiecker*,Die Steuerwarte 2008,222。
[315] BFH,VI R 25/05,DStRE 2009,207.

可能将收益"推迟"并因此从(可能的)不同的累进的税负中获得好处。

例子：纳税人 A 根据《个人所得税法》第 4 条第 3 款调查他的收益,并且在 2001 年这 938
个会计年度年底还收到了供货。他会思考一下,他应该在 2001 年这个会计年度就结这
笔账还是到 2002 年的时候才结。倘若该纳税人已经能预见到,他在 2002 年会取得比
2001 年更高的收入所得,而且在 2002 年也将面临一个更高的税率累进,那么他就可以
在 2002 年结账。通过 2002 年资金的流出(企业支出)而使 2002 年的收益减少了,由于
更高的累进这就会出现一个真正的节约税款。倘若他预计 2002 年的收入所得会较低,
那么他就会反过来做。

比较：做资产负债表的纳税人(《个人所得税法》第 4 条第 1 款和第 5 条第 1 款)本来
必须要将供货记入贷方并将应付款项记入借方(贷方—借方—交换,页边码 810)。这个
过程本来在 2001 年不会影响收益的。

《个人所得税法》第 11 条第 1 款第 2 项和第 2 款第 2 项规定了不属于从原则上规定 939
流入年的收入及流出年的支出的一种例外情况。有规律的重复性收入或支出,若它们是
在其经济上所属的日历年开始前的短时间内或开始后的短时间流入或流出的,那么它们
就要归入其在经济上所属的日历年内。对于这样的收入和支出,法律规定了要符合周期
地进行考虑。收入或支出是有规律的重复的,根据其特点,即由于基本的合法交易(比
如,出租合同),不仅仅是一次,而且是在有规律的时间段内被取得的或被使用的。[316] 前
提条件只是款项的同类性,而不是金额上的同等性(比如,利息、工资)。[317] 款项必须在
两年交替前或后的短时间内流入和流出。司法判决认为"短时间"是指大概 10 天的一段
时期。[318] 收入和支出的到期也必须在其经济上所属的日历年年底之前或之后的短时
间内。[319]

例子：(1) 医生于 2002 年 1 月 2 日收到来自医疗保险机构认可的医生联合会所支 940
付的按月到期的 2001 年 12 月的分期付款。该款项根据《个人所得税法》第 11 条第 1 款
第 2 项的规定还在 2001 年作为企业收入而被考虑。[320] (2) 他已经于 2001 年 12 月 29

---

[316] BFH, IV R 309/84, BStBl II 1987, 16 (17).
[317] BFH, IV R 309/84, BStBl II 1987, 16 (17).
[318] BFH, VIII R 15/83, BStBl II 1986, 342 (343).
[319] BFH, IV R 309/84, BStBl II 1987, 16 (17);参见 *Fritz*, Steuerstud 2008, 324 (328)中的例子。
[320] BFH, IV R 63/94, BStBl II 1996, 266.

日支付了其2002年1月的月初到期的诊所租金。该款项根据《个人所得税法》第11条第2款第2项在2002年被作为企业支出。

941 　　即使根据《个人所得税法》第4条第3款而进行的收入调查明显偏离了根据《个人所得税法》第4条第1款而进行的收入调查,**总收益相同这一准则**还是有效的。[321] 根据该规定,由于不同的收益调查方法尽管会出现每年的收益和损失金额有偏差,但是总收益上是没有偏差的。不是某段时期的收入,而是从开始经营直到放弃或出售企业的收益(总收益)必须是一致的。《个人所得税法》第4条第3款情况下的整个调查时期期间(总时期)内,企业财产的所有价值改变在某个时候会以金钱的形式作为收入和支出而反映出来(比如,通过出售或取走资产)。由此保证了总收益的一致性。总收益相同这一基本原则也导致,根据《个人所得税法》第4条第3款调查收益的那些人拥有企业财产、形成和消除隐蔽储备金。因此,流入和流出原则会从多方面地被打破(此见页边码977以下)。

　　(3) 提取和出资。

942 　　《个人所得税法》第4条第3款第1项尽管没有包括对资产的出资和提取的明确规定。但是这些仍然可以被考虑,这是从《个人所得税法》第4条第3款第4项("提取")中以及从总收入相同这一准则(页边码941)中得出的。[322]

943 　　提取(见页边码914)的结果就是,必须取消一个针对被提取资产的迄今可能发生的企业支出扣减。因此,在根据《个人所得税法》第4条第3款的规定进行收益调查的时候会像处理企业收入那样处理提取,只要经营之外所引起的价值流出会影响总收益。[323] 倘若被提取的资产的购置费用之前已经被作为企业支出而扣减了,或者倘若由于提取就不能再确定企业收入,那么就会出现对总收益的这种影响。

944 　　**例子**:医生A为自己及其家人从其诊所中取走几个注射液瓶。此外,出于私人理由,他放弃了对他的朋友B的报酬债权。因为注射液瓶的购置费用已经被作为营业支出而扣减了,所以在提取的时候就要以同样的金额来确定一个企业收入。出于私人理由而取消营业性债权根据提取准则也会带来一个相应的企业收入,因为——联邦财政局曾对根据《个人所得税法》第4条第1款进行收益调查做了比较而认为——另外一个结果"可

---

[321] BFH, GrS 1/89, BStBl II 1990, 830 (834).
[322] BFH, IV R 180/71, BStBl II 1975, 526.
[323] BFH, IV R 50/86, BStBl II 1986, 907.

能与征税的均衡性准则不一致"。[324]

出资(见页边码918)在根据《个人所得税法》第4条第3款进行收益调查的时候像企业支出一样被处理,只要此外营业之外的价值进入会影响总收益。倘若在营业性出售投资的对象时会产生企业收入,那么比如就是这种情况。

例子:律师R将他一年前购置的一台电脑运到了他的办公室内,并作以后的经营之用。这需要在《个人所得税法》第6条第1款第5目的相应应用中用连续经营价值(见页边码878和879)来评定的。不过,在这个出资的范围内《个人所得税法》第6条第1款第5项a目的规定需要被考虑在内,该规定由于总收益相同准则在根据《个人所得税法》第4条第3款进行收益调查时也会相应地得到应用。因为《个人所得税法》第6条第1款第5目第a点的期限还没有结束,所以R可以为这台电脑的出资确定连续经营价值,但是最高就是根据《个人所得税法》第6条第1款第5目第2句而确定减少了的购置费用。作为企业支出在应用《个人所得税法》第4条第3款第3项和第7条第1款时可以继续确定每年的折旧扣除(此见页边码978)。

关于提取和出资的特殊规定(《个人所得税法》第4条第1款第3项或第7条第2半句,见页边码916及923),对于根据《个人所得税法》第4条第3款规定的收益调查也同样适用(见《个人所得税法》第4g条第4款)。

2. 企业收入

企业收入的概念在《个人所得税法》中是没有被定义的。司法判决援引《个人所得税法》第8条第1款[325]中的收入定义以及《个人所得税法》第4条第4款中的企业支出的定义,将企业收入称为"由经营而引起的以货币或者货币价值而存在的所有增加物"[326]。倘若从一个企业家(客观的)角度来看与经营存在着一种实际上的或者是经济上的关系[327],那么一个收入就是由经营所引起的。

例子[328]:某个人合公司的合伙人A参与了由该公司所举办的一个信息和培训活动,

---

[324] BFH, IV R 180/71, BStBl II 1975, 526 (528).
[325] 批判观点见 *Birk/Kister*, in: *Herrmann/Heuer/Raupach*, § 8 EStG Anm. 5。
[326] BFH, VIII R 35/93, BStBl II 1996, 273 (274) 有进一步论证; IV R 86/86, BStBl II 1988, 633 (634) 有进一步论证。
[327] BFH, IV R 103/75, BStBl II 1979, 512; VIII R 60/03, BStBl II 2006, 650 有进一步论证。
[328] BFH, VIII R 35/93, BStBl II 1996, 273。

该活动是乘船去旅游目的地,且费用昂贵。联邦财政局认为给予该合伙人的旅行资助是一种企业收入(合伙人的特殊企业收入)。与经营的联系是从由经营而引起的资助中得出的。该参与活动对合伙的利益并无作用。

950　　以货币价值而存在的收入(实物资助)同样也属于企业收入,只要它们是由经营而引起的。[329] 因为其经营活动没有收到钱,但(额外)收到实物资助的纳税人也必须同所谓的盈余收入所得(《个人所得税法》第8条第1款)的取得者一样为这些资助纳税。

951　　**例子**:医生A是自由职业者。B是做地毯生意的,为了感谢A成功治好了自己的病,B(除了报酬之外)送给了A一件地毯。他必须在根据《个人所得税法》第4条第3款调查自己的收益范围内将这件地毯作为企业收入计算在内。倘若B为他提供了一个特别的、在通常的业务往来中不被允许的价格折扣,那么这也是适用的。对于实物收入的评定,《个人所得税法》第8条第2款(税收地的一般最终价格)就被相应的援引。

952　　倘若实物价值增加转移到了企业财产中,那么就会产生一个问题。例如:病人将价值300欧元的旧金器出让给了他的牙医,这块金器是在进行牙齿治疗的时候取出的。[330] 倘若这里将这个实物价值作为企业收入来计算,而且该实物然后被使用了,即比如被卖了,那么就出现了该实物价值被两次征税(300欧元被作为企业收入计算,之后出售而得的500欧元就又被作为企业收入而计算)。为了避免这种情况,以将(对于流动资产的资产)这种实物价值的增加抵消了,联邦财政局[331]设立了一个同等数额的企业支出,以此来调查收入需要的产品。这个过程就好像纳税人本来首先获得了钱款(企业收入=300欧元)并用这笔钱购买了这件实物(企业支出=300欧元)。那么在结果中,企业收入在使用(出售)的时候才被接受,但是以全额被接受的(以500欧元出售 = 500欧元的企业收入)。但《个人所得税法》第2条第2款第2项所规定的盈余计算者必须要为实物价值的增加立即纳税(《个人所得税法》第8条第1款和第11条第1款),与其相比,由此就产生了一种不平等待遇。可能正确的是,在流入的时候(企业收入=300欧元)将实物价值增加作为货币价值上的好处来进行计算,并且在使用(出售)的时候将这个价值作为虚拟的购置费用进行扣减(500欧元—300欧元=200欧元,企业收入200欧元)。在这种情况下,总的企业财产增加同样被计算在内,不过是在实际出现增长的估算期内。

---

[329]　BFH, VIII R 35/93, BStBl II 1996, 273; X R 25/07, BFHE 223, 35.
[330]　BFH, IV R 29/91, BStBl II 1993, 36.
[331]　BFH, IV R 29/91, BStBl II 1993, 36 (38).

953 没有企业收入是**往来抵消账**(《个人所得税法》第 4 条第 3 款第 2 项)。根据法律上的定义,这涉及"以另外一方的名义以及为另一方的结算而获得或支出的"企业收入和企业支出。这些钱款只是被托管管理,也就是说在经济上不属于这个企业。它们对收益没有影响,因而就不需要被考虑。

954 **例子**:委托人支付给律师的法庭受理费预付被该律师转交给了法庭出纳。这涉及往来抵消账,根据《个人所得税法》第 4 条第 3 款第 2 项不需要作为企业收入来确定。

955 增值税不是往来抵消账,它不在《个人所得税法》第 4 条第 3 款第 2 项的定义之列。企业家根据增值税法的体系不是"为财政部门"获得结算的增值税的。他可以更多地在将增值税上交给财政部门之前扣减掉由其他企业家所结算的增值税(预征税)(《增值税法》第 15 条)。因此还剩下一笔应付税捐,而这是需要由企业家来偿付的,而且通常会偏离所获得的增值税(见页边码 1684)。

956 **例子**:律师 R 获得一笔金额为 1000 欧元+190 欧元增值税的报酬款项。同时,他为办公室需要的产品结账 500 欧元+95 欧元营业税。R 需要对这一涉及增值税的过程进行如下记账:

190 欧元结算的增值税	=企业收入
−95 欧元来自其他结算的预征税	=企业支出
95 欧元对财政部门的增值税—欠款(应付税捐)	=企业支出

957 在节约的费用不涉及纳税人给付的情况下,其就会像放弃收入一样也没有造成企业收入。比如医生自己为自己治病或者电工修理他自己的机器,那么就不仅缺少客观的增加而且还缺少来自外部的增加。[332] 其他则正相反,如当手工艺人用修理洗衣机的方式代替向律师支付酬金(=律师的企业收入即节省下来的费用)。倘若纳税人拥有通过转让而属于他的债权,那么就会出现企业收入。这里涉及一个收入使用的过程。流入基本上是要在款项转移到了新的债权人那儿的时候才会被接受。[333]

958 由于某个借款而得到偿付的钱款的流入就不是企业收入。现金存量或记账货币存量的提高与某个偿付应付款项是以同等金额对应的。因为缺乏一种客观的增加,所以不

---

[332] BFH, IV R 87/85, BStBl II 1988, 342.
[333] BFH, IX R 161/83, BStBl II 1988, 433 (434);也见 *Birk*, in: *Herrmann/Heuer/Raupach*, § 11 EStG Anm. 58.

管是借款还是偿还借款都不会对收益产生影响。[334]

3. 企业支出

(1) 定义。

959 　　与企业收入相反,企业支出在《个人所得税法》第 4 条第 4 款中是这样被定义的:"企业支出就是由经营而引起的费用。"同企业收入(见页边码 948)的情况一样,对于企业支出也要区别往来抵消账(页边码 953)和借款偿还(页边码 958)。倘若从客观上看与职业或企业存在着关联,而且从主观上看为推动这个职业或企业花费了费用[335],那么司法判决就认为存在**经营上的原因**。不过,客观的联系总是一个企业支出的前提条件,而主观想推动职业或企业的意图是可以没有的。

960 　　**例子**:a) 医生在治疗的时候出现了医疗事故,必须要支付赔偿金。这些非自愿的支出和强制性费用也是由经营而引起的,因此可以作为企业支出进行扣减。[336]

　　b) 行医者 A 的诊所被撬,盒子中的现金被偷走。这种金钱的损失并不能作为企业支出被扣除。法院判例认为,这种被收入的金钱立即成为私人财产,当所有权问题无法通过相应的出纳进行清楚地证明(无持续性的账户且无企业的流动资产),因此这种流出不是由经营上引起的。[337]

961 　　企业支出也就是由经营引起的被支付出去的(经营引起的价值流出)以货币或货币价值而存在的所有的商品。这些费用可以在企业开业之前就已经用掉(**提前发生的企业支出**)。不过,必须要与(以后的)取得收益存在一种充分的(时间上的)联系,这就是说,例如费用必须与某个具体被考虑的经营性行为的准备活动有关系。联邦财政局要求,必须能依据客观的情况而确定,最终作出取得来自特定收入种类的收入的决定。[338]

962 　　**例子**:A 计划开一家律师事务所。他参加了关于办公室管理的一个培训课程,并参观了几个可以考虑作为办公室的建筑。为此的费用就是《个人所得税法》第 4 条第 4 款意义上的企业支出。对于培训的费用是否可以是提前发生的企业支出这个问题见页边码 1049。

---

[334] BFH, IV R 103/89, BStBl II 1991, 228 (229) 有进一步论证。
[335] BFH, VI R 193/77, BStBl II 1981, 368 (369).
[336] BFH, VI R 193/77, BStBl II 1981, 368 (369).
[337] BFH, XI R 35/89, BStBl II 1992, 343;资产损失,见 Rn 987 f.
[338] BFH, III R 96/88, BStBl II 1992, 819 (821).

倘若——不管总是出于哪种理由——不是有计划的企业开业,那么就可能出现**无意义的企业支出**,这也同样属于《个人所得税法》第 4 条第 4 款的规定之列。不过前提条件就是,不能用这些费用来追求一个随便的、还不确定的收入来源,而更多的是必须在费用与某种特定的收入所得种类之间存在着一种明显可以看出来的关系。[339]

963

例子:A 在他的律师事务所开业前不久收到一份担任政府专员的职位邀请。他选择了这个职位。为他的律师职业所花费的费用作为徒劳的企业支出是可以进行扣减的。A 从其自由职业活动)(《个人所得税法》第 18 条第 1 款第 1 目)中取得了负的收入所得(损失)。

964

事后的、在放弃了自由职业活动及出售企业之后所引起的费用可以是**事后的企业支出**。不过前提条件就是,尽管结束了旨在取得收入所得的行为,但是该费用在经营上的理由却仍然存在。

965

例子:在放弃企业或出售企业后出现的某个原本是由经营而引起的应付款项的欠款利息,根据联邦财政局的规定就是事后的企业支出,只要这个原本是由经营引起的欠款不能通过资产变现或出售收益而得到偿还。[340]

966

倘若该费用的私人理由是决定性的,那么就没有经营上的原因。因此,就需要将企业支出与**生活方式的费用**相区别。倘若生活方式的费用是为了推动纳税人的职业或活动而用掉的,那么根据《个人所得税法》第 12 条第 1 目第 2 句的规定也是不可扣减的。既用于生活方式也用于职业(经营)的费用被称为**混合的费用**。[341]根据联邦财政法庭大法官法庭的一项推翻了持续十多年之久的判例(BFH,X R 215/93,BFH/NV 1995,671;V R 25/78,BStBl II 1986,216;IV R 116/85,BStBl II 1989,276;XI R 34/90,BStBl II 1992,90)的最新判决[342],**混合的费用应当被分类**,只要这样的分类根据客观标准是可能的。**一般性的分类与扣除禁令无法从**《个人所得税法》第 12 条第 1 目推导出来。因职业原因而产生的费用部分允许被扣除,必要时,估计这一部分。职业和私人生活紧密相连

967

---

[339] BFH,VIII R 252/82,BStBl II 1988,992;IV R 117/94,BFH/NV 1996,461.
[340] BFH,IX R 10/84,BStBl II 1990,213.
[341] 参见 *Birk/Wernsmann*,Klausurenkurs,Fall 3 (Rn 249 ff)。
[342] BFH,GrS 1/06,BFHE 227,1.

而无法分离的,扣除禁令则将随之生效。[343] 如果私人生活的部分是不具有意义的,那么整个费用都将作为职业性费用而被扣除。[344] 若这些费用对于生活不可或缺的话(如衣食),将不包括在混合的费用中,更确切地说,通过基本免税金额(页边码633)及主观纯收入规则(页边码629和630)考虑这些费用。[345]

968—972
由此得出如下的**审查顺序**:

a) 不可或缺的私人费用仍旧属于私人费用,除非其证明与职业有关及为了职业而使用。如:法官每日在办公室穿的西装。

b) 费用虽然是混合产生,但其产生的金额(也包括评估的方法)无法相分离,则属于《个人所得税法》第12条第1目第1句下的情形,因此是不可扣除的。如:作家进行了一次旅行,且在其新的小说里加工了旅行的印象。

c) 混合的费用,属于职业部分,或者属于私人部分的,则按其整体的从属部分的重要性决定,要么全部扣除,要么全部不扣除。如:纳税义务人在出差时短暂地去看望了其在目的地居住的母亲;这样的费用总体上是可以扣除的。又或者:纳税义务人在其前往纽约的为期一周的私人旅行期间,在图书馆中为了职业的目的而进行了检索,这样的费用在整体上是不能进行扣除的。

d) 其他的混合费用则按职业和私人部分进行分开计算(必要时考虑评估方法)。如[346]:纳税义务人出于工作的原因而前往美国参加了一个为期四天的展会,后又出于休养的考虑而在那里又逗留了两天。那么由这次旅行中所分离出来的工作部分的旅行费用则是可以扣除的。

973
企业支出的可扣减性被《个人所得税法》第4条第5款的规定所打破(此见页边码621和622)。《个人所得税法》第4条第5款涉及的只是根据理由属于企业支出的费用。在应用《个人所得税法》第4条第5款之前因而总需要检查,是否存在《个人所得税法》第4条第4款所规定的前提条件(没有生活方式费用,《个人所得税法》第12条第1目)。

974
这样两级的检查也同样存在于《个人所得税法》第4条第4a款对利息之债的扣除案件上。欠款利息是不可以扣减的,只要是出现了"超提取",也就是说只要提取超出了收

---

[343] BFH, GrS 1/06, BFHE 227, 1 (Rz 122); BFH, VI R 5/07, DB 2010, 1329.
[344] BFH, GrS 1/06, BFHE 227, 1 (Rz 124).
[345] BFH, GrS 1/06, BFHE 227, 1 (Rz 123).
[346] BFH, GrS 1/06, BFHE 227, 1.

益和出资的总和。[347] 第一步需要检查,其是否属于经营的(原则上可扣除)或是私人引起的(不能扣除),这些可通过信用工具的直接使用得以确定。[348] 可扣除的经营原因产生的债务利息则需要经由第二步按《个人所得税法》第 4 条第 4a 款加以限制。[349]

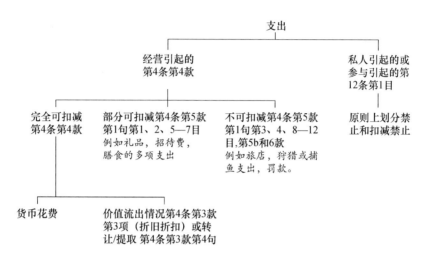

随着 2008 年《企业税制改革法案》,企业支出可扣除的原则被其他的特殊规则所打破。因此在《个人所得税法》第 4 条(详见页边码 622、1220—1230、1253、1254)规定了例如对利息支出的扣除禁止(所谓的**利息限制**[350])。

975

总结:支出可以全部或部分由私人引起(《个人所得税法》第 12 条第 1 点),因此是不可以扣减的。倘若支出是由经营而引起的,那么尽管涉及企业支出,但是其可扣减性可能会受到限制或者被分摊到某段时期(折旧扣除,此见页边码 977 以下)。

976

---

[347] 关于调查,详见 BFH, X R 46/04, BStBl II 2006, 125; X R 44/04, BStBl II 2006, 588,考虑从前几年超提取(宪法方面的)问题: FG Düsseldorf, 11 K 5373/04 E, EFG 2007, 572 (Rev. Az. BFH VIII R 42/07); BFH, XI R 26/05, BFH/NV 2007, 2267。

[348] BFH, GrS 2/88, 3/88, BStBl II 1990, 817; GrS 1/95, 2/95, BStBl II 1998, 193。当企业中现有现金流流入私人账户,通过"多账户"的贷款形式支持营业支出时,一个经营性理由根据适用标准也被接受。判决认为当企业中没有现金流被提取时,则是私人理由。因此, § 4 Abs. 4a EStG 规定是对该判决作出的反应。(*Crezelius*, in: *Kirchhof*, EStG, § 4 Rn 187)。

[349] 关于双层的检查,见 BFH, X R 46/04, BStBl II 2006, 125; XI R 14/05, BFH/NV 2006, 1832; BMF v. 22.5.2000, BStBl I 2000, 588;其他观点,*Wendt*, FR 2000, 417 (428) 和 *Groh*, DStR 2001, 105 (106 f),对此,除适用 § 4 Abs. 4a EStG (目的:简化)外,不再要求检查企业经营性理由。

[350] 关于利息限制,见 *Drissen*, SteuerStud 2008, 242—249, 533—536。

(2) 对资产购置费用和生产费用的处理。

977　　依照流入和流出原则,在按《个人所得税法》第4条第3款第1项进行收益调查时,购置费用及生产费用必须被全部扣除。但仍有大量的情形可以根据《个人所得税法》第4条第3款第3—5项的规定而违背这些原则。

978　　**固定资产中可磨损的资产**:《个人所得税法》第4条第3款第3项规定,要遵守有关折旧扣除或资本缩减的规定。因为——也出于平等权利上的原因——根据《个人所得税法》第4条第3款来调查其收益的纳税人与编制资产负债表的人是平等的。与流出原则相悖,针对固定资产中可磨损的资产的购置费用或生产费用在购置所在年不是全额的企业支出。购置费用或生产费用更多地要在折旧扣除过程中(AfA,见页边码893以下)分摊到使用寿命的各年内,以至于结果只有根据《个人所得税法》第7条来调查的每年的折旧扣除率来进行扣减。《个人所得税法》第4条第3款第3项只是参考了有关折旧扣除(《个人所得税法》第7条)的规定,而非有关连续经营价值折旧的规定。这在根据《个人所得税法》第4条第3款而进行收益调查范围内是不被允许的。[351]

979　　《个人所得税法》第4条第3款第3句明确规定了可以适用《个人所得税法》第6条第2款有关对**低价值资产**(410欧元,不含增值税)的即刻扣除,以及《个人所得税法》第6条第2a款对待给付值高于150欧元低于1000欧元的资产的综合项目形成的规定。对纳税人所结算的增值税本身是不会被算入到最高金额内的,倘若该金额不能作为预征税进行扣减。[352]

980　　**例子**:内科医生A于2001年年初自己购买了一台超声波仪(使用寿命10年),花费1万欧元加上1900欧元的营业税,同时还以400欧元外加76欧元的增值税购买了一台电子血压测量仪以及一把150欧元的手术刀外加28.5欧元的增值税。那么2001年有哪些企业支出呢?

　　根据《个人所得税法》第4条第3款第3项及与之相关的第7条的规定,对于超声波仪确定一个每年的折旧扣除金额。因为A没有权利进行预征税扣减(《增值税法》第15条第2款第1目和第4条第14目),所以根据《个人所得税法》第9b条第1款的规定,增值税属于购置费用。预征税根据《个人所得税法》第7条第1款的规定(线性的折旧扣除),那么他就可以在2001年将1 190欧元(11 900欧元/10)作为企业支出进行扣除。

---

[351] BFH, I 47/58 U, BStBl III 1960, 188; III R 6/05, BStBl II 2007, 301.
[352] BFH, VIII R 66/71, BStBl II 1975, 365; III R 6/05, BStBl II 2007, 301.

血压检测仪可以根据《个人所得税法》第 6 条第 2 款第 1 项被即刻折旧,也可根据《个人所得税法》第 6 条第 2a 款第 1 项设在综合项目"01"中(选择权),其可在购置年份及接下来的 4 年,每年以 1/5 减少盈利方式地被消除(详见页边码 893 以下)。

根据《个人所得税法》第 4 条第 3 款第 3 项、第 6 条第 2 款的规定,A 可将手术刀的购置费用作为经营支出而立即扣除。所谓的集合折旧(《个人所得税法》第 6 条第 2a 款)在此不予考虑(见页边码 895)。根据《个人所得税法》第 6 条第 2 款第 1 句的规定,允许价格不高于 150 欧元的产品购置费用,在对此购置费进行计算时——虽然 A 不享有税前扣除的权利——没有将增值税计算在内。[353] 作为营业支出而立即扣除的额度因此为 178.50 欧元(150 欧元外加 28.50 欧元增值税)。

981　购置或生产**流动资产中的资产**基本上所适用的是流入和流出原则(《个人所得税法》第 11 条),而购买价在付款的时候就会全额作为企业支出而被扣减。

982　对于**固定资产中的可损耗资产**及**流动资产中的确定资产**,即股份公司的股权、有价证券及其他非经书面确认的类似的请求与权利、地产、建筑物,其适用《个人所得税法》第 4 条第 3 款第 4、5 项的特殊规则的规定:他们的购置和生产费用在购置或生产时不能作为营业支出被扣除。具体而言,购置费用或生产费用只有在作为可支配收入流入或作为营业支出而提取的时间点才被考虑。购置费用和生产费用也只有在相关的资产脱离于企业资产的时候才被认为是可税的。此刻并非对(可支配收入)流入的全额课税,而是仅针对流入额与购置费用或生产费用的差价进行课税,也就是事实上对转让收益进行课税。

983　《个人所得税法》第 11 条的特殊规定的意义在于:包括资产在内——如通过企业资产的比较而进行的收益调查(《个人所得税法》第 4 条第 1 款)——购置或生产对收益应当不产生影响。同时也会避免购置费用或生产费用形成应当在未来的转让或提取时必须被征税的静储备。

984　应首先考虑与特定的流动资产的商品作为构成要件(自 2006 年估税期间才开始)相关的形成,其可以使投资人或房地产交易人可基于作为企业支出的费用的即刻可扣除性获得(暂时的)税收利益。

985　**例子**:A 是根据《个人所得税法》第 4 条第 3 款来调查收益的,在 2001 年以 2 万欧元的价格为其企业购买了一块未建的地产并已支付。在 2006 年,他将这块地产以 3 万欧

---

[353] BFH,VIII R 66/71,BStBl II 1975,365.

986
元的价格出售,钱款2007年才到期并得到了支付。那么这些过程对收益有哪些影响呢?

在2001年并没有涉及收益。尽管2万欧元是流出的。不过,这可以根据《个人所得税法》第4条第3款第4项的规定而不被考虑。同样的也适用于2006年,因为其取决于转让收入的流出。在2007年,3万欧元才被作为企业收入(《个人所得税法》第4条第3款第1项、第11条第1款第1项)、2万欧元才被作为企业支出,因此在2007年实际上有高达1万欧元的转让收益可被课税。

(3) 资产的亏损。

987
对于企业财产中资产的亏损情况(比如,偷窃、破坏、丢失)值得疑问的是,亏损是由私人引起的还是由经营引起的。由私人引起的亏损不能影响收益。[354] 在通过盈余结算调查收益时(《个人所得税法》第4条第3款)对由经营所引起的亏损考虑取决于购置费用或生产费用是否已经作为企业支出而被扣减掉了,以及扣减了多少(对于此点,参见页边码977以下):

对于固定资产中的可损耗资产,在经营引起的损失情况下可将"剩余账面价值"作为经营支出而被即刻扣除。私人引起的损失则相反不能享有经营支出扣除的权利。

例子:医生A的仅仅用于经营的汽车已经折旧到5000欧元。由于一次私人的驾驶,该车完全损坏。A不能将这5000欧元作为企业支出而扣除。当医生在因公外出(访问一位同事)的路上出于私人的理由而绕道(如绕道前往圣诞市场),汽车在因私引起的路程中的短暂停留时被盗,那么,这也同样不能扣除。[355] 相反,倘若车子是在一次驾车前往病人那里的时候完全损坏的,那么就可以考虑将这年的剩余账面价值作为企业支出来扣减。

988
对于固定资产中不可磨损的资产以及流动资产中特殊的资产的亏损情况,这些商品的购置费用及生产费用由于《个人所得税法》第4条第3款第4项的规定还没有引起收益减少(页边码981),那么在由于经营引起的亏损的时候购置费用及生产费用作为企业支出是可以扣减的。《个人所得税法》第4条第3款第4项因此有一个规定上的漏洞,因为其表述只是针对不可磨损的资产的出售或提取,但没有包括由于经营引起的亏损。[356] 倘若相反亏损是由私人引起的,那么就排除了企业支出扣减。

---

[354] 基础的,见 BFH, GrS 2—3/77, BStBl II 1978, 105。
[355] BFH, XI R 60/04, BStBl II 2007, 762;批判的,*Weber-Grellet*, NWB 2007, Fach 3, 14869。
[356] BFH, IV R 146/75, BStBl II 1979, 109。

对于流通资产的其他资产的损失而言,同样的价值将导致不一样的结果:倘若亏损是由经营所引起的,那么这就不会造成额外的企业支出,因为购置费用或生产费用已经在流出的时候被作为企业支出而考虑在内了(页边码981)。倘若亏损是由私人引起的,那么企业支出扣减必须又被取消。这是通过企业收入以同样的金额被确定而发生的。[357]

情形44(页边码930)**的解答**:A有来自自由职业工作的收入所得(《个人所得税法》第18条第1款第1目)。收入所得是收益(《个人所得税法》第2条第2款第1目)。收益调查是通过企业收入和企业支出的对比而实现的(《个人所得税法》第4条第3款)。

企业收入	100 000 欧元
企业支出	
办公室租金(《个人所得税法》第4条第4款)	12 000 欧元
工资(《个人所得税法》第4条第4款)	20 000 欧元
电脑(使用寿命3年,折旧扣减《个人所得税法》第4条第3款第3项和第7条第1款),A可以根据《个人所得税法》第7条第1款第4项只是分时间地要求10个月的折旧扣除,因为他在2001年3月才购买的这台电脑(见页边码894))	1 000 欧元
口述录音机(《个人所得税法》第4条第3款第3项和第6条第2款)	150 欧元
庆祝40岁生日的费用=混合的费用(根据《个人所得税法》第12条第1目不可扣减)[358]	—
部分的轿车费用(页边码852)	4 000 欧元
给重要委托人的礼物(《个人所得税法》第4条第5款第1目)	—
停车错误的罚金(《个人所得税法》第4条第5款第8目)	—
可以扣减的企业支出	37 150 欧元
收益:100 000 欧元-37250 欧元=	62 850 欧元

4. 收益调查方法的转换

倘若将按照《个人所得税法》第4条第3款而进行的收益调查转换成按照《个人所得税法》第4条第1款而进行的收益调查(这只是在会计年度之初才可能[359],而且基本上

---

[357] *Schmidt/Heinicke*, EStG, § 4 Rn 390.
[358] BFH, IV R 58/88, BStBl II 1992, 524.
[359] BFH, VIII R 49/97, BFH/NV 1999, 1195 有进一步论证.

约束纳税人3年[360]),那么总收益平衡这一准则(页边码941)就需要注意。所得税法对此没有进行明确的规定。为了保证总收益不被伪造,司法判决拟定了下列准则:借助于增加和减少,收益可以在编制资产负债表的第一个会计年度中这样来更正,"纳税人在总结果中取得收益,就好像他本来就取得了,倘若他在盈余计算的时候本来也通过存量比较来调查收益。"[361] 也就是说必须保证,经营的过程仍然既不要双倍计算,也不要不被考虑。这就意味着,需要这样来计算附加或扣除,使得每一个经营的过程(只)影响收益一次。具体的情况包含在2008年《所得税指令》第4.6条内。

下列问题是需要区分的:(1)按照目前的收益调查(《个人所得税法》第4条第3款)会出现哪些收益影响呢?(2)根据新的收益调查(《个人所得税法》第4条第1款)又会出现哪些收益影响呢?(3)在总收益上会出现差别吗?

例子:企业家U在2002年1月1日将根据《个人所得税法》第4条第3款进行收益调查转换成了根据《个人所得税法》第4条第1款和第5条进行收益调查。在2001年U花了1000欧元购买了货物并以1500欧元的价格卖给了K,K应该在2002年才支付此款。这要如何处理呢?

(1)在2001年,U将购买货物的1000欧元作为企业支出进行了记账。对于以1500欧元出售这些货物,根据《个人所得税法》第4条第3款的规定,对所产生的债权没有确定企业收入。因此,该出售在2001年并没有影响收益。

(2)在2002年1月1日,U必须将这笔债权(1500欧元)在资产负债表中表现出来。由K支付的款项因此就是不影响成功的被记入(债权的现金支付)。出售可能不再会影响到收益。

(3)在没有更正的情况之下,U本来只是将1000欧元的企业支出(2001年)进行了记账。与总收益平衡这一原则相符,由出售货物而取得的收益然而必须是产生使收益提高的影响。在收益调查方法转变的时候因此就实现了收益的增加,即以债权需要入账的金额,倘若根据《个人所得税法》第4条第1款和第5条的规定收益从一开始就被调查了。[362] 因此,2002年的收益要提高1500欧元。这个收益增加保证了两种业务偶然事件的总收益没有受收益调查种类的影响,总收益金额为500欧元。

---

[360] BFH, IV R 18/00, BStBl II 2001, 102; X R 58/06, BStBl II 2009, 368.
[361] BFH, IV R 155/83, BStBl II 1985, 255 (256).
[362] 参考 BFH, IV R 155/83, BStBl II 1985, 255.

第三章 收入和收益的税 **319**

(四)盈余收入的调查

情形 45:A 是一位受雇于某航空公司的单身工程师。他在其 2010 年纳税申报中向财政部门报告如下:

收入:
——工资 50 000 欧元
——来自一所公寓的租金 6 000 欧元
(1995 年购置;购置费用为 150 000 欧元,其中 30 000 欧元是土地和地产的费用)
——来自储蓄财产的利息 2 801 欧元

支出:
——月票(每月的) 60 欧元
(寓所和工作地之间的距离是 35 公里;220 个工作日)
——工程学专业杂志 120 欧元
——用于工程计算的笔记本电脑(1 月购置) 3 000 欧元
——出租出去的公寓的欠款利息 4 500 欧元
——公寓的保养费用 2 000 欧元

  财政部门另外还知道,A 每年从该航空公司获得两次免费乘机的机会(价值:1500 欧元)。那么所得税可税的收入所得的总额是多少呢?补偿税(25%)所涉及的收入有多少?(就案情中的情况,可以得出,取得收入的总额相当于可税收入。)页边码 1032

1. 总述

  对于《个人所得税法》第 2 条第 1 款第 1 项第 47 目中所提到的收入所得种类(来自非自由职业的、来自资本资产的、来自出租和租赁的收入所得以及《个人所得税法》第 22 条意义上的其他收入所得),《个人所得税法》第 2 条第 2 款第 2 目规定了另外一种收入所得调查方法:收入所得是收入超过必要支出的盈余(《个人所得税法》第 8 条至第 9a 条)。因此,人们说盈余收入所得。收入所得调查的方法遵循的是货币周转结算这一理念。这意味着,在根据《个人所得税法》第 4 条第 3 款规定进行的收益调查范围内所处理的《个人所得税法》第 11 条中的**流入和流出原则**在这里也是有效的,只要那里所描述的准则(页边码 934 以下)是适用的,这些准则包含基于总收益等价原则之上的流入和流出原则的突破例外(页边码 942 及 977 以下)。请求所有权还不会导致流入。只有在可以自然形成的请求权满足时才出现流入[363]，同收益调查的结果一样可能是负的，也可以（《个人所得税法》第2条第2款第2目中的规定所没有明确表述的）产生一个必要支出超过收益的盈余，该盈余然后会在损失补偿（页边码615以下）范围内被考虑。

995 与收益调查（《个人所得税法》第4条第1款和第3款）不同，在对收入超出必要支出的盈余进行调查的时候所投入的财产改变仍然没有被考虑在内。这是从立法者的对收入所得种类二重性（页边码608以下）的基本决策中得出的。被征税的不是所获得的纯财产进入，而只是**源头收入**所得。出售收益和为了取得收入所得而投入的财产领域内的资产损失仍然基本上不被考虑在内。随着2009年1月1日**补偿税**（见页边码760以下）的实施，对资本收入的原则将被打破：它不仅是对不同投资对象所产出的收益（《个人所得税法》第20条第1款），而且在转让资本资产时还对此实体性的收益征税（页边码761）。其他例外：《个人所得税法》第17条（页边码719），第22条第2目，第23条（页边码795）。

例子：A购买了出租的公寓。11年之后他又把它出售出去，获得了丰厚的出售收益。A必须根据《个人所得税法》第21条第1款第1目的规定只对出租收入所得进行纳税，并且允许盈余降低甚至要求建筑物折旧扣除（《个人所得税法》第9条第1款第3项第7目及第7条第4—5款）。超过10年期限（《个人所得税法》第23条第1项1目）的住宅转让收入将被免于纳税（见页边码195）。

2. 收入

996 根据《个人所得税法》第8条第1款中的法律定义，收入就是"以货币或者货币价值而存在且在《个人所得税法》第2条第1款第1项第4—7目的收入所得种类中的一个所得种类范围内流入纳税人的所有商品"。

(1) 以货币或货币价值形式的商品。

997 货币价值形式的商品是在市场上赋予了一个用货币可估量价值的商品。《个人所得税法》第8条第2款列举了寓所、费用、货物、劳务和其他的实物支付作为例子。资助是一次性的还是长期而为的，它们是以何种名称、以何种方式被提供的以及是否对它们有合法要求（见《个人所得税法》第19条第1款第2项和《工资税实施细则》第2条第1款

---

[363] BFH, VI R 25/05, DStRE 2009, 207（关于在可交易的认购权上的工资流入）；BFH, IX R 1/09, BFH/NV 2010, 523（关于补偿的流入）。

第 2 项中的工资）[364]，均是无关紧要的。"货币价值形式的商品"这一概念因而没有限制在资产概念上，而是也包括了使用好处。[365] 法律将这点在特殊规定中表述出来（比如《个人所得税法》第 19 条第 1 款第 1 目："其他的收入和好处"，《个人所得税法》第 20 条第 3 款："特殊的报酬或好处"，《个人所得税法》第 22 条第 1 目第 3 句第 b 点："其他的好处"）。根据规定，收入也可以是节约的费用，倘若该费用是基于雇主或（在其发起下）某个第三方的贡献。

例子：在免费使用某个企业幼儿园的情况下，根据《个人所得税法》第 8 条第 1 款就会出现等同于节约的费用金额的收入。[366] 不过，捐赠根据《个人所得税法》第 3 条第 33 目是免税的。

在由雇主提供的私人使用企业的电脑和通讯设备（比如私人使用网络）的情况下，根据《个人所得税法》第 8 条第 1 款会出现等同于节约的费用金额的收入。不过，这里也存在着《个人所得税法》第 3 条第 45 目所规定的免税情况。

雇主放弃了雇员在履行职务的驾车过程中因喝酒而造成的汽车损坏的赔偿，那么这也将被视为因私用的公司汽车。[367]

铁路给其员工提供的铁路年通用联票，不依赖于事实上的私人使用，享有比市场价优惠的价格（另见页边码 1008 和 1009）。[368]

雇主给雇员私下支付工资后，雇员完成了社会保险其自己缴纳部分的事后补交，对于雇员而言，这是一种金钱上的利益。[369]

与昂贵的进修活动相关的利益也可以是工资。[370]

相反，倘若纳税人通过自己的劳动而节约下了费用，那么就不会出现收入。好处必

---

[364] BFH，VI R 242/71，BStBl II 1975，340（342）关于非独立工资收入（工资）。
[365] BFH，GrS 2/86，BStBl II 1988，348（352）；VI R 28/05，BStBl II 2006，781：在按市场利率提供劳动法的贷款情况下没有使用好处；参考 BMF v. 13.6.2007，BStBl I 2007，502；Seifert，DStZ 2008，182（187）。
[366] BFH，VI R 203/83，BStBl II 1986，868；其他还有，BFH，VI R 242/71，BStBl II 1975，340。
[367] BFH，VI R 73/05，BStBl II 2007，766。
[368] BFH，VI R 89/04，BStBl II 2007，719；批判，Rößler，DStR 2008，708。
[369] BFH，VI R 54/03，BStBl II 2008，58；其他观点见 BFH，VI R 41/88，BStBl II 1992，442；VI R 4/87，BStBl II 1994，194。
[370] BFH，VI R 32/03，BStBl II 2006，30；参见 Greite，NWB 2006，Fach 6，4673。

须要"从外部"由于取得收入所得的行为而流入。[371]

例子：房主 A 亲自修理他对外出租的房子。所节约下来的费用就不是收入。倘若他同职业为手工业者的租户 B 协商好减少租金，以便于实现这个"免费的"房屋修理。这里就需要确定等同于节约下的费用金额的收入(《个人所得税法》第 21 条第 1 款第 1 项)(评定：《个人所得税法》第 8 条第 2 款第 1 项，此见页边码 1005)。

1000　　倘若纳税人放弃取得收入(比如，雇员对雇主的工资放弃)，那么此中就不会出现收入，除非放弃工资存在替代物(工资放弃对实物支付)。与根据《个人所得税法》第 4 条第 3 款进行收入调查的情况不同，在放弃某个债权过程中可能也看不到提取(此见页边码 943)。根据《个人所得税法》第 2 条第 2 款第 2 目对盈余收入所得进行调查不承认提取。

(2) 因果联系

1001　　收入必须在《个人所得税法》第 2 条第 1 款第 1 项第 4—7 目所规定的收入所得种类中的某个种类范围内流入，这就是说，收入必须是通过纳税人取得收入所得的活动引起的。倘若收入从最广义上说是一种对纳税人所作的贡献的对待给付[372]，那么就出现了因果联系。倘若纳税人从非自由职业中取得收入所得，那么不仅工资支付是报酬，而且雇主因考虑到其雇员的劳动贡献而付出的自愿给付也是报酬。雇员从第三方获得的青年促进奖也是工作报酬金，条件是授予的奖项并非主要是获得者的个人荣誉而是具有经济上与其业绩相关的报酬的特征。[373] 相反，倘若需要看私人情况下的收入理由(所谓的临时礼物[374])，那么就没有因果关系。

例子：A 是 B 企业的一名员工。因为他私下也与 B 是朋友，B 在他生日那天去他家拜访并送给他一箱葡萄酒。因为这里存在一个私人的理由，这就不涉及《个人所得税法》第 8 条第 1 款意义上的收入。倘若 B 是因为 A 在企业中的特殊贡献而赠送给他一箱葡萄酒，那么情况就不一样了。这里的捐赠是由 A 取得收入的活动而引起的，因此就是收入。雇主没有义务给予这个报酬的这个事实，并没有影响《个人所得税法》第 19 条第 1 款第 2 项)。

收入是否在负有义务者(比如，雇主)或某一个第三方所作的贡献范围内流入的，也

---

[371] Birk/Kister, in: Herrmann/Heuer/Raupach, § 8 EStG Anm. 36.
[372] BFH, VI R 26/82, BStBl II 1985, 641.
[373] BFH, VI R 39/08, BStBl II 2009, 668.
[374] Birk/Kister, in: Herrmann/Heuer/Raupach, § 8 EStG Anm. 46 有进一步论证。

并非是决定性的。[375] 重要的只是,好处捐赠是由取得收入的行为所引起的。

倘若纳税人出售了财物,用这财物他带来了有纳税义务的收入,那么就不会出现《个人所得税法》第 8 条第 1 款意义上的收入,因为在所投入的财产领域内的改变在盈余收入所得种类的情况下仍然是不受考虑的(见页边码 995)。因此,倘若纳税人比如出售了劳动资料、或某块出租的地产,那么在某个出售业务里存在给付,该出售业务只有在《个人所得税法》第 23 条及与之相关的第 22 条第 2 目的前提下才会引起有纳税义务的收入。[376]

对于来自非自由职业的收入所得情况,因果联系也在雇主针对其雇员而为的所谓的小礼物情况下被否定。在此过程中涉及最高金额为 40 欧元(2008 年《工资税指令》第 19.6)的实物捐赠(比如,花、书、享乐品),这是因为某个特殊的事件(比如,生日、圣诞节)而被提供的。这类礼物在社会往来中被认为是很平常的,因此就不应该是对提供个体劳动力的报酬。[377]

对于完全主要符合雇主自己经营利益而为的捐赠情况,也缺乏必需的与雇员贡献之间的因果联系。[378] 因为这类捐赠不是由个体的雇佣关系而引起的,而是由雇主这方更重要的考虑而引起的。此外,也没有作为收入概念的组成部分的客观提高。[379] 根据较新的联邦财政法院的判例,有纳税义务的工资中的捐赠和企业基于自身利益给予的不可税的捐赠二者之间的分离应当是可能的。[380]

例子:雇主为了促进企业氛围而举办的企业活动对于雇员不会引起收入,倘若费用保持在一定的范围之内。[381] 不过,联邦财政法院将在一个包括过夜在内的两天的企业郊游范围内的雇主捐赠看作是工资,因为这种捐赠的规模(单独地)用自己的经营利益已不再能补偿得了。[382] 由雇主来承担的为电脑操作员工按摩的费用在个别情况下可以不

---

[375] BFH,VI R 37/05,BStBl II 2007,712.
[376] 参考 *Birk/Kister*,in:*Herrmann/Heuer/Raupach*,§ 8 EStG Anm. 46。
[377] FG Hess.,6 K 2762/94,EFG 1996,373;*Blümich/Glenk*,§ 8 EStG Rn 16;*Birk/Kister*,in:*Herrmann/Heuer/Raupach*,§ 8 EStG Anm. 32.
[378] BFH,VI R 65/03,BStBl II 2007,312 (经营者奖励旅行) 有进一步论证;亦参考 *Ehehalt*,DB 2006,Beilage 2,4 (5);*Lang*,DB 2006,Beilage 6,16 (20);*Greite*,NWB 2006,Fach 6,4673。
[379] *Birk/Kister*,in:*Hermann/Heuer/Raupach*,§ 8 EStG Anm. 32.
[380] BFH,VI R 32/03,BStBl II 2006,30;VI R 65/03,BStBl II 2007,312.
[381] BFH,VI R 170/82,BStBl II 1985,529.
[382] BFH,VI R 24/84,BStBl II 1987,355;VI R 146/88,BStBl II 1992,700 (702).

作为工资对待,倘若它们应预防由特殊职业所引起的对员工健康的有害影响并进行弥补或类似地作用。[383] 是否为了自己的经济利益雇主提供雇员可以私自穿着的工作服,则是一个个案问题。[384] 但当税务咨询有限公司为其总经理支付职业协会费用时,企业自身的利益并非占优。[385]

(3) 对收入的评定。

1005　不是以货币形式存在的收入必须要被评定。《个人所得税法》第 8 条第 2 款第 1 项作为评定准则规定,要将它们"用减去一般的价格折扣后的在税收地的一般最终价格进行评定"。实物捐赠需要用在税收地的一般最终价格来评定,也就是说,用物品在通常的业务往来中一般提供给最终消费者的市场价格。包括增值税以及其他价格组成部分在内的最终售价是决定性的。针对个别顾客的特殊情况仍然没有被考虑,不过,一般是要扣减掉提供给最终消费者的折扣。作为对比价格,市场上最有利的价格则起决定性作用。[386]

例子:雇主在圣诞节的时候送给他的员工们一箱六瓶装的香槟酒。香槟酒单瓶的售价一般是 30 欧元。如果是整箱购买,那么通常就会获得 5 欧元的折扣。因此,根据《个人所得税法》第 8 条第 2 款第 1 项的规定,对于员工而言,需要在收入(工资)中确定 150 欧元。需要注意的是,对人员折扣所适用的是一项特殊规定(《个人所得税法》第 8 条第 3 款,另见页边码 1008)。

1006　一个特殊的评定规定适用于企业某辆轿车的私人使用情况,这在《个人所得税法》第 8 条第 2 款第 2—5 项中进行了规定。对于一个可以在其雇佣关系范围内出于私人目的使用企业汽车的雇员,这些好处要作为收入来对待。这些使用好处的评定是根据《个人所得税法》第 8 条第 2 款第 2 项及与之相关的第 6 条第 1 款第 4 目第 2 句的规定基本上是以每月确定总计轿车标价的 1%这样的方式来完成的(见页边码 914)。当雇员因交付

---

[383] BFH, VI R 177/99, BStBl II 2001, 671;大量信息见 BFH, VI B 78/06, BFH/NV 2007, 1874;也见 FG Düsseldorf, 15 K 2727/08, EFG 2010, 137,据此,为员工在两年轮岗期内做的预防检查大多为自身利益服务,因此不是工资。

[384] 肯定意见,见 BFH, VI R 21/05, BStBl II 2006, 915 在为众多员工统一制服案例中(所谓企业形象);否定意见,见 BFH, VI R 60/02, BStBl II 2006, 691 在为了展现高贵的奢侈服装案例中。

[385] BFH, VI R 26/06, BStBl II 2008, 378。

[386] BFH, VI R 41/02, BStBl II 2007, 309 (311) 有进一步论证;参考 BFH, VI R 45/02, BFH/NV 2007, 1871;在服务业(保险行业),其关乎于具体的转让功能相同,而非价格效用相同的服务。

的汽车而对雇主支付使用补偿费时,那么这样的补偿费由于货币价值形式的使用利益而被扣除。[387]

该总计规定会使得多驾车者和少驾车者被同等对待。换种说法就是:多驾车者会同少驾车者一样被附加相同的好处作为收入。这会造成出现环境政策和交通政策所不期望发生的结果。结果就是,这个规定作为"对驾车的鼓励"而起作用。[388]

《个人所得税法》第 8 条第 2 款第 6 项针对评定特定的频繁出现的实物收入(免费的食宿)指出,自 2007 年 1 月 1 日起参考社会福利保险费规定(实物收入规定[389])。这个特殊规定首先只适用于有养老保险缴纳义务的雇员。但是根据《个人所得税法》第 8 条第 2 款第 7 项的规定,它也可以应用于其他的纳税人。由实物工资表现的货币利益每月的免税额为 44 欧元(免税限额规定于《个人所得税法》第 8 条第 2 款第 9 项)。[390] 　1007

《个人所得税法》第 8 条第 3 款包括了针对**人员折扣**评定的一项特殊规定,按照最新的联邦财政法院的判例,这项规定只有当其作为基础规范(《个人所得税法》第 8 条第 2 款第 1 项)能够产生更有利的结果时方能使用。[391] 只有当雇主为其雇员提供货物上或服务上的折扣时,而且雇主的这些货物或服务不是主要为了其雇员的需求而是至少以同样的规模为其他的顾客而生产、销售或提供的,该规定才会得到应用,此外,前提条件就是,雇主用优惠提供的项目总体上是出现在市场上的。因此,优惠包括的仅仅是在通常的业务往来中属于雇主供货种类的物品或服务。　1008

因此,不仅是优惠的雇主借款[392]而且某工厂的食堂就餐都不属于《个人所得税法》第 8 条第 3 款之列(饭菜主要是为员工而制作的),但是某餐馆老板为其服务生提供的在其餐馆里优惠的午餐[393]或者铁路公司为其员工提供的无偿使用的年通用联票[394],则在该款规定之列。大型公司内所提供的货物或服务,根据主流的观点[395](笔者认为会造成　1009

---

[387] BFH, VI R 95/04, BStBl II 2007, 269.
[388] 详见 *Birk/Kister*, in: *Herrmann/Heuer/Raupach*, § 8 EStG Anm. 76。
[389] 参考 BFH, VI R 74/04, BStBl II 2007, 948。
[390] *Seifert*, DStZ 2008, 182 (186);亦参考 BFH, VI R 26/04, BStBl II 2008, 204:雇主为雇员承担的银行汇率风险是雇员的有纳税义务的实物报酬,其不超过月度免税上限。
[391] BFH, VI R 41/02, BStBl II 2007, 309 (311);其他观点 BMF v. 28.3.2007, BStBl I 2007, 464(非适用减免);如 BFH 的最新案例 FG Düsseldorf, 15 K 4357/08, EFG 2009, 1288。
[392] BFH, VI R 134/99, BStBl II 2003, 371.
[393] 宪法上的思考见 *Birk/Kister*, in: *Herrmann/Heuer/Raupach*, § 8 EStG Anm. 147。
[394] BFH, VI R 89/04, BStBl II 2007, 719.
[395] BFH, VI R 32/92, BStBl II 1993, 356;*Schmidt/Heinicke*, EStG, § 8 Rn 69.

违反宪法的后果[396]是不在《个人所得税法》第 8 条第 3 款的应用范围之列的,只要这种好处不是由这家大型公司自己提供的[397]。倘若比如某州中央银行为其雇员提供优惠的建筑贷款,那么这种优惠同样不属于《个人所得税法》第 8 条第 3 款规定之列,因为提供建筑贷款不属于雇主的平常业务行为。[398]

1010   对《个人所得税法》第 8 条第 3 款所涉及的人员折扣基本上适用如下的评定规定:减少了 4% 的最终价格被视为货物或服务的价值,这里的最终价格是指雇主在通常的业务往来中为陌生的最终消费者所提供货物或服务的价格。倘若雇主没有向最终消费者供货,比如因为他是批发商,那么就要根据空间上的下一个接受者(零售商)在税收地或附近向最终消费者索要的最终售价作出调整。[399] 如此调查出来的价值减去由雇员所支付的报酬就构成了由人员折扣引起的有货币价值的好处的价值。人员折扣每个日历年最多可以有 1080 欧元(折扣免税额)是免税的(《个人所得税法》第 8 条第 3 款第 2 项)。该免税额适用于雇员的每一个单个的雇佣关系,也就是说,他可以在不同情况下多次应用。

1011   **例子**:A 在一家汽车生产厂工作。他可以每年一次从其雇主那里以减去标价金额 30% 的价格购买一辆轿车(年车)。在 2001 年,他用 1.4 万欧元购买了一辆轿车(标价 2 万欧元)。下一级的销售商出售这个品牌的相同的一辆汽车要价 1.8 万欧元。那么收入是多少呢?

该轿车优惠出售给 A 就是一种有货币价值的好处,因此就是《个人所得税法》第 8 条第 1 款意义上的一种收入。因为涉及一种职工折旧,所以这个价值需要根据《个人所得税法》第 8 条第 3 款的规定来进行调查。作为最终售价并非标价,而是下一级销售商的售价才是决定性的(《个人所得税法》第 8 条第 3 款第 1 项)。这需要减掉 4%。在扣减掉所支付的购买价后,金额为 1080 欧元的免税额就可以减去(《个人所得税法》第 8 条第 3 款第 2 项)。

最终价格	18 000 欧元
— 18 000 欧元的 4%	720 欧元

---

[396] Birk/Kister, in: Herrmann/Heuer/Raupach, § 8 EStG Anm. 147.
[397] 关于此规定在宪法上的解释,见 Birk/Kister, in: Herrmann/Heuer/Rau-pach, § 8 EStG Anm. 161;一部分地,新判决保护了一种优惠,参考康采恩折扣的新发展 Birk/Specker, DB 2009, 2742;§ 8 Abs. 3 EStG 中雇主概念的解释:Birk, in: FS Raupauch, 2006, 423.
[398] BFH, VI R 164/01, BStBl II 2003, 373.
[399] BFH, VI R 95/92, BStBl II 1993, 687.

＝ 决定性的价值	17 280 欧元
－ 支付额	14 000 欧元
＝ 有货币价值的好处	3 280 欧元
－ 免税额	1 080 欧元
＝ 需要纳税的有货币价值的好处	2 200 欧元

3. 必要支出

(1) 概念。

必要支出就是为了取得、保障并维持收入所用掉的费用(《个人所得税法》第 9 条第 1 款第 1 项)。准确读一下法律上的表述就会注意到，必要支出的定义与《个人所得税法》第 4 条第 4 款中的企业支出定义有着本质的区别：必要支出是必须完成某个特定的目的而用掉的支付("……为了取得、保障并维持……")，而企业支出必须只是由经营引起的。必要支出是被最终定义的，企业支出则是从因果关系上定义的。倘若以法律上的表述为依据，就会发现对必要支出的定义涉及的是明显较窄的一个事实行为领域。

例子：aa) 财政部门的政府主管 A 在他退休前不久为其办公室购买了一份《税法通则评论》。

bb) B 在他做员工的企业造成了一项损失，他必须赔偿损失。

在这两种情况下，费用不是最终为了取得、保障或维持收入而用掉的。A 购置该评论既不能取得收入所得也不能保障收入所得。B 支付损失赔偿金也不是用于取得、保障或维持收入。但在两个例子中费用都是由于工作行为引起的。倘若以企业支出的定义为依据(《个人所得税法》第 4 条第 4 款)，那么就满足了案情的前提条件。

今天所认同的是，出于平等权上的(《基本法》第 3 条第 1 款)的理由，但也出于税收体系上的(见《个人所得税法》第 9 条第 1 款第 3 项第 1 目，该项根据因果关系而调整)理由，必要支出的概念也必须同企业支出的概念一样从因果关系上来理解。[400] 与《个人所得税法》第 9 条第 1 款第 1 项的表述相反，只有费用是否是**由工作引起**的这个问题才重要。倘若与旨在取得收入的行为之间客观存在着某种联系[401]，那么就出现了这类因果关系。在例 aa) 和例 bb) 中就是这种情况。

---

[400] BFH, VI R 25/80, BStBl II 1982, 442; VIII R 56/91, BFH/NV 1996, 304 有进一步论证；*Lang*, in: *Tipke/Lang*, § 9 Rn 205, 206。

[401] BFH, VI R 193/77, BStBl II 1981, 368 (369)。

1014   如果对多种收入形式考虑必要支出扣除的话，那么就必须确定，哪些客观因果关系在此是重要的。如，雇员在雇主的股份公司获得了公司股份，目的在于，得到更高职位，因此对股份获得的融资费用（贷款利息）属于资本资产的收入，所以，并非雇员的行为，而是力争获得的股东位置，在此显得至关重要。[402] 雇员给雇主提供贷款，同时也出于工作的原因而冒着贷款损失的风险，这样的损失可以在非自主劳动收入中（《个人所得税法》第 19 条）作为必要支出被扣除。[403]

1015   用支出来推动职业这一主观的意图相反就不是必要支出这个概念的必要特征了。[404] 所以非自愿的支出和强制费用（见例2）也可能是必要支出（**非自愿的必要支出**）。支出是否是恰当的、必要的、符合目的的或者平常的也是无关紧要的［例外情况：《个人所得税法》第 4 条第 5 款第 1 项第 7 点（通过《个人所得税法》第 9 条第 5 款有效），该规定限制了在特定的不恰当的费用情况下的扣除；合乎必要性的《个人所得税法》第 9 条第 1 款第 3 项第 5 目］。

1016   此外，在根据《个人所得税法》第 4 条第 3 款（见页边码 959 以下）进行收益调查范围内还有几个与企业支出概念平行的概念。在取得收入之前的同等前提下，作为提前的必要支出的费用已经像那样（参阅页边码 961；对于培训费是否可能是**提前的必要支出**这个问题见页边码 1049）扣除。[405]

例子：A 为了资本投资的目的而在寻找一家出租房。由于考察了数个对象，2001 年就对其产生了旅游费用。直到 2002 年他才找到他想要的房子。A 可以将 2001 年的费用作为来自出租和租赁收入所得情况下的（提前）必要支出进行扣减。[406]

1017   恰恰同企业支出一样，**徒劳的费用**也在必要支出概念之列，"只要与所追求的收入所得之间仅存在一种看得出来的关系"[407]（参阅页边码 963）。

例子：S 申请一个新的职位。但申请没有成功。尽管如此，所产生的费用（比如旅行

---

[402] BFH, IX R 111/00, BStBl II 2006, 554.
[403] BFH, VI R 75/06, BStBl II 2010, 48.
[404] BFH, VI R 193/77, BStBl II 1981, 368 (369).
[405] BFH, VI R 71/04, BFH/NV 2006, 1654 有进一步论证。
[406] BFH, VIII R 195/77, BStBl II 1981, 470；在 V+V 方面的预先拿走的必要支出，见 *Günther*, EStB 2009, 218.
[407] BFH, VIII R 154/76, BStBl II 1982, 37 (38)；IX R 3/04, BStBl II 2006, 258；IX R 45/05, BStBl II 2006, 803.

花费)是可以作为必要支出进行扣减的。

初次学习的费用在联邦财政法院看来也可以作为预期的必要支出用[408],尽管根据《个人所得税法》第 12 条第 5 目的规定,这是不能被扣除的(另见 1049)。

倘若与之前的工作之间还继续存在着经济上的关系,那么在结束工作之后才出现的费用是必要支出(**事后的必要支出**)。倘若引起费用的事件还是在工作的时候发生的,而且是以后才支付了费用(例子:雇员在结束其雇佣关系后要支付其在工作期间因为失职而造成的损失补偿费[409]),那么就明显是这种情况。倘若引起费用的事件是在结束取得收入所得的工作之后,那么就要看因果联系是否继续存在(比较页边码 965)。 1018

例子:某位退休的教授为了自愿继续从事的研究而用掉的费用也不是事后的必要支出,因为这里与之前的收入所得取得没有联系。[410] 另一方面,联邦财政法院也认定为资助维持费用而在出售出租物前所接受贷款的融资费用是在出售之后的必要费用。[411]

前述的从《个人所得税法》第 12 条第 1 目推导出来的对所谓的混合费用的**分离禁止和扣除禁止**原则,被联邦财政法院大法官法庭[412]所废弃(另见页边码 967—968)。按照新的判例[413],那些既因职业又因私人而产生的费用,是需要分离的,只要职业及私人的动机并非完全具有从属性的意义。[414] 1019

下面通过以下的几个**案例组**进行区分(如页边码 968): 1020

a) 私人生活方式的费用仍属于私人费用,当这些费用是与职业相关或职业使用。

例:法官每天在办公室都穿一套西装。即使他能证明,他只在公务活动中穿这西装,将其作为必要支出予以扣除不予考虑。联邦财政法院认为,私人费用(每个人都需要穿衣)可以通过基本免税金额(页边码 633)和主观净收入原则的规定(页边码 629)得到补偿。[415]

---

[408] 详见 *Steck*,DStR 2010,194 有进一步论证。
[409] BFH,VI 45/60 U,BStBl III 1961,20.
[410] BFH,VI R 24/93,BStBl II 1994,238;对此的批评,*Vogel*,StuW 1994,176。
[411] BFH,IV R 49/00,BStBl II 2001,828;IX R 28/04,BStBl II 2006,407.
[412] BFH,GrS 1/06,BFHE 227,1;参见 *Albert*,FR 2010,220;*Kanzler*,NWB 2010,169。
[413] 旧的判决参见 Vorauflage Rn 1019 f。
[414] *Neufang/Schmid*,StB 2010,151.
[415] BFH,GrS 1/06,BFHE 227,1 (Rz 123);已有裁决见 BFH,IV R 65/90,BStBl II 1991,348;VI B 80/04,BFH/NV 2005,1792。

b) 费用若虽由混合原因引起,但其引起的费用原因(也包括评估方法)不可分离,则其总体上属于《个人所得税法》第12条第1目第1句的情形,因此也是不能被扣除的。

例:宗教课教师前往圣地[416]的包价旅行,或是地理课教师在撒哈拉的学术旅行[417]。

c) 混合的费用,若要么业务部分要么私人部分是完全从属性意义的,那么或是全部扣除或是完全不予以扣除。

例:aa) F是某跨国性企业集团对外销售服务部的员工。他的主要任务就是负责英语、法语区的市场。为了提高其法语水平,F在法国参加了一个语言班。这种花费是可以作为必要支出被扣除的,因为私人的部分或是私人的动机只具有从属性的意义。[418]为了职业上的技能提升而在其他国家参加语言课程不能理所当然地假定,其与私人生活相关的目的。[419]

bb) 旅长A为了纪念其退役,而举办了一场针对士兵和同事的军方正式的告别会。这种费用部分由A,部分由确定客人名单的雇主承担。联邦财政法院绝大多数判例都认为这种费用源于职业性的事件,而将其作为必要支出对待。[420]

cc) G是一位高中体育老师且不时地组织有关冬季运动内容的班级旅行,但不包含相应的课程。寒假期间,他参加了一门滑雪板课。这种课程的费用并非必要支出,因为这种职业的动机在任何情况下都只有从属性的意义。[421]

dd) 其他所有混合性的费用则按(需要时应考虑按估算方法)职业动机部分和私人动机部分分开来计算。如[422]:受雇的计算机工作人员出于工作的原因参加了在美国举行的一个为期四天的计算机数据展会,之后又为了休养目的而在那继续逗留了两天。旅行费用中归属于工作事务部分的则是可以被扣除的。

---

[416] *Pezzer*, DStR 2010, 93, 95.
[417] BFH, VI R 71/78, BStBl II 1982, 69.
[418] 对此已有 BFH, VI R 46/01, BStBl II 2002, 579。
[419] BFH, VI R 35/05, BStBl II 2009, 108, 亦见 Art. 49 AEUV (在欧盟成员国参见语言课程); 新的判决见 FG Rheinland-Pfalz, 2 K 1025/08, DStRE 2010, 527。
[420] BFH, VI R 52/03, BFH/NV 2007, 591. 关于在某员工就职25周年的花园庆典中的设宴招待费用,新的判决见 BFH, VI R 25/03, BStBl II 2007, 459; 关于尺度标准的一般情况 BFH, VI R 78/04, BStBl II 2007, 721。
[421] 参见 BFH, VI R 61/02, BStBl II 2006, 782: 基于整体情况的可扣除性。
[422] BFH, GrS 1/06, BFHE 227, 1.

倘若触及财产领域，那么相反就会出现与企业支出概念一个重要的不同之处。倘若——不管出于何种理由——出现了私人财产的**价值减少**（见页边码995），那么就不会出现必要支出。与收益收入所得相反，盈余收入所得不认同企业财产。除了《个人所得税法》第17条中（出售参与资本公司部分），《个人所得税法》第20条第2款（资本资产）以及《个人所得税法》第23条中（私人的出售业务）所规定的情况，价值的增加和价值的亏损都没有涉及在私人财产内。与此相符，可以从中取得收入所得的**财产基金的费用**基本上也不属于必要支出。

1021—1022

例子：购买一栋房子以获得出租收入所得的费用都不是必要支出。对称的，倘若类似通过出售私人的出租房子而获得一笔"收益"（例外情况：《个人所得税法》第23条），同样只是涉及财产领域。对于来自出租和租赁的收入所得，然而需要注意的是，立法者（法律体系上是有疑问的，此见页边码1028）允许对建筑物进行折旧（折旧扣除，《个人所得税法》第9条第1款第3项第7目和第7条第4款及第5款）。

尽管如此，由于职业活动出现的**财产损失**（Vermögensschäden）和**财产亏损**（Vermögensverluste）可以是必要支出。在这类情况下，司法判决出于平等权上的理由会应用为企业支出发展而来的准则，并且会接受财产亏损情况下的必要支出特点，倘若某个劳动资料丢失了或遭到了破坏[423]，倘若某个非劳动资料的物品亏损是在用于职业目的[424]的时候出现的，或者倘若某个不是职业上使用的物品是出于雇员职业领域内的原因而被提取出来[425]。

1023

例子：倘若某雇员的私人轿车被用于出差，并且在此期间被盗、被破坏或者受损，那么由这种损失而引起的费用就是必要支出。[426] 倘若纳税人没有购买一辆新的轿车，或者他没有修理破损之处，那么这种价值亏损也可以被承认为是必要支出。[427] 例外仅在于，当事故发生时，驾驶员处于饮酒后的不适驾状态，且这种醉酒状态是由于私人原因引起的。[428] 不过，由于出差而钱包被盗的情况在联邦财政法院看来不能承认为是必要支

---

[423] BFH, VI R 139/80, BStBl II 1983, 586.
[424] BFH, VI R 48/81, BStBl II 1985, 10.
[425] BFH, VI R 25/80, BStBl II 1982, 442.
[426] BFH, VI R 171/88, BStBl II 1993, 44.
[427] BFH, VI R 25/80, BStBl II 1982, 442：破坏警察的车辆为报复行为。
[428] BFH, VI R 73/05, BStBl II 2007, 766.

出。联邦财政局的理由就是,偷窃不属于职业范围之内[429],而只是"偶然地"出现在由职业所决定的行程中,因此是很难实行的。

1024 《个人所得税法》第 9 条第 1 款第 3 项第 1—7 目和第 2 款提出了除《个人所得税法》第 9 条第 1 款第 1 项(对《个人所得税法》第 9 条第 1 款第 3 项第 7 目的规定见页边码 1025 以下)的一般定义之外**必要支出特殊实情**。通过《个人所得税法》第 9 条第 5 款的规定,在必要支出情况下也适用《个人所得税法》第 4 条第 5 款第 1 项第 1—5 目、第 6b—8a 目、第 10 目、第 12 目以及第 6 款和第 9 条第 1、3 款意义上的**扣除限制**(此见页边码 621 和 622)。

(2)折旧扣除。

1025 对于盈余收入所得,为了取得收入所得而投入的财产基本上仍然没有被考虑在内。以增添物、减少物、价值增加或价值减少形式存在的财产改变基本上不重要的(见页边码 995 和页边码 1021)。

1026 不过,其中有一种重要的特殊情况:购买为了取得收入所得而投入的财产用掉的费用会在《个人所得税法》第 9 条第 1 款第 3 句第 7 目第 1 句以及与之相关的《个人所得税法》第 7 条第 1 款范围内被考虑,只要涉及的是纳税人使用了一年以上的可磨损的资产。

例子:数学老师 A 为了上课目的于 2001 年 5 月购买了一台电脑,花费 3000 欧元。他不能将这笔购置费用在 2001 年作为必要支出进行扣减,而必须根据《个人所得税法》第 9 条第 1 款第 3 项第 7 目第 1 句及与之相关的《个人所得税法》第 7 条第 1 款第 1 项,第 2 项和第 4 项的规定将其分摊到电脑通常的使用寿命当中。倘若电脑通常的使用寿命是 3 年,那么他可以提出每年以 1000 欧元作为必要支出(对于折旧扣除分时间的考虑见页边码 896)。

1027 《个人所得税法》第 9 条第 1 款第 3 项第 7 目第 2 句也参考了《个人所得税法》第 6 条第 2 款第 1—3 句。还在指示中规定,不超过 410 欧元(包含增值税)的购置费用或生产费用加上增值税可被即刻扣除。根据《个人所得税法》第 6 条第 2a 款(页边码 895)规定的综合项目形成,则不存在于盈利收入中。

倘若上面例子中的数学老师在 2001 年 12 月另外花费 476 欧元(400 欧元＋76 欧元增值税)购买了一个书桌,仅仅用于办公(见页边码 1019),那么他可以马上提出将此费

---

[429] BFH, VI R 227/83, BStBl II 1986, 771 (772).

用作为必要支出。同时需要考虑的是,《个人所得税法》第9条第1款第3项第7目参阅了折旧扣除的规定(《个人所得税法》第7条)和《个人所得税法》第6条第2款,这是对在盈余收入所范围内所适用的《个人所得税法》第11条中的流入和流出原则的突破。因为《个人所得税法》第6条第2款第1项的表述明显是以资产购置或生产的时间为依据的,所以A可以将买书桌的476欧元的费用在购置当年,即在2001年就已经作为必要支出来扣减,而不取决于,他是在2001年12月还是在2002年才支付了书桌的购置款。

连续经营价值折旧(页边码885)在盈余收入所得情况下是不被允许的,因为纯价值改变是不被考虑的(见页边码1021)。相反,由于特殊技术上的或者经济上的磨损而进行折旧(《个人所得税法》第7条第1款第7项,见页边码899)是允许的。 1028

《个人所得税法》第9条第1款第3项第7目中的教条式归属是有争议的。根据联邦财政局的司法判决,这一规定包含了一个为取得盈余收入所得而服务的财产及其价值改变不得对收入所得产生影响[430]这个准则法律上有根据的例外情况。根据这个观点,如果没有这个规定,针对相应的资产费用的扣除或许根本不可能。与此相反,文献中主要所持的观点是,购置费用/生产费用根据理由是必要支出,而且若没有《个人所得税法》第9条第1款第3项第7目的规定在费用支出年就可以以全额进行扣减。该规定只是阻止了立即的扣减情况,即有一个分摊规定。[431] 相反,Knobbe-Keuk 反对得正确,购置费用或生产费用没有减少财产就可能不是费用,而仅仅会是财产转换,因此不能算在必要支出概念之列。必要支出因而只是为了取得收入而投入的财产的质的或量的价值消耗。[432] 这点是要赞同的。为了取得收入而投入的财物(比如出租房子)的购置费用是在盈余收入所得范围内基本上仍然不受考虑的(页边码1021)财产基金费用。

所谓的**第三方费用**有一种特殊性:司法裁决许可了第三方"为了纳税义务人"而带来的费用的扣除,当捷径支付方式意义上的费用归于纳税义务人。例如,纳税义务人的配偶获得了一笔贷款并未将欠息支付给银行而是给了让纳税人有收入进账的活动,当纳税义务人在内部关系中有义务将配偶从返还贷款与利息的义务中解脱出来时,纳税义务人的必要支出则存在。[433] 1028a

---

[430] BFH, VIII R 215/78, BStBl II 1983, 410 (412).
[431] *Rappl*, in: *Herrmann/Heuer/Raupach*, § 9 EStG Anm. 589 有进一步论证;*Schmidt/Drenseck*, EStG, § 9 Rn 176 有进一步论证。
[432] *Knobbe-Keuk*, DB 1985, 144 (147).
[433] BFH, X R 36/05, BFHE 222, 373;参见 *Paus*, FR 2009, 449;*Levedag*, NWB 2008, Fach 3, S. 15339。

(3) 必要支出——总额。

1029 《个人所得税法》第 9a 条对用于简化管理的必要支出总额进行了规定。倘若没有提出必要支出或提出较低的必要支出要求，那么这个总额就总是会被扣减。倘若必要支出显示较高，那么必要支出总额就没有作用。因此，总额不是真正的费用总计（根据《个人所得税法》第 20 条第 9 款的储户免税—总额则是不同的情况，页边码 769）。[434] 简化的作用是受限的。

1030 必要支出—总额是有关收入所得的，并且有不同的金额。它们可以在每一种收入所得种类下每个日历年内只被扣减一次（比如如果有两种雇佣关系，那么在日历年内只能被扣减一次）。[435]

——结果如下：

a)《个人所得税法》第 9a 条第 1 款第 1 目第 a 点：在调查来自非自由职业的收入所得的情况下，需要扣减一笔金额为 920 欧元的雇员—总额。工作引起的孩子照看的费用则不包括在这笔总额中，因此需要特别扣除。但根据《个人所得税法》第 9a 条第 1 款第 1 目第 b 点的规定，这笔护理支出（《个人所得税法》第 19 条第 2 款）仅为 102 欧元。

b)《个人所得税法》第 9a 条第 1 款第 3 目：在调查《个人所得税法》第 22 条第 1、1a 和 5 点意义上的其他收入所得（来自重复性收入以及抚养费和供给费的收入）情况下，可以扣减金额为 102 欧元的总额。总额只能被使用一次，也就是说不是分别在第 1 目，第 1a 目和第 5 目的情况下被提供。在合算的情况下，有相应收入的夫妻中的每一方都有权使用总额。[436]

1031 一次性支付与经证明的必要支出正相反—不允许导致亏损（《个人所得税法》第 9a 条第 2 句）。其可根据因 2009 年年度税法而变更的《个人所得税法》第 5 条，由受限制的税收义务人请求（《个人所得税法》第 50 条第 1 款第 3 项）。

1032 **情形 45**（页边码 993）**的解答**：A 有来自非自由职业的收入所得（《个人所得税法》第 2 条第 1 款第 4 项和第 19 条），来自资本资产的收入所得（《个人所得税法》第 2 条第 1 款第 5 条和第 20 条）以及来自出租和租赁的收入所得（《个人所得税法》第 2 条第 1 款第 6 目和第 21 条）。对于非自由职业以及出租和租赁，收入所得是通过将必要支出从收入中扣减来进行调查的（《个人所得税法》第 2 条第 2 款第 2 目第 1 句）。这些收入归入到收入总额中。对于来源于资本资产需要承担补偿税的收入，根据《个人所得税法》

---

[434] 区别于在西班牙的法律状态，参见 Garcia, StuW 1997, 333 (337).
[435] Schmidt/Drenseck, EStG, § 9a Rn 2.
[436] BFH, X R 48/92, BStBl II 1994, 107.

第 20 条第 9 款只能提供储户免税额(801/1062 欧元)(参阅《个人所得税法》第 2 条第 2 款第 2 目第 2 句)。它在收入总额调查时基本上不予考虑(《个人所得税法》第 2 条第 5b 款第 1 项),而相反需要缴纳补偿税(《个人所得税法》第 32d 条第 1 款)。其他的则仅适用于《个人所得税法》第 2 条第 5b 款第 2 项的情形,即主要是,当(个人)缴纳的所得税比补偿税(25%)有利时(参阅《个人所得税法》第 32d 条第 6 款)。

Ⅰ 对纳入总收入额及需缴纳所得税的收入所得的调查

1. 来自非自由职业的收入所得

收入(《个人所得税法》第 8 条第 1 款和第 19 条第 1 款第 1 目)		
——工资		50 000 欧元
——免费乘坐航班,《个人所得税法》第 8 条第 3 款第 1 项		
税收地的一般最终价格	1 500 欧元	
——4%,《个人所得税法》第 8 条第 3 款第 1 项	60 欧元	
=决定性的价值	1 440 欧元	
—为此支付	0 欧元	
=有货币价值的好处	1 440 欧元	
——免税额,《个人所得税法》第 8 条第 3 款第 2 项	1 080 欧元	
决定性的有货币价值的好处	360 欧元	360 欧元
必要支出		
——距离总额,《个人所得税法》第 9 条第 1 款第 3 项第 4 目[437]		
220 天×35 公里×0.30 欧元		2310 欧元
——专业杂志,《个人所得税法》第 9 条第 1 款第 1 项		120 欧元
——笔记本电脑,《个人所得税法》第 9 条第 1 款第 3 项第 7 目和第 7 条第 1 款第 1 项,使用寿命 3 年,一年的折旧扣除		1 000 欧元
必要支出总和		3430 欧元
来自非自由职业的收入所得		46930 欧元

---

[437] 在无关于交通工具的距离总额中,亦在使用公共交通工具时纳税义务人的实际费用无关紧要(此处 720 欧元)。联邦宪法法院在 2008 年 12 月 9 日作出判决,至 2007 年 1 月 1 日前通过 § 9 Abs. 2 EStG 对来回上下班距离总额的废止违宪。通过对 2006 年法律的延续,自 2009 年 4 月 20 日起,在距离总额中,行驶费用将从第 1 公里起再次被考虑。

2. 来自出租和租赁的收入所得

收入 　　　　　　　　　　　　　　　　　　　　　　　　　　　　6 000 欧元

必要支出

——折旧扣除,《个人所得税法》第9条第1款第3项第7目和第7条　2 400 欧元
第5a款和第4条第1款第2目第a点(这里的出发点是,A根据
《个人所得税法》第7条第4款选择了线性的建筑物——折旧扣除
并根据《个人所得税法》第7条第4款第1项第2目a点应用了
2%的折旧扣除率)

——欠款利息,《个人所得税法》第9条第1款第3项第1目　　　　4 500 欧元

——维持费用,《个人所得税法》第9条第1款第1项　　　　　　　2 000 欧元

来自出租和租赁的亏损 　　　　　　　　　　　　　　　　　　　－2 900 欧元

3. 纳入总收入额及需缴纳所得税的收入所得的总和

＝收入所得的总额,《个人所得税法》第2条第3款 　　　　　　　44030 欧元

Ⅱ 需要缴纳补偿税(《个人所得税法》第32d条第1款)的收入所得

1. 对收入所得额度的调查

进账(《个人所得税法》第20条第1款第7目) 　　　　　　　　　　2801 欧元

——储户免税额(《个人所得税》第20条第9款) 　　　　　　　　　－801 欧元

来源于资本资产的收入所得 　　　　　　　　　　　　　　　　　　2000 欧元

2. 税率的更优性审查:

补偿税(25%)还是按税率计征的个人所得税?

(1) 对其他的收入所得的除按税率计征的个人所得税之外的补偿税。

——根据《个人所得税法》第32条对源自资本收入所得的补偿税(25%)　500 欧元

——2009年按税率计征的其他收入所得(44030欧元)的个人所得税　10503 欧元

(基本税率) 　　　　　　　　　　　　　　　　　　　　　　　　11003 欧元

(2) 对资本收入所得的按税率计征的个人所得税。

——对2010年46030欧元(44030欧元＋2000欧元)的按税率计征的
所得税额 　　　　　　　　　　　　　　　　　　　　　　　　　11278 欧元

(3) 结果:补偿税更优。

资本收入所得需要承担25%的补偿税,所得收入总额的调查由此确定,
而按税计征的所得税则将不予考虑。

六、扣除及优惠

对单个的收入所得及其总和进行调查表明所谓的客观的给付能力。但是收入所得税不是与客观的给付能力相联系的,而是与主观的给付能力相联系。也就是说,从收入所得总额中还需要扣减立法者在调查主观的给付能力时允许扣除的金额部分。 1033

法律违法了体系而允许从总收入中扣除,该扣除与获得收益造成的费用(老年减负额,《个人所得税法》第 24a 条,单亲父母的减负额[438],第 24b 条,见页边码 603)无关,不应调整基本原则体系的。

收入所得税的估算基础,需要纳税的收入(《个人所得税法》第 2 条第 5 款),因此被分为两步来进行调查: 1034

——首先从收入中扣除掉与工作有关的费用(企业支出,必要支出)。

在这个领域内,立法者也——一般出于简化的理由,但部分的也出于社会政策上的考虑——规定了一系列的扣除情况:比如,必要支出—总额,《个人所得税法》第 9a 条;农林场主的免税额,《个人所得税法》第 13 条第 3 款;出售收益的免税额,《个人所得税法》第 14a 条第 1 款,第 16 条第 4 款,第 17 条第 3 款;其他收入所得的免税限额,《个人所得税法》第 22 条第 3 目第 2 句和第 23 条第 3 款第 5 项。

——然后扣除掉基本生存所必须的私人费用,只要该费用得到了立法机构的明确许可,虽然与《个人所得税法》第 12 条第 1 目中的规定相反(特殊支出、特别的负担以及免税额和从欠税到偿还私人费用的扣除)。

在立法技术上,需要区别免税额与免税限额之间的可扣除款额。**免税额**是从收入或收入所得中扣除掉的弹性金额或固定金额,即使这超过了免税额(例子:出售企业情况下的免税额,《个人所得税法》第 16 条第 4 款)。**免税限额**是收入所得从某个特定的限额开始才被考虑所依据的规定。倘若超过了这个限额,那么整个金额就要被置于税收范围之内(例子:倘若来自私人出售业务的收益少于 600 欧元,那么它们就仍然是免税的,《个人所得税法》第 23 条第 3 款第 5 项。不过,倘若它们到达了这个额度,那么整个收益都负有纳税义务)。 1035

(一)对私人扣除的概述

立法者通过承认特殊支出(《个人所得税法》第 10 条以下)、特别的负担(《个人所得税法》第 33 条以下)以及通过提供一系列的免税额来考虑基本生存所必须的私人费用。 1036

---

[438] 参见 BVerfG, 2 BvR 310/07, BStBl II 2007, 884。

需要注意的是，尤其在特殊支出方面也允许扣除那些没有保障基本生存特点，但出于福利上的、社会上的以及调控政策上的原因而可以扣减的费用（比如，生活保障金额，《个人所得税法》第 10 条第 1 款第 2 目第 b 点；教堂税，《个人所得税法》第 10 条第 1 款第 4 目）。特殊支出和特殊的负担可以在费用被支付的那年进行扣减，即也适用流出原则（《个人所得税法》第 11 条第 2 款第 1 项）。[439]

1037 在考虑保障基本生存的费用时，法律系统规定了下列处理方式：

收入所得总额（《个人所得税法》第 2 条第 3 款）

—特殊支出及与其同等的费用（《个人所得税法》第 10—10i 条）

—特殊的负担（《个人所得税法》第 33—33b 条）

收入（《个人所得税法》第 2 条第 4 款）

—根据《个人所得税法》第 31 条，第 32 条第 6 款对子女的免税额

—困难补助金额（《个人所得税法》第 46 条第 3 款，《所得税法实施条例》第 70 条）

需要纳税的收入（《个人所得税法》第 2 条第 5 款）

（二）特殊支出

1. 总述

1038 根据《个人所得税法》第 12 条第 1 目第 2 句的规定，用于生活方式的费用基本上是不能进行扣减的，除非法律对其明确做了另外的规定。在《个人所得税法》第 2 条第 4 款中就可以找到这样的规定：按照该规定，特殊支出和特殊的负担是可以从收入所得总额中进行扣减的。特殊支出这个概念在《个人所得税法》第 10 条中并没有被定义，那里更多的只是罗列一些作为生活方式费用可以归入到所得应用范围之内的特定费用。《个人所得税法》第 10 条第 1 款明确规定，只有当费用既不是企业支出或必要支出，也不会被作为这样的支出被处理的时候，才可以将费用判定为特殊支出。

问题在于，立法者是否被宪法赋予权利而有责任确定，某些费用可以作为特殊支出而予以扣除？这首先在 2005 年前可被扣除的税收咨询费（《个人所得税法》第 10 条第 1 款第 6 目）项目上被广泛讨论。联邦财政法院否定了立法者的这种权利。[440]

1039 根据联邦财政法院的司法判决，作为特殊支出的可扣除性的前提条件是，费用是基

---

[439] BFH, I R 55/90, BStBl II 1992, 550 (551); III R 248/83, BStBl II 1988, 814 (816); XI B 112/06, BFH/NV 2008, 43.

[440] BFH, X R 10/08, BFH/NV 2010, 1012; 参见 *Schroen*, NWB 2010, 1706; *Weber-Grellet*, NWB 2010, 1670。

于纳税人某个自己的义务并且也是由该纳税人进行偿付的。[441] 倘若某个第三方偿付了另外一个人的欠款,那么他就不能提出将这笔支付作为特殊支出来处理。

例子:V 为他给儿子 S 所购买的一辆轿车签订了一份赔偿保险合同。由于保险金较低,轿车批准给了 V。平常产生的费用是由 S 还承担的,而且 S 也向保险公司上交保险费。根据联邦财政局的观点,V 不能提出将此费用作为特殊支出来对待,因为他没有支付该费用,而 S 也不可以提出,因为根据保险合同他是没有欠这笔费用的。S 在经济上负担着这笔费用是不够的,他必须作为投保人来支付这笔费用。[442]

倘若该轿车被批准给了 S,而 V 赠送给了 S 这笔保险费,或者将其(为了缩短支付路径)直接交给了保险公司,那么该情况就要另当别论了。这里的 S 就是承担义务者和(从经济上看)支付者。

特殊支出的可扣除性通常是根据金额而被限制的。只有少数的特殊支出是可以无限扣减的。

特殊支出

无限可扣减的	有限可扣减的
—养老金和持续的负担,	—给离异的或分居生活的配偶的抚养费,
《个人所得税法》第 10 条第 1 款第 1a 目	《个人所得税法》第 10 条第 1 款第 1 目
—源自于债权的供求平衡的给付,	—预防措施费用,
《个人所得税法》第 10 条第 1 款第 1b 目	《个人所得税法》第 10 条第 1 款第 2 和 3 目、
—所支付的教堂税,	第 2 款和第 3 款
《个人所得税法》第 10 条第 1 款第 4 目	—照顾孩子的费用,
	《个人所得税法》第 9C 条第 2 款
	—职业培训费,
	《个人所得税法》第 10 条第 1 款第 7 目
	—学款,
	《个人所得税法》第 10 条第 1 款第 9 目
	—额外养老费,
	《个人所得税法》第 10a 条
	—有税收优惠目的的支出(捐赠),
	《个人所得税法》第 10b 条

1040

---

[441] BFH,X R 2/84,BStBl II 1989,683 (684);X R 28/86,BStBl II 1989,862.
[442] BFH,X R 28/86,BStBl II 1989,862;X R 80/91,BStBl II 1995,637;批判观点见 *Schmidt*,FR 1989,498;*Meyer-Arndt*,DStR 1991,639.

2. 无限可扣除的特殊支出

1041　如下费用是没有最高额度限制的可以作为特殊支出进行扣除的：

1042　——基于特殊的义务原因的终身的和重复的供养给付,《个人所得税法》第10条第1款第1a目

以同样的方式像在《个人所得税法》第22条第1b目情况下对供养给付进行定义（见页边码794）。主要适用的案例往往是在预先的继承顺序时发生的抚养给付的财产移转：父母在生前将企业转让给子女，而子女需要每月按父母的需求给予养老金。这些养老金对于子女而言属于特殊支出而被扣除，相应地对父母而言则需要纳税（《个人所得税法》第22条第1b目）。前提是，转让人给受让人转让了合伙企业的股份（《个人所得税法》第10条第1a目第2句第a点），一个企业或企业份额（《个人所得税法》第10条第1a目第2句第b点）或者股份有限公司的股份（至少50%），同时也转让了附带的企业领导职务（《个人所得税法》第10条第1a目第2句第c点），且自己有不受限制的所得税纳税义务（相互观念）。但相反，私人资本投资（货币财产、有价证券、典型的隐蔽股份）或私人基本财产（出租或自用的住宅公寓）的转让不包括在内。[443] 由此扣除构成要件成为其"核心领域"，即无论如何，预先的（经营）企业继承是受限制的。[444] 这样的规定并不适用于受让人有受限的所得税纳税义务的情形。与此相反的则是欧洲法观点。[445]

1043　——源于债权的供求平衡的给付,《个人所得税法》第10条第1款第1b目

源于债权的供求平衡的给付与《个人所得税法》第22条第1c目（页边码788以下）相同的方式进行确认。其已经受《个人所得税法》第10条第2款第1a目旧版本（至2007年12月31日）的规制，自2008年1月1日起，除了预先的（经营）企业继承（《个人所得税法》第10条第1款第1a目新版本）外，也有了其自身的构成要件规定。扣除取决于，作为基础的、由补偿义务人转给补偿权利人的给付是在何种范围内根据《个人所得税法》第19、22条对于补偿义务人是有纳税义务的。若给付是以一份仅有收益份额可征税的终身养老金为基础，则根据《个人所得税法》第10条第1款第1b目，对于义务人仅有收益份额可扣除。相反地若此给付对于义务人是有完全纳税义务的，根据《个人所得税法》第10条第1款第1b目可享有全额扣除。相应地，对于补偿权利人的再次转移的给付，根据《个人所得税法》第22条第1c目的规定，仅在其对于补偿义务人可作为特殊支出而

---

[443] 自2007年12月31日对于旧法律状态的大量其他观点，见：BFH, GrS 1/00, BStBl II 2004, 95。
[444] 立法理由见 BT-Ds. 16/6290, S. 53。
[445] FG Niedersachsen, 3 K 278/07, DStR 2009, 2480（提交给欧洲法院的方案）。

被扣除时,才有纳税义务。因此,给付像直接流入补偿权利人一样被征税(对于补偿义务人的税收中立性以及税收透明性)。

——所支付的教堂税,只要其不分摊到资本所得收入上,所支付的教堂税就已经在计算补偿税(《个人所得税法》第32d条第1款第3项)时总计性地按所得税征收被予以考虑。《个人所得税法》第10条第1款第4项 1044

教堂税的可扣除性(页边码74)并非强制性地按照给付能力原则规定,因为每一个人可以自由决定,他是否想加入或者想加入哪个教堂。[446] 对德国教堂税的限制在平等权方面是有问题的。[447]

3. 有限可扣除的特殊支出

如下的费用是只可以以某个特定的额度作为特殊支出进行扣除的: 1045

——给离异的或分居生活的配偶的抚养费,《个人所得税法》第10条第1款第1目 1046

前提条件是,a) 获得抚养费的(前)配偶是负有无限的所得税纳税义务的,b) 支付抚养费的(前)配偶申请作为特殊支出来扣除以及 c) 获得抚养费的(前)配偶同意了该申请。支付抚养费的义务人拥有一种要求给予同意的民法上的权利,只要由此没有对抚养费权利人产生经济上的坏处。一个相应的判决会取代同意。[448] 在所述的前提条件下引起的抚养费花费可以有最高金额为13 805欧元的金额作为特殊支出进行扣除。申请也可以限制在一个更低的总额内。超出来的金额就不能作为特殊的负担来进行扣除了。[449] 只要抚养费的支付被作为特殊支出而扣除了,那么接受抚养费的(前)配偶必须根据《个人所得税法》第22条第1a目的规定为该金额纳税(所谓的实际分割课税)。《个人所得税法》第22条第1a目的表述是令人误解的,其所指的不是可以扣除的特殊支出,而是实际可扣除的特殊支出。[450]

——保险费,《个人所得税法》第10条第1款第2和3目 1047

法律区分了养老保险费(《个人所得税法》第10条第1款第2目,详见页边码791)和其他的保险费(《个人所得税法》第10条第1款第3、3a目),如失业保险金、职业保险金、医疗保险金、护理保险金、事故保险金或责任保险金。只要医疗保险金分摊在纳税义务

---

[446] 有争议的,其他观点,Schön, DStZ 1997, 385。其他的证明 Kulosa, in: Herrmann/Heuer/Raupach, § 10 EStG Anm. 200。
[447] 亦见 Lang, in: Tipke/Lang, § 9 Rn 713; aA BFH, I R 250/73, BStBl II 1975, 708。
[448] BGH, IVb ZR 369/81, NJW 1983, 1545; BFH, IX R 53/84, BStBl II 1989, 192 (193)。
[449] BFH, III R 23/98, BStBl II 2001, 338.
[450] FG Köln, 2 K 3854/94, EFG 1995, 893.

人的基本保障上(《个人所得税法》第 10 条第 1 款第 3 目第 a、b 点),那么自 2010 年 1 月 1 日起,其就不受限制地被予以扣除。[451] 另外最高额也有所不同,通常为 2800 欧元(《个人所得税法》第 10 条第 4 款第 1 项)。[452]

1048　　——儿童看护费,《个人所得税法》第 9c 条第 2 款(见页边码 1097)

1049　　——纳税人为其职业培训所用掉的费用,《个人所得税法》第 10 条第 1 款第 7 目、第 12 条第 5 目

《个人所得税法》第 10 条第 1 款第 7 目意义上的职业培训通常定义为学习第一个职业,而以后从事这个职业应该会获得报酬;内容就是学习"职业典型的能力",也就是为了将来的职业所必须的基础知识[453],但对德语语言的学习通常不属于此范畴(属于普通教育)。[454] 因为职业教育的进行,通常是为了将来利用所学的内容而得到纳税义务的收入,这种费用可以作为职业引起的预计的必要支出(页边码 1016)而扣除,因为其通常与某一职业有客观的联系,且这种费用主观上对(未来的)职业有所促进。因为职业技能的获取满足了必要支出的概念。[455]

例子:法律学习的费用属于职业教育花费[456],但也属于预先的必要支出,只要其并非"无目的地"学习,而是为了得到具体的职业资格[457]。

两个可能的扣除构成要件的比例(《个人所得税法》第 10 条第 1 款第 7 目和第 4 条第 4 款及第 9 条第 1 款第 1 项)与扣除禁止之间的关系在《个人所得税法》第 12 条第 5 项得到澄清,根据其规定,不发生在雇佣关系期间内的首次职业培训或首次大学学习的费用不能作为必要支出而是只能作为职业培训费用(《个人所得税法》第 10 条第 1 款第 7

---

[451] 法律变动源于联邦宪法法院的判决:BVerfG, 2 BvL 1/06, BVerfGE 120, 125;详尽的概述 Risthaus, DStZ 2009, 669；Fischer/Merker, SteuerStud 2010, 201 中的例子。

[452] 关于复杂且难窥全貌的规则,详见 Gatzen, EStB 2009, 436(佐以案例);概览 Wernsmann, NJW 2009, 3681；Grün, DStR 2009, 1457。

[453] Schmidt/Heinicke, EStG, § 10 Rn 120.

[454] BFH, VI R 14/04, BStBl II 2007, 814；VI R 72/06, BFH/NV 2007, 2096.

[455] BFH, VI R 5/04, BStBl II 2006, 717；为参观一个普通教育的职业高中的费用不是必要支出;然而根据 § 10 Abs. 1 Nr 7 EStG 亦不是职业培训费用(Schmidt/Heinicke, EStG, § 10 Rn 123)。

[456] BFH, IV R 266/66, BStBl III 1967, 723；VI R 44/83, BStBl II 1985, 92；VI R 94/94, BStBl II 1996, 450.

[457] 亦见 BFH, VI R 26/05, BStBl II 2006, 764；FG Köln, 10 K 3712/04, EFG 2006, 727；FG Münster, 10 K 4954/04 F, EFG 2006, 259；FG Hamburg, 1 K 87/05, EFG 2007, 25。

目)被扣除。由于这样法律的不同规定[458],导致了如今联邦财政法院有关判决[459]的如下区分:

作为职业引起的必要支出的费用:当费用是职业因素引发的且与《个人所得税法》第12条第5目的扣除禁止无关联时(详见页边码1049a),这种费用就可以作为必要支出被完全扣除且在有损失的情况下可以进行向后转账(《个人所得税法》第10d条,页边码617),因此其也可以与未来的收入进行结算,减少纳税。这些必要支出在某种程度上可以是进修费(在一已经实践的职业领域进行的继续教育,包括获得大学授课资格的费用[460])、在雇佣关系期间的首次学习费用(例如联邦军队军官的大学学习[461])、二次学习费用(与专科大学学习相联接的大学学习[462])或改行学习费[463]。以首次学习结束为前提的攻读博士的费用也属于职业引起的必要支出。[464] 按照财务管理的观点,首次大学学习结业后的攻读博士的费用全部可以作为必要支出而予以扣除。[465] 同样可以完全予以扣除的职业引起的费用,如所谓的毕业后的大学课程学习(LL. M 或 EMBA)或硕士学习的费用(二次学习),但需要以学士学习结束(首次学习)为前提。[466] 在学习期间的实习费用,即使这样的实习并非首次学习必要组成部分,按主流观点,仍是可以全额扣除的。[467]

作为职业培训开销的费用(《个人所得税法》第10条第1款第1项第7目):在这里,个人的扣除金额受到了严格的限制,即最高额为4000欧元,且损失向后转账(《个人所得税法》第10d条,页边码617)也是不可能的。根据《个人所得税法》第12条第5项,这些 1049a

---

[458] 参见 *Steek*,DStZ 2009,384;*Müller-Franken*,DStZ 2007,59;*Jochum*,DStZ 2005,260;*Rimmler*,StuW 2005,117;*Prinz*,FR 2005,229。

[459] 关于旧的法律状态(在2004年估税期间以前)和更久以前的 BFH 判决,见本书第9版 和 *Thönnes*,SteuerStud 2007,260 中的比较(2004年之前/之后)。

[460] BFH,VI R 25/67,BStBl III 1967,778;FG Hes 见,IX 587/81,DStZ 1988,75。

[461] 参考 BFH,VI R 50/79,BStBl II 1981,216。

[462] BFH,VI R 137/01,BStBl II 2003,407;VI R 50/02,BStBl II 2004,889。

[463] BFH,VI R 137/01,BStBl II 2003,403;VI R 71/04,BFH/NV 2006,1654;其他观点,BFH,VI R 163/88,BStBl II 1992,661。

[464] BFH,VI R 96/01,BStBl II 2004,891;其他观点,以前的判决;参见 BFH,VI R 176/88,BStBl II 1993,115,仅在授予博士学位本身是雇佣关系的标的物时,必要支出被假设。BFH,VI R 60/84,BStBl II 1987,780。

[465] BMF v. 4.11.2005,BStBl I 2005,955 (958);其他观点,*Fischer*,in: *Kirchhof*,EStG,§ 10 Rn 45 ff。

[466] BMF v. 4.11.2005,BStBl I 2005,955 (957)。

[467] 结果亦关于旧的法律状态(2004年之前)BFH,VI R 62/03,BFH/NV 2007,1291。

特殊支出首先得是发生在非雇佣关系期间的首次职业培训或首次大学学习（大学、专业高等院校或相同级别的职业科研机构[468]）。联邦财政法院对《个人所得税法》第12条第5目进行了限制性的解释。扣除禁止——与其字面意思相反，因此联邦财产法院基于等价原则——并不包含这些情况，在这些情况里，首次大学学习已经在职业教育之前就进行了。[469]

1050　　——学校费用，《个人所得税法》第10条第1款第9目

扣除构成要件间接地促进了私立学校的发展：父母可以将其就学于私立学校的孩子的除去住宿、照管、膳食费用之外的学校费用的30%，作为特殊支出被扣除，最高额可达5000欧元。这些学校需要得到德国法律的承认与许可，因此除了内国的私立学校之外，国外的德国学校也能包括在内。根据2009年年度税法，在欧盟/欧元区内的由私人资助的学校也包括在内，但不包括内国中美国军队的美国学校。[470] 除了基础教育学校，职业学校和补充性的职业学校也享有优惠。前提是，这些学校具有认可的或经内国公立学校联接的机构同等认可的基础教育或职业教育的教学资格、年度认证资格或职业资格。这些扣除构成要件在2008年1月1日被溯及既往地予以变更。过渡措施规定于《个人所得税法》第52条第24a款第2项。

1051　　——额外养老费，《个人所得税法》第10a条

额外养老费（所谓的补丁养老金）能够以每年不超过2100欧元的最高额作为特殊支出被扣除（《个人所得税法》第10a条第1款）。不过，首先提供了一笔针对额外养老的国家补贴（在《个人所得税法》第79—99条）。只有当特殊支出扣除比补贴要有利一些的时候，才会考虑特殊支出扣除（《个人所得税法》第10a条第2款）。只要支付阶段的缴纳费用在税收上可以扣除或获得补贴优惠的，那么就对来自养老合同的未来给付在支付时进行事后征税（《个人所得税法》第22条第5目）。[471]

1052　　——有税收优惠目的的支出，尤其是捐赠，《个人所得税法》第10b条（见页边码363和364）

4. 总计的特殊支出扣除

1053—
1056

如果纳税义务人根据《个人所得税法》第9c条，第10条第1款第1、1a、4、7、9、10a

---

[468] BMF v. 21.6.2007, BStBl I 2007, 492.
[469] BFH, VI R 14/07, BFHE 225, 393, 1952, 合理地批判（BFH 本该依据《基本法》第100条说明情况）*Paus*, EStB 2009, 434; *Steck*, DStZ 2010, 194; *Klinkhammer/Thönnes*, SteuerStud 2009, 580.
[470] BFH, XI R 40/04, BFH/NV 2007, 1881; X R 62/04, BStBl II 2008, 976.
[471] 参见 *Risthaus*, DB 2001, 1269; *Dorenkamp*, StuW 2001, 253; *Wagner*, DStZ 2006, 580.

目的规定,仍然不能证明有更高的花费,则可以根据《个人所得税法》第10c条以36欧元的总计金额作为特殊支出总计被扣除。

根据《个人所得税法》第10c条第2—4款,到纳税年2009年为止仍提供保险总计额,自2010年1月1日起不再适用。[472] 取而代之予以考虑的将仅仅是事实上承担的医疗保险和护理保险不超过最高额的缴纳费用(参阅页边码1047)。

(三) 特殊的负担

1. 总述

特殊的负担也属于可以考虑的私人生活方式的费用。[473]《个人所得税法》第33以下各条的共同点是都涉及超过了通常标准的但不可避免的、基本生存所必须的私人费用。由此引起的主观的给付能力减少通过相应的扣除实情而被考虑。《个人所得税法》第33条包括了特殊负担的基本实情,《个人所得税法》第33a条规定了特殊情况下的特殊负担(尤其是抚养费),《个人所得税法》第33b条为残疾人、死者家属和护理人员提供了特殊的总额扣除。

1057

与《个人所得税法》第33条以下中的立法系统上的地位相反,在"Ⅳ.税率"这节涉及的不是税率规定,而是为了准确调查估算基础的规定。特殊的负担同特殊支出简直一样从收入所得总额中被扣除(《个人所得税法》第2条第4款)。因为在扣除了特殊的负担之后才确定纳税人的主观给付能力,所以也涉及对于立法者而言可以随便支配的合理规定。[474]

1058

2. 特殊的负担——基本实情(《个人所得税法》第33条)

情形46[475]:A在某个阿育吠陀研究所进行为期20天的疗养时接受了阿育吠陀治疗,其费用金额为3500欧元。A在2001年的收入所得纳税申报中提出将此治疗费作为特殊的负担来处理。阿育吠陀治疗实质上涉及的是按摩、热敷、浴疗和灌肠。阿育吠陀治疗所依据的是一个古印度的学说,在科学界是有争议的。医疗保险拒绝接受这笔费用。A以他的内科医生以及阿育吠陀研究所为其治病的医生所开的证明为依据。

1059

---

[472] 参见至31.12.2009的法律状态,die 12. *Auflage*,Rn 1054—1056。

[473] 参考事件处理 *Birk/Wernsmann*,Klausurenkurs,Fall 1(Rn 167 ff);Fischer,NWB 2008,Fach 3 Seiten 15277—15312。

[474] *Lang*,in: *Tipke/Lang*,§ 9 Rn 718;详见 *Steger*,Die außergewöhnliche Belastung im Steu-errecht,2008,S. 122 ff。

[475] BFH,III R 22/00,BStBl II 2001,543.

> 根据这个证明，在他身上确定了不仅有"某种木材防护材料中毒的个别形式"，而且还有"由汞造成的损害，尤其是来自现存的汞合金填料"。为了"排出所储存的毒素"就被建议"实施在阿育吠陀医疗范围之内的 Panchkarma—疗法"。没有官方医生的证明。那么这笔费用是根据《个人所得税法》第33条的特殊负担吗？**（页边码1076）**

1060　　根据《个人所得税法》第33条的规定，纳税人可以提出将特定的私人费用作为特殊的负担来处理，倘若他申请了，并且倘若出现了第1款和第2款所规定的其他实情前提条件：基本上 a) 不能有其他的扣除可能性，b) 费用必须 c) 给纳税人造成了负担并且它必须具有 d) 特殊的和 e) 不可避免的特点。

　　（1）费用。

1061　　费用就是有意的和被征求的财产花费，也就是货币支出和实物价值的资助。[476] 用来承担费用的物品是来自收入还是来自财产，并不是决定性的。[477] 损失的收入（比如像由于生病而造成的工资减少[478]）和不是纳税人意愿或与纳税人意愿相反而出现的财产损失（比如，盗窃、火灾或事故）都不在其范围之列。不过，重新购置的费用可以算在《个人所得税法》第33条的范围之列，倘若该费用与消除财产损失有关。[479]

　　例子：A 房子里的一条水管破裂了，引起了巨大的损失。纯粹的财产损失还不是《个人所得税法》第33条第1款意义上的费用，因为这是以纳税人的某个有意的且被征求的行为为前提条件的，但是支付修理费满足了费用的概念。[480]

　　（2）无其他扣除可能性。

1062　　费用不允许是企业支出、必要支出或其他特殊支出（《个人所得税法》第33条第2款第2项）。

　　营业或职业引发的支出不能是不同寻常的负担。私人的动因需要首先进行审查这样的费用是否满足特殊支出的构成要件。只有当这一项不满足时，才能继续检查，是否

---

[476] BFH, III R 26/89, BFH/NV 1991, 669.
[477] 由 RFH 创立且以前得到联邦财政法院认可的"收入负担"的要求在新的判决中被放弃。BFH, III R 27/92, BStBl II 1995, 104 (107).
[478] BFH, III B 26/95, BFH/NV 1996, 128 有进一步论证。
[479] BFH, I B 115/93, BFH/NV 1994, 551.
[480] BFH, III R 27/92, BStBl II 1995, 104 (106).

存在不寻常的负担的前提要件。

当支出为实现目的的手段时，费用才能在纳税年度内被视为特殊负担（流出原则，《个人所得税法》第 11 条第 2 款）。[481] 当费用作为外资利用时，也同样适用。这不取决于偿还贷款的时间点。[482]

（3）负担。

费用必须"成长于"纳税人，这就是说，它们必须在收入领域或财产领域中引起某种最终的负担，损害了他的给付能力。倘若纳税人从第三方（比如，保险）取得了赔偿，那么就不会出现一个（最终的）负担。这样的赔偿金额因此是可以在调查特殊的负担的时候进行扣除的，即便是其是在晚一些的日历年中流入的。[483]

根据司法判决的观点，倘若纳税人为这笔费用获得了一个等价物或者不只是暂时的好处（所谓的等价物理论），那么也不是负担。联邦财政局陈述的理由是，倘若收入的部分被用于购买有剩余的或者至少是持续较长时间的价值和使用的且具备一定可销性的物品[484]，那么就不会出现一个可以考虑的特殊负担。在这个要求的指示下，例如，承认将一个夜间廉价用电暖气通到某个重残人士的住房里[485]所花掉的费用，或在出租了的房子里安装隔音窗户[486]的费用，或在自己房子内将某个浴室改造成适合残疾人使用[487]或装建残疾人可使用的电梯[488]所用掉的费用都被否定了。不过，倘若在市场购买的商品不能出售（缺乏的可销性，比如，医疗上的辅助设备和假肢所用掉的费用）[489]，或者倘若涉及所谓的失去的费用[490]，那么等价物理论就不会被应用。倘若由于不可避免的事件（火灾、盗窃、洪水、战争、驱逐）而出现了家用器具和衣服上的损失，而且纳税人为了购买替代物花掉了费用[491]，那么就是这种情况。联邦财政法院在对待身体残障后的康复

---

[481]　BFH，VI R 67/79，BStBl II 1982，744.

[482]　BFH，III R 248/83，BStBl II 1988，814.

[483]　BFH，VI R 236/71，BStBl II 1975，14.

[484]　BFH，VI R 189/79，BStBl II 1983，378（379）.

[485]　BFH，VI R 189/79，BStBl II 1983，378.

[486]　BFH，VI R 62/74，BStBl II 1976，194.

[487]　BFH，III R 7/04，BFH/NV 2006，36；III B 103/06，BFH/NV 2007，891.

[488]　BFH，III B 113/05，BFH/NV 2006，1469（自由房屋）；III B 107/06，BFH/NV 2007，701（租赁的房屋）.

[489]　BFH，III R 54/90，BStBl II 1991，920（921）；VI R 189/79，BStBl II 1983，378（379）.

[490]　BFH，III R 74/87，BStBl II 1992，290；III R 27/92，BStBl II 1995，104（106）.

[491]　关于更换有害健康的工具，BFH，III R 52/99，BStBl II 2002，592；关于重置家居和服装，FG Bad.-Württ.，6 K 80/94，EFG 1996，1224. 与之相对的，还有 BFH，VI R 185/74，BStBl II 1976，712 关于重置度假旅途中被盗的衣物。

费用上,当等价物的获取相对于必然性变得无足轻重时,也不使用对等价物理论。[492]

1066　等价物理论在文献中受到了部分激烈的抨击。[493] 涉及法律实情的某个不被允许的限制时,尤其会被提出来。与此同时,联邦宪法法院不认同这个宪法上的顾虑。[494] 笔者认为,这种教条的批评变得越来越重[495];因此,一方面,在等价物理论的应用范围内没有发生真正的价值调查,另一方面,没有考虑,即便是在购置"等价物"后仍然存在一个负担,而这个负担在折旧扣除范围内的企业支出/必要支出情况下会被考虑。此外,在一致地应用特殊性这个特征的时候,等价物理论是可以放弃的(此见页边码1068)。

(4) 特殊性。

1067　平常的生活方式费用,只要它不是可支配的,就是通过基本免税额(《个人所得税法》第32a条第1款第1目)来抵消的。只要费用超过了免税额,那么就涉及不可扣除的私人支出(《个人所得税法》第12条第1目)。作为特殊的负担而扣除只是在特殊性的情况下才会考虑。根据《个人所得税法》第33条第1款的法律定义,倘若纳税人比大部分有着同样的收入情况、同样的财产情况以及同样的家庭状况的纳税人用掉的**费用要多**,那么财政上的负担就是特殊的。同时,"更多的费用"这个特征不只是指其金额。更有决定性意义的是,只有一小部分纳税人有着特殊费用的负担。根据其种类,它们必须列在通常情况之外。[496] 因此,比如某纳税人乘车去参加某位近亲属的葬礼所用掉的费用就不是特殊的费用。[497] 这也同样适用于与孩子相分离的父母看望孩子的费用[498]或父母给读大学的孩子缴纳的学费,即使这些费用不同寻常的高。[499]

1068　根据主流观点,特殊的也必须是引起费用的事件。[500] 由典型的生活实际行为所引起的费用可能不是特殊的负担。

在将特殊性这一特征始终应用到等价物理论上是可以放弃的。[501] 因为,除了在失

---

[492]　BFH, VI R 7/09, BStBl II 2010, 280.
[493]　*Kanzler*, in: *Herrmann/Heuer/Raupach*, § 33 EStG Anm. 40;作者同前, FR 1993, 691 (696).
[494]　BVerfG, 1 BvR 512/65, BVerfGE 21, 1.
[495]　*Kanzler*, in: *Herrmann/Heuer/Raupach*, § 33 EStG Anm. 40.
[496]　BFH, III R 11/91, BStBl II 1992, 821;III R 42/93, BStBl II 1994, 754,关于建筑缺陷的例外性,见 *Loschelder*, EStB 2009, 211—214.
[497]　BFH, III R 42/93, BStBl II 1994, 754.
[498]　BFH, III R 28/05, BStBl II 2008, 287;III R 30/06, BFH/NV 2008, 539.
[499]　BFH, VI R 63/08, BStBl II 2010, 341.
[500]　*Schmidt/Loschelder*, EStG, § 33 Rn 15; *Blümich/Heger*, § 33 EStG Rn 83;其他观点 *Kanzler*, in: *Herrmann/ Heuer/Raupach*, § 33 EStG Anm. 31.
[501]　*Schmidt/Loschelder*, EStG, § 33 Rn 15.

去费用（见页边码1065）的情况下，在"购置情况"下引起的事件通常不会是特殊的，就比如年轻夫妇为家庭花费费用的情况。[502]

（5）必然性。

只有不仅根据理由而且根据数额都是不可避免的费用，才可能是特殊的负担。倘若纳税人出于法律上的、实际的或合乎伦理的理由**不能撤回**这些费用（《个人所得税法》第33条第2款第1项），那么该费用对纳税人而言就是必然的。 1069

法律上的原因可以从法律（比如出现抚养义务）或者从官方的法令中产生。遵循合法交易的义务而支付的款项通常不是必然的，因为签订合同基本上是自愿而来的。[503] 实际的原因是指不可避免的事件，如灾害、战争、疾病、敲诈。与此相符，支付与绑架有关的赎金就可以是一种必然的费用。[504] 为了消除某种具体的、由基本生存所必须的需求的物品所带来的健康威胁（比如，清理住房里的石棉）而用掉的费用，出于实际的理由，纳税人也是不能回避。[505] 合乎伦理的原因同样可以引起强制支付费用，倘若纳税人根据普遍所承认的伦理规定感到自己有义务支付。不过，倘若某人根据他自己的标准而觉得有义务支付，即便是他的行为从人的角度看是可以理解的，但这并不充分。伦理上的义务必须等同于一个法定义务，或至少与法定义务相似。[506] 因此，举例而言，倘若父母觉得对他们残疾的儿子有义务送他一辆轿车，尽管儿子会依赖于这辆车，而且父母一般也都会这样做，但这是不充分的。由此，伦理上的原因所要求的还不是具有"强制性的特点"。[507] 1070

必然性根据理由是可以被否定的，倘若纳税人有避免费用的可能性。[508] 在判断这种必然性的时候需要依据费用所引起的结果；换句话说：支付费用的决定必须从决定着纳税人意愿的法律上的、实际的或合乎伦理的强制性的理由中产生。[509] 1071

例子：A从几年前起就和她的伴侣同居。两个人都想要一个孩子。因为A输卵管阻塞通过自然的途径是不能生孩子的，所以她决定让医生实施试管受精。由于《基本法》

---

[502] 在结果上一样，但从释义上不同，BFH, VI 23/65 S, BStBl III 1965, 441：因等价理论排除。
[503] BFH, III R 178/80, BStBl II 1986, 745.
[504] BFH, IV R 27/77, BStBl II 1981, 303 (305); III R 27/92, BStBl II 1995, 104 (107).
[505] BFH, III R 6/01, BStBl II 2002, 240.
[506] BFH, VI R 142/75, BStBl II 1978, 147 (149); III R 209/81, BStBl II 1987, 432 (433).
[507] BFH, III R 209/81, BStBl II 1987, 432 (433 f).
[508] BFH, VI R 142/75, BStBl II 1978, 147；参见 Schild, SteuerStud 2010, 104.
[509] *Schmidt/Loschelder*, EStG, § 33 Rn 16 ff.

第 6 条的价值决定,所产生的费用在该婚姻内是必然的,该费用是可以作为特殊负担来提出的。对于未婚者而言,这样的规定仅在下列条件下生效:当存在紧密结合的伴侣关系,且能肯定,男性生活伴侣承认由其精子产出的孩子的身份。[510]

1072   倘若纳税人由于故意的或疏忽的行为而导致了财政上出现负担,也就是说,倘若他通过相应的行为本来是可以取消这些费用的[511],那么就没有出现必然性。不过,生病的费用始终是必然的,即使当费用是由有过失的行为引起的。[512] 联邦财政局假定存在必然性,因为要研究该疾病会引起何种事件,如果没有不合理地闯入私人生活,就不可能了解。[513] 但只有当支出是为了治疗某种疾病(比如,药物、手术)或者旨在使疾病可以忍受得了(比如,轮椅)[514]且在传统医学上可以实行[515]时,才会涉及疾病费用。只是一种间接的关系是不够的[516]。为了治疗或缓解某种玩瘾所用掉的费用也可以是疾病费用。[517] 对节食膳食供给的费用不予考虑(《个人所得税法》第 33 条第 2 款第 3 项),即使是代替药物治疗的特殊的节食也一样。[518]

1073   不过,只有由被准许行医的人员(医生、治疗师)所开药方或实践这样的费用才被承认。在用科学上有争议的方法(比如活细胞治疗[519])进行治疗时,此外还需要出示某个在治疗以前由官方医生开出的证明。[520] 相反,护理费用,即养老院除了住宿费和护理费之外对被护理人另外计算的护理费用,通常也可以不需要护理保险公司的护理需求的证

---

[510] BFH, III R 47/05, BStBl II 2007, 871;其他观点还有 BFH, III R 30/03, BStBl II 2006, 495:仅在婚姻中。
[511] BFH, VI R 41/79, BStBl II 1982, 749 (750)。
[512] BFH, VI R 77/78, BStBl II 1981, 711 (712);其他观点见 *Arndt*, in:*Kirchhof/Söhn/Mellinghoff*, § 33 Rn C 19 ff。
[513] BFH, VI R 77/78, BStBl II 1981, 711 (712)。
[514] Ibid。
[515] BFH, III R 38/86, BFH/NV 1991, 27(魔力疗法);FG Niedersachsen, 11 K 490/07, EFG 2009, 752(通过外行人的方式治疗癌症,Rev. Az. BFH:VI R 11/09);批评参见 *Haupt*, DStR 2010, 960。
[516] BFH, III R 63/06, BFH/NV 2008, 544 否认了变性人为性别转换前的"日常测试"而购置的女士服饰和鞋子的直接性。
[517] BFH, III R 25/97, BFH/NV 1999, 300。
[518] BFH, III R 48/04, BStBl II 2007, 880 谷胶不耐。
[519] BFH, VI R 77/78, BStBl II 1981, 711;III R 70/88, BFH/NV 1991, 386。
[520] BFH, III B 93/05, BFH/NV 2006, 1284 关于所谓的多重化学物质敏感症(MCS);III B 57/06, BFH/NV 2007, 438 关于抽脂;III B 20/06, BFH/NV 2006, 2075;III B 142/05, BFH/NV 2007, 422,作为对疾病的治疗或缓和手段;III B 37/06, BFH/NV 2007, 1865 关于肥胖症中的减肥疗法;III B 178/06, BFH/NV 2008, 561 关于购置防过敏的床上用品;III B 205/06, BFH/NV 2008, 368 关于海豚疗法。

明而作为特殊负担被扣除。[521] 不能客观地治愈或缓解疾病(比如到某位神奇治疗师那里旅行[522])的措施在医疗上不是必要的,因此不是必然的。不属于疾病费用的是只预防性的费用或普遍用于健康预防措施的费用。[523] 通常将某个疗养旅行的费用归作这种(预防性的)费用。只有当这个旅行证明对治疗或减缓病痛是必要的而且另外一种治疗看起来是没有或者几乎不能有成效的,这种费用才被视为是必然的。[524] 为了证明医疗上的必要性,这里也通常需要在治疗之前就有一份由官方医生开出的证明。[525] 对手机辐射波采取的防护措施的花费只有在以下条件下才被承认:当官方的技术文件证明,手机的辐射波超过了法定的限制值。[526]

费用必须"根据情况是必要的"而且"不能超过某个适当的额度"(《个人所得税法》第 33 条第 2 款第 1 项第 2 半句),也就是说它根据额度也必须是必然的。适当性必须根据客观的特征来决定,不会区分正常收入者和收入更多者。[527]

例子[528]:A 是坐轮椅的。因为他几乎不能使用公共交通工具,所以他只开自己的轿车。他提出每年的行驶里程为 2.5 万公里所用的驾驶费用。联邦财政局根据理由将严重行动残疾者的汽车费用承认为特殊的负担[529],但是也强调要进行适当性检查。这个检查在考虑所实践的驾驶的种类和特点情况下还需要考虑行驶里程以及由纳税人所使用的车。[530] 联邦财政局基本上认为一个每年超过 1.5 万公里的行驶里程就不再是恰当的。[531]

(6) 法律后果。

特殊的负担会从收入所得总额中被扣除(《个人所得税法》第 2 条第 4 款)。不过,只有在费用超过了纳税人合理的负担(《个人所得税法》第 33 条第 1 款最后半句)这个范围

1074

1075

---

[521] BFH, III R 39/05, BStBl II 2007, 764;参考最先的照护总额,见 § 33b Abs. 6 EStG (Rn 1085)。
[522] BFH, III R 38/86, BFH/NV 1991, 27; FG Berlin, V 303/87, EFG 1990, 63; FG Düsseldorf, 15 K 5899/93 E, EFG 1998, 316.
[523] BFH, VI R 77/78, BStBl II 1981, 711;关于预防性的(活组织)细胞疗法:III B 112/06, BFH/NV 2008, 355 关于脐带血的贮藏,以备干细胞在之后可能病变之需。
[524] BFH, VI R 77/78, BStBl II 1981, 711; III R 52/93, BStBl II 1995, 614.
[525] BFH, III R 60/88, BStBl II 1990, 958; III R 106/93, BStBl II 1996, 88.
[526] BFH, III B 137/06, BFH/NV 2007, 893.
[527] FG Nürnberg, VI 89/81, EFG 1984, 178; *Schmidt/Loschelder*, EStG, § 33 Rn 30.
[528] BFH, III R 63/91, BStBl II 1993, 286.
[529] BFH, VI R 158/72, BStBl II 1975, 825.
[530] BFH, III R 30/88, BStBl II 1992, 179; III R 63/91, BStBl II 1993, 286 (288).
[531] BFH, III R 63/91, BStBl II 1993, 286 (288).

内，费用才可以被扣除。合理的负担依据的是典型化了的承受负担之人的个人的给付能力，也就是说，依据收入所得的数额、家庭状况以及孩子数量（《个人所得税法》第33条第3款）。纳税人会被要求自己承受伴随着其给付能力提高的（小）部分的其必然的私人费用。[532] 比例在1‰到7％之间的合理负担的估算基础是收入所得的总额[533]（《个人所得税法》第33条第3款）。

1076

情形46（页边码1059）**的解答：**

a) A 有意地而且有目的地使用了他治疗的款额。费用的概念实现了。

b) 它涉及既不满足企业支出构成要件，也不满足必要支出实情或特殊支出实情的私人费用。

c)（保险公司没有接受的）数额为 3500 欧元的治疗费用最终给 A 带来了负担。治疗作为服务不是对支出的等价物。

d) 这笔费用是特殊的（《个人所得税法》第33条第1款第1项），它是由一种非典型的生活实情（疾病）引起的。

e) 这笔费用可能作为疾病费用是必然的（见页边码1072）。不过，这里在两种观点看来是有问题的。一方面，阿育吠陀治疗是依据一种科学上有争议的外行方法。证明阿育吠陀治疗在医疗上的必要性的证明然而也只是由治病的医生所开具的，而非是一个官方医生的证明。此外，治疗是在一个疗养的范围内完成的，而在疗养的情况下也必须同样由官方医生开具证明来证明其必要性。

根据联邦财政局的观点[534]，也不会出现例外地能忽视出示一个官方医生开具的证明而且治疗医生的证明就足够了的情况。确诊了的健康上的不适是否会带来充分的疾病价值，已经是值得怀疑的了。但是一份官方医生的证明在任何情况下因此都是绝对必要的，因为以按摩、热敷、浴疗及灌肠方式进行治疗的这种形式不能推论出是一种康复疗法。这些措施通常也在疗养的情况下被提供，而疗养不能表明是医疗，而普遍服务于健康。

阿育吠陀治疗的费用就不是根据《个人所得税法》第33条的特殊负担。

---

[532] BFH, X R 61/01, BStBl II 2008, 16；参见 *Haupt*, DStR 2010, 960.

[533] 在调查时，需将资本收益考虑在内，即或其属于补偿税而不属于 § 2 EStG 意义上的收入总额时（参考 § 2 Abs. 5b Satz 2 Nr 2 EStG）；关于对被分开课税的夫妻的负担调查 BFH, VI R 59/08, BStBl II 2009, 808.

[534] BFH, III R 22/00, BStBl II 2001, 543 (545).

3. 特殊构成要件

(1) 特殊情况下的特殊负担(《个人所得税法》第33a条)。

> **情形47**：A和B以经登记的生活伴侣关系的名义共同生活。A从事某种职业,而B则还在读大学且每年仅有3000欧元的个人收入,A每个月资助1000欧元给B。**(页边码1079)**
>
> **变形**：A和B虽然生活在一起,但并非经登记的生活伴侣。B来自于巴西。为了获得B的居留许可,A证明其承担B在德国的生活费用。没有这个证明就不能得到居留许可(参阅《居留法》第27条第2—3款)。**(页边码1080)**

《个人所得税法》的33a条包括了频繁出现的特殊负担。最常出现的情形是针对子女的费用(可能根据《个人所得税法》第33a条第1款第1项,也可能只根据《个人所得税法》第33a条第2款),其与家庭负担平衡有关联,因此需要在此适用(见页边码1094以下)。该规定是最终的,这就是说,根据《个人所得税法》第33条的规定,所提到的费用既不能替代也不能超出《个人所得税法》第33a条的规定(《个人所得税法》第33a条第4款)。

对法定的有被抚养权利的人支出的抚养费用和职业教育费用(《个人所得税法》第33a条第1款第1项)：为法定的有被抚养权利的没有财产的或者只有很少财产[535]的人的抚养和职业培训而花掉的费用是可扣除的。前提是,抚养人未请求子女补贴及子女免税金额(《个人所得税法》第33a条第1款第4项)。每年可扣除的费用的最高金额为8004欧元。倘若被抚养人有自己的收入所得[536]或收益,且每个日历年超过624欧元,那么可扣除最高金额就会降低(《个人所得税法》第33a条第1款第1和5项)。根据《个人所得税法》第33a条第1款第2项的规定,最高金额可以提高一定金额,这个金额根据第10条第1款第3项在每个纳税期间内是为了被抚养人的保障支出的,只要其不是医疗保险金或护理保险金,因为这些保险金根据《个人所得税法》第10条第1款第3目已经被扣除。法定的抚养义务首先来源于《民法典》(第1361条以下,1601条以下),也可能源于《生活伴侣关系法》(第5、12、16条)。(抽象的)法定义务已经足够;(具体的)需求则

---

[535] 财政部门将不超过15500欧元的财产视为很少财产(R 33a.1 Abs. 2 Satz 3 EStR 2008)。
[536] 在调查时,需将资本收益考虑在内,即或其属于补偿税而不属于 § 2 EStG 意义上的收入总额时(参考 § 2 Abs. 5b Satz 2 Nr 2 EStG)。

需要确凿地被推测。[537] 只有当赡养人在扣除赡养费后还剩下支付自己的生活需要的合适的钱款时,才会存在赡养义务。[538]

> **情形 47**(页边码 1077)**的解答**:A 已经对 B 支出了 1.2 万欧元的抚养费,而且这根据《生活伴侣关系法》第 5 条也是一种法定义务。根据《个人所得税法》第 33a 条第 1 款第 1 项,这种费用(1.2 万欧元)的可扣除额原则上限制在 8004 欧元,而由于 B 自己的收入,还得再减去 2376 欧元(3000－624 欧元)从而下降到 5628 欧元。生活伴侣共同的税金估算(《个人所得税法》第 26 条第 1 款,详见页边码 636)因缺少明文的法律规定而不予以考虑,因此仅存根据《个人所得税法》第 33a 条第 1 款第 1 项的扣除情形。[539]

1080—1082　　对同等地位的人支出的抚养费或职业教育费用(《个人所得税法》第 33a 条第 1 款第 3 项);对某人的抚养支出负担将被同等对待,当且仅当某人的抚养在考虑到纳税义务人的抚养负担而削减了确定的国内公共资金时(《个人所得税法》第 33a 条第 1 款第 3 项)。

例:某类似夫妻关系中的一方伴侣,由于其与纳税义务人共同居住,其失业金 II 被缩减。这种情况下,法定的抚养义务则根据《个人所得税法》第 33a 条第 1 款第 3 项属于同等地位的义务。[540]

> **对情形 47**(页边码 1077)**变形的解答**:由于缺少法定的抚养义务(非生活伴侣关系),A 不能根据《个人所得税法》第 33a 条第 1 款第 3 项将 5628 欧元(计算见原案例解答)的抚养金额予以扣除。B 由于抚养费而可能被缩减社会福利金。但本案并非如此,因为 B 完全没有社会福利金的请求权。因此,联邦财政法院[541]假设,如果某人对其生活伴侣承担了抚养费,但这不能被证明的话,那么在一可类比的迫不得已的情况下,其可以被视为法定的抚养义务人。扣除因此也是可能的。

---

[537] BFH, III R 26/05, BStBl II 2007, 108.
[538] 详见 BFH, III R 214/94, BStBl II 1998, 292.
[539] BFH, III R 8/04, BStBl II 2006, 883.
[540] *Schmidt/Loschelder*, EStG, § 33a Rn 22.
[541] BFH, III R 23/05, BStBl II 2007, 41, 需要说明的是,判决在 LPartG 实行前已作出。实行后,对于现在的法律状态,困境(＝仅在抚养费的情况下无法证明)可通过生活伴侣的加入而被排除这一说法,遭到反对。

(2) 针对残疾人、死者家属及抚养人的总额(《个人所得税法》第33b条)。

1083 《个人所得税法》第33b条第1—3款规定了残疾人总额的前提条件和金额(根据残疾度而分级)。残疾人总额应该清偿所有与残疾典型有关的特殊的负担而不用单个的证明。[542] 不过,纳税人拥有选择权:他可以放弃要求这个总额,并在《个人所得税法》第33条范围内证明费用。但在这种情况下,要评估根据《个人所得税法》第33条第3款的合理负担(页边码1075)。

1084 根据《个人所得税法》第33b条第4款的规定,死者家属获得一笔金额为370欧元的"死者家属-总额",倘若根据那里所提及的法律给他们提供了死者家属费。

1085 《所得税法》第33b条第6款给在那里进一步描述的抚养行为的纳税人提供了一个金额为924欧元的"抚养—总额",这笔总额应该总计地清偿因为这个抚养行为而产生的费用。这里纳税人也拥有一个选择权:他可以不用这个总额,而是提出根据《个人所得税法》第33条来处理他的费用。

(四) 对子女抚养费的考虑

1086 **情形48**:居住在柏林的一对夫妇M有两个在明斯特上大学的孩子A(22岁)和B(25岁),这俩孩子每个月都能分别从其父母那里拿到800欧元的资助。A每月可赚到200欧元,B则是150欧元。那么,联合申报所得税的夫妇M在税收方面可以要求多少数额的对其子女的花费?(页边码1092,1094,1095)

1087 所得税法对子女费用的规定是不清晰的。但它仍然做了两种形式的区分:一方面,免税额降低了课税的估算基础,与是否使用了事实上的费用或者使用了多少金额无关。另一方面,所用的费用可以在一定的最高额限度内被提出。

1. 通过免税额/子女补贴考虑子女费用

1088 父母对其孩子的抚养义务首先在所谓的家庭开支补偿中被考虑(《个人所得税法》第31条)。根据该规定,首先每月会被支付一笔子女补贴作为税收津贴(《个人所得税法》第31条第3款,见页边码319以下)(在《个人所得税法》第62—78条中被规定)。自2010年1月1日起,对第一、二个孩子的子女补贴金为每人每月184欧元,对第三个孩子是190欧元,对第四个及其他的孩子则是每人215欧元。倘若与抚养义务相应的收入额因此没有免税,在估算的时候要将根据《个人所得税法》第32条第6款中的免税额从收

---

[542] 例外:汽车费用,参见 *Schmidt/Loschelder*,EStG,§ 33b Rn 4。

入中扣除。根据《个人所得税法》第 31 条第 4 款结算子女补贴额。

根据联邦宪法法院的司法判决，可以合宪性地通过从估算基础中扣除金额来考虑抚养费用以及——典型化地——考虑教育费用和照顾费用。单独提供子女补贴只有当因抚养义务而降低的主观给付能力通过子女补贴完全得到了补偿时，也就是当子女补贴对收入位于较高税收比例区（页边码 633）的取得者有一种免税额的作用时[543]，才是充分的。

1089　**子女免税**额（《个人所得税法》第 32 条第 6 款）：子女免税额是为了子女实质性的最低生活保障而提供的，每个孩子金额为 4368 欧（2×2184 欧元）。此外还考虑，一项针对**照顾需求、教育需求或培训需求**的统一的免税额，金额为 2640 欧（2×1320 欧元）。免税金额在共同纳税的父母处被全部考虑，而在分别纳税的父母处要么在一方父母处被全部考虑，要么双方父母各考虑一半的金额，从而分别降低所得（《个人所得税法》第 2 条第 5 款）。免税金额仅针对符合以下条件的子女（参阅《个人所得税法》第 32 条第 1—2 款）：未超过特定的年龄（《个人所得税法》第 32 条第 4 款），且没有一定额度的自己的收入所得，若有此收入其可以自己抚养自己。

1090　**年龄限制**：免除金额通常仅针对未满 18 周岁（《个人所得税法》第 32 条第 3 款）的子女，只要子女尚未完成其职业教育，那么最高可至 25 周岁（《个人所得税法》第 32 条第 4 款第 2 目），但服兵役和民兵役的期间不计算在内（《个人所得税法》第 32 条第 5 款）。对于因残障而无法自我供养的子女则无年龄限制，只要这种残障状态是在 25 周岁之前就出现的（《个人所得税法》第 32 条第 4 款第 3 目）。

1091　**自己的收入与收益**：若子女年收入[544]与收益额高于 8004 欧元的，则免税额度的请求权和支付子女补贴金的请求权均取消（《个人所得税法》第 32 条第 4 款第 2 项）。子女只多赚一块钱可能就会导致父母巨大的经济劣势。这种"断头台限制"妨碍了年轻人从其父母之处的独立及工作激情。因此一种滑动的或分级的限额可能在社会和经济政策上更有意义。对"收入"的计算不仅仅按照《个人所得税法》第 2 条第 2 款得出。相反，在确定估税基础值时只允许考虑收入和收益，这对抚养或职业教育费用的承担是合适的（避免违反《基本法》第 3 条第 1 款第合宪性解释）。[545] 因此，可扣除的是社会保险的护

---

[543] BVerfG, 1 BvL 20/84 ua, BVerfGE 82, 60 (89 f); 2 BvR 1057/91 ua, BVerfGE 99, 216 (233 ff)。不同于 BVerfG, 1 BvR 150/75, BVerfGE 43, 108 (120 ff)。

[544] 在调查时，需将资本收益考虑在内，即或其属于补偿税而不属于 § 2 EStG 意义上的收入总额时（参考 § 2 Abs. 5b Satz 2 Nr 2 EStG）。

[545] BVerfG, 2 BvR 167/02, BVerfGE 112, 164 (173 ff)。

理费用[546]和自愿的法定或私人的[547]医疗保险费用，不能扣除的则是保留的工资所得税、教堂税、私人额外医疗保险费或机动车责任保险费。[548]

> **情形 48(1)**（页边码1086）**的解答**：这对夫妇 M 首先可以因其**孩子 A** 而得到每月额度为 184 欧元（《个人所得税法》第 66 条）退税形式的的儿女补贴金，因为 A 并未超过年龄限制（《个人所得税法》第 63 条第 1 款第 2 项及第 32 条第 4 款第 1 项第 2 目）且 A 自己的年收入 2400 欧元在最高限额之下（《个人所得税法》第 63 条第 1 款第 2 项及第 32 条第 4 款第 2 项）。如果根据《个人所得税法》第 32 条第 6 款，提供子女补贴金（2208 欧元）没有起到在提供免税金额（4368 欧元和 2640 欧元）时会出现的经济减负的作用，那么仍然提供免税金额和追加计算子女补贴金以避免对按税率征收的所得税（《个人所得税法》第 2 条第 6 款）的双重考虑（《个人所得税法》第 31 条第 4 款）。
>
> 这种被联邦宪法法院明确视为宪法上必要（页边码1088）的体制引起了以下后果：相比低收入的父母，高收入的父母在他们的子女费用支出方面结果获得了更多的经济减负；这些高收入父母可以获得按照《个人所得税法》第 32 条第 6 款规定的免除金额，而对于那些低收入父母子女已经通过子女补贴金支付使得子女最低生活水平金额完全免税了。
>
> 对于其**孩子 B** 而言，没有子女补贴金的请求权，也无权按《个人所得税法》第 32 条第 6 款请求免税金额，因为 B 已经超过了 25 周岁的年龄界限（另见页边码1095）。

对单独抚养孩子的人的减负款（《个人所得税法》第 24b 条）：**单独抚养孩子**的人可以在每年从收入所得总和（参阅《个人所得税法》第 2 条第 3 款）中扣除一笔**减负款**（1308 欧元），倘若他们在其家中有至少一个有《个人所得税法》第 32 条第 1 款规定（页边码1087）的享有免税额的孩子。减负款明文规定不适用于与其他成年人组成共同生活的家庭的单亲父母，对于他们而言，不能得到按《个人所得税法》第 32 条第 6 款规定的免税金

---

[546] BVerfG, 2 BvR 167/02, BVerfGE 112, 164 (180 ff).
[547] 法定医疗保险：BFH, III R 74/05, BStBl II 2007, 527；赞同的，*Brucker*, INF 2007, 418。私人医疗保险：BFH, III R 24/06, BStBl II 2007, 530。
[548] BFH, III R 4/07, BStBl II 2008, 738。

额(《个人所得税法》第 24b 条第 2 款)。[549] 这种限制首先是为了保证,对单亲家庭的特殊生活状况的关照,而非间接地以违宪方式与婚姻关系相比对非婚姻的共同生活关系予以税收优惠。[550]

1094　对职业教育的特殊需求(《个人所得税法》第 32a 条第 2 款):对仍在外地接受**职业教育**的成年子女,每人可以获得最高额为 924 欧元的补偿性的免税金额,这种免税金额根据《个人所得税法》第 32 条第 6 款(页边码 1088)提供。免税金额随子女个人的收入[551]和收益的增加而下降,只要其超过了 1848 欧元(《个人所得税法》第 33a 条第 2 款第 2 项)。这种补偿性的免税金额作为一种特殊负担降低了收入总金额(《个人所得税法》第 2 条第 4 款)。

> **情形 48(2)**(页边码 1086)**的解答**:夫妇 M 可以为其在外地上大学的**孩子 A**(22 岁),请求根据《个人所得税法》第 32 条第 6 款规定的免税金额,这种额外的免税金额是作为特殊负担(《个人所得税法》第 33a 条第 2 款)而被提出的。免税金额(924 欧元)因为 A 自己的收入而需要减去 552 欧元(2400－1848 欧元)而降为 372 欧元。

2. 对子女费用的限制性考虑

1095　对孩子未给予免税金额的抚养或职业教育花费(《个人所得税法》第 33a 条第 1 款第 1、4—7 项):对于因超过年龄上限(页边码 1090)而无法享用免税金额(《个人所得税法》第 32 条第 6 款)的子女,那么在这些法定拥有被抚养资格的子女(《民法典》第 1601 条)身上支出的抚养和职业教育费用,可以将每年不超过最高额 8004 欧元作为特殊负担形式的子女费用从收入总额(《个人所得税法》第 2 条第 4 款)中。最高金额随子女自己的收入[552]和收益额度的上升而下降,只要其年收入额超过 624 欧元(《个人所得税法》第 33a 条第 1 款第 5 项)。更高的费用支出则不能作为《个人所得税法》第 33 条规定的特殊负担而被扣除(《个人所得税法》第 33a 条第 4 款)。

---

[549] BFH, III R 104/06, BFH/NV 2008, 545 认可了一个母亲带着她已成年且在工作而没有减免请求权的儿子的共同生活(§ 32 Abs. 6 EStG)。后果:对于单亲,因具备减免请求权的第二个孩子而无免除额(§ 32 Abs. 6 EStG)。

[550] BVerfG, 2 BvR 1057/91 ua, BVerfGE 99, 216 (233 ff)。

[551] 在调查时,需将资本收益考虑在内,即或其属于补偿税而不属于 § 2 EStG 意义上的收入总额时(参考 § 2 Abs. 5b Satz 2 Nr 2 EStG)。

[552] 在调查时,需将资本收益考虑在内,即或其属于补偿税而不属于 § 2 EStG 意义上的收入总额时(参考 § 2 Abs. 5b Satz 2 Nr 2 EStG)。

情形 48(3)（页边码 1086）**的解答**：夫妇 M 可以给予其无《个人所得税法》第 32 条第 6 款规定的免税金额请求权的**孩子 B** 每月 800 欧元的资助金额，按《个人所得税法》第 33a 条第 1 款第 1、5 项的标准要求扣除特殊负担的名义。但可扣除的费用（9600 欧元）基本上限制为 8004 欧元，且由于 B 有自己的收入所得，还需要减去 1176 欧元（1800 欧元—624 欧元）而下降到 6828 欧元。

子女照管费用[553]：2/3 经证明的子女照管费用（最高每个孩子每年 4000 欧元）可以按照下述的前提条件，要么以**经营支出及必要支出**扣除，要么（次要地）以**特殊支出**扣除：

子女照管费用可以根据《个人所得税法》第 9c 条第 1 款第 1 项首先作为经营支出及必要支出——即使另外按总计金额估算（《个人所得税法》第 9a 条第 1 句第 1 目第 a 点，见页边码 1030）——而被扣除，当其由于工作原因而产生时。对于共同生活的父母而言，只有双方都有工作时（《个人所得税法》第 9c 条第 1 款第 2 项），上述规则才生效。通过这些规则可以肯定，——如联邦宪法法院[554]明文根据《基本法》第 3 条第 1 款和第 6 条第 1 款要求的那样——因工作引起的必要的却降低了给付能力的子女照管费用，可以至少按实际的额度扣除。

当子女在 3—6 岁之间时（《个人所得税法》第 9c 条第 2 款第 4 项），照管费用才能作为特殊支出而被扣除。可被扣除的是典型的幼儿园支出或私人儿童照管支出，不能扣除的则是课后补习支出、运动组织或音乐学校支出（参阅《个人所得税法》第 9c 条第 3 款第 1 项）。对于年纪更大的孩子（6—14 岁）而言，只有当独自抚养子女的父母一方在接受职业培训或残障或患病时（《个人所得税法》第 9c 条第 2 款第 2 项），照管费用才能被作为特殊支出而被扣除。对于共同生活的父母则必须双方都满足上述情况才能扣除，除非父母一方在工作（《个人所得税法》第 9c 条第 2 款第 3 项）。对于年纪更大的孩子（14—25 岁），只有当孩子因为残障原因无法自力更生时（《个人所得税法》第 9c 条第 2 款第 1 项可选情况 2），照管费才能作为特殊支出被扣除。

---

[553] 详见 BMF v. 19.1.2007, BStBl I 2007, 184；*Nolte*, NWB 2007, Fach 3, 14479；*Seiler*, DStR 2006, 1631；*Ballof*, EStB 2006, 259；*Hey*, NJW 2006, 2001；*Gunsenheimer*, SteuerStud 2007, 476。
[554] BVerfG, 2 BvL 7/00, BVerfGE 112, 268 (281)。

第六节　企业税法

1100　企业税法是税务咨询[555]的重点内容,因此从职业的观点来看它非常重要。现在没有统一的企业税法,它被分成了几个部分分别在不同法律(特别是《个人所得税法》《法人所得税法》《营业税法》)的相关条文中。企业税法的核心部分是盈利调查,盈利调查基本上是按照统一的规则进行操作的,与企业的组织形式(见页边码 804 及以下)无关。重要的是经营者选择的企业组织形式。[556] 与企业法律形式无关的税法是不存在的,即使在《基本法》第 3 条第 1 款中也找不到法律依据。[557] 因此经营者在选择企业法律形式的同时也确定了相应的税收负担。下面我们将先对人合公司(A)以及资合公司(B)征收的税金进行区分,然后详细说明对所有工商业行为都适用的营业税法。个体经营者的纳税及盈利调查参见页边码 692 以下和 804 以下。

人合公司和资合公司的税收负担也存在显著的差异。资合公司须缴纳 15％的法人所得税(参见页边码 1276—1280)和约 14％的营业税(参见页边码 1360)。人合公司(股东)须同时缴纳营业税和个人所得税(参见《个人所得税法》第 35 条,页边码 650),共计最高可达约 47％。为了暂时减轻人合公司(和个体经营者)的税收负担,《个人所得税法》第 34a 条为其提供了留成优惠待遇。这一优惠待遇使得人合公司的股东自 2008 年开始,可以将其未分配利润按照 28.25％的优惠税率缴纳个人所得税。[558] 对于提取部分在随后的几年中按照 25％的税率(扣除留成优惠待遇)征税(参见页边码 648)。

---

[555] 参见 *Strunk/Bös*, Schwerpunkte der Steuerberatung-ein erster Überblick für Berufseinsteiger, Steuer Stud, 2004, 590。

[556] BVerfG, 2 BvL 2/99, BVerfGE 116, 164。

[557] 参见 *Niehus/Wilke*, Die Besteuerung der Personengesellschaften, 2010; *Jacobs*, Unternehmensbesteuerung und Rechtsform, S. 91 ff; *Eisgruber*, in: FS für Spiegelberger, 2009, S. 103 给出了关于法律形式中立征税的税收政策讨论的概览。

[558] 关于 § 34a EStG 规定的盈利概念,详见 *Söffing/Worgulla*, NWB 2009, 841。

一、对人合公司征税

(一) 概要

1. 人合公司在税法中的地位

我们没有专门针对人合公司[559]征税的法律——这同法人的情况不同,有《法人所得税法》规范对其的征收(见后面页边码 1200 以下)。在对人合公司进行征税时,我们依据的是《个人所得税法》中的普遍标准。这部法律中有几条**特别规定**: 1101

——《个人所得税法》第 15 条第 1 款第 1 项第 2 目:收入包括的范围(见页边码 1132 以下)

——《个人所得税法》第 15 条第 3 款:工商业行为收入分类(见页边码 1117 以下)

——《个人所得税法》第 15a 条:有限责任合伙人的损失分配(见页边码 1134—1135)

——《个人所得税法》第 16 条第 1 款第 1 项第 2 目:公司股份的转让(见页边码 718)

——《个人所得税法》第 16 条第 3 款第 2—4 项:合伙人经营的实际切分(见页边码 1166)

——《个人所得税法》第 6 条第 3 款以及第 5 款:转移文件中如何继续记录账面价值(见页边码 1161)

——《个人所得税法》第 18 条第 4 款第 2 项以及第 13 条第 7 款:对从独立工作或者农林业获取收入所得的人合公司参考使用第 15 以及 15a 条的单独规定。

严格说来,"人合公司的纳税"这个词的用法经常让人产生误解,这里也是一样:这种人合公司既不是个人所得税的纳税主体也不是法人所得税的纳税主体。根据《个人所得税法》第 2 条第 1 款第 1 项,有纳税义务的人所获得的收入需要缴纳个人所得税。根据《个人所得税法》第 1 条第 1 款第 1 项,只有自然人,也就是人合公司的合伙人才有纳税义务。 1102

因此直到 20 世纪 70 年代初还占据主导地位的**"平衡束理论"**由此得出这样的结论,人合公司"完全不属于所得税的范畴"。税收的征收方式应该就像对单个的合伙人单独经营一家大小相当于他在人合公司中股份的公司进行征税一样。因此人合公司的收支平衡被看作是合伙人单独收支平衡的总和。[560]

---

[559] 见 *Niehus/Wilke*, Die Besteuerung der Personengesellschaften, 4. Aufl, 2008 和 *Birk/Wernsmann*, Klausurenkurs, Übersicht zu Fall 7 (Rn 504)。

[560] 关于收支平衡理论,例如 RFH, VI A 422/37, RStBl 1937, 937;*Weber-Grellet*, DStR 1982, 699 有进一步论证。

1103 　　现在主流的观点认为应将人合公司归类在收益税法系统的范围内,这种看法依据的是一种"双重原则",一方面要考虑到**人合公司的相对统一性**,另一方面还要顾及由其人事结构决定的**合伙人的多样性**。[561] 因此其指导思想是,除了上述的税收规则(《个人所得税法》第1、2条)也不能忽略民事法律关系的考量(部分法律能力,见《商法典》第124条关于合伙贸易公司以及共同共有学说的论述[562])和经济关系(公司是一种企业家的行为单位[563])。合伙人在他们共同共有的联合体中进行以获得收入为目的的行为,通过这种方式他们共同实现了一种收入种类的事实。人合公司在所得税方面应该是"透明的"(**透明原则**)。人合公司本身是获利以及盈利调查的主体。这意味着,无论是在收入的定性(也就是将收入归类在某个收入种类以及对获利目的进行评定)或是在对收入进行调查的过程中都将人合公司看成是一个整体(人合公司的不完全税法能力)。[564] 对单个的合伙人的评价结果可能会有所不同,因为是否存在需纳税的收入以及需纳税的收入是什么种类这些问题只能根据合伙人的事实构成要件进行回答,而只有这些是有义务缴纳个人所得税的(就自然人而言)[565](例如见页边码1118,1120)。

　　盈利直接分配给合伙人(《个人所得税法》中的说法是"共同经营人")。

　　例子:A&B 无限责任公司有两个合伙人 A 和 B,他们分别占有50%的股份。经营结算以及税款结算结果显示其工商收益为10万。根据《个人所得税法》,这个无限责任公司统一获得的盈利并非属于整个公司,而是根据参与比例分别归属每个合伙人(根据《个人所得税法》第15第1款第1项第2目,每个合伙人5万)。然而这个无限责任公司本身因其营业收益有义务缴纳营业税(根据《营业税法》第5条第1款第3项,见页边码1376—1380)。增值税的主体也是整个公司(根据《增值税法》第2条,见后面页边码1689)。

---

[561] 这一理解首先通过联邦财政法院大委员会的判决而受到影响(参见 BFH, GrS 4/82, BStBl II 1984, 751 (761 ff); GrS 7/89, BStBl II 1991, 691 (698 ff); GrS 3/92, BStBl II 1993, 616 (621 f); GrS 1/93, BStBl II 1995, 617 (620 ff))。历次判决总在寻求折中,但从法释义学角度还有很多不明确的地方。加深阅读,*Lang*, in: FS für L. Schmidt, 1993, S. 291 ff。亦见 *Hallerbach*, Die Personengesellschaft im Einkommensteuerrecht, 1999; *Pinkernell*, Einkünfterzurechnung bei Personengesellschaften, 2001; *Bodden*, FR 2002, 559; *Jacobs*, Unternehmensbesteuerung, S. 219 ff。

[562] BGH, II ZR 331/00, BGHZ 146, 341。

[563] *Reiß*, in: Kirchhof, EStG, § 15 Rn 164, 169。

[564] BFH, GrS 4/82, BStBl II 1984, 751 (761): "若人合公司在其股东统一之基础上,实现纳税构成要件,则人合公司是税法上的主体。"

[565] *Hey*, in: Tipke/Lang, § 18 Rn 12。

2. 合伙经营的意义

如果存在合伙关系(见页边码 1111 以下),而且其目的是获得营业收入(见页边码 1115 以下),那么就会出现《个人所得税法》第 15 条第 1 款第 1 项第 2 目第 1 句第 2 半句中提到的重要的法律后果:公司对合伙人的行为或者合伙人进行贷款或资产(特别津贴)**转让支付的补偿**也属于商业行为的收入(见页边码 1147)。此外,根据判例,合伙人在参与的条件下**使用的资产的价值改变**也属于营业收入(见页边码 1149 以下)。 1104

例子:合伙人以每月 5000 的价格租给公司一块土地。根据《个人所得税法》第 15 条第 1 款第 1 项第 2 目第 1 句第 2 半句项这并不属于出租和租赁的收入,而是属于商业行为的收入。

这项规定的意义在于体现人合公司参与者与个体经营者的(部分)平等性以及平等对待合伙人,不管合伙人是以参与分红的形式还是以债务法酬金对公司进行投资。[566] 这里首先要遵守的是营业税的估算基础:就算是个体经营者也不能通过从私人财产向公司贷款并收取利息或者租赁土地这种方式来减少其营业盈利。《个人所得税法》虽然会认可合伙人与公司签订的合同,但它并不允许对其营业盈利产生影响。[567] 相对于营业税的事实中性化,支付的持续补偿这一方面已通过个人所得税的总额折抵(《个人所得税法》第 35 条,见页边码 650)而退居次要地位。在有合伙人参与情况下使用的资产的税收归属方面(构建隐蔽储备金,见页边码 903),商业行为收入的性质转变仍然有重要的经济影响。 1105

合伙关系的收入(包括上述特别补贴在内)是根据《税法通则》第 179 条第 2 款第 2 项以及第 180 条第 1 款第 2 目第 a 点单独并统一进行确定的(详细说明见页边码 532 以下)。其确定裁决是合伙人所得税征收的基本裁决(也就是说它是有约束力的所得税裁决,《税法通则》第 182 条第 1 款)。这特别意味着,在所得税说明范围内,对合伙人来说任何与确定裁决相异的税收行为都不算有效行为。他必须使其在参与过程中发生的支出通过确定程序认定为有效。 1106—1108

(二)《个人所得税法》第 15 条第 1 款第 1 项第 2 目的使用范围

1109

> **情形 49**:S 以隐蔽合伙人的身份参与大型贸易公司 G(《商法典》第 230 条)。根据合约要求,S 必须投入一定量的资金,因此获得公司 10% 的收益并承担公司的损失——损失承担最高达到其投资额。如果他要脱离公司,他有权要求根据企业管理的业务评估方法进行清偿计算。S 能得到多少收入所得? **(页边码 1122—1130)**

---

[566] BFH, VIII R 53/94, BStBl II 1996, 515 (516); VIII R 13/95, BStBl II 1998, 325 (326).
[567] BFH, GrS 7/89, BStBl II 1991, 691 (698).

1110　如果(1)中出现的法律意义上的合伙关系以及(2)这种合伙关系从商业行为中获得收入,就出现了《个人所得税法》第 15 条第 1 款第 1 项第 2 目的法律后果。

1. 合伙经营的存在

1111　《个人所得税法》第 15 条第 1 款第 1 项第 2 目将无限责任公司以及两合公司明确认定为合伙经营关系(这里将合伙经营关系理解为《个人所得税法》第 15 条第 1 款第 1 项第 2 目中所包括的所有公司形式的上位概念)。

除此之外,这项标准还适用于"其他公司"。如果要在其他"未提及"的情况下推导出合伙经营关系的前提条件,需要将上面规则中提到的公司形式(无限责任公司以及两合公司)作为典型代表。根据司法判例,需要其(同时)符合三个前提条件。[568] 它必须(a) 涉及民法中规定的公司关系,(b) 合伙人必须承担经营人风险以及(c) 合伙人必须发挥经营者主动权。

(1) 民法中规定的公司关系。

1112　除了无限责任公司和两合公司,这里还必须考虑到民法中的所有其他的(合伙)公司形式,包括《民法典》第 705 条以下中规定的民事合伙(也称为内部公司,例如内部参与投资的情况)[569]、《商法典》第 230 条以下中规定的隐藏公司、《商法典》第 489 条中规定的海运公司、合伙人公司(PartGG)以及欧洲经济利益集团(EWIV)。同时,**有限责任两合公司**,也属于人合公司,有限责任两合公司以其公司财产承担有限责任。除此之外,民法中不列入公司范畴的多人组织,如果它的经济行为可类比成参与人承担经营者风险并发挥经营者主动权的话,也包括在内(例如资产均有共同体、共同继承人或者财产共有)。[570] 合伙人也可能是以本人名义为其他人经营独资公司的人,他除了承担个人无限责任外还要承担经营者风险。[571]

资合公司不属于《个人所得税法》第 15 条第 1 款第 1 项第 2 目意义上的"公司关系"概念。而多个债务法合同关系的联合(例如劳务合同、借贷合同或者租赁合同;在与盈利相关的补偿情况下)也因缺少公司关系而不包含在其中。只在特殊情况下司法判例给出一个例外情况并认可一种所谓"隐藏的(事实上的)合伙经营关系",也就是从公司关系的

---

[568] 基础裁决:BFH, GrS 4/82, BStBl. II 1984, 751 (769)。

[569] BFH, IV R 79/94, BStBl II 1996, 269.

[570] BFH, GrS 4/82, BStBl II 1984, 751 (768)这样表述;另 BFH, VIII R 18/95, BStBl II 1999, 384. 对于以民法上公司设立为导向的批判,见:Hey, in: *Tipke/Lang*, § 18 Rn 18;部分批判观点详见:*Knobbe-Keuk*, Unternehmensteuerrecht, S. 393 ff。

[571] BFH, III R 21/02, BStBl II 2005, 168.

决定性行为出发,(特别是在亲属之间的合同的情况下)交换合同的内容和实施是与陌生人之间实行的惯例不一致,并且还有公开的或隐藏的盈利分成的情况。[572] 参与人必须存在缔结相应的公司合约的联合意愿。而这种联合意愿是不能从参与者的经济权力地位中推导得出的。[573]

一般来说,子女或其他家属作为非活跃合伙人(主要作为有限责任合伙人和隐蔽合伙人)参与公司经营以求使得收入可以由多人分摊并获得累进好处。司法判例对这种"**家庭人合公司**"的情况使用亲属间法律关系的普遍准则(民法效力、事实实施、与非亲属关系进行比较,见上面页边码 337 及以下)。[574] 满足了这些条件并不会妨碍父母将他们先前作为单独经营人运作的部分赠送给孩子[575];在这种情况下必须检验利益分配的合理性,如果需要,则按照《个人所得税法》第 12 条第 1 目对其进行修正[576]。

除了自然人和法人(例如:有限责任公司,两合公司),根据《个人所得税法》第 15 条第 1 款第 1 项第 2 目第 2 句,人合公司也可以再次缔结合伙关系成为合伙人(也就是所谓的"**双重人合公司**")。[577]

(2) 经营者的风险。

无论成功还是不成功,合伙人必须承担经营者风险,因此他应参与公司的盈利和损失以及隐藏储备金(在收支平衡的账面价值中没有体现出的增值,见页边码 903)。[578] 在退出公司或解除合伙关系时,合伙人有权要求对其参与的隐藏储备金进行计算和补偿。在这种意义上,民事合伙、无限责任公司以及两合公司的合伙人,包括有限责任合伙人的经营者风险是根据法律上的原始情况给出的。[579]

1113

---

[572] ZB BFH, IV R 65/94, BStBl II 1996, 66; VIII R 32/90, BStBl II 1998, 480; IV R 44/02, BStBl II 2004, 500(农业经济中的夫妻合营)。

[573] BFH, VIII R 2/03, BFH/NV 2003, 1564.

[574] BFH, IV R 79/94, BStBl II 1996, 269 (270); VIII R 16/97, BStBl II 2001, 186。详述,*Knobbe-Keuk*, Unternehmensteuerrecht, S. 505 ff; *Seifert*, Auswirkungen der Unternehmensteuerreform auf Familienpersonengesellschaften, 2002, S. 8 ff; 亦见 *Hohaus/Eickmann*, BB 2004, 1707。

[575] BFH, IV R 114/91, BStBl II 1994, 635; VIII R 16/97, BStBl II 2001, 186 (188).

[576] BFH, IV R 103/83, BStBl II 1987, 54 (57); VIII R 77/98, BStBl II 2002, 460 (461); 批判观点尤见:15-Prozent-Grenze *Hey*, in: *Tipke/Lang*, § 18 Rn 45.

[577] BFH, GrS 7/89, BStBl II 1991, 691 (699); 不赞成的 *Reiß*, in: *Kirchhof*, EStG, § 15 Rn 344; *Hey*, in: *Tipke/Lang*, § 18 Rn 18; zu den Konsequenzen vgl Rn 1147.

[578] BFH, VIII R 74/03, BStBl II 2006, 595.

[579] 参照 *K. Schmidt*, Gesellschaftsrecht, 4. Aufl, 2002, § 50; 相关概述亦见:*Jakob*, Einkommensteuer, Rn 1044。

在这里，隐蔽公司的区分与事实情况有很大的关系：根据《商法典》第230条中的规则，隐蔽合伙人在公司分解时只能够收回他自己的投资。这种情况下并不存在经营者风险，这里涉及的是通过盈利分成从资本中获得收益（《个人所得税法》第20条第1款第4项）类似于借贷者的"典型隐藏参与人"。如果参与人得到了法律赋予的权利，他参与了盈利和损失的分配以及隐藏储备金和商业价值，这就是完全不同的情况了。这种"非典型隐藏公司"属于《个人所得税法》第15条第1款第1项第2目中的合伙人关系，它主要是以获取营业收入为目的。[580]

（3）经营者的主动权。

1114　依据税法，合伙人只有在发挥经营者主动权时才能算是合伙经营者。因此这里的合伙指的是参与公司决策[581]，主要是经营权、代表权以及投票权。因为在《个人所得税法》第15条第1款第1项第2目中提到了两合公司，这里并不能要求比《商法典》第164条以下中法律典型代表的有限责任合伙人有更多的权利。因此人们认为，经营者主动权最少要包括投票权和控制权。另一方面，如果有限无限股份两合公司的有限责任合伙人在公司合约中明确规定权力达不到法律规定的最低典型代表，就不能算是是合伙经营人。[582]

如果缺乏经营者主动权，那么可以通过增加经营者风险来平衡，反之亦然。根据判例，两合公司的无限责任合伙人即使不参与两合公司的分红，也不承担亏损，也不涉及公司财产，仍然被视为两合公司的合伙人。[583]

受判例影响的合伙经营者概念是一个类概念，它并不是一个可以将其包括的单个特征的细节省略的完整概念。[584]

2. 从工商业行为中获得的收入

1115　应用《个人所得税法》第15条第1款第1项第2目的其他前提条件是工商业行为要有收益。如果不符合这种情况，仍然可能算作是合伙经营，这种情况是从农林业（见《个人所得税法》第13条第7款）或者独立工作（见《个人所得税法》第18条第4款第2项）获得收入所得。如果这种收入种类的前提条件不存在，人合公司也可能从出租和租赁或

---

[580] ZB BFH, I R 133/93, BStBl II 1995, 171 (173); VIII R 12/94, BStBl II 1997, 272; VIII R 20/01, BFH/NV 2003, 601; 亦参照 Jacobs, Unternehmensbesteuerung, S. 329 ff.
[581] BFH, VIII R 50/92, BStBl II 1994, 282 (285); VIII R 74/03, BStBl II 2006, 595.
[582] BFH, GrS 4/82, BStBl II 1984, 751 (770); VIII R 66-70/97, BStBl II 2000, 183.
[583] BFH, VIII R 74/03, BStBl II 2006, 595.
[584] 对于与之相关的法律不确定性的批判观点，见 Knobbe-Keuk, Unternehmensteuerrecht, S. 381 ff, 根据这一观点，除经营关系外，财产设置（企业风险）也应当很重要。

者资本性资产来获取收入（资本管理人合公司，见页边码 1120）。

(1) 工商业行为（《个人所得税法》第 15 条第 1 款第 1 项第 2 目，第 2 款）。

人合公司必须从事工商业活动，这样才能符合《个人所得税法》第 15 条第 1 项第 2 目的条件。与第 1 款不同，从事商业活动的必要性并不直接从第 2 款的条文得出的，而是从《个人所得税法》第 15 条第 3 款第 1 目得到的反推结论（"如果公司也从事第 1 款第 1 项第 1 目中提到的活动"）。工商业这个概念的特征见《个人所得税法》第 15 条第 2 款以及上面的页边码 695 以下。 1116

(2) 部分工商业行为（《个人所得税法》第 15 条第 3 款第 1 目）。

《个人所得税法》第 15 条第 3 款第 1 目中给出了一个重要的与个体经营者行为不同之处：这项准则规定，将一个只部分从事真正的商业活动的人合公司的收入统一定性为商业行为的收入（"褪色"）。[585] 根据《个人所得税法》第 15 条第 3 款第 1 目后半句话的规定，单纯持有其他从事商业活动的人合公司的股份也导致"褪色"。但是第 15 条第 3 款第 1 目的规定不适用于一个合伙人在其特殊领域所取得的营业收入。这项规定不以公司本身的经营活动和收入为依据。[586] 其目的在于，区分不同的行为，以此避免在进行盈余调查时可能出现的相关困难，同时确保营业税的征收。[587] 1117

例子[588]：进行资本投资经纪业务的税务咨询民事合伙（列于《个人所得税法》第 18 条）；进行饮料售卖的舞蹈学校（列于《个人所得税法》第 18 条）；参与进行商业活动的人合公司的从事农业的两合公司；附属（商业）眼科医院的医生联合诊所。[589] 为了避免出现褪色现象，这些商业活动实际上被转移到一个同一人的姊妹公司上。司法判例基本认可了这个所谓的外援模式。[590] 如果出现一个无法分割的统一的共同活动，我们就将根

---

[585] 这一规定是合宪的，见 BVerfG, 1 BvL 2/04, BVerfGE 120, 1 ff；关于对这一问题的检验见 *Birk/Wernsmann*, Klausurenkurs, Fall 7 (Rn 446 ff)。

[586] So BFH, XI R 31/05, BStBl II 2007, 378, zu § 15 Abs. 3 Nr 1 EStG aF.

[587] BFH, IV R 43/00, BStBl II 2002, 152；相关概述见 *Kantwill*, SteuerStud 2004, 267；相关宪法诉讼并未获得判决，BVerfG, 2 BvR 246/98, FR 2005, 139。

[588] BFH, I R 133/93, BStBl II 1995, 171; IV R 31/94, BStBl II 1995, 718。

[589] BFH, IV R 43/00, BStBl II 2002, 152（褪色原理同样适用于营业税中的经营行为，根据 § 3 Nr 20 GewStG，两项营业税行为均免税）。

[590] BVerfG, 1 BvL 2/04, BVerfGE 120, 1 (53 f); BFH, IV R 11/97, BStBl II 1998, 603（联合经营的眼科诊所，两个人合公司中的一家在推销隐形眼镜）；XI R 21/99, BFH/NV 2002, 1554；XI R 19/05, BFH/NV 2007, 1315。

据其重点将其整体归类为一种收入种类。[591]

然而，联邦财政法院认为，如果只有很少的商业股份（这里的决定性条件是 1.25％）就不需要承担《个人所得税法》第 15 条第 3 款第 1 目中的法律后果。这样做的根据是宪法中的比例原则。[592]

1118 **自由职业者**之间也可以共同建立合伙经营关系。[593] 根据判例，就算只有某个参与者职业种类不同（比较页边码 737）[594]，在共同的自由职业职业行为（例如律师事务所或者税务咨询事务所、医生联合诊所）中已经存在完全意义上的营业收入。此外，当一个资合公司成为一个人合公司的合伙人时，由于根据《法人所得税法》第 8 条第 2 款的规定，资合公司取得的是营业性收入，因此在从事自由职业的人合公司中被视为非专业主体，此时也属于"褪色"。[595] 根据《个人所得税法》第 15 条第 3 款第 1 目，对这种结果难以提供法律依据，因为这里并不涉及到公司的附加商业行为，只是合作经营者各自进行他们的自由职业行为以及商业行为。这个判例引用了"与自由职业本质之间的矛盾"以及职业道德准则来说明理由。[596] 大部分文献并没有遵循上述判例进行处理，而是在合伙人层面上进行收入所得定性，并且对于符合自由职业行为个人特征的合伙人，将其收入属性归类为《个人所得税法》第 18 条中的收入。[597]

尤其麻烦的情况是当一个非专业人员从专业人员那里继承遗产时的判例。每当遇到这种情况，考虑到非专业继承人缺乏经营者主动性，必须至少允许一段过渡期。[598]

(3) 工商业性质的人合公司（《个人所得税法》第 15 条第 3 款第 2 目）。

1119 《个人所得税法》第 15 条第 3 款第 2 目将《个人所得税法》第 15 条第 1 款第 1 项第 2 目的应用范围扩展到完全不从事商业活动的公司，这里只需要涉及具有**工商业性质的人**

---

[591] BFH, IV R 60/95, BStBl II 1997, 567.
[592] BFH, XI R 12/98, BStBl II 2000, 229；由于相关的法律不确定性，批判的观点见 *Reiß*, in：*Kirchhof*, EStG, § 15 Rn 148；根据 FG Münster, 8 K 4272/06 G, EFG 2008, 1975，营业税法上的免税额为 24500 欧元，对于经营行为是否被看得极其细微这一问题，并未界限标准。
[593] 见 *Demuth*, DStZ 2005, 112。
[594] BFH, IV R 48/99, BStBl II 2001, 241；VIII R 69/06, BStBl. II 2009, 642；*Siegmund/Ungemach*, DStZ 2009, 133.
[595] BFH, VIII R 73/05, BStBl II 2008, 681.
[596] 参照 BFH, I 84/55 U, BStBl. III 1956, 103.
[597] *Paus*, DStZ 1986, 120；*Hey*, in：*Tipke/Lang*, § 18 Rn 33；亦见 *Knobbe-Keuk*, Unternehmensteuerrecht, S. 730 f；*insgesamt freiberufliche Einkünfte*.
[598] 亦见 *Schmidt/Wacker*, EStG, § 18 Rn 47 有进一步论证。

合公司。这部法律将人合公司理解为除（国内的或国外的[599]）资合公司外（或者多重公司（页边码1112）情况下，其他具有工商业性质[600]的人合公司，《个人所得税法》第15条第3款第2目第2项）只有个人责任的合伙人的人合公司。典型的例子是有限责任两合公司。另外，只有这个资合公司或者非合伙人有权经营这个公司。[601]

因为这个前提条件，有纳税义务的人可以对应不同的公司形态，自由选择是否需要满足《个人所得税法》第15条第3款第2目的构成要件以及因此以获得营业收入为目的（"申请的工商业行为"[602]）进行纳税。尽管有些条件下这种做法会使经营目的的资金的税收复杂化（也就是说，与私人资金的情况相反，对实现的价值增加部分可征税）并且会使营业税负担加重（例如投资津贴的获取、通过避免商业任务推迟对隐藏储备金的纳税），但它还是能带来好处的。

从当今对人合公司在税法中的地位的观点（见页边码1103）来看，这项规则是一个外来物，它来源于早先的平衡束理论；在这种理论的影响下，帝国财政法院和联邦财政法院认为，主要合伙人的关系对整个公司的影响是决定性的；根据《法人所得税法》第8条第2款，**两合公司的无限责任股东**总是以从工商业行为中获取收入为目的。这种"特殊判例"在1984年抛弃平衡束理论的过程中也被放弃了[603]，立法者直接将它确定在《个人所得税法》第15条第3款第2目[604]。

d）财产管理人合公司

单纯的**财产管理**人合公司[605]不进行任何形式的商业活动（例如基金公司）——只要它没有根据《个人所得税法》第15条第3款第2目而带有工商业性质。根据判例，财产管理是指利用财产价值获取收益的活动（例如出租）；与之相反，整体而言工商业活动侧

---

[599] BFH，XI R 15/05，BStBl II 2007，924；*Strunk*，Stbg 2007，403.

[600] 当其本身同时也在经营时，与字面含义相反，参照 BFH，IV R 37/99，BStBl II 2001，162（164）；dazu krit. *Söffing*，DB 2003，905。

[601] 当非无限责任股东被授权进行企业经营时，§ 15 Abs. 3 Nr 2 EStG 不得适用所谓的"去印记"（Entprägung）。当一个两合公司中仅有资合公司股东，且公司经营权被授予其中一家资合公司作为有限责任股东时，此种情形是否也构成"去印记"，尚存争议。参照 *Spilker/Früchtl*，DStR 2010，1007 有进一步论证。

[602] *Knobbe-Keuk*，Unternehmensteuerrecht，S. 381.

[603] BFH，GrS 4/82，BStBl II 1984，751（761）.

[604] 见 BFH，IV R 5/02，BStBl II 2004，464，详见 *Knobbe-Keuk*，Unternehmensteuerrecht，S. 374 ff.

[605] 见 *Drüen*，SteuerStud 2004，8.

重于改变财产价值和利用方式来获取收益(典型的例子:交易)。[606] 对这些财产管理人合公司来说,《个人所得税法》第15条第1款第1项第2目是不适用的(不存在合伙经营关系)。他们共同获取的利润(例如出租与租赁)通过收入—盈余—计算在公司层面上进行统计并分配到各个合伙人身上。

如果财产管理人合公司自行承担某种盈余收入种类的盈利或者损失,在这种意义上,它属于有限税法主体。与所谓的切分观点相对应,根据《税法通则》第39条第2款,属于人合公司共有财产的资产通过对应合伙人的参与比例分配给各个合伙人。[607] 例如,如果共同共有人合公司从出租和租赁中获取收入(《个人所得税法》第21条),那么合伙人根据这个比例对利润进行分配。公司和合伙人之间的给付关系(例如合伙人向公司出租物品)只有在其使用大于合伙人的部分授权时才能得到承认。[608] 如果财产管理人合公司占有资本股份,那么在转让的情况下,对转让盈利(《个人所得税法》第17条第1款,见页边码719和720)如何纳税这个问题,由人合公司分摊给合伙人的股份是否占股份公司总股份的1%或者更多来决定。这里与人合公司的股份多少无关,而是取决于合伙人分摊的部分。[609] 与此相反,对于进行商业活动的人合公司来说,《税法通则》第39条第2款第2目的内容与《个人所得税法》第15条第1款第1项第2目相排斥。[610]

例外的是,例如(商业性)地产交易中在合伙人层面上应该考虑到收入形式的重新定性(见页边码703);如果同时顾及合伙人的自身行为和分摊给他的公司行为,判例可以接受地产交易的营业性,那么(只是)合伙人的目的在于获取商业收入——包括从财产管理公司的分成中获得的收益(向人合公司"直索")。[611] 而其单个合伙人也可以不接受以获得盈利为目的的行为,那么他分摊所得的收入则不需要纳税。[612]

1121 对于财产管理人合公司,如果部分合伙人持有企业资产股份,那么双方的收入应以不同方式调查:**斑马公司**获取盈余收入,这些盈余收入根据《个人所得税法》第2条第2款第2项在获取盈余超过必要支出的过程中被调查。盈余是统一并按财产管理公司规

---

[606] 参照,例如 BFH, X R 107—108/89, BStBl II 1990, 1060; XI R 17/90, BStBl II 1992, 1007; XI R 23/90, BStBl II 1992, 135; XI R 21/91, BStBl II 1993, 668。
[607] BFH, IX R 68/01, BStBl II 2005, 324。
[608] BFH, IX R 49/02, BStBl II 2004, 929。
[609] BFH, VIII R 41/99, BStBl II 2000, 686 (688)。
[610] BFH, IX R 68/01, BStBl II 2005, 324。
[611] BFH, GrS 1/93, BStBl II 1995, 617 (621); IV R 72/07, BStBl II 2009, 529。
[612] *Reiß*, in: *Kirchhof*, EStG, § 15 Rn 177; BFH, IX R 49/95, BStBl II 1999, 468。

定分别进行确定的(《税法通则》第 179 条第 2 款第 2 项、第 180 条,见页边码 536—537)并且分摊给不参与商业行为的合伙人。根据大参议院的最新判例,在**合伙人层面**上,对于参与商业行为的合伙人将盈余转换为商业收入(以及相应的收入核算)。[613] 合伙人所属的所在地税务局不仅要检查合伙人层面上("公司之外"[614])是否有商业收入,还要调查其额度。

根据判例,在这种情况下,《人合公司统一性准则》(见页边码 1103)因其放弃单个合伙人的思路而位居次要地位。[615]

情形 49(页边码 1109)**的答案**:隐蔽合伙人是以从资本资金中获取《个人所得税法》第 20 条第 1 款第 4 项意义上的基本收入为目的的。根据《个人所得税法》第 20 条第 1 款第 4 目第 1 句第 2 半句,如果合伙人被看成是合伙经营者就不存在资本资金收入。这里的 S 可能以从商业合伙经营关系中获得收入为目的(《个人所得税法》第 15 条第 1 款第 1 项第 2 目)。那么其前提条件是他必须被视为合伙经营者。《个人所得税法》第 15 条第 1 款第 1 项第 2 目中并没有明确提到隐蔽公司,这里涉及的是属于民法中"其他公司"的公司形式。S 必须承担其他经营者风险并展现其经营者主动性。他通过参与损失以及在补偿规则中提到的参与公司的隐藏储备金来承担经营者风险。而公司合约中并没有提到实现经营者主动性的可能性。这时可以应用《商法典》第 233 条中的法律控制权。虽然这种方式只可能实现最小的经营者责任,这条规则严格符合了商业法典第 166 条中的有限责任合伙人的控制权。如果通过在《个人所得税法》第 15 条第 1 款第 1 项第 2 目中直接提及有限无限股份两合公司而明确指出有限责任合伙人被看作是合伙经营人,那么考虑到经营人主动性时,隐藏合伙人也应该得到同样的权力。因此,S 是一个隐蔽公司的合伙经营人(它被称作是"非典型隐蔽公司")。从事大宗交易的公司也是以获取商业收入为目的的,因此 S 获得了《个人所得税法》第 15 条第 1 款第 1 项第 2 目中的收入。

1122—1130

---

[613] BFH, GrS 2/02, BStBl II 2005, 679;不同情形见 BFH, III R 14/96, BStBl II 1999, 401 (404); IV R 77/99, BFHE 193, 311; X R 4/02, BFH/NV 2003, 457;批判见,*Marchal*, DStZ 2005, 861; *Reiß*, in: *Kirchhof*, EStG, § 15 Rn 395 ff;关于程序方面,见:*Schlagheck*, StuB 2007, 730。
[614] BFH, GrS 2/02, BStBl II 2005, 679, 682。
[615] 关于合营业主和法人在税收上的措施,详见 *Carlé*, KÖSDI 2009, 16769。

（三）合伙经营收入的组成部分

1131

> **情形 50**：M 无限有限股份两合公司是一个中型涂装企业，A 是无限责任合伙人，B 是有限责任合伙人，并且每人占有公司一半的股份。A 另外还在一个住宅建筑有限责任公司中占有 20％ 的股份，同时 M 无限有限股份两合公司还承担这个住宅建筑公司大部分的房屋装修工作。这项工作大概占这个无限有限股份两合公司所有合约总量的 1/4。按照企业顾问的建议，这个无限有限股份两合公司为了提高其员工的积极性计划实行一项革新性的合作参股草案：所有工作时间长于 1 年的员工可以从公司资金中获得 1000 欧元的有限责任股东股份，《商法典》中规定的一般权利和义务是与这些股份挂钩的。如何从税务上评价这个事实？**（页边码 1168—1199）**

1132　　合伙经营关系的收入统计过程分为两个步骤：根据《个人所得税法》第 15 条第 1 款第 1 项第 2 目第 1 句，公司的红利属于收入（见页边码 1133 以下），根据第二半项，特别津贴（用于补偿实施的行为、贷款、资产转让，见页边码 1146 及以下）也属于收入。[616]

　　在通过企业资产比较（见页边码 804 及以下）进行的盈余调查过程中发生了如下行为：首先进行公司的税款结算。这包括公司资产负债表，也可能包括单个合伙人修正后的补充结算表（见页边码 1154 和 1155）。由此可以得出《个人所得税法》第 15 条第 1 款第 1 项第 2 目第 1 句的意义上的红利（第一个步骤）。在盈余调查的第二个步骤中根据需要对特别企业资产列出特殊项目平衡表，并将合伙人的特别企业收入及其支出包括进去。然后将两个步骤的结果相加对单个合伙人应分摊的盈利进行统计。

　　自由职业者（《个人所得税法》第 18 条第 1 款第 1 目中的收入）也可以建立合伙经营关系。他们可以根据《个人所得税法》第 4 条第 3 款通过盈余计算算出其盈利（见页边码 930 以下）。在计算过程中第二个步骤（特别津贴和特别企业资产）也应列入盈余调查，参见《个人所得税法》第 18 条第 4 款第 2 项对《个人所得税法》第 15 条第 1 款第 1 项第 2 目的指导意见（同样可参见《个人所得税法》第 13 条第 7 款）。与此相反，财产管理人合公司不是合伙经营关系（见页边码 1120），它的盈余收入是根据《个人所得税法》第 8 条进行计算的。因为这里不能使用《个人所得税法》第 15 条第 1 款第 1 项第 2 目，在收入调查中不会出现第二个步骤。

---

[616] 案例中的收入调查，见 *Birk/Wernsmann*, Klausurenkurs, Fall 6 (Rn 384, 401) 和 Fall 7 (Rn 445, 454 ff)。

1. 公司红利(《个人所得税法》第 15 条第 1 款第 1 项第 2 目第 1 点第 1 半句)
(1) 盈利调查和分配。

在进行公司盈利调查时需应用普遍盈利调查原则(《个人所得税法》第 4—7k 条,见页边码 804 以下)。[617] 所有税收上需要归属的资产都属于公司的企业资产,这里根据《税法通则》第 39 条第 1、2 款对这种归属进行评估(见页边码 326 以下)。资产对实现商业目的的贡献通常是通过与这个资产相关费用的证明,登入人合公司的账目以及将资产记入贷方来实现的。[618] 如果合伙人将一个属于公司企业资产的资产用于私人目的,那么它就是必要的私人资金。[619]

盈利分配是根据公司章程(盈利分配方案)进行的,它可以根据例如合伙人在公司资本中所占份额进行分配。[620] 与股份公司相反,合伙人的盈利分摊并非取决于是否"分配"并取得盈利:只要合伙人直接分摊盈利,人合公司就是"**透明**"的(页边码 1103)。然而先于 2008 年的法人所得税改革,《个人所得税法》第 34a 条(参见页边码 1100)[621] 同样在人合公司中引入了针对未分配盈利的税收优惠。据此,每一个合伙人都可以选择,是否在缴纳个人所得税时请求享受税率优惠。但是这并没有改变,收益总是归属于合伙人,与盈利的最终分配无关,合伙人需要对此缴税的事实。

(2) 损失结算,《个人所得税法》第 15a 条的情况下进行损失平衡时的限制。

如果公司没有获得盈利而是遭受了损失,这种情况下合伙人直接分摊人合公司的这种后果。这项起因于"透明"的法律后果正是人合公司相对于股份公司的优点所在,股份公司的损失并不会在税收上影响股份持有人。

然而,如果一个合伙人只负有限责任(上限是他的投资金额,例如有限责任合伙人)并且之前分摊的损失金额已经达到其担保金额,那么就不会进行《**个人所得税法**》**第 15a 条**中规定的损失补偿。如果合伙人不考虑通过第三方或者其他合伙人进行支付,就出现了没有任何经济负担的所谓负面资本账户。[622] 只有当盈利随后又归属于有限合伙人时,此有限合伙人才会分担超出其投资金额的损失份额。损失可以通过将来的收益进行

---

[617] 关于盈利调查,亦见:*Birk/Wernsmann*, Klausurenkurs, Übersicht zu Fall 7 (Rn 504)。
[618] BFH, IV B 22/01, BStBl II 2002, 690 (692)。
[619] BFH, VIII R 353/82, BStBl II 1988, 418 (公司财产中的家庭住宅,且用作私人目的的使用);IV R 64/93, BStBl II 1996, 642 (无利息且担保的向股东长期放贷)。
[620] 收益分配的商法与税法问题,参照 *Carlé/Bauschatz*, FR 2002, 1153。
[621] 参照 *Forst/Schaaf*, EStB 2007, 263;*Bäumer*, DStR 2007, 2089;*Ley*, Ubg 2008, 13;详见 *Schmitt*, Stbg 2007, 573。
[622] *Wendt*, Stbg 2009, 1 ff.

清算并根据《个人所得税法》第15a条第4款单独确定。[623]

《个人所得税法》第15a条不采用《个人所得税法》第10d条中的损失补偿的普遍规则（见页边码616以下）；这项规则也应该限制损失分配公司的活动[624]；《个人所得税法》第15b条[625]也是以此为目的的。这里只需要废除外部责任的限制，这样《个人所得税法》第15a条本身就可以在无限责任的情况下规范内部关系。[626]

2. 特殊领域的结果（《个人所得税法》第15条第1款第1项第2目第1句第2半句）

1146 合伙经营关系盈余调查的第二个步骤被称为"特殊范围"，这里涉及"特殊项目平衡表""特殊商业支出"等。特殊项目平衡表中需要列出特别企业资产以及合伙经营人的特别津贴。

特殊项目平衡表只用于对人合公司的——税收上的——盈利进行正确的统计。由于这些特殊项目平衡表只包括个别并且很少的资产，一般来说此表很短。如果将特殊项目平衡表中包括的单个资产卖出，那么这个合伙人就不再编制特殊项目平衡表。

(1) 特殊企业收入和支出。

1147 《个人所得税法》第15条第1款第1项第2目第1句第2半句中直接列出了合伙人因服务或转让资产等而得到的补贴。商法中将这些额外补贴作为公司的经营支出（消费），根据《个人所得税法》第15条第1款第1项第2目的规定，这些支出算作是个别的合伙人从公司获得的收入，并且流入合伙经营关系中统一并单独确定（《税法通则》第179条第2款第2项、第180条第1款第2目第a点）的税务总收益。虽然划分方法不同，但是其总数不变（对于营业税是重要的，参照页边码1383）。

根据《个人所得税法》第15条第1款第1项第2目，应将一个合伙经营人从与公司进行的交易中获得的收入（例如出租和租赁）**转换**为商业行为的收入，前提是这些收入是为了实现公司目标。这项规定将合伙经营人与单独经营人放在平等的地位上，因为单独经营人不会从盈利中减去经营者工资。[627] 合伙经营人从工商业行为中获得的盈利收入

---

[623] 详见 *Jacobs*, Unternehmensbesteuerung, S. 273 ff；*Wendt*, Stbg 2009, 1 ff；依据 § 15a Abs. 1a EstG，有后续入资的损失结算新规，参见 *Grützner*, StuB 2009, 251。

[624] § 15a EStG 的合宪性尚存争议：*Hey*, in：*Tipke/Lang*, § 18 Rn 41 f 认为，该规定是违宪的。与之相对的是，BFH 并不同意该质疑（BFH, VIII R 81/02, BStBl II 2004, 118）。

[625] 关于 § 15b EStG 的详述，见 *Beck*, DStR 2006, 61 ff；*Brandtner/Raffel*, BB 2006, 639 ff；亦见，Rn 626—627。

[626] BFH, VIII R 45/98, BStBl II 2002, 339；VIII R 31/01, BStBl II 2002, 464 在（新增的）针对公司债权人的合同义务转移，参见 *Schmidt/Wacker*, EStG, § 15a Rn 62, 128。

[627] BFH, VIII R 41/98, BStBl II 2000, 339（341）；参照 *Jakob*, Einkommensteuer, Rn 1099 f。

不能通过债务法形态消去。而特殊津贴并不是转让交易,例如交付商品的对待给付。[628] 除了原文的说法外,如果一个合伙经营人因某项给付从第三方获得报酬,而且这项给付最终对公司有利而不是对第三方有利,那么这也算在特殊津贴的范围内。[629]

根据《个人所得税法》第 15 条第 1 款第 1 项第 2 目的第 2 句以下情况也可以成立,特别津贴不是由合伙人直接参与的公司支付的,而是由他间接通过其他人合公司参与的一个公司中的某个多重公司支付的(例子:A 是 A&B 无限责任公司的合伙人,也是 X 无限有限股份两合公司的有限责任合伙人。A 从 X 无限有限股份两合公司得到其行为的额外补贴)。这项难于理解的规定是立法者对联邦财政法院大参议院一项错误的相反判决[630]作出的回应,如果接受他们的判决,多数多重人合公司的建立就无法符合《个人所得税法》第 15 条第 1 款第 1 项第 2 目第 1 句的准则。

相对于这种特殊商业收入当然也有支出(例子:为公司工作的合伙人的差旅费;转让给公司的土地带来的欠息等)。这种支出本身涉及非自由职业以及出租和租赁带来的收入的必要支出用。根据《个人所得税法》第 15 条第 1 款第 1 项第 2 目,这些收入属于商业行为的收入,那么合乎逻辑的是该支出为特殊商业支出(《个人所得税法》第 4 条第 4 款,第 15 条第 1 款第 1 项第 2 目)。 1148

除此之外,特殊商业支出是合伙经营股份带给一个合伙经营人的所有费用。[631]

例子:A 占有 A&B 无限责任公司 50% 的股份,他以每月 5000 欧元的价格出租给公司一块土地。他由此产生的收益(扣除折旧、利息以及附加费用)是每月 2000 欧元。无限责任公司的贸易差额是 10 万欧元的盈利。A 可以获得无限责任公司盈利的 50%(5 万欧元)。他每年可以从土地转让的补贴中获得特殊商业收入 6 万欧元,同时他的特殊商业支出是 2.4 万欧元。无限责任公司应付税的总盈利是 13.6 万欧元,其中 A 的金额是 8.6 万欧元而 B 的金额是 5 万欧元。

(2) 特殊企业资产。

这里并不能够直接根据法律规定计算特殊商业收入和特殊商业支出得出。而是也应将合伙人用于公司的资产作为特殊流动资金来对待,通过这种方式就能将资产的价值 1149

---

[628] BFH, VIII R 41/98, BStBl II 2000, 339 (341).
[629] BFH, VIII R 58/02, BStBl II 2005, 390.
[630] BFH, GrS 7/89, BStBl II 1991, 691. 对该判决的抨击也见 Hey, in: Tipke/Lang, § 18 Rn 40, 75; Reiß, in: Kirchhof, EStG, § 15 Rn 344。
[631] Schmidt/Wacker, EStG, § 15 Rn 640.

改变算入商业行为的收入,这是与私人资金不同的。[632]

其理由是为了实现股东和个体经营者尽可能全面的平等,在这种情况下,用于经营的物品总是企业资产。此外,不能将一个商业物品在工商业领域中的收益和物质切分开来:如果收益和消耗会引起商业收入/商业支出,那么用于经营的资产价值改变一定会出现在收入统计中,因此《个人所得税法》第 4 条第 1 款也成为法律基础。[633]

1150 将资产归类于特殊企业资产有**两个前提条件**:税收方面资产必须归属于合伙人(《税法通则》第 39 条)而且商业物品必须服务于人合公司的经营或者自身入股。[634]

归属首先对民法财产有决定意义(《税法通则》第 39 条第 1 款)。因此资产被理解为是合伙人的专有财产或者在分摊的情况下,它是合伙人的部分财产。即使资产属于合伙经营人的单一商业流动资金,它也算作是合伙经营关系的特殊流动资金。[635] 根据《税法通则》第 39 条第 2 款第 2 目(见页边码 306),当资产属于合伙经营人的经营性的单独企业资产,此资产归属于合伙经营关系时的特殊企业资产。由于《税法通则》第 39 条第 2 款第 2 目的规定(页边码 330—331),只要进行转让的共有财产关系不是商业性的合伙经营关系,也可将通过合伙人参与的共有财产关系转让给公司的资产按比例分配给特殊流动资金。[636]

例子:A 与三个姐妹为其死亡父亲的共同继承人。全部遗产包括一块租给一个无限有限股份两合公司的土地,而 A 是这个公司的有限责任合伙人。25% 的土地属于 A 在这个无限有限股份两合公司中的特殊企业资产。

考虑到第二个前提条件,我们必须对用于**人合公司经营的资产**(一般被称为**特殊资产 I**)和用于合伙人自身入股的资产(特殊资产 II)进行区分。[637] 这种区分不会导致法律

---

[632] 从 RFH, VI A 1949/29, RStBl 1932, 388 开始的经常性司法裁决;VI A 1978/31, RStBl 1932, 624;在文献中将其个体化为法律不允许的类似例进行批判(*Kruse*, DStJG 2 (1979), 37 (57)),但 BVerfG 参照 Art. 20 Abs. 3 GG 将其认可为法律中已确定的税收盈利调查的进一步扩展(BVerfG, 1 BvR 457/66, BVerfGE 26, 327 (335);1 BvR 279/83, NJW 1985, 1891)。

[633] BFH, GrS 3/92, BStBl II 1993, 616 (622).

[634] 进一步解释见 *Wenzel*, NWB 2009, 1070.

[635] BFH, I R 114/97, BStBl II 2000, 399 (401 f);III R 35/98, BStBl II 2001, 316 (319);*Reiß*, in: *Kirchhof*, EStG, § 15 Rn 314 (§ 15 Abs. 1 Satz 1 Nr 2 EStG 优先作为定性和归属标准).

[636] BFH, VIII R 63/93, BStBl II 1996, 93 (95 f);VIII R 13/95, BStBl II 1998, 325 (326);IV R 59/04, BStBl II 2005, 830;参照 *Reiß*, in *Kirchhof*, EStG, § 15 Rn 314, 358 f.

[637] 对此的解释见 *Cremer*, SteuerStud 2002, 671;*Wenzel*, NWB 2009, 1070.

后果。

a) 服务于人合公司经营的资产（特殊资产 I）。这个基本上没有争议的集合体首先包括**出让给公司使用的资产**（出租的，也包括免费出让的土地，公司担保的贷款）。与公司本身的企业财产的评估不同，这里既可以设想为是必须的也可以设想为是任意的。[638] 因此，举例来说，合伙人也可以将其 30% 用于公司业务使用的其余用于私用的汽车当做是他的特殊资产。　　1151

所有与特殊资产 I 中的积极资产直接相关的债务都属于消极特殊资产 I（例如用于购买出租给公司的土地的贷款）。相应的利息属于特殊企业支出。

b) 用于合伙人自身入股的资产（特殊资产 II）。合伙人用于通过增加其参与比例来获得红利的资产属于特殊 II。实际中最重要的现实情况是：一个有限责任两合公司的有限责任合伙人在无限责任—有限责任公司中的股份。　　1152

在这些情况下，有限责任公司是这个无限有限股份两合公司中唯一有个人责任的合伙人并且有权单独经营公司；有限责任合伙人也可以同时参与有限责任公司。根据判例，如果有限责任公司除了对无限有限股份两合公司的经营之外实质上没有进行任何自己的商业行为，那么有限责任公司的股份属于有限责任合伙人的特殊资产 II。[639] 有限责任合伙人也可以通过其在有限责任公司中的投资对无限有限股份两合公司进行影响，因此有限责任公司中的股份可以用于参与无限有限股份两合公司。一部分文献并不承认这个判例，认为它违背了税收的符合事实原则。[640] 联邦宪法法院对特殊资产 II 的法律形象没有任何宪法上的疑虑并且认为它属于对简单权利的阐释。[641]

除了债务，直接与特殊资产 II 相关的积极资产都属于消极特殊资产 II，主要是用于购买合伙人参与份额的融资贷款以及用于入股（并非用于人合公司的运作）的贷款。

(3) 特殊领域的盈余调查。

商法中的会计义务（合伙人本身并不是商业法典意义上的商人）不适用于特殊领域，而税法中也没有对会计义务的规定，以至于人们只能根据《个人所得税法》第 4 条第 3 款公平地看待盈余调查的许可性。　　1153

文献资料中的主要观点是来自于《个人所得税法》第 15 条第 1 款第 1 项第 2 目中两

---

[638] 其他观点见 Reiß, in: Kirchhof, EStG, § 15 Rn 327。
[639] 自 BFH, IV R 139/67, BStBl II 1968, 152 (160) 开始的经常性司法裁决；VIII R 18/93, BStBl II 1995, 714 (715)；VIII R 12/99, BStBl II 2001, 825 (826)。
[640] Hey, in: Tipke/Lang, § 18 Rn 71; Söffing, DStR 2003, 1105。
[641] BVerfG, 1 BvR 1333/89, DStR 1993, 603 (604)。

个步骤收入的相关规定作为对《个人所得税法》第 5 条第 1 款的补充扩充，它认为使用同种方法对两个步骤上的盈利进行统计并以这种形式来保证价值对应。[642] 如果根据规定的簿记原理的指示，公司阶段性地从它的结果中扣除特殊津贴，那么合伙人就不能在资金流计算的过程中加上这些特殊津贴，因为会出现其他的缺口。

与之相反，当合伙经营关系的总资产超过了《税法通则》第 141 条所述的边界值时[643]，联邦财政法院从《税法通则》第 141 条的规定中推导出了会计义务，这并不能使人信服，但得到了相同的结果。

在公司资产负债表和特殊项目平衡表之间必须有相应的结算关系，这样才能应用《个人所得税法》第 15 条第 1 款第 1 项第 2 目的指导方针。例如，如果公司因为租金未结清而导致收支平衡表中表现为对合伙人负债，那么在合伙人的特殊项目平衡表中就会出现同样数目的应付款项。

3. 补充收支平衡表结果

1154　　与特殊津贴不同，单个合伙人的所谓"补充收支平衡表"的结果属于商业合伙经营关系收入的第一个步骤（见页边码 1132）。[644] 如果由于一定的过程，例如后来加入了新的合伙人，单个合伙人的支出增加或者减少，而这些改变没有在其总收支平衡表中的资本份额中表现出来，就要计算补充收支平衡表。[645] 例如以下情况，当从隐藏储备金中以额外补贴的形式产生了合伙经营者股份，这时合伙人支出要比公司收支平衡表中所记录的资本多。

例子：A 向 C 转让了自己在 A&B 无限责任公司中的 50% 的股份。A 的资本账户上的账面价值是 50 万欧元；C 为这些合伙经营者股份支付了 60 万欧元。多出来的金额用于购买一栋收支平衡表上记作 30 万欧元但其作为公司一部分的价值为 50 万欧元的建筑物。这时 C 需要从公司收支平衡表中接受 A 的资本账户，其中可能只记录了他的购置成本 50 万欧元中的部分金额。C 可以在一个补充项目平衡表中将转让这栋建筑的隐藏储备金时必须额外支付的实际购置成本 10 万欧元计入贷方并在以后扣除。扣除后，他在补充项目平衡表中的结果分摊金额为负数。

---

[642] Hey, in: Tipke/Lang, § 18 Rn 57, 66; Reiß, in: Kirchhof, EStG, § 15 Rn 235.
[643] BFH, VIII R 142/85, BStBl II 1991, 401 (403 f); XI R 38/89, BStBl II 1992, 797 (798).
[644] 关于补充性资产负债表的话题，详见 Regniet, Ergänzungsbilanzen bei der Personengesellschaft, 1990; Niehus, StuW 2002, 116; Kusterer/Götz, EStB 2002, 109 中含例子的简要介绍。
[645] 见 Reiß, in: Kirchhof, EStG, § 15 Rn 243 ff。

另一方面，A 通过转让自己的股份获得了 10 万欧元的转让盈利（《个人所得税法》第 16 条第 1 款第 1 项第 2 目）。

这个例子说明，在补充项目平衡表中的资产既不会被记入贷方也不会被计入借方，而只是表示了资产在总收支平衡表上计算上的**修正项目**（例子中的正的补充平衡表；合伙人记入的数目小于其实际获得的金额）。

当其前提条件并不是对所有合伙人都存在时，补充项目平衡表还可以用于投入过程（根据《个人所得税法》第 6 条第 5 款第 3 项和第 4 项，《重组税法》第 24 条）以及与个人相关的税收优惠要求（例如根据《个人所得税法》第 6b 条转让隐藏储备金或者某些特别折旧，见《个人所得税法》第 7a 条第 7 款），因此在人合公司内部可能并不用统一方式处理。

假设一个公司的一个合伙人将他的单独公司记入账面价值（《重组税法》第 24 条第 2 款），那么他在公司收支平衡表中常常会有比他实际得到的多的资本记入贷方，因为隐藏储备金并不会公开。而这个带入企业的合伙人的补充项目平衡表表现为负数，因此他在实现隐藏储备金时能够成功的抵消他分摊的盈余部分。[646]

4. 合伙经营关系中的资产的转让

与过去占统治地位的单个企业收支平衡理论相反，现在人们认为如果转让交易能够经受住与陌生方比较，那么在合伙经营关系内部，如果公司和他自己的合伙经营人之间对资产进行的转让交易，与和陌生的第三方的转让交易一样，则该**转让交易**是可以接受的。[647] 在进行资产的转让时，需要根据参与人的不同区分共有资金、特别企业资产和个别企业资产。根据报酬的种类的不同，转让可以是有偿的、无偿的或者是可以保障合伙经营人的公司权利的。[648] 在盈余调查的过程中需要查明，在转让者方面，是否将转让者账面价值作为基础，在购买者方面，是否继续了账面价值（**账面价值联结**），通过这种方式转让过程就不会产生转让盈利（而在接收过程中也不会产生折旧扣除的可能性），或者是否通过计算购置成本或部分价值导致了**隐藏储备金**（见页边码 903）的显现并且产生了对资产中所含隐藏储备金的税收，这些是非常重要的。

---

[646] 参见 *Cremer*，SteuerStud 2002，671 (675) 中的例子。
[647] BFH，GrS 7/89，BStBl II 1991，691 (699)；GrS 3/92，BStBl II 1993，616 (622)；VIII R 58/98，BStBl II 2002，420 (422)。
[648] 也见 *Röhner*，SteuerStud 2003，478；对不同转交方式及其税务作用的指导性解释见：*Köplin*，StuB 2009，681；*Janßen*，NWB 2009，3422。

例子： A 将一块土地（账面价值 10 万欧元，部分价值 20 万欧元）从自己的单独企业资产中无偿转让给 A&B 无限责任公司。根据《个人所得税法》第 6 条第 5 款第 3 条第 1 号联系第 1 款，在转让过程中要对账面进行评估并且其账面价值应由这个开发式贸易公司带走，尽管权利人改变了，10 万欧元的隐藏储备金并没有显现，而且与 A 在无限责任公司中（未变化）的股份相对应，隐藏储备金的一半 5 万"跳跃"给了 B，还仍然分摊给 A。转让过程提供给 A 公司权利的保障，隐藏储备金的跳跃是与 A 在无限责任公司中对应的股份叠加相关的。

1162　　根据**实现原则**，并不是每次资产价值增加都会导致隐藏储备金的显现和纳税，只有当它在外部交易中表现出来（见页边码 902 及以下）时，也就是存在实现事实构成要件时，才会产生上述结果。[649] 这在完全有偿转让中表现得非常明显：假设 A 将土地按正常条件转让给无限责任公司，它就获得了全部隐藏储备金的转让盈利。A 在共有财产之外还按比例参与了资产的情况也是有效的，相关判例给出的理由是，《个人所得税法》第 15 条第 1 款第 1 项第 2 目中有一项针对《税法通则》第 39 条第 2 款第 2 目的特别规定（单独看来，它与反对的结果很接近）。[650] 其他实现事实还包括提取某个私人资金中的资产（《个人所得税法》第 4 条第 1 款第 2 项联系第 6 条第 1 款第 4 目），对该提取强制地用部分价值进行估值（见页边码 913 和 914）。

　　　　公司转让和倒闭也会导致隐藏储备金的纳税，比较《个人所得税法》第 16 条第 1 款、第 3 款第 1 项或排除或限制联邦德国征税权的规定可知（参见《个人所得税法》第 4 条第 1 款第 3 项），通过将资产转移到国外经营场所可能会产生这种排除或限制。[651]

1163　　因为《个人所得税法》将所得税义务与单个自然人联系在一起（**主体税收原则**），在隐藏储备金转移到另一个人的过程中必将导致盈利的实现，因此盈利应由使其产生、获得隐藏储备金的人来缴税（见《个人所得税法》第 2 条第 1 款第 1 项联系第 1 条第 1 款第 1 项）。每次**更改资产的税务分配**时（如参考例子中的情况）都会导致隐藏储备金的显现。如果不需要变更权利人，只需要将账面价值联结就可以了（见《个人所得税法》第 6 条第 5 款第 1 项和第 2 项，在这里资产一直归属于同一个有纳税义务的人）。

1164　　根据个人所得税法，在权利人变更的某些情况下也可以进行**账面价值联结**。这种隐藏储备金转移的理由如下：一方面，在无偿（或者保障以及减少公司权力）转移中没有现

---

[649] Hey, in: *Tipke/Lang*, § 17 Rn 200 ff 中的盈利实现概览。
[650] BFH, GrS 7/89, BStBl II 1991, 691 (699).
[651] Hey, in: *Tipke/Lang*, § 17 Rn 238.

金流入转让方。资产税收复杂化(和因此导致的随后隐藏储备金的统计)仍然体现在其他流动资金中,只不过是用其他形式继续企业义务。[652] 这种方式可以使主要在中型合伙经营关系中进行得非常有经济学意义的结构改造变容易。[653]

《个人所得税法》第 6 条第 5 款第 3 项就是基于这种考虑,它是与立足于所谓的《合伙经营人法令》[654]和联邦财政法院判例的 1999 年前的法律基础——部分进行了扩充,部分进行了限制——相衔接的。根据这项法律,资产有偿、无偿或者通过保障以及减少一个合伙经营人的公司权利的方式在单独企业资产和共有财产之间(第 1 目)、在特别企业资产和共有财产之间(第 2 目)或者在不同的特别企业资产之间(第 3 目)进行交易时,强制规定继续记录账面价值,即使它会导致隐藏储备金在合伙经营人之间的归属发生改变。[655] 法律的第 3 目允许将隐藏储备金完全转让给其他的合伙经营人。[656] 1165

根据立法者的意图,只有在履行经营者义务条件下的结构转换可以不纳税,而用于准备转让或者提取时的结构转换则不可以。[657] 因此在第 4 项中包含一个 3 年的"限制期"的典型的滥用可能,在限制期内转让或接受行为可以通过购买方产生反向作用并导致转让方隐蔽储备金的显现,根据《税法通则》第 175 条第 1 款第 1 项第 2 目,这种情况需要对税收裁决进行变更。根据第 5 项,如果隐藏储备金转移到一个股份公司并落入半收入程序或部分收入程序的使用范围,那么就不需要进行账面价值转移。[658]

在结束经营时将一个合伙经营关系中总的企业资产分配给目前为止的所有的合伙经营人叫做**实际切分**。[659] 如果在这个过程中资产转移到单个合伙经营人的其他流动资金中,那么就必须记入账面价值,《个人所得税法》第 16 条第 3 款第 2 项。[660] 这里并不存在一般在商业任务中获得的任务盈利(见页边码 717)。当根据商业物品的切分比例 1166

---

[652] *Grützner*,StuB 2002,323 (327);*Wendt*,FR 2002,53 (59).
[653] *Fischer*,in:*Kirchhof*,EStG,§ 6 Rn 211;*Wendt*,FR 2002,53 (59).
[654] BMF v. 20.12.1977,BStBl I 1978,8.
[655] 详见 *Wendt*,FR 2002,53 (59);*Grützner*,StuB 2002,323 中含例子的概览及法律发展说明;指导性说明也见 *Carlé/Korn/Stahl/Strahl*,Personengesellschaften,2006,S. 119 ff。
[656] 对此的批评,见 *Reiß*,in:*Kirchhof*,EStG,§ 15 Rn 378:违反了主体税收原则。
[657] 参照 *Grützner*,StuB 2002,323 (328)。
[658] 对第 4 和 5 项的解释以及与之相关的许多问题,参照 *Grützner*,StuB 2002,323 (328);*Wendt*,FR 2002,53 (59);*Reiß*,in:*Kirchhof*,EStG,§ 15 Rn 378 ff.
[659] BFH,XI R 51/89,BStBl II 1992,946 (947);*Reiß*,in:*Kirchhof*,EStG,§ 16 Rn 235;*Paus*,Steuerwarte 2006,251;*Musil*,DB 2005,1291;Fallstudie bei *Kai*,SteuerStud 2008,594.
[660] 见 2006 年 2 月 26 日联邦财政部的实际切分割公告,BStBl I 2006,228;*Carlé/Korn/Stahl/Strahl*,Personengesellschaften,2006,S. 191。

计算的个人分摊情况与之前对照公司股份进行的分摊不同,就会出现隐藏储备金的推移。在这里,法律也允许隐藏储备金在合伙经营人之间转移。[661]

实物集合的转让应遵循特殊规定(见页边码716以下、1442)。无偿转让会引起隐藏储备金在人与人之间转移(见《个人所得税法》第6条第3款第1项)。[662]

1167 根据《个人所得税法》第6b条,在某些前提条件下,当有义务纳税的人将资产转让所得的收入(以及准备金)转移到新购置的设备(减少了实际购置成本)上时,可以不用纳税(也不会导致隐藏储备金的显现)。其结果是,将**隐藏储备金导入**到新的资产上。在合伙经营关系中,这种行为也可以发生在公司和合伙经营人之间,在这种情况下不会产生隐藏储备金在不同人之间的转移,因为储备金一直仅仅根据合伙在公司中参与的份额按比例转移到相应的合伙人身上。[663]

根据同样的原理,单独经营人和人合公司可以将从股份公司股份转让中获取的盈利50万欧元转移到新购置资产的购置成本中(《个人所得税法》第6b条第10款第1项)而不用依据半收入法或部分收入法(见页边码1204)进行纳税。这项规定也可以看作是一个补偿措施,这样《法人所得税法》第8b条第2款中规定的股份公司相应的转让盈利就不需付税(见页边码1237)。

根据1999—2001年间的多次法律变更,人合公司中进行的税收中性的结构改造可以有多种不同的形式。[664]

1168—1199 **情形50**(页边码1131)**的答案**:根据《个人所得税法》第15条第1款第1项第2目,对于A和B来说从M无限有限股份两合公司公司中获得的红利属于商业行为收入。A参与的住宅建设有限责任公司并不属于共有财产,但可以算作是A入股无限有限股份两合公司的必要特殊;M无限有限股份两合公司的大部分合约是来自于住宅建设有限责任公司,因此它们之间有深入的业务关系。尽管如此,A的20%的股份并不能对这个有限责任公司产生决定性的影响;入股无限有限股份两合公司的意义还在于,有限责任公司大部分的装修合约委托这个无限有限股份两合公司执行。因此A入股这个

---

[661] 对此的批评,见 *Reiß*, in: *Kirchhof*, EStG, § 16 Rn 238, 246 f:违反主体税收原则。

[662] *Reiß*, in: *Kirchhof*, EStG, § 16 Rn 15: Realisationsprinzip (keine Gewinnrealisation) vor Subjektsteuerprinzip.

[663] *Jachmann*, in: *Kirchhof*, EStG, § 6b Rn 3, 20; *Paus*, EStB 2004, 23.

[664] 关于这些准则的系统学及发展,参照 *Jachmann*, DStZ 2002, 203。

> 有限责任公司并将这些股份算作必要特殊企业资产,有利于M无限有限股份两合公司的经营。[665] 于是,这部分股份的股利分配以及实现的价值提升表现为特殊企业收入。
>
> 通过持有符合商业法典规定的有限责任股东股份的方式,员工成为了无限有限股份两合公司的合伙经营人(《个人所得税法》第15条第1款第1项第2目);他们持有的股份与其工资相比相对较少,由于缺乏合适的划分标准,这种情况不会对公司发生影响。通过这种方式,他们工资的属性转变为特殊商业收入(《个人所得税法》第15条第1款第1项第2目第2半句中规定的劳务额外补贴),并且同时提高了合伙经营关系的总盈利。这对营业税的影响很大。M无限有限股份两合公司应支付的社会保险中雇主承担的部分从结果上来说也不再根据《个人所得税法》第3条第62目被免税,而被理解成是单个员工——有限责任合伙人的特殊商业收入。[666]

二、对股份公司征税

(一)概要

(1) 个人所得税是自然人的所得税,当自然人特征是合伙经营人时也是一样;法人所得税**作为一种收益税**适用于税法立法人认为拥有法人所得税法定资格的法律形象(见下面的页边码1212)。在**历史发展**中这种对应关系也有所体现:在《1891年普鲁士个人所得税法》中最初规定对自然人和股份公司统一征税。直到1920年才在帝国层面上制定了独立的《法人所得税法》,在之后的时间里它经常进行修改,并在1977年1月1日以及2001年1月1日做了根本性的改革。一直以来《法人所得税法》在很大程度上是与《个人所得税法》相衔接的(特别是在调查收入时;见《法人所得税法》第8条第1款第1项,第31条第1款);《法人所得税法》本身的规定只是在偏离《个人所得税法》的情况下实施。在2008年的《法人所得税指令》第R32条中对《个人所得税法》和《个人所得税实施条例》中有关法人的规定进行了概述。

1200

(2) 与个人所得税的情况一样,联邦也有法人所得税法的**平行立法**(《基本法》第105

1201

---

[665] 参照BFH,XI R 18/93,BStBl II 1994,296;VIII R 66/96,BStBl II 1998,383。
[666] 员工—合伙人问题,见 BFH,GrS 1/70,BStBl II 1971,177(178);IV R 156—157/78,BStBl II 1980,271(274);I R 112/79,BStBl II 1982,192(196);XI R 37/88,BStBl II 1992,812;VIII R 263/80,BFH/NV 1987,237(239);其他观点,*Knobbe-Keuk*, Unternehmensteuerrecht, S. 475 ff,按其建议,则几乎无法使用划分标准。

条第 2 款结合第 106 条第 3 款第 1 项);相应的法律需要联邦参议院的批准(《基本法》第 105 条第 3 款联系第 106 条第 3 款)。税收收入分别归联邦和各州各一半(基本法》第 106 条第 3 款第 2 项);与个人所得税》不同,《基本法》中并没有提到法人所得税的乡镇比例。法人所得税是由联邦州财政局进行管理的(《基本法》第 108 条第 2 款)。

1202 2008 年征收的法人所得税收入**总额**是 158.7 亿欧元,大约占总税收 5611.8 亿欧元的 2.83 %。[667]

1203 (3) 对股份公司征税时与其股份持有人无关(**分离原则**,见页边码 1246、1281)。这是与对人合公司处理方法的最大不同,人合公司的盈利直接分摊给合伙人(见上面的页边码 1103、1133)。只要股份公司获得并缴税的盈利不分摊给股份持有人而是留在公司(所谓的积累),那么股份持有人就不需要纳税。只有法人将盈利分摊后股份持有人才能得到需要缴纳所得税的收入。于是就出现了**盈利承担收益税的双重负担**的问题:这些盈利先要由股份公司缴纳法人所得税,分摊给股份持有人后还要再次交纳个人所得税。

1204 1920 年的《法人所得税法》还没有解决这个问题;由于当时的税率只有 10%,这个问题显然并不急需解决。1953 年由于法人所得税率大幅提高到 60%,这时强制引入了所谓的**法人所得税分栏税率表**:相对于未分配的盈利的税率,分摊后的盈利的税率明显降低(最终在 1976 年 15% 替代了 51% 的税率)。在 1977 年的法人所得税改革[668]进程中,通过使用**费用计算法**使在国内的情况克服了双重负担:股份公司分配股利时,股份持有人需缴纳所得税,同时将由公司缴纳的法人所得税返还到股份持有人的个人所得税中(有效期到 2000 年的《个人所得税法》第 36 条第 2 款第 2 项第 3 目)。这种方法类似于之后员工个人所得税估算时对已扣缴工资税的计费;这里需要计算自己待扣的税,而使用费用计算法时应由另一位有纳税义务的人来计算。这样从结果上来说,分摊后的盈利的经济性税务负担只取决于股份持有人的人际关系和税率。

从 2001 年起,典型的双重负担由**半收入程序**克服。到 2007 年税收期为止,法人本身需缴纳 25% 的法人所得税。这个税率基本上大约是现在对个人所得税最高税率的一半。这与法人进行盈利分配后股份持有人只需缴纳他所得税税额的一半这种做法是不矛盾的。

自 2009 年开始,半收入法被一个二元体系所代替,此体系区分了人合公司与自然人的私人财产份额收益和人合公司或自然人的企业财产份额的收益:

---

[667] 来源:BMF, http://www.bundesfinanzministerium.de。

[668] 对此的全面说明,见 *Knobbe-Keuk*, Unternehmensteuerrecht, S. 558 ff。

——从 2009 年起,个人财产份额所得收益按 25% 的税率征收补偿税(还有团结税)(《个人所得税法》第 32d 条第 1 款)。必要支出用的扣除不包含在内(《个人所得税法》第 20 条第 9 款第 1 项)。

——与之相反,公司财产份额所得收益按照"**部分收入程序法**"缴税,取代了目前以 50%,未来以 60% 的税率对所得分红进行征税的方法(《个人所得税法》第 3 条第 40 目)。与此相对应,60% 的必要支出用可被扣除(对比页边码 1284 以下)。[669] 支持部分所得法的理由在于,法人所得税降低到 15%,由此对于股东而言只有 40% 的免税待遇是合理的。

——根据《法人所得税法》第 8b 条的规定,股份公司从持有的其他股份公司股份而获得的收益 95% 享受免税待遇(参见页边码 1235)。

(4) 虽然通过这种技术上的规定广泛的避免了双重负担,但德国企业税法无法在**法律形式上达到公平**。[670] 这些税收负担与企业载体的法律形式之间的依赖性在很多法人所得税以及个人所得税对各自税收主体的特殊规定中都有所体现。出现像有限责任两合公司这种公司法混合形式的主要原因是:通过充分利用税法的形态可能性推动了公司法——或者根据视角的不同,扭曲了公司法。

1205—1210

(二) 个人的纳税义务(税收主体)

1. 无限纳税义务(《法人所得税法》第 1 条)

无限法人纳税义务必须满足两个前提条件:纳税主体必须具备某种**法律形式**以及**企业管理或者所在地**必须**在国内**。无限法人纳税义务主要出现在股份制公司中,包括欧洲股份公司[671]、股份公司、两合股份公司[672]、有限公司及其变体——企业主有限责任公司(《有限责任公司法》第 5a 条)[673]。

1211

(1) 只要看一下《法人所得税法》第 1 条第 1 款的目录就可以知道,并不只有股份公司(《法人所得税法》第 1 条第 1 款第 1 目)还有很多其他机构必须履行无限法人纳税义务。[674] 这里并不一定需要民法的法定资格,正如《法人所得税法》第 1 条第 1 款第 5 目

1212

---

[669] 关于企业税收改革框架内的变化概览,参照 *Ravenstein*,StuB 2007,527;*Hermann*,NWB Fach 2,9683 (9691 ff);*Hey*,in:*Tipke/Lang*,§ 11 Rn 19。

[670] 详见 *Hey*,in:*Tipke/Lang*,§ 18 Rn 530 ff。

[671] *Schön/Schindler*,Die SE im Steuerrecht,2008。

[672] *Kühnel*,SteuerStud 2009,508。

[673] *Kußmaul/Ruiner*,StuB 2009,597。

[674] *Schönwald*,SteuerStud 2004,498 中的概览。

（根据《民法典》第 54 条不具备法定资格的联合会的法人纳税义务）中所显示出来的那样。另一方面，《法人所得税法》第 1 条第 1 款中所使用的公司名称是严格按照民法意义上解释理解的。因此，有限责任两合公司是没有法人纳税义务的，尽管它在个别情况下（主要是公众持股公司）具备公司合约认定的法人内部结构，但它在民法上被认为是一个人合公司（无限有限股份两合公司）。[675]

1213　　公法法人是为了公共权力的实施，因此并不缴纳法人所得税（《法人所得税法》第 4 条第 5 款）。[676] 但只要公法法人从事经营性活动，参与私人企业的竞争，就不能免于纳税。公法法人的营业性质企业的纳税义务（《法人所得税法》第 1 条第 1 款第 6 目、第 4 条）与法律形式没有关系，而是与特定的行为联系在一起的（例如市政企业）。特定条件下法律允许盈利的营业性质企业和亏损的营业性质企业进行合并（《法人所得税法》第 4 条第 6 款）。立法者在《法人所得税法》第 8 条第 7—9 款中对采用这种隐蔽的利益分配方式来代替补偿或扣除企业损失[677]（页边码 616 和 617）而可能产生的风险进行了规制。[678]

1214　　（2）《税法通则》第 10、11 条中对"企业管理"以及"所在地"这两个概念进行了定义。企业管理是商业主管的中心（《税法通则》第 10 条）；这个定义是与事实关系相联系的。与之相反，所在地（《税法通则》第 11 条）则是根据形式上的准则，如章程、公司合约、法律等，进行确定的。如果作为确定优先准则的企业管理所在地位于国内，那么法人的所在地就不重要了。

1215　　（3）一个法人的**创建阶段**可以分为以下几个部分：

例如，尽管在进行有限责任公司合约公证证明之后、工商注册之前还不存在有限责任公司而是一种特殊的公司，这种**前期公司**在民法上仍然根据有限责任公司相关法律进行处理。因此在法人所得税方面，只要它事实上最终进行了工商注册就与后期的有限责任公司共同组成一个统一的纳税主体。[679] 如果它后来没有进行工商注册，那么附加的法人所得税义务就被取消（在这一点上存在争议）。[680] 与此相反，**建立前的公司**（在后来

---

[675] BFH, GrS 4/82, BStBl II 1984, 751 (759).

[676] *Seibold-Freund*, Besteuerung von Kommunen, 2008, S. 36.

[677] BFH, I R 32/06, BStBl II 2007, 961 这样论述。

[678] 对此的说明，见 2009 年 12 月 11 日的 BMF-Schreiben, BStBl I 2009, 1303；*Strahl*, DStR 2010, 193.

[679] BFH, I R 118/78, BStBl II 1983, 247（仍在使用旧的术语"Gründungsgesellschaft"）.

[680] BFH, IV 88/06, DB 2010, 1101 也是如此论述；*Gosch/Lambrecht*, KStG, § 1 Rn 35；*Hüttemann*, in：Festschrift für Franz Wassermeyer zum 65. Geburtstag, 2005, S. 27；其他观点：*Streck*, in：*Streck*, KStG, § 1 Rn 8.

的合伙人缔结了口头或者非公开书面协议与签订有效形式的合约之间的时间段内)是一个《民合合伙》以及无限责任公司,因此税务上不存在法人所得税义务。[681]

1216　只注销工商注册(也就是说失去民法法定资格)并不能够导致**纳税义务的终结**。只要法人还占有可以列入资产负载表的资产,它在超出这个时间点后在税务上就会继续存在。[682]《法人所得税法》第11条中有针对清算盈利调查的特别条款。

1217　如果法人将它的所在地以及企业管理转移到国外,也会导致纳税义务的终结。当法人将其所在地及企业管理**转移**到欧盟或欧洲经济区以外而不能承担无限纳税义务时,根据《法人所得税法》第12条第3款的规定,该企业被视为解散并根据第11条对其进行最终税务清算。对于在欧盟或欧盟经济区范围内的转移,《法人所得税法》第12条第1款规定,企业须公开其隐藏储备金并就其缴纳相应税款,由于法人所在地和企业管理转移,德国政府无法行使征税权或其征税权受到限制(页边码1485和1486)。

2. 有限纳税义务(《法人所得税法》第2条)

1218　如果法人获取《个人所得税法》第49条意义上的国内收入(见页边码676以下),但它的企业管理和所在地并不在国内,那么根据《法人所得税法》第2条第1目它有有限法人纳税义务。

与之相对,难以理解的《法人所得税法》第2条第2目并不会涉及接触的外国的事实,而只涉及一些《法人所得税法》第1条第1款目录中没有(例如不进行商业性行为的地区性法人)但获得需要减税的收入(例如《个人所得税法》第43条中的资本所得税)的法人。

3. 免税(《法人所得税法》第5条)

1219　与所得税法不同,《法人所得税法》在第5条中不仅包括实质性免税,还包括主体免税和部分免税。**实质性免税**(例如《个人所得税法》第3条所包括的免税)每次只是免除单个收入流的税收,而**主体免税**时,上述法人可以免除所有收入的税收,**部分免税**只涉及法人行为的部分方面,它不能免除法人所得税。在具体情况中这种分类是有困难的。《法人所得税法》第5条第1款第9目中列出了实际使用中最重要的免税形式(《税法通则》第51—68条意义上的非营利性法人,见页边码355以下)。[683]

根据《法人所得税法》第5条第2款,这些具有无限纳税义务但接受主体免税或者部

---

[681] BFH,I R 174/86,BStBl II 1990,91;*Gosch/Lambrecht*,KStG,§ 1 Rn 34.
[682] BFH,I R 202/82,BStBl II 1987,308;I R 318—319/83,BStBl II 1987,310 (312).
[683] *Fritz/Kuhnhenn*,SteuerStud 2003,254 中很好的概览;*Patt/Patt*,DStR 2005,1509 (含情形例子);*Jachmann/Meier-Behringer*,BB 2006,1823.

分免税的法人仍然有义务为其某些收入纳税(不得与《法人所得税法》第2条第2目的有限纳税义务混淆)。

4. 集合企业(《法人所得税法》第14—19条)

1220 如果一个股份公司承受了损失,根据分离原则(见页边码1203、1246、1281),这些损失不能用合伙人的正收入进行结清。合伙人与公司之间的盈利以及损失清算可以通过建立一个所谓的集合企业来实现。《法人所得税法》第14条第1款意义上的集合企业指的是,通过**损益转让协议**,股份公司(集团子公司)有义务将它所有的盈利引导到另一个企业(母公司)身上并在其内部进行**财务整合**。[684] 如果母公司有权得到集团子公司大部分的投票权(《法人所得税法》第14条第1款第1项第1目)也是这种情况。集体子公司的企业管理和所在地必须在国内,母公司必须承担无限纳税义务(集合企业也没有例外情况)。[685]

与增值税的集合企业不同(《增值税法》第2条第2款第2目),法人所得税的集合企业不再需要进行经济上和组织上的合并。这样的话,就算母公司自身没有进行商业活动也是可以成为集合企业的(例如单纯持股公司)。人合公司只有在从事原始商业活动并持有股份公司的股份的情况下才能成为母公司,《法人所得税法》第14条第1款第1项第2目第2点以及第3点。营业税的集合企业的前提条件与法人所得税的集合企业相同,《营业税法》第2条第2款第2项。

1221—1230 成立集合企业的**法律后果**是,集团子公司的收入归入母公司(《法人所得税法》第14条第1款第1项的起始句)。这种形态的主要目的是,母公司也可以承担集团子公司的损失并用它在其他方面的正面收入抵消这些损失,同时可以减少税额。然而,合伙人(母公司)事实上接受了这些损失,由此废除了股份公司(集团子公司)的责任法屏蔽。结果是由于直接归入母公司避免了应用《法人所得税法》第8b条第5款(见页边码1236)以及《个人所得税法》第3c条第2款(见页边码1286)。

集合企业的成立不会涉及集团子公司的个人纳税义务,这与例如营业税是不同的。收入流入母公司常常会导致集团子公司的收入为0。集合企业成立后,根据《法人所得税法》第8a条和《个人所得税法》第4h条(见页边码975)的规定,利息障碍不会被适用

---

[684] Horst, Steuerwarte 2007, 91 中的概览;Schönwald, SteuerStud 2003, 445;集合企业的前提条件见 Fuhrmann, KÖSDI 2008, 15989;同样值得参阅的,但是针对 2001/2002 变更前的法律状况,见 Knobbe-Keuk, Unternehmensteuerrecht, S. 696 ff;比较法方面,参见 Lüdicke/Rödel, IStR 2004, 549. 对损益转让协议的批评,见 Jochum, FR 2005, 577。

[685] EuGH, C-466/03, Slg. 2005, I-10837 (Marks & Spencer),已判定,限制跨境损失考虑只有在特定条件下是遵循欧洲法的(对此的说明,见 Rn 1489)。针对德国集合企业征税的欧洲法方面的疑虑,应当通过欧洲法院对于荷兰集合企业的裁决 C-337/08, DStR 2010, 427 (X Holding BV)得以解决。

(《法人所得税法》第15条第1款第3目第2句)。更准确地说,根据《法人所得税法》第15条第1款第3目的规定,母公司和集团子公司作为《个人所得税法》第4h条意义上的一个整体运作。

(三) 计算基础(征税对象)

> **情形51**:A持有B有限责任公司75%的股份并且是其唯一的经理人。B有限责任公司在2001年会计年度和日历年的贸易法年净收入为10万欧元。其中营业税的税务支出是3万欧元,法人所得税的税务支出是7万欧元。A每月因其经营行为获得的工资是1.2万欧元。A的妻子E没有参与这个有限责任公司,她2001年从这个公司购买了一块价值20万欧元的土地。类似的相邻土地的价格一般是25万欧元。如何从税收上评价这项事实?**(页边码1243、1251)**

1. 需纳税的收入、收入和收益

法人所得税的估算基础是需纳税的收入(《法人所得税法》第7条第1款)。将《法人所得税法》第8条第1款第1项意义上的收入减去《法人所得税法》第24、25条中的免税金额就得到了需纳税的收入(《法人所得税法》第7条第2款)。在收入调查方面,《法人所得税法》第8条第1款第1项又参考了《个人所得税法》的普遍规定以及《法人所得税法》可能的特殊规定。

与个人所得税一样,法人所得税是年税并每一个日历年确定一次。然而,有簿记义务的法人可以在每一个与日历年不同的会计年后调查盈利(详见《法人所得税法》第7条第3、4款)。

2. 《个人所得税法》第4条、5中的盈利作为初始值

《法人所得税法》第8条第2项中有一个重要的修订:对于《法人所得税法》第1条第1至第3款所规定的无限纳税义务人(首先为股份公司),所有(应纳税)收入都被视为营业活动的收入。当法人和其他无营业性所得的纳税义务人共享所得来源(例如租赁)时,重新定性同样适用。[686]《法人所得税法》上述表述的范围内所涉及的股份公司在《个人所得税法》第4、5条意义上的盈利是法人所得税计算基础调查的初始值。根据《个人所得税法》第5条第1款的规定,因为商法具有决断性,在调查税收盈利时应先从商法的年净收入(《商法典》第275条)出发。

---

[686] BFH, IV R 103/81, BStBl II 1985, 291; GrS 2/02, BStBl II 2005, 679.

3.《法人所得税法》中的特别业务免税

1234 《法人所得税法》中有几项个人所得税法中不包括的免税规定。《法人所得税法》第 8 条第 5 款规定，法定个人协会成员**会费**不需缴纳法人所得税。在引进了半收入法（页边码 1286）后，《法人所得税法》第 8b 条中的免税规定尤其具有更大的实际应用价值。[687]

(1) 盈利分红免税（《法人所得税法》第 8b 条第 1 款）。

1235 《法人所得税法》第 8b 条第 1 款第 1 项规定法人从其他股份公司中获取的盈利分配（红利）免税。[688]

这项**免税规定的意义**在于避免盈利分配的双重甚至多重负担：每个法人都要为他应交税的收入缴纳 15%（到 2007 年为止，包括 2007 年：25%）的最终法人所得税（**最终税收**）。在调查对盈利进行分配的法人的收入时可以不扣除盈利分红（《法人所得税法》第 8 条第 3 款）。涉及股利支出的纳税义务时，接受股利的法人经常会承受双重负担，而在多重参与链（这种情况并不少见）的情况甚至会出现法人所得税的多重负担。为了保障分配的股利只承受一次法人所得税的负担，每个其他参与中间过程的法人都需要应用《法人所得税法》第 8b 条第 1 款的免税规定。

对于用半收入法或按预扣税规定处理分配给自然人的股利（比较页边码 1284 以下），这种做法是基于以下原理，将税收分配到（仅仅）通过其行为获得盈利的法人以及（仅仅）有义务支付所得税的法人（这里是自然人）。据此，法人分红取决于股份属于个人财产还是法人财产，或者缴纳 25% 的补偿税（《个人所得税法》第 32d 条），或者按照半收入法缴纳 60% 的个人所得税（《个人所得税法》第 20 条第 1 款第 1 目、第 3 条第 40 目）（参照页边码 1284 以下）。

尽管根据《法人所得税法》第 8b 条第 1 款第 1 项母公司的股份收益可以免税（"…收入调查时不涉及"），但对股息必须征收**资本收益税**（《个人所得税法》第 43 条第 1 款第 3 项）。在对国内股份公司进行税额估定时，将资本收益税折算成法人所得税（《法人所得税法》第 31 条第 1 款与《个人所得税法》第 36 条第 2 款第 2 目第 1 句项比较）。对于国外的母公司不进行税额估定，因此资本收益税或许最后会保留（《法人所得税法》第 32 条第 1 款第 2 目；页边码 1290—1350，1475）。

1236 在股份上花费的**费用**（主要是用于购买股份的融资费用）基本上可以作为商业支出

---

[687] 对此用例子加以说明以及与以前的法律状况比较，Schönwald, SteuerStud 2002, 136。

[688] *Müller/Wangler*, SteuerStud 2010, 111; *Strahl*, Stbg 2010, 152; 对此的说明也参见 *Birk/Wernsmann*, Klausurenkurs, Fall 8 (Rn 529 f 和 Rn 561) 中的情形处理及概览。

扣除。《法人所得税法》第 8b 条第 5 款第 2 项明确规定[689]，尽管该法第 8b 条第 1 款规定了股份收益免税，但《个人所得税法》第 3c 条第 1 款仍不能适用。

从经济角度研究分配链条时关注的重点不是免税的收益，因为在法人层面进行收益分配时已经产生了（最终）税收，继续分配到每个自然人时还会产生（部分）个人所得税（页边码 1283 以下）。根据《法人所得税法》第 8b 条第 5 款第 1 项，根据第 1 款可免税的收入总量的 5% 被看成是不能扣除的经营支出。从结果上看，这项假设将第 1 款规定免税比例降低到 95%。它与实际上累积的除它之外可以扣除的股份费用的数额无关。

这项规则的意义并不明确，它被理解为是对放弃使用《个人所得税法》第 3c 条第 1 款的让步。当股利进入更长的股份链时，《法人所得税法》第 8b 条第 1 款中的免税规定的作用效果在其每一级都会减少（所谓的瀑布效应）。直至 2003 年《个人所得税法》第 8b 条第 5 款还只适用于外国股份。[690]

（2）转让收益免税（《法人所得税法》第 8b 条第 2 款）。

如果在转让一个法人的股份的过程中产生了**转让盈利**，根据《法人所得税法》第 8b 条第 2 款这个转让盈利不需支付法人所得税。[691] 这项免税规定既没有规定特定的最低金额也没有规定最短持有时间。只有以短期为导向的信贷机构的单独经营买卖才需要纳税（《法人所得税法》第 8b 条第 7 款）。[692]《法人所得税法》第 8b 条第 2 款第 2 项规定，转让收益是转让价格扣除股份的获得成本（账面价值）和转让成本。如果因此出现了转让收益，根据《法人所得税法》第 8b 条第 3 款第 1 项——与《法人所得税法》第 8b 条第 5 款关于盈利分配的规定平行使用——将免税额降低为 95%，其中的 5% 算作是不可扣除的商业支出。[693]

1237

免税的反面是，**转让损失**或股份的部分价值消耗可以不看成是利润的减少（《法人所得税法》第 8b 条第 3 款第 3 项）。与转让相关的费用以转让费用的形式对根据《法人所得税法》第 8 条第 3 款第 2 项的转让盈利的调查产生影响（例如公证费用），它并不会减少税收，而（还是）持有转让的股份产生的费用是可以扣除的（例如融资费用）；关于这一点，《法人所得税法》第 8b 条第 3 款第 2 项清楚地指出，《个人所得税法》第 3c 条第 1 款

1238

---

[689] 《个人所得税法》第 3c 条第 2 款在自然人上的应用，参照 Rn 1288。
[690] *Oldiges*，DStR 2008，533。
[691] 对此的说明也参见 *Birk/Wernsmann*，Klausurenkurs，Fall 8（Rn 545 ff und Rn 561）中的事件处理及概览。
[692] 对此的说明见 BFH，I R 36/08，BStBl. II 2009，671。
[693] 合宪性问题，参照 FG Hamburg 提交给 BVerfG 的方案，Az. 5 K 153/06，EFG 2008，236，Az des BVerfG 1 BvL 12/07。

在这种情况下并不适用。自 2008 年的纳税年度开始，《法人所得税法》第 8b 条第 3 款的适用范围被新增加的 4—8 句扩展到了与**股东借贷**相关的收益减少情况。这种情况具体是指一股份公司是另一股份公司的股东，持有 25% 以上的股份并向其提供借款。当股东不能偿还借款时，法律禁止股份公司将该借款作为亏损扣除[694]，除非能证明，其他任何无关联的第三方在类似情况下也会提供贷款（《法人所得税法》第 8b 条第 3 款第 6 项）。与此一致的是，《个人所得税法》第 6 条第 1 款第 2 目第 3 句的规定，盈利调查时不包括该借款的连续经营价值转账（《法人所得税法》第 8b 条第 3 款第 8 项）。[695]

免税是引进**半收入程序法及部分收入程序法**的结果，也是《法人所得税法》第 8b 条第 1 款所包含的对盈利分配的免税的结构性延续。它是以下考量为基础的，转让一个被出售的公司的公开和隐藏储备金会产生转让盈利。公开储备金——作为盈利——已经缴纳了 15% 的最终税收，因此根据《法人所得税法》第 8b 条第 1 款在对其进行分配时不用再纳税。虽然隐藏储备金在此之前并没有付过税，而它在被出售的公司内仍然需要付税，因此它只是推迟征税而已。

然而我们不能确定将来是否需要为隐藏储备金再次（由被出售的公司以及它的新的股份持有人）付税。[696] 相反，在其持股期间构建了隐藏储备金的股份出售人虽然实现了转让利润，但根据《法人所得税法》第 8b 条第 2 款，他并不需要为隐藏储备金付税。人们认为这里违背了能力原则和主观税收原则。[697] 与盈利分配的情况相同，立法者将由转让盈利引起的增值的税收收入分摊到包括税收主体在内的有义务纳税的不同人身上（并且发生在不同的时间点上）。《法人所得税法》第 8b 条第 2 款通过简单实用的方法避免了双重负担并从结构上融入了半收入法或部分收入法。[698]

除了陈述了将《法人所得税法》第 8b 条第 2 款定性为一个服务于财政目的的规定的理由，立法者还明显遵循了导向目的（这个概念的解释见页边码 204 及以下）；对已存在的隐藏储备金进行征税（几十年）并不会妨碍目的在于建立有企业经济意义的股份结构的股份转让。

这项规定在法律政策上是有争议的；考虑到对单独经营企业转让盈利以及合伙经营

---

[694] 参照 Fuhrmann/Strahl, DStR 2008, 125; Strahl, KÖSDI 2008, 15896 (15905).
[695] 详见 Ibid.
[696] 批评见 Pezzer, DStJG 25 (2002), S. 37 (56); v. Lishaut, StuW 2000, 182 (192 f); Bareis, BB 2003, 2315 (2317 f); 对此的说明，详见 Desens, Das Halbeinkünfteverfahren, 2004, S. 132 ff.
[697] 参照 Hey, DStJG 24 (2001), S. 155 (200); Wochinger, FR 2001, 1253 (1256).
[698] 参照 Kanzler, FR 2003, 1 (7 f); 经济方面，Scheffler, DB 2003, 680; Briese, StuB 2003, 440.

人股份转让盈利的处理方法不同,有时必须涉及**合宪性的考量**,这种情况下转让盈利要缴纳个人所得税。[699] 同时,应该坚持执行最终税收系统内的免税,否则——如同边码1235中对《个人所得税法》第8b条第1款的描述——在很多情况下会产生双重甚至多重税收累积并由此产生过度征税。对独资经营企业以及合伙人股份转让所产生的盈利进行征税是必要的,因为隐藏储备金既没有缴纳过最终税收也没有缴纳过其他税收。由于对转让盈利征税的起始点并不相同,立法者对《法人所得税法》第8b条第2款的免税的考虑并不违背事实,这里并没有违背普遍的等价原则。

法人层面上的免税必然导致作为股份持有人的自然人的转让利润,在原则上有纳税义务。虽然到2008年估税期为止私人在很大范围内仍有可能获得不需缴税的转让盈利[700],但从2009年估税期开始,私人财产的转让利润,不论持有时间长短和价值大小,按照《个人所得税法》第20条第2款第1目的规定,为来自资本资产的收入,原则上要缴纳25%的补偿税或按部分收入法纳税(与页边码760相对比)。

在教条上尤其有意思的是《法人所得税法》第8b条第6款[701]:假设**股份公司**入股了一个通过红利或者股份转让获得收入的**人合公司**,那么《法人所得税法》第8b条中的免税规定同样只适用于股份公司获得的应得利润。尽管股份比例相同,而且在人合公司获取盈利和盈余调查方面应遵循统一性原则(比较页边码1103),但该股份公司参股股份获得的结果却比其他合伙经营人的股份少!涉及营业税时,现在《营业税法》第7条第4句对此作出了澄清,在进行人合公司的工商收益调查时应顾及《法人所得税法》第8b条。

4.《法人所得税法》第10条中规定的不可扣除的费用

根据《法人所得税法》第10条,有几项费用不能从收入调查中扣除。这项规定是考虑到以下事实,一方面商法上的各种资金流出必定会导致年盈余的减少,另一方面为了避免不当竞争,法人所得税估算基础在本质上应与人合公司的合伙人或者独资企业主的商业行为的收入相符。根据《法人所得税法》第6条第1款第1项,依照所得税法不能扣除的费用(例如《个人所得税法》第4条第5款中规定的不能扣除的企业支出;与免税收入有直接经济关系的支出,《个人所得税法》第3c条第1款)也不会减少法人的盈利。

1242

(1)根据《法人所得税法》第10条第2目,在**征收收入的税收**(例如自己的法人所得税、团结附加税,相关收入的资本收益税)、其他人头税(例如遗产税)以及增值税时不用

1243

---

[699] 参见 *Hey*, DStJG 24 (2001), S. 155 (199 ff)。

[700] 只有在旧版《个人所得税法》第17条和23条规定的界限内,这些人才是纳税义务人。

[701] 参见 *Crezelius*, DB 2001, 221 (225); Engel, DB 2003, 1811。

进行扣除。这些税收是商法的商业支出（见《商法典》第275条第2款第18、19目），在进行个人所得税计算基础调查时，这些税收也不可以扣除（《个人所得税法》第12条第3目）。相应的在《税法通则》第3条第4款意义上的税收附加费也属于扣除禁令的范围。

> 在进行收入调查时，**情形 51**（页边码1231）中根据《法人所得税法》第10项第2目规定在收入调查时7万欧元的法人所得税费用也应计算在内。相反，营业税并不属于人头税而属于实物税（页边码1351）。尽管如此营业税也不能作为企业支出而扣除（比较《法人所得税法》第8条第1款和《个人所得税法》第4条第5b款，以及页边码973）。

1244　　（2）《法人所得税法》第10条第3目和《个人所得税法》第12条第4款是完全相同，根据这项规定，主要特征是惩罚的财产法意义上的**罚金**以及其他法律后果不包括在扣除范围内。

　　由于德国刑法带有个人性质，其惩罚措施只针对自然人。但是根据《个人所得税法》第4条第5款第8目联系《法人所得税法》第8条第1款第1项已经将对法人施加的罚金（《秩序违反法》第30条）排除出了扣除范围。因此，这项规定的应用范围非常有限（主要是《刑法典》第74条第2款第1目，第75条中规定的带有惩罚性质的收费以及外国罚金，只要各自的征收法律能够适用于法人）。

1245　　（3）《法人所得税法》第10条第4目规定监事会以及类似的**监事机构成员的补贴**的一半不能扣除，这样做是很有意义的。这项企业支出扣除限制条款可以防止出现过高的补贴。[702]

　　（4）特殊情况下**利息费用**只能有限扣除：

　　《法人所得税法》第8条第1款规定的关于个人所得税中收入调查规则的一般性引用，《个人所得税法》第4a条对于法人同样适用[703]。

　　出于所谓的《法人所得税法》第8a条和《个人所得税法》第4h条规定的利息限制（页边码622—625、1220—1230）的目的，现在把因资本转让而支付给股东的利息也计入进来。

　　当把净利息支出的10%支付给持有25%以上股份或一个与其亲近的人时，根据《法

---

[702] 对净原则破坏的批评，参照 Hey, in: Tipke/Lang, § 11 Rn 48; Knobbe-Keuk, Unternehmensteuerrecht, S. 595.

[703] Schaden/Käshammer, BB 2007, 2259.

人所得税法》第8a条第2款和第3款的规定,对股份公司适用利息障碍的特殊性规定。此种情况下《个人所得税法》第4h条第2款第1句(b)和(c)规定的利息障碍的例外情形不适用。这就是说,当把净利息支出的10%支付给主要股东时,对于利息障碍的适用公司隶属关系不是必要的(《法人所得税法》第8a条第2款,新版)。此外,这种情况下自有资本比较也被排除在外(《法人所得税法》第8a条第3款,新版)。[704]

5. 公司关系引起的程序的限制

《法人所得税法》中最受争议的部分中的一点是对公司和股份持有人之间关系的处理。涉及对公司收入产生影响的股份持有人相关的程序时,其产生原因或者在于公司法关系[705],或者在于其他债务法合约(例如劳务合同、贷款合同、买卖合同)。第一种情况与盈利分配或者不影响收入的投资有关(《法人所得税法》第8条第3款)。第二种情况中存在企业支出或者企业收入,因为公司和股份持有人之间的合约在根本上是符合税收规定的(**分离原则**)。 1246

(1) 隐性股利分配(《法人所得税法》第8条第3款第2项)。

收入分配不会对收入调查产生影响(《法人所得税法》第8条第3款第1项)。这意味着,在进行收入调查时,不能将盈利分配看成是对收入的减少。以与公司法规定相符的盈利分配决议为基础的公开股利分配(例如股票分红,有限责任公司初期存款分配)一般来说是没有问题的,因为从商法上来说它不会对年净收入产生影响。困难之处在于,合伙人有可能获得陌生第三方无法获得的**资金利益**。如果在处理民法合约关系时告知这种资金利益,那么就会出现以下问题,这种资金利益的产生事实上起因于合约还是并非来源于公司关系,以及它是否只是根据其形式选择了另一种民法形成。对股份持有人的红利收入总是征收法人层面上的法人所得税。因此可以通过以下方式获得利益,如果股息并不作为红利支付,而是作为资金补贴"隐藏"起来,那么这种补贴作为企业支出可以减少法人所得税的估算基础。人们将后一种情况称为**隐性股利分配**(vGA)[706],根据《法人所得税法》第8条第3款第2项,在进行收入调查时不能将这种隐性股利分配扣除 1247

---

[704] 详细参照 *Dörr/Geibel/Fehling*,NWB Fach 4,5199 ff；*Schaden/Käshammer*,BB 2007,2259 ff；*Grotherr*,NWB Fach 3,1489；*Hahne*,StuB 2007,808。

[705] 见 *Schönwald*,SteuerStud Beilage 2/2006。

[706] 情形处理中的隐性盈利分配,参见 *Birk/Wernsmann*,Klausurenkurs,Fall 9 (Rn 569 ff) 以及对 情形 9 的总结性概览(Rn 595)；*Schönwald*,SteuerStud Beilage 2/2006；*Oppenländer*,Verdeckte Gewinnausschüttung,2004；*Frotscher*,Körperschaftsteuer,Rn 389 ff；*Lange/Janssen*,Verdeckte Gewinnausschüttungen,10. Aufl,2010；*Janssen*,NWB Fach 4,4825；*Schön*,Festgabe für Flume,1998,S. 265—299。

出去，但减少了商法的年净收入。如果需要一个个人所得税法的平行项，可以选择《个人所得税法》第 4 条第 1 款第 1、2 项的提取，它类似于隐性股利分配并且应当不会使盈利减少。

1248　　a) 永久判例**将隐性股利分配定义**为"通过公司关系减少资金或者避免资金增加，这种行为会影响《个人所得税法》第 4 条第 1 款第 1 项规定的差额的数值而且它与公开股利分配无关"。[707]

除此之外，公司减少资金的行为必须能够引发《个人所得税法》第 20 条第 1 款第 1 目第 2 句意义上的合伙人股份收益（**交换原则**）。[708] 资金利益是否而且何时确实流向股东对于公司层面上的隐性股利分配并不重要，重要的是《个人所得税法》第 4 条第 1 款第 1 项中的（资产负债表上的）企业资产减少的时间点。[709] 合伙人获得的前提是资金流入。如果公司不对它有权从合伙人那里获得的款项（报酬）陈述理由或进行要求，这种情况下避免资金增加与资金减少是相同的。

用于评判企业资产作为隐性股利分配而减少的情况的一个重要标准是**由于公司关系引起的**资产减少。这里必须与由经营引起的资金减少区分开来，见《个人所得税法》第 4 条第 4 款联系《法人所得税法》第 8 条第 1 款第 1 项。[710] 判例[711]的观点是，股份公司可以没有非企业层面，因此所有费用必须同时也是企业支出。[712] 根据这种观点，公司法层面上引发的资金减少应该是企业支出——并且同时是隐性股利分配！[713]

为了对公司法层面上引发资金减少的情况进行检验，判例使用了以下**案例组**，还采用一系列标准准则处理实际中常见的隐性股利分配—案例（例如经营者不合理的高收入

---

[707] BFH, I R 4/84, BStBl II 1990, 237 含全面解释；最近例如 BFH, I R 69/01, BStBl II 2003, 329; I R 2/02, BStBl II 2004, 131; I R 40/04, BFH/NV 2006, 822; I R 8/06, BFHE 220, 276; I R 67/06, BFHE 221, 201; I R 61/07, BFHE 223, 131.

[708] 明确的说明见 BFH, I R 2/02, BStBl II 2004, 131；对此的说明见 *Wassermeyer*, DB 2002, 2668 f; *Kohlhepp*, INF 2006, 625.

[709] 例如养老储备金建立的情况；参照 *Wassermeyer*, DB 2002, 2668 (2669).

[710] 参照 *Hey*, in: *Tipke/Lang*, § 11 Rn 73; *Reiß*, StuW 2003, 21 (30). 此外资合公司中还存在着既不是由经营所产生的也不是由公司关系所引起的费用，例如 捐赠（§ 9 Abs. 1 Nr 2 KStG, vgl Rn 1263），参照 *Hey*, in: *Tipke/Lang*, § 11 Rn 47.

[711] BFH, I R 54/95, BFHE 182, 123; I R 32/06, BStBl II 2007, 961；与其不同的是对于外国资合公司的判决 BFH, I R 14/01, BStBl II 2002, 861.

[712] 十分有争议，对此的说明（以及采用其他方法）详见 *Nippert*, Die außerbetriebliche Sphäre der Kapitalgesellschaften im Körperschaftsteuerrecht, 2006.

[713] 其他观点 *Hey*, in: *Tipke/Lang*, § 11 Rn 45; *Reiß*, StuW 2003, 21 (28 ff).

aa) **一个严谨认真的企业经营者**(《股份公司法》第 93 条第 1 款第 1 项,《有限责任公司法》第 43 条第 1 款)最好不要在其他相同情况下针对某个非合伙人的个人实施减少资金或者阻止资金增加的行为。[714] 如果从一个被认为是严谨的企业经营者的观点看来,资金减少可以达到**陌生比较**(Fremdvergleich)的要求,那么就是由于经营原因。陌生比较的目的在于,在没有合理商业原因的情况下防止合伙人以减少纳税额为目的进行任意的利润转移。根据《法人所得税法》第 8 条第 3 款第 2 项的意图,从税收上来看,中小型股份公司的经营业绩本质上也是属于公司的。[715] 这项规定通常与交换合约有关,在这种合约下,法人提供了相对于合伙人的成果来说客观上过高的报酬。

1249

例子:在所有利益,特别是实际中广泛使用的可以带来盈利的红利,都包括在评价范围之内的情况下(总配备),为合伙人——企业经理人支付过高的补贴[716];无法融资或者由于延续时间短在退休时无法实现的退休金承诺[717];阻止资金增加的典型例子是公司向合伙人提供无息贷款;合伙人以不寻常的低价购买公司物品,而且公司每次都放弃收取合适的报酬。

如果公司本身有与第三方的类似交易,这里必须的**陌生比较**也可以在内部完成。否则就需要与另一个公司的类似交易进行外部的陌生比较。如果需要检验的交易非常特殊找不到有说服力的比较条件,可以使用假设的陌生比较,这种假设的陌生比较是以一个严谨的企业经营者的想法为导向的。[718] 这时常常出现符合陌生比较的条件的波动范围,只有在超出上限时才能接受隐性股利分配。这项准则也可以用来检验集团公司之间的发货和给付的**结算价格**(见页边码 1480 以下)。这种中心规定使得在不同国家内有子公司的国际企业集团可以进行国家间的利润转移。查明企业集团这种偿付款的"正确

---

[714] 首先是 BFH, I 261/63, BStBl III 1967, 626;最近例如 BFH, I R 100/02, BFHE 203, 77; I R 65/03, BStBl II 2005, 664。

[715] BFH, I R 37/01, BStBl II 2003, 418。

[716] 参照 BFH, I R 46/01, BStBl II 2004, 132; I R 24/02, BStBl II 2004, 136; I R 38/02, BStBl II 2004, 139; I R 37/01, BStBl II 2003, 418 等大量司法判决中的核查方式方法;对此的说明见 *Grützner*, StuB 2004, 16; FG Berlin-Brandenburg, 12 K 8312/04 B, EFG 2008, 717; BFH, I R 73/06, BStBl II 2008, 314。

[717] 参照 BFH, I R 94/04, BFH/NV 2006, 616; I R 65/03, BStBl II 2005, 664; FG Berlin-Brandenburg 12 K 8253/06 B, EFG 2007, 1731 等众多最近的司法判决;对此的概览,见 *Frotscher*, Körperschaftsteuer, Rn 450。

[718] BFH, I R 46/01, BStBl II 2004, 132 (134)。

的"结算价格是在对这种公司征税时经常出现的争论焦点。[719]

根据《法人所得税法》第 22 条中的明确规定，如果盈利分配是从合作社成员交易中获得的，那么它就不是合作社提供给其成员的偿还。

1250 如果公司因为某种行为而遭受了损失，例如为其成员保管资产，由于公司这种行为不是为了追求自身的利益而是为了满足成员的私人利益，这样就会产生隐性盈利分配。所得税法为了对**爱好**进行税收性排除制定了准则（见页边码 701），上面这种情况应该根据这些准则做决定。[720] 判例虽然允许企业支出存在（见页边码 1248），但它同时通过接受隐性股利分配对其结果进行了"修正"，这些隐性股利分配的数额应该等于公司产生的费用加上合适的利润增长。

例子[721]：一个有限责任公司对他们用于出租的游艇进行保养并由此承担损失。在没有正面的总盈利预测时，获得盈利的目的被否定了，根据爱好原则就会出现隐性股利分配。然而，对于新成立的公司的初始阶段只能假设这点，如果从一开始就缺乏可用的企业管理理念，损失时间段就有可能明显超过 3 年。

1251 如果资金利益并不是由合伙人直接获得，而是由一个**与其亲近的人**（例如近亲属或者一个属于集团公司的公司）获得，这种情况也是可以成立的。这种情形下，关键在于股份公司把资金利益给予了第三人，如果一个正直的公司负责人尽到足够的注意义务，就会把资金利益给予与相关股东没有亲近关系的人。[722]

> 在**情形 51** 中（页边码 1231），B 有限责任公司在卖出土地时提供给合伙人 A 的妻子 E 的价格优势是一种隐性盈利分配：售价（20 万欧元）明显低于交易价值（25 万欧元），其原因除了丈夫的公司法关系外显然没有别的理由。因此，5 万欧元的差额应算在收入里。与此相反，我们认为相对于有限责任公司的收益能力，公司支付的公司经营者工资的数额是合理的。

---

[719] 参照 BFH，I R 103/00，BStBl II 2004，171；对此的说明及关于陌生方对比基础的一般性说明，见 *Wassermeyer*，DB 2001，2465。对税法中国际结算价格的一般性说明见 *Schmid-Pickert*，SteuerStud 2005，254；*Grützner*，StuB 2005，442。

[720] BFH，I R 92/00，BFHE 199，217；I R 56/03，BFHE 208，519。

[721] BFH，I R 92/00，BFHE 199，217；也参照 BFH，I R 54/95，BFHE 182，123。

[722] BFH，I R 139/94，BStBl II 1997，301；I R 61/07，BFHE 223，131；VIII R 70/04，BFH/NV 2006，722；参照 *Kohlhepp*，DB 2008，1523。

第三章　收入和收益的税　**399**

1252　bb) 受益人是**控制合伙人**,民法上并没有有效、明确以及预先缔结的协议。[723] 这对于给付和报酬的平衡性来说并不重要。这个案例组的背景是,控制合伙人能够在任何他想要的时间左右合伙人大伙的决定,而且他必须根据债务法义务找出一个合适的标准来区分盈利分配和偿付款。如果在劳务关系事务上没有真正的利益冲突,就应避免法人盈利的反作用。对"控制"这个概念的解释关键在于投票权而不是资本股份。[724] 这个原则也适用于两个合伙人共同控制公司并以追逐平行利益为目的行事的情况。[725] 违背这个特殊准则的情况可能是,合伙人没有在债务法基础上而仅仅在公司法基础上为公司工作。这样做的后果是,公司由此带来的偿付款无论数额是多少全部都是隐性股利分配("完全隐性股利分配")。[726]

1253　cc) 这种后果("完全隐性股利分配")适用于联邦财政法院提出的协议**缺乏普遍性以及严重性**案例组的情况。如果协议在包含**合伙人观点**时由于第三方的反对而无法达到陌生比较的要求,也会产生隐性股利分配。[727] 在对公司单方面有益的交易中尤其会出现这种情况;这里没有达到严谨的企业经营者标准,人们永远同意一个严谨的企业经营者的观点。然而,如果协议与普遍经济行为不同,它并不被看成是认真的意愿,那么就近似为公司法原因。

例子:只通过养老金承诺而不是工资("单独—养老金")[728] 或者只通过盈利分红对企业经营者进行补贴("单独—红利")[729];在星期日加班、假日加班以及夜间加班时,不支付给合伙人—企业经营者工资而只支付附加费,以此来满足《个人所得税法》第3b条中的免税条款。[730]

1254—1255　b) 隐性股利分配与公开股利分配一样(见页边码1281及以下)要缴税,因此它会在

---

[723] 经常性司法判例,参照 BFH, I R 57/03, BFHE 206, 431; I R 100/02, BFHE 203, 77; 也可参照 *Frotscher*, Körperschaftsteuer, Rn 410 ff.。
[724] BFH, I R 112/72, BStBl II 1974, 694; *Streck/Schwedhelm*, KStG, 7. Aufl. 2008, § 8 Anm. 395.
[725] BFH, I R 44/00, BFH/NV 2002, 543; I R 50/03, BStBl II 2005, 524 („Familien-GmbH").
[726] 关于依据理由,参照 *Oppenländer*, Verdeckte Gewinnausschüttung, 2004, S. 115 ff.
[727] BFH, I R 147/93, BStBl II 1996, 204; I R 88/94, BStBl II 1996, 383; I R 27/99, BStBl II 2002, 111; I R 108—109/95, BStBl II 1997, 230; 批评性的,见 *Frotscher*, in: Frotscher/Maas, KStG, Anh. § 8 Rn 191; *Janssen*, NWB Fach 4, 4825, 4834 f.
[728] BFH, I R 147/93, BStBl II 1996, 204.
[729] BFH, I R 54/91, BStBl II 1993, 311; I R 27/99, BStBl II 2002, 111.
[730] BFH, I R 24/04, BFH/NV 2005, 247; I B 162/05, BFH/NV 2006, 2131; I B 55/09, BFH/NV 2010, 469.

公司以及接收者双方面引发**法律后果**：

进行股利分配的公司的法律后果是来自于《法人所得税法》第 8 条第 3 款第 2 项：如果不允许通过隐性股利分配减少收入，但在盈余调查（作为收入支出或者利息支出）过程中已经扣除了隐性股利分配，那么就应将其重新追加进去。在税款结算外的第二步中将隐性股利分配根据《法人所得税法》第 8 条第 1 款第 1 项联系《个人所得税法》第 4 条以下条追加进法人受调查的收入 [731]，因为根据判例的观点，所有隐性盈利收入在这以前都作为企业支出减少了盈利（见页边码 1248）。盈利增长应根据《法人所得税法》第 23 条第 1 款承担税率为 15％的法人所得税。

1256 在**接收者**方面，隐性股利分配在本质上与公开股利分配的处理方法一样。私人参股是存在《个人所得税法》第 20 条第 1 款第 1 目第 2 句意义上的资本性资产收入，根据《个人所得税法》第 32 条这些收入缴纳 25％的补偿税。[732] 当股份属于持股人的企业财产时，按照《个人所得税法》第 3 条第 40 目第 d 点的规定适用部分收入法缴纳 60％的所得税（比照页边码 1284）。然而，股份持有人隐性股利分配的获得是以收入的流入为前提的 [733]，收入流入是否以及何时发生与法人层面上的隐性股利分配无关。这两个层面仅仅通过"交换原则"（见页边码 1248）联系在一起。从法律程序上来说，法人的隐性股利分配的确定与股份持有人隐性股利分配的确定无关。如果在法人层面把隐性股利计入收入，则持股人可根据《法人所得税法》第 32a 条第 1 款进行更改。[734]

隐性股利分配是否在其显现之前就已经作为有纳税义务的收入进行处理，这一点对股份持有人是很重要的，例如非自由职业收入所得框架下的过高工资收入。隐性股利分配的显现——只要法律程序许可——会导致盈利分配中的被看做是隐性股利分配的工资中的（过高）部分的性质发生转变，这些收入的税收负担依据半收入法或补偿税出力，因此可能会减少纳税义务；对于法人应贯彻《法人所得税法》第 8b 条第 1 款的规定（见页边码 1235 以下）。同时，隐性股利分配的显现会导致股份持有人税务负担加重，原本这些隐性股利分配是作为不需纳税的收入处理的，例如低价购买土地或者由公司方面提供

---

[731] BFH，I R 137/93，BStBl II 2002，366；I R 43/01，BStBl II 2003，416；I R 65/03，BStBl II 2005，664。关于"两步盈利调查"的说明见 *Wassermeyer*，DB 2002，2668。对最初未识别的隐蔽盈利分配进行事后更正的意义以及对该术语的批评，见 *Reiß*，StuW 2003，21；作为例子，参照 BFH，I R 21/03，BStBl II 2005，841。

[732] 参见 *Kollruss*，BB 2008，2437；*Horst*，NWB 2010，982。

[733] BFH，VIII R 4/01，BFHE 207，103。

[734] 参见 *Haar*，StW 2008，10。

低息贷款。在涉及公司的隐性股利分配时,其显现主要增加了营业税总负担[735],因此在应用部分收入程序和补偿税时也有它的意义。[736]

隐性股利分配并不仅仅限于股份公司;出于公司法原因所获得的资金利益时,对于所有成员结构的法人所得税主体,以及对于联合会、合作社、甚至是相对于其载体性主要是商业性质的企业都可能出现隐性股利分配。[737]

一次性实施的隐性股利分配不能再逆向进行。这遵循了《税法通则》第 38 条,它规定,一旦根据法律与履行义务相联系的事实成立就会产生课税权。因此,股东延期偿还的资金利益被看成是投资。[738]

(2) 隐性投资。

隐性股利分配的反面就是隐性投资。[739] 如果公司的合伙人获得的利益并非赚取的,而是以存在的公司关系为基础,这样就出现了投资。只要公司的非合伙人不同意给予资金利益,就属于这种情况(陌生比较)。如果投资的实行与公司法规定(最初的资本设备、后来的资本提高)不符,就涉及了**隐性投资**。[740] 因为隐性投资是通过公司关系发生的,因此它不能提高盈利只能增加公司的资本资产(《商法典》第 272 条第 2 款第 4 目),《法人所得税法》第 8 条第 3 款第 3 项。合伙人需要负担**附加的股份实际购置成本**,这些实际购置成本会对企业资产或者在《个人所得税法》第 17 条、第 20 条第 2 款框架下也会对私人资产有税收上的作用。如果持股人的股份在他的企业资产中,《个人所得税法》第 6 条第 6 款第 2 项规定,股份的购置成本增加了投入的资本的部分价值。这将使得公司**获利**,只要部分价值超过投入资本的账面价值。当部分价值和账面价值相等时,持股人的此项投资就是盈利中立的贷方项目转换(资产与提高的股份购置成本相比)。如果持股人的股份在他的私人财产中,则持股人不得把资本流出当做必要支出从资本资

1257

1258

---

[735] 含计算例子的负担影响,参照 *Graf/Weber*,GmbHR 2004,757(还是按旧法的半收入法)。

[736] 含例子的隐蔽盈利分配的负担作用,见 *Binz*,DStR 2008,1820。

[737] BFH,I R 108—109/95,BFHE 181,277;I R 87/02,BFHE 205,181;I R 32/06,BStBl II 2007,961;*Hüttemann*,DB 2007,1603;*Birk*,BB 2009,860 (865)。

[738] BFH,I R 176/83,BStBl II 1987,733;I R 118/93,BStBl II 1997,92;I R 23/03,BFH/NV 2004,667;VIII R 10/07,BFH/NV 2009,1815;也可参照 *Schütz*,DStZ 2004,14;其他观点 *Schnorr*,GmbHR 2003,861(869 ff)。

[739] 主导判决:BFH,I 131/59 S,BStBl III 1960,513;新近 BFH,IV R 115/88,BStBl II 1990,86;I R 80/96,BFH/NV 1998,624;还可参见 *Wagner*,Verdeckte Gewinnausschüttungen und verdeckte Einlagen bei Kapitalgesellschaften,2000,S. 141 ff;*Reddig*,SteuerStud 2002,596。

[740] *Frotscher*,Körperschaftsteuer,Rn 503;*Srebne*,SteuerStud 2005,9;*Schönwald*,SteuerStud 2006,Beilage 2/2006。

产的收入中扣除。只要隐性投资减少了持股人的收入,公司的收入就会相应增加(《法人所得税法》第 8 条第 3 款第 4 项)。

1259　　哪种资金利益具有投资能力是有争议的。其中可以肯定的是资产的转让(合伙人以低价或者无偿转让给公司资产,或者公司以高价转让给合伙人资产)。免除合伙人对公司的(保值的)债权也是只按部分价值估价的隐性投资。[741] 根据当今主流观点提供低利息或者无息贷款不是资产,因而不具有投资能力。[742]

1260　　**例子**:A 是 B 有限责任公司的唯一股东并提供给公司贷款。后来他免除了公司的贷款债务。

　　免除债务会消去公司收支平衡表借方的债务并引发盈利(见页边码 811)。因为资助不属于公司的经济行为而属于公司关系,因此必须将盈利中性化。这种情况在账目上表现为(隐性)投资(见页边码 918)。

　　在合伙人层面上,隐性投资会导致公司股份的(附加的)购置成本(《个人所得税法》第 6 条第 6 款第 2 项)。如果股份属于企业财产并且债权带有价值性,将会导致盈利中立的资产项目转换(针对提高的股份购置成本的债权)。只要债权不带有价值性,持股人则需承担相应的损失,但该损失与债权放弃无关,而是由《个人所得税法》第 6 条第 1 款第 2 目所规定的债权部分折旧所导致。由于债权放弃,隐性投资将会丧失其价值,如此一来股份的购置成本也就不能增加,在法人层面出现的(令人惊讶的)结果就是通过入账作为投资没有产生盈利中立。[743]

1261　　《个人所得税法》第 17 条第 1 款第 2 目将一个股份公司投入另一个股份公司的股份的隐性投资与转让等同起来,以便填补投资产生价值提升时出现的税收漏洞。如果没有这项规则,就可以通过投资行为规避《个人所得税法》第 17 条第 1 款中规定的税收。[744]

6. 与特殊支出类似的扣除事实

1262　　在调查收入时应扣除不属于《个人所得税法》第 4、5 条和《法人所得税法》第 8 条第 1 款第 1 项意义上的盈利以及系统的划入所得税特殊支出范围内的几个项目。虽然法人

---

[741] BFH, GrS 1/94, BStBl II 1998, 307; VIII R 57/94, BStBl II 1998, 652; I B 143/00, BStBl II 2002, 436; 进一步的说明,见 *Marenbach*, SteuerStud 2008, 431。
[742] BFH, GrS 2/86, BStBl II 1988, 348; FG Köln v. 12.2.2009, 13 K 1570/06, EFG 2009, 969。
[743] BFH, I B 143/00, BStBl II 2002, 436。
[744] 见 *Schmidt/Eilers*, in: *Herrmann/Heuer/Raupach*, EStG § 17 Anm. 140。

所得税法中并没有特殊支出这个概念;但事实上这里仍然涉及类似于特殊支出的扣除事实。

《法人所得税法》第 9 条第 1 款第 2 目规定了基本上以《个人所得税法》第 10b 条中的特别支出事实为模版的**捐赠扣除**。虽然捐赠在商法上减少了年净收入,但它并不必须是企业支出[745],而且它不会影响法人的税收盈利。但从 1994 年起就不再可以扣除法人的政党捐赠,这样是为了避免出现适用于自然人的税收最高金额间接违宪情况的激增。[746]

1263

7. 损失扣除

股权转让时,未来估税期(《法人所得税法》第 8 条第 1 款和《个人所得税法》第 10d 条,边码 617)的**损失扣除**只有在符合《法人所得税法》第 8c 条所规定的的条件时才能进行。[747] 此项规定是在 2008 年的法人所得税改革中新引入法人所得税法中的,之前已在最新的法律修改中被删除。[748]《法人所得税法》第 8c 条使法人的损失利用依赖于五年内是否在一定范围内进行了股东变更。

1264

此外,《法人所得税法》第 8c 条的规定分两个阶段适用:

——一方面该条规定转让 25% 到 50% 股份或投票权时损失扣除按比例减少。

——转让 50% 以上的股份或者投票权时完全扣除损失。[749]

当股份收购可能造成损失时,损失扣除则须受到限制。具体情况是指当五年内股份被转让给一个收购人,一个与之关系亲密的人或一个有共同利益的团队(《法人所得税法》第 8c 条第 1 款第 1 项和第 3 项)。[750] 如果股份转让发生在集团公司内部,由一个二级子公司转让给另一个子公司(即集团条款,《法人所得税法》第 8c 条第 1 款第 5 项)[751],

---

[745] *Hey*, in: *Tipke/Lang*, § 11 Rn 47.

[746] BVerfG, 2 BvE 2/89, BVerfGE 85, 264.

[747] 应用问题,参照 2008 年 7 月 4 日的 BMF-Schreiben, BStBl I 2008, 736; *Grützner*, StuB 2008, 617 含例子。

[748] 由于加速发展法而增添了 § 8c Abs. 1 Sätze 5, 6, 7 KStG (BGBl I 2009, 3950);由于医疗保险公民减负法而增添了 § 8c Abs. 1a KStG (BGBl I 2009, 1959)。

[749] *Lang*, DStZ 2007, 652 (653); *Beußer*, DB 2007, 154.

[750] 详细参照 *Lang*, DStZ 2007, 652 (653); *Dörr*, NWB Fach 4, 5181 (5183 ff); *Beußer*, DB2007, 1549; *Lenz*, Ubg 2008, 24;相似利益人群的概念,参照 2008 年 7 月 4 日的 BMF-Schreiben, BStBl I 2008, 736, Rn 27; *Dötsch/Pung*, DB 2008, 1703 (1708)。

[751] 对此的指导性说明,*Eisgruber/Schaden*, Ubg 2010, 73。

或者在详细定义的重组时(即重组条款,《法人所得税法》第 8c 条第 1a 款)[752],则此项限制不适用。此外,只要国内有隐蔽储备金,则损失不得扣除(隐蔽储备金条款,《法人所得税法》第 8c 条第 1 款第 6、7 项)[753]。

五年期自第一次股份转让起算,第一次须发生在 2007 年 12 月 31 日后。此五年期间内的股份转让合并计算。《法人所得税法》第 8c 条第 1 款所规定的 25% 的界限一旦被超越,并且损失按比例消除之后,为了满足《法人所得税法》第 8c 条第 1 款第 1 句的要求,五年期间需重新起算。[754] 自第一次股份转让开始,《法人所得税法》第 8c 条第 1 款第 2 项规定的五年期间也开始计算,对于是否超出规定比例 50% 这一问题,股份购回仍然继续合并计算。[755]

1265— 1268

因为变换股份持有人并不会对股份公司的法律身份产生影响(分离原则),那么在进行这种转换之后,原则上必须可以继续这种损失使用。如果立法人允许这种做法,那么新成立的有法人所得税义务的公式就可以定期通过这种"损失商号"使他的盈利与已存在的损失相平衡。[756]

截至 2007 年利用损失的可能性受旧版《法人所得税法》第 8 条第 4 款的**全部股权购买规则**所限制。因此只有当原股份公司和收购公司法律和经济上一致时,才能将损失扣除。当超过半数的股份被转让给股份公司,并且该股份公司主要依靠新的公司财产运营时,经济上的一致性尤其不能得到承认。自 2008 年开始根据新的规定,特别是新公司财产的后一个条件不再是必需的。[757] 修改地极不成功的《法人所得税法》第 8c 条的合宪性遭到了质疑。[758]

---

[752] 见 *Imschweiler/Geimer*,EStB 2009,324。欧盟委员会质疑了重组条款与共同体市场的一致性,因此其在 2010 年 2 月 24 日根据 AEUV 第 108 条第 2 款提出了正式的审查程序(Az. C 7/2010,BStBl I 2010,482),在澄清之前不得应用 § 8c Abs. 1a KStGr,参照 2010 年 4 月 30 日的 BMF-Schreiben,BStBl I 2010,488。

[753] 对该项难以理解的准则的说明见 *Eisgruber/Schaden*,Ubg 2010,73。

[754] 2008 年 7 月 4 日的 BMF-Schreiben,BStBl I 2008,736,Rn 16。

[755] 详见 *Dörr*,NWB Fach 4,5181 (5185 f);*Lang*,DStZ 2007,652 (653);对新规定在合宪性方面的批评,见 *Hey*, in: *Tipke/Lang*,§ 11 Rn 85;BMF-Schreiben vom 4.7.2008,BStBl I 2008,736,Rn 20;包含作用方式的概览,*Dötsch/Pung*,DB 2008,1703 (1709)。

[756] 就经济背景给出了众多例子,见 *Klingebiel*,SteuerStud 2008,276。

[757] 对企业税改革所引起的新规定的批评:*Lang*,DStZ 2007,652 (653);*Beußer*,DB 2007,154;*Lenz*,Ubg 2008,24。

[758] *Neyer*,Der Mantelkauf,2008,S. 37 有进一步论证。

8. 免税金额(《法人所得税法》第 24、25 条)

对于特定的法人来说,调查应纳税收入的最后一个步骤是扣除免税金额(《法人所得税法》第 24、25 条)。

但是对于在这个表述中主要关注的股份公司并不能提供免税金额(《法人所得税法》第 24 条第 2 句第 1 目)。从结果上来看,免税金额只有利于基金会、进行有纳税义务的商业行为的非营利性联合会以及新建立的从事农林业活动的合作社或者联合会。

(四)税率

应缴纳需纳税收入的 15% 作为法人所得税(《法人所得税法》第 23 条第 1 款)。

这个税率是在国际减税竞争中形成的,它首先由有效期截止于 1989 年的 56% 降低到税收年 1990 年的 50%,从 1994 年起降到 45%,1999 年降到 40%,从 2001 年起随着半收入程序的引进最终降到 25%。自 2008 年 1 月 1 日起只有 15%。

与个人所得税税率相反,法人所得税税率并不是累加制;也没有考虑到"最低生活收入"。这样做的原因是,法人所得税中的给付能力原则并不要求考虑到个人因素。[759]

与个人所得税相同,从 1995 年起附加了团结附加税(1995 年《团结附加税法》第 2 条第 3 目、第 3 条第 1 款第 1 目)。当时法人所得税的附加税率是 5.5%(1995 年的《团结附加税法》第 4 条)。

(五)对分红法人和股东的分配的处理办法

由于法人和他的股份持有人都有独立的纳税义务(分离原则),对一次形成的盈利两次征税,也就是在法人层面上以及——分配后——在股份持有人层面上(见页边码 1203)。[760] 至少要对税收的**双重负担**进行限制,因为股份持有人从公司股份中获取的收入除了要承受公司的法人所得税还要承受本身的收益税,过重的税务负担使得这种股份收入相对于其他收入处于劣势。这点适用于作为股份持有人的自然人和法人(见页边码 1235 和 1236)。因此,在对股份持有人的股份收入征税时,应将法人所得税前期负担列在法人层面上。不将法人所得税前期负担除去而只在股份持有人层面通过降低税率对其进行考虑,这就是总计的计算方式,我们将其称为**传统系统**。反之,将法人所得税前期负担完全排除在股份持有人层面之外就是费用**计算系统**。德国在使用了 20 年费用计算系统后(见第 9 版的页边码 1101 以下)于 2001 年重又回归到传统系统(所谓的半收入程

---

[759] *Knobbe-Keuk*, Unternehmensteuerrecht, S. 559.

[760] 关于分配的处理也见 *Birk/Wernsmann*, Klausurenkurs, zusammenfassende Übersicht zu Fall 8 (Rn 559 f)。

序[761]，见页边码 1284 以下)中。自 2009 年起开始适用二元体制，分红或者缴纳 25% 的**补偿税**(适用于私人财产中的股份)或者按**部分收入程序**(适用于法人财产中的股份)所决定纳税(比照页边码 1286 以下)[762]。

我们可以将《个人所得税法》和《法人所得税法》中用于协调两个层面上的税务负担的总的规则归纳为避免盈利的双重负担的系统(或者方法)。补偿税和部分收入程序系统所涉及的不只有盈利分配(公开和隐性)还有将股份转让给法人时(尤其是股份公司和有限责任公司)获得的转让盈利(见页边码 1237 和页边码 1285)。

1. 对法人征税

1282　从本质上来说，股利分配**不会**对分红法人的税务负担**产生影响**。无论将盈利分配还是累积，需缴税收入的最终税收都是 15%。

只有在最初没有被作为隐性股利分配处理的**隐性股利分配**(见页边码 1247 以下)的情况下才会出现以下影响：如果事后才将其确定为隐性股利分配(例如通过财政局的经营检查)，那么应该将违背《法人所得税法》第 8 条第 3 款第 2 项而错误的作为减少收入的项目处理的相应款项重新加入收入之中。同时应对相应的裁决(定期根据《税法通则》第 173 条第 1 款第 1 目)作出变更。[763] 当然通过这种方法提高的收入的法人所得税也提高了(见页边码 1254 以下)。

分红法人必须从分配总额(包括必要时按《个人所得税法》第 3 条第 40 目规定的免税股份)中扣除 25% 的资本收益税并将其上交给财政局(《个人所得税法》第 43 条第 1 款第 1 项第 1 目、第 43a 条第 1 款第 1 目确定)。股份持有人只能直接得到扣税后的 80% 的分红；当股东是在个人财产中持有股份的自然人时，根据《个人所得税法》第 43 条第 5 款第 1 项的规定，资本收益税扣除原则上起到补偿的作用(即**补偿税**，参见页边码 1284)。

如果股份是在自然人或人合公司的**企业资产**中，资本收益税就可以看成是股份持有人所得税的预先支付税收(《个人所得税法》第 36 条第 2 款第 2 目)并且有可能退还。

2. 对股份持有人征税

1283　在对股份持有人的股利分配和转让盈利进行税务处理[764]时，需要对法人所得税主

---

[761] 基本的，见 Desens, Das Halbeinkünfteverfahren, 2004。
[762] 见 Schönwald, SteuerStud 2008, 524。
[763] 见 Marx, StuB 2003, 337。
[764] 对此的说明也见 Birk/Wernsmann, Klausurenkurs, Fall 8 (Rn 514 ff, 526 ff 和 Rn 559 ff)中的情形处理以及总结性概览；含大量例子的概览，Schönwald, SteuerStud 2008, 524。

体和有义务缴纳所得税的(自然)人进行区分。[765] 后者可以在其私人资金或者企业资产中持有股份。[766]

只要津贴使用了《法人所得税法》第 27 条意义上的自有资产，根据《个人所得税法》第 20 条第 1 款第 1 目第 3 句，就不用为其支付所得税。这里涉及法人以特殊方式记录的股份持有人投资的归还(《法人所得税法》第 27 条)。这种操作不是股利分配而只是资本偿付，因此并不会引起需纳税的收入。

(1) 私人财产中的股份。

a) 持续的分配。如果股份持有人是**自然人**而且他持有的分红公司的股份属于**私人资金**，那么**分配**就是资本性资产收入(《个人所得税法》第 20 条第 1 款第 1 目)。此不依赖于，其是否与《个人所得税法》第 17 条规定的股份有关。[767]

1284

自 2009 年的纳税期起，这会承受 25％的资本收益税，以及 5.5％的团结附加税，在适当情况下还有教会税。[768] 股份公司将这些在分配时扣留(页边码 1282)，但它是股东的一种税。它原则上有补偿效果(所谓的**补偿税**)根据《个人所得税法》第 32d 条，43 条第 5 款之规定(详细参照页边码 760 以下)。801 欧元或夫妻共同接受评定的 1602 欧元的储户免税额为事实的必要支出扣除(《个人所得税法》第 20 条第 9 款)。

然而通过新的《个人所得税法》第 32d 条第 2 款第 3 目("依申请")存在针对部分所得程序适用的**选择权**(参照页边码 1286)，当此纳税人最少享有股份公司 25％股权时，或其最少享有资合公司 1％的股份且同时在该公司任职。若此项选择权得以实施，与参股相关的费用根据《个人所得税法》第 3c 条第 2 款之规定可最多达到 60％。[769]

此补偿税的运行方式将根据以下例子进行清晰阐述(对于部分收入程序，参见页边码 1289 的例子)

I. 对公司的处理	
盈利(根据营业税)	100 000 欧元
一法人所得税 15％	−15 000 欧元
＝分配金额	85 000 欧元

---

[765] *Schönwald*，SteuerStud 2004，316 中的概览。
[766] 指导性说明见 *Müller/Wangler*，SteuerStud 2010，111。
[767] *Schaumburg/Rödder*，Unternehmensteuerreform 2008，S. 403.
[768] *Ravenstein*，StuB 2007，527；*Ernst & Young/BDI*，Die Unternehmensteuerreform 2008，II B Rn 25.
[769] *Förster*，Stbg 2007，559，(569)；含选择权例子的补偿税概览 *Thönnes*，SteuerStud 2008，480。

(续表)

扣除储户免税额(见《个人所得税法》第44a条第1款第1目)801欧元	84 199 欧元
－补偿税 25%(《个人所得税法》43条第1款第1项第1目,第43a条第1款第1项第1目)	－21 049 欧元
＝净分配额	63 150 欧元
II. 对合伙人的处理(股份＝私人财产)	
净分配 (没有其他的税收效果,因为通过资本收益税扣除在补偿税范围内得到补偿;申请的税额估定依据《个人所得税法》第32d条第4款)	63 150 欧元
III. 总的税务负担	
公司的法人所得税	15 000 欧元
＋合伙人的所得税	＋21 049 欧元
＝总的税务负担	36 049 欧元

1285　　　b) **股份转让**。向股份公司转让股份的盈利体现为经济上的完全分配,并且,根据新法原则上与持续的盈利分配同样对待(参照页边码1237和1238)。[770]

只要是2008年12月31日之后购买的,不依赖于《个人所得税法》第20条第2款第1目规定的纳税义务存续时间[771],只要股份所占比例低于1%且受《个人所得税法》第17条规制,该转让盈利要缴税。就此针对转让盈利,**补偿税**实行25%的比例。转让损失受《个人所得税法》第20条第6款结算限制的规制(参照页边码769)。

收益与损失,由**《个人所得税法》第17条规制的股份转让**并不受补偿税控制,因为其与资本资产的收入无关。[772] 其根据部分收入程序进行征税(参照边码1286),其中收入的60%具有税收义务,相应地,60%的必要支出可根据《个人所得税法》第3c条第2款可被扣除。[773]

2008年12月31日前的私人财产中股份的盈利分配流入,征税总共按照所谓的半收入程序,收入根据旧的《个人所得税法》第3条第40目第d点一半免税,与其一致,根据旧的《个人所得税法》第3c条第2款仅一半的必要支出扣除是可能的。同样的还有对

---

[770] 参照 *Hey*, in: *Tipke/Lang*, § 11 Rn 14。

[771] *Ernst & Young/BDI*, Die Unternehmensteuerreform 2008, II B Rn 39; *Ravenstein*, StuB 2007, 527 (528).

[772] *Ernst & Young/BDI*, Die Unternehmensteuerreform 2008, II B Rn 40; *Schaumburg/Rödder*, Unternehmensteuerreform 2008, S. 404.

[773] *Förster*, Stbg 2007, 559 (570); 截至2008年,《个人所得税法》第17条意义上的转让盈利根据《个人所得税法》第3条第40号c项按半收入法处理,因此只有一半的盈利是有纳税义务的。

受《个人所得税法》第 17 条规制的转让盈利(旧版《个人所得税法》第 3 条第 40 目第 c 点)。对于不受《个人所得税法》第 17 条规制且于 2009 年 1 月 1 日前购得的股份则按照旧的《个人所得税法》第 23 条第 1 款第 2 目承担税收义务,当股份在一年的持有期内被转让时。

(2)企业财产中的股份。

与此相反,股份被**自然人**在**企业财产**中持有,视企业类型而定,入股收益为来源于农林经济(《个人所得税法》第 13 条),工商企业(《个人所得税法》第 15—17 条)或自主工作(《个人所得税法》第 18 条)的收入。若入股收益在使用租赁出租与用益出租的所得范围内流入(《个人所得税法》第 21 条)则一样。而这点是由《个人所得税法》第 20 条第 8 款的补充性条款得出的。此处不得使用 25% 的补偿性税率,因为其仅可适用于源自资本资产的收入(《个人所得税法》第 32d 条第 1 款第 1 项);相反地此处自 2009 年开始使用所谓的**部分收入程序**。[774] 因此通常考虑到了有 15% 法人所得税的收益预先负担,所以《个人所得税法》第 3 条第 40 款规定 40% 的分配免税。[775] 与其一致的费用不可扣除 40%(《个人所得税法》第 3c 条第 2 款)。[776] 若股利算作营业盈利所得,则将附加地承担营业税(《营业税法》第 7 条第 1 款第 1 项),此将依《个人所得税法》第 35 条之前提在所得税中可以折抵(页边码 650)。

1286

根据透明原则(见页边码 1103),**人合公司**的股份收入必须由其合伙人根据适用于合伙人相应情况的规则进行纳税,可能是按部分收入程序缴税(合伙人=自然人)[777]也可能根据《法人所得税法》第 8b 条第 1、2 款的规定免税(合伙人=股份公司,《法人所得税法》第 8b 条第 6 款,见页边码 1237 和 1238)。

1287

相反,分配涉及另一个法人,因此根据《法人所得税法》的第 8b 条第 1 款它是可以免除法人所得税的(见页边码 1235 和 1236)。

如果出现了与收入相关的股份持有人**费用**,那么股份持有人可以扣除其中的 60% 作为企业支出(《个人所得税法》第 3c 条第 2 款第 1 项)。于是股份费用扣除,例如用于购买股份的融资费用扣除,就受到了约束,尽管在部分收入程序中将公司和 60% 的个人所得税负担综合起来看时股份收益并不是免税的。

1288

下面我们用一个例子来对部分收入程序进行说明:

1289

---

[774] *Siegmund/Kleene*,DStZ 2009,366.
[775] 关于情形处理中的部分收入法,参见 *Birk/Wernsmann*,Klausurenkurs,Fall 8(Rn 516)。
[776] *Ravenstein*,StuB 2007,527(528);*Bäuml*,DStZ 2008,107.
[777] *Förster*,Stbg 2010,199.

I. 对公司的处理	
盈利（根据营业税）	100 000 欧元
－法人所得税 15％	－15 000 欧元
＝分配金额	85 000 欧元
－资本收益税 25％	－21 250 欧元
＝净分配	63 750 欧元
II. 对合伙人的处理（股份＝企业财产）	
净分配	63 750 欧元
＋资本收益税（＝税收抵免）	＋21 250 欧元
＝流入收入	85 000 欧元
－根据《个人所得税法》第 3 条第 40 号的免税金额（40％）	－34 000 欧元
＝需纳税的收入	51 000 欧元
假设税率是 35％时所得税为	17 850 欧元
－算出的资本收益税	－21 250 欧元
＝退税	3 400 欧元
III. 总的税务负担	
公司的法人所得税	15 000 欧元
＋合伙人的所得税	＋17 850 欧元
＝总的税务负担	32 850 欧元

如果股份持有人——例子中假设为 35％——的税率发生改变，总的税务负担也会改变。然而，如果股份持有人完全不需要交纳个人所得税，税率也不可能低于由公司支付的 15％的最终税率。

（3）股份公司作为股东。

由一个法人从另一个股份公司获得的股利根据《法人所得税法》第 8b 条第 1 款，第 5 款第 2 项免除 95％的税收（边码 1235 和 1236）。然而它们根据《营业税法》第 8 条第 5 款原则上缴纳营业税，除非存在联属企业股份（参股至少 15％）（《营业税法》第 9 条第 2a 目，第 7 目）。

如果一家国内的子公司向欧盟内其他国家的母公司分配股利，在适用《母子公司指令》（90/435/EWG，参见页边码 238）下免征资本收益税。若一家外国股份公司在一家国内股份公司有分散持股股份（参股低于 10％），则虽然有法人所得税上的免税，资本收益税最终会被保留（《个人所得税法》第 43a 条第 1 款第 1 目，第 50 条第 2 款，《法人所得税法》第 32 条第 1 款第 2 目。参见页边码 1235、1475）。这样将导致对外国股利获得者歧视性的处理,而这将使德国进入欧共体委员会的违约程序。[778] 立法者考虑,在2009年年度税法中废除对国内外分散持股同样地免征法人所得税,然而此想法并未变成法律。[779] 就2010年度税法的政府草案也同样地未见变化。[780]

三、营业税

(一) 概要

1. 实物税

营业税是所有当今收益税形式(个人所得税、法人所得税以及营业税)中最古老的税。[781] 它是由普鲁士1810年的Stein/Hadenberg改革(职业自由)引进的,1820年已初步形成类似现在的形式,并且从那时起就没有中断过征收。长期以来营业税备受指责,但基于它的收益能力和对乡镇财政安排的贡献,一直未对它进行改革,尽管并不缺乏这样做的可能性。[782]

1351

与个人所得税和法人所得税不同,营业税并不是个人所得税(这种税对税务管理的要求高得多,直到19世纪初还没有成熟,见页边码18以下)而是一种实物税(实际税):其出发点并不是企业主或者公司领导人,而是商业行为本身(《营业税法》第2条第1款第1项)。企业主的私人关系并不重要。可以从营业税的(部分陈旧,部分当下的)**征税基础**看出它的实物税特性以及逐渐转变的过程:

1352

——**营业收益**:从个人所得税/法人所得税盈利(《营业税法》第7条第1项)出发,通过添加以及削减(《营业税法》第8条、第9条)形成一种不显示实际收入而显示**公司收益能力**的虚构的单位。但是,最近的趋势是限制盈利调整(参考例如《营业税法》第8条第

1353

---

[778] 文档编号 EuGH C-284/09;也可参照 EuGH, C-379/05, Slg. 2007, I-9569 (*Amurta*),包含 *Thömmes* 的注释, IWB 2007, Fach 11 A, 1161;与之相对的是 BFH, I R 53/07, BFHE 224, 556 (在联邦宪法法院提出了宪法申诉,文档编号 2 BvR 1807/09);最近意大利法律中的类似例 C-540/07, DStRE 2009, 1444,含注释 *Thömmes* in: IWB 2010, 29。也可参照 *Patzner/Frank*, IStR 2008, 344;*Schwenke*, IStR 2008, 473;*Kube/Straßburger*, IStR2010, 301;*Rust*, DStR 2009, 2568 和 Rn 1475 的脚注。第三国的股利问题见 *Zorn*, IStR 2010, 190。

[779] 参见 *Siegmund/Kleene*, DStZ 2009, 366 (369)。

[780] BT-Drs. 318/10.

[781] 关于历史简短的但是有指导性的说明,*Glanegger/Güroff*, GewStG, 7. Aufl, 2009, § 1 Rn 1 ff;详见 *Zitzelsberger*, Grundlagen der Gewerbesteuer, 1990, S. 5—71;GewStG 1936 的立法依据中, RStBl 1937, 692, 还有如今仍然有效的基本原则。

[782] 参见 *Dann*, Alternativen zur Gewerbesteuer, 2008;*Kathstede*, Die Verfassungsmäßigkeit der Gewerbesteuer und das Modell der kommunalen Einkommen—und Gewinnsteuer (BDI/VCI-Modell), 2008。

1款的修正案,页边码1387以下),从而靠拢盈利这个概念,但像《营业税法》第8条第5目却是显现出相反的趋势。

1354 ——营业资本:传统上来说,企业资本以一种通过添加和删节修改后的形式计入到营业税的计算基础中(旧版《营业税法》第12、13条)。这能够稳定乡镇的税收并且与市场经济动荡无关。在新联邦州加入后,并没有向他们征收所谓的"商业资本税",因此从1998年开始,老联邦州也废除了这种税。

1355 ——工资总额:直到1979年在计算营业税时也要将在企业内产生的工资和薪水的总数算进去(旧版《营业税法》第22—27条)。这种不利于就业的税收元素(通过企业税加重雇员就业的负担)在大规模失业的时代不适用于税收系统。

结果,营业税从多维估算基础的实物税转变成为当今的纯粹的实物—所得税。另一种德国仍然存在的实物税(见《税法通则》第3条第2款)是土地税(见上面页边码80)。

2. 等价原则

1356 营业税法的古老传统可以解释,为何它受一种在给付能力原则支配的其他税法中不起作用,但如今还存在于费用法中的原则的影响:这个原则就是等价原则(见页边码29以下)。工商企业必须交付一种乡镇为了自身的存在而产生的费用(基础设施费用,例如交通道路、医院、学校)。但是人们现在一致认为,等价原则不会对当今营业税法的阐释的个别情况产生具体的结果。现在是否仍然能将等价原则看成是整个营业税的法律正当性证明,这是有争议的。[783]

1357 尽管乡镇并不仅仅从工商企业还从农林业住以及从独立工作中取得收入的人员中获得基础设施费用,但一方面只有一种所得税法意义上的收入种类需缴纳营业税,这种情况在宪法上是有疑义的(可以想想不用缴纳营业税的——有200个律师的大型事务所与需缴纳营业税的——商务代表的一人办公室比较时的情况)。因为出于政治原因对营业税进行改造不太可能,立法者试图将所得税法中典型的平衡原理应用到会在宪法中引发大问题的(参照《个人所得税法》第35条边码650)营业税负担中(从纳税年2001年起,根据《个人所得税法》第35条对营业税进行虚拟计算,之前从1994年起根据旧版《个人所得税法》第32c条对工商收入进行费率表限制)。

---

[783] 有质疑的论述见 *Glanegger/Güroff*, GewStG, 7. Aufl, 2009, § 1 Rn 11 ff. 但联邦宪法法院对此作出了肯定,1 BvR 25/65, BVerfGE 26, 1 (10) 和 1 BvR 15/75, BVerfGE 46, 224 (236); BFH, X R 2/00, BStBl II 2004, 17, 其也反驳了宪法及欧洲法方面的疑虑; *Hartmann*, BB 2008, 2490。

联邦宪法法院多次肯定了营业税符合宪法的要求[784];这项讨论将不可避免的继续下去,因为仍然存在很多宪法方面的反对意见。[785] 联邦内阁于 2010 年 3 月 4 日设立了乡镇财政委员会,该委员会负责提出改革意见。[786]

3. 财政宪法;税收收入

与所有的重要税收种类一样,联邦也有关于营业税法的平行立法(《基本法》第 105 条第 2 款);相应的法律需要德国联邦参议院的批准(《基本法》第 105 条第 3 款联系第 106 条第 6 款)。乡镇有权得到这项税收收入(《基本法》第 106 条第 6 款),乡镇也可以通过征税权(见页边码 1423)影响营业税的高低。然而,从 1970 年起,联邦和州也参与营业税收入的分配,因此营业税在结果上就不再是乡镇税。

长期以来,宪法是否保障乡镇的营业税备受争议。1997 年的《基本法》修订明确回答了这个问题:《基本法》第 28 条第 2 款第 3 句第 2 半句中保障了乡镇是一个"与经济能力相关的有征税权的税收来源"。唯一符合这项前提的税收是营业税。因此,它是不可替代的,并且不能被取消。

1358

2008 年营业税的**税收收入**是 410.4 亿欧元;这相当于总税收收入 5611.8 亿欧元的 7.31%。[787] 它属于重要税收;它在税收政策讨论和经济讨论中因为经常被看成是个人所得税和法人所得税的附属物而被低估。由于其收入很高,乡镇无法放弃这种税收,而这也解释了修改营业税的政治阻碍。此外它还可以刺激公司落户:如果没有营业税,排放类工业会难以被所在地乡镇接受。

1359

最迟自 2001 年企业税改革起,营业税——虽然并非在法律上,而是在经济结果上——不再是独立的企业税,而只是联邦、州和乡镇之间税收分配框架下的一个计算项目。在确定新的法人所得税税率时,首次将"总所得税负担"作为初始单位使用。为了建立国际间的可比较性,自 2008 年起其总税率不能多于 29.8%(到 2007 年为止:37%),因此法人税税率自 2008 年起规定为 15%((到 2007 年为止:25%)。营业税(在经济上)不再会导致法人的附加负担,因为假使没有营业税时法人所得税的税率会刚好低于 30%

1360

---

[784] BVerfG, 1 BvR 25/65, BVerfGE 26, 1 (7); 1 BvR 15/75, BVerfGE 46, 224 (233) 以及在众多其他的对营业税法判决中顺带提及;最近一次 BVerfG, 1 BvL 2/04, BVerfGE 120, 1;对此的批评以及确定了其违宪性 Hartmann, BB 2008, 2490;和 BVerfG, 2 BvR 2185/04, DB 2010, 542。

[785] *Kathstede*, Die Verfassungsmäßigkeit der Gewerbesteuer und das Modell der kommunalen Einkommen— und Gewinnsteuer (BDI/VCI-Modell), 2008, S. 25 ff; *Dann*, Alternativen zur Gewerbesteuer, 2008, S. 69 ff; *Montag*, in: *Tipke/Lang*, § 12 Rn 1 f.

[786] Pressemitteilung BMF Nr 10/2010.

[787] 来源:BMF, www.bundesfinanzministerium.de.

（到 2007 年为止：37％）。

不是作为法人而是作为独资经营或者人合公司进行的工商企业从 2001 年起可以以总计的形式从所得税中扣除营业税（《个人所得税法》第 35 条，参见页边码 650）。就算在这种情况下，营业税也不再是公司的独立的费用元素。

（二）征税对象

1361

情形 52：一个新成立的有限责任两合公司打算从事服装零售贸易。它在 2001 年先购买了一个商店房屋并对其进行了改建。然后购买了一批货物。2002 年初在进行了相应的广告宣传的情况下商店开张。在确定无限有限股份两合公司的盈利时，其产生的费用只要没有计入贷方义务就被看成是无限有限股份两合公司（提前发生的）的企业支出并会导致合伙人从工商企业中获得负收入。应该如何处理无限有限股份两合公司的营业税？**页边码：1372**

1. 在国内的工商企业（《营业税法》第 2 条第 1 款）

1362
征税对象是所有在国内运营的工商企业（《营业税法》第 2 条第 1 款第 1 项）。从这项法律中可以清晰地看到营业税的**实物税特点**：与人头税相反，营业税并不是与企业经营者或者公司领导者个人相联系，而是与企业本身联系在一起。

1363
其后果是，如果一个（自然）人名下有多个彼此无关的企业，就会有多个征税对象（例如照相馆、彩票售卖点）。这种情况下必须分别保证每个企业的免税金额和税率优势；并不会对此进行损失补偿。多个同类企业构成一个经济统一体的情况是与此不同的。[788] 一个人合公司（以及股份公司）的多个企业只算一个工商企业。[789]

到 2007 年为止，营业税可以作为企业支出从所得税的估算基础（以及根据《营业税法》第 7 条第 1 项也可以从自身的估算基础）中扣除。[790]《个人所得税法》第 12 条第 3 目和《法人所得税法》第 10 条第 2 目中的扣除禁令只适用于人头税。2008 年法人所得税改革的过程中，为了降低法人所得税税率，业务费用扣除被排除在外（《个人所得税法》第 4 条第 5b款）。[791]

---

[788] 2008 年企业税改革后营业税的作用，详细参照 *Neumann*，Ubg 2008，585。
[789] BFH, XI R 63/96, BStBl II 1997, 573；VIII R 16/01, BFH/NV 2003, 81.
[790] 参照批评性的说明 *Montag*, in: Tipke/Lang, § 12 Rn 12.
[791] *Ott*, StuB 2007, 563；*Strahl*, KÖSDI, 2007, 15830 (15832)；迄今为止的可扣除性所造成的计算困难，参照 *Knobbe-Keuk*，Unternehmensteuerrecht, S. 775 有进一步论证。

营业税的征税对象虽然只调节实物性的纳税义务，但从它的意义来看它与人头税个人性的纳税义务相对应。它需要满足三个特点：

（1）它必须与**商业行为**有关。《营业税法》第 2 条第 1 款第 2 项指出，这里可以参考《个人所得税法》的规定（见页边码 692 以下）。这项指示既包括了商业行为的定义（《个人所得税法》第 15 条第 2 款）、商业收入的范围（《个人所得税法》第 15 条第 1 款），还包括了《个人所得税法》第 15 条第 3 款中的"褪色规定"（页边码 1117）。[792] 1365

依据《个人所得税法》第 15 条以及第 18 条对收入种类进行划分的这种做法引起很大争议，收入种类划分的经济基础并不在所得税法中而是在于营业税给商业行为带来的特别负担。商业行为和资产管理的划分同样是有待商榷的，其划分也会引起独立的所得税后果（特别是转让盈利的纳税义务）。

股份公司、合作社以及双向保险协会的行为始终并且全部算作是商业行为（《营业税法》第 2 条第 2 款第 1 项；**依据法律形式的商业行为**）[793]；参考《法人所得税法》第 8 条第 2 款中的平行条款（见页边码 1233）。这点同样适用于其他私法法人的情况（《营业税法》第 2 条第 3 款），只要这些法人进行了《税法通则》第 14 条意义上的经济商业行为。 1366

在企业分离时（页边码 705 以下），占有公司仍然参与一般经济流通并与一个商业企业一样从事商业行为。[794] 但当**企业全部业务租赁**时，情况完全不同：虽然从所得税上来看继续有商业收入产生（边码 726—730），但营业税征税很有可能与营业税作为一种对现行的商业行为征收的实物税的特征不一致。[795] 1367

出于这种原因，**商业行为的开始和结束**经常与所得税的判断不一致：对于所得税来说，所有的前期准备行为都会引起来自商业行为的收入（也有可能是形式为预先企业支出的负收入），但只有当《个人所得税法》第 15 条第 2 款的前提条件全部符合时，《营业税法》意义上的商业行为才开始。[796] 特别是必须实施了所广告的行为。 1368

例子：租商店房屋或者设立工厂厂房并不算是商业行为。只有在商店开张或者工厂开始生产后才算是开始进行商业行为。

与此相对应，当不再满足《个人所得税法》第 15 条第 2 款的条件时，工商业行为结 1369

---

[792] 关于合宪性的辩解，详见 BFH, X R 2/00, BStBl II 2004, 17; IV R 5/02, BStBl II 2004, 464。
[793] 对法人所得税集合企业的考虑（Rn 1220）参见 § 2 Abs. 2 Satz 2 GewStG。
[794] BFH, VIII R 240/81, BStBl II 1986, 296; IV R 8/97, BStBl II 1998, 478。
[795] BFH, GrS 1/63 S, BStBl. III 1946, 124; IV R 56/97, BStBl II 1998, 735。
[796] BFH, IV R 5/02, BStBl II 2004, 464。

束。后来获得的企业收入，主要是转让盈利和放弃盈利并不是由运营的企业产生的因此并不需要缴纳营业税。[797]

1370　　这点没有限制地只适用于自然人和人合公司。股份公司等的行为根据《营业税法》第2条第2款第1项始终属于工商业行为，最晚在其注册时就产生了征税对象；也有可能发生在更早当前期公司进行广告宣传时。[798] 商业行为结束在取消法定资格时，也就是完成资产变现时。因此，这些企业的转让盈利和交付盈利在营业税义务范围内。

1371　　在**企业交接**(《营业税法》第2条第5款)期间，企业看成是被现在的经营者结束其运行；假设征税对象转移给一个新的企业主，这个交接与营业税的实物税性质完全一致，那么交接不成立。其意义首先在于营业税的损失扣抵(《营业税法》第10a条，页边码1414)。

　　相反，由企业类型引起的**暂时性的企业中断经营**并不会停止其纳税义务(《营业税法》第2条第4款)。这项规定主要针对季节性企业，如冰激凌店或者制糖厂。

1372　　**在情形52**(页边码1361)中，这个有限责任两合公司经营了一个《个人所得税法》第15条第2款意义上的商业公司(服装零售)。根据《营业税法》第2条第1款第1、2项，它应缴纳营业税。问题是，它何时开始在营业税法意义上的商业行为。与所得税行为无关，在没有参与普遍经济流通的情况下只有准备行为还不能构成商业行为。《营业税法》第2条第2款第1项中给出了例外情况：其中列出的公司的行为始终并全部是商业行为。但是有限责任两合公司不在这些公司的范围内；这里尤其与股份公司无关(参见页边码1212)。尽管《个人所得税法》第15条第3款中的收入鉴定规则中尽管包括有限责任两合公司；这里是这样表述的："……作为一种商业行为适用于所有范围"；这里并没有提到"始终"。因此，《个人所得税法》第15条第3款只对其范围不对商业行为的开始产生影响。结果它仍然依据普遍规则：在商店2002年开业之前，有限责任两合公司都只从事了前期准备行为。因此，2001年盈利确定中所显示的损失并不在营业税的范围内。

1373　　(2) **成立的商业行为**的特征必须能帮助区分它与**旅游商业行为**(《营业税征收处理办法》第1条)，对于旅游商业行为《营业税法》第35a条和《营业税征收处理办法》第35条中有相关的特殊条款。

---

[797] BFH, IV R 68/77, BStBl II 1980, 658; III R 27/98, BStBl II 2002, 537 (545).
[798] BFH, I R 126/83, BStBl II 1988, 70 (72).

(3) 另外,商业行为必须是**在国内进行**的。　　　　　　　　　　　　1374

为此,必须拥有国内的营业地点(《营业税法》第 2 条第 1 款第 3 项联系《税法通则》第 12 条);企业管理的地点并不重要。营业税法——与个人所得税法以及法人所得税法不同——并不区分有限纳税义务和无限纳税义务。

国内企业从不位于国内的营业地点获取的那部分营业收入并不需要缴纳营业税(根据《营业税法》第 9 条第 3 目第 1 句进行的相应的删减只具有宣告性质,因为《营业税法》第 2 条第 1 款第 1 项中("只要是在国内经营的")并不包括这种盈利)。

2. 免税(《营业税法》第 3 条)

《营业税法》第 3 条中给出的免税规定与《法人所得税法》第 5 条的免税规定基本一　　1375
致(见上面页边码 1219);然而这里包含的项目更多。

3. 纳税人(《营业税法》第 5 条)

虽然征税对象是企业;但税收却是针对个人的,《营业税法》第 5 条第 1 款第 1 项规　　1376—
定,纳税人是**企业经营者**。企业经营者是有责任经营企业的人。**人合公司**也可以是纳税　　1380
人;《营业税法》第 5 条第 1 款第 3 项认定他们税收法定资格。

由于这项规定有强制执行法背景(纳税人应与强制执行对象一致),它只对能够形成共有财产的公司有效,例如非典型隐藏公司。[799]

(三) 营业收益

> **情形 53**:一个有限责任两合公司(情形 52)在 2002 年损失了 2000 欧元。其中购　　1381
> 买营业用地的贷款利息是 10 万欧元(根据价值比例关系 1.1.64 单位价值为 4 万欧元),信用贷款利息共计 6 万欧元,作为营业支出被扣除。此外该公司还支出了 1.2 万欧元租赁一辆企业使用的客车,11 万欧元仓库租金。该公司 2002 年的营业收益是多少?**页边码 1407—1410**

营业税唯一的计算基础是营业收益。这是以税款清单上的**盈利**为基础的,通过**追加**　　1382
计算和**删减**使它——在理想情况下——能够反映企业现有的收益能力。追加计算和删减构成了营业税法的实体法上的主要部分。

1. 根据《个人所得税法》/《法人所得税法》将盈利作为初始值(《营业税法》第 7 条)

营业收益的调查(《营业税法》第 7 条)从根据《个人所得税法》(自然人以及人合公司　　1383

---

[799] BFH,VIII R 364/83,BStBl II 1986,311 (316);VIII R 54/93,BStBl II 1995,794 (797)。

的情况)以及《法人所得税法》(法人等的情况)调查的来自商业行为的盈利着手。人合公司的商业收益等于单个合伙经营人得到的分红加上特殊收支平衡表的结果[800]的总和(参见页边码1133以下)。

各个**盈余统计种类**的许可性也是以所得税法为指标的,因此,一种情况下是通过企业资产比较,另一种情况是通过收入—利润—结算来对盈利进行统计,这种盈利构成了计算营业收益的基础。

同一个人合公司的不同合伙经营人的盈余统计结果可能是不同的,就算合伙经营人是股份公司而且依据《法人所得税法》对其适用不同的规定:《法人所得税法》第8b条第1和2款中的费用是免税的,而部分收入程序适用于自然人(《个人所得税法》第3条第40目)。如果股份公司是人合公司的合伙经营人并获得相应的收入(《法人所得税法》第8b条第6款,参见页边码1239—1241),相关的免税规定也是部分适用的。当它与《营业税法》第7条第1项共同使用时,也会对人合公司的营业税产生影响,关于这一点《营业税法》第7条第4项中有相关阐释。

需要注意的是,对于营业税与所得税/工商税税额评估中得出的具体的盈利**没有程序法上的约束力**。《营业税法》第7条参考所得税的盈余调查规定,因此如果所得税/工商税税额评估出现错误,那么就要进行一项独立的营业税盈余调查。[801]《营业税法》第35b条中的修正规定(见下面页边码1422)只针对所得税/工商税税额评估的变更,而不涉及初次—税额评估。在判断《营业税法》第2条意义上的商业行为是否存在时,其判断结果与个人所得税/法人所得税税额评估相关决定无关。

在**时间分配**方面,特别是与日历年不同的经济年,《营业税法》第7条可以看成是对《个人所得税法》第4a条的参考意见。

2. 对不符合营业税实物税性质的盈利组成部分进行修正

1384 尽管营业税法明确预定了许多追加计算和删减以便将税收收支平衡表盈利转换成营业收益,但是营业税是一种与运作中的商业行为有关的实物税,盈利中也可能有与其性质不符的其他组成部分。虽然没有明确的法律规定,也应该提前将这些与实物税性质不符的部分从盈利中剔除以便限制公司的经常性盈利。[802] 这并不容易,因为对适用于营业税的原则的定义并不充分而且这些原则越来越多地受到人们的质疑(参见页边码

---

[800] 基本的,其他观点见 *Knobbe-Keuk*, Unternehmensteuerrecht, S. 756 ff.
[801] BFH, I 139/54 S, BStBl III 1956, 4; IV R 165/82, BStBl II 1985, 212; XI R 18/00, BStBl II 2001, 106.
[802] 基本的,BFH, GrS 1/63 S, BStBl III 1964, 124 (126);自那时开始的经常性司法判例。

1356 和 1357）。[803] 这里涉及上面（页边码 1368 以下）提到的预先发生的企业支出、额外商业收入以及转让盈利/放弃盈利。

在独资经营者以及人合公司（与合伙经营人的法律形式无关）中，转让（和放弃）企业、部分公司或者合伙经营人股份所获得的盈利是不用缴纳营业税的。[804] 自 2002 年起根据《营业税法》第 7 条第 2 项，如果股份公司或者人合公司作为合伙经营人获得了相应的盈利，那么上面的做法是不成立的。在人合公司（所谓的目标公司）中，如果先前以税收中性的方式引进了资产（例如根据《个人所得税法》第 6 条第 5 款第 3 项），那么转让盈利就不能免除营业税。[805] 人合公司有营业税义务。

1385 在判断是否存在转让盈利或者交付盈利时，由于《个人所得税法》第 16、34 条与营业税法的税率规定的目标方向不同，我们在这里并不能将所得税的解决思路（所有重要公司基础的转让以及撤回，见页边码 716 和 717）直接拿过来。而只能在单独的营业税法判断框架中质问，现在的企业主的纳税义务（《营业税法》第 5 条）是否会继续存在。[806]

其行为始终是商业行为的有缴纳营业税义务的人不限制经常性盈利的获得（《营业税法》第 2 条第 2 款第 2 项）。股份公司要为转让（部分）企业获得的盈利和交付盈利缴纳营业税，[807] 但它向其他股份公司转让股份时获得的盈利不用缴纳营业税（以《法人所得税法》第 8b 条第 2 款以及与之相关的《营业税法》第 7 条第 1 项为依据的免税规定）。

3. 追加计算（《营业税法》第 8 条）

1386 《营业税法》第 8b 条规定了一系列追加计算，其主要用于实现营业税实物税性质（第 1、4、8、10 目），部分目的也在于能够在营业税上平等的对待人合公司与股份公司（第 9、12 目）。追加计算的意思是，将作为初始值的商业行为盈利提高了一定的金额。这个解释框架只处理了几个最重要的款项。[808]

需要注意的是，根据《营业税法》第 8 条的第 1 项，只有以前在盈余调查中确实被扣除的款项才允许进行追加。根据计算所得税采用的盈余调查方式的不同，在计算营业税

---

[803] 参照 *Montag*, in: *Tipke/Lang*, § 12 Rn 19: konzeptionslose Kasuistik。
[804] BFH, IV R 51/98, BStBl II 2005, 173 (176); 批评以及对于所得税的平等对待，见 *Reiß*, in: *Kirchhof*, EStG, § 16 Rn 14; BFH, I R 27/01, BStBl II 2002, 155 中亦有说明。
[805] 对新规定的批评，参照 *Reiß*, in: *Kirchhof*, EStG, § 16 Rn 14: 违反 Art. 3 Abs. 1 GG 的情况以及详细解释见 *Jachmann*, in: Recht-Kultur-Finanzen, 2005 (Festschrift für Reinhard Mußgnug), S. 237 ff。
[806] BFH, III R 23/89, BStBl II 1994, 709; IV R 51/98, BStBl II 2005, 173 (176)。
[807] 通过 BFH, I R 27/01, BStBl II 2002, 155 确认了经常性判例。
[808] 进一步解释见 *RP Richter & Partner*, Gewerbesteuer 2008, S. 136 ff; *Montag*, in: *Tipke/Lang*, § 12 Rn 22 ff; *Neumann*, Ubg 2008, 585。

时这些款项可以在不同的时间点追加。

1387　（1）组成所有盈利修正的大部分的最重要的规定是第1目。

根据此规定,新版《营业税法》第8条第1目中的营业税追加计算不仅决定了利息,也决定了其他支付的部分利息。[809]

这个规则的背景是,公司是从自有资本还是外来资本中融资应该不能对营业收益产生影响。[810] 在后一种情况中,由于需要从商业支出中扣除支付的利息,税收盈利的数值较小;但企业的收益能力与自有资本融资时的一样。

此项规定在2008年法人税改革和2008年度税法中发生了根本性变化。到2007年估税期为止,根据第1项的规定,只有出资债务(收购债务,增资债务)或者长期债务的费用可以计算在内。旧版《营业税法》第8条第2至4目和第7目还规定,作为企业支出扣除的融资成本或者50%,或者全部追加计算到盈利上。

计入利息的调查分为**三步**[811]:

第一步:利息和附加利息构成总额。

第二步:将10万的免税额从调查所得的利息和假设利息总额中扣除。

第三步:剩余部分最终将以25%的比例计入营业收益。

只是25%的追加明显破坏了系统:要么将外来资本偿付款看成是收益能力的指标——那么只有全额追加计算才是符合系统要求的做法,要么认为外来资本与收益能力无关——那么这项规定应被完全废除。现行规则优柔寡断的"部分—部分"的做法是一种政治上的妥协,而这种妥协只会促成对营业税广泛的厌烦情绪与其财政政策必要性观点之间的紧张区域的形成。

立法者希望通过减少追加计算振兴经济。这种平分的做法诱使公司增加外部融资,而且造成了与国际相比已经很低的德国经济自有资本基础的进一步波动。

到2007年估税期为止,对一些融资方式仍然全部计入,而长期债务利息仅计入50%。这一偏颇已经在法人税改革中得到了纠正,融资费用统一计入25%。

---

[809] 关于§ 8 Nr 1 GewStG 的应用问题,参照2008年7月4日的 BMF-Schreiben, BStBl I 2008, 730; *Köster*, DStZ 2008, 703; 含例子的说明见 *Ott*, StuB 2008, 705; *Franke/Gageur*, BB 2008, 1704; 对变更背景的详尽解释见 *Fehling*, NWB, Fach 5, 1617 (1619); 宪法方面的疑虑: *Hey*, BB 2007, 1303 (1307)。

[810] 关于该规则目的,也参照 BFH, XI R 65/03, BStBl II 2005, 102; 批评的 *Montag*, in: *Tipke/Lang*, § 12 Rn 22。

[811] *Welling*, in: Handbuch der Unternehmensteuerreform 2008, Rn 634.

第三章　收入和收益的税　　421

a)《营业税法》第 8 条第 1 目第 a 点涵盖了债务的补偿。[812] 债务的补偿为所提供的外来资本的报酬。[813] 属于此的不只有利息还有其他资本转让的报酬(例如贴现)。非通常商业往来中得到的折扣或类似的经济利益也属于补偿。当折扣协议在融资效果中出于重要地位时,该折扣一定计入补偿中。通常商业往来中的折扣和费用不属于债务补偿,特别是批发、熟客折扣和销售折扣。[814]   1388

b)《营业税法》第 8 条第 1 目第 b 点。根据本条规定**养老金和持续性债务**计入营业收益中。[815] 养老金和持续性债务的附加利息同样包括在内。   1389

企业的建立和企业收购之间无需有经济联系。[816] 计入也与营业税的收益者的支付无关。由于排除了对应原则的适用,对支付人和受益人之间至少产生了营业税的部分双重负担。[817]

为此立法者在欧洲法层面上制定了指导性规则。欧盟法院指出,当营业税受益人支付时,旧版《营业税法》第 8 条第 7 目排除了计入,这是对《欧盟运行条约》第 54 条(以前的《欧共体条约》第 49 条)中服务自由原则的违反[818],因为这将会对和境外合同当事人的服务关系产生不利影响(境外合同当事人无需支付营业税,因此营业税计入国内合同当事人一方)。同样必须对旧版《营业税法》的第 8 条第 2 目和第 3 目适用。[819]

根据新的规定企业养老的退休金责任也可能被纳入《营业税法》第 8 条第 1 目第 b 点的规定。由于私人养老不应受到侵害[820],因此《营业税法》第 8 条第 1 目 b 点中新增

---

[812] § 8 Nr 1 lit. a GewStG 有可能违反欧洲利息和许可费指令,参见 *Hidien*,DStZ 2008,131;该说法被否认,见 FG Münster,9 K 5143/06,EFG 2008,968,复议已提交,文档编号 BFH I R 30/08,联邦财政法院已向欧洲法院提交了这些法律问题,要求初步裁决(Az. des EuGH C-397/09 (*Scheuten Solar Technology*),IStR 2009,780)以及按 2009 年 5 月 27 日的决议在欧洲法院判决之前暂停了该程序,BFHE 226,357。

[813] *Welling*,in: Handbuch der Unternehmensteuerreform 2008,Rn 639.

[814] 参见 *Fehling*,NWB Fach 5,1617,(1619 ff);细节参见 2008 年 7 月 4 日的 BMF-Schreiben,BStBl I 2008,730,Rn 11;*Köster*,DStZ 2008,703,(705)。

[815] *Montag*,in: *Tipke/Lang*,§ 12 Rn 25.

[816] 2008 年 7 月 4 日的 BMF-Schreiben,BStBl I 2008,730,Rn 25;*Ott*,StuB 2007,563 (565);*Warnke*,EStB 2008,62 (64)。

[817] *Warnke*,EStB 2008,62 (64);*Montag*,in: *Tipke/Lang*,§ 12 Rn 23;*Franke/Gageur*,BB 2008,1704;*Ott*,StuB 2008,705 (710)。

[818] EuGH,C-294/97,Slg. 1999,I-7447 (*Eurowings*);欧洲法院判决后果以及宪法审判 FG Köln,7 K 1371/01,EFG 2004,138. 欧洲法院判决对单纯国内案件的意义以及旧版营业税 § 8 第 7 号的合宪性,参见 BFH,I R 21/04,BStBl II 2005,716;含批评性注释 *Bullinger*,IStR 2005,673 (675 f)。

[819] 参照本书第 10 版 Rn 1162,1165。

[820] 参照 BT-Ds. 16/4841,S. 80。

了第 2 句,该句明确规定养老金支付不计入。[821]

1390　　c) 根据《营业税法》第 8 条第 1 目第 c 点要追加计算**隐蔽合伙人的盈利分红**。这一条只涉及典型隐蔽合伙人。非典型的隐蔽公司的股息不会减少公司需纳税的盈利(见页边码 1113),因此并不满足《营业税法》第 8 条第 1 款的前提条件。[822]

1391　　d)《营业税法》第 8 条第 1 目第 d、e 点。根据营业税法第 8 条第 1 目第 d、e 点,当固定资产是另一个人的财产时,使用该固定资产的流动的(d 点)和不流动的资产(e 点)所得的**出租和租赁利息**(也包括租赁付款)的一部分需要追加。承租人根据民法中的合同义务(《民法典》第 582 及以下条),为租赁物的保养,修缮及保险而支出的费用属于出租和租赁利息。与之相反,连续的经营费用不追加。[823]

20％的动产和 50％的不动产被纳入追加的范围。[824] 这涉及一个假定的总计融资份额,该份额包含在租赁支付中。[825]

此处营业税显示了其物税的特性:企业运营所需的固定资产是来自企业本身还是通过租赁,对企业的收益能力不产生影响。因此在承租时作为营业成本的租金减少了盈利,在营业利润调查时租金利息又会被追加计算。[826]

与《营业税法》第 8 条第 7 目的旧规则不同的是,出租和租赁利息的追加也不再依赖收益人支付的费用是否取决于营业税。此处可能出现为征收营业税而重复统计。

1392　　法律中使用的"固定资产"这个概念并不明确:因为资产属于出租者财产,它与相应的工商企业进行追加计算的固定资产(企业资金)无关。这里指的资产,假设其属于企业,那么就是流动固定资产。[827]

如果一个人合公司的合伙人出租资产给公司,那么根据《个人所得税法》第 15 条第 1 款第 1 项第 2 目第 1 句和《营业税法》第 7 条第 1 项相应的出租利息应作为特殊商业收入包含在人合公司的盈利当中。不能进行《营业税法》第 8 条第 1 款 d 项中规定的追加计算(参考《营业税法》第 8 条的第 1 款)。

1393　　e) 根据《营业税法》第 8 条第 1 目第 f 点的规定,须就**权利**的暂时**转让**缴纳费用的

---

[821] Montag, in: Tipke/Lang, § 12 Rn 25.
[822] 2008 年 7 月 4 日的 BMF-Schreiben 也明确地这样表述,BStBl I 2008, 730, Rn 2。
[823] 2008 年 7 月 4 日的 BMF-Schreiben, BStBl I 2008, 730, Rn 29。
[824] 由于加速发展法(BGBl. I 2009, 3950),营业税法 § 8 第 1 号 e 项的加算额由 65％ 降到 50％。在 2010 年征税期内首次考虑了减负(§ 36 Abs. 1 GewStG)。
[825] 对此的批评性论述: Montag, in: Tipke/Lang, § 12 Rn 27; Köster, DStZ 2008, 703 (706)。
[826] 关于其动机,也参见 Montag, in: Tipke/Lang, § 12 Rn 27。
[827] BFH, I R 123/93, BStBl II 1994, 810。

25%进行追加(特别是许可和执照)。[828] 暂时转让权利所涉及的资金份额一般预定为25%。[829]

《营业税法》第8条第1目其他字母项框架中所涵盖的内容通常不予考虑,原因是暂时的权利转让在租赁合同范围内通常不会实现的。

例外的是所谓的代理许可,其只是授权,将其派生出的权利转让给第三方。[830]

(2)《营业税法》第8条第8目对从事**合伙经营的人合公司的损失股份**的追加计算进行了规定。这项规定只面向对人合公司来说属于工商企业资产的人合公司股份。它是基于以下看法,认为这种——一定程度上来自于外部的——损失股份不会减少参与人商业行为的收益能力。因此它可以用来避免这种损失的双重影响。在人合公司商业行为遭受损失时,营业税已经包括在损失之内。

1394

于此相对应,根据《营业税法》第9条第2目,商业行为盈利应该减去人合公司企业资产中股份的盈利部分。

(3)根据《营业税法》第8条第9目,《法人所得税法》第9条第1款第2目意义上的**支出**(股份公司以及其他法人主体的捐赠)应被重新追加。这项规定用于保障法人所得税主体与自然人(就算其作为人合公司的合伙人)的平等地位,这些支出减少了法人所得税主体的盈利,而自然人没有企业支出只有《个人所得税法》第10b条意义上的特别支出。

1395—1402

《营业税法》第9条第5目中有一个以《个人所得税法》第10b条为模版的,独立的营业税上的捐赠扣除项目。这项规定与营业税的实物税性质无关,而是用于对上述并非按需求进行划分的目的进行补贴。

4. 删减(《营业税法》第9条)

《营业税法》第9条中的删减与《营业税法》第8条中的追加计算目的相似:它主要用于对商业行为的实物收益能力进行调查以及避免双重负担或者对特定法律形式的不平等对待。单个的删减和追加计算是相互对应的。[831]

1403

(1)这里最重要的规定也是列在第一项:根据《营业税法》第9条第1目第1句,在

1404

---

[828] 2008年7月4日的BMF-Schreiben,BStBl I 2008,730,Rn 33;*Schaumburg/Rödder*,2008年企业改革,München 2007,S519;欧盟法层面的规定:*Dörr/Fehling*,NWB Fach 2,9375(9385);赞同其违背欧盟法的:*Frank/Gageur*,BB 2008,1704(1710).

[829] *Ott*,StuB 2007,563(564);*Montag*,in:*Tipke/Lang*,§ 12 Rn 28.

[830] *Fehling*,NWB Fach 5,1617(1623);*Ott*,StuB 2008,705(711);*Ritzer*,DStR 2008,1613(1620).

[831] 对此进一步的说明见 *RP Richter & Partner*,Gewerbesteuer 2008,S. 200 ff;*Montag*,in:*Tipke/Lang*,§ 12 Rn 33 ff.

盈利和追加计算的总额中扣除**属于企业资产的地产**单位价值的 1.2％，只要没有免征土地税。其目的在于，一方面避免土地税与营业税两种实际税的双重负担[832]：与乡镇相应征税率相关的土地税负担一般定在单位价值的 1.2％。除此之外，使用自己以及外来地产进行经营的企业的地位应该平等。

这项规定是（除土地税外）早已过时的单位价值最后的使用范围之一，这里的单位价值是根据 1964 年 1 月 1 日的价值比率计算的。依照很少使用的德国《估值法》第 121a 条，单位价值提高了 40％。

《营业税征收处理办法》第 20 条中对地产是否属于企业资产这个问题作出了解释，我们根据收益税前提（出现混合使用时，其划分与使用部分相对应）来评估这个问题，而不是根据与其不同的估值法的分类方法（出现混合使用时，要么将其全部归为不动产，要么全部归为企业资产，《估值法》第 99 条）。

资金管理不动产公司依据其法律形式（通常为股份公司）是需要缴纳营业税的，根据《营业税法》第 9 条第 1 目第 2 句，一项扩展的删减规定对它也是有效的：这种公司可将总盈利从地产管理中扣除。

1405　（2）《营业税法》第 9 条第 2a 目中有一项所谓的"**营业税上的持股特权**"规定。当股份至少占 15％时，从国内有纳税义务的股份公司中流出的股利不属于营业收益。这项规定是用于避免营业税的双重负担，否则进行分配的股份公司和股利接收者（一般为独资经营者或者人合公司）都要缴纳营业税。无论如何，《法人所得税法》第 8b 条第 1 款联系《营业税法》第 7 条第 1 项中的（广泛的）免税规定适用于股份公司。对于人合公司股份应使用第 2 目，但这里不需要最少参股额。

（极其复杂的）《营业税法》第 9 条第 7 目中还有一个针对外国子（股份）公司的相似的持股特权规定。[833] 这里的最少股份额也是 15％。因为如果没有营业税纳税义务就不会出现双重负担，这项规定可以加强德国的外贸经济。根据《营业税法》第 9 条第 8 目，入股其他法律形式的外国公司结果也是一样。

1406　（3）关于《营业税法》第 9 条第 2、5 目参照《营业税法》第 8 条第 8 目相应规定说明（页边码 1394 以下）。关于《营业税法》第 9 条第 3 目参照页边码 1374。

---

[832]　BVerfG，1 BvR 25/65，BVerfGE 26，1 (13)。
[833]　Schmidt/Kieker，NWB 2003，Fach 5，1523 中的概览。

在情形 53（边码 1381）中商业行为损失的初始值为 2000 欧元。根据《营业税法》第 8 条第 1 目，这里需要关注的追加计算是：(a) 为购置商业地产而产生的贷款利息费用是债务。因此它属于《营业税法》第 8 条第 1 目第 a 点的追加。(b) 信用贷款的利息也是债务。根据《营业税法》第 8 条第 1 目第 a 点的规定，短期债务利息也属于追加的范围。因此信用贷款利息也应追加。(c) 客车属于他人所有，如果客车属于该公司，则为公司的动产。因此客车的租赁费用属于《营业税法》第 8 条第 1 目第 d 点的追加。该租赁费用 12 000 欧元的 20%，即 2400 欧元属于追加的范围。(d) 仓库的租金属于《营业税法》第 8 条第 1 项 (e) 的追加范围，因为仓库属于该条中规定的不动产，租金 110 000 欧元的 50%，即 55 000 欧元属于追加范围。

根据《营业税法》第 8 条第 1 目规定应追加的范围如下：

贷款利息	100 000 欧元
信用贷款利息	60 000 欧元
租金	2400 欧元
仓库租金	55 000 欧元
追加共计	217 400 欧元
扣除额	−100 000 欧元
追加额	117 400 欧元
其中 25%	29 350 欧元

适用《营业税法》第 9 条前，暂时的营业利润为 27350 欧元（−2000＋29 350）。

根据《营业税法》第 9 条第 1 款的规定，营业利润减少了商业地产单位价值的 1.2%。单位价值（40000 欧元）首先根据《估值法》第 121a 条提高 40%（56000 欧元），其 1.2% 为 672 欧元。因此营业利润为 26 678 欧元。

这个例子说明，就算是所得税上来看损失的公司也很有可能有正的营业收益。

5. 营业损失（《营业税法》第 10a 条）

（1）营业税也是一种阶段税（《营业税法》第 14 条）。由于其结果波动范围，可能在一段时间内产生正的营业收益，另一段时间内产生负的营业收益。这里为了避免过度征税，在《营业税法》第 10a 条中预先规定在商业收益中减除上一个征收时间段的损失。商业收益高于 100 万欧元时，最多减除 60%（最低征税）。与《个人所得税法》第 10d 条不同（页边码 617），这里没有预设扣减以前损失的情况。

1412　（2）到这里为止《营业税法》第10a条相对于《个人所得税法》第10d条并没有特别的问题。然而如果在出现损失和扣除时间点之间的时间段企业发生改变，就应使用以下隐藏标准：根据判例，这里既需要企业身份也需要经营者身份。

1413　a）**企业身份**的意思是，两个企业的行为之间要有联系。判例是通过营业税的实物税性质得出这个标准的。[834] 打算扣除之前产生的损失的企业必须证明其从事奖金、金融、经济和组织上继续进行迄今为止的行为。当企业继续已存在的合约关系和劳动合同同时拥有类似的现有资产时，就属于这种情况。[835]

上面所说的尤其对独资经营很重要。关于法人所得税的主体《营业税法》第10a条第10款参照了《法人所得税法》第8c条（到2007年为止旧版《营业税法》第10a条第6款参照了旧版《法人所得税法》第8条第4款），该规定适用于特定期限内的股份交换（页边码1264—1268）。

1414　b）另外，**经营者身份**必须满足：要求进行损失扣除的有纳税义务的人必须之前本身遭受了损失。在企业主改变的特殊情况下，法律对这个条件是这样规定的：根据《营业税法》第10a条第8i项联系第2条第5款，如果企业全部转移到另一个人身上，就不能进行损失扣除。

判例更深化了这项规定，在人合公司更换合伙人成员时，也要按比例分摊损失扣除[836]；这一条应当适用于因遗产继承而产生的更换。[837] 通过《2007年度税法》立法者转变了对此观点的看法，其现在规定在第10a条第4款和第5款，即人合公司的损失由所有合伙人共同承担，合伙人退伙时则不再承担。[838]

（四）营业税核定；程序

1415　**情形54**：有限责任两合公司（见情形52和53）的营业收益是26678。企业经营地点所在乡镇确定的营业税征税率是400%。它需要缴纳的营业税是多少？（**页边码1427—1429**）

---

[834] BFH, X R 20/89, BStBl II 1991, 25；VIII R 84/90, BStBl II 1994, 764 (766 ff)；VIII R 16/01, BFH/NV 2003, 81；在转让部分企业时的部分消失 BFH, IV R 86/05, BFHE 223, 245。

[835] 见 *Hidien/Pohl/Schnitter*, Gewerbesteuer, 14. Aufl, 2009, 612。

[836] 始于帝国财政院时代的经常性司法判例；BFH, GrS 3/92, BStBl II 1993, 616 使用更详细的但说服力减少了的理由进行更新；通过 BFH, VII R 96/04, BFHE 213, 12 得以确证；IV R 69/99, BStBl II 2001, 731（即当退出的共同经营者通过另一人合公司仍然间接地参与时）；继续坚持此点的说明见 BFH, IV R 90/05, BFHE 224, 364。对此进一步的解释见 *Hidien/Pohl/Schnitter*, Gewerbesteuer, 14. Aufl, 2009, 612。

[837] BFH, VIII R 160/86, BStBl II 1994, 331。

[838] *Wehrheim/Haussmann*, StuW 2008, 317 (318)。

由于乡镇也参与营业税分配,核定营业税的程序分为多个阶段,而且因此比确定所 1416
得税的方法要复杂。总共有三个步骤,每个步骤结束都有独立的行政行为:

——由财政局根据营业利润调查**确定营业税计算基础值**(《营业税法》第 11 条、第
14 条,见页边码 1417 以下);

——如果企业经营地点在多个不同乡镇:将**计算基础值进行拆分**并分到单个的乡镇
上(《营业税法》第 28—34 条,下面页边码 1425 和 1426);

——最后,乡镇使用自己的征税率来**确定营业税**(《营业税法》第 16 条,下面页边码
1423 和 1424)。

1. 税收计算基础值(《营业税法》第 11 条)以及税收计算裁决(《营业税法》第 14 条)

财政局并不能确定营业税的最终税额,因为它与相应乡镇的征税率有关。因此,财 1417
政局只能确定其**计算基础值**,而乡镇可以将其征税率应用在这个计算基础值上。《税法
通则》第 184 条中有对计算裁决的特别规定;另外,税收裁决的总体规定也是适用的。

在这种情境下,《税法通则》第 184 条第 1 款第 3 项起初看来很令人惊异,它规定"实
施征税的规定应根据它的意义使用":《税法通则》第 184 条本身属于《税法通则》的第四
部分(第 134—217 条),而官方将其归在题目"征税的实施"下。它想要表明税收计算裁
决是一个特殊的税收管理行为(参见页边码 378)。其结果是,取消裁决或者对其进行修
正时使用《税法通则》第 172 以下条而不是《税法通则》第 130,131 条(参见页边码 411 以
下)。[839]

(1) 首先将营业盈余中低于 100 欧元的尾数**舍去**,使其成为尾数为 00 的整数。在 1418
特定情况下扣除《营业税法》第 11 条第 1 款第 3 项的**免税金额**:自然人和人合公司
有——虚构经营者工资的典型化考虑——2.45 万的免税金额;特定法人有 5000 欧元的
免税金额。股份公司没有免税金额。由于扣除了免税金额,大部分工商企业从结果上看
完全不需要缴纳营业税。

(2) 在剩余的款项上使用所谓的税收计算数值(《营业税法》第 11 条第 2 款)。根据 1419
新版《营业税法》第 11 条第 2 款的规定,从 2008 年估税期开始,3.5% 的税率统一适用于
所有企业。

(3) 所调查的税收计算值取整到欧元。[840] 根据《营业税法》第 14 条和《税法通则》第 1420
184 条,由财政局确定税收计算基础值。

---

[839] BFH,VIII R 33/90,BStBl II 1992,869(870).
[840] 参照 R 14.1 GewStR 2009。

根据《税法通则》中的普遍规定,财政局应该告知有义务纳税的人其确定的金额;《税法通则》第 184 条第 3 款还补充要求给乡镇一个"通知"。实际上,财政局——不考虑拆分的情况——先将针对某个有义务纳税的人的计算裁决的正式文件交给乡镇,然后由乡镇将这份文件连同它的税务裁决一起通知有纳税义务的人。[841]

1421 营业税计算裁决是以后进行营业税确定的**基础性裁决**,因此它是有约束力的(《税法通则》第 184 条第 1 款、第 182 条第 1 款,见页边码 435—437)。因此,当法律救济是针对这个裁决时,只有针对计算裁决中的相关确定项目的法律救济才能成功(《税法通则》第 351 条第 2 款[842];对之后营业税裁决的申诉并不能改变其计算裁决。

1422 当所得税裁决、营业税裁决或者盈利确定裁决被取消或者修正,而其取消或者修正对商业行为的盈利产生了影响,必须以政府部门的名义取消或者修正计算裁决(《营业税法》第 35b 条)。这并不意味着,所得税裁决(等)是营业税计算裁决的基础裁决。《营业税法》第 35b 条是一个**特殊的修正规定**,它优先于税法通则中的标准。对人头税中商业行为盈利的修正会自动引发对营业税确定的修正。

2. 征税率和税收裁决(《营业税法》第 16 条)

1423 (1)乡镇将其征**税率**运用在税收计算数值上并由此确定计算出的营业税(《营业税法》第 16 条第 1 款)。最终的税额是税收计算数值与征税率结合的结果。为了避免出现所谓的低征税率的营业税绿洲,从 2004 年起《营业税法》第 16 条第 4 款第 2 条制定了 200％ 的最低征税率[843];参照《营业税法》第 1 条,乡镇有义务征收营业税。

在确定征税率高低的法律中给出了**营业税对乡镇财政自主权的意义**,同时将最低征税率定在 200％:这里涉及与联邦或者州的决定(完全)无关的单独的较大的乡镇收入项目,乡镇可以自行决定其数额高低。乡镇参与经营作为营业税的替代的增值税征收超出了自 1998 年起的基于《基本法》第 106 条第 5a 款的增值税参与范围,因此经常被讨论,虽然从结果来看这样做可以为乡镇带来了同样的收益,但却拿走了乡镇大部分的财政自主权。

乡镇也主管营业税的征收和强制执行。

相反,因为征税率不同,企业位于哪个乡镇对经营者有很大的意义。总体上来说,征税率随着乡镇规模增大而提高:乡村乡镇征税率最低,大城市最高(例如慕尼黑 480％,法兰克福/奥德河 350％)。

---

[841] 对此项—法律上未规定的—程序用证据进行批评 *Glanegger/Güroff*, GewStG, 7. Aufl, 2009, § 14 Rn 3.

[842] 该规定适用于营业税法的可能性源自 § 1 Abs. 2 Nr 6 AO。

[843] 该规定与宪法保护的地方财政自治是一致的,BVerfG, 2 BvR 2185/04, 2189/04, BFH/NV 2010, 793.

(2) 对营业税裁决的**法律救济**(由于计算裁决具有法律约束力,只能针对征税率使   1424
用不正确进行法律救济,而且在实际中很少出现)并不是通过财税法律途径,而是通过行
政法律途径:《税法通则》第 1 条第 2 款对其的解释是参照实物税,只要是由乡镇进行管
理,就不能运用《税法通则》第七部分(法庭外的法律救济程序)的规定。这里应该使用
《行政法庭规则》第 68 以下条中关于前期程序的普遍规定以及《行政法庭规则》第 40 以
下条关于起诉程序的普遍规定。营业税计算裁决可以通过财税法律途径进行(《税法通
则》第 347 条第 1 款第 1 目联系第 1 条第 1 款,《财政法庭规则》第 33 条第 2 款第 1 目)。

3. 拆分(《营业税法》第 28 条至第 34 条)

(1) 大公司经常出现**经营所在地**(《**税法通则**》**第 12 条**)**分布在多个乡镇**的情况。[84]   1425
这种情况不能单独将某一个乡镇的征税率使用在算出的营业税计算数值上。因此,《营
业税法》第 28 条预先规定将税收计算数值拆分到涉及的乡镇。根据《营业税法》第 29
条,拆分的标准是支付给单个经营所在地的工作报酬之间的相互比例。

因此,并不是员工的工作被看做是征税的连接点(早期的工资总额税仍然是这样,见
上面页边码 1355),而只是将其选作分割税收收益的标准。从等价原则的观点来看,正
是因为员工工作过程中给乡镇带来了负担(道路建设、基础设施)而有理由征税。

(2)《税法通则》第 185—190 条中有对**拆分程序**的特别规定;另外这里也可以使用   1426
税收计算金额的相关规定(《税法通则》第 185 条)以及税收裁决的相关规定。计算裁决
是拆分裁决在《税法通则》第 171 条第 10 款意义上的基本裁决;它也是营业税裁决的基
础裁决。针对拆分裁决的法律救济可以通过财税法律途径。不只是有义务纳税的人还
包括乡镇都可能因为错误的拆分而加重负担并因此提出法律救济。

在**情形 54**(页边码 1415)中,先将营业收益(26678 欧元)的位数舍去得到 26600 欧   1427—
元(《营业税法》第 11 条第 1 款第 3 项)。因为这个无限有限股份两合公司是一个人合   1429
公司,它有权得到 24 500 欧元的免税金额(《营业税法》第 11 条第 1 款第 3 项第 1 号),
因此还剩下 2100 欧元的税收计算数值可以使用。这个数值应使用最低税收计算数值
3.5%(《营业税法》第 11 条第 2 款第 1 项),因此财政局确定的税收计算额是 73.5 欧元
(2100 欧元的 3.5%)。该计算金额取整到 73 欧元并由财政局核定。因为这个无限有
限股份两合公司只占有一个税收来源地,不需要进行拆分。乡镇在该计算金额上使用
它的征税率(400%)(《营业税法》第 16 条)并确定了 364 欧元的营业税。

---

[84] 关于经营场所概念,参见 BFH,I R 12/02,BStBl II 2004,396(圣诞市场的售货亭不是经营场所)。

四、《重组税法》概要[845]

1430

> **情形 55**：2001 年 6 月 1 日 A 将其公司（账面价值：100 欧元，一般价值：800 欧元）并入有限公司 B 中。B 有限公司对 A 公司进行账面价值估算（100 欧元）并支付给 A 新的股份作为对待给付。2004 年 8 月 20 日 A 将此股份转让，转让价格为 1000 欧元，A 转让其股份需缴纳哪些税？（**页边码 1446—1449**）

（一）引言

1431 一个公司继续其他法律形式或者其他法律组成的经济行为可能有不同的原因。经常原因出自于市场条件或者市场地位发生了改变，而这种改变是**公司结构改造**的理由。

如果一个股份公司购买了其他公司的所有股份并且它出于经济原因打算将两个公司的经营范围尽可能紧密衔接起来，但这样就不能在法律上分别地继续经营两个公司。因此企业领导决定尽可能快的建立一个统一的公司结构，这样两个存在的法人就必须合并成一个。有时情况刚好相反，一个大公司分解成几个较小的单位为了能够在市场中更灵活的运作。民法以及税法的规定对这种形式的结构改造造成了障碍。因此，立法者制定了专门的规定，这些规定使这种转换更容易并使其能够规范的进行。

1432 相关的**民事法律基础**规定在《重组法》中（UmwG）。[846] 公司重组被民法中概括继受（对比《重组法》第 20 条第 1 款第 1 目）的规定所简化。同时，概括继受保持了公司法律和经济联系的延续性，这是公司解散时将财产单独转让所无法实现的。除此之外，《重组法》还力图实现待重组公司和少数股东之间利益的平衡：少数股东的信息权和审计权被扩大，以此来保障其权益。与之相对应，公司享有法律保障，避免股东滥用其撤销之诉。

1433 《重组法》的**划分**是按照转换的不同民法种类进行的：**合并**（《重组法》第 2—1221 条）时由两个法律上独立的企业变成一个统一的企业：这里的基本情况是一个或多个法人实体将总的资产转移到另一个法人实体身上。原有法人实体消解。原法人实体的股东成为新法人实体的股东（法律后果的核心规定：《重组法》第 20 条）。分离（《重组法》第 123—173 条）时，一个统一的法人实体分解：分解的一种形式新设分解（《重组法》第 123 条第 1 款）是指一个法人实体分解为两个或两个以上新的法人实体，原法人实体不再存

---

[845] 作者：Prof. Dr. Marc Desens. 关于导论可参见 Strauch，Umwandlungssteuerrecht，2009（含情形例子）。

[846] Lutter，JURA 2009，770 给出了概览。

续。**派生分解**(《重组法》第 123 条第 2 款)是指原法人实体将一部法人实体财产(约为一个新的法人实体)独立出来成立一个新的法人实体。两种情况下原法人实体股东都会得到新成立法人实体的股权作为对待给付。但在企业分立(《重组法》第 123 条第 3 款)的情况下，原法人实体自身得到作为对待给付的股权。**财产转移**(《重组法》第 174—189 条)对应合并以及分解，但有一个区别，也就是其中至少有一方是公法法人实体或者保险公司参与了。**形式转换**的情况稍有不同(《重组法》第 190—304 条)这里只有一个单一的法人实体参与其中，这个法人实体通过形式转换获得另一种法律形式，因此民法上没有进行财产交接。

从**税收的角度**，在重组中有两个核心问题：第一，资产以及企业的转移原则上实现以及由此产生的对隐蔽储备金的征税(见页边码 717)。第二，隐蔽储备金在人合公司因透明性原则(见边码 1103)仅在一个层面，而在法人因分离原则(见页边码 1246)须在两个层面(股份公司与股东)负有纳税义务；若因此股份公司改组为人合公司，与此同时一个征税层面会取消，此层面上的隐蔽储备金以前也是负有义务的。在相反的情形下亦会反之产生这样的层面。 1434

《重组税法》(UmwStG)的**结构**也以此为导向，其相应地依赖于法律形式：第二部分(《重组税法》第 3—8 条，第 10 条)规定了**股份公司向人合公司的合并**(一个税收层面被取消)。第三部分(《重组税法》第 11—13 条)规定了**一个股份公司向另一个股份公司的合并**。第四部分(《重组税法》第 15—16 条)仅包括民事上的股份公司的拆分。第五部分(《重组税法》第 18，19 条)规定了营业税上的处理。[847] 《重组税法》包括作为所谓**出资的改组**，在这些改组中税收层面没有取消，而是会产生新的税收层面：第六部分(《重组税法》第 20—23 条)因此规定了**向股份公司出资**，其表现为民法上以资产拆分形式由人合公司转向股份公司或以分立形式转向股份公司。在第七部分(《重组税法》第 24 条)规定的**向人合公司出资**是关于民法上人合公司的合并以及向人合公司的分立。这样的体系也解释了为什么民法上的**形式变更**规定只在以下情形中：一个税收层面消失(《重组税法》第 9 条)或一个新层面出现(《重组税法》第 25 条)。 1435

《重组税法》的适用范围(参见《重组税法》第 1 条)较重组法更广。很多民法上个别权利继受方式的财产转移(于股权交易，《重组税法》第 21 条)也被包括。此外，《重组税法》也将欧共体—联合指令(边码 238)进行内国法化，这成为将适用范围普遍地对所有 1436

---

[847] 对 § 18 Abs. 3 UmwStG 中有问题的反滥用准则的深入说明：Wernsmann/Desens, DStR 2008，221。

欧盟与欧洲经济区国家跨境改组开放的动因,而民法上的《重组法》在其关于跨境合并的[848]第112a—122l条被限制在了欧盟与欧洲经济区内的股份公司。

1437 《重组税法》法条的过度复杂性可通过机智的顾问与立法者之间的"兔子与刺猬之争"进行解释:立法者给出税收优惠,意图从经济上**有意义的结构**重组中移除**税收阻碍**。这些优惠自然激发了纳税义务人和他们的顾问的幻想,并导致了更复杂的结构,经济上有意义的结构重组更少,而目的是尽量大的避税所得的重组更多。立法者总是引入新的"打击滥用规则"对此作出反应(《重组税法》第15条第2款,18条第3款),此期间其数量总计超过标准文本的一半,且在此情况下,整个系统的可理解性严重受到损害。

(二)税收后果概述(《重组税法》)

1438 **企业财产转移的税务处理**:尽管《重组税法》在所有改组案件中原则上都从以下出发,即企业财产基于一般价值向受让的权利人转让,以致隐蔽储备金的实现,没有真正避税(《重组税法》第3条第1款,第11条第1款,第20条第2款第1项,第21条第2款第1项,第24条第1款)。另一种情况是,在特殊前提下会采用**账面价值**(或者**中间价值**)以至转移是(部分地)在税收上中性(《重组税法》第3条第2款,第11条第2款,第20条第2款第2项,第21条第2款第2项,第24条第2款第2项)。上述情况的基本前提是规律性的,即德国在转移的企业财产上的征税权利在转移后是不被排除或限制的。受让的权利人继续经营在转让中采用的价值(所谓的账面价值连结),以至未实现的隐蔽储备金在受让权利人中继续保持与税收有牵连(《重组税法》第4条第1款第1项,第12条第1款第1局,第20条第2款,第21条第2款,第24条第2款)。亏损向后转账(例如《个人所得税法》第10d条,页边码617)总在消失(《重组税法》第4条第2款第2项,第12条第3款)。

1439 **股份公司向人合公司的合并**(《重组税法》第3—8条、第10条)[849]:伴随着转移,同时虚拟进行所转移并消失的股份公司的公开公积金的全部分配,类似企业解散,按比例分给股东并且像盈利分配那样(页边码1283以下)被征税(《重组税法》第7条)。[850] 第二步,在企业财产中持有份额或根据《个人所得税法》第17条规定的股份的股东(页边码719以下),参与到所谓的认购结果的调查中(参见《重组税法》第5条)。认购结果基本上产生于被转移财富的(按份额可归属的)认购价值扣除在转移的股份公司的自身部分

---

[848] 参见 Desens,GmbHR 2007,1202。
[849] 深入的说明见 Lemaitre/Schönherr,GmbHR 2007,173;Ley/Bodden,FR 2007,265。
[850] 合并时补偿税和部分收入法的应用,参见 Desens,FR 2008,943;Haisch,Ubg 2009,96。

（《重组税法》第 4 条第 4 款）以及扣除公开的公积金（《重组税法》第 4 条第 4 款）的差额。基于对公开公积金的扣除，原则上会产生认购损失，其只在特殊情形中税收上（一半地）可被扣除（详见《重组税法》第 4 条第 6 款）。例外地还存在认购盈利，其会通过参见《重组税法》第 4 条第 7 款类似资本份额转让而被征税（见页边码 1237,1285）。

一个股份公司向另一个股份公司的合并（《重组税法》第 11—13 条）[851]：因为没有虚拟公开公积金的全部分配，导致这样的合并在概念上更像交易而非解散。只要一个子公司合并到其母公司（所谓的"逆流兼并"），就会出现对认购盈利征税，类似于资本份额转让盈利根据《法人所得税法》第 8b 条第 2 款（页边码 1237）对此认购盈利征税（《重组税法》第 12 条第 2 款）。对所有剩余股东，此合并会被类似股份交易做处理（参照《重组税法》第 13 条）。这是税收上中性的，只要受保障的新的股份被设置成旧股份的账面价值，而其在特殊条件下依申请是可能的（参照《重组税法》第 13 条第 2 款）。

1440

由一个股份公司向另一个股份公司或人合公司的资产新设分解或派生分解公司（《重组税法》第 15—16 条）会参照相应的向股份公司（《重组税法》第 15 条第 1 款，联系《重组税法》第 11—13 条）或人合公司（《重组税法》第 16 条第 1 款，联系《重组税法》第 3 条及以下）进行合并的方式被处理（积木原则）。为此，特殊规定应当保证适用范围保持限制在（内部）结构重组上。所谓的双重分企业需求（《重组税法》第 15 条第 1 款第 2 项）应当阻止利用此改组好处使得仅单个的资产税收上中性地转移。[852] 企图利用在向外部人士转让时资产新设分解或派生分解产生的税收好处的形式也应当被阻止（参见《重组税法》第 15 条第 2 款第 3—5 项）。

1441

企业入股至股份公司（《重组税法》第 20、22、23 条）[853]：若相当于股份担保的一个企业税收上中性地被入股到一个股份公司，在税收上会产生两个基本问题。第一，被入股企业的转让始终负有纳税义务。被担保的资本份额却能在没有特殊规定时受到通常情况下的较优惠的 25％ 的补偿税（《个人所得税法》第 20 条第 2 及第 4 款，第 32d 条）。因此，受担保股份不同于《个人所得税法》第 17 条之股份（《个人所得税法》第 17 条第 6 款第 1 目）不依赖于其参股额度。第二，被入股企业的转让会负完全的纳税义务（通常规定于《个人所得税法》第 16 条，页边码 716）。被担保资本份额的转让在没有减税特殊规定时通过部分所得程序（页边码 1285、1286）或通过《法人所得税法》第 8b 条第 2 款受到规

1442

---

[851] 深入的说明见 Haritz, GmbHR 2009, 1194；Schmitt/Schlossmacher, DB 2009, 1425。
[852] 见 Wilke, FR 2009, 216。
[853] 深入的说明见 Ley, FR 2007, 109；Strahl, KÖSDI 2007, 15442；Haritz, GmbHR 2009, 1251。

制。《重组税法》第 22 条第 1 款解决这个问题,即通过 7 年时间被担保股份可能的转让逐步地(每年 1/7)进行资本份额征税(详见**情形 55** 的解答,页边码 1446—1449)。

1443　　**股份公司入股至股份公司—股份交易—(《重组税法》第 21—23 条)**:若相当于股份担保的资本份额被入股到一个股份公司(股份交易),税收中立性(账面价值估计)仅在以下情况可能,即当被入股股份获得或加强了多数表决权(《重组税法》第 21 条第 2 款第 2 项)。非常国际性地实行股份交易:这首先通过以下得到展示,即一个税收中立的入股至账面价值也只有在下述情况下可能,即只要德国至少保留对受担保股份的征税权,德国失去对被入股股份的征税权(详见《重组税法》第 21 条第 2 款)。

1444　　**自企业向人合公司的入股(《重组税法》第 24 条)**[854]:因为既不存在征税层面的消失也不存在征税层面的产生,《重组税法》主要限于规范转移中的企业财产的税务处理(见页边码 1438)。

1445　　**形式变更(《重组税法》第 9、25 条)**:尽管民法上财产转移没有发生,但在由股份公司向人合公司的变更中一个税收层面消失了,因此关于向人合公司合并的规定(《重组税法》第 3—8 条、第 10 条)相应地适用(《重组税法》第 9 条)。相反的由人合公司变更为股份公司,类似企业入股至股份公司,一个新的征税层面产生,这些规定相应的适用(《重组税法》第 20—24 条)可作解释(《重组税法》第 25 条)。

1446—
1449　　在**情形 55** 中,A 将 B 有限责任公司的被担保股份入股后(2001 年 6 月 1 日)7 年内转让,即在 2004 年 6 月 20 日,因此待分割收益成为须被完全征税(参见《重组税法》第 22 条第 1 款)的所谓的入股收益 I 以及受部分所得程序(页边码 1283 和 1284)规制的股份转让收益。

　　入股收益 I 会被溯及至入股结算日进行确认并且对到这一时间点在被入股企业存在的隐蔽储备金应进行统计。对每个到期的公历年度,入股收益 I 却只减少 1/7(参见《重组税法》第 22 条第 1 款第 3 项):

承担全部纳税义务的入股收益 I 的确认:

被入股企业的一般价值(入股结算日)	800 欧元
账面价值,据此 B 有限责任公司设置企业财产	−100 欧元
假设的转让收益:	700 欧元

---

[854] 深入的说明见 *Korn*, NWB 2007, Fach 18, 4417; *Niehus*, FR 2010, 1。

在 2004 年 6 月 20 日转让时去掉了 3/7，留下 4/7：   **400 欧元**

此外，对于 A 股份转让收益须进行确认。为了不致双重征税，入股收益 I 事后提高了对被担保的 B 有限责任公司股份的购入费用（《重组税法》第 22 条第 1 款第 4 项）。B 有限责任公司也可对被入股企业以入股收益额度进行事后增资并这样税收上中立地获得新的折旧可能性（参见《重组税法》第 23 条第 2 款）。税务处理因此最终按照入股进行，在该入股情况下获得了入股收益 I 额度的收益。

股份转让收益的确认：

转让价格	1000 欧元
原始购入费用（《重组税法》第 20 条第 3 款）	−100 欧元
	900 欧元
事后的购入成本（《重组税法》第 11 条第 2 款第 4 项），即入股收益 I	−400 欧元
转让收益：	500 欧元
部分收入程序之后（《个人所得税法》第 3 条第 40 目，第 3c 条第 2 款）：	**300 欧元**

比较：如果没有特殊规定，A 则须对此转让仅 540 欧元（900 欧元的 60%），而非 700 欧元（400＋300）要缴税。

第七节　国际税法

国际税法对与外国有联系的事件作出了规定，即对那些处于多种税法制度应用范围的事件作出了规定。[855]   1450

随着经济的国际化，但是也随着人员的过境流动性的不断增长，出现了越来越多的与外国有联系的税收情况。[856] 如果一家公司在其他国家开设一处经营场所，如果来自瑞士的雇员过境到德国工作或者一个德国人在奥地利买了一处度假住所，那么就会出现两国（或多个国家）的征税要求，进而导致**双重征税**。但是双重征税不仅对于与此相关的纳税人不公平，会导致负担过重，它还会妨碍经济主体的自由经济行为，对在国外从业带来歧视以及引起竞争扭曲。因此，避免双重征税也对国家有益。这是国际税法的一项任务。

---

[855] 参见 *Frotscher*，Internationales Steuerrecht； *Haase*，Internationales und Europäisches Steuerrecht； *Wörsching*，SteuerStud 2009，176。

[856] 参见 *Jacobs*（Hrsg），Internationale Unternehmensbesteuerung，6. Aufl，2007，S. 1 ff。

一、对跨国事件征税

1451

> **情形 56**：个人所得税法中存在两种跨国经济行为的基本事实：
> （1）A 在德国居住并在这里取得收入。但是此外他在国外还有收入（如来自度假住所租金的收入）。如何对他国外的收入进行征税？
> （2）B 在外国居住并在国外取得收入。但是此外他在德国还有收入（如来自度假住所租金的收入）。如何对他国内的收入进行征税？（页边码 1453）

1452

要是**源头原则**或**住所原则**在国家法律制度中普遍适用，要是国家限制只对来源于国内的收入或者只对该国家区域内定居者的收入进行征税，那么上面的情况就容易得到解决。这样的话国家的征税要求一般也不会重合。但是实际上，国家（只有很少的例外）要求对本国定居的纳税人在世界范围内取得的全部收入征税（**世界收入原则**），此外，它们还对非常驻居民从国内源头中取得的收入进行征税。换句话说：在国内拥有住所或者在国内进行日常逗留的纳税人（所谓的纳税本国国民）在国外获得的收入也包含在所得税征收的范围之内。人们把这种情况称为不受限制的纳税义务（《个人所得税法》第 1 条第 1 款，对此在上面的页边码 666 以下有讲解）。对于既在国内没有住所又不在国内作日常逗留的纳税人（所谓的纳税外国人），要对他们（在《个人所得税法》第 49 条的限制内）在本国领土范围内获得的收入征税（**源头原则**）。源头原则的基本思想是每个国家收入来源的领土约束使征税具有合法性。这种约束力一般通过对住所的占用和职业表达出来[857]。人们把这种情况称为**受限制的纳税义务**（《个人所得税法》第 1 条第 4 款，对此在后面的页边码 676 以下有讲解）。因此这必然会导致双重征税的出现：

1453

在情形 56（1）中的情况下，联邦德国对 A 所有的收入（住所原则）征税，外国对他在该国获得的收入征税（源头原则）。

在情形 56（2）中的情况下，联邦德国根据源头原则对在本国范围内所取得的收入征税，外国根据住所原则对所有的收入进行征税。A 和 B 获得的收入的部分不仅在国内而且在国外都需要纳税。

---

[857] 指导性的，见 *Hey*, IWB 2004, Fach 3, Gruppe 1, 2003。

住所原则(对常驻居民在世界范围内所取得的收入征税,因此也称为世界收入原则)与源头原则(对非常驻居民从国内源头中获得的收入征税)的结合在纳税人在一国居住但在另外一个国家取得收入的情况下必然导致对相同的收入进行双重征税。

1454　　世界收入原则是否是一项合理的征税规定,这在文献资料中颇有争议。[858] 对此不能引用公平性的观点。[859] 国家出于保障它的征税要求不愿放弃这项原则。但是,另一方面也毫无疑问,对跨国经济行为进行双重征税会扭曲竞争,而且主要的是会削弱本国的经济。因此,存在国家的和国际的规定,试图用它们来消除首先由过于广泛的征税要求引起的双重征税。在第二步中征税要求被撤回。

二、避免进行双重征税的措施

1455　　双重征税是由于不同国家之间的征税要求相互重合而产生的。它或者通过**单方面的国家措施**或者通过**双方的国际法协定**(全部或部分地)得到避免。[860] 也就是说,国际税法由三种标准群体组成:

1456　　**标准群(1)**:根据征税事实提出征税要求,有些事实在国家的领土范围之外实现,或者有些事实用于在国内获得收入的纳税外国人。**标准群(2)**:通过国家税法(单方面)或者取消或者至少减少由此引起的对特定事件群体进行的双重征税。**标准群(3)**:通过国际协议(避免双重征税协定)试着对相互重合的国家征税要求进行协调,通过这种方式来尽量避免双重征税行为的发生。

1457　　**情形 57**[861]:(1) A 住在德国,在那里有来自企业经营的收入。在法国他拥有出租的房屋并从中获得租赁收入。根据《个人所得税法》第 1 条第 1 款规定,他在德国的所得税纳税义务不受限制,也就是说,A 在世界范围内获取的所有收入都要纳税,包括在法国所获得的租赁收入。

(2) 居住在法国的导演 R 在德国拍电影,因此他要在德国停留两个月。他从德国电影公司取得收入。因为 R 不在德国定居,因此他在这里的纳税义务受到了限制(《个人所得税法》第 1 条第 4 款)。需要纳税的只是他在德国获得的收入(《个人所得税法》

---

[858] 见 *Vogel*,DStZ 1997,269 (273)。

[859] *Vogel*,DStZ 1997,269 (273)。

[860] *Hüsing*,SteuerStud 2007,312;考试附加问题范围内的措施说明参见 *Birk/Wernsmann*,Klausurenkurs,情形 10 (Rn 596) 和随后的总结性概述。

[861] 情形处理中主体所得税义务的详细核查,见 *Birk/Wernsmann*,Klausurenkurs,情形 10 (Rn 596) 和随后的概述。

第49条第1款3目)。

> 两种情形下都会出现双重征税:在情形(1)中,法国根据源头原则(德国根据住所原则)对租赁收入进行征税,在情形(2)中,法国根据住所原则对获得的报酬进行征税(德国根据源头原则)。(页边码1459)

1458 在所列举出的例子中(**情形57**,页边码1457)如何避免双重征税?原则上有两种方法来避免双重征税,即作价方法和免除方法。[862] 在**作价方法**中,在一定的前提条件下可以把在国外缴纳的税作价为国内的税。居留国为征税高度的建立提供保障,不管纳税人在国内还是在国外进行经济活动。人们称之为资本出口中立。在**免除方法**中对在国外缴纳(国外的税)的商品免征国内税,也就是说不把它加入到"国内的"课税估算基础中。重要的是源头国的征税高度。人们称之为资本进口中立。

1459 如果在**情形57**(页边码1457)中不存在避免双重征税协定,那么单方面采取避免征税的措施就是居留国的事情(在情形57/1中是德国的事情,在情形57/2中是法国的事情)(见页边码1460)。如果存在避免双重征税协定,那么就需要对根据国家法律存在的对协议国的征税要求进行分配。协议规定通过以下方式在内容上对国家税法进行了限制,要不再次撤回根据国内的法律产生的纳税义务,要不协议国互相具有义务,对于特定的情况把其他国家中的税作价成本国的税。[863] (见页边码1463)

双重征税可以在国家税法层面(第2个标准群)上或者在国际协定法律的层面(避免双重征税协定,第3个标准群)上得到避免或者减少。国家的法律能够在确定国内税负时对在国外缴纳的税进行考虑(一般通过作价的方式,页边码1460),对已经在国外缴纳了收益税的本国国民来说,国际协定(避免双重征税协定)能够在国内纳税义务的范围内把这部分税当成国内税而对这部分收益进一步免除征税(页边码1466)。[864]

(一)单边措施(税款作价,计算收入时进行扣除)

1460 根据世界收入原则(页边码1452),所有在德国定居的人获得的全部收入都需要缴

---

[862] 见 *Frotscher*, Internationales Steuerrecht, Rn 159 ff;*Haase*, Internationales und Europäisches Steuerrecht, Rn 288 ff, 713 ff。
[863] *Vogel*,in:*Vogel/Lehner*, DBA, 5. Aufl, 2008, Einl. 43。
[864] *Hüsing*, SteuerStud 2007, 312 (317)。

纳所得税，即使收益源头在国外。因为外国根据源头原则（页边码1452）也对在该国获得的收入征税，因此消除再次产生的双重征税是居留国的任务。[865] 它通过把在国外缴纳的税**作价**成在国内缴纳的税得到实现（《个人所得税法》第 34c 条）。《个人所得税法》第 34c 条第 1 款第 1 项规定的前提条件是：(1) 不受限制的纳税人(2) 在国外取得的收入（《个人所得税法》第 34d 条意义上的）以及 (3) 在国外取得的收入按德国相应的所得税规定征收所得税。国外的税必须(4)是确定的，而且事实上必须已经进行了缴纳，不允许再对这部分收益提出征税优惠要求。《个人所得税法》第 34c 条第 1 款第 2 项规定把**作价的额度限制**在德国对具体的外国收入所征收税额的范围内（**作价最高额度**）。通过对税收作价的限制，纳税人缴纳的税额保持在税率较高的国家的税收水平上。对于单个国家来说，最高额度的计算必须根据《个人所得税法》第 34c 条第 7 款第 1 目结合《所得税执行规定》第 68a 条分开执行（**分国限额**）。**作价的最高额度**根据下面的公式进行计算：德国的所得税 × 外国收入：国内国外收入的总额。[866]

例子：企业主 A 在另外一个与居留国没有签订避免双重征税协定的国家经营一家厂房，这家厂房在 2008 年缴纳的所得税额为 5400 欧元。该厂房的利润为 1.8 万欧元（因此厂房的平均税负为 30%），国内母公司的利润为 8.2 万欧元，因此国内和国外收入的总额（《个人所得税法》第 2 条第 3 款）为 10 万欧元，德国的所得税为 2.5 万欧元（相当于 25% 的平均税负）。然后根据上面的公式计算出的最高作价额度为 4500 欧元。其中有 900 欧元不能进行抵免。 1461

根据《个人所得税法》第 34c 条第 2 款的规定，可以选择在计算收入时**扣除外国税收**的形式来取代作价抵免。尤其在比如说因为在国内会承受损失通过作价抵免的形式不能避免双重征税的情况下推荐使用这种替代形式。在上面列举的例子中（页边码 1461），如果企业主 A 在国内承受了 1.8 万欧元的损失，那么国内和国外收益的总和就为 0，这样就没有德国的个人所得税，也就用不着进行税收抵免。如果 A 选择《个人所得税法》第 34c 条第 2 款中的扣除方式，那么这将会导致在计算收入总额时必须扣除外国税收和企业支出，结果会在德国带来 5400 欧元的损失，这笔损失可以通过《个人所得税法》第 10d 条的规定要回或结转（见页边码 617）。若国外税明显超过了对国外收入征收 1462

---

[865] 对此的指导性说明见 *Hüsing*，SteuerStud 2007，312。
[866] *Schmidt/Heinicke*，EStG，§ 34c Rn 7。

的德国个人所得税,则扣除也是有好处的。[867]

从《个人所得税法》第 34c 条第 2 款中"替代作价抵免(第 1 款)"的词条可以推断出,根据这项规定,只有在满足《个人所得税法》第 34c 条第 1 款规定中事件构成的前提条件时,才有可能进行税收抵免。《个人所得税法》第 34c 条第 3 款为进一步扣除外国税收的可能性提供了法律依据。根据这项规定,可以对没有满足《个人所得税法》第 34c 条第 1 款规定中特定前提条件的税款进行扣除。尤其对于《个人所得税法》第 34c 条第 3 款中的扣除规定来说,税收不一定非要在收入来源国中进行缴纳。也可以扣除来自第三国中的税收(如第三国对外国厂房的发货收入所征收的税)。

(二)双边措施(避免双重征税协定)

1463　　**避免双重征税协定**(DBA)属于国际税法中的第三种标准群(页边码 1456)。避免双重征税协定(一般情况下)是避免双重征税的双边国际法协定。在避免双重征税协定中,协议国彼此之间具有义务,对其他协议国根据协议征收的具有唯一或原始用途的税收不再或者以一定的限额征税。[868] 在这种情况下,协议国放弃根据国家的法律制度提出的征税要求。一般对来自非自主性工作的收入作出规定,雇佣国具有征税权(参见《经合组织协定范本》第 15 条规定)。联邦德国已经与 87 个国家,即与所有主要的发达国家和不发达国家在所得税和财产税领域签订了避免双重征税协定。[869] 尽管避免双重征税协定优先于其他税法适用(《税法通则》第 2 条),一国立法者仍有权通过制定特别性规定改变协定的规则(协议优先)。[870]

1464　　避免双重征税协定一般根据由经合组织制定并推荐给成员国使用的样本进行签订。[871] 样本协定进行了不断的修订,最新版本来源于 2008 年。在样本协议中插入了一段官方注释,这段注释对单项规定进行了解释,而且是由经合组织税收委员会中代表各个成员国的政府专家撰写的。这项《经合组织协定范本》对德国 1963 年以来签订的所有避免双重征税协定有重大的影响。因此解释时会提到范本协定和范本注释。

1465　　《经合组织协定范本》由七个章节组成。第Ⅰ章中规定了协议的适用范围,对协议中

---

[867]　*Kuhn* in: *Herrmann/Heuer/Raupach*, § 34c EStG Anm. 103.
[868]　*Vogel*, DStZ 1997, 269 (279).
[869]　BMF v. 12.1.2010, BStBl I, S. 35 中的概述。
[870]　*Lang* in: *Tipke/Lang*, § 5 Rn 14;协议优先 *Gosch*, IStR 2008, 413。
[871]　进一步说明见 *Vogel/Lehner*, DBA, 5. Aufl, 2008。

涉及的人和税收进行了命名。第Ⅱ章包含定义。第Ⅲ章和第Ⅳ章包含所谓的分配标准[872]，即对成员国根据国家法律存在的征税权的分配进行了规定，而且是在所得税和财产税方面。第Ⅴ章规定了避免双重征税的方法。第Ⅵ章和第Ⅶ章包含特殊规定和最后决议。

在签订避免双重征税协定时，国家可以选择是否对作价方法或免除方法进行协调。比如美国遵循作价方法，把本国常驻居民在外国缴纳的税算作国内税收（从美国的角度来看）。而德国一般把其他国家具有征税权的外国税收从德国征税基础中免除出去，因此遵循的是**免除方法**（参见《经合组织协定范本》第23条）。与根据国家法律适用的作价方法（见页边码1458）不同，避免双重征税协定已经避免了双重征税行为的产生，因为它通过免除特定税收商品的协议从一开始排除了一国（根据国家法律存在的）征税要求。但是在一个协议国中的税收免除与另一协议国中的纳税义务始终是相一致的。[873]

1466

作为特殊标准的避免双重征税协定（作为变化了的国际法协定）原则上优先于《个人所得税法》中的规定（《税法通则》第2条）。在使用《个人所得税法》第34c条第1款的规定对外国的税收进行作价换算之前（页边码1460），必须检验一般包括免除方法规定的一项避免双重征税协定是否与此有关。《个人所得税法》第34c条第6款第1条对这种优先关系做了明确的阐述。

在使用免除方法时，虽然把国外的收入从国内税收中免除了出去，但是使用税率表时，国外的收入在**累进保留条件**（在页边码644以下通过计算的实例对此进行了详细讲解）的框架内要重新计入国内收入（《个人所得税法》第32b条第1款第3目）。

1467

三、跨国经济活动的形式

跨国经济活动可以通过不同的形式实现。可以对**四种基本形式**进行区别：

1468

（一）直接交易

跨国经济活动最简单的形式是直接交易，即在买方所在国没有固定的基地越过边境进行商业上的给付交换。直接交易尤其包括向外国供货或者对国外的买方提供商业服务。国内的企业主在进行跨国劳务交换中既不使用国外的经营场所也不使用国外的子公司。

1469

---

[872] *Vogel*, in: *Vogel/Lehner*, DBA, 5. Aufl, 2008, Vor Art. 6—22 Rn 1；其他观点 *Wassermeyer*, in: *Debatin/Wassermeyer*, Doppelbesteuerung, Vor Art. 6—22 MA Rn 1; „Steuerbefreiungs—und ermäßigungsnormen".

[873] BFH，I R 80/92, BStBl II 1993, 655 (656).

1470　　**例子**：(1) A 在伦敦市中心拥有一家商店,经营英国茶叶的生意,生意十分兴旺。他从那里给德国老顾客进行大规模供货,但是它在德国没有经销处。(2) B 是一名定居在国外的优秀运动员,他到过德国几次而且得到了很高的报酬。A 和 B 在德国需要纳税吗?

　　并不是在国内的纳税外国人的每一种商业活动都导致受限制的纳税义务(页边码 676)。而是当在国内拥有**经营场所**或者在国内设立**常设代理人**时原则上才产生了一项必要的特殊国内收入(《个人所得税法》第 49 条第 1 款 2 目第 a 点)。《税法通则》第 12,13 条定义了这两个概念(页边码 1472)。除此之外,《个人所得税法》第 49 条第 1 款第 2 目第 b-f 点还规定了**特殊事件**,在这些特殊情况中,即使在不拥有经营场所的情况下也可以把从工商经营中获得的收入当成国内收入。根据《个人所得税法》第 49 条第 1 款第 2 目第 d 点中的规定,通过在国内进行艺术、体育、杂技马戏、对话或者类似的演出活动获得的收入包括在受限制的纳税义务范围内。

1471　　在上面的例子(1)中,A 在德国获得的收入不属于受限制的纳税义务范围(《个人所得税法》第 49 条第 1 款),因此这部分收入在德国不需要缴税。在例子(2)中,根据与《个人所得税法》第 49 条第 1 款第 2 目第 d 点规定相联系的第 1 条第 4 款规定,B 所获得的收入具有受限制的纳税义务,以来源税的形式(《个人所得税法》第 50a 条第 1 款第 1 目)对这部分收入进行征税。如果别的国家与德国之间签订了避免双重征税协定,那么根据德国受限制纳税义务的解释还需要确定有关的避免双重征税协定如何对根据国家法律中规定的征税权的实施进行"分配"。[874] 根据《经合组织协定范本》第 17 条第 1 款规定,在德国可以对在某一协议国家(这里指的是外国)定居的职业运动员在另一协议国(这里指的是德国)中获得的收入征税。因为 17 条中没有作出唯一的分配,所以定居国必须采取措施避免双重征税。《经合组织协定范本》第 23 条对此作出了既可以使用免除方法也可以使用作价抵免方法(页边码 1466)的规定。

　　(二) 经营场所/常设代理人

1472　　如果商业活动具有一定的范围,那么企业主在出口国中经常会设立经营场所或设置常设代理人。根据《税法通则》第 12 条规定,经营场所为每一种有利于企业经营活动的**固定工商企业设施或设备**,如车间、分支机构或者成品库(有关常设代理人的定义请见《税法通则》第 13 条)。如果与一国签订了避免双重征税协定,那么避免双重征税协定独

---

[874] *Vogel*, in: *Vogel/Lehner*, DBA, 5. Aufl, 2008, Einl. Rn 70/71.

立地确定经营场所的定义并且作为特殊法律优先于《税法通则》中的定义。根据《经合组织协定范本》第5条第1款的规定,"经营场所"指的是一种固定的工商机构,通过这种机构来从事完全的或部分的企业活动。第2—7款包含了进一步的规范。

例子:外国企业主A为了能够供应商品在德国租了一间仓库。其他的商业活动完全以国外为起点进行。 1473

这间库房根据《税法通则》第12条第2款5目规定是经营场所。根据与《个人所得税法》第49条第1款第2目第a点规定相联系的第1条第4款规定,A在德国具有有限的纳税义务。必须单独对来自国内经营场所的收益进行统计。其中只有在企业支出与国内收入在经济上有联系时,才允许把企业支出扣除出去(《个人所得税法》第50条第1款第1项)。

如果在某一其他国家与德国之间存在有避免双重征税协定,那么《经合组织协定范本》第7条第1款规定决定了只在企业所在地国家对企业利润征税,除非在其他协议国有经营场所。在这种情况下,在经营场所所在国可以对经营场所利润征税。《经合组织协定范本》第5条中对经营场所的定义与《税法通则》第12条中的定义有部分不同。《税法通则》第12条第2款5目规定商品仓库也属于经营场所,而根据《经合组织协定范本》第5条第4款第a点规定仅作为商仓库使用的设施不属于经营场所。因为根据协议法规定A在德国没有经营场所,所以德国不能执行纯粹国内法律规定的征税权(《经合组织协定范本》第7条第1款)。

(三) 股份公司

股份公司是具有法律能力的法人,而且是法人所得税的纳税主体(页边码1212)。 1474
利润只有在分配给作为自然人的股东时才需要缴纳所得税(页边码1281)。对于税收本国国民参与分配的外国股份公司的利润,原则上存在针对德国税收干预的**屏蔽作用**(例外情况:追加征税,见页边码1482及以下,以及为避税目的设立的没有实际功能的空壳公司[875])。如果一家**外国股份公司在德国获得收入**,那么这部分收入只有在满足《个人所得税法》第49条(参阅《个人所得税法》第8条第1款)规定的事实构成的条件时才需要在德国纳税。比如在德国对经营场所进行经营时,才是这种情况(《个人所得税法》第49条第1款第2目第a点,见页边码1472)。如果外国股份公司通过在国内股份公司参股(子公司)从中取得**红利**时,这尽管涉及了国内收入(与《个人所得税法》第49条第1款

---

[875] 对此的基本说明,见 BFH, VIII R 11/77, BStBl II 1981, 339 和 *Gosch* in FS Reiß, 2008, 597。

第 5 目第 a 点规定有联系的《个人所得税法》第 8 条第 1 款规定），但是根据《法人所得税法》第 8b 条第 1,3 款的规定，95% 的这部分收益无需纳税（页边码 1235 和 1236）。

1475 **例子**：(1) A 居住在外国，从德国大众股份公司中取得红利。(2) 外国的 Y 股份公司在国内股份公司 Z 中有 9% 的股份，从中取得红利。这些红利所得在德国具有纳税义务吗？

A（例 1）的国内收入具有有限的纳税义务（《个人所得税法》第 1 条第 4 款）。根据《个人所得税法》第 49 条第 1 款第 5 目第 a 点和第 20 条第 1 款第 1 目规定，从股份公司获得的利润部分（红利）属于国内收入。在国内股份公司进行分红时，德国对此保留了资本收益税，同国内情况一样（《个人所得税法》第 43 条第 5 款第 1 项，页边码 760）资本收益税具有偿还作用（《个人所得税法》第 50 条第 5 款 1 项）。

如果在某一其他国家与德国之间存在避免双重征税协定，那么德国的征税权会受到限制。尽管根据《经合组织协定范本》第 10 条第 2 款第 1 项规定在公司所在国，即在源头国也可以对红利收益征税，但是这项征税权受到了税额高低的限制。根据《经合组织协定范本》第 10 条第 2 款第 1 项和第 2 半句规定，最高允许对毛红利收益征收 15% 的税。但是要注意到，根据《个人所得税法》第 50d 条第 1 款第 1 项规定，原则上从源头上对税收的扣除额度首先是全额的。A 可以根据《个人所得税法》第 50d 条第 1 款第 2 项以下的规定申请退还过多支付的税额。只有在资本收益的欠税人根据《个人所得税法》第 50d 条第 2 款的规定在扣税程序中拥有免税权时，才可以从一开始在避免双重征税协定的基础上进行税收扣除。

在例 (2) 中，Y 公司分发给 Z 公司的红利根据《法人所得税法》第 8b 条第 1 款规定不需要缴税。但是根据《法人所得税法》第 8b 条第 5 款第 1 项规定 5% 的红利收益是不能扣除的企业支出，因此需要缴纳 5% 的税（见页边码 1235 和 1236）。这里原则上也会保留资本收益税，尽管《法人所得税法》第 8b 条第 1 款规定对这部分红利收益免税，但是这里的课税估算基础也是所有的毛红利收益。[876] 但是根据《个人所得税法》第 43b 条第 1 款的规定，如果涉及的是德国子公司向它在欧盟范围内的外国定居的母公司支付的红利并且提出了相应的申请时，就不扣除资本收益税（参见《个人所得税法》第 50d 条第 2 款）。但是 Y 公司没有符合母公司的前提条件（与子、母公司指令相联系的《个人所得税法》第 43b 条第 2 款规定），因为它仅持有国内股份公司 9% 的股份。因此不扣除资本收

---

[876] Harenberg/Irmer, in: Herrmann/Heuer/Raupach, § 43 EStG Anm. 6；对此的批评，*Englisch*, Dividendenbesteuerung, S. 526。

益税(《个人所得税法》第 43 条第 1 款 1 目,第 43a 条第 1 款 1 目规定),资本收益税的扣除根据《个人所得税法》第 50 条第 2 款,《法人所得税法》第 32 条第 1 款第 2 目规定对于税收的外国人也是确定的。由于拒绝估价导致的对《法人所得税法》第 8b 条规定的优惠条件最终拒绝,因为存在对与此相关的外国股份公司的歧视,违反了欧盟法律。[877]

如果与 Y 公司所在国之间存在避免双重征税协定,那么就会出现例(1)中所描述的对德国征税权的限制。

(四) 人合公司

如果在跨国经济活动中涉及人合公司,那么就出现了难题。根据《个人所得税法》或《法人所得税法》的规定,人合公司不是纳税主体,由人合公司获取的收入要分配给合伙人(合伙经营者),然后按照分配比例向合伙人征收个人所得税或法人所得税(透明性原则,页边码 1103)。这种情况的结果是由外国人合公司(＝在外国具有企业经营的人合公司)实现的税收事件构成(利润)根据德国税法分派给合伙人。如果**人合公司在外国**经营工商企业并且在那里经管相应的设施(经营场所),那么当合伙人对经营场所进行自主经营时,为了德国税法的目标对每一位合伙人都会这样对待,认为每个合伙人自己经营**经营场所**。分配给国内合伙人的人合公司的外国收益要根据德国盈余调查规定的原则(《个人所得税法》第 4、5 条,页边码 804)进行核查和确定。如果**外国合伙人在国内人合公司参股**,并且这种国内人合公司在国内经营有商业经营场所,那么反过来,合伙人根据《个人所得税法》第 49 条第 1 款第 2 目第 a 点规定(来自工商企业的收入)具有有限的纳税义务。在《个人所得税法》第 15 条第 1 款第 1 项第 2 目规定中所列出的特殊津贴也属于这种收入(页边码 1147)。当存在相关避免双重征税协定时,《个人所得税法》中境内人合公司是否取得营业性收入这一问题(第 15 条第 3 款第 2 目,边码 1119)就可以通过避免双重征税协定解决。原则上此协议谅解必须具有优先性(《经组织协定范本》第 3 条第 2 款)[878],但财政管理部门对此有不同看法。[879] 在 2009 年的年度税法中所得税法的

1476

---

[877] 参见 EuGH, C-379/05, Slg. 2007, I-9569; EuGH, C-540/07, IWB 2010, 29,含 *Thömmes* 的注释; Rust, DStR 2009, 2568;欧盟委员在 2009 年 7 月 23 日对德国提出了违约诉讼(Az. des EuGH C-284/09, ABl. EU 2009, Nr C 256, 8)。当股利接受人的所在国通过折抵消除了双重征税时,联邦法院否定了歧视情况, BFH, I R 53/07, IStR 2009, 551 (Verfassungsbeschwerde eingelegt, Az. des BVerfG: 2 BvR 1807/09)。也可参见 FG Köln, 2 K 4220/03, BB 2010, 1194,含 *Campos Nave* 的注释。
[878] FG Köln, 15 K 2900/05, EFG 2009, 1819 (Rev. BFH Az: II R 51/09)。
[879] 2010 年 4 月 16 日的 BMF-Schreiben, BStBl I 2010, 354, Tz 1.1。

优先地位得到了肯定(《个人所得税法》第 50d 条第 10 款)。[880]

1477　当外国的法律制度对人合公司的定性与德国税法不同时(所谓的**评定冲突**),会产生困难。

　　例子:在德国定居的 A 是一家外国公司的股东,这家外国公司根据外国的法律属于股份公司,但是根据德国的法律它还不符合股份公司的标准。A 是合伙经营者吗(《个人所得税法》第 15 条第 1 款 2 目)? 或者他持有(外国)股份公司的股份吗?

1478　自从帝国财政法院的"委内瑞拉决议"[881]以来,司法判决根据类型特征评判**公司的法律质量**,也就是说司法判决进行**类型对比**:要审查外国的形式与德国税法的哪一种组织形式最相近,然后以此为根据进行分类。比如如果法律责任不受限制,而且不允许外国管理,而且没有经过股东同意股份不能转移,那么这就是人合公司。[882] 在上面的例子中,尽管在外国具有不同的评定方式,但能够称之为人合公司,股份公司的屏蔽作用(页边码 1474)不起作用。如果在参与国之间没有签订避免双重征税协定,就会带来不利的影响。根据德国的法律被定性为人合公司的公司在外国缴纳的以公司收益为征税对象的法人所得税在任何情况下都不能根据《个人所得税法》第 34c 第 1 款规定进行抵免,因为不存在人的身份(页边码 1460)。但是大多数人都认为必须提供抵免形式。[883]

　　如果存在避免双重征税协定,那么首先提出了一个问题,人合公司能否引用避免双重征税协定,根据《经合组织协定范本》第 1 条的规定,避免双重征税协定仅适用于至少在一个协议国定居的"人"(**协议合法性**[884])。从德国的角度来看这不属于这种情况,因为人合公司缺乏纳税主体性质。因此始终要检验单个合伙人在由人合公司实现的税收事实构成方面能否引用避免双重征税协定。[885]

　　具有争议的是,怎么样解决所谓的**主体评定冲突**:如果外国把避免双重征税协定应用于在该国定居的人合公司,那么就会产生这样的问题,所得税法的分类是否对德国的

---

[880] 见 *Mitschke*, DB 2010, 303。
[881] RFH, VI A 899/27, RStBl. 1930, 444.
[882] 关于类型比较的进一步解释见 *Schnittker*, in: *Wassermeyer/Richter/Schnittker*, Personengesellschaften im Internationalen Steuerrecht, 2010, Rn 4.9 ff。
[883] 参见 *Frotscher*, Internationales Steuerrecht, Rn 339。
[884] 进一步解释见 *Wassermeyer*, in: *Wassermeyer/Richter/Schnittker*, Personengesellschaften im Internationalen Steuerrecht, 2010, Rn 2.12 ff。
[885] *Frotscher*, Internationales Steuerrecht, Rn 355; *Weggenmann*, Personengesellschaften im Lichte der Doppelbesteuerungsabkommen, 2005, S. 85.

协议合法性也会有影响。[886]

四、收益转移和国家的防御策略

活跃在国际上的企业还有富有的个人通过把收益或者标明为秘密储备金的资产转移到（低税收的）外国的方式来充分利用**国际税收差距**。德国损失了巨大的税额以至于立法机构制定了各种各样的防御策略。重要的有：   1479

一、结算价格

所谓的结算价格为跨国集团公司提供了巨大的利润估算潜力。结算价格是**属于集团的公司**之间对提供的供货与劳务进行结算的价格。[887] 如果母公司向在外国落户的属于集团的款项的收取人要求低于市场价格的价格，那么这会让款项收取人隐蔽地获得资产价值。这种形式的基础是这样的情况，**不存在国际集团税**，而是在集团公司所在国把每一个集团公司看作独立的单位对其进行征税。因此可以通过巧妙选择结算价格把高税收国家获得的利润转移到低税收国家的集团公司，而在这个过程中公司利润没有发生改变。   1480

例子：在苏黎世（法人所得税率为 8.5%）落户的母公司 M 的在德国落户的子公司 T 从 M 获得服务并支付了 130000 欧元。如果 M 是外国第三方，那么它无论如何都可以获得 100000 欧元的收益。   1481

服务报酬是减少 T 应纳税收益的企业支出（《个人所得税法》第 4 条第 4 款）。然而 M 通过过量的支付获得了资助，这种资助不是产生于劳务交换，而是产生于社会法律之间的联系。涉及的是收入的使用，这部分资金根据《法人所得税法》第 8 条第 3 款规定不允许减少收益。T 公司中只有 10 万欧元作为企业支出能够得到承认，3 万欧元作为**隐藏的股利支出**（隐藏的股利支出，在页边码 1247 中有讲解）被列入到子公司收益的范围内。

反过来，如果 T 向 M 支付了价格为 13 万欧元的款项，尽管市场价值仅为 10 万欧元，那么这为 T 公司仅能带来 10 万欧元的收益提高，**隐藏的投资**（页边码 1258）额度为 3 万欧元，这会导致须计入贷方的事后的股份获得成本。

矫正结算价格的规范性的工具在国家层面上首先是有关隐藏股利支出（页边码

---

[886] 进一步解释见 *Frotscher*，Internationales Steuerrecht，Rn 347 f。
[887] *Frotscher*，Internationales Steuerrecht，Rn 550；参见共同体法要求，*Beiser*，IStR 2008，587。

1247)或者隐藏投资（页边码 1258）的规定。如果这些规定没有得到使用，那么《涉外税法》第 1 条规定了相应的款项约定矫正。由于《涉外税法》第 1 条不能用于纯粹的国内事件，所以对与欧洲法律的协调性就产生了疑问。[888] 从 2008 年开始，除一般结算价格（《涉外税法》第 1 条第 1—3 款、第 1—8 项，《税法通则》第 90 条第 3 款）外，商业机会向境外转移也需纳税（即**功能转移**）[889]。据此，在企业经营功能向境外转移时，要根据"移转资产"对其进行综合评价，从而达到调查该企业在德国境内应作为征税对象的"盈利潜力"（《涉外税法》第 1 条第 3 款第 6 项）的目的。[890] 在协议层面上，《经合组织协定范本》第 9 条作出规定，只允许在产生经济收益的国家对收益征税，其中，收益界定条例使用了外国对比的工具（**保持一定距离的处理方式**）。[891] 但是重要的是，始终必须最先存在为收益矫正提供可能性的国家规定。避免双重征税协定不能扩展税收合法性，而是只能对其进行限制。

二、追加征税

1482　　为了达到一种优惠的征税条件而把收益转移到外国的一种其他的可能性是组建股份公司，股份公司作为独立的纳税主体原则上可以保护股东（股份持有人）不受到税收的干预（所谓的**屏蔽效应**，页边码 1474）。如果股份公司不从事自身的经济管理活动，而是在跨国交付或劳务交易中仅仅具有让利润落在低税收国的目标，那么人们称之为**基准公司**。[892]

　　例子：具有无限纳税义务的 A 在一个低税收国家设立了一家股份公司，他把自己所有的财产都转到了这家公司。公司既不经营自己的工商企业也没有自己的场地或员工。这家公司把企业财产租给了在国内经营工商企业的 A。他把支付的租金作为在德国的企业支出进行了扣除，股份公司把它作为收益缴纳低税率的税。

1483　　立法机构试着根据《涉外税法》第 7 条及以下条规定通过消除股份公司屏蔽作用的

---

[888] 参见 *Eigelshoven*, in: Vogel/Lehner, DBA, 5. Aufl, 2008, Art. 9 Rn 9; *Naumann/Sydow/Becker/Mitschke*, IStR 2009, 665; *Englisch*, IStR 2010, 139。

[889] 参见 2008 年 8 月 12 日 BMF 的 Funktionsverlagerungsverordnung, BGBl. I 2008, 1680。

[890] 参见 *Frotscher*, Internationales Steuerrecht, Rn 633; *Greil*, StuB 2009, 716; *Strahl*, KÖSDI 2008, 15861; 关于欧洲法方面的疑虑，见 *Rolf*, IStR 2009, 152; *Zech*, Verrechnungspreise und Funktionsverlagerungen, 2009, S. 392 ff。

[891] Art. 9 OECD-MA 与内国法的关系（更确切的：相应的协议条款），参见 *Eigelshoven*, in: Vogel/Lehner, DBA, 5. Aufl, 2008, Art. 9 Rn 18 ff。

[892] 对此的说明，*Gosch* in FS Reiß, 2008, 597。

方式来阻止与上面的行为相联系的利润转移(追加征税)。[893] 根据这种方式,如果股份持有人在公司拥有50%以上的股份并获得**消极收益**,那么这部分由拥有驻地在**低税收国家**的股份公司取得的收益被分配给具有无限纳税义务的德国股份持有人,并且这部分收益在德国需要纳税。为了确定在低税收国家获取的消极收益,法律中使用了**中间公司**这样的概念(《涉外税法》第7条第1款和第8条第1款)。当一个国家中收益税负低于收入的25%时,这个国家就是低税收国家(《涉外税法》第8条第3款)。最后,当外国公司对经济的价值创造没有重大贡献时,就称为消极收益(《涉外税法》第8条第1款)。对具有无限制纳税义务的基准公司(中间公司)的收益进行估算时,估算额为外国公司扣税后得出的收益额(《涉外税法》第10条第1款)然后要根据涉外税法第10条第2款规定对公司向股东分配的红利收益作出假设。

要假定上面所举的例子(页边码1482)中的A自己已经获得了公司的收益。如果过后公司给他分红,那么根据《个人所得税法》第3条第41目第a点规定,这部分盈余分配不需要纳税。

出于欧盟法的原因[894],立法者在2008年度税法中规定,在欧盟或欧洲经济区内,只有当欧盟或欧洲经济区企业滥用该规定时,才对其在公司中的股份追加征税(参见《涉外税法》第8条第2款)。追加征税的适用虽然有了以上限制,但仍需进一步的改革。[895]

三、股东借贷融资

收益转移的一项流行的工具是股东借贷融资,通过这种方式能够对各个国家不同的税收水平加以利用。如果一位在国外定居的德国股份公司股东(主要)用**借贷资本**替代自有资本给这家德国股份公司提供资金(所谓的稀薄资本),那么在**股份公司层面上的利息支付**就是企业支出,这部分支出降低了企业收益。[896] 从股东方面来看,只有在《个人所得税法》第49条第1款第5目第c点中的aa点规定的情况下(包括有担保的借款情况)股东才需要对国内的利息支付款项进行纳税,即股东可以按照外国较低的税率对利息支付款项进行纳税(在自有资本的情况下征税对象为资本收益,即具有纳税义务的股利,参见《个人所得税法》第49条第1款第5目第a点规定)。

1484

---

[893] 对此的说明,*Haase*, Internationales und Europäisches Steuerrecht, Rn 498 ff。
[894] EuGH, C-196/04, Slg. 2006, I-7995 (*Cadbury Schweppes*)。
[895] 对此的说明见 *Rust*, Die Hinzurechnungsbesteuerung, 2007, S. 31 ff,其也提出了改革建议(S. 190 ff);*Frase*, BB 2008, 2713;*Bürger*, SteuerStud 2009, 525。
[896] 融资在商法上作为自有资本,税法上作为外来资本时,即所谓的夹层融资,最为灵活。对此的指导性说明见 *Marx/Nienaber*, SteuerStud 2006, 304。

立法机构反对把"收益抽出"到外国这种形式：首先通过《法人所得税法》（旧版）第 8a 条，把特定前提条件下向税收外国支付的利息费用（如重要的参股行为和借贷资本的特定额度）定性为隐藏的股利支付（页边码 1247）；根据欧洲法院 Lankhorst-Hohorst 一案的判决[897]，基于税收方面的考量，通过融资费用界限（所谓的**利息障碍**，《个人所得税法》第 4 条，《法人所得税法》第 8a 条，页边码 622，975）。

四、迁徙和企业迁移

1485 避开德国税收的最深入的形式是迁徙，因为这样可以**抛开无限纳税义务**（页边码 666 以下）。一个为公民的迁徙自由提供宪法法律保护的国家不能避免迁徙行为的发生。这在欧共体范围尤其适用，欧共体认可欧盟籍公民的自由迁徙（AEUV 第 21、45、49 条）。但是国家可以尝试颁布用来**保证隐藏存在的征税权**的规定，这些规定能够在迁徙的时刻使隐藏的要求成为现实（所谓的分离）。德国税法包含有这样的规定。这些规定最近进行了重大变更[898]，原因是这些规定与《欧共体条约》法律的一致性很让人怀疑。尤其要列举出的有：

1486 ——**自然人迁移**：《涉外税法》第 6 条规定导致在把住所迁移到外国时结束无限的纳税义务时对与在《个人所得税法》第 17 条第 1 款第 1 项意义上的股份有关的假设的资本利益进行征税。为了保证欧盟法的实施，《涉外税法》第 6 条第 5 款规定，自然人在欧盟范围内迁移时，自然人不需缴纳额外利息，也不需要提供担保，直至股份实际出售。[899]

立法机构想通过《涉外税法》第 6 条的规定达到占有期间内在股份中积聚的秘密储备金避不开德国税收的目的。在迁徙后还存在的有限纳税义务的范围内，秘密储备金所纳的税可以通过存在的避免双重征税协定中的分配条例得到限制（尤其参见《经合组织协定范本》第 13 条第 5 款）。

1487 ——**企业迁移**：若企业将其企业管理或住所迁移，以此避免在欧盟或欧洲经济区国家内的无限纳税义务，则根据《法人所得税法》第 12 条第 3 款的规定将其视为解散，并根据《法人所得税法》第 11 条对其征收最终税。在新的《法人所得税法》[900]第 12 条制定之前，此种主要与纳税义务人法律状态相关的法律后果已经通过其他税法规定在欧盟/欧

---

[897] EuGH, C-324/00, Slg. 2002, I-11779 (Lankhorst-Hohorst).

[898] 通过 2006 年 12 月 13 日生效的税收配套措施法实现了这些变更，引入了欧洲公司及变更了其他税法规定(SEStEG)，BGBl I, S. 2782.

[899] 由于欧洲法院对类似于旧版 §6AStG 的法国规定的判决，延期规定变得有必要，参照 EuGH, C-9/02, Slg. 2004, I-2409 (de Lasteyrie du Saillant)；联邦法院认为新规定与共同体法是一致的，BFH, I B 92/08, BStBl II 2009, 524；I R 88, 89/07, BFH/NV 2009, 2047.

[900] 见 *Eickmann/Stein*, DStZ 2007, 723.

洲经济区范围内适用。现在在此类情况下适用的是**常设机构保留**。根据《法人所得税法》第12条第1款的规定，只有在由于企业迁移导致德国的征税权被排除或者受到限制时，查明隐藏储备金及对其进行征税。[901] 因此当迁移的法人在德国境内还保留有经营场所且相关企业财产归属到该经营场所时，不适用此规定（对比《法人所得税法》第2条第1目，第8条第1款第1项，《个人所得税法》第49条第1款第2a目，《经合组织协定范本》第7条）。[902]

即使没有进行迁徙也可能会出现把潜在的还没有实现的收益转移到外国的情况。如果一家国内企业把**固定资产的资产转移到外国的经营场所**，这经常会出现这些资产摆脱了德国的纳税义务。尽管外国经营场所的收益在德国纳税义务范围内（《个人所得税法》第1条，《法人所得税法》第1条），但是因为在避免双重征税协定的框架内，通常只有经营场所所在国才能对经营场所收益征税（页边码1472）。

例子：企业主A在法国拥有经营场所，他把一台机器转移到了法国，这台机器折旧后的价值已经为1欧元，但是实际上还值1000欧元。法国的经营场所在两个月后以1000欧元的价格变卖了这台机器。因为法国方面的避免双重征税协定，只有在法国才允许对经营场所收益征税，因此在德国不能对此资本转让收益征税。

为了避免此类向境外转移盈利的行为，联邦财政法院曾[903]虚构了一个**提取构成要件**，但并未最终完成[904]（边码717）。《个人所得税法》第4条第1款第3项规定，在出于非企业目的而转让或者使用提取的财产取得利益时，排除或妨碍德国征税权的行为是同样的。此规定是否适用于法人迁移仍然存在争议。[905]

只要企业财产可以归属于**同一纳税义务人在另一个欧盟成员的经营场所**，《个人所得税法》第4g条第1款使无限纳税义务人可以建立减少盈利的**平衡项目**，其数额是（虚拟）提取用时的一般价值额与账面价值的差值。[906] 建立该平衡项目须经纳税义务人提

1488

---

[901] 税法作用具体见 *Eickmann/Mörwald*，DStZ 2009，422。
[902] 尽管将该规定有意渲染地称为"经营场所保留"，但德国征税权的继续存在也可以基于其他原因。德国不动产财产例如也可在迁移后，与其国内经营场所的保留无关，在税收上仍然归属为国内。（参照 § 49 Abs. 1 Nr 2 lit. f EStG, Art. 6 OECD-MA）。
[903] BFH，I 266/65，BStBl II 1970，175。
[904] BFH，I R 77/06，BStBl II 2009，464；I R 99/08，BFH/NV 2010，346. Dazu Ditz, IStR 2009，115；*Körner*，IStR 2009，741。
[905] 见 *Dörr/Bühler*，IWB 2010，123。
[906] 见 *Lange*，StuB 2007，259。

交不可撤销的申请,每一会计年度中对全部企业资产统一适用(适用于所有转移至其他欧盟国家的资产)。根据《个人所得税法》第 4g 条第 2 款的规定该平衡项目在会计年度产生,在随后的四个会计年中每年消除 1/5,提高了盈利。《个人所得税法》第 4g 条第 2 款第 2 项的情形下,平衡项目全部消除。《个人所得税法》第 4 条第 1 款第 3 项和第 4g 条是否可以满足欧洲法的要求仍然存在争议,因为根据《个人所得税法》第 6 条第 5 款(边码 1165)的规定,无获利抛售行为的国内迁移是被允许的。[907]

五、跨国亏损结算

1489　　股份公司的设立会导致产生的利润和损失基本上只能和股份公司内的其他利润和损失在一起进行结算。"分离原则"(页边码 1203)避免了向站在股份公司"后面"的法律主体进行亏损转移。在国内法律方面这项原则中有一个例外:股东和公司可以建立所谓的**综合性公司**(《法人所得税法》第 14 条),这会导致既把利润也把损失转移到了总公司,而且只是由总公司进行纳税(页边码 1220—1230)。与分离原则不同的是,在这些情况下可以对两个法律主体之间的利润和损失进行结算,然而这样做的前提是综合性公司和总公司都具有无限的纳税义务(不是跨越国界的综合性公司)。通过这种方式避免了把**外国子公司的损失**与国内母公司的利润放在一起进行结算。欧洲法院在"玛莎百货(marks & spencer)案"这样的情况下原则上同意对过境损失考虑进行限制。[908] 尽管这项规定限制了《欧盟运行条约》第 49 条规定的设立子公司的自由,但是出于对"征税权分配均衡的维护"以及考虑到双重损失考虑的危险,如果保证另外的(如过后的)损失利用在子公司所在国中有可能发生,那么这项规定就具有合法性。只有在子公司用尽了亏损结算的所有可能性并且未来不存在累计亏绌(页边码 617)的可能性时(如公司清算),国家才有义务同意母公司进行跨国亏损结算。[909]

　　如果母公司由于国外子公司的损失而将部分价值折旧计入其持有的股份中,那么从最开始该公司就缺乏对有危险性的双重损失的考量。该折旧将使母公司由于股份贬值而遭受原始损失,这一损失不同于子公司的损失。因此《个人所得税法》第 2a 条第 1 款第 1 项第 3 目第 a 点规定,这种情况下,区别于纯粹的国内的情形,母公司不得将损失扣

---

[907] 参照 Benecke/Schnitger,IStR 2007,22(28);Kessler/Winterhalter/Huck,DStR 2007,133(137); Frotscher,Internationales Steuerrecht,Rn 299。

[908] EuGH,C-446/03,Slg. 2005,I-10837(*Marks and Spencer*);对于经营场所的外国损失这一点同样参见 EuGH,C-414/06,IStR 2008,400(*Lidl Belgium*)。

[909] 见 Kußmaul/Niehren,IStR 2008,81;Kessler/Eicke,IStR 2008,581. 最近确定了这些方法,EuGH,C-337/08(X-Holding),IStR 2010,213,含 Englisch 的批评性注释。

除，这一规定是违反欧共体法。[910]

外国经营场所提供了跨国亏损结算的另外一种可能性。根据世界收入原则（页边码 1452），外国经营场所的利润和亏损被列入了企业主（独资经营者或者股份公司）无限纳税义务的范围之内，因此在计算收益总额时《个人所得税法》第 2 条第 3 款）和其他收入进行平衡（亏损平衡，页边码 616）原则上是可能的。然而《个人所得税法》第 2a 条第 1 款和第 2 款规定只允许对具有来自同一国家同一类型的正收入的外国经营场所的亏损进行平衡。这种限制不适用于外国"活跃的"工商企业经营场所（《个人所得税法》第 2a 条第 2 款第 1 项）。对于来自具有宪法法律疑虑的外国活动中的收益与亏损的不平等对待行为[911]，联邦财政法院和联邦此财政法院的司法判决至今被接受。[912]

1490—1549

例子： A 在德国推销高质量的菜油，他在外国（没有避免双重征税协定）开设了一处经营场所，这处经营场所在头一年遭受了损失。A 能够把外国经营场所的损失与国内的利润一起结算。损失平衡的限制根据《个人所得税法》第 2a 条第 1 款 2 目规定在此不适用，因为这处经营场所有利于供货（积极的收益，《个人所得税法》第 2a 条第 2 款第 1 项）。

从 2009 年年度税法开始，《个人所得税法》第 2a 条涵盖了"与第三国相关的负面收入"。立法者将此作为对欧洲法院 Ritter-Coulais[913] 和 Rewe Zentralfinanz[914] 案判决，对欧盟委员会使用的因侵犯迁徙自由和资本自由而进行的侵权之诉的回应[915]。

如果外国的经营场所收入通过避免双重征税协定得到了免除，那么这种免除行为原则上也适用于在外国遭受的损失，也就是说，免除行为不包括国内的亏损考虑。如果所谓的**消极累计保留条件**的使用没有根据 2a 条第 1 款和第 2 款的规定得到排除（页边码 646），那么只能在这项保留条件的框架下对外国的亏损进行考虑。对于欧盟和欧洲经济区的国家而言，《个人所得税法》第 32b 条第 1 款第 2 项和第 3 项不仅妨碍了正收入的累进保留，也妨碍了负收入的累进保留，而根据避免双重征税协定的规定这类收入是免除

---

[910] EuGH, C-347/04, Slg. 2007, I-02647 (*Rewe Zentralfinanz*).
[911] *Prokisch*, DStJG 28 (2005), 229 (234) 有进一步论证。
[912] BFH, I R 182/87, BStBl II 1991, 136; BVerfG, 1 BvR 520/83, BVerfGE 78, 214 (226); 对此的其他证明见 *Gosch*, in: *Kirchhof*, EStG, § 2a Rn 2。
[913] EuGH, C-152/03, Slg. 2006, I-01711.
[914] EuGH, C-347/04, Slg. 2007, I-02647.
[915] 参见 2007 年 10 月 18 日欧盟委员会的新闻发布，IP/07/1547。

征税的。[916]

此外，只有在外国法律允许时，才能对外国经营场所的损失进行结转。通过拒绝亏损平衡在国内公司总部产生了清算和利息的不利条件，这导致了对这些规定是否与欧共体法律相一致问题的讨论。外国亏损的地位劣势涉及设立子公司的自由与资本流通自由(《欧盟运行条约》第49、63条)[917]，另一方面，这是避免双重征税协定中的免除外国收入规定的结果。在1998年12月31日之前适用的《个人所得税法》第2a条第3款规定中，尽管有对外国经营场所收入进行免除的规定，立法机构还是允许亏损平衡的可能性。对取消基于经营场所收入的协定免除的损失考虑是否违反了自由设立子公司的权利这个问题颇有争议。[918] 欧洲法院没有同意此观点。[919] 欧洲法院认为，如果母公司的所在国允许国外经营场所的亏损进行税务扣除(旧版《个人所得税法》第2a条第3款)，就可以从中得出这样的"联系"，即可以通过随后对境外收益(例如转让收益)征税来补偿该扣除。[920] 如果所在国不允许进行扣除，则境外经营场所的亏损根本不会被顾及(或许因为常设机构亏损而被关闭)，那么在母公司所在国必须有可能将亏损抵消。[921]

例子：如果在上面列举的例子中，A在外国(具有避免双重征税协定)经管经营场所，那么只有在国内消极累进保留条件的框架下才能对所遭受的损失进行考虑。此外，这些损失必须在经营场所所在国法律的范围内进行结转。如果由于缺乏盈利性关闭了经营场所，那么经营场所所在国的损失不能再进行平衡，在总部公司所在国，根据免除方法原则上不能考虑这些损失。完全取消经营场所的亏损会导致企业的外国经营活动处于劣势从而损害了自由设立子公司的权利。

总而言之，就欧洲整体而言，目前跨国界损失补偿的可能性并不能令人满意。欧盟

---

[916] 由于2009年度税法而变更了§ 2a EStG 和 § 32b EStG 的共同作用。其原因在于EuGH 对 *Ritter Coulais* 案件的判决 (C-152/03, Slg. 2006, I-01711)，从此案件中可知，孤立排除负的累进保留是一种违反欧洲共同体法的歧视，参见 Gosch in Kirchhof，EStG，§ 2a Rn 48。

[917] 参见 *Cordewener*, DStJG 28 (2005), 255 (290 ff)。

[918] *Balmes/Grammel/Sedemund*, BB 2006, 1474 中共同体法方面的疑虑；*Graf/Reichl/Wittkowski*, Stbg 2006, 209 (215 ff)；*Dörfler/Ribbrock*, BB 2008, 205；*Schnitger*, IWB 2008, Fach 11, Gruppe 2, S. 829。

[919] EuGH, C-414/06, Slg. 2008, I-3601 (*Lidl Belgium*)；见 Seiler/Axer, IStR 2008, 838。

[920] EuGH, C-157/07, IStR 2008, 769 (*Krankenheim Ruhesitz am Wannsee*)；Lamprecht, IStR 2008, 766。

[921] 提及了 EuGH, C-414/06, Slg. 2008, I-3601 (*Lidl Belgium*), C-446/03, Slg. 2006, I-10837 (*Marks & Spencer*)。

委员会倾向于一项共同强化的法人税征税基础（GKKB）的方案来解决这一问题，但此方案需要所有成员国同意（页边码239）。[922]

第八节 遗产赠与税法

情形 58：来自巴黎的法国公民 E 死亡并留下 80 万欧元的遗产，其中 50 万欧元在法国，30 万欧元在德国。他的孙子 A 和 B 是继承人，每人继承一半。A 住在明斯特，B 住在美国。这些收入是否需要纳税？（页边码 1561）

情形 59：企业主 E 去世时遗留给其子 A，唯一继承人，一笔可观的遗产，主要包括一家公司和一份地产。地产上建有一栋别墅（居住面积 190 平方米），E 生前和 A 以及家人居住在该别墅中。公司的公司财产总额价值 500 万欧元。根据《个人所得税法》第 15 条第 1、2 款规定的（意定的）公司财产除生产设备和地产外，还包括价值 25 万欧元的自由流通的资合公司股份，出租地产 30 万欧元。公司有雇员 50 人，每年平均须支付劳动报酬 3 万欧元。就建有别墅的地产而言，不久前一块与其面积及位置类似的地产售出价为 120 万欧元。此外 A 还继承现金及存款共计 2 万欧元和价值 3 万欧元的股票。A 考虑在未来七年中该如何处理其资产，以缴纳最低额的遗产税（边码 1620）。

情形 60：居住在明斯特的寡妇 E 去世。其 30 岁的女儿 T 作为她唯一的亲属继承其遗产。为感谢其管家 H，E 赠与 H 1.5 万欧元欧元。E 的遗产包括：在明斯特的一套独宅（根据对比值法估价 50 万欧元），已出租，抵押 2.5 万欧元；家用品（一般价值 2 万欧元）；一家公司（一般价值 110 万欧元）以及银行存款 1.5057 万欧元。此外 E 还有一份价值 10 万欧元的人身保险，受益人为 T。E 的葬礼话费约 6000 欧元。T 需缴纳遗产税的金额是多少？（页边码 1639—1649）

一、概述

（一）2009 年 1 月 1 日遗产税改革

通过 2006 年 11 月 7 日的决议[923]，联邦宪法法院宣布旧的《遗产税法》因与《基本

---

[922] KOM (2001) 582 v. 23.10.2001；对此的说明见 Blottko, SteuerStud 2008，586，589。
[923] BVerfG, 1 BvL 10/02, BVerfGE 117, 1 ff.

法》第 3 条第 1 款之规定不一致而**违宪**。

这一裁决的背景是不同财产形式间**不相同的评估**，正如其在 1995 年 6 月 22 日[924]联邦宪法法院对遗产税的第一次决议中已备受指责，且自很长一段时间以来争论不断。[925] 对于遗产税的计税依据的确定，旧遗产税法以大量资产（其中包括企业财产、地产以及未上市的股权）的不符合事实价值作为基础。这应多少归因于缺乏适用性，有时候在评估的范围内下述财产应在税收上被豁免，即对于继承人而言难以得到的，与企业捆绑在了一起或需从家产中获得的财产。[926]

1552　根据联邦宪法法院的裁决，这样的豁免**不应停留在价值确认的层面**，而是应首先评估，然后进行计税依据的确认。否则立法者会脱离于其负担设定基本裁决，并且会因此造成整个规则体系的结构破坏，并且与**评估不一致**。

在**第一步**，立法者有义务在**评估层面**统一地将一般价值作为绝对性评估目的而为导向。尽管对于评估确认方式的选择，原则上是自由的；在此方面必须保证把所有相似价值的财产对象考虑在一般价值内。

在**第二步**，立法者可以将财富的增加设置到得到相应确认的价值上，并以税收上的节约条款的形式制定目标明确且条款清晰的**指导方针**。[927] 然而这样的条款必须满足现行宪法法律的要求，这些要求普遍性地针对财政之外的导向或规则（页边码 213 以下）。指导方针尤其须由明显的立法性裁决来支撑，受益者的范围必须适当地界定，节约规则必须在受益者方面被平等地制定。

1553　通过 2009 年 1 月 1 日生效的《**遗产税法改革法**》[928]，立法者对遗产税法作出了新的规定。此法从现在起是否符合宪法的预定规定，是极有疑问的。尽管在评估层面现已实行统一的标准，对于随后的节约层面的免税却有如此大范围，以至于负担结果的平等还

---

[924] BVerfG, 2 BvR 522/91, BVerfGE 93, 165.
[925] Seer, StuW 1997, 283 (288); Osterloh, in: Birk (Hrsg), Steuern auf Erbschaft und Vermögen, DStJG 22 (1999), 177 (184); Birk, ZEV 2002, 165 ff.
[926] 参阅 BVerfG, 1 BvL 10/02, BVerfGE 117, 1 (38 ff); BVerfG, 2 BvR 552/91, BVerfGE 93, 165 (175 f).
[927] BVerfG, 1 BvL 10/02, BVerfGE 117, 1 (31 ff).
[928] BGBl I 2008, 3018 ff; BStBl I 2009, 140 ff.

远未达到此情形的原有规定。[929]

(二)遗产赠与税的特点

根据《遗产赠与税法》第1条第1款,由死亡(《遗产赠与税法》第3条)或者生者赠与获得的收入(《遗产赠与税法》第7条)需缴纳遗产税或赠与税;另外,目标捐赠(《遗产赠与税法》第8条)也需要纳税,以及特定的(家庭)基金和联合会每30年也要交一次税。

1554

后面在概念上只涉及遗产税。但只要不出现其他情况,其执行也适用于赠与税(见《遗产赠与税法》第1条第2款)。

理论上,遗产征税有两个可能,遗留税和遗产继承税。[930] **遗留税**是立遗嘱人的遗产"最后的财产税",这里涉及对已死亡的纳税人的经济能力采取税务行动的最后一个处分。因为这里是对未分开的遗产征税,可以不用考虑继承人与立遗嘱的人之间亲缘关系的远近。

1555

德国的遗产税是依据**遗产继承税**的模式制定的。对遗产继承税来说,纳税基础不是遗产数额,而是单个受益人获得的收入,只要不是免税的(《遗产赠与税法》第10条第1款)。单个受益人的税收都要单独进行计算,因此通过将遗产分给尽量多的受益人可以减少遗产税总负担。

1556

遗产税是一个**期限税**,也就是说所有事实前提条件都是根据在税收成立的时间点时的关系进行判断的。在由死亡获得收入时,税收在立遗嘱的人死亡时成立;在由生者赠与获得收入时,税收在捐赠的时间点成立,也就是交易完成的时间点(《遗产赠与税法》第9条),目标捐赠在负担人的义务产生的实际时间点。[931]

1557—1559

财产归属的价值(页边码1577)在规定日期也要进行调查。当出现价值贬损时,原则上不影响税收负债。然而税务机关有义务因可能存在的客观不公平性作出较低的税收核定。[932]

---

[929] 参见 Schulte, Erbschaftsteuerrecht, Rn 8 ff; Lang, FR 2010, 49; Seer, GmbHR 2009, 225. BFH, II B 168/09, BFH/NV 2010, 1033 (vorgehend FG München, 4 V 1548/09, EFG 2010, 158) 在2010年1月4日的一项裁决中否决了由于对新遗产税与赠予税法合宪性的质疑而进行的执行停止。

[930] 参见 Moench/Albrecht, Erbschaftsteuer, 2. Aufl, 2009, Rn 25; Seer, in: Tipke/Lang, § 13 Rn 103; Schulte, Erbschaftsteuerrecht, Rn 29。

[931] Schulte, Erbschaftsteuerrecht, Rn 281 ff.

[932] FG Düsseldorf vom 10.3.2010, 4 K 3000/09, juris.

二、纳税义务

（一）个人纳税义务（《遗产赠与税法》第 2 条）和纳税义务人（《遗产赠与税法》第 20 条）

1560　《遗产赠与税法》第 2 条结合第 20 条规定了个人纳税义务。如果立遗嘱的人/赠与人或者受益人有一方是本国人，那么总的财产总额（国内以及国外财产）都有**无限纳税义务**（《遗产赠与税法》第 2 条第 1 款第 1 目）。相反，如果参与人中没有本国人，那么《估值法》第 121 条意义上的国内财产以及对其的使用权只承担**有限纳税义务**（《遗产赠与税法》第 2 条第 1 款第 3 目）。[933]

在**欧洲法院**已有多次关于就各成员国遗产税法与欧盟基本自由（尤其是资本自由流通，《欧盟运行条约》第 63 条、第 65 条）的一致性问题的起诉。[934] 同时毫无争议的是，各成员国的遗产税法也必须符合从基本自由中推导出的禁止歧视原则和禁止限制原则。[935]

1561　《遗产赠与税法》第 2 条第 1 款第 1 项第 2 点中有关于在什么条件下一个人算作是本国人的最终规定。[936] 本国人特别指的是居住地（《税法通则》第 8 条）或习惯停留地（《税法通则》第 9 条）在国内的自然人，以及经营管理（《税法通则》第 10 条）和所在地（《税法通则》第 11 条）在国内的法人。在**案例 58**（边码 1550）中，A 的总收入（40 万）包括位于法国的财产都需要纳税，因为 A 的居住地在国内。B 的收入中只有 15 万的部分国内财产需要交纳遗产税，因为 B 和立遗嘱的人 E 都不是《遗产赠与税法》第 2 条第 1 款第 2 项意义上的本国人。需要注意的是，只要没有涉及双重征税协议（边码 1463），在无限纳税义务情况下，由一个外国国家征收的遗产税或者赠与税也要计算在内（《遗产赠与税法》第 21 条）。

---

[933] 跨国界事实情况时的征税见 *Wienbracke*，SteuerStud 2009，480；*Offerhaus*，StB 2009，312。

[934] EuGH，Rs C-364/01，Slg. 2003，I-15013-15058（*Barbier*）；Rs C-513/03，Slg. 2006，I-1957-2000（*van Hilten*）；Rs C-256/06，Slg. 2008，I-123-158（*Jäger*，dazu Eisele，NWB 2008，1869 ff）；Rs C-11/07，IStR 2008，697（*Eckelkamp*）；Rs C-67/08，Slg. 2009，I-883（*Block*）；Rs C-810/08，DStR 2010，861（*Mattner*）。

[935] 见 *Seitz*，IStR 2008，349；Michel，FS P＋P Pöllath ＋ Partners，2008，S. 479。详见 *Schulte*，Erbschaftsteuerrecht，Rn 53 ff。

[936] 在国外长期居留不超过五年，在国内没有住所的具有德国国籍的人，也视作国内人，《遗产赠与税法》第 2 条第 1 款第 1 号 b）项。欧洲法院认为所谓扩大的无限纳税义务与资本自由（Art. 63 Abs. 1 AEUV）是不矛盾的，EuGH，Rs C-513/03，I-1957—2000（*van Hilten*）。

主观纳税义务(比照边码 101)规定在《遗产赠与税法》第 20 条中,这一规定就法律体系而言是错误的,因为主观纳税义务与税收核定和征收(第 4 段)无关,而是与纳税义务(第一段)有关。[937] 据此,遗产赠与税的纳税主体在所有情况下都是受益人,在赠与中也可能是赠与人,指定资助中可能是被资助人(《遗产赠与税法》第 20 条第 1 款第 1 项)。此外《遗产赠与税法》第 20 条的 1-7 款还规定了其他**特殊情况**。

当除受益人外,资助人,如赠与人,也是遗产税的债务人时,则根据《税法通则》第 44 条的规定,二者是连带债务人。根据赠与税作为获利税的特性,原则上行使自由裁量权(《税法通则》第 5 条,参见页边码 391 以下),即受益人作为第一债务人。[938]

不仅自然人,法人(特别是股份公司)也可以作为收益人成为税收债务人。[939] 与《遗产赠与税法》第 2 条的规定不同[940],联邦财政法院针对《遗产赠与税法》第 20 条规定认定,具有不完全法律能力的人合公司作为共同共有合伙不得成为遗产赠与税的纳税义务人;除非是单独的共同资产所有人(股东)[941]。

(二) 实物纳税义务

1. 因死亡而获得的收入(《遗产赠与税法》第 3 条)

《遗产赠与税法》第 3 条最终规定了作为因死亡而获得的收入的过程应征收遗产税。这里不只包括了《民法典》第 5 卷(继承权)中规定的事实(例如,由**遗产**或者遗嘱获得的收入),还包括了在一个人死亡情况下获得的其他收入和利益。特别是死亡赠与[942](《民法典》第 2301 条,《遗产赠与税法》第 3 条第 1 款第 2 目)以及第三方依据由立遗嘱的人缔结的合约在其死亡时直接获得的所有财产利益也被看成是由死亡获得的收入。

这种意义上的合约(《遗产赠与税法》第 3 条第 1 款第 4 目)是例如有利于合约中提

---

[937] *Gebel*, in: *Troll/Gebel/Jülicher*, ErbStG, § 20 Rn 2.
[938] BFH, II 282/58 U, BStBl III 1962, 323; II R 2/07, BStBl II 2008, 897.
[939] *Jochum*, in: *Wilms/Jochum*, ErbStG, § 20 Rn 31.
[940] 人合公司(无限责任公司,两合公司,有限两合公司)是否是《遗产赠与税法》第 2 条意义上的人合团体这一问题有很大的争议。但在文献中对此问题的回答大部分是肯定。参见 *Viskorf/Richter*, ErbStG 2009, § 2 Rn 21; *Viskorf/Wälzholz*, ebda, § 3 Rn 9; *Weinmann*, in: *Moench/Kien-Hümbert/Weinmann*, Erbschaft—und Schenkungsteuer, § 2 Rn 9; *Wilm*, in: *Wilms/Jochum*, ErbStG, § 2 Rn 107. BFH 还未对《遗产赠与税法》第 2 条这一问题作出裁决。
[941] 基本的说明: BFH, II R 95/92, BStBl II 1995, 81; 其他观点还有 BFH, II R 150/85, BStBl II 1989, 237 以及参照新的民事司法裁决 FG Münster, 3 K 2592/05 E, EFG 2007, 1037。
[942] 基于延续条款的股东扩张收购也适用《遗产赠与税法》第 3 条第 1 项第 2 目第 2 点,参见 *Götzenberger*, BB 2009, 131 ff.

到的第三方的自愿缔结的[943]人寿保险合约和养老保险合约。在投保人死亡的情况下，第三方有权直接向保险公司要求保险金。相反，如果合约中没有提到受益人，保险金就属于死者并且算作《遗产赠与税法》第3条第1款第1目意义上的遗产。

《遗产赠与税法》第3条第2款规定了第1款的基本构成要件和一系列类似从被继承人获得的构成要件，例如将财产赠与给被继承人指定的基金会（《遗产赠与税法》第3条第2款第1目）。

1565 根据《遗产赠与税法》第5条规定，基于净益平补偿在净益**共同关系**的婚姻状态结束时归属于一方配偶或伴侣的财产增加，不是《遗产赠与税法》第3条意义上的继承。

因为《民法典》第1371条第1款没有把补偿和死亡的配偶或生活伙伴——只是可能——实际提高了的净益联系在一起，而是采用了总计的净益结算（遗产法清算），这种情况下根据《民法典》第1371条第2款和第1378条的规定，为了遗产税法的目的补偿假设计算利益的要求并减轻税负（《遗产赠与税法》第5条第1款）。如果根据《民法典》第1371条第2款第一半句和第1378条的规定通过计算消除净益，因为《民法典》第1371条第1款未适用（物权法清算），因此实际上补偿要求免于纳税（《遗产赠与税法》第5条第2款第2种情形）。

1566 当净益共同关系因为配偶或生活伴侣**死亡以外的原因**而终止时该规定同样适用（《遗产赠与税法》第5条第2款第1中情形）；根据《遗产赠与税法》第7条的规定不存在生者之间额度为实际补偿要求的赠与。[944]

2. 生前赠与（《遗产赠与税法》第7条）

1567 《遗产赠与税法》第7条中最终规定了何时成立生前赠与。《遗产赠与税法》第7条第1款第1目中给出了基本事实，根据这项规定，赠与为所有活人之间的**慷慨捐赠**，只要受益人从捐赠人的消费中获得收入。客观赠与时，赠与人须为一定法律行为或事实行为使其财产减少（减少），并且使被赠与人最终获益，该财产的转移是无偿的。[945] 主观赠与时，赠与人必须有无偿给与接受人的意愿。[946]

---

[943] 所谓的"免税人寿保险"给付，参照 BFH, II R 11/00, BFH/NV 2002, 648 f.
[944] *Moench/Albrecht*, Erbschaftsteuer, 2. Aufl., 2009, Rn 377.
[945] *Schaub*, in: *Wilms/Jochum*, Erbschaftsteuer—und Schenkungssteuergesetz, §7, Rn 6. 例如接管担保时缺乏此项，BFH, II R 26/98, BStBl II 2000, 596.
[946] *Schaub*, in: *Wilms/Jochum*, Erbschaftsteuer—undSchenkungssteuergesetz, §7, Rn12; *Höreth*, in: *Völkers/Weinmann/Jordan*, Erbschaftsteuer— und Schenkungssteuergesetz, 3. Aufl., 2009, S. 244（Rn 21 f）.

第三章 收入和收益的税 **461**

　　此外，除了在执行应负责任的情况下获得的收入（《遗产赠与税法》第 7 条第 1 款第 2 目）、预先继承规定（《遗产赠与税法》第 7 条第 1 款第 5—7 目）以及社会关系中特定的捐赠（《遗产赠与税法》第 7 条第 5—7 款），其他都是需要纳税的。[947]

　　遗产税的赠与概念与民法中的赠与概念并不一致，因其不只是取决于《民法典》第 516 条意义上的赠与方面的法律事务协议。[948] 更为重要的是赠与人**单方赠与的意愿**和被赠与人的实际获利，赠与税基于该种获利而发生（对增加利益征税，页边码 71 以下）。如果赠与满足《遗产赠与税法》第 7 条的规定则须考虑，根据《遗产赠与税法》第 10 条的规定，受益人在多大程度上获利（页边码 1575 以下）。　　1568

　　无偿赠与标的价值的判断不仅要——如民法中所规定——根据双方的赠与协议，还首先要考虑的是实际的获利，即被赠与人最终可获得什么，他实际上和法律上（民法）可以自由支配什么。[949] 由于赠与税针对的是增加的财产，因此实际最终的法律上合理的赠与标的的价值是赠与税法关注的重点。因此当实际赠与标的与许诺不同时这点尤为重要。　　1569

　　赠与标的应该是什么这一问题对于**间接赠与**也具有重要意义。在如下情况，即会导致赠与人陷入贫困的标的赠与带有特定条件，要求将该标的用于购买另一特定的标的，从而使受赠人应当最终获利[950]的情况下，就出现了这样的问题。当受赠人应当依照赠与人的意愿将获赠标的出让并支配出让收益时，就是一种间接赠与。然而更常见的却是相反的情况，其中受赠人获赠金钱，且必须将其用于特定标的的购置。只有在最终获利标的转给受赠者的时刻的间接赠与视为实施了《遗产赠与税法》第 2 条第 1 款第 1 目意义上的方式。[951]　　1570

　　在**间接土地赠与**时，这种执行方式在税务方面是有利的[952]：如果受赠人获赠一笔金钱，只允许其将这笔钱用于一块特定土地的购买或者在该土地上进行已具体化的房屋建造，则将该土地视为具有以下后果的标的赠与，其后果是只有（较低的）土地价值承担税负。对于出租的住宅用途土地，会有地产价值 10% 的估价折扣（《遗产赠与税法》第 13c　　1571—1574

---

[947] 详细解释参见 Schulte, Erbschaftsteuerrecht, Rn 255 ff。
[948] *Moench/Albrecht*, Erbschaftsteuer, 2. Aufl, 2009, Rn 153 f; Schulte, Erbschaftsteuerrecht, Rn 249。
[949] BFH, II R 50/88, BStBl II 1991, 32; II R 39/98, BFH/NV 2001, 908。
[950] 参照 *Seer*, in：*Tipke/Lang*, § 13 Rn 126。
[951] *Tetens*, in：*Rödl/Preißer ua*, Erbschaft—und Schenkungsteuer, Kompakt-Kommentar, Stuttgart 2009, § 9, Kap. 3.1 (S. 511)。
[952] 关于间接土地赠与，也参见 *Birk/Wernsmann*, Klausurenkurs, Fall 14（Rn 789）；*Klümpen-Neusel*, Erbfolgebesteuerung 2009, 12 ff；*Schulte*, Erbschaftsteuerrecht, Rn 248, 251。

条第1款;对此的说明,参照页边码1619以下)。

赠与人在没有具体的建筑工程的情况下责成受馈赠者购买某个地产以及建造某个地产,那么金钱赠与的税款(页边码1594)按照捐赠款的票面价值计算。这种情况下的赠与在付款时就看成是已经完成。[953]

三、对税金计算基础的说明

1575 根据规定税率的《遗产赠与税法》第19条第1款,计算基础是**有纳税义务的收入价值**。只要受益人增加的财产并非根据《遗产赠与税法》第5、13、13a、16、17或者18条而**不需要纳税**,根据《遗产赠与税法》第10条第1款第1项,其应纳税的收入就是**受益人增加的财产**。

由此得出下面的计算方案[954]:

总财产量价值,《遗产赠与税法》第10条第1款第2项联系第12条(联系《估值法》)
— 遗留债务,《遗产赠与税法》第10条第1款第2项联系第10条第3—9款,第12条(联系《估值法》)

= 受益人增加的财产
— 实质性免税,《遗产赠与税法》第5、13、13a、13c、18条
— 个人免税,《遗产赠与税法》第16、17条

= 应纳税收入,《遗产赠与税法》第10条第1款,将低于100的尾数舍去,使其成为尾数为00的整数,《遗产赠与税法》第10条第1款第6项
= 计算基础

(一)受益人增加的财产

1576 在**税收产生**的时间点(《遗产赠与税法》第9条,页边码1557—1559)上可以确定受益人增加的财产,《遗产赠与税法》第11条。所有归属财产的价值超过遗产债务(《遗产赠与税法》第10条第3—9款)价值(《遗产赠与税法》第10条第1款第2句),受益人得利。

---

[953] 与间接土地赠与相关的进一步细节参见 BFH, II R 51/96, BFH/NV 1998, 1378; II R 44/02, FR 2005, 269 ff (含 Viskorf 的注释); Tetens, in: Rödl/Preißerua, Erbschaft—und Schenkungsteuer, Kompakt-Kommentar, Stuttgart 2009, § 9, Kap. 3.2 (S. 511 ff); Moench/Albrecht, Erbschaftsteuer, 2. Aufl, 2009, Rn 550 ff。

[954] 参见 Moench/Albrecht, Erbschaftsteuer, 2. Aufl, 2009, Rn 217 所给出的详细流程。

1. 归属财产的价值

(1) 评估原则。

对于死者的所有归属财产的价值确认,《遗产赠与税法》第 10 条第 1 款第 2 项需参阅《遗产赠与税法》第 12 条。根据《遗产赠与税法》第 12 条第 1 款,**评估**根据估值法的一般性规则进行,只要其非《遗产赠与税法》第 12 条第 2—7 款规定的其他情况。因此,根据《遗产赠与税法》第 12 条第 1 款结合《估值法》第 9 条第 1 款,原则上应以一般价值为根据,一般价值是指在通常的商务往来中根据资产的特性而确定的可支付的转让价格(《估值法》第 9 条第 2 款)。[955]   1577

根据《估值法》第 162 条第 1 款第 1 项,在对**农林经济企业的经济**部分进行评估时,应当以与其相应的一般价值为根据。[956] 然而此要求并未被强有力实施,因为根据《估值法》第 162 条第 1 款第 2 项,一般价值的确定应当在企业持续经营的假设下通过虚构的受让人而实现[957]。相应地,《估值法》第 162 条第 1 款第 3 项,第 163 条拟定了一种典型化的纯收益价值法的评估。根据《估值法》第 165 条第 3 款,更低的一般价值的证明是法律上允许的。   1578

农林经济企业的住宅部分根据《估值法》第 167,182 及以下条,类似于经建造的土地(页边码 1587)被评估。

——**国外的地产**与国外的**企业财产**根据《估值法》第 31 条被《估值法》(《遗产赠与税法》第 12 条第 7 款)。《估值法》第 31 条第 1 款第 1 项对国外有形资产的《估值法》的规定——与《遗产赠与税法》第 12 条第 1 款类似——需参阅一般性的评估规则,尤其是《估值法》第 9 条和一般价值。[958]   1579

——证券与上市可供交易的资合公司股份,根据《估值法》第 11 条第 1 款第 1 项,依规定在评估日采用所记录的最低市场价格进行评估。尤其对于**交易所标价上市的股票**,该规定是重要的。   1580

资合公司中非**交易所标价上市股份**(尤其是在**有限责任公司**)根据《遗产赠与税法》第 12 条第 2 款,以根据《估值法》第 11 条第 2 款被确认的且根据《估值法》第 151 条第 1

---

[955] *Schulte*, Erbschaftsteuerrecht, Rn 342 ff.

[956] 农林业企业的估价也可参照 *Halaczinsky*, ErbStB 2009, 130。

[957] 依据《估值法》第 162 条第 1 款第 1,2 项的估价在概念上与《个人所得税法》第 6 条第 1 款第 1 号第 3 句的部分价值相对应,该部分价值是部分地相同定义的。

[958] 因此国外财产部分的估价基本上类似于适用于国内财产部分的估价,通过立法方式消除了以前存在的不平等对待。以前法律与欧洲法律的相抵触性,参见 EuGH, C-256/06, IStR 2008, 144 (Jäger)。

款第1句第3目另行确定的一般价值而被设置,此价值优先地通过最近一年内(参照《估值法》第11条第2款第2项)卖于陌生第三人得出。[959] 简化了的受益价值法也可供选择适用(《估值法》第199条第1款)。

1581 ——**金钱财产、债权以及债务的股价**原则上通过表面价值实现,只要没有特殊情况设定了更高或更低的价值(《估值法》第12条第1—3款)。

更低的估价出现在超过一年的无息贷款中(= 债权)。在此情形中,《估值法》第12条第3款拟定了一个利率为5.5%的表面价值的折现。

1582 ——**未到期的人身、资本或养老金保险的请求权**以买回价值而被评估。买回价值是指,因提前撤销合同关系,保险公司向投保人偿还的金额。价值的计算,尤其是被分配且记入贷方的部分利润的考虑,可通过行政法规进行规定(《遗产赠与税法》第12条第1款结合《估值法》第12条第4款)。

1583 ——对于**反复出现或终生的使用收益和给付**(例如养老金、住宅权以及用益权),则根据《估值法》第13以下条针对待确认的资本价值订立标准。

1584 随着遗产税改革法,《遗产赠与税法》第10条第10款的规定可被适用于以下情形,即继承人通过一个公司合同而有义务将其在一家人合公司或有限责任公司的**股份**基于**一次给付补偿的请求权**而向共同股东或合伙人转移股份。若股份的(一般)价值高于一次给付赔偿请求权——一般都是如此——,则仅有一次给付补偿请求权(其并不类似于共同业主股份根据《遗产赠与税法》第13a,13b或19a条[页边码1606以下,1620]而享受优惠)根据《遗产赠与税法》第10条第1款第2项之意属于归属财产。

(2)企业财产。

1585 企业财产的概念根据《估值法》第95条以下之规定以收益税法为指向,其超越了企业(《个人所得税法》第15条第1,2款)的组成部分,而是将人合公司、资合公司以及自由职业的营业性用途的财产同等处理,以致在遗产税上达到**法律形式中立的评估**。企业财产或其中股份的价值根据《遗产赠与税法》第12条第5款结合《估值法》第151条第1款第1项第2目分别确认。

评估根据《估值法》第109条适用一般价值而实现,对于价值的确认相应地适用《估值法》第11条第2款。[960] 一般价值优先地从过去一年之内的陌生第三人出售中得出。

---

[959] 依据《遗产赠与税法》第11条的估价详见 Schulte, Erbschaftsteuerrecht, Rn 353 ff; Piltz, Ubg 2009, 13 ff; Höne, BBEV 2009, 28 ff.

[960] 企业财产的估值详见 Schulte, Erbschaftsteuerrecht, Rn 624 ff; Neufang, BB 2009, 2004 ff.

作为替代,一种其他的非税务方式适用于收益的评估(参照《估值法》第11条第2款第2句),此情况下《估值法》第11条第2款第4项可参阅新的所谓的**简易收益价值程序**[961](《估值法》第199—203条)。

(3) 不动产。

对土地的评估,即对依《估值法》第68条之意的经济上独立的土地财产单位(参照《估值法》第70条第1款)的评估,根据《遗产赠与税法》第12条第3款结合《估值法》第19条第1款、第151条第1款第1项第1目、第157条第1款和第3款,并考虑依据《估值法》第176—198条中评估日的事实关系和价值比例,且依赖于不动产的形式而实现。[962]

1586

根据《估值法》第177条,对土地在遗产税上的评估规则以一般价值为根据。未建造土地的(典型化)一般价值依《估值法》第179条第1款根据其面积与每年确定的标准土地价值而确定(《建筑法典》第196条[963])。

1587

对于已进行建造的土地的评估根据建筑物的种类或其经济用途为导向。《估值法》第182条作出以下划分:住宅所有权、部分所有权以及单家庭房屋,双家庭房屋将优先地根据**比较价值法**进行评估,《估值法》第182条第2款。在此情况下,来自于现实购买价的市场价值通过其他土地而得出,这些土地在位置与特征方面类似于待比较的土地,参照《估值法》第183条。若比较价值未被确认,则价值通过**实际价值法**来确认,《估值法》第182条第4款第1目。在这些程序中,价值借助于建筑物的生产成本以及(非建造)土地的标准土地价值而确定(详见《估值法》第189—191条)。[964]

对于租用住宅土地、商业土地以及混合用途的土地,一个惯常的租金会在地方的土地市场上确定,根据《估值法》第182条第3款,对此以**收益价值程序**(《估值法》第184—188条)为根据。在此,建筑物净收益根据年度原始租金(原始收益)与经营成本而确认,依据建筑物的剩余使用年限建筑物(根据《估值法》附件21)并且被加算至土地价值(《估值法》第179条)中。

对于其他商业土地、混合用途土地以及其他已建造的土地适用前述的**实际价值法**,《估值法》第182条第4款第2,3目。

---

[961] 对此的说明可参见 *Moench/Albrecht*, Erbschaftsteuer, 2. Aufl, 2009, Rn 807 ff。
[962] 详见 *Krause/Grootens*, BBEV 2009, 18 ff 和 50 ff, 以及 *Schulte*, Erbschaftsteuerrecht, Rn 525 ff 所含情形。
[963] BR-Ds. 4/08, S. 36.
[964] 对此的抨击见 *Raupach*, DStR 2007, 2037 (2040)。

1588 　　《估值法》第198条赋予纳税在《估值法》第179、182—196条的所有适用情形中义务人，根据价值确认条例（WertVO，参见《估值法》第198条第2款结合《建筑法》第199条）的规定证明**更低的一般价值**的可能性。

2. 遗留债务

1589 　　根据《遗产赠与税法》第10条第1款第2项，受益人实际获益的调查中，共同财产归属的价值要减去根据"第3款至第9款规定的可扣除的遗留债务"此遗留债务价值为根据《遗产赠与税法》第12条和《估值法》所确定的价值。

　　"遗留债务"与《遗产赠与税法》第10条第3款至第9款中扣除构成要件联系紧密。上述条款包含了大量对纳税义务人进行调查时应注意的要素，例如权利和债务的一致性（混淆），权利和负担的一致性（统一，《遗产赠与税法》第10条第3款）或者代位继承人的资格（《遗产赠与税法》第10条第4款）。

1590 　　《遗产赠与税法》第10条第5款中规定了遗产税意义[965]上的可扣除的遗留债务。其中包括：

　　——由立遗嘱的人造成的债务，只要在对遗留企业、合伙人股份或者农业、林业财产估价时，还没产生经济联系，就应被考虑（《遗产赠与税法》第10条第5款第1目）。

　　——由遗嘱、规定的义务以及有效的遗产继承中的义务部分和代继承资格造成的债务（《遗产赠与税法》第10条第5款第2目）。

　　——与遗产继承相关的特定的其他费用（《遗产赠与税法》第10条第5款第3目），此外还包括丧葬费用以及对遗产进行清算、整理或者分配所需的直接费用（例如宣读遗嘱的费用）。[966]

1591 　　该债务或者负担**不可扣除**，只要其与免税财产有经济联系或者与根据《遗产赠与税法》第13条或13c条规定的被免除财产相关（《遗产赠与税法》第10条第6款）[967]以及自己的遗产税（《遗产赠与税法》第10条第8款）、有利于承担人自己的义务（例如翻新所继承的房屋的义务，《遗产赠与税法》第10条第9款）、管理遗产的费用（《遗产赠与税法》第10条第5款第3目第3句）以及其他遗产自身的债务（例如执行遗嘱的费用）。

---

[965] 更狭义的理解是最初民法意义上的遗留债务（§§1967ff BGB）：遗留债务只是理解为这样的遗嘱人债务和继承开始债务，即这些债务允许遗产强制执行。

[966] 参照 BFH, II R 31/08, BFH/NV 2010, 1032 f.

[967] 参见 *Schulte*, Erbschaftsteuerrecht, Rn 398 ff.

尽管遗留债务在其原本意义上只能在一种继承情况时发生[968],但根据《遗产赠与税法》第 10 条第 3—9 款和第 1 条第 2 款的规定,作为非死者之间的赠与的费用的遗留债务也是被宪法允许和承认的(页边码 1592)[969]。

3. 赠与特殊性

与因死亡获得的收入不同,《遗产赠与税法》第 10 条中没有关于如何调查《遗产赠与税法》第 7 条意义上因**赠与**增加的财产的特别规定。一致意见是,这种情况必须相应使用《遗产赠与税法》第 10 条第 1 款第 2 项的规定,而且在生前赠与时在计算中加入《遗产赠与税法》第 10 条第 3—9 款的扣除项目并使用适对因遗产继承而增加财产有效的计算方案(边码 1575)。[970] 特别是可以扣除在赠与实施过程中产生的收入费用。[971]

1592

要注意**混合赠与**时的特殊性。当受馈赠者带来不等值的回报(例如支付货币、接受债务)而捐赠人意识到其缺乏等值性,这样就出现了混合赠与,在多出的价值方面,赠与人实施了无偿捐赠。基于现有的回报(非等值的),首先产生了这样一个问题,即在捐助中捐助人是否有无偿使接收人收益的意愿或者资助和回报是否应该是相互有约束力的。为了回答这一问题应先**比较**捐助人的捐助和接收人的回报之间的价值大小,即根据遗产赠与税改革中新引入的**市场价值**(页边码 1577 以下)为导向,不再要求使用民法标准。[972] 当捐助人出于法律上的义务或者捐助人认为他的捐助应获得价值相等的回报时,不存在无偿捐助的意愿。[973] 当对捐助和回报存在**重大误解**时,则存在可撤销的推测,即当参与人明知此误解[974]且捐助人愿意提供部分无偿捐助[975]。

1593

对与赠与税相关的捐助进行估价时,根据赠与和回报的市场价值关系将混合赠与分

---

[968] 参见 *Moench/Albrecht*, Erbschaftsteuer, 2. Aufl, 2009, Rn 46。
[969] 这样的情况例如避免义务分担者索赔的支付,参照 BFH, II R 46/01, BStBl II 2004, 234。
[970] 关于是否存在法律漏洞的教义争议,参见 *Meincke*, ErbStG, 15. Aufl, 2009, § 10 Rn 18。
[971] *Meincke*, ErbStG, 15. Aufl, 2009, § 10 Rn 50。
[972] 还有 BFH, III 229/52 U, BStBl III 1953, 308 (309)。
[973] BFH, II 127/57 U, BStBl III 1957, 449 (450); II R 67/86, BStBl II 1989, 1034 (1036); II R 59/92, BStBl II 1994, 366 (368); II R 42/99, BStBl II 2001, 454 (456); *Schaub*, in: *Wilms/Jochum*, Erbschaftsteuer—und Schenkungsteuergesetz, § 7 Rn 14。
[974] BGH, IVa ZR 154/80, NJW 1981, 1956; BFH, II R 81/84, BStBl II 1987, 80 (81)。
[975] 所谓的客体化理论,详细参照 *Schaub*, in: *Wilms/Jochum*, Erbschaftsteuer—und Schenkungsteuergesetz, § 7 Rn 13。

为有偿部分和无偿部分。[976] 赠与税仅涉及无偿部分[977]，有偿部分不涉及赠与税。

1594 **规定义务赠与**情况时的财产增加也是按照同样的方法计算。[978] 当捐赠人在赠与上附加了附带条款，这个附带条款规定受益人是有义务提供货币给付或者事实给付（例如退休金支付），那么就出现了规定义务赠与。

如果受益人有义务将捐赠对象的使用在一定期限内转让给另一人（例如以使用权或者居住权的形式），由于他自己没有消费就不存在回报（因此不是混合赠与），而是规定**使用义务或者容许义务赠与**。[979] 这种情况下，增加的财产是赠与的价值减去规定义务的资本价值。[980]

（二）实质性免税

1595 为增加的财产纳税的义务可能是来自于《遗产赠与税法》第 13-13c 条中规定的实质性原因。这里的原因涉及捐赠物品的种类或者捐赠资金的使用。

1. 根据《遗产赠与税法》第 13 条的免税

1596 《遗产赠与税法》第 13 条规定的一般实质性免税尤其包括：

1597 ——根据《遗产赠与税法》第 13 条第 1 款第 1 目对于纳税等级 I 的人（边码 1626）和生活伴侣（《遗产赠与税法》第 13 条第 1 款第 1 目第 2 句）来说，4.1 万欧元以内的家用收入（包括织物和衣物）、1.2 万欧元以内的其他可移动的随身的物品（除了《遗产赠与税法》第 13 条第 1 款第 1 目第 a 点、第 1 目第 3 句或者第 2 目中提到的物品）是免税的。纳税等级 II 和 III 的受益人（页边码 1626）总共 1.2 万欧元的免税金额（《遗产赠与税法》第 13 条第 1 款第 1 目第 c 点）。每个受益人有权得到全额的免税金额。

1598 ——其维持符合公共利益的特定的文化资产或者地产收入可以在某些前提条件下完全或者 60% 或 85%（对于地产）免税，《遗产赠与税法》第 13 条第 1 款第 2 目和第 3 目。

---

[976] *Meincke*, ErbStG, 15. Aufl. 2009, § 10 Rn 20a; *Schulte*, Erbschaftsteuerrecht, Rn 511.

[977] 首先是 BFH, II R 176/78, BStBl II 1982, 83 (84). 同样地 FG Münster, 3 K 5462/06 Erb, EFG 2009, 1056 ff (Revision anhängig: BFH, II R 27/09); *Herrmann/A. Michel*, in: *Wilms/Jochum*, Erbschaftsteuer—und Schenkungsteuergesetz, § 10 Rn 38.

[978] 在调查估算基础时，将所考虑到的金钱给付或实物给付所需费用从整个赠与中剔除，见 BFH, II R 37/87, BStBl II 1989, 524 参考 BFH, II R 176/78, BStBl II 1982, 83. 也要参照 *Birk/Wernsmann*, Klausurenkurs, Fall 14 (Rn 802, 807).

[979] 见 *Birk/Wernsmann*, Klausurenkurs, Fall 14 (Rn 803, 808). 亦见 *Schulte*, Erbschaftsteuerrecht, Rn 516, 519, 522 中的情形案例。

[980] *Seltenreich*, in: *Rödl/Preißer ua*, Erbschaft—und Schenkungsteuer, Kompakt-Kommentar, Stuttgart 2009, § 7, Kap. 2.5.3.2 (S. 373).

——自遗产税改革法生效以来,继承的**家庭**住房免税不仅适用于生者赠与其配偶或生活伙伴(《遗产赠与税法》第13条第1款第4a目),而且适用于死者遗赠给配偶或生活伙伴(《遗产赠与税法》第13条第1款第4b目)或者子女(《遗产赠与税法》第13条第1款第4c目)。[981] 根据《遗产赠与税法》第13条第1款第4a目的规定,家庭住房在法律中指任何土地上为居住目的所使用的房屋。[982] 此外还要求家庭住房应当完全是家庭生活的中心。[983] 如果地产的一部分未为居住的目的使用,则该部分需缴纳赠与税。

1599

《遗产赠与税法》第13条第1款第4a目所规定的生者赠与其配偶或生活伙伴的情况下,只要婚姻关系或共同生活关系存续,则免税不受持有期限,财产价值上限或特定财产状况的限制。

1600

与之相反,对于死者遗赠给配偶或生活伙伴(第4b目)或者子女(第4c目)的家庭住房的免税,一方面须满足遗赠人至继承时一直以自居为目的使用房屋,除非因不能克服的原因(例如居住于养老院)不能自己使用,另一方面受益人须毫不迟疑地为自己居住的目的使用该房屋10年(《遗产赠与税法》第13条第1款第4b目第5句,4c目第5句)。子女继承中的免税以房屋居住面积在200平方米以内为限(《遗产赠与税法》第13条第1款第4c目第1句)。

从**宪法角度**对《遗产赠与税法》第13条第1款第4a目至4c目的**思考**主要在于,生者赠与(4a)和死者遗赠(4b)两种情形中对配偶或生活伙伴的不同处理,以及缺少关于子女从死者处继承不动产优先于继承其他类型的遗产(4c)时的相关规定。[984] 通过本规定,继承家庭住房获得了双重优惠,客观免税不涉及《遗产赠与税法》第16条中的个人免税,同时"家庭用财产的免税额"[985] 不仅对配偶,而且对子女也大幅度提高[986]。根据此项规定价值较高的不动产可能或者按照市场价纳税,或者完全免税。

1601

---

[981] 家庭住房优惠,参照 *Schulte*, Erbschaftsteuerrecht, Rn 591 ff; *Steiner*, ErbStB 2009, 123 ff; *Halaczinsky*, UVR 2009, 339 ff und 371 ff.

[982] *Moench/Albrecht*, Erbschaftsteuer, 2. Aufl, 2009, Rn 223; *Schulte*, Erbschaftsteuerrecht, Rn 595.

[983] *Kobor*, in: *Fischer/Jüptner/Pahlke*, ErbStG, § 13 Rn 30.

[984] 保护共同的家庭生活空间的论据在成年子女继承时不能被采用,但其在配偶或生活伴侣继承时对免税有效。

[985] ErbStRG 法律草案,立法依据,BT-Ds. 16/7918, S. 37.

[986] 随着遗产税改革,配偶的免税额由 307 000 变为 500 000;子女的免税额由 205 000 变为 400 000,参照 Rn 1622。

1602 ——根据《遗产赠与税法》第13条第1款第12目的规定,生者的指定捐助旨在为被赠与人提供适量的生活费或学费时全额免税。但基于法定抚养义务的捐助不能免税;只要资助不是无偿的而且不具备赠与的要素就无需缴税。

1603 ——其他机会礼物也不需要纳税,《遗产赠与税法》第13条第1款第14目,这里的礼物是指,根据普遍观点考虑到场合以及考虑到其价值而经常出现的礼物,例如生日礼物、结婚礼物、毕业礼物、通过结业考试的礼物。[987]

1604 ——需要照顾的人给与其看护人员的生者金钱捐赠在法律或私人护理保险的护理费额度内不需纳税,《遗产赠与税法》第13条第1款第9a目。此外,只要收入算作为立遗嘱的人进行护理或其生活而支付的适当的酬金,那么这种收入在2万欧元以内是免税的,《遗产赠与税法》第13条第1款第9目。

1605 ——全额免税的包括对联邦、州、地区乡镇、宗教团体、特定的税收优惠设施或者政治党派的捐赠和没有党派特点的政治活跃协会,以及只用于上述地区法人或者教会、非盈利性和慈善目的的捐赠,《遗产赠与税法》第13条第1款第15—18目。

2. 企业财产的免税,《遗产赠与税法》第13a、13b条

1606 通过遗产税改革法,在《遗产赠与税法》第13a、13b条重新全面规定了对企业财产,农林经济的财产以及资合公司的股份的税收优惠,其依《遗产赠与税法》第13b条第1款属于所谓的受优惠财产。法律使此类财产获得优惠一般达85%(页边码1613以下)或选择性地达到100%(页边码1617以下),当所谓的管理财产(《遗产赠与税法》第13b条第2款第2项)的份额并未超过确定的界限时(页边码1609及以下)。[988]

(1) 享受优惠待遇的财产。

1607 在决定根据《遗产赠与税法》第13a、13b条一项优惠待遇可否被保障之前,存在以下问题:何种财产属于可享受优惠待遇的企业财产。在此方面,《遗产赠与税法》第13b条第1款的目录至关重要,其已用专业术语不灵活地提及了享受优惠待遇的财产:

1608 根据《遗产赠与税法》第13b条第1款第1目,**农林经济财产**的国内经济部分,即事实上用作农业和林业经济的土地,应首先属于可享受优惠待遇的财产。

随之可享受优惠待遇的是规定在《遗产赠与税法》第13b条第1款第2目依《估值法》第95—97条之意(参见页边码1585)的企业财产,其服务于欧盟或欧洲经济区内的

---

[987] 所谓的相对考虑办法,参照 Franke/Gageur, in: Völkers/Weinmann/Jordan, Erbschaft—und Schenkungsteuerrecht, 3. Aufl, 2009, S. 149 (Rn 4 ff)。

[988] 对企业财产的征税,可详见 Söffing, DStZ 2008, 867 ff; Merz/Neufang, BB 2009, 692 ff。含例子的系统性说明 Schulte, Erbschaftsteuerrecht, Rn 695 ff 以及 Haar, SteuerStud 2009, 429 ff。

营业机构，以及根据《遗产赠与税法》第 13b 条第 1 款第 3 目第 1 句规定的**资合公司中超过 25%的股份**（最少应持股份），只要被继承人或赠与人在该公司内直接参股且公司场所或公司经营至评估日（《遗产赠与税法》第 11 条）是在本国内部或欧盟或欧洲经济区的国家内部。《遗产赠与税法》第 13b 条规定的最低应持股份额的确定同时排除了**分散持股份额**（**直接持股不超 25%**）的优惠（参见《遗产赠与税法》第 13b 条第 2 款第 2 项第 2 目第 1 点，以及管理财产，页边码 1610）。然而《遗产赠与税法》第 13b 条第 1 款第 3 项目第 2 句包含了所谓的**集团条款**，其允许小型股份以超过 25%的界限为目的在下述条件中合计，即一方面股份只能统一支配，另一方面联合股东的表决权较非联合股东只能统一使用。[989]

遗产税改革法的立法者在 2008 年的原始计划是，仅优惠所谓的生产型财产。因为难以定义生产型财产，所以立法者将优惠与企业财产概念相联系。企业财产特征却能由纳税义务人多次塑造（意定的企业财产，页边码 851；营利性质的特性，页边码 1119），以致一个**管理财产**的新概念作为矫正而创设，其现在可指出"好的"与"坏的"财产间的差异，而这种差异几乎不能满足联邦宪法法院设置在导向性条款上的合宪性前提（页边码 214 以下）上的条件。

1609

当所谓的管理财产的份额超过全部农林经济财产、企业财产或股份财产（《遗产赠与税法》第 13b 条第 1 款第 1—3 号）的 50%（根据《遗产赠与税法》第 13a 条第 8 款规定的选择权情形时超过 10%，页边码 1617），《遗产赠与税法》第 13b 条第 2 款第 1 项将可享受优惠待遇财产**全部**从《遗产赠与税法》13a 条规定的免税中剔除。相反地，立法者对下述情况则可以接受，对于这类财产**全部**提供《遗产赠与税法》第 13a 条规定的税收优惠，即此类财产的一半（在《遗产赠与税法》第 13a 条第 8 款情形下至 10%）可归属到私人生活行为，并且只是基于纳税义务人的目的作为意定财产而被编制资产负债表。

管理财产的概念[990]，在《遗产赠与税法》第 13b 条第 2 款第 2,3 项被细化，包含了财产的种类，即财产管理活动的对象（页边码 702 以下），对于它的管理，并非中小型需要工商业企业，而一个资产管理机构是必要的。

1610

根据《遗产赠与税法》第 13b 条第 2 款第 1 目，尤其是土地、土地的部分，与土地同等的权利以及让与第三人使用的建筑物，最主要是**被出租的土地**，属于管理财产。

---

[989] 对集团协定的进一步解释，*Schulte*，Erbschaftsteuerrecht, Rn 714 ff, 774；*Krelau*, BB 2009, 748 ff; *Lahme/Zikesch*, DB 2009, 527 ff.

[990] 对行政财产的进一步解释，*Schwind/Schmidt*，NWB 2009, 609 ff; *Scholten/Korezkij*, DStR 2009, 147 ff.

根据《遗产赠与税法》第13b条第2款第2项第2目，其次重要的此类财产种类是较少的**资合公司股份**，即被继承人或赠与人的直接持股占到名义资本的**25%或更少**，且不存在《遗产赠与税法》第13b条第1款第3目第2句规定的集团协定（边码1608）。《遗产赠与税法》第13b条第2款第2项第4目将此规定扩大适用到所有的**有价证券和类似的债权**中。[991] 根据《遗产赠与税法》第13b条第2款第2项第3目，共同业主企业的入股（《个人所得税法》第15条第1款第1项第2目）也属于管理财产，当其管理财产份额超过50%时。

此外，**艺术品、科学文集、藏书**等（《遗产赠与税法》第13b条第2款第2项第5目），以及《遗产赠与税法》第13b条第2款第2项第1—5目意义上在企业中不依赖于管理财产份额的这些管理财产，至评估日经济上**被列入企业少于两年**的，不列入可享受优惠待遇范围。

1611 管理财产的规定的**例外**不一致地用于这样的工商企业，其"主要目标"存在于上述提及的财产种类的管理中。因此，立法者向例如**住宅租赁公司**（《遗产赠与税法》第13b条第2款第1目第2句第d点）[992]、信贷机构、**金融服务机构、保险公司**（《遗产赠与税法》第13b条第2款第2项第2目、第4目）以及**营利性的艺术品交易者**（《遗产赠与税法》第13b条第2款第2项第5目）敞开了优惠的大门，其他的企业，仅在企业财产中持有少数的出租土地、资合公司股份、有价证券或艺术品等的，会被有意地禁止享受优惠。优惠效果没有被平等地设计，并因此不符合联邦宪法法院的指导方针。[993]

出租土地的征税中的另一个值得提及的例外存在于暂时的**企业出租**（营业中断，页边码725）的一定情形中，《遗产赠与税法》第13b条第2款第1项第2目第b点。

1612 不利的管理财产比例（50%或10%）的移动出现在**多层公司**中：因为根据《遗产赠与税法》第13b条第2款第1项、第2项第3目，其依靠于其中各自公司的关系，而出现了所谓的**瀑布效果**，也就是说管理财产的比例应——从母公司出发——从一个入股等级向另一个不断提升，否则《遗产赠与税法》第13a条的优惠不可适用。

例子：A股份公司（课税价值1亿欧元）在企业财产中拥有一个100%控股的价值为

---

[991] § 266 HGB 或 § 2 WpHG 的有价证券概念是否理解为与现代法律要求相符的概念，这一点尚未明了。进一步解释 *Preißer*, in: *Rödl/Preißer ua*, Erbschaft—und Schenkungsteuer, Kompakt-Kommentar, Stuttgart 2009, § 13a, § 13b, Kap. 4.2.5 (S. 898 ff)。

[992] 参见 *Pauli*, DB 2009, 641; *Warlich/Kühne*, DB 2009, 2062 ff。

[993] BVerfG, 1 BvL 10/02, BVerfGE 117, 1 (32 f)。

5000万欧元的B有限公司。其他5000万欧元在《遗产赠与税法》第13b条第2款第2项规定的管理财产上。B有限公司又从它的角度100%控股一个价值为2500万欧元的C公司（生产型财产）；其他2500万欧元是管理财产。C公司（价值：2500欧元）最终刚好有其财产的50%（1250万欧元）在管理财产中。

因为企业的管理财产比例都没有超过50%，《遗产赠与税法》第13b条第2款第1项不可适用。这1亿欧元完全作为生产型财产享受优惠。其中管理财产的份额在这1亿欧元中集合起来为5000万+2500万+1250万=8750万欧元。只有1250万欧元被设置为生产型财产，留在C公司中。

很容易想到的是，为税收筹划可利用这个"瀑布效应"并将多余管理财产在联署企业的子企业进行"拆解"。

随之，在未来应当注意到更严格界限：为了"消除编辑疏忽"[994]，应当通过**《2010年度税法》**而消除一种形式设计的可能性，其依据自2009年1月1日生效的《遗产赠与税法》，存在于多层次企业中，根据《遗产赠与税法》第13a条第8款使用关于100%免除归属于自身财产的选择权。因为《遗产赠与税法》第13b条第2款第2项第3目只参阅《遗产赠与税法》第13b条第2款第1项，而不参阅13b条第2款第2项第3目，因此根据现行法律下述情况是可能的：当母公司自身在企业财产中只有至多10%的管理财产，而其子公司却有10%—50%的管理财产份额时，母公司可提起《遗产赠与税法》第13a条第8款规定的有关选择权的请求权。[995] 通过对《遗产赠与税法》第13a条第8款第3目的相应补充，在未来应明确规定，在适用100%归属自身财产的免除选择权的请求权时，子公司层面的管理财产的比例也不得超过10%。[996]

(2)《遗产赠与税法》第13a条第1款至第5款，第13b条第4款中的85%标准节约。

《遗产赠与税法》第13b条第1款中享受第13a条标准节约的可以优惠待遇的财产部分，构成了**享受优惠待遇的财产**。根据管理财产在总财产中所占的比例，继承人有两种节约选择。这**两种节约区别**不在于类型，而在于其适用条件和法律后果不同。

---

[994] 联邦政府《2010年度税法》（政府草案）第14条第1号第156页的论证中这样表述。
[995] 参见 *Richter/Viskorf/Philipp*, Beilage DB Nr 2, 2009, S. 4。
[996] 参照联邦政府《2010年度税法》（政府草案）第14条第1号第156页的立法依据。关于所规划的法律变更的影响，见 *Scholten/Korezkij*, DStR 2010, 910; *Hannes/Steger/Stalleiken*, BB 2010, 1439。

除个别细微的变化外(页边码 1627 和 1628、1630 和 1631)，**2009 年 12 月 22 日生效的《加速发展法》**第 6 条[997]也降低节约所适用的条件，立法者希望以此提高企业继承者的抗风险能力，促进中小企业的发展。[998]

根据《遗产赠与税法》第 13b 条第 4 款的规定，**一般情况**下享受优惠待遇的财产占企业总财产的 85％，只要管理财产不超过企业总财产的 50％(参见第 13b 条第 1 款第 1 项)。因此，无论其所占的实际比例是多少，企业管理财产被类型化并统一了比例，即对被继承企业财产的 15％作为管理财产征税。[999]

根据地 13a 条第 1 款第 1 项的规定，享受优惠待遇的财产基于所谓的**节约款项**。因此属于第 13b 条第 4 款规定的享受优惠待遇的 85％的企业被继承财产，完全免于缴纳遗产赠与税。如果企业管理财产所占比例超过 50％，则该企业不享受优惠待遇(**全有或全无原则**)。[1000]

此外，第 13a 条第 2 款针对其余 15％的企业财产规定了最高 15 万欧元的**扣除额**，此扣除额免除了企业不可节约的管理财产(部分)的税收。[1001]

扣除额是一个浮动的起征点，这就是说当企业管理财产不多于 150 000 欧元时，此金额会全部被扣除(参见第 13a 条第 2 款第 1 项)。对于超出此扣除额的企业管理财产，从扣除额中减去超出限值的金额的 50％(参见第 13a 条第 2 款第 2 项)。此规定的目的在于减轻比较小型的企业，尤其是手工作坊在缴税财产估价过程中的负担。[1002]因此第 13a 条第 2 款也被称为"**手工业者条款**"。

1614　节约款项和扣除额的**前提条件**规定在 13a 条的第 3 款至第 5 款：

——当取得财产者必须将其取得的财产转让给第三人或者其他共同继承人时，无论其财产取得基于遗嘱人或赠与人的遗嘱还是基于法律行为的处分(第 13a 条第 3 款第 1 项)，只要在遗产继承纠纷中(第 13a 条第 3 款第 2 项)，第 13a 条第 3 款取消了享受优惠待遇的企业财产的节约。上述情况下，只有当后续的取得财产者作为新的所有人**负责企业继续经营**时，企业财产才能享受节约。

---

[997] BGBl I 2009, 3950 ff.
[998] 《加速增长法》法律草案的立法依据，BT-Ds. 17/15, S. 20。
[999] 若行政财产的份额实际上在 15％至 50％之间，则有利于纳税义务人的类型化起作用，原因是在该情形下将整个企业财产视为可享受税收优待，参照 Moench/Albrecht, Erbschaftsteuer, 2. Aufl, 2009, Rn 845。
[1000] *Hübner*, Ubg 2009, 1 f; *Piltz*, FS Schaumburg, 2009, S. 1057 (1070, 1074)中合理的合宪性疑虑。
[1001] *Schulte*, Erbschaftsteuerrecht, Rn 707 ff.
[1002] 《遗产赠与税法》法律草案，立法依据，BT-Ds. 16/7918, S. 33 f。

第三章 收入和收益的税 **475**

——为了实现税收减免对经济的导向性作用（获得就业岗位），第 13a 条第 1 款第 2 项规定了**工资总额条款**：符合第 13a 条第 4 款规定的企业年度工资总额在取得财产后的五年内不得超过支出工资总额的四倍。此条款与税收发生前最后五个会计年度的平均工资总额相一致。此法假定一个恰当的五年观察期，在观察期中工资总额与财产归属前的比较期相比只允许小幅度下降。根据地 13a 条第 4 款的规定，工资总额包括企业职工工资单中列明的从业人员的所有毛工资、薪金和其他报酬以及所有的金钱收入和实物收入。当企业以裁员来应对订单减少时，该期限规定可能会导致企业运营过程中严重的扭曲。由此可见，"计划实现"可能会与导向性目的（维持企业运营）背道而驰（页边码 1616）。[1003]

观察期结束时，如果企业年度工资总额未超出所计算的最低工资额，根据第 13a 条第 1 款第 5 项的规定，企业根据未超出部分的百分比**按比例补缴税款**。[1004]第 13a 条第 1 款第 4 项规定了工资总额条款不适用的**例外**情况，即当企业工资支出为 0 欧元时或者企业雇员不多于 20 人时。[1005]

——第 13a 条第 5 款规定了享有优惠待遇的最后一个条件，即企业须**维持五年运营**。要求优惠待遇，财产取得者须为**企业财产的所有人**。出现以下情况时，**企业须按比例补缴税款**[1006]：企业或企业基础（第 13a 条第 5 款第 1 项第 1 目），以及农林业性财产（第 13a 条第 5 款第 1 项第 2 目），或者持有的一股份公司名义资本 25% 以上的股份（第 13a 条第 5 款第 1 项第 4 目）[1007]被转让；股东从企业或合伙经营企业的资产抽取过多资金（第 13a 条第 5 款第 1 项第 3 目）。

但法律未规定违反工资总额规则和持有期限的**双重违反行为**的法律后果。因此出 1615

[1003] *Hübner*, Ubg 2009, 1 f; *Piltz*, FS Schaumburg, 2009, S. 1057 (1076)中合法的合宪性考量。

[1004] 关于事后纳税，详见 *Siegmund/Zipfel*, BB 2009, 641 ff und 804 ff。

[1005] 第二种例外可归于立法上的疏忽，因此单独企业的从业人数是关键性的，而不是康采恩的所有相关企业的从业人数。基于所述规定可以通过设立从业人数少于 20 人的母公司来规避工资总额条款，不必施行《税法通则》第 42 条意义上的滥用形式。根据行政管理机关的观点，应当考虑将下属公司的雇员计算在内（州最高财政机关 2009 年 6 月 25 日公报同样说明，Abschnitt 8 Abs. 2 Satz 8, BStBl I 2009, 317）。《加速增长法》已提高了决定性的从业人数，但没有改变所述的规定。进一步参见 *Schulte*, Erbschaftsteuerrecht, Rn 756。

[1006] 完全失去税收优惠的法律结果，即所谓的"断头台效应"在立法程序过程中亦被放弃，参照 *Moench/Albrecht*, Erbschaftsteuer, 2. Aufl, 2009, Rn 913。

[1007] 与此相应的是根据 § 13b Abs. 1 Nr 3 Satz 2 ErbStG (Rn 1608)的集团协定废除，对比 § 13a Abs. 5 Satz 1 Nr 5 ErbStG。

现了多种可能性[1008]，例如先违反持有期间规定的法律后果对工资总额规则的排斥。为了实现法律的公平正义，两种规则的并行适用似乎是不可避免的，按照时间顺序，根据低于最低工资总额的比例来确定已经因违反持有期限而缩减的扣除额似乎是最佳选择。

1616　　第13a条第1款第2—5项，第3—5款通过工资总额规则和持有期限规则作出了经济型决定，然而这个决定在企业经营中被证明是不合理的，甚至经济学上是对企业有害的。它对于提高企业竞争力和确保长期就业岗位而言几乎毫无作用。[1009]现在的经济危机和金融危机清楚地表明，德国的中小企业依赖于长期的私人或者公共投资和订单，至少五年的时间范围（参见第13a条第1款第2项，第5款第1项）既不能保证也不能预测这些投资和订单。补缴税款可能导致企业破产。《加速发展法》中规定的降低标准（页边码1613和1614）须遵守节约的要求，这作为立法者针对经济危机所作出的反应，既未降低经济危机的危害，也未能产生一部符合宪法精神的遗产赠与税法。[1010]

　　（3）选择：完全节约，《遗产赠与税法》第13a条第8款结合第1—7款、第13b条。

1617　　在满足更严格的条件时，第13b条第1款中规定的财产的取得者可以依据第13a条第8款规定，不要求85％的标准节约，而申请**财产总额的优惠待遇**。鉴于第13a条第2款只是较大企业感兴趣选择权要求，根据第13a条第8款第3目规定的前提条件是，继承发生时企业**管理财产**在企业总财产中所占的比例**不得超过10％**（与标准节约中的50％不同，页边码1613）。

1618　　在这种情况下，如果继受者依据第13a条第8款的规定解释了其节约要求，则其将来会遭受更长和更细化的规定：根据第13a条第8款第1目的规定，5年的工资总额**期限**（页边码1614）将延为**7年**，并且根据规定400％的合适工资**总额将变为700％**。此外，根据地13a条第8款第2目的规定，**保留期限**将从5年（页边码1614）**延为7年**。

　　3. 以居住为目的的出租土地的免税，《遗产赠与税法》第13c条

1619　　《遗产赠与税法》第13c条第1款规定，位于国内或者欧盟或EWR成员国内，并且不属于《遗产赠与税法》第13a条所指享受优惠待遇以居住为目的出租土地，是为确定的一

[1008] 对此不同的结果见 Schulte/Birnbaum/Hinkers, BB 2009, 300（305）; Thonemann, DB 2008, 2616（2618）; Lüdicke/Fürwentsches, DB 2009, 12（15）; Richter/Viskorf/Philipp, Beilage DB Nr 2, 2009, 7; Schulte, Erbschaftsteuerrecht, Rn 786 ff.

[1009] 也可参照国家控制委员会的观点（zu BR-Ds. 4/08 v. 23.1.2008）："总之理事会有这样的印象，即在制定该法律草案计划时，与之相关的官僚制度的责任没有发挥适当的作用。"

[1010] 参照 Lang, FR 2010, 49。

般价值的10％的评估款项（根据收益价值程序，页边码1587）。通过该款项应当获得适度的租金和适合居民居住的空间供应。因私人投资性房地产而产生的享受优惠待遇的继承因有益于减少制度性竞争中的不良因素，与不动产所有人和人合公司不同，其不会有遗产税负担。[1011]

与收益税法相比，出租的门槛更低。因此，当遗产是不动产承租人自己的或将是其所有物时，这对优惠待遇是无害的。同样的，当租赁合同不用经手陌生比较（陌生比较见页边码339），则《遗产赠与税法》中第13c条第2款[1012]中相应法律规定的缺失也是无害的。

4．评估及免除体系的总结（情形59）

1620 《遗产赠与税法》的法律结构对待给付值调查程序预先规定了收益的评估及免除两部分内容。情形59（页边码1550）中不同的财产依其性质产生以下不同的结果：

企业财产：

根据《估值法》第109条第1款第1项，企业财产的估价是根据其一般价值来计算的。根据《遗产赠与税法》第12条第1、5款以及《估值法》第109条第1款第2项、第11条第2款，企业财产的一般价值优先依据类似的过去一年内的陌生第三方出售的价值推断出。辅助方法则是依其预期收益作出判断。根据案情，此处的企业财产一般价值计500万欧元。

根据《遗产赠与税法》第13条第1款第2目，企业财产的遗产税免除的先决条件是，依据《遗产赠与税法》第13b条第2款管理财产的部分总计不超过总财产的50％。分散持股（《遗产赠与税法》第13b条第2款第2目；25万欧元）和出租的地产（《遗产赠与税法》第13b条第2款第1目；3万欧元），因此本案中的管理财产的比例应是11％（5.5万/500万）。所以此处的企业财产，即500万欧元，可享受优惠待遇；根据《遗产赠与税法》第13b条第4款的规定，总金额的85％是享有优惠的。因此，根据《遗产赠与税法》第13a条第1款第1项的规定，基于免除扣除额，不计算425万欧元。

根据《遗产赠与税法》第13a条第8款的规定，A对100％财产优惠的选择权并不可行，因为管理财产的总额超过了10％（见《遗产赠与税法》第13a条第8款第3目）。

[1011] BR-Ds. 4/08, S. 57 f. 参照 *Schulte*，Erbschaftsteuerrecht，Rn 612 ff.

[1012] § 13c Abs. 2 ErbStG 对不可以要求税收优惠请求权的情形进行了详细规定，例如由遗嘱人或赠与人的遗嘱处理或法律事务处理所产生的将土地转交给第三方的义务的情形。

剩余的(500万－425万＝)75万欧元则根据《遗产赠与税法》第13a条第2款原则上计算扣除金额,这一部分减去300万欧元则减少到0欧元,参见第2句(此处:75万－15万＝60万;2＝30万,15万－30万＜0)。

425万欧元可以享有税收优惠,只要遵守《遗产赠与税法》第13a条第1、3—5款规定的前提条件:

——财产不得基于被继承人或赠与人的遗嘱或意定支配,或在遗产分割范围内向第三人转让,《遗产赠与税法》第13a条第3款。

——原始工资总额的400%的最低工资总额(50×300000＝1500000×400%＝6000000)不得高于在接下来的5年的年度工资总额,《遗产赠与税法》第13a条第1款第2项。

——在5年的持有期内,企业不得被转让,并且A不得取用超过《遗产赠与税法》第13a条第5款第1项第3目限定的款项。

别墅:

对建造有别墅的土地的评估根据《遗产赠与税法》第12条第1款、第3款,以及《估值法》第19条第1款,第157条第1款、第3款,而以《估值法》第176—198条为导向。依《估值法》第177条,采用一般价值。根据《估值法》第182条第2款,住宅财产原则上通过比较价值法得到评估,其中为了确认一般价值,会考虑土地的购买价,在受价值影响的特征方面,土地的购买价与待评估土地充分达成一致,《估值法》第183条第1款第1项。此种意义上的比较土地会以1200万欧元被卖出。此建有别墅的土地的一般价值同样为1200万欧元。

根据《遗产赠与税法》第13条第1款第4c目,当被继承人因经建造的土地上的财产而获得的收益,通过儿童适用针对征税对象的免税时,土地与别墅可享受遗产税的免除。下述须注意:

——A是E在课税等级I第2目意义上的子女(《遗产赠与税法》第15条第1款)。

——E在其死亡之前拥有此房屋,也就是说至死亡发生时是用作自身居住目的。

——A将继续将此房屋用作自身居住目的;其关乎受让人的家庭住处。

——居住面积不得超过200平方米。

——A必须自继承发生之日起将此住宅用作自我居住10年,除非他因紧急原因受到阻碍,《遗产赠与税法》第13条第1款第4c目第5句。

若 A 满足上述前提,土地与别墅将根据《遗产赠与税法》第 13 条第 1 款第 4c 目而免税。

金钱与股份:

对金钱财产和有价证券的评估通过与一般价值相符的名义价值实现(《遗产赠与税法》第 12 条第 1 款)。

股份是指在德国交易所进行交易的有价证券。根据《遗产赠与税法》第 12 条第 1 款以及《估值法》第 11 条第 1 款第 1 项,对其的评估将通过在规定日(《遗产赠与税法》第 11 条,第 9 条第 1 款第 1 项)有记录的最低价确定。

针对征税对象的免税对此种受让的财产不能适用。在针对纳税人的 40 万欧元免税额(《遗产赠与税法》第 16 条第 1 款第 2 目)下可对此部分财产提起请求权,在下述情形下享受减税效果,即当其余的财产根据上文规定而免除时。

(三) 个人免税

1. 个人免税金额(《遗产赠与税法》第 16 条)

根据《遗产赠与税法》第 16 条,除了实质性免税每个受益人还有权得到一个个人免税金额。在无限纳税义务的情况下,这个免税金额的多少与受益人属于那个纳税等级(边码 1626)有关。

配偶(纳税等级 I)和伴侣(纳税等级 II)[1013]可以获得 50 万欧元的免税金额,孩子、继子女以及死亡孩子的孩子可以获得 40 万欧元,纳税等级 I 第 2 点意义上的孩子的孩子可获得 20.02 万欧元,纳税等级 I 的其他受益人可获得 10 万欧元(《遗产赠与税法》第 16 条第 1 款第 1—4 目)。纳税等级 II 和纳税等级 III 的受益人(除了生活伴侣)获得 2 万欧元的免税金额(《遗产赠与税法》第 16 条第 1 款第 5、7 项)。如果是有限纳税义务,只能获得统一的 2000 欧元的免税金额,而且与受益人属于哪个纳税等级无关(《遗产赠与税法》第 16 条第 2 款)。[1014]

原则上,受益人每次新的收入都有权获得免税金额;然而,如果这些收入都是从同一

[1013] 联邦政府《2010 年度税法》(政府草案)第 14 条第 3 号(第 45 页)规定,生活伴侣将归属于税收级别 I,不仅是个人免税额方面并且是在所有方面都与配偶同样对待。

[1014] EuGH (Rs C-510/08, DStR 2010, 861 (*Mattner*))认为,免税额度与纳税义务人居住地的依赖性是与资本流动自由性不一致的(Art. 56 AEUV 结合 Art. 58 AEUV)。

个捐赠人那里得到的[1015]，那么就应将之前 10 年的收入依照《遗产赠与税法》第 14 条进行合计（见页边码 1632 以下）。

2. 特殊供养免税金额（《遗产赠与税法》第 17 条）

1624　　因死亡获得收入时，特定的人除了《遗产赠与税法》第 16 条规定的个人免税金额还可以获得一个特殊供养免税金额。

　　特殊供养免税金额的目的在于平衡对基于法律合同、劳动合同或者雇用合同的供养收入（不需纳税）与其他私人供养收入（需要纳税）的不同遗产税处理。另外，可以用税收利益的方式对那些在立遗嘱的人死亡时没有得到或者只得到很少的供养收入的死者家属进行适当的补偿。[1016]

1625　　仍活着的配偶或伴侣有权得到 25.6 万欧元的特殊供养免税金额（《遗产赠与税法》第 17 条第 1 款第 1 项）。27 岁以下的孩子的特殊供养免税金额根据其年龄阶段分成不同的等级，父母每一方的具体金额在 1.03 万欧元至 5.2 万欧元之间（《遗产赠与税法》第 17 条第 2 款第 1 项）。只要配偶或伴侣或者孩子在立遗嘱的人死亡时获得了不需支付遗产税的供养收入，那么，相应的免税金额要扣除供养收入根据《估值法》第 13 条第 1 款或第 14 条第 1 款计算出的资本价值（《遗产赠与税法》第 17 条第 1 款第 2 项、第 2 款第 2 项）。[1017]

四、税金计算

（一）纳税等级（《遗产赠与税法》第 15 条）

1626　　每个受益人根据其与立遗嘱的人之间的个人关系，主要是亲属程度，可以分为**三个纳税等级**，《遗产赠与税法》第 15 条。纳税等级 I 包括配偶、子女/继子女[1018]及其后代，同时由死亡获得收入的还有父母和祖父母。其他情况的父母和祖父母、兄弟姐妹及其第一级后代、继父母、女婿及儿媳、（夫妻）对方的父母以及离异伴侣属于纳税等级 II。所有其他受益人——还有生活伴侣法意义上的生活伴侣——都属于纳税等级 III。[1019]

[1015] 通过规避《遗产赠与税法》第 14 条试图重复要求免税额请求权，参照 Birk/Wernsmann，Klausurenkurs，Fall 14（Rn 817 ff）。

[1016] Moench/Albrecht，Erbschaftsteuer，2. Aufl，2009，Rn 336 f；Seer，in：Tipke/Lang，§ 13 Rn 149 f.

[1017] 计算参见 Schiebold，in：Völkers/Weinmann/Jordan，Erbschaft—und Schenkungsteuerrecht，3. Aufl，2009，S. 301 ff（Rn 1 ff）。以及 Schulz，Erbschaftsteuerrecht，Rn 459，464 ff，含案例。

[1018] 在与养父母关系中，以前的养子女归属于税收级别 II 而不是税收级别 I，Schl.-Holst. FG，3 K 114/06，DStRE 2009，365 ff；取决于复审：BFH，II R 46/08。

[1019] 依据联邦政府的《2010 年度税法》第 14 条第 3 号（第 45 页）的政府草案，生活伴侣将归属于税收级别 I，且在遗产税法方面与配偶同样对待。

(二) 税率(《遗产赠与税法》第19条)

遗产税是根据**分级税率**计算的,在计算遗产税时,税务负担不仅仅是以应纳税收入的价值(《遗产赠与税法》第10条)还是以受益人的纳税等级(《遗产赠与税法》第15条)为导向的。税率是累进的,也就是说,税率随着收入的增多而增高;税率在7%(纳税等级Ⅰ的最低税率)至50%(纳税等级Ⅲ的最高税率)之间。由于《加速增长法》的修订,税率第二等级和第三等级的税率有了显著差别,就第二等级中受益人和遗赠人或赠与人的近亲属关系而言这也被宪法所允许。[1020]

	税率(%)							免税金额(欧元)(见页边码1621及以下)
纳税等级Ⅰ 配偶、子女、继子女、孙子女、曾孙子女、父母和祖父母+	7	11	15	19	23	27	30	配偶:500 000 * 子女:400 000 * 孙子女:200 000 其他:100 000
纳税等级Ⅱ 兄弟姐妹、侄女(子)和外甥(女)、继父母、(夫妻)对方的父母、继子女、离异伴侣	15	20	25	30	35	40	43	所有属于纳税等级Ⅱ的人:20 000
纳税等级Ⅲ 其他人	30	30	30	30	50	50	50	所有属于纳税等级Ⅲ的人:20 000 生活伴侣:500 000
+只有在因死亡获得收入的情况,否则为纳税等级Ⅱ	至并包括75 000	300 000	600 000	6 000 000	13 000 000	26 000 000	超过26 000 000	*也可能有特殊供养免税金额,《遗产赠与税法》第17条(见页边码1624)。

[1020] 详见 *Schulte*,Erbschaftsteuerrecht,Rn 468 ff。

1629　累进税率是这样构成的，所达到的价值等级的税率适用于总的应纳税收入，而不只是超出前一个价值等级的部分。只超出一个价值等级很小一部分会导致税额增加的量比超出价值等级的那部分收入值要大。为了避免出现这种不公正结果，《遗产赠与税法》第 19 条第 3 款预先规定了一个**硬性补偿措施**，因此超出价值等级的收入应缴纳的税在税率小于等于 30% 时不能超过该收入自身的一半，在税率大于 30% 时不能超过自身的 3/4。[1021]

(三) 费率限制(《遗产赠与税法》第 19a 条)

1630　针对第二或第三等级税率的自然人纳税人不属于《遗产赠与税法》第 13b 条第 4 款规定的 13b 条第 1 款意义上的公司财产、农业和林业财产或者股份财产的部分，第 19a 条规定了部分情况下的**费率限制**。该限制是通过减负额的扣除产生的，根据第 19a 条第 3 款和第 4 款的规定，扣除额是纳税人根据其所在税率等级就相关财产的应缴税额和假设纳税人为第一等级税率纳税人时就该财产的应缴税款的差值。鉴于公司财产无法从其他方面得到优惠，纳税人在第一税率等级中，与遗赠人或赠与人的亲属关系无关；其他征税的标准与纳税人实际所处的税率等级有关。费率限制的具体适用条件在《加速增长法》中进行了详细说明并和其他修改相适应。[1022]

1631　税率限制的目的是为了使企业的继续经营不因过高的遗产税或赠与税负担而受到威胁，如果立遗嘱的人在纳税等级 I 中没有合适的继承人并且因此打算或者必须转向其他人时，就会出现遗产税负担过高的情况。[1023]就体系而言费率限制是公司财产优惠的一部分，被规定在《遗产赠与税法》第 13a 和 13b 条中(页边码 1606 及以下)。当根据第 13a 条第 5 款和第 8 款的处理规则未被遵守时，相应地根据第 19a 条第 5 款费率限制也不能追溯既往适用。

(四) 兼顾之前的收入(《遗产赠与税法》第 14 条)

1632　一个人在之前 10 年之内从同一个人那里获得的收入在对最后一次收入进行税收计算时，将全部所得的价值共同计算(《遗产赠与税法》第 14 条第 1 款第 1 项)并且对总价值进行征税核查，但只对最后一次收入征税。因为只对最后一次税收征税，在计算上(总金额应缴的税额应该减去之前收入缴纳的税额(《遗产赠与税法》第 14 条第 1 款第 2

[1021] 困难补偿见 *Birk/Wernsmann*, Klausurenkurs, Fall 14 (Rn 796) 以及 *Schulte*, Erbschaftsteuerrecht, Rn 474 f。

[1022] 由于 2009 年 12 月 22 日的加速增长法(BGBl I 2009, 3950 ff)而重新修订了遗产赠与税法 § 19a 第 3 和 5 款。

[1023] *Moench/Albrecht*, Erbschaftsteuer, 2. Aufl, 2009, Rn 887 提及了企业继承人的"虚拟领养"。

项)。根据现行有效规定未合并计算的最后一次收入的税额作为该次收入的最低应纳税额(《遗产赠与税法》第 14 条第 1 款第 4 项)。[1024] 如果之前收入的税额例外的高于总税额(例如由于税法的修订或者税收等级的改变),这里并不会退回"多收的税";在这种情况下最后一次收入的税额算成是 0 欧元(《遗产赠与税法》第 14 条第 1 款第 3 项)。《遗产赠与税法》第 14 条第 1 款应该仅对收入的 50% 进行征税,以此达到避免过度课税的目的。

此规定的目的在于,在 10 年内仅提供一次个人免税额(《遗产赠与税法》第 15 条,页边码 1621 以下)以及避免形式过失,因此不会出现将一份赠与分割成多份小赠与以达到累积免税(《遗产赠与税法》第 15 条,页边码 1627)的做法。[1025]   1633

根据《遗产赠与税法》第 14 条的税收计算在下列情形中会有难度,即继承受到各种税收法规的规制(例如在遗产赠与税法改革后),其原因是现在对以前的继承和最后的继承在必要时需考虑各种法律状况。《遗产赠与税法》第 14 条第 1 款第 2—5 项,第 2 款对这些情形中的税收调查规定了多项基本原则。[1026]

(五)同一财产的多重收入(《遗产赠与税法》第 27 条)

如果一个纳税等级为 I 的人获得了由死亡的份财产,而这份财产已由一个纳税等级 I 的人在过去 10 年内获得并且已经缴纳了赠与税或者遗产税,那么根据《遗产赠与税法》第 27 条,应降低后一次收入的税收。通过这种方法可以避免家庭财产在短时间内因为多次全额纳税以不恰当的方式减少。   1634

根据每次收入之间时间差距长短的不同,受惠财产应缴纳的税额可以减少 10% 至 50% 不等(《遗产赠与税法》第 27 条),最多可以减少前一次收入应纳税额使用折扣率后得出的金额(《遗产赠与税法》第 27 条第 3 款)。在不扣除收入免税金额的情况下,将总收入应纳的税根据受惠财产和总收入的价值比率进行消减,就得到了受惠财产应纳的税。[1027]   1635

五、税收核定以及征税;所得税折算

税收核定以及征税的相关规定(第 4 段,《遗产赠与税法》第 20—35 条)主要回答了价   1636

[1024] 参照《遗产赠与税法》的法律草案,立法依据,BT-Ds. 16/7918, S. 36。
[1025] 通过《遗产赠与税法》的法律草案得以确证,立法依据,BT-Ds. 16/7918, S. 36。
[1026] 这些基本原则的详细说明和情形例子,参照本书第 11 版,Rn 1614 以及 Fall 60, Rn 1550;1615. *Schulte*, Erbschaftsteuerrecht, Rn 478, 485 中的当前例子。
[1027] 参见 *Haas/Christoffel*, Erbrecht, Erbschaftsteuer, Schenkungsteuer, 2. Aufl, 2005, S. 198 ff 中的例子。*Schulte*, Erbschaftsteuerrecht, Rn 486, 492 中的具体例子。

值调查和税负计算过程中的程序性问题。《遗产税与赠予税法》第21条规定了**在国外支付遗产赠与税的问题**。只要根据德国所得税法（《遗产赠与税法》第21条第1项）该外国财产属于无限纳税义务人，须承担德国所得税（《遗产赠与税法》第2条第1款第1目），那纳税人在国外所支付的遗产赠与税就折算到其国内应交税款中。[1028]

1637　　根据《遗产赠与税法》第22条，只有遗产赠与税数额不超过50时不需要核定遗产赠与税（**最小金额限制**）。除此之外，对养老金、使用以及给付的征税也有特别规定（《遗产赠与税法》第23条）。[1029]第28条规定了**延期纳税**，第29条规定了对过去有影响的纳税义务的**消灭**。第30条规定无论赠与标的价值大小，受益人和目标捐赠对象应向有关部门报告。即使在无偿取得最小金额的**赠与**，显然不需要纳税的情况时，受益人也应申报，这项规定毫无意义并且在实践中很难实行。根据第31条的规定也有可能在必要时要求提交纳税申报。

1638　　为了避免对纳税人双重征税，特别对于隐藏储备金（页边码903）征收遗产税和在其实现时征收所得税过程中，《遗产赠与税法》第35b条规定**有限制地将遗产税折算到所得税征收**。[1030]减税须以纳税人的申请为前提，并且时间上有限范围的，并且仅限于死者遗赠。

1639—1649　　**情形60**（边码1550）**的答案：**

根据《遗产赠与税法》第2条第1款第1目第a点，T承担无限纳税义务。根据《遗产赠与税法》第1条第1款第1目联系第3条第1款第1目，其接收的遗产是应纳税的，人寿保险总额收入根据《遗产赠与税法》第1条第1款第1目联系第3条第1款第4目也是应纳税的。根据《遗产赠与税法》第9条第1款第1目第1半句，在E死亡的同时税收生效。

价值调查	
单家住房（《估值法》第182条第2款，第183条，参比值程序）	+500 000 欧元
中小型工商企业（《估值法》第109条第1款第11项，第2款）	+1 100 000 欧元
家用品	+20 000 欧元
银行存款	+15 075 欧元
人寿保险总额	+100 000 欧元
总财产量的价值（《继承税与赠与税法》第10条第1款第2项）	1735075 欧元

[1028] 对此的解释见 *Schulte*, Erbschaftsteuerrecht, Rn 876 ff.
[1029] 进一步说明见 *Esskandari*, ZEV 2008, 323 ff.
[1030] 对此的解释见 *Hechtner*, BB 2009, 486 ff；*Herzig/Joisten/Vossel*, DB 2009, 584 ff.

(续表)

减去遗留债务(《遗产赠与税法》第10条第1款第2项，第3—9款)	
抵押贷款(《遗产赠与税》第10条第5款第1目，第6款第5项)—90%(参考《遗产赠与税法》第13C条第1款)×25000＝	22 500 欧元
遗嘱(第10条第5款第2目)	15 000 欧元
丧葬费用(总额)(第10条第5款第3目)	10 300 欧元
T 增加的财产量　　　　　　　　　　　　　　　　　　　　　总共	1 687 275 欧元
减去免税项目：	
供家庭使用(第13c条第1款)　　　　　　　　　　—10%×500 000 欧元＝	50 000 欧元
为中小型工商业(第13a条第1款第1项，第13b条第4款)—85%×1 100 000 欧元＝	935 000 欧元
减少的扣除金额(第13a条第2款第1项和第2项)　(1 100 000—935 000＝165 000 欧元	
165 000—150 000＝15 000 欧元	
15 000×50%＝7500 欧元	
150 000—7500＝)	142 500 欧元
家用品，第13条第1款第1项a目　　　　　　　　　　　　—41 000 欧元	20 000 欧元
个人免税金额(第16条第1款第2目)	400 000 欧元
应纳税收入(第10条第1款)	139 775 欧元
将低于100欧元的尾数舍去，使其成为尾数为00的整数，第10条第1款第6项	139 700 欧元
纳税等级 I(第15条第1款)	
税率 11%(第19条第1款)	
确定的税额	15 367 欧元

但是：违反《遗产赠与税法》第13a条第1款第2句，第5款时有补缴税款的可能性。

第四章
对消费以及法律事务往来征税

第九节 概要

1650　对收入以及财产的使用需缴纳**消费税**,通过这种方式向用于满足个人需求的物品以及劳务的购买进行征税。事务往来税是与法律事务交涉的过程相联系的并使经济上的给付交换承担税收。当今消费税的前身是国内货物税和交通税;这是对特定的奢侈品征收的税(餐饮税以及战争税、酒税),它在中世纪末十分重要(页边码 15)。现在消费税几乎将每个市场参与者的整个私人消费包括在内。然而,从法律技术上来说,它并没有对消费征税,而是由将物品投放到市场上用于消费的企业经营者承担税费。然后这些税收通过价格转移到消费者身上,由消费者负担。消费税是经常性的**间接税**,也就是说,税收承担人(消费者)和纳税人(企业经营者)并不一致。相反,事务往来税大多直接面向参与法律交涉事务的人,并因此经常被算作是直接税(纳税人也是税收承担人)。

1651　人们一般将增值税划分为**普通消费税**[1](第 10 条)、对特殊物品征税的**特殊消费税**(见页边码 1652 以下)以及对单个选取的法律事务交涉行为征收的**特别事务往来税**(页边码 1657—1669)。

1652　特殊消费税包括能源税,对酒精以及酒精饮料、对烟草商品、咖啡和电力征收的税。除了这些联邦有权征收的——啤酒税是例外(见《基本法》第 106 条第 2 款第 4 目)——联邦法律规定的消费税(《基本法》第 106 条第 1 款第 2 目),还有**地方性的消费税以及消耗税**,根据《基本法》第 106 条第 6 款,乡镇和乡镇联合会有权征收这些税。[2]

---

[1] 关于增值税归属于消费税还是往来税的争议参见页边码 85。
[2] Überblick bei *Lechelt*, NWB 1998, Fach 12, S. 249.

除了地方性的消费税以及消耗税是例外,所有的消费税都会妨碍商品以及劳务的跨国界流通。因此,《欧盟运行条约》第113条规定理事会有义务促进协调消费税。通过指令77/388/EWG(第6号欧盟指令)来协调增值税,指令77/388/EWG于2007年1月1日被《增值税体系指令》[3]所取代(页边码1678以下)[4]。通过针对有纳税义务物品的一般体系、所有、运输和控制(税收系统指令,页边码232)的指令2008/118/EG[5]进一步协调了特殊消费税领域。在能源领域则通过《能源税收指令》(指令2003/96/EG)来协调热能、燃油和电力的税收。通过结构性指令对税收系统指令进行了补充,结构性指令细化了有消费税义务的物品的目录以及规定了特定产品的免税。[6] 2004年1月7日提出的对含酒精的甜饮开征的税(混合果汁酒)[7]涉及除咖啡税以外尚未协调的税收。其展示了一种第3条第2款《消费税—系统指令》意义上的具有特殊目的(如:青少年保护)的间接税。[8]

1653

联邦法律中列出的消费税主要是依照欧盟法特定系统建立起来的。很可惜的是,现在(还)没有一个统一的消费税法。[9] 此外,除了作为普通消费税的增值税,还要征收(特殊)消费税,因此出现了税收的累积。

1654

每次提高能源税都增加了增值税的估算基础,因为增值税与为给付(例如,在为汽车加油时原油的购买)所支付的酬金相联系。酬金中已经包含了能源税(见页边码1724)。但对除了增值税之外的特殊消费税的合法性提出质疑仍然是不正确的。[10] 因为,与增值税相反,特殊消费税的目的在于通过税收增加特定消费构成要件的负担。因此,立法者当然需要一个实现环境政策或者健康政策导向作用的正当性证明。

---

[3] RL 2006/112/EG des Rates,ABl EG Nr L 347, S. 1 ff.
[4] MwStSystRl (ABl Nr L 347, S. 81 ff) Anhang XII 中的„Entsprechungstabelle"。
[5] 2008年12月16日的指令取代了1993年1月1日的 RL 92/12/EWG;参见 *Jatzke*, ZfZ 2009, 116。
[6] 1992年10月19日的 RL 92/78/EWG 更改了指令 72/464/EWG 和 79/32/EWG,将对烟草征收的其他消费税变为增值税,ABl EG Nr L 316, S. 5;1992年10月19日的 RL 92/83/EWG 协调了酒类及含酒精饮料消费税,ABl EG Nr L 316, S. 21;1992年10月19日的 RL 92/81/EWG 协调了燃油消费税的结构,ABl EG Nr L 316, S. 12.
[7] 参见以保护未成年人为目的针对含酒精甜饮料(Alkopops)收取特别税的税法(AlkopopStG),BGBl I 2004, 1857。
[8] AlkopopStG 的归类,参见 *Pfab*, ZfZ 2005, 110 ff。
[9] 理由说明见 *Jatzke*, Das System des deutschen Verbrauchsteuerrechts, 1997, S. 31 f.
[10] *Tipke*, Steuerrechtsordnung II, S. 1049.

1655　　结果,下列**征税对象**需要承担联邦法律规定的消费税[11]:
　　——烟草商品(《烟草税法》第 1 条第 1 项联系第 2、3 条)[12]
　　——啤酒(《啤酒税法》第 1 条)
　　——香槟(《对香槟及其中间产品征税的法律》第 1 条)
　　——白兰地(《白兰地垄断法》第 130 条)
　　——含酒精饮料(Alkopops)(《含酒精饮料税法》第 1 条)
　　——能源产品(《能源税法》第 1 条第 2 款第 2 和 3 目)[13]
　　——咖啡(《咖啡税法》第 1、2 条)
　　——电力(《电力税法》第 1 条)

1656　　**税收主体**(纳税人)是税收库存的持有人。税收库存是征税对象所在的存放地点(例如《烟草税法》第 11 条第 1 款第 2 项,《啤酒税法》第 7 条第 1 款第 2 项)。电力税[14]的纳税人是将电力传输给最终消费者的供应商以及自产人(电力税法第 5 条第 2 款)。**税收估算基础**是数量或者价值。**税率**是按照数量或者以价格的百分比形式表达的(例如《烟草税法》第 4 条)。当征税对象离开税收库存时,通常会产生税收(例如《烟草税法》第 11 条第 1 款第 1 项,《啤酒税法》第 7 条第 1 款第 1 项)。当电力从电网中取走时,原则上会产生电力税(《电力税法》第 5 条第 1 款)。

1657—
1669　　**特别事务往来**税包括土地购置税(见第 11 条),包括保险补偿支付在内的保险税(《保险税法》第 1 条第 1 款),与获取保险补偿相联系的防火税(《防火税法》第 1 条第 1 款)以及与彩票金额或价格相关的赌马税和彩票税[15](《赌马税以及彩票税法》第 10 条第 1 款、第 17 条)。

---

[11]　Beck'schen Textausgabe Sammlung Zölle und Verbrauchsteuern 中刊有这些法律。*Lechelt*,NWB 1999,Fach 14,S. 215 中有关于联邦法定消费税的概览;对消费税的详细解释参见 *Peters/Bongartz/Schröer-Schallenberg*,Verbrauchsteuerrecht,2000。

[12]　新进展见 Tabaksteuer *Scheuer*,ZfZ 2006,2 ff.

[13]　参见 Entwicklung des Energiesteuerrechts *Hölscher*,RdE 2010,48。

[14]　1999 年 1 月 1 日在经济税收改革中引入了电力税,联邦宪法法院认可了该税且是合宪的,BVerfG,1 BvR 1748/99,905/00,BVerfGE 110,274。

[15]　详细解释见 *Birk*,in:*Dietlein/Hecker/Ruttig*,Kommentar zum Glücksspielrecht,2008,Teil B. I.

第十节 增值税

一、增值税的发展以及意义

增值税是最富有成果的税收之一。估计其 2010 年的收入可以达到大约 1793 亿欧元[16]，这几乎占了总税收收入的 1/3。根据《基本法》第 106 条第 3、4 和 7 款，它属于共收税，联邦，各州和乡镇都要参与其中。财政平衡法中给出了在各个层面之间对其进行分配的方法。根据欧盟理事会 2000 年 9 月 29 日作出的《关于自有资金系统的决议》[17]的第 2 条第 1 款字母 c，增值税中的一部分要预先流入欧盟的财政预算。[18] 增值税的合理性在于根据消费需求程度可以得出关于个人给付能力的典型化推论。[19] 因此，对生存必需的和重要的物品需求应当不征税（页边码 1717）或者减税（页边码 1729）。然而这种体系基本思想仅小部分转化了，并由于 2010 年 1 月 1 日生效的《减税条例》而完全受到了抵制（页边码 1729）。等价原则意义上的合理性一部分还在于法律共同体开放市场并由此调节给付能力。[20]

1670

（一）从全阶段总增值税到增值税

增值税是相对来说比较年轻的税种。它与经济事务往来行为（给付）相联系，从形式上来说它是一种事务往来税[21]，从实质上来说却是一种消费税，因为它（在税前扣除的基础上，见页边码 1730）一般只由最终消费者负担。它可以回溯到 1918 年引进的替代了商品销售印花税的全阶段总增值征税。[22] 由约翰内斯·波皮兹（Johannes Popitz）[23]发展的**全阶段总增值税**是基于以下的基本思想：

1671

每个单独的经济过程，即企业经营者的每个给付，都必须交税，就算它是提供给其他经营者而不是提供给私人消费者的，情况也是一样（全阶段征税）。商品从生产直至由最

1672

---

[16] 包括进口增值税，参见 BMF (Hrsg), Finanzbericht 2010, S. 139；2006，增值税由 16 % 增加到 19%，税收收入仍然是 142,2 Mrd. 。
[17] ABl EG Nr L 253, S. 42 (44).
[18] 进一步解释见 Birk, Handbuch des Europäischen Steuer—und Abgabenrechts, 1995, § 5 Rn 38。
[19] *Birk*, Die Umsatzsteuer aus juristischer Sicht, in: *Kirchhof/Neumann* (Hrsg), Freiheit, Gleichheit, Effizienz, 2001, S. 61 ff; *Schaumburg*, FS Reiß, 2008, S. 25, 31.
[20] *Kirchhof*, UR 2002, 541 (543); ders., DStR 2008, 1.
[21] BFH, II B 24/72, BStBl II 1973, 94 (96).
[22] *Pohmer/Pflugmann-Hohlstein*, UR 1993, 37 ff.
[23] *Popitz*, Kommentar zum Umsatzsteuergesetz vom 26. Juli 1918, 1918, S. 5 ff.

1673 终消费者购买经历了许多交易阶段,而在所有的这些阶段中商品必须承担税收。

如果不进行更正,税收从一个阶段继续转到另一阶段,即是人们所说的全阶段总增值税。企业经营者将给付提供给另一个企业经营者(受给付人),受给付人的增值税实际上是他的成本要素。因此受给付人在制定价格时不仅考虑其本身所欠的增值税,而且还考虑由进入的营业额所产生的外来增值税。

例子:生产商 H 发货给批发商 G,G 又发货给零售商 E,E 将商品卖给最终消费者 V。增值税税率是 10%,每个过程的边际利润都是 100。H 卖给 G 的价格是 100+10(增值税)。G 在获取边际利润的情况下以 110+100=210+21(增值税)的价格卖给 E。E 卖给 V 的价格是 231+100=331+33(增值税)。财政局从 H 那里获得 10,从 G 那里获得 21,从 E 那里获得 33 的增值税。

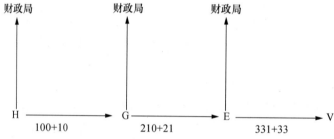

1674 这个例子清楚的显示出了全阶段总增值税的负面特性:(1) 税额累积。因为增值税转移到价格中,它进入了下面的企业给付的估算基础。因此就出现了向增值税征收的增值税。(2) 价格提高或者边际利润减少。留下同样的边际利润(见例子)会导致出现价格大幅度提高的效应。(3) 税收的高低与交易阶段的数量有关。交易阶段越多,提升价格效应的影响就越强。这样尤其对不能直接从生产商进货而是从批发商手里拿货的小企业以及商店不利。

德国直到 1967 年 12 月 31 日一直是征收全阶段总增值税,这种税导致了竞争严重扭曲而且对交易链上的小零售商极其不利("小百货店")。因此,由于违反《基本法》第 3 条第 1 款,联邦宪法法院声明它违背了宪法。[24]

1675 从 1968 年 1 月 1 日起,德国以《全阶段净增值征税法》(增值税)征收增值税。其基本思想是,只对相应生产阶段以及交易阶段创造的价值(增值)征税。这样避免了税收累

---

[24] BVerfG, 1 BvR 320/57, 70/63, BVerfGE 21, 12。这涉及所谓的诉愿裁决,即在新法之前仍然适用那时的《营业税法》。

积,而且最终只有私人消费者负担的增值税。它是通过企业经营者从财政局取回算在他们身上的外来—增值税(所谓的预征税扣除)并将它的增值税转移到最终消费者的价格上的方式来运作的(见页边码1683)。

此外,虽然被称作是增值税,但增值税并不是真正的**技术意义上的增值税**。因为其估算基础并不是相应交易阶段中获得的增值,而是相应的不含增值税的总报酬。然而,如果经营者(例如购买者)可以将其他公司(例如销售方)算在他的账上的增值税从他的增值税负债中扣除(所谓的预征税扣除,见页边码1730),从结果上来看,只有相应的增值缴税(见页边码1683例子)。

1676—1677

(二) 欧洲增值税

增值税现在是广泛建立在欧洲法基础上的。[25] 为了实现《欧盟运行条约》第26条第2款意义上的自由内部市场,《欧盟运行条约》第113条明确规定了在增值税方面的**协调任务**。现今所有成员国中有效的增值税系统的出发点[26]都是根据1977年5月17日的《第6号欧共体指令》[27],这一指令已被《增值税系统指令》取代(页边码1653)[28]。《增值税系统指令》处理了共同体内部的增值税估算基础以及预征税扣除的统一问题。

1678

不同于法规规定(《欧盟运行条约》第288条第2款),指令原则上不会引起税收义务人的直接法律后果。因此成员国根据《欧盟运行条约》第288条第2款和指令有义务需要将指令转化到国内法。[29] 但如果指令比成员国内国法规定更有利于税收义务人,税收义务人也许能直接引用指令内容。根据欧洲法院的权威解释,如果内国法较之指令不利于税收义务人,则欧盟法有**优先适用权**。[30] 这些情况有:国内立法者没有在指令规定期间内履行转化义务[31]或者国内法律转化与指令规定不一致;尽管指令按规定进行了转化,但国内规定的实施与指令不一致[32]。指令内容确定及准确是税收义务人直接引用指令内容的前提。[33]

1679

---

[25] *Birkenfeld*, StuW 1998, 55 (70 ff);欧洲增值税详见 *Sikorski*, Umsatzsteuer im Binnenmarkt, 6. Aufl, 2009。

[26] 增值税协调的进展见 *Mick*, in: *Birk*, Handbuch des Europäischen Steuer—und Abgabenrechts, 1995, § 26 Rn 11 ff.

[27] ABl Nr L 145, S. 1.

[28] ABl Nr L 347, S. 1 (66).

[29] EuGH, C-72/95, Slg. 1996, I-5403, Rn 55; C-129/96, Slg. 1997, I-7411.

[30] EuGH, C-8/81, Slg. 1982, 53; C-50/88, Slg. 1989, 1925; C-150/99, Slg. 2001, I-493.

[31] EuGH, C-8/81, Slg. 1982, 53 (*Becker gegen FA Münster-Innenstadt*).

[32] EuGH, C-62/99, Slg. 2002, 6325 (*Marks & Spencer*).

[33] EuGH, C-8/81, Slg. 1982, 53;对于具体的营业税指令,在实际中总是存在着前提条件。

排除了**搬家费**的预征税扣除的旧版《增值税法》第 15 条第 1a 款第 3 目[34]与允许给企业提供的劳务的无限预征税扣除的《第 6 号欧共体指令》第 17 条第 2 款(即现在的《增值税系统指令》第 168 条)相抵触。因此,汉堡法院作出决定,税收义务人可以向财政局直接引用指令。[35]

此外,财政管理机构和财政法院在实施和解释内国增值税规定时也需注意《增值税系统指令》的规定。要求进行**符合指令的解释**[36]的原因在于两方面:一是遵循共同体法行为的普遍义务(《欧盟运行条约》第 4 条第 3 款),二是内国立法者试图依照共同体法转化指令有疑义时。

1680　　1991 年 12 月 16 日的所谓内部市场指令(RL 91/680/EWG)[37]对《第 6 号欧共体指令》进行了补充。它于 1993 年 1 月 1 日废除了成员国之间进出口的边境验关(所谓的欧盟内部交付,页边码 1712),同时并将**目的国家原则**作为过渡规定保留了下来[38]。根据目的国征税原则(页边码 1710),一个跨越国境但在联盟内部交付的消费者需负担发生消费的国家的营业税。这个交付在原产国不需缴纳增值税而只用承担目的国的增值税。对于联盟范围内的交付来说,从前的这种出口免税进口征税系统在理念上保留了下来,只是由新的构成要件替代。与此相对应的是**原产国原则**,在这种原则下,消费者应负担进行给付(交付)的国家的增值税。[39] 这种做法有利于出口国,因此必须在国家层面上(结算)对税收收入进行相应的修正(见页边码 1713 和 1714)。

程序法方面,所谓的 2003 年 10 月 7 日的《行政合作—条例》[40]对内部市场指令进行了补充。为了避免出现由于取消边防检查而引起的税收赤字现象,这项条例制定了针对双方税收部门行政合作以及在欧盟内部建立一项增值税—征收以及管理程序的规定。此外企业经营者除了税号之外还有一个额外的增值税—识别码(Ust-ID)。企业经营者除了有义务申报他们需缴纳的增值税外(《税法通则》第 150 条第 1 款第 3 项联系《增值税法》第 18 条第 1 款第 1 项,见页边码 1726),还必须提供他卖给了增值税识别码为多少的顾客哪些给付的信息(总结报告,《增值税法》第 18a 条)。这些信息将被列入中心数据

---

[34] 通过 2007 年年度税法废除了该条款,BGBl I 2006, 2878 (2895)。
[35] FG Hamburg, III 105/05, EFG 2006, 1627.
[36] 详见 *Roth*, EWS 2005, 385 ff.
[37] ABl Nr L 376, S. 1;通过 MwStSystRl 废除了该指令, ABl Nr L 347, S. 1 (78)。
[38] 见 *Mick*, in: *Birk*, Handbuch des Europäischen Steuer—und Abgabenrechts, 1995, § 26 Rn 24 ff; *Reiß*, in: *Tipke/Lang*, § 14 Rn 101 ff.
[39] *Reiß*, in: *Tipke/Lang*, § 14 Rn 102.
[40] VO EG Nr 1798/2003, ABl Nr L 264, S. 1.

库并接受自动管理程序处理。

《增值税系统指令》第 96 及以下条对税率进行了最小协调。《增值税系统指令》第 97 条第 1 款规定到 2010 年 12 月 13 日为止正常营业额的最小税率是 15%,有特定优先权的营业额的最小税率根据《增值税系统指令》第 99 条第 1 款是 5%。当然,这项指令也包括了一系列特例规定(《增值税系统指令》第 102 以下)。

1681

成员国至今为止仍然不能对欧盟委员会建议的税率范围[41]达成一致。因此,欧盟内部的税率结构仍然有很大的不同,而这与增值税的完全协调化相冲突。法定税率在 15% 至 25% 之间浮动。15%:卢森堡和塞浦路斯;16%:西班牙;17.5%:英国;18%:马耳他;19%:德国、荷兰、斯洛伐克和罗马尼亚;19.6%:法国;20%:爱沙尼亚、意大利、奥地利、斯洛文尼亚、葡萄牙、保加利亚;21%:比利时、爱尔兰、立陶宛和捷克;22%:芬兰和波兰;23%:希腊;25%:丹麦、瑞典和匈牙利。

《欧盟内部市场指令》最初有效期至 1996 年 12 月 31 日,然而从一开始就是这样规定期限的,在没有达成新规定的情况下期限将自动延长。[42] 虽然一系列建议都认为应该用一个允许跨国界预征税扣除的规章(页边码 1713)来替代复杂的(及严重加重企业负担的)对欧盟内部收入征税的系统;但成员国之间还无法形成一个统一的构想。[43] 随着《欧盟内部市场指令》的废除,《增值税系统指令》[44]以过渡方式地接受了目的国征税原则。

1682

(三)增值税的运作方式以及法律基础

对营业额征税的增值税对于企业经营者来说是成本中性的,它本质上只增加了私人最终消费者的负担。因为增值税在公司给付的每一个阶段都要征收(全阶段净增值税,见页边码 1675),要实现企业范围内的成本中性只能采用将得到的给付的增值税负担退还企业(所谓的预征税扣除)以及将实施给付所负担的增值税转移到价格之中的方式。

1683

例子:生产商 H 发货给批发商 G,G 又发货给零售商 E,E 将商品卖给最终消费者 V。增值税税率是 19%。每个过程的边际利润都是 100 欧元。H 以 100+19 欧元(增值税)的价格卖给 G。G 支付 119 欧元;G 可以从财政局取回 19 欧元(增值税)。他又以 200+38 欧元(增值税)的价格将商品卖给 E。E 支付 238 欧元;E 也可以从财政局取回

---

[41] 见 *Reiß*, in: *Tipke/Lang*, § 14 Rn 149。
[42] Art. 28l der RL 91/680/EWG (Binnenmarktrichtlinie).
[43] 见 *Reiß*, in: *Tipke/Lang*, § 14 Rn 106。
[44] ABl Nr L 347, S. 1 (78).

38 欧元(增值税)。E 继续将商品以 300+57 欧元(增值税)的价格卖给 V。V 作为最终消费者需承担 57 欧元的增值税，H、G 和 E 作为企业经营者不用承担。算在他们账上的外来增值税可以从财政局取回，而他们支付的增值税转嫁到给付的价格之中。

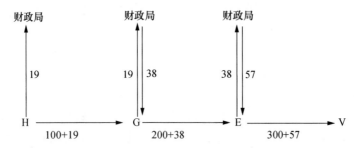

因此财政局从 H 得到 19 欧元，从 G 得到 19 欧元，从 E 得到 19 欧元的增值税，这些税收是每次商品差价所创造的价值 100 欧元的 19%。一直都只有新创造的增值需要纳税，税收的承担者是最终在价格中支付增值税的消费者。

1684　　正如例子所展示的，在增值税法中，我们需要区分以下概念：

——增值税，

其是企业经营者算在其他企业经营者或者最终消费者账上的作为增值税的金额(见《增值税法》第 14 条第 4 款第 8 项)。在例子中，H 算在 G 的账单上 19 欧元，G 算在 E 的账单上 38 欧元的增值税；而这个金额是企业经营者支付给财政局的。

——预征税，

其是企业经营者支付的前一个企业经营者的增值税金额；例子中 G 支付给 H 19 欧元，E 支付给 G 38 欧元的增值税。这些金额，即"外来"增值税，可以从财政局取回(见《增值税法》第 15 条)。

——应付账，

其是对增值税——债务和企业经营者的预征税请求权进行清算后余留下来的金额，即公司经营者的有效增值税负担。例子中，G 和 E 各支付给财政局 19(G：38－19＝19，E：57－38＝19)。由此可以得出，只有每次的增值(创造的价值，例子中每次都是 100)需要缴纳增值税。

1685　　我们可以通过下面的例子再次说明这些概念及其作用方式。首先是一个虚拟的最初生产者，它创造的价值是 1500 欧元。商品经过两个交易阶段，每次创造的价值是 500 欧元。

阶段		预征税	增值税	应付账
1. 虚拟生产商				
总买入价格	—			
－增值税（＝预征税）	—			
净买入价格	—			
创造的价值	1500			
卖出价格（净）	1500			
＋19％增值税	285		285	285
卖出价格（总）	1785			
2. 批发商				
总买入价格	1785			
－增值税（＝预征税）	285	285		
净买入价格	1500			
提价（创造的价值）	500			
卖出价格（净）	2000			
＋19％增值税	380		380	95
卖出价格（总）	2380			
3. 零售商				
总买入价格	2380			
－增值税（＝预征税）	380	380		
净买入价格	2000			
提价（创造的价值）	500			
卖出价格（净）	2500			
＋19％增值税	475		475	95
卖出价格（总）	2975			
4. 消费者	2975			

总的价值创造 2500 欧元引起的增值税债务是 475 欧元（＝2500 欧元的 19％）。增值税负担与参与人的数目以及商品差价无关。它通过价格转移到消费者身上。公司经营人并没有承担增值税：算在他们账上的增值税（＝预征税）他们可以索回，应交纳的增值税他们可以转移。

如果需要增值税法的**系统学**以及（对于学习者来说）重要规定的综览，可以参见下图（检查图）： 1686

Ⅰ. 对应纳税营业额的调查	
应纳税营业额：	《增值税法》第 1-1c 条
－免税营业额	
(不含因选择权而应纳税的营业额,《增值税法》第 9 条)：	《增值税法》第 4、4b、5 条
Ⅱ. 增值税调查	
估算基础：	《增值税法》第 10 条、第 11 条
×税率：	《增值税法》第 12 条
Ⅲ. 对可扣除的预征税的调查	
其他公司为自己公司而算在其账上的增值税：	《增值税法》第 15 条
Ⅳ. 增值税应付账调查	
增值税债务(见 Ⅱ)	
－预征税金额(见 Ⅲ)	
应上缴给财政局的税额：	《增值税法》第 16 条
Ⅴ. 增值税的征收	
税金预先申报：	《增值税法》第 18 条第 1 款第 1 项
税金预缴：	《增值税法》第 18 条第 1 款第 3 项
税金申报：	《增值税法》第 18 条第 3 款
税金支付：	《增值税法》第 18 条第 4 款

二、增值税调查

(一) 税收构成要件

1687　本质上来说,增值税的税收主体 a)是企业经营者(《增值税法》第 13a 条第 1 款第 1 目)。征税对象 b)是《增值税法》第 1 条中提到的营业额,只要没有免税构成要件 c)。一般来说,估算基础 d)是酬金(《增值税法》第 10 条第 1 款)。税率 e)是 19% 或者 7%(《增值税法》第 12 条)。

1. 税收主体

1688　税收主体是《增值税法》第 13a 条和第 3b 条中提到的人。原则上,提供给付的**企业经营者**是纳税人(《增值税法》第 13a 条第 1 款第 1 目)。在特定情况下(例如建筑成果和地产营业额),如果给付接收人是企业经营者,那么他依据《增值税法》第 13b 条需要纳税(《增值税法》第 13b 条第 2 款)。

当受给付人是有权进行预征税扣除的企业经营者时,依照联邦政府的意愿,这项现在还被列为例外情况的所谓的"反向—征税—模型"应当在未来会被极大的扩展并成为惯例。这种只能在欧洲法层面上进行的系统转换应当有助于避免增值税形态的不当使用。[45] 欧盟委员会拒绝了奥地利和德国要求授权进一步实施对于从一个企业到另一企业的营业额(德国：营业额在5000欧元以上)反向—征税—程序这一要求。[46] 财政部欧盟经济财政理事会也不能就反向—征税—程序的普遍实施达成一致。其他的改革聚焦于企业之间的营业额不用缴纳增值税以及仅对最终消费者征税。[47]

企业经营者这个概念[48]是增值税法的中心概念之一。它不仅仅对确定纳税人有很大意义(《增值税法》第13a条第1款第1目)，它也是确定征税对象的构成要件特征(《增值税法》第1条第1款第1、4和5目联系增值税法第1a条第1款第2和3目)同时还是实现预征税扣除的构成要件前提条件(《增值税法》第15条第1款第1项)。

根据《增值税法》第2条第1款第1项，企业经营者是独立进行一项营业性或者职业行为的人。它除了可以是自然人和法人外，还可以是人合公司。[49] 就企业性质而言，是否涉及外国企业经营者是无关紧要的(《税法通则》第21条第1款第2项结合增值税征收实施规定)。所有持续的为了获得收入的行为都可以算是营业性的或者职业的行为，就算没有获得盈利目的也是一样(《增值税法》第2条第1款第3项)。

1689

营业性行为并不是《个人所得税法》第15条意义上所说的那样。出租人出租房屋也满足增值税上的企业经营者特性的前提条件(《增值税法》第2条第1款)。但是，根据《增值税法》第4条第12a目的规定，出租收益是免税的。

在《增值税法》第2条第2款中，对**独立性的特征**进行了反面的说明，其中给出了基于一定的命令依赖性而无法独立进行活动的情况。

1690

笼统地说，只有在自己承担费用和责任的情况下进行的活动才能被称为是独立的活动。[50] 雇员特征(《工资所得税实施规则》第1条第1和2款)与独立性(《增值税法》第2条第1款第1项)是相互排斥的。[51] 独立性的判断与收益税原则没有关系。有限责任公司经理也可以独立(给公司)带来收益。[52]

---

[45] "反向—征税—模型"进一步参见 *Nieskens*, BB 2006, 356 ff; *Nolz/Melhardt*, FS Kofler, 2009, S. 483 以及 *Matheis/Groß/Vogl*, DStR 2006, 214 ff; 替代模式见 *Weimann*, IWB 2006, Gruppe 7 Fach 3, S. 695; *Ehlscheid/Büscher*, BB 2006, 522。

[46] Mitteilung der Kommission vom 19.7.2006, KOM (2006) 404.

[47] *Kirchhof*, DStR 2008, 1 (5 ff).

[48] 参见 *Rachau*, SteuerStud 2010, 161。

[49] *Heidner*, in: *Bunjes/Geist*, UStG, 9. Aufl, 2009, § 2 Rn 11.

[50] BFH, XI R 47/96, BStBl II 1997, 255 (256).

[51] *Jakob*, Umsatzsteuer, 4. Aufl, 2009, Rn 99 ff.

[52] BFH, V R 29/03, BStBl II 2005, 1204.

1691　　　活动行为必须持续获得收入(《增值税法》第 2 条第 1 款第 3 项)。然而并不一定需要**获得盈利的目的**,因此,收回成本或者甚至是带来损失的行为也有可能成为企业经营者特征的基础。[53] 持续性这个特征包括了一个特定的时间段以及带来给付的行为符合计划性,它将典型的私人的利用行为排除在征税范围之外。《增值税法》第 2 条意义上的企业经营者与所谓的(开放性)**样式概念**[54]有关,决定企业经营者性质的是整体情况[55]。如果一个给付人像销售商一样参与到市场之中(例如广告行为、为了继续转让而有目的买进等),那么他通常是企业经营者。总是应当针对具体行为活动。可能会是这样的情形,即同一人在某种活动行为时被归类为雇员,因此是非企业经营者(缺少自主性特征),而在另一种活动行为时被归类为企业经营者。[56]

例子:(1) A 购买了一辆用于私人驾车休假的房车,这辆房车大多由 A 自己或者家人使用。此外,他每年将其出租给陌生的第三方几次。他对这个"出租房车"的商业行为进行了申报并将支付的增值税算作是预征税。

没有获得盈余这个事实,虽然在个人所得税方面有爱好这一项(见页边码 701),但并不与企业经营者特征相矛盾(《增值税法》第 2 条第 1 款第 3 项)。然而,A 必须进行持续获得收入的活动。在判断这个特征时,要针对此关系的整体情况。从事活动的持续时间和强度、参与市场、实现的营业额、从事的活动符合计划以及持有经营场所,这些因素都很重要。因为 A 从他自己的行为来看只购买了一辆适合用来度过休闲时间的运输工具,并主要将它用于私人目的,它不符合"获得收入的持续行为"这个特征。因此 A 不是《增值税法》第 2 条第 1 款意义上的企业经营者。[57]

(2) B 是一个公务员并且从 15 岁起开始收集邮票。它的收集品的价值为大约 100 000。为了对其收集品进行重新分类,他在两年的时间里拍卖了其中一部分并获得了大约 150 000 的收益。

如果 B 是企业经营者,那么这个售卖行为就需要纳税(《增值税法》第 1 条第 1 款第

---

[53] 参见 *Jakob*,Umsatzsteuer,4. Aufl,2009,Rn 120。

[54] FG Saarland,1 K 129/96,EFG 2000,331;1 K 63/98,EFG 1999,403;*Offerhaus*,UR 1991,279 ff zu BFH,V R 86/87,BStBl II 1991,776;*Giesberts*,UR 1993,279 ff;*Fischer*,DStZ 2000,885 (886 f);*Lange*,FS Offerhaus,1999,S. 701 (711);对于税法中类型概念的详细说明见:*Weber-Grellet*,FS Beisse,1997,S. 551 ff。

[55] BFH,V R 86/87,BStBl II 1991,776;V R 23/93,BStBl II 1997,368 (370)。

[56] *Gehm*,Jura 2007,40 (42)。

[57] 参照 BFH,V R 23/93,BStBl II 1997,368。

1目第1句、第2条第1款)。B(在某种程度上)从事了独立的活动。只有当B以经济相关方式参与市场活动时,即像销售商进入市场一样,此时他才从事了**持续**的活动。只有私人转让行为是不够的。对收集品的一部分进行转让的目的是为了对其进行重新分类,这是一个典型的收集者活动。B并没有像销售商一样"定期并有计划的进入市场",销售商的售卖行为是周密计划过的并在收购时刻就有转让意图。B并不是《增值税法》第2条第1款意义上的企业经营者。[58]

(3) 民事合伙A存在于2000年10月1日与2000年11月30日之间,其建立的唯一目的,是为股份公司B建立做准备(所谓的发起人合伙)。为满足合伙目的,民事合伙A租用办公场地,布置此办公场地并购买固定资产。此外,他们还为股份公司B做宣传,为此A持有一经营场所。[59]

民事合伙A有独立的活动(《增值税法》第2条第1款第1项)。《增值税法》第2条第1款中所指的持续性是有疑义的,因为此种持续性是以取得收入为目的的持续活动为前提。在与企业有关的准备活动过程中,有效的总评估涉及典型的经济活动,而私人终端消费者是排除在这个经济活动之外的。因此,在类型化考量方式下,民事合伙A被视为是企业活动。根据《增值税法》第15条其有权进行预征税扣除。

企业的规模和范围并不属于《增值税法》第2条的规定范围。即使是《增值税法》第19条意义上的**小型企业**也是企业。但是,《增值税法》第19条第1款第1项对此有特殊规定(见页边码1695)。因此,通常不超过一定营业额限值的企业无需缴纳增值税,除非该企业选择正常征税(《增值税法》第19条第2款)。 1692

公法法人(像其他法人一样)也可以成为企业经营者。但其行为存在限制,即其只在《增值税法》第2条第3款第1项规定的前提下进行活动时,其营业性经营和其农林业经营才是有纳税义务的。[60] 该规则限制了由于公共部门的主权行为而造成不可征税所引起的不正当竞争[61],由此来平衡公共部门与私人企业之间的竞争。若对在公权力范围内实施给付的公法机构不征税且此举会造成较大的竞争扭曲时,或许可能通过竞争之诉的方式要求税收中性原则。[62] 1693

---

[58] 参照 BFH, X R 23/82, BStBl II 1987, 744。
[59] 基于 Hess. FG, 6 K 2426/98, EFG 2000, 40。
[60] 《增值税法》第2条第3款第3句还包含一份各种活动的目录,这些活动实现了经营者概念,与《增值税法》第2条第3款第3句中的前提条件无关。
[61] 参照 Art. 13 MwStSystRl, ABl Nr L 347, S. 1 (12)中相应的说明。
[62] EuGH, C-430/04, Slg. 2006, I-4999 (*Feuerbestattungsverein Halle*); *Wernsmann*, Verw 36, 67 (84)。

1694 一般来说,给付企业会将增值税计入报酬,而预征税会根据《增值税法》第15条第1款第1目的规定从增值税中扣除(页边码1730以下),通过这种方式,企业可以消除负担。由于预征税扣除,企业经营者特征在高先行给付和低营业税负担情况下会带来利益。

2. 征税对象

1695 征税对象是在《增值税法》第1条第1款中提到的营业额[63](见页边码1696)。如果存在《增值税法》第1条第1款1、4和5目中提到的可选情况的构成要件特征,不存在《增值税法》第1条第1a款规定的不可征税的公司转让,其给付地在国内(《增值税法》第3条第5a及以下款和第3a以下),且不存在《增值税法》第4条、第5条所规定的免税构成要件(见页边码1715以下)而且与《增值税法》第4、5条中提及的免税构成要件无关,那么营业额需要纳税。

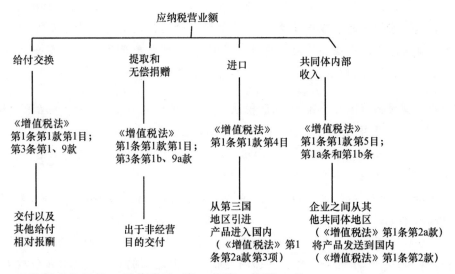

1696 (1) 给付交换征税(《增值税法》第1条第1款第1项)。

1697 **情形62**[64]:A是一个位于汉堡的裁缝铺企业的所有人。他不时前往瑞士的几个顾客那里接受委托。他将顾客的尺寸拿回汉堡,并在汉堡缝制西装。制作完成的西装通过寄送的方式交给顾客。财政局是否有权要求他交纳增值税?**边码1707**。

---

[63] 参见 *Korezkij*, SteuerStud 1999, 416 和 *Endriss*, SteuerStud Beilage 1/2004, 1 ff 的流程概览。

[64] 考试范围内的说明参见 *Birk/Wernsmann*, Klausurenkurs, Fall 12 (Rn 680)。

《增值税法》包括了在第 1 条第 1 款第 1 目中列出的国内企业经营者以收取酬金的方式在其企业框架内完成的**交付以及其他给付**。这两个构成要件的**上位概念**是**给付**。交付(只)是一种给付特殊形式。增值税法意义上的给付,可理解为每一种可能是债务关系中的标的物同时给另一方带来个体经济利益的行为。[65] 债务关系的标的物可以是任何作为、容忍或不作为(《民法典》第 241 条第 1 款)。前提是存在给付人的有意行为。若仅在公共利益中提高一种(国家性的)福利,而对于具体的获取个体没有经济利益(也就是说:没有消费),则并不存在受给付人的个体利益。[66]

有一些针对小企业经营者(是指企业经营者,他前一年总营业额没有超过 17 500 欧元而且预计当年的总营业额不会超过 50 000 欧元)的特别规定:根据《增值税法》第 19 条第 1 款,他们没有缴纳增值税的义务。但他们也没有权利进行预征税扣除(见页边码 1730 以下)(《增值税法》第 19 条第 1 款第 4 项)。小企业经营者可以根据《增值税法》第 19 条第 2 款要求放弃这项免税规定并承担惯例税。只有当他承担的增值税可以没有障碍的"转移"时,这样做才有好处,一方面他的给付酬金不会减少,另一方面,他可以从财政局取回他支付的增值税(预征税)。[67]

a) 交付(《增值税法》第 3 条第 1 款)。根据《增值税法》第 3 条第 1 款,交付是一种给付,企业经营者或者他委托的第三方通过这个给付向接收者提供的对一种标的物的支配权。《增值税法》第 3 条第 1 款意义上的标的物就是《民法典》第 90 条意义上的物,但也包括像商品一样进行交易的物品(例如能源和暖气),但不包括权利。[68] 支配权的提供意味着实际的物控制权的交换,不能把它与财产转移等同起来。因此,举例来说,失去物品的转移是一种交付,而货款抵押品所有权转让却不符合其前提条件。[69] 交付接受方的(实际的)支配权力必须具有相应的**对物的管领意图**。例如:在租赁关系中,承租人一般缺少这一意图。[70] "获取"意味着,给付人必须有意识地接受这一支配权力。如果多个公司对同一个对象的交付缔结一个合约,那么这个对象不是由多个公司"递送"给最后的接收者,而是由第一个企业经营者直接交付给最后的接收者(所谓的顺序交易,见《增值税法》第 3 条第 6 款第 5 项),单个的公司之间仍然存在营业额交易。[71]

---

[65] 参照 *Stadie*, Umsatzsteuerrecht, Rn 2.3; *Reiß*, in: *Tipke/Lang*, § 14 Rn 14.
[66] EuGH, C-215/94, Slg. 1996, I-959.
[67] 参见 *Heidner*, in: *Bunjes/Geist*, UStG, 9. Aufl, 2009, § 19 Rn 13 中的例子。
[68] *Leonard*, in: *Bunjes/Geist*, UStG, 9. Aufl, 2009, § 3 Rn 33, 41.
[69] *Leonard*, in: *Bunjes/Geist*, UStG, 9. Aufl, 2009, § 3 Rn 82.
[70] 租赁时有些情况不同: BFH, V R 49/70, BStBl II 1971, 34 (36); Abschnitt 25 Abs. 4 Satz 2 UStR.
[71] 参见 BFH, XI R 74/95, BStBl II 1997, 157 (159)。

1700　　　b) 其他给付(《增值税法》第3条第1款)。根据《增值税法》第3条第9款,其他给付是指交付之外的给付。这个概念有接受的特点。它主要包括服务,例如咨询服务,土地出租,物品的转让(汽车[72],电影[73]或者中介服务[74]。《增值税法》第3a条第3款第3目和第4款第2项给出了其他的例子。

1701　　　c) 报酬:互为给付(《增值税法》第1条第1款第1目)。交付或其他的给付形式应当因报酬而提供。其前提即互为给付。至于对报酬一词的理解,则应根据《增值税法》第10条第1款第2、3项确定:为获得企业经营者的给付,受给付人或第三人履行行为的所有费用,但扣除增值税。给付行为应当以获得对待给付为目的(目的性)。而根据欧洲法院的判例,判断这种目的性是否存在,并非以给付人的角度出发,而应当以付出报酬的受给付人的视角为准。[75] 这种看法也正符合《增值税法》第10条第1款第2项及《增值税系统指令》第73条的条文("组成对待给付的价值,包括交付人或劳务提供者为了销售额而从卖方或劳务接收方或其他第三人所收取的所有对待给付"[76])。当一项费用并非首先基于捐赠人获得给付而产生,或者不能明确确定这样的动机,而相反仅是出于仁慈或相似的善意理由的话,那么就并不存在互为给付。

　　　例:街头乐人 M 带着他的管风琴在不莱梅的大街上四处流浪,并总是向过路的行人展示他的帽子及半满的募款盒,乞求行人的施舍。旅人 T 出于对这么衣衫褴褛的乐人的同情,便在他的募款盒里放了 10 欧元,之后马上离开了。那么,根据《增值税法》第1条第1款第1目,此例中是否存在互为给付?

　　　根据《增值税法》第3条第9款,演奏音乐行为属于特殊给付(劳务给付)。但此例中 M 并未由于报酬而演奏。首先,M 跟 T 之间并未存在任何的约定。T 主动给了钱且独自决定钱的额度。另外,音乐表演与 T 的施舍之间并未存在直接的联系。T 并没有要求 M 为其演奏,而且 T 给钱的原因很明显("马上离开")并未基于 M 的音乐表演,而是源于个人的动机。因此,根据《增值税法》第1条第1款第1目,赠与(施舍)并非互为给付行为。

　　　但是,给付与对待给付是否相符或者给付人是否受益,则是非必要的(《增值税法》第

---

[72] FG Düsseldorf, II 200/78 U, EFG 1984, 92.
[73] BFH, V R 92/74, BStBl II 1976, 515 (517).
[74] BFH, XI R 72/93, BStBl II 1995, 518.
[75] EuGH, C-16/93, Slg. 1994, I-743.
[76] ABl Nr L 347, S. 20 f.

2条第1款第3项)。当对待给付被接受时,费用的补偿即可满足,但暂时性的款项并不属于报酬(《增值税法》第10条第1款第6项)。暂时性的款项区别于支出费用的计算,因为前者的企业支付是以他人的名义和为了他人的目的而行为,但企业支付作为自己花销的支出费用且使用报酬进行计算。[77]

损害赔偿给付往往缺少受害者的给付。损害赔偿只有当受害者的法益遭受损失时才能得以确定,而无需受害者有意识的行为为前提,所以,根据《增值税法》第1条第1款第1目,并不存在对受害者给付的报酬。但也有例外,即给付人的给付源于法定或约定的义务(真正损害赔偿)。与此相反,要肯定的是互为给付的特征,当赔偿给付事实上(部分)是一种为了实现对受害人的交付或其他给付的对待给付(非真正损害赔偿)。比如,损害人在书面协议中规定由受损害人自己清除损害,然后向其提供账单,那么,在此种情况下就存在互为给付。[78]

某人通过**强制拍卖**获得一物,那么在买受人与破产企业之间存在互为给付关系。破产管理人的行为则被视为企业第三人的地位。[79] 在**抵押物所有权移转**时,若在抵押开始时抵押权人以自己的名义表明对抵押物的权益的,则在其表明的那一时刻就存在两个互为给付。其一是抵押权人将物交付给买受者,其二则是同时存在抵押人向抵押权人的交付行为。[80]

通常情况下,报酬往往以金钱给付(现金或票据)的方式表现。这经常被认为是一种对待给付,因为金钱本身并非消费品(增值税的实质就是消费税)。若受给付人将金钱给付作为其对待给付的话,那么就存在**交易行为**[81](《增值税法》第3条第12款第1项)或**类似交易的销售**(《增值税法》第3条第12款第2项)。在这些情况下,只要满足《增值税法》第1条第1款第1目的其他条件,就存在两个区别对待的可税销售额。

例:地毯商 U 卖给地产经纪人 I 一条名贵的波斯地毯(通常的售价为 2000＋380 欧元)。按照商定,I 免费给 U 介绍一套位于高档地段内的住宅。而佣金通常需要 3000＋570 欧元。

根据《增值税法》第3条第9款,I 实施了特殊给付行为。对待给付是有关交付行为

---

[77] *Reiß*, Umsatzsteuerrecht, 10. Aufl, 2009, S. 212.
[78] BFH, V 37/62 S, BStBl III 1965, 303.
[79] BFH, V R 62/01, BStBl II 2002, 559; V R 115/87, BStBl II 1991, 817; V R 139/76, BStBl II 1986, 500.
[80] BFH, V 208/64, BStBl II 1968, 68; V R 2/71, BStBl II 1975, 622.
[81] 《增值税法》中的交易过程,参见 Stadie, UR 2009, 745。

（《增值税法》第3条第1款），所以存在类似交易的销售（《增值税法》第3条第12款第2项）。而根据《增值税法》第10条第2款第2项，估算基础则是作为U交付的报酬的价值。因此，I需要承担380欧元的增值税额。

U进行了交付，对待给付则是I的特殊给付行为。因此，同样存在U的类似交易的销售。估算基础则是中介服务的价值。因此，U应当缴纳的增值税额总计570欧元。

1704　　d) 给付地点（《增值税法》第3条第6—8款；第3a条及以下条）。对交付与其他给付行为的区分在确定给付地点的时候具有重大意义。交付或其他给付行为只有在内国发生，即给付地在内国时，才具有可税性（《增值税法》第1条第1款第1目）。当给付标的物由给付人、受给付人或其他受托人运送或寄送时，运送始发地才能被原则上视为给付地（《增值税法》第3条第6款第1项）。当标的物无法被运送或者寄送的（不动产标的物的交付，如房产；占有改定等，见《民法典》第929条第2款、第930条、第931条）[82]，给付地原则上应当是对标的物的支配力获得地（《增值税法》第3条第7款第1项）[83]。当多个企业相继就某一标的物达成销售交易，但只有第一个和最后一个企业在这项交易链中发生了支配权的移转（**顺序交易**），那么根据《增值税法》第3条第6款第5项，将标的物交付给最后一个受给付人的时刻被视为对交易链中每一个企业的交付。对这一交付（物的移动）根据《增值税法》第3条第6款确定给付地，而对于其他交付的给付地则根据《增值税法》第3条第7款第2项确定。

例子：位于杜塞尔多夫的U1向U2（柏林）购买了一台工程机械。U2从U3（乌克兰）那里买了这机器，而U3则从生产商F（俄罗斯）那里购进。F直接将货运给了U1。问：给付地分别为何处？

F对U3的交付发生在俄罗斯（《增值税法》第3条第6款第1、5项）。U3对U2和U2对U1的交付则是由运送所附带产生的交付，而根据《增值税法》第3条第7款第2目给付地应当是德国，因为运输在杜塞尔多夫终止。

一项对货物由给付方企业通过运送或寄送的方式进行交付的特殊规定由《增值税法》第3C条进行规定，即所谓的邮寄交易规则（交付给非实体企业）。[84] 交付的地点也

---

[82] Reiß, Umsatzsteuerrecht, 10. Aufl, 2009, S. 51；Leonard, in: Bunjes/Geist, UStG, 9. Aufl, 2009, § 3 Rn 221.

[83] 参照 Art. 31 f MwStSystRl, ABl Nr L 347, S. 1 (14).

[84] 参见 Jütten, StW 2008, 217.

就由此因特定的交付而转移至目的国内,以避免因欧盟内不同国家的税率差异而产生的竞争扭曲。

其他给付行为的给付地则由《增值税法》第3a条以下规定。2010年1月1日,以变更《增值税系统指令》有关劳务给付地[85]的相关规定的《欧盟指令》2008/8/EG生效。为了跟上指令的变更,增值税法第3a、3b及3e条也参照2010年1月1日生效的指令在《2009年年度税法》[86]上进行修订,《增值税法实施细则》第1条也被废除[87]。指南将劳务给付区分为对企业的给付以及对最终消费者的给付。在其他给付行为中,对非实体企业的给付地,原则上以给付履行地为准,即给付人所在地,或者更确切地说是企业经营地(《增值税法》第3a条第1款)。根据新修订的规则,其他对企业的给付行为的给付地则以受给付人经营所在地为准(《增值税法》第3a条第2款)。

1705

这些原则的例外规定于《增值税法》第3条第3-7、3b、3e款;迄今为止的《增值税法实施细则》第1条被包含着《增值税法》第3a条第6—7款。根据《增值税法》第3a条第2款,通过货物运输方式对企业的给付以受给付人所在地为给付地。而根据《增值税法》第3a条第1款的规定,对终端消费者进行的客运和货运,以所进行的运输路程决定给付地,这同样也适用于对非实体企业的货物运输。至于向非实体性企业的共同体内部的货物运输则应当适用《增值税法》第3b条第3款的特殊规定,在此,始发地起决定性作用。另一个特殊之处在旅游给付的规定上,根据《增值税法》第25条第1款第2、3项的规定,旅游给付被视为(一种统一的)[88]其他给付方式。根据《增值税法》第25条第1款第4项及第3a条第1款第1项的规定,旅游公司所在地被视为给付地。中介机构的销售履行地被视为中介机构给付地(《增值税法》第3a条第3款第4目)。

1706

例:位于杜塞尔多夫的旅行社B作为中介向顾客K介绍了位于瑞士的旅游公司R经营的黑森林包价旅行。问:是否存在内国范围内的可税营业额?

当经营者B的中介行为在内国发生时(《增值税法》第1条第1目),它是作为一种其他给付行为(《增值税法》第3条第9款)而得以征税的。根据《增值税法》第25条第1款第2句以及第3a条第1款1句的规定,旅游给付行为的给付地一律被认为是旅游公司

---

[85] ABl Nr L 44, S. 11 ff.
[86] BGBl I, S. 2794.
[87] 关于变更,参见 *Huschens*, NWB 2009, 36; *Langer*, DB 2009, 419; *Szabó/Tausch*, Ubg 2009, 115;对新规定的批评 *Lippross*, UR 2009, 786。
[88] Abschnitt 272 Abs. 6 Satz 1 UStR.

的所在地(瑞士)。但是,此案中存在 B 的中介给付行为。当受给付人非企业时,根据自 2010 年 1 月 1 日起生效的规定,中介给付行为的给付地应当是中介销售履行地(《增值税法》第 3a 条第 3 款第 4 目)。R 在本案中属于企业,因此,根据《增值税法》第 1 条第 1 款第 1 目并不存在可税营业额。

1707　　**情形 62**(边码 1697)**的答案**:当有纳税义务的给付交换在国内时,财政局有权要求交纳增值税(《增值税法》第 1 条第 1 款第 1 目)。根据《增值税法》第 2 条第 1 款第 1 项,A 是企业经营者。有疑问的是,是否存在交付或者其他给付。A 对西装的生产涉及对自己购买的材料进行的加工,其对第三方的给付根据《增值税法》第 3 条第 4 款应被看成是交付,即承揽供给。根据第 3 条第 6 款第 1 项,这个交付是在发送开始的地方,即国内,完成的。因为这里涉及一个《增值税法》第 6 条第 1 款第 1 目意义上的出口发货,根据《增值税法》第 4 条第 1 目第 a 点,它不需要纳税。

　　(2) 对无偿捐赠以及提取征税(《增值税法》第 1 条第 1 款第 1 条以及第 3 条第 1b 款)

1708　　公司经营者私下从自己公司提取对象或者将其无偿用于私人目的,这种行为类似于消费者的行为,因此在增值税这方面将这两种行为等同起来。但由于公司经营者有权对这些对象进行预征税扣除(见页边码 1730),因此这些对象通常没有承担增值税,这种情况下必须要征收相应的税才能将公司经营者与最终消费者放在平等的位置上。这些过程与有义务缴纳增值税的发货的平等地位,对于公司经营者来说就好像他作为自己的最终消费者由此产生了有纳税义务的营业额。[89] 它导致重新缴纳扣除的预征税,支付的增值税(=预征税)此时是公司经营者作为最终消费者的最终负担并因此被保留下来。

1709　　**例子**:工具商 U 送给他的儿子 V 一个工具箱作为 14 岁生日礼物,而这个工具箱是他之前从批发商 G 那里为其公司购买的。算在他账上的增值税已经被作为预征税而扣除(《增值税法》第 15 条第 1 款第 1 目)、根据《增值税法》第 3 条第 1 款,U 已经由此完成了增值税意义上的发货,因为 V 已经获得了工具箱的支配权。然而这里没有支付酬金,因此并没有满足《增值税法》第 1 条第 1 款第 1 项的规定。但《增值税法》第 3 条第 1b 款第 1 目将这个过程与支付酬金的发货等同起来。结果,它导致了如同 U 从他的公司为

---

[89] *Jakob*, Umsatzsteuer, 4. Aufl. 2009, Rn 415.

他的儿子购买工具箱一样的增值税后果。U必须为其将工具箱转交给V的行为支付增值税,这部分增值税是根据购买价加上可能的额外费用来计算的(《增值税法》第10条第4款第1目)。

(3) 从第三国地区进口(《增值税法》第1条第1款第4项)。

截至1992年12月31日,所有付给地在国内的向其他国家的发货(《增值税法》第3条第6—8款)都算成是出口发货,并且不需缴纳增值税(《增值税法》第4条第1目第a点,第6条)。对营业额征税只发生在发货对象到达最终消费者手中的国家。进口国一般来说会对进口的商品征收增值税(所谓的进口增值税)并因此产生了一般存在于目的国的增值税负担。因此,作为这种处理方法的基础的规则就叫做**目的国征税原则**(见页边码1680)。 1710

从1993年1月1日起,上面提到的准则只适用于向所谓第三国(《增值税法》第1条第2a款第3项)的发货,这里的第三国既不是《增值税法》第1条第2款意义上的国内,也不是《增值税法》第1条第2a款第1和2项意义上的其他联盟区域。向第三国发货作为出口发货是免税的(《增值税法》第4条第1目第a点、第6条)。与此对应,进口发货就是来自第三国的发货,它是有义务缴纳增值税的(《增值税法》第1条第1款第4目)。不仅仅只有可以将增值税作为预征税扣除的企业经营者(见页边码1730)有义务缴纳进口增值税,非经营者也是一样。这里的非经营者是指私人最终消费者,因此他们有(与系统一致的)确定的增值税负担。关税条例在征税过程中有效(《增值税法》第13a条第2款、第21条第2款) 1711

(4) 对欧盟内部收入征税(《增值税法》第1条第1款第5目以及第1a条和第1b条)。

《欧共体条约》第14条(现在的《欧盟运行条约》第26条)规定成员国有义务截止1992年12月31日取消边防检查,因此不再需要对进口征税以及对出口取消税务负担(见上面边码1704)。在联盟地区内部发货时,联盟内部收入的事实取代了进口增值税的事实(《增值税法》第1条第1款第5目)。当出口到其他建立欧洲联盟条约国家时,至今为止免税的出口发货(《增值税法》第4条第1款a项)由免税的联盟内部发货取代(《增值税法》第4条第1款b项联系第6a条),但从一个建立欧洲联盟条约国家进口时,有纳税义务的进口(《增值税法》第1条第1款第4项)算作是联盟内部收入的事实(《增值税法》第1条第1款第5目)。因此成员国之间的商品贸易往来仍然遵循目的国家原则,这意味着,最终消费者承担他的消费国家的增值税。在目的国家,对收入的征税和预征税扣除之间可以互相补偿。由于进行出口的企业经营者享受免税以及预征税扣除政 1712

策,在原产国实现了完全的增值税免除。[90] 共同体内部收入构成要件的前提是,其与企业之间的给付有关。与非企业的非商业货物流通参见页边码1714。

例子:企业经营者H向出口商E发送100+19欧元(增值税)的货物。E将这些免税的货物以200欧元的价格发货给丹麦的进口商I。I必须为联盟内部收入缴纳25%的增值税,这些增值税在其增值税申报中可以作为预征税起效。它将商品以300欧元+25%增值税(当地有效的增值税税率)的价格转让给最终消费者V。

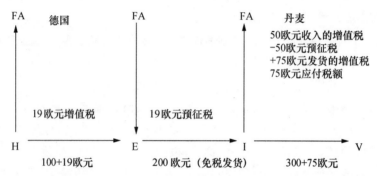

1713 这个例子显示,对联盟内部收入征税不会导致税务的免除,而只会导致税收的边界"移动到公司"。

因此,这项规定经常被批评。[91] 委员会陈述了一些过渡到共同市场原则并且能够为买方提供跨国界的预征税扣除的建议,但这些建议都是以在成员国之间的所谓的清算程序中克服增值税收入的扭曲为前提条件的。[92] 因为共同市场原则的实现可能导致进口国需要对出口较多的国家收取的增值税进行偿付,即使用本国资金补偿外国税收。现在作为暂时解决办法的规定还要起效多久,至今为止还不能预见。[93]

1714 然而,接收者不是《增值税法》第2条第1款第1项意义上的企业经营者的联盟内部的非贸易商品往来现在仍然遵循**原产国原则**,也就是说,私人接收者支付购买国家的增值税,目标国家不进行征税。例外是联盟内部购买新型交通工具,根据《增值税法》第1b条,在这种情况下私人受让者也遵循目标国家原则。为了避免不正当竞争和税收收入转移,在**寄送交易**(即从给付企业发送的货物运输)中,供货地点为目的国(参照《增值税法》

---

[90] 见 *Reiß*, Umsatzsteuerrecht, 10. Aufl 2009, S. 122。
[91] 见 *Reiß*, Umsatzsteuerrecht, 10. Aufl 2009, S. 130 有进一步论证。
[92] 见 *Reiß*, in: *Tipke/Lang*, §14 Rn 106。
[93] 关于讨论状况进一步参见 *Reiß*, in: *Tipke/Lang*, §14 Rn 127。

第 3c 条）。[94]

例子：法国人 A 在游览明斯特时在 U 的商店以 5000＋950 增值税的价格购买了一件古董家具，并用自己的汽车将其运送回法国。

U 进行的是在国内应交税的发货（《增值税法》第 1 条第 1 款第 1 目，第 3 条第 1 款）。发货的地点是明斯特（《增值税法》第 3 条第 6 款第 1 项）。根据《增值税法》第 4 条第 1 目第 6 点，第 6a 条，这个发货不是免税的，因为接收者并不是企业经营者（《增值税法》第 6a 条第 1 款第 2 目第 a 点）。在将家具带到法国的过程中，联盟内部购买的事实前提条件并不存在（《增值税法》第 1a 条）。家具的收入只在原产国德国有义务缴纳增值税。

3. 免税

情形 63：盲人 A 在哈姆他的一人工厂里生产儿童木制玩具，销售给不同地方的批发商。因为需求的增加，他从 B 处开设一个新的工厂。B 要求 A 付 10 万欧元和 1.9 万欧元的增值税。A 在其 2001 年的增值税申报中申报了 5 万欧元由其工厂售出货物所产生的有纳税义务的营业额。此外，A 还要求扣除预征税 1.9 万欧元，对吗？（**页边码 1723**）

除了《增值税法》第 1 条第 1 款规定的可征税营业额外，纳税义务的前提还有，营业额不涉及《增值税法》第 4 条、第 5 条规定的免税构成要件。若免税，则不存在增值税。

例子：V 将他的多户住宅出租给不同的租客来居住。他作为出租人，是长期、独立的以出租为业，可视为《增值税法》第 2 条第 1 款的企业经营者。出租收入属于增值税法第 1 条第 1 款第 1 目第 1 句的规定范围（其他给付）。因此，出租收入是可征税的，但是，根据增值税法第 4 条第 12 目第 a 点，出租收入免征增值税，即没有税收义务的。

基于多种原因可免缴增值税。大多数情况下立法的动机在于避免双重征税或出于社会政策考量。属于避免双重征税情况的。[95] 首先是跨区域运输时的免税[96]，即对出

---

[94] 见 *Jütten*，StW 2008，217。
[95] 见 *Reiß*，Umsatzsteuerrecht，10. Aufl，2009，S. 168 f。
[96] 参见 BMF-Schreiben v. 6.1.2009，IV B 9，BStBl I 2009，60。

口营业额(《增值税法》第 6 条)或共同体内部的交付(《增值税法》第 6a 条),《增值税法》第 4 条第 1 到 5 目所规定的其他构成要件也属于其列。这一规定在欧洲法的影响下十分重要,并有助于目的国征税原则(见页边码 1680)的转化。属于社会政策考量情况的诸如《增值税法》第 4 条第 12 目(不动产出租),《增值税法》第 4 条第 14 到 17 目(健康护理费用)和第 4 条第 20—23 目(文化设施营业额)。在这些规则中,立法人的意图显而易见,即在实现社会国意义上,这些给付提供给消费者,在任何时候都享有终端免增值税。此外,还有一系列其他的差异很大的免税原因,但这些免税原因很难体系化。

1718   对于不可征税营业额和免税营业额的区分不止是理论上的,对预征税扣除也深具意义。即使那些为了不可征税营业额的预征税扣除所用的营业额,(例如,给付地点不在国内),从根本来说,根据《增值税法》第 15 条第 1 款的规定,只要其在企业范围内实现,也可能征收预征税。[97] 与此相对,《增值税法》第 15 条第 2 款第 1 项第 1 目规定原则上排除了免税营业额的预征税扣除。然而,并不是所有的免税事件都排除预征税扣除。这里需区分**非真正的免税**——根据《增值税法》第 15 条第 2 款规定排除了预征税扣除——和所谓的真正的免税,**在真正的免税**中仍存在预征税扣除(《增值税法》第 15 条第 3 款)。有限的预征税扣除适用于在共同体内部交通工具的购买(《增值税法》第 15 条第 4a 款)。

1719   若免税营业额的给付企业接受了增值税义务的先行给付,则他承担税负,必须通过报酬将不可扣除的预征税的价值传递给受给付人因给付接受的报酬而产生的不可消除的预征税。对于特定的本身免税的营业额,《增值税法》第 9 条第 1 款规定了放弃免税的可能性。[98] 若企业行使该**选择**权,则原本免除的营业税被视为有义务纳税。企业**通过该选择权获得预征税扣除**。与之相反,累积的增值税对受给付人变得中立,因为在《增值税法》第 15 条规定的前提下,他可以扣除预征税。这一放弃免税仅与当时所实现的营业额有关,而不是与所有相关免税构成要件包括的营业额相关(单方选择权)。[99]

1720   《增值税法》第 9 条第 1 款以第 4 条第 8 目第 a—g 点,第 9 目第 a 点,第 12,13 或 19 目所规定的**免税营业额**为前提。该免税营业额是由给付(选择的)企业因其运营从其他企业中获得的。该营业额必须归属于企业范围,在受给付人的营业额不仅是企业的也具有私人目的的临界情况下,则营业额的确定可能存在问题。[100] 在"为营业"这一前提下,

---

[97] 论据,§ 15 Abs. 2 Satz 1 Nr 2 UStG;参照 Stadie, Umsatzsteuerrecht, Rn 10.3, Fn 1。
[98] 该规定的依据是 Art. 137 MwStSystRl。
[99] 其他情况仍然依据 UStG 1967/1973 (Globaloption)。
[100] 关于预征税扣除时的归属问题:Rn 1735。

对终端消费是不可能不征税的。此外,选择权不应根据《增值税法》第9条第2款和第3款的规定而被排除。企业须将营业额认为是有纳税义务的。当企业将不同营业税证书的营业额归给受给付人或在税收登记中有税收义务时,他就是将营业额认为是有纳税义务的。[10]

只要不动产的承租人是企业并将该不动产用于企业运营,就可以推荐使用选择权,因为无论是出租人还是承租人都与增值税不"相连的"。通过行使选择权,给付人可以根据《增值税法》第15a条第1款避免清偿预征税扣除,例如,当他在购买或建造住宅满10年前将该住宅出让给另一个企业时。 1721

《增值税法》第19条第1款第1句意义上的**小企业**一般无权放弃免税(第19条第1款第4项)。然而,根据《增值税法》第19条第2款的规定,可以放弃被认定为小企业(见页边码1698)。若小企业如此做,他仍可根据《增值税法》第9条享有选择权,来放弃特定营业额的免税(所谓的**双重选择权**)。 1722

情形63(页边码1715)**的答案**:预征税扣除是以可征税并有税收义务的营业额为前提的(《增值税法》第15条第1款第1项第1目)。出售玩具可视为《增值税法》第3条第1款意义上的有偿交付。A独立持续地生产并盈利,因此是《增值税法》第2条意义上的企业经营者。因为A在国内获得利益,因此是存在可征税的营业额。然而,根据《增值税法》第4条第19目第a点第1句的规定该营业额是免征增值税的。因此,根据《增值税法》第15条第2款第1目,预征税扣除被排除在外。根据第9条第1款A有权放弃免税。盲人的营业额属于《增值税法》第9条第1款所说的营业额。A为营业从批发商,即其他企业获得营业额。通过作出预征税扣除的税收请求,A将营业额视为是有纳税义务的。因为工厂的设立是《增值税法》第3条第1款意义上的其他给付并且是由B带给A的公司的,A根据第15条第1款第1目第1句的规定是享有预征税扣除的。A应欠的增值税为9500欧元(50 000欧元×19%)。在预征税的扣除(1.9万欧元)后还需承担一9500欧元。对此A可以向财政部提出预征税退税请求(见页边码1730)。 1723

4. 估算基础

给付交换以及联盟内部收入的估算基础是以**酬金**为依据的(《增值税法》第10条第1款第1项)。酬金是所有给付接收者或者第三方消费的用于获得给付并扣除了增值税 1724

---

[10] BFH,V R 126/92,BStBl II 1995,426;向财政局作出详细解释不再是必要的。

的款项(《增值税法》第 10 条第 1 款第 2、3 项)。[102] 给付的偿付是否以其价值为依据并不是决定性的。给付人向给付接收人索要的支出费用(例如旅行费用、电话费用等)也属于酬金。

例子：律师 A 对 B 的酬金要求是 2000 欧元。另外,他还要求支付乘坐火车费用 200 欧元(不含增值税)。增值税估算基础是 2200 欧元(《增值税法》第 10 条第 1 款第 1、2 项)。A 必须将 2200 欧元连同 418 欧元增值税(19％)算在 B 的账上。为车票收入支付的 38 欧元的增值税可以当做预征税算进增值税债务之中。

1725　　法律将企业**无偿的利益交付**(提取,无偿捐赠)或者视为报酬的虚拟供给(《增值税法》第 3 条第 1b 款),或者视为虚拟的其他给付(《增值税法》第 3 条第 9a 款)。与增值税的消费税性质相适应,对企业的企业外消费(即其私有收入使用)的征税会得到保证。[103] 提取以及无偿捐赠的估算基础原则上是依据对象的购买价格连同附加费用(《增值税法》第 10 条第 4 款第 1 目)或实现营业额时所产生的支出(《增值税法》第 10 条第 4 款第 2 和 3 目)得出的。增值税不属于估算基础(《增值税法》第 10 条第 4 款第 2 项)。

例子：商店主 U 从他的商店中拿出他之前以 100 欧元连同 19 欧元增值税购买的食品用于私人目的。

根据《增值税法》第 1 条第 1 款第 1 项、第 3 条第 1b 款,有义务缴纳增值税的过程的估算基础是购买价格(《增值税法》第 10 条第 4 款第 1 目)。因为购买首先是由他的企业进行的,他可以将算在他账上的增值税作为预征税扣除(《增值税法》第 15 条第 1 款、第 16 条第 2 款第 1 项)。这项预征税扣除在涉及这个过程时又重新算入增值税估算基础中,因此,在最终结果中,U 像所有私人消费者一样为其取走的食品负担增值税。

1726　　依照《增值税法》第 1 条第 1 款第 4 目引发**进口**增值税的进口的估算基础是进口对象的价值,这根据对关税价值的相应规定进行计算(《增值税法》第 11 条第 1 款)。

1727　　**旧货**转让有特殊性。已经交付增值税的物品又落入一家会继续转让此物品的企业,因此,如果没有进行预征税扣除,交付此货物可能被二次征税。因此,《增值税法》第 25a

---

[102] 一般消费税,例如燃油税,可能是酬金的组成部分,参照 Rn 1654。
[103] *Reiß*, in: *Tipke/Lang*, § 14 Rn 68.

条对转让买卖的征税规定了所谓的**营业税或增值税**。[104] 与第 10 条第 1 款规定不同,其估算基础不再是报酬,而是买卖价格之间的差额。

例:二手车商 G"私自"购买了价值 5950 欧元的二手家用汽车并以 7140 欧元的价格转让给另一个人。

G 以转让商的身份(《增值税法》第 25a 条第 1 款第 1 目)通过共同体内的交付获得了可动产。因为是从私人手中获得,因此不存在可征税的营业额,也就不需要征纳增值税(《增值税法》第 25a 条第 1 款第 2 目第 2 句第 a 点)。根据《增值税法》第 25a 条第 3 款估算基础是 1000 欧元(1190 欧元/1.19)。所欠增值税为 190 欧元。如果 G 是从企业手中购买了这辆汽车(5000 欧元,950 欧的增值税),那么他要为 1140 欧元的增值税债务缴纳 950 欧元的预征税。因此还须付 190 欧元。

旅游给付的征税(《增值税法》第 25 条第 1 款第 1 项)也遵循差额征税原则。根据第 25 条第 3 款第 1 项的规定,估算基础是客户所支付的旅游费用与旅游承办方所花费的旅游先行给付之间的差额。

对于交换或类似交换的营业额根据第 10 条第 2 款第 2 项的规定,当时的其他营养额价值作为的估算基础(报酬)(见页边码 1703)。

5. 税率

在估算基础上使用的惯例税率是 19%(《增值税法》第 12 条第 1 款)。对于《增值税法》第 12 条第 2 款第 1 目中提到的营业额,这个税率降低到 7%。这个降低了的税率也适用于《增值税法》附件 2 中提及的对象的交付。[105] 诸如牲畜、农林业产品,食品,生活用品,印刷产品,艺术品和假肢都属于其列。生活用品的交付只有当不是为了当场消费(如餐馆)而出售生活用品时才享有税率折扣。根据欧洲法院的判决,不是饭菜和饮料交付,而是服务以及与其相关的其他给付[106]才适用一般税率。

在附录 2 所例举的物品出租和《增值税法》第 12 条第 2 款第 3—11 目例举的营业额也享有税率折扣。其包括例如特定的文化活动(第 12 条第 2 款第 7 目)和一些客运方式(第 12 条第 2 款第 10 目)和在旅馆过夜(第 12 条第 2 款第 11 目)。[107] 关于税率折扣并

1728

1729

---

[104] 与 Art. 314 MwStSystRl 不同的是 § 25a UStG 的应用范围不只限于旧物品,艺术品收藏品及古董;该规定原则上也适用于新物品。
[105] BGBl I 2006,2897—2901.
[106] EuGH, C-231/94, Slg. 1996, I-2395.
[107] 参见 2010 年 3 月 5 日的 BMF-Schreiben, BStBl I 2010, 259;*Huschens*, NWB 2010, 1507。

未形成令人信服的体系（页边码 1670）。

（二）预征税扣除

1730 **预征税扣除**是用于减少最初承受增值税的企业经营者的负担的技术工具，它是通过承认企业经营者有向财政局提出清算要求以及补偿要求（见上面页边码 251、319 以下）的权利实现的。[108] 通过预征税扣除可以实现只向相应的价值创造（增值）征税以及只有最终消费者在经济上承担增值税的目的（增值税的中性原则，见页边码 1683）。

1731 《增值税法》第 15 条规定了预征税扣除请求权。《增值税法》第 15a 条规定了在与预征税扣除相关的关系改变时预征税扣除的修正。[109] 第 15 条包括请求权形成（第 15 条第 1 款）和请求权排除的构成要件（第 15 条第 1a、2 款）。[110] 此外，第 15 条第 3 款规定了特定的排除预征税扣除的营业额时的例外情况。根据第 15 条第 1 款的规定，在这些情况中也存在扣除的可能性。

1732 根据第 15 条第 1 款第 1 条的规定，受给付人可以在以下情况适用预征税扣除：（国内）交付和其他给付（第 1 目），第 1 条第 1 款第 4 目意义上的进口物品（第 2 目），在共同体内部获取范围内获得之物（第 3 目），第 13b 条所指的给付（第 4 目）和第 13a 条第 1 款第 6 目意义上的营业额（第 5 目）。在以上情况中预征税扣除的前提是，预征税扣除意向者为**企业经营者**，营业额是由**其营业产生**的且**负有法定之税**。在内国交付和其他给付的情况中还需要有第 14 条，第 14a 条规定的**账务**（第 15 条第 1 款第 1 项第 1 目第 2 句）。在进口过程中，进口增值税（第 15 条第 1 款第 1 项第 2 目）必须**已经缴纳**。对于国内交付和其他给付来说，预征税扣除的实际意义最为重要。在下面借助第 15 条第 1 款第 1 项第 1 目项规定的前提，仅阐述了预征税扣除。

1733 （1）预征税扣除权利人（受给付人）必须是企业（《增值税法》第 15 条第 1 款第 1 项）。企业性质在第一次准备交易时就已经被确定了，即使这时还没有初始营业额，只要有客体连接点，即预征税扣除权利人欲持续性从事独立自主的活动，这是因为，《增值税系统指令》第 168 条[111]规定了预征税承担者的即刻扣除可能[112]。只有当企业不成功，**即根本没有初始营业额时，那么也不进行预征税扣除变更**。[113]

---

[108] *Reiß*, in: *Tipke/Lang*, § 14 Rn 150.
[109] 参见 2007 年 4 月 12 日的 BMF-Schreiben, BStBl I 2007, 466。
[110] *Jakob*, Umsatzsteuer, 4. Aufl, 2009, Rn 777.
[111] ABl Nr L 347, S. 1 (35).
[112] EuGH, C-110/94, Slg. 1996, I-857.
[113] EuGH, C-110/94, Slg. 1996, I-857.

根据第 19 条第 1 款的规定,只要小企业不行使第 19 条第 2 款的选择权,就是非企业经营者(页边码 1698)。

(2) 给付方也必须是(另一个)企业(第 15 条第 1 款第 1 项第 1 目)。如果不是这种情况,则信任给付方企业性质的受给付人不存在预征税扣除,则法律也不保护其信赖利益。[114]

1734

(3) 给付必须是为了预征税扣除权利人的营业而实施的(第 15 条第 1 款第 1 项第 1 目)。应当扣除预征税的营业额即不得是预征税扣除主体的非企业(私人)领域,也不得是归属于另一个企业。既用于企业目的又用于私人目的的物品交付(混合使用物品)存在这样的问题,即它到底是属于哪个领域,是企业领域还是非企业领域。归属的实际标准远不止收益税法认可的企业财产分类的原则(见页边码 849 以下)。[115] 给付接收人要决定不可分的混合用途物品的**归属**,将其或者归于企业范围,或者归于私人范围,或者根据实际使用按比例分割。[116] 归属选择权行使通常是隐性地通过预征税扣除的生效或不作为得以实现。只有当企业以营业为目的使用该物品少于 10% 时,交付才依第 15 条第 1 款第 2 句的规定不被视为用于营业。若税收义务人在物品获得时已决定了其的归属则只有被归为营业所用的物品才计算在预征税扣除范围内。

1735

例子:药剂师 U 买了一个私人轿车,30% 为公用,70% 为私用。于是他希望能从完全预征税扣除中获利。

U 可在税收预登记时使用预征税扣除。因此他隐性地进行了归属决定。尽管轿车更多用于私人用途,轿车还是因增值税目的被归为营业范围。因此交付是为了 U 的营业,所以根据《增值税法》第 15 条第 1 款第 1 项第 1 目的规定他有权预征税扣除。注:基于非企业使用部分存在"提取"(更好的是:自我使用),该提取根据《增值税法》第 3 条第 9a 款第 1 目被视为负有税收义务的给付并根据《增值税法》第 10 条第 4 款第 1 项第 2 目来计算。[117] 这时,归属判决对于收益税起诉没有意义。

其他的给付并不存在归属问题。对于它们可以在既是私人又是营业使用时按各自使用比例进行分割。这对几类可代理物品的交付也同样适用。对于其他的给付并不适

---

[114] BFH,V R 15/07,BStBl II 2009,744;V R 28/84,BStBl II 1989,250;*Reiß*,Umsatzsteuerrecht,10. Aufl,2009,S. 229.

[115] *Jakob*,Umsatzsteuer,4. Aufl,2009,Rn 796.

[116] EuGH,C-291/92,Slg. 1995,I-2775(*Armbrecht*);C-415/98,Slg. 2001,I-1831(*Bakcsi*).

[117] 参照 EuGH,C-72/05,Slg. 2006,I-8297(Wollny)和 Abschn. 192 Abs. 21 Nr 2a UStR。

用第15条第1款第2项所说的10%的限制。

1736　　　（4）只有法定所欠税才存在预征税扣除。《增值税法》第15条第1款第1项第1目明确规定,第14c条所列的证明为无效和非法的税不享有预征税扣除权。[118] 立法者担心在账单计算中会出现非法或滥用的增值税证明,因此他一方面认可没有欠缴但被证明的增值税(《增值税法》第14c条第1款和第2款),另一方面又排除了预征税扣除(在缺乏企业经营者特性时)。[119]

例子:数学教师L以2000欧元连同380欧元的增值税的价格卖给律师R一台电脑。L是否应支付增值税,R是否能够扣除预征税?

L的发货并不是一个应缴纳增值税的过程,因为L不是企业经营者(《增值税法》第1条第1款第1目)。他没有权利在账单中证明增值税(《增值税法》第14条第2款第1项)。然而,他仍然应根据《增值税法》第14c条第2款第1项向财政局缴纳这部分金额。根据《增值税法》第15条第1款第1目,只有当R是企业经营者而其从另一个企业经营者那里购买用于自己公司的电脑时,他才能将这个单独证明的增值税当做预征税扣除。L不是企业经营者。与此相关的R的诚信是不重要的。因此,尽管R自己是企业经营者而且L确实应为这个过程缴纳增值税,R却没有权利获得预征税扣除。如果R没有进行预征税扣除或者交回了最初(非法)扣除的预征税,那么L可以依照《增值税法》第14c条第2款第3和5项在财政局申请进行所欠税额修改,因为这种情况下清除了对税收收入的危害(《增值税法》第14c条第2款第4项)。[120]

立法者通过引进《增值税法》第14c条第2款考虑到了欧洲法院以下判例的情况,由于没有税收修改可能而将属于非法税收证明(《增值税法》(旧版)第14条第3款)的旧的法律情况宣布为与欧盟法不一致。[121]

1737　　　（5）《增值税法》第15条第1款第1句第1项第2句进一步规定,受给付人有《增值税法》第14条和第14a条规定意义上的账单。根据《增值税法》第14条第1款第1项的

---

[118] *Heidner*, in: *Bunjes/Geist*, UStG, 9. Aufl, 2009, § 15 Rn 153.
[119] 对此参见 *Reiß*, UR 1989, 178。
[120] EuGH, C-454/98, Slg. 2000, I-6973 (*Schmeink & Cofreth und Manfred Strobel*);随后的 BFH, V R 5/99, BStBl II 2004, 143;对于因新规定而转变判决的批评,见 Tehler, UVR 2004, 249 和 Jakob, Umsatzsteuer, 4. Aufl, 2009, Rn 767;关于实施情况,参见 *Hegemann/Querbach*, SteuerStud 2005, 410 ff。
[121] 根据 § 14 Abs. 4 UStG 对于自 2004 年 1 月 1 日起的账单的具体要求,见 *Rondorf*, NWB 2004, Fach 7, 6275 (6284 ff)。

规定,**账单**是每一份结算了交付或其他给付的文件。当一个企业经营者为营业目的向另一个企业经营者提供给付时,他根据《增值税法》第 14 条第 2 款第 1 项第 2 目第 2 句的规定,有义务就其营业额签发账单。账单必须包括给付人和给付接收人的名字和地址,给付的种类,范围和交易时间以及给付人的税号或增值税识别码(《增值税法》第 14 条第 4 款)等必填说明。此外,税率和基于报酬产生的税收金额(=预征税)须被特别证明(所谓的公开税收证明,《增值税法》第 14 条第 4 款第 8 目)。

账单也可以通过电子方式生成(《增值税法》第 14 条第 1 款第 2 项,第 3 项)。受给付人开具的**贷方凭证**也有账单的效力(《增值税法》第 14 条第 2 款第 2 项)。不超过 150 欧元的**小额账单**,《增值税法实施细则》第 33 条规定了最少必填项目的简化方式(参照《增值税法》第 14 条第 6 款第 3 目)。

(6) 根据《增值税法》第 15 条第 1a 款的规定,预征税扣除排除了所谓的代表费用,此费用存在收益税扣除禁止(《所得税法》第 4 条第 5 款第 1 项第 1—4,7 目),且其为个人生活消费产生的费用(参照《所得税法》第 12 条第 1 目)。[122] 该规则转化了《增值税系统指令》第 176 条[123]的内容规定。根据《增值税法》第 15 条第 2 款第 1 目的规定,免税营业额的预征税扣除被排除在外,《增值税法》第 15 条第 3 款第 1 目规定了几种(真正的)免税时允许预征税扣除的例外情况(页边码 1718)。 1738

如果外来营业额的预征税金额超过了本身营业额的增值税,在根据《增值税法》第 15 条实行预征税扣除时就会出现负数的差额。这会导致对财政局提出税收补偿要求(见上面边码 251、319 以下)。 1739

例子:律师 R 刚刚开办了他的事务所并进行了大量的购买。2001 年算在他账上的给付所承担的增值税(预征税)金额是 1.5 万欧元。他对当事人只结算了 5 万欧元连同增值税的给付。根据《增值税法》第 16 条第 2 款第 1 项、第 15 条第 1 款第 1 目,他可以从 9000 欧元的增值税中扣除 1.5 万欧元的预征税。还剩下负数差额 6000 欧元,他可以从财政局取回这些作为税收补偿的差额。

即刻预征税扣除体系和必要时获得税收补偿的可能性极大地引发了滥用。[124] 尽管 1740

---

[122] § 15 Abs. 1a Nr 3 UStG 与欧洲法相抵触,参照 Rn 1679。
[123] ABl Nr L 347, S. 1 (37)。
[124] 关于《增值税法》的滥用可能性,具体参见 Reiß, in: Tipke/Lang, § 14 Rn 166;Kemper, UR 2006,569;Henze, DStJG 33 (2009),247;欧盟委员会的指令建议,见 Hofmann, NWB 2009,3257。

没有相关的有税收义务的营业额,却开具有公开税收证明的账单仍是一常用的变形手段。针对滥用的危害,立法者在《增值税法》第 14c 条第 2 款中预先规定了**担保签发**(见页边码 1736)。更为复杂的是所谓的**旋转木马诈骗**。尽管这种情况下会在账单中记录增值税。然而,相关的营业额或者将不会被阐明,或者税收不会被完全的交付。税收义务人一般会消失(所谓的"消失的交易者")。由于多个先行交付人利用共同体内部市场的开放边境有计划地且跨境地共同活动,解释将变得困难。尽管德国立法者在《增值税法》第 25d 条中对旋转木马诈骗作出回应。[125] 根据欧洲法院在 2006 年 12 月 1 日作出的"旋转木马诈骗判决",本身未牵连增值税诈骗的交付接受人也是有权享受预征税扣除的,当因诈骗而可罚的营业额先于这一交付发生或在其后发生而交付接受人对此不知情或可能不知情时。[126]

(三)增值税和预征税的时间归属

1741　**情形 64**:企业经营者 G 在 2001 年卖出并发送给企业经营者 E 一个商品货物,同时还给了 G 一个 1000 欧元连同 190 欧元增值税的账单。购买价格将于 2002 年支付。G 何时应交纳发货的增值税,E 可以什么时候要求预征税扣除?**(页边码 1750)**

1742　公司经营者必须自行计算他亏欠财政局的增值税(增值税应付税捐,见页边码 1684)(《增值税法》第 18 条第 1 款第 1 项)。为了完成这个计算,他必须知道相应增值税的预先申报期限如何划分。可能的分配原则是实施给付的时间点、开具账单的时间点或者受给付人支付的时间点。

1. 税收产生(《增值税法》第 13 条)

1743　《增值税法》第 13 条中列出了**产生税收**的时间点。在交付和其他给付的情况下,产生税收的时间点与税收是根据协定酬金(所谓的**额定征税**[127]《增值税法》第 13 条第 1 款第 1 目第 a 点)还是实际收到的酬金(所谓的**实际征税**,《增值税法》第 13 条第 1 款第 1 目第 b 点)来计算相关的。法律惯例认为税收是根据协定酬金形成的(《增值税法》第 13 条第 1 款第 1 目第 a 点)。在这种情况下,增值税是随预先申报期到期(见页边码 1326)

---

[125] 对该规定的批评见 *Reiß*, in: *Tipke/Lang*, § 14 Rn 166,其中出现了违反 Art. 17 der 6. EG-Richtlinie(目前的 Art. 174 MwStSystRl)的情形。

[126] EuGH, C-354/03, Slg. 2006, I-483.

[127] 就我看来,对额定原则的合理批评,参见 *Stadie*, UR 2004, 136 ff。

产生的(《增值税法》第 13 条第 1 款第 1 目第 a 点),在此预先申报期间实施了给付。而实际上增值税是何时有成功接收者支付的并不重要。若支付人不再支付报酬,则征税依据《增值税法》第 17 条第 2 款第 1 目进行纠正。

在《增值税法》第 20 条中提到的前提条件中,可以向财政局申请批准将酬金进账的准则作为税收产生时间的连接点。在这种情况下,随时间的到期(见页边码 1753),税收的产生与给付实施的时间点无关,从给付实施的时间点开始计算在此预先申报期间内收进酬金(《增值税法》第 13 条第 1 款第 1 目第 b 点)。

2. 估算基础的变更(《增值税法》第 17 条)

如果已实行的营业额估算标准改变,则根据《增值税法》第 17 条第 1 款第 1 项的规定需更正所欠的(及最终所支付的)税额。另一方面,实施该营业额的企业更正其预征税扣除(《增值税法》第 17 条第 1 款第 2 项)。根据第 17 条第 1 款第 7 项的规定,在已有变更的征税期间内进行更正。但已被确定的税收不可变更。根据《增值税法》第 17 条第 1 款的规定,在诸如(买人)价格事后降低(担保的情况)或在提供折扣的情况下考虑估算基础的变更。[128]《增值税法》第 17 条是《税法通则》第 172 条以下的特殊情况。[129]

受给付人并不总是享有预征税扣除权,只有当他通过估算基础的变更获得更多经济利益时(《增值税法》第 17 条第 1 款第 3 句)才可以扣除预征税。如果在**给付链**中的第一企业会退给终端消费者一部分的已支付的报酬或者提供折扣,以此来减轻能力链中第一个、而不是第二个企业的估算基础。[130]

例:生产者 H 为了促销发送优惠券,出示优惠券的终端顾客可以从已支付的价款中享受 20 欧元的折扣。此退款中间商未参与。若一位顾客将优惠券给 H,则每一个给交易链中的下一个企业经营者(中间商)的交付的估算基础都减少。中间商的预征税扣除保持不变(《增值税法》第 17 条第 1 款第 3 项)。当终端顾客是企业时,其必须更正预征税扣除(《增值税法》第 17 条第 1 款第 4 项)。

第 17 条第 1 款规定相应地适用于第 17 条第 2 款所列举的情况。如果报酬变得没有利益可得,则将其如同估算基础变更对待(第 17 条第 2 款第 1 目)。此同样适用于这

---

[128] 此外也存在酬金增加的情形;对此的解释见 Klenk, in: Sölch/Ringleb, Umsatzsteuer, § 17 Rn 41 f.
[129] Schlosser-Zeuner, in: Bunjes/Geist, UStG, 9. Aufl, 2009, § 17 Rn 9.
[130] BFH, V R 46/05, BStBl II 2007, 186 (187); Abschnitt 224 UStR; EuGH, C-317/94, Slg. 1996, I-5339; C-427/98, Slg. 2002, I-8315; Specker, UR 2009, 1 (4).

样的情况,即没有实施交付或其他给付(《增值税法》第17条第2款第2目)或者取消了交付或其他给付(《增值税法》第17条第2款第3目)。

对已付货物的**交付返还**的评估,不同于合同撤销。在这种情况下存在另一交付,此交付为有税收义务的给付。[131] 在**交换过程**中,只有当交换的货物比原先已交付的货物贵或便宜,才会进行估算基础的变更。[132]

3. 预征税的时间分配

1749 《增值税法》第16条第2款对预征税的时间分配进行了规定。根据《增值税法》第16条第2款第1项,只要在征税期限内,就应从额定征税或者事实征税过程中查明的增值税中减去可扣除的预征税金额。哪些预征税金额落在征税期限内可以根据《增值税法》第15条进行确定。因此,给出账单和实施给付(《增值税法》第15条第1款第1目第1句)或者实施实施给付之前的账单和支付(《增值税法》第15条第1款第1目第3句)是有决定意义的。如果可以扣除的预征税后来改变了,那么可以使用《增值税法》第17条第1款第2项(见上面页边码1745)。如果由于事实关系(为使用而购买的资产)改变而出现了其他的预征税金额,那么可以使用《增值税法》第15a条。[133]

1750 **情形64**(见边码1741)**的答案**:G的发货算在当年的预先申报以及税收申报之中,由此产生了税收债务。如果G采用额定税收(惯例,《增值税法》第13条第1款第1目第a点),那么税收负担属于2001年。而支付发生在2002年并不会产生任何影响。

E可以扣除落入征税期间内的预征税金额(《增值税法》第16条第2款第1项)。根据《增值税法》第15条第1款第1目,在进行预征税扣除时需要满足以下条件,或者给付已经实施并结算(第1目),或者——在实施给付前——已经进行了结算和支付(第3句)。G已经将商品发货给E而且进行了结算。因此,根据《增值税法》第16条第2款第1项、第15条第1款第1目第1句,E(经还没有实现支付)可以在2001年扣除预征税。

---

[131] BFH, V R 75/77, BStBl II 1982, 233 (234).
[132] *Klenk*, in: *Sölch/Ringleb*, Umsatzsteuer, § 17 Rn 161.
[133] 由3004年12月9日EURLUmsG (BGBl I 2004, 3310) 所引起的始于2005年1月1日的新版《增值税法》第15a条,详见 *Nieskens*, UR 2005, 57 (70 ff) 和 *Kulmsee*, StuB 2006, 209 ff, 分别给出了计算例。

三、税收申报以及估税的程序

情形 65：零售商 E 在 2001 年 1 月获得营业额 2 万欧元，他结算并收入了 3800 欧元的增值税。他上一个日历年的增值税债务是 4 万欧元。他该如何继续处理？**（页边码 1755—1799）**

增值税是一种年税。原则上，每个企业经营者每个日历年都要上交一份税收说明，在这个说明中要结算应清偿的应付税捐或者有利于他的剩余款项（增值税扣除预征税，见页边码 1686）。在《增值税法》第 18 条第 3 款中将这称为**税收申报**。税收申报是一种税收说明（《税法通则》第 150 条第 1 款第 3 项），它的作用是在审查保留条件下的税收核定（见页边码 517 以下）（《税法通则》第 168 条第 1 句）。只有在税收核定导致税收出现偏差（《税法通则》第 167 条第 1 款第 1 项）时，才需要通过税收裁决（《税法通则》第 155 条）得到税收核定。在进入税收申报一个月后税收的支付到期（《增值税法》第 18 条第 4 款第 1 项）。财政局可以在确定期限（《税法通则》第 169 条，页边码 266 以下）范围内随时修改——通过税收申报完成的——税收核定（《增值税法》第 18 条第 4 款第 2 项，《税法通则》第 164 条第 2 款第 1 项）。

企业经营者在日历年中应该已经上交了**预先申报**，他在其中计算出在预先申报期间内应清偿的增值税（《增值税法》第 18 条第 1 款第 1 项）。根据新版本《增值税法》第 18 条第 1 款第 1 项，从 2005 年 1 月 1 日起，预先申报原则上应通过电子方式上交。预先申报期间原则上是 1/4 日历年（《增值税法》第 18 条第 2 款第 1 项）。

如果前一日历年的税收金额超过 7500 欧元，那么预先申报期间是一个日历月（《增值税法》第 18 条第 2 款第 2 项）。如果前一日历年的税收金额不多于 1000 欧元，那么财政局可以免除企业经营者上交预先申报以及清偿预先支付的义务（《增值税法》第 18 条第 2 款第 3 项）。然而这个简化规定不适用于启动建立企业的企业家。他们必须在其公司活动的前两年每月上交预先申报（《增值税法》第 18 条第 2 款第 4 项）。

根据《增值税法》第 18 条第 1 款第 4 项，在预先申报期到期后的第 10 天预先支付到期。日历年到期后，如果预先支付的数额与税收申报的数额相符，那么在上交年说明时不用再进行支付。如果出现了有利于财政局的偏差（补付款），那么差异的金额在收到税收申报后一个月到期（《增值税法》第 18 条第 4 款 1 项）。

情形 65(页边码 1751)**的答案**：E 最初上交了税收预先申报。因为上一个日历年的增值税超过了 7500 欧元，预先申报的期限是日历月(《增值税法》第 18 条第 2 款第 2 项)。E 应在 2001 年 2 月 10 日之前申报增值税(3800 欧元)(《增值税法》第 18 条第 1 款第 1 项)。支付(税收预先支付)于 2001 年 2 月 10 日到期(《增值税法》第 18 条第 1 款第 3 项)。在日历年 2001 年全年之后，E 最晚于 2001 年 5 月 31 日(《税法通则》第 149 条第 2 款)上交对日历年的税收申报(《增值税法》第 18 条第 3 款第 1 项)。如果计算出的税收与每月预先支付的数额总数不符并导致他的负担，那么差异金额在进入税收申报后一个月到期(《增值税法》第 18 条第 4 款第 1 项)。

第十一节　土地购置税

情形 66：A 参与了 X 开放式贸易公司 40% 的股份。由于出现了经济困境，他不得不将自己位于 B 的一块地产(价值：20 万欧元)转让给公司。他的合伙人愿意接受这块地产，然而在进行交易时列出了不承担土地购置税的条件。A 表示同意。2001 年 5 月 31 日，A 和 X 开放式贸易公司缔结了买卖合同并于 2001 年 7 月 20 日转让了这个地产。但 A 的资金现状并没有改善，他于 2006 年 6 月 10 日又转让了他的公司股份。A 有义务缴纳多少地产购置税？

变型：在转让后四个月经证实，这块地产已经被严重污染。在这种情况下，X 开放式贸易公司不愿意继续遵守合同并退出了买卖合同。A 应该怎么处理已经由财政局确定的土地购置税？(边码 1820)

土地购置税作为最重要的法律事务往来税(2010 年的收入大概是 45 亿欧元)[134]与**国内地产交易往**来紧密相连(《土地购置税法》第 1 条)，同时它试图将转让者和受让者在实行交易往来文件过程中表现出来的给付能力包括在内。[135] 这种想法是否能够作为正当而受到支撑，在文献资料中被广泛质疑。[136] 因为使用市场进行地产购置过程的人或

---

[134] 参见 BMF (Hrsg), Finanzbericht 2010, S. 140.
[135] BT-Ds. 8/2555, S. 7; BT-Ds. 9/251, S. 12; 参照 Rn 91.
[136] *Tipke*, Steuerrechtsordnung II, 1017 ff.

物通常都显示出了(财富)生产能力(受让者有购买潜力,转让者重新组合了他的财产),这种生产能力证明了——任何情况下都适当的——税收征收的合法性。《土地购置税法》典型化优先也是正确的,经济上的营业额或净盈利不是征税的前提。[137] 此外,地产交易往来并不需要缴纳增值税(《增值税法》第 4 条第 9a 目),尽管承受增值税前期负担的建筑成果算在了建筑物价值之中,而且对于这种情况人们不可能判断错误,以至于在此范围内产生了双重负担。[138]

一、个人纳税义务(《土地购置税法》第 13 条)

个人纳税义务以及纳税人是在购买过程中作为合同一方参与人(《土地购置税法》第 13 条第 1 目)。一般是**买者**和**卖者**,他们通常在买卖合同中约定买者承担土地购置税。与所得税法中的个人纳税义务不同,在土地购置税中除了自然人以及法人,无法律能力的或者部分法律能力的人合公司(例如民法权公司、开放式贸易公司)也可以是税收主体(参见《土地购置税法》第 5、6 条)。[139] 如果购买过程并**不是以债务法合约为基础**,那么纳税义务就是按照《土地购置税法》第 13 条第 2—6 款进行。因为每个纳税人都共同承担税收,对于他们来说这里涉及《税法通则》第 44 条和《民法典》第 421 以下条中规定的共同债务人。

1802

二、实质纳税义务

实质纳税义务是针对国内地产财产转让以及地产的特定权利转让的法律过程(《土地购置税法》第 1 条)。

1803

(一)税收对象

1. 地产(《土地购置税法》第 2 条)

根据《土地购置税法》第 2 条第 1 款第 1 项,土地购置税法意义上的地产是公民权意义上的地产。这里不仅关系到未经建设的土地和耕地,还涉及建设后的不动产(《民法典》第 946 条以下、93 条以下)。与民法中的观念不同,根据《土地购置税法》第 2 条第 1 款第 2 项第 1 目,机器或者其他生产设备并不属于地产概念。这意味着,在进行地产转让时,生产设备的发货仍然属于缴纳增值税义务范围内,因为他们并不包括在土地购置

1804

---

[137] *Gottwald*, Grunderwerbsteuer, 3. Aufl. 2009, Rn 18 f.
[138] *Reiß*, in: *Tipke/Lang*, § 15 Rn 3;参见 EuGH, C-156/08, DStR 2009, 223:没有违反共同体法。
[139] *Reiß*, in: *Tipke/Lang*, § 15 Rn 32; Viskorf, in: Boruttau, GrEStG, 16. Aufl. 2007, § 13 Rn 76 ff.

税法之中(见《增值税法》第4条第9a目)。与民法相反,根据《土地购置税法》第2条第2款第1目和第2目的规定,他人土地上的地上权和建筑,与土地购置税法意义上的地产地位同等。如果购买一块地产时,这块地产带有地上权,那么地上权租金不算进估算基础中(《土地购置税法》第2条第1款第2项第3目)。[140]

2. 购置过程

1805　《土地购置税法》第1条中完整的列出了购置过程。

(1) 买卖合同以及其他义务交易(《土地购置税法》第1条第1款第1目)。

1806　建立地产转让要求的买卖合同是应纳税的购置过程最常见的情况。因为土地购置税与这项要求的存在联系在一起,合约在民法上必须是有效的。如果**购买合约无效**(例如《民法典》第311b条第1款第1项、第125条第1项),它被排除在适合的征税过程之外。尽管如此,如果对**转让进行声明**(《民法典》第311b条第1款第2目),根据《土地购置税法》第1条第1款第2号就会因此产生纳税义务。[141]

如果合同在财产转移给买方前被**取消**(例如通过放弃),这并不会自动导致纳税义务的取消。如果在两年内发生通过协商取消(撤销)、实施保留的放弃权或者赎回权的取消,或者如果取消基于对合约中协议的条件的不履行,那么有纳税义务的人可以申请不对税收进行确定或者撤销税收确定(《土地购置税法》第16条第1款)。使用《土地购置税法》第16条的前提条件是根据第5款,即原本的购置过程与《土地购置税法》第18和19条(见页边码1819)相符合。[142]

(2) 无义务交易财产转移(《土地购置税法》第1条第1款第2至4目)。

1807　根据《土地购置税法》第1条第1款第2目,只要在转让之前没有发生建立转让要求的法律行为,那么转让就是征税的连接特征。纯粹的财产购买,例如通过独立自主的财产(《土地购置税法》第1条第1款第3目)以及强制拍卖程序中的最高出价(《土地购置税法》第1条第1款第4目),是服务于义务交易的,因此在实际中意义不大。

(3) 中间交易,使用权的购置(《土地购置税法》第1条第1款第5至7目)。

1808　为了避免出现通过民法特殊形态规避缴纳土地购置税的义务的情况,《土地购置税法》第1条第1款第5—7目中还包括了类似于购买的法律行为,例如对转移要求的转让。

---

[140] *Viskorf*, in: *Boruttau*, GrEStG, 16. Aufl, 2007, § 2 Rn 56.
[141] 参见 BFH, II R 83/85, BStBl 1989, 989(990)。
[142] 关于《土地购置税法》第16条第5款意义上的合法公布的要求,参见 BFH, II B 52/04, BStBl II 2005, 492。

例子：A 与 B 缔结了一个国内地产的有效买卖合同。在财产转移给受让者 B 之前，B 与对这个地产有兴趣的第三方 D 对转让他的转移要求达成了一致（《民法典》第 398 条、第 433 条第 1 款第 1 项）。这份转让的合约根据《土地购置税法》第 1 条第 1 款第 5 目是一个有义务缴纳土地购置税的过程。

普遍的接收事实，根据《土地购置税法》第 1 条第 2 款对《土地购置税法》第 1 条第 1 款的补充，是建立对一块地产的法律或经济使用权的承担土地购置税的法律过程。

例子：一个房地产经纪人基于地产所有者的不可收回的转让授权转让了所有者的地产。由于附加协议，他只能得到转让确定价格之外的额外收益（非典型房地产经纪人合约）。这个协议给予了房地产经纪人《土地购置税法》第 1 条第 2 款意义上的使用权，因此，房地产经纪人合约也引起了土地购置税。[143] 向第三方转让构成了一个额外的《土地购置税法》第 1 条第 1 款第 1 目意义上的应缴纳土地购置税的过程。

（4）公司股份转移以及股份统一（《土地购置税法》第 1 条第 2a 款和第 3 款）。

当一个占有地产的人合公司的合伙人成员在五年之内直接或者间接的发生改变，也需要征收土地购置税。因为单独或者和其他新的合伙人至少购买公司资产的 95% 的人同时也获得了对地产的经济支配权。重要的是按资产分配的共有资产股份，而不是具体的股东地位作为物权的合法性。在这种情况下，可以根据《土地购置税法》第 1 条第 2a 款虚构一次地产购买并使其承担税收，否则通过向其他合伙人转让股份也可以把对公司资产的地产的支配权转移，而这种行为不需要缴纳土地购置税。

例子：A 经营一家法律形式为有限责任两合公司的运输公司，在其公司资产中有多块地产。A 是有限责任合伙人并占有这个无限有限股份两合公司 80% 的股份，同时他也拥有 A 有限责任公司 100% 的公司资产，并用其中的 20% 参与无限有限股份两合公司的股份。在 2001 年建立运输公司后，公司经营非常糟糕。因此他在 2004 年转让给了 C 无限有限股份两合公司以及股份有限公司的股份。结果，一个占有地产的人合公司的 100% 的公司股份使合伙人发生了变化（80% 直接，20% 间接）。根据《土地购置税法》第 1 条第 2a 款，这个过程是需要缴纳土地购置税的。

---

[143] BFH, II 78/62 U, BStBl III 1965, 561; II R 55/88, BFH/NV 1991, 556; *Fischer*, in: *Boruttau*, GrEStG, 16. Aufl, 2007, § 1 Rn 706.

1811 　　《土地购置税法》第1条第3款也可以通过类似的方法,避免通过不是将全部或者至少95％的公司股份统一到同一个人手上而使公司资产中的地产间接转移,从而逃避《土地购置税法》第1条第1款第1目中规定的转让地产时产生的土地购置税。这对于人合公司和资合公司同样适用。

　　例子:A&B有限责任公司是位于M的多块地产的所有者。其中60％的有限责任公司股份属于合伙人A,剩下的40％属于他的合作伙伴B。B想将他的公司股份转让给A。建立公司股份转让要求的合约会导致100％的股份统一到A的手中。这满足了《土地购置税法》第1条第3款第1目中的事实。购买者是一个新的合伙人就不重要了。

1812 　　对于**公司重组**来说,《土地购置税法》第1条第3款具有重大意义。这里,直接或者间接的统一公司至少95％的股份以及将股份转让给另一个权利人都会引起土地购置税[144];伴随着加速发展法[145],《土地购置税法》第6a条新增了对重组法认可的康采恩内部重组免征土地购置税规定[146]。在集合企业(页边码1120—1230)中处于控制地位以及依附地位的人都被作为所有者(《土地购置税法》第1条第3款第1目、第4款第2目)。

　　当一块地产从一个共同共有转移到另一个共同共有中时,如果共有财产占有人对共有财产资金的股份是一致的,就不用缴税(《土地购置税法》第6条第3款及第1款)。如果一个共有财产占有人对共同共有的资金股份在土地转移后五年内减少,那么这项优惠条件就不适用(《土地购置税法》第6条第3款第2项)。

　　(二) 免税(《土地购置税法》第3—7条)

1813 　　以下情形无缴纳土地购置税义务[147]:
　　——购买估算基础不高于2500欧元的地产(小额度事件的免税界限),《土地购置税法》第3条第1目,
　　——通过赠与或者遗产继承进行的地产转让,《土地购置税法》第3条第2、3目,

---

[144] 参见 *Gottwald*, Verstärkte Grunderwerbsteuerbelastungen bei Unternehmensumstrukturierungen—Auswirkung des Steuerentlastungsgesetzes 1999/2000/2002, BB 2000, 69 有进一步论证;*Pahlke/Franz*, GrEStG, 3. Aufl, 2005, § 1 Rn 317 ff;关于 § 1 Abs. 2a GrEStG 条件下同样存在的问题,参照 2003年2月26日国家最高财政机关相同声明的公告, BStBl I 2003, 271。

[145] BGBl I 2009, 3950。

[146] 参见 *Schaflitz/Stadler*, DB 2010, 185;*Tyarks/Mensching*, BB 2010, 87;*Wischott/Schönweiß*, DStR 2009, 2538。

[147] *Förster*, SteuerStud 2009, 9 中的系统性概况;对 § 1 Abs. 3 GrEStG 的购置过程适用 GrEStG § 3,参见 *Heine*, GmbHR 2005, 81 ff。

——配偶之间[148]或者直系亲属之间的土地购置,《土地购置税法》第 3 条第 4—7 目,

——通过委托人赎回地产,《土地购置税法》第 3 条第 8 目,

——通过公法法人进行的特殊土地购置,《土地购置税法》第 4 条。

——通过康采恩企业内部的特定重组过程,《土地购置税法》第 6a 条。

人合公司或者共同共有形式与它的成员之间的地产营业额按照比例关系免除纳税义务,《土地购置税法》第 5—7 条。

(三) 估算基础以及税率(《土地购置税法》第 8 条、第 9 条以及第 11 条)

1814 《土地购置税法》的估算基础是**对待给付的价值**(《土地购置税法》第 8 条第 1 款)。对待给付是在《土地购置税法》第 9 条中规定。它包括受让者作为地产的酬金支付或者转让者作为地产转让的酬金得到的所有东西。[149] 在买卖合同中是买者的购买价和其他给付(例如转交费用的接收[150])以及卖者保留的使用权(例如居住权),《土地购置税法》第 9 条第 1 款第 1 目。对待给付的范围以民法义务为限。买方收购了一块建有建筑物的土地,则土地税相关的购买过程与这个统一的给付对象有关。[151] 当涉及与买卖合同有密切关系的装修获得报酬时,该法条也同样适用。[152]

1815 根据《土地购置税法》第 9 条第 1 款,依照《土地购置税法》第 9 条第 2 款产生的提高估算基础的**事后附加给付**也可以算在对待给付之中。举例来说,如果雇主以低于现行市场价值卖给雇员一块地产,而雇员提供长时间的工作成果作为此项优惠的补偿,那么就产生了的附加给付(《土地购置税法》第 9 条第 2 款第 1 目)。[153]

在交易生效的时间点上,这项给付的价值就确定了。[154] 此外,根据《土地购置税法》第 9 条第 3 款,土地购置税本身并不是估算基础的一部分。

1816 例外情况是,估算基础并不是来自于对待给付的价值,而是根据《土地购置税》法第 8 条 2 款来自于根据德国《估值法》第 138 条第 2—4 款规定的不动产价值。当没有对待给付或者对待给付无法查明时,尤其属于这种情况(《土地购置税法》第 8 条第 2 款第 1 目)。

---

[148] 《2010 年度税法》(草案)中视生活伴侣具有同等地位。
[149] BFH, II R 95/86, BStBl II 1990, 186; II R 80/92, BStBl II 1995, 903 (906)。
[150] *Sack*, in: *Boruttau*, GrEStG, 16. Aufl, 2007, § 9 Rn 276.
[151] BFH, II R 42/04, DStRE 2007, 430.
[152] 参见 FG Düsseldorf, 7 V 2747/08, IStR 2009, 326 (Beschwerde BFH: Az. II B 157/08)。
[153] BFH, II 172/64, BStBl II 1969, 668。
[154] *Pahlke/Franz*, GrEStG, 3. Aufl, 2005, § 8 Rn 43.

例子：G在一个抽奖游戏中赢得了一块包括房屋的地产。他只需要支付乐透彩票的费用。然而，这些费用不能提取出来作为对待给付的价值，因为这些价值是彩票带来的而不是地产带来的。应该依照德国《估值法》第138条第2—4款对这块地产进行估值。[155]

1817　在对地产进行估值时，《土地购置税法》第8条第2款第1目中出现了一个对《土地购置税法》第8条第1款和第9条的不平等对待情况：尽管没有出现对待给付，购买行为仍然要纳税。因此，《土地购置税法》第8条第2款第1目被认为与整个系统不兼容而且从《基本法》第3条第1款的观点来看被认为是违宪的。[156] 其正当性证明来自于法律事务往来税的想法：土地购置税应该能够包括购买交易实行时表现出来的经济给付能力（见页边码1801）。此外，上述例子中G是获得金钱并因此购买那块地产还是直接获得那块地产，并不会对结果产生任何影响。因此，《土地购置税法》第8条第2款第1目给出了一个必要的**补充事实**。[157]

1818　通过对估算基础使用《土地购置税法》第11条第1款中规定的3.5％的税率就可以最终算出所欠的税额。

三、课税权的产生、期限以及实行

1819　土地购置税通常是随着购买过程的实现**产生**的（惯例：缔结买卖合同）[158]，在特殊情况（见《土地购置税法》第14条）下，是随着新条件或者获得许可而产生的。原则上，它是在税收裁决公布后一个月**到期**的（《土地购置税法》第15条第1项）。《土地购置税法》第22条用于课税权的顺利实现。因此，当财政局**证明**注册不会有税务问题后，买者才能在土地登记册上进行注册。根据《土地购置税法》第22条第2款第1项，如果已经清偿、确认或者确定延期支付税收，以及如果没有实质性纳税义务的话，就是上述的情况。因此地产买者对在土地登记册上注册而尽快保障其财产的关注正是一个督促其及时报告有纳税义务的过程的天然的施压手段。

除此之外，受让者和卖主不仅有义务将其与地产相关的法律程序通知法庭、机关和

---

[155] *Viskorf*, in: *Boruttau*, GrEStG, 16. Aufl, 2007, § 8 Rn 33.
[156] *Reiß*, in: *Tipke/Lang*, § 15 Rn 39.
[157] BFH, II R 99/70, BStBl II 1972, 503 (504); *Viskorf*, in: *Boruttau*, GrEStG, . Aufl, 2007, § 8 Rn 15, 但是对于按照《估值法》一般较低的地产价值的估值，质疑了其法律平等问题。
[158] *Pahlke/Franz*, GrEStG, 3. Aufl, 2005, § 14 Rn 3.

公证处,根据《土地购置税法》第 18、19 条还有义务将其与地产相关的法律程序通知财政局。

情形 66(页边码 1800)**的答案:**

Ⅰ. 土地的情况

1. 实质性纳税义务: A 与 X 开放式贸易公司缔结了一个国内地产的买卖合同,根据《土地购置税法》第 1 条第 1 款第 1 目,这是一个应纳税的购买过程。

因为不能进行《土地购置税法》第 3、4 条中规定的免税处理,这个过程仍然是有纳税义务的。

2. 个人纳税义务: 根据《土地购置税法》第 13 条第 1 目,A 是纳税人。他应在税收有效期内,即公布税收裁决后一个月(《土地购置税法》第 15 条第 1 项),清偿款项。

3. 税收优惠: 因为存在向共同共有的转让,就应该考虑到《土地购置税法》第 5 条第 2 款中规定的税收优惠。A 作为一块国内地产的唯一所有者将其转让给一个作为共同共有的开放式贸易公司。其参与的共同共有股份(40%)根据《土地购置税法》第 5 条第 2 款原则上不需要纳税。然而根据《土地购置税法》第 5 条第 3 款,当 A 在向这个开放式贸易公司转让地产后五年内减少了他在共同共有资产中的股份,则可能是不同的情况。A 于 2006 年 6 月 10 日转让了他的股份。此时,税收产生的时间点对于期限的开始非常重要。因为根据《税法通则》第 38 条、《土地购置税法》第 1 条第 1 款第 1 目,税收随着合约的缔结而产生,那么税收产生的时间点是 2001 年 5 月 30 日并不在 2001 年 7 月 20 日的转移之时。结果,2006 年 6 月 10 日发生的股份转让在五年期限之外。税收可以减少 40%。

4. 估算基础、税收征收: 根据《土地购置税法》第 8、9 条,估算基础是按照回报的价值计算的,因此合计 200 000 欧元。根据《土地购置税法》第 11 条第 1 款,它应承担 3.5% 的税率,因此是 7000 欧元减去 40%(2800 欧元),结果为 4200 欧元。

Ⅱ. 变型

根据《土地购置税法》第 16 条第 2 款第 3 目,A 可以申请要求撤销税收裁决。因此,如果转让人将转让的土地财产赎回,当作为购买过程基础的法律行为被撤销,无论是对于赎回还是对于之前发生的购买过程来说,税收核定都可以通过申请而撤销。

根据《民法典》第437条第2目、第323条第1款,X开放式贸易公司按照规定声明放弃并实施。因此,买卖合同解除并且A还从开放式贸易公司赎回了土地财产。根据A的申请要求,财政局依照《土地购置税法》第16条第2款第3目撤销了已经确定的税收。

索 引

（查找位置为边码及其所附脚注）

Abfärbetheorie, 褪色理论 1117 f, 1365

Abflussprinzip, 流失原则 934 ff, 977, 994, 1036

Abgaben, 捐税 110, 117, 121

Abgabenordnung,《税法通则》 651

——Aufbau,《税法通则》的构建 250

Abgeltungsteuer, 补偿税 760 ff, 995, 1204, 1235, 1239, 1256, 1281, 1282, 1284 ff

Abhilfeentscheidung, 救济判决 576

Ablaufhemmung, （时效的）不完成 270 ff

Abrechnungsbescheid, 核算裁决, 结算裁决 265, 552

Abschirmwirkung, 保护伞作用 1474

Abschreibungsgesellschaft, 折旧公司, 参见 Verlustzuweisungsgesellschaft

Absetzung für Abnutzung, 折旧扣除 786, 893 ff, 977 ff, 1025 ff

——Arbeitsmittel, 生产资料的折旧 1026 f

——degressive, 递减的折旧扣除 897

——erhöhte, 提高了的扣除 900

——fallende Jahresbeträge, 递减的年度金额 897

——lineare, 线性的折旧扣除 896

——Rate, 折旧扣除率 896 ff, 977

——technische, 技术上的折旧扣除 899

——wirtschaftliche, 经济上的折旧扣除 899

Absetzung für Substanzverringerung, 折旧损耗 893

Absprache 协商, 参见 Verständigung, tatsächliche, Abtretung, 279 ff

Abzugsbetrag 1613, 扣除额

Abzugsverbot, 扣除禁止 619 ff, 924 ff, 967 ff, 1019, 1049, 1238 ff, 1242 ff, 1288, 1738

参见 auch Verlustausgleichsverbot,

Addington, Henry, 亨利·阿丁顿 18

Agio, 折扣 761

Aktiendividenden, 股份分红, 股份上的股息和红利 764 ff, 1247

Aktiva, 资产, 贷方 807

Aktivierung, 记入贷方, 作为资产列示 821, 836 ff

——Pflicht, 记入贷方义务, 应当作为资产列示 821

——Wahlrecht, 记入贷方义务选择权, 作为资产列示的选择权 821

Aktivitätsklausel, 活动附加条款 646

Aktivtausch, 贷方交换, 资产项目的转换 810

Akzisen, ①（到19世纪为止征收的）国内货物税和交通税；②（民主德国对国营百货商店所货物征收的）消费税 15, 1650

Alkoholsteuer, 酒精税 1652

Alkopopsteuer, 含酒精的饮料税 1653, 1655

Alleinerziehende, Entlastungsbetrag für, 单亲，免税金额 1093

Alleinsteuer, 单一税 8

Allgemeinverfügung, 一般处分
— Zurückweisung eines Antrags/Einspruchs durch, 通过……驳回一项申请或申诉 416, 577

Alterseinkünfte, 老年收入 791

Altersentlastungsbetrag, 老年减负额 603, 1033

Altersvorsorge, zusätzliche, 养老，附加的 1047

Amtsermittlungsgrundsatz, 依职权调查的基础，参见 *Untersuchungsgrundsatz*

Amtshilfeverordnung, 行政协助命令 1680

Amtsträger, 国家工作人员，公职人员 493

Analogie, 类推，类比 174

Anfechtungsklage, 撤销之诉，（行政法上亦称）确认无效之诉 380, 505, 570, 580

Anlagevermögen, 固定资产 711, 841, 887, 893 f, 977 ff, 1391

Anrechnung, 折抵
— der Erbschaftsteuer nach, 根据《所得税法》第35b条遗产税的抵免 § 35b EStG 1638
— Methode, 抵免法 1458, 1460 f, 1466
— Verfahren, 折算制 1204, 1281
— Wechsel zum Halbeinkünfteverfahren, 向半收入程序转变 1281

Anschaffungskosten, 购置成本 711, 718 f, 786, 875, 890 ff, 943 ff, 1154, 1161, 1258

Anscheinsbeweis, 推定证明，表见证据 701

Anspruch aus dem Steuerschuldverhältnis, 基于税收债务关系的请求权 251 ff
— Durchsetzung, 执行请求权 550 ff

Anteilsveräußerung, 股份转让 1239 ff, 1810 ff

Anwendungsvorrang des EU-Rechts, 欧盟法律的优先适用 1679

Äquivalenzprinzip, 等价原则，同等原则 28 ff, 81, 1356 f

Arbeitnehmer, 雇员，劳方
— Begriff, 概念 750
— Pauschbetrag, 总额 758

Arbeitsbeitrag, 劳动贡献 7

Arbeitslohn, 工资 752 ff, 997 ff
— Sachbezüge, 实物工资，参见此处
— Werksrabatte, 工厂折扣，参见此处

Arbeitslosengeld 612, 失业津贴

Arbeitszimmer, häusliches, 工作室，在家的 622 ff

Aufenthalt, 居所
— gewöhnlicher, 惯常居所 673 ff

Auflage, 负担 *Nebenbestimmungen*

Auflagenvorbehalt, 负担保留 *Nebenbestimmungen*

Aufrechnung, 抵消 262 ff
— Rechtsnatur der Aufrechnungserklärung, 抵消声明的法律性质 374

Aufteilungs- und Abzugsverbot, 分配禁止和扣除禁止 621 ff, 967 ff, 1019 f

Aufwand, 费用 811
— Konto, 账目，账户 816
— verlorener, 失去的，遗失的 1065

Aufwandsteuer, örtliche, 支出税 88 ff, 144 f

Aufwendungen, 费用，支出 615
— als beruflich veranlasste Werbungskosten, 作为业务使然的宣传费用 1049
— beteiligungsbezogene, 涉及入股的 1235 f, 1237
— drohende, 威胁的 833, 855
— ersparte, 节约出来的 957, 997
— für die eigene Berufsausbildung, 为自身的职业培训 1049
— gemischte, 混合的 621 ff, 967 ff, 1019 f

—private,私人的　628,967 f,1019

—Repräsentations,代表　621 f,1020

—vergebliche,无意义的　963,1017

—Verpflegungsmehr,超额膳食　622 ff

—zur Altersvorsorge,用于养老　791

Ausbildungskosten,培训费用　1049

Ausgliederung,(公司)分立　1433

Ausgliederungsmodell,(公司)分立模型　1117

Auskunft,verbindliche,陈述,报告,答复,有约束力的　466 ff

Auskunftpflichten,陈述义务,报告义务,参见 *Besteuerung*,*Mitwirkungspflichten*

Auslandsdividenden,国外股利　1235 f

Aussageverweigerungsrecht,拒绝作证的权利　485

Ausschüttungserlös,分配收益　613

Außenprüfung,纳税检查　272,501 ff

—Begriff,概念　501

—Besonderheiten,特点　504

—elektronischer Datenzugriff,电子数据的存取　506 f

—Durchführung,实行　503,518

—Festsetzungsfrist,核定期限　272

—Lohnsteuer,工资税　s. dort

—Prüfungsanordnung,检查通知　505

—Schlussbesprechung,最后的商议　507

—Zulässigkeit,许可　502 ff

Außensteuerrecht,涉外税法　1459

Außentheorie,外观理论,参见 *Gestaltungsmissbrauch*

Aussetzung der Vollziehung,执行的中止,延期　554,571 ff

Ausstellerhaftung,发票人责任　1740

Bankgeheimnis,银行秘密　488 ff

Basisgesellschaften,基地公司,基准公司　1482

Bauabzugssteuer,建筑扣减税　653

Bedingung,条件,参见 *Nebenbestimmungen*

Bedürfnisbefriedigungspotenzial 29,34,需求满足能力

Beförderungsleistungen,运送给付　1705

Befreiung,免除,参见 *Steuerbefreiung(en)*

Befristung,附期限,参见 *Nebenbestimmungen*

Begründung eines deutschen Besteuerungsrechts,德国的征税权的成立　923

Begünstigtes Vermögen,享受优惠待遇的财产　1607 ff

Behaltensfrist,保留的期限　1615,1618

Behinderten-Pauschbetrag,针对残疾人的总额　1083

Beiträge,出资,保险费　118

Belastung(en),负担

—außergewöhnliche,异常的　603,629,1036,1057 ff

—Obergrenze,上限　200

—zumutbare,可预测的　1075

Belastungsgleichheit,负担平等　43 ff,122,187,775

Belastungsgrundentscheidung,以负担为基础的判决　187,1551

Bemessungsgrundlage,课税依据,估算基础　102

—Änderung,变化　1745

—Einkommensteuer,所得税　631 f

—Erbschaft- und Schenkungsteuer,遗产赠与税　1575 ff

—Gewerbesteuer,营业税　1381 ff

—Grunderwerbsteuer,(土地买卖的)契税　1814 ff

—Körperschaftsteuer,公司税　1231 ff

—Umsatzsteuer,增值税　1724 ff

Berufsausbildung,职业培训　1049 f

Berufsausbildungsabgabe,职业培训税　111,127

Beschränkungsverbot,限制禁止 225 f,226,1560

Beschwerde,抗告、申诉 588 ff

Besteuerung,征税
— Allgemeinheit und Gleichheit der,征税的一般性与平等性 17
— Durchführung der,征税的实行 475 ff
— Ermittlungspflichten der Behörde,行政机关的调查义务 480
— Erfassung der Steuerpflichtigen,纳税义务人的统计 476
— Gesetzmäßigkeit der,征税的合法性 172
— konsumorientierte,消费导向的征税 24
— Kooperationsgrundsatz,合作原则 49 ff,480
— nach der Leistungsfähigkeit,根据能力 19,104,189,615
— nachgelagerte,下游的征税 791
— Mitwirkungspflichten,协助义务 480
— Mitwirkungsverweigerungsrechte,拒绝协作的权利 485 ff
— Ökonomische Prinzipien,经济性原则 26 ff
— Personengesellschaften,人合公司 1101 ff
— Prinzipien der,征税的原则 25 ff
— Sachverhaltsermittlung,事实的确认 476 ff
— Steueraufsicht,税务监督 511 ff
— Vermutungsregeln,推定规则 482 ff

Besteuerungsgrundlagen,课税基础
— bei Personengesellschaften,在人合公司中 539 ff,1106 ff
— Begriff,概念 533 f
— Bestandskraft,存续力 448
— einheitliche Feststellung,统一确认、统一查明 536 f,1120
— gesonderte Feststellung,分别确认、分别查明 532 ff

Bestimmtheitsgebot,明确性规定 175

Bestimmungslandprinzip,目的国征税原则 1680,1710

Beteiligtenfähigkeit,当事人特征 587

Beteiligung,参与、入股、入伙、股份
— nachträgliche Anschaffungskosten der,股份的事后购置成本 1258
— Betriebsvermögen,企业财产 1286
— Privatvermögen,私人财产 1284

Beteiligungsketten,股份链条 1235

Betriebliche Altersvorsorge,企业养老 612,750

Betriebsaufgabe,企业任务 717 f

Betriebsauflösung,企业解散 717

Betriebsaufspaltung,企业分离 705 ff,1367

Betriebsausgaben,企业支出 613 f,934,959 ff,1235 f
— Abzugsverbote,扣除禁止,参见此处
— Begriff,概念 615,959 ff
— beteiligungsbezogene Aufwendungen,涉及入股的费用 1236
— nachträgliche,事后的企业支出 965
— Sonder,特殊企业支出 1147 ff
— vergebliche,无意义的企业支出 963
— vorweggenommene,提前发生的企业支出 961

Betriebseinnahmen,企业收入 613,934
— Begriff,概念 948 ff
— durchlaufende Posten,往来抵消帐 953
— Sachwertzugänge,实物价值增加 952
— Sachzuwendungen,实物资助 950
— Sonder,特殊的企业收入 948,1147 f

Betriebsprüfung,(对)企业(进行的)(纳税)检查,参见 *Außenprüfung*

Betriebsstätte,常设机构 1470,1472 f

Betriebsstättenvorbehalt,常设机构保留 1487

Betriebsübergang,企业交接、营业转移 1371

Betriebsumgestaltung,企业改革 725

Betriebsunterbrechung,营业中断　725 f，1371

Betriebsveräußerung,企业转让　717

　　—entgeltlich,有偿的　717

　　—unentgeltlich,无偿的　717

Betriebsveräußerungsgewinne,企业转让收益　647，717

Betriebsvermögen,企业财产

　　—Begriff,概念　807，849 ff

　　—Bewertung,评估　870 ff

　　—Bilanzierung,编制资产负债表　807 ff

　　—gewillkürtes,意定的企业财产　851，1609

　　—Mehrung,增加　613，700

　　—notwendiges,必要的企业财产　850，1133

　　—Sonder,特殊的企业财产　1149 ff

　　—Vergleich　606，741，804 ff，比较,参见 *auch Gewinn*

　　—Wertveränderungen,价值变化　884 ff

　　—Zugehörigkeit zum,企业财产归属　849 ff

Betriebsverpachtung,企业租赁　721 ff，781，1367

Bettensteuer,床铺税,过夜税　88

Bevollmächtigter,代理人　385

Beweißmaß,证据标准

　　—im Besteuerungsverfahren,在征税程序中　480

Beweismittel,证据

　　—Begriff,概念　421

　　—nachträgliche,事后的　422

Bewertung,估价　808，819，870 ff

　　—Absetzung für Abnutzung,折旧扣除,参见此处

　　—Anschaffungs- und Herstellungskosten,购置成本和生产成本　873 ff

　　—Betriebsvermögen,企业财产　870 ff

　　—Einnahmen,收入　1005 ff

　　—Erbschaftsteuergesetz,遗产税法,参见 *Erbschaftsteuer*

Bewertung 估算

　　—Rückstellungen,准备金　910 ff

　　—Umlaufvermögen,流动资产　874

　　—Verbindlichkeiten,约束力　910

　　—Verkehrswert,交易价值　880

　　—Vermögensanfall,财产的归属　1577 ff

　　—Wahlrecht,选举权　820 f，872

　　—Wertsteigerung,增值,参见此处

BFH,联邦财政法院　588 ff

Bilanz,资产负债表

　　—Ansatz dem Grunde nach,确定根据　808，819，836 ff

　　—Bündeltheorie,平衡束理论　1102，1119，1161

　　—Ergänzungs,补充资产负债表　1132，1154 ff

　　—Gleichgewicht,平衡　809，837

　　—Identität,同一性　827

　　—Klarheit,明确性　826

　　—Kontinuität,连续性　827

　　—korrespondierende Bilanzierung,相互对应的资产负债表编制　1153

　　—Schlussbilanz,期末资产负债表　817

　　—Schlussbilanzkonto,期末资产负债表账户　817

　　—Schlussvermögen,剩余财产　806

　　—Sonder,特殊的资产负债表　1132，1146

　　—Steuerrecht,税法　804

　　—Vollständigkeit,完整性　826

　　—Wahrheit,真实性　826

　　—Zusammenhang,关联　827

　　—Zweischneidigkeit der,资产负债表的两面性　827

Bilanzierung,资产负债表编制

　　—dem Grunde nach,根据　808，819，836 ff

　　—der Höhe nach s. Bewertung,数额

—Gebot,规定 821
—Verbot,禁止 821
Binnenmarktrichtlinie,内部市场指令 1680
Bismarck, Otto von,奥托·冯·俾斯麦 20
BMF-Schreiben,联邦财政部长公文 65
Bodenrichtwert,土地标准价值 1587
Bodenwertsteuer,土地价值税 80
Branntweinmonopol,白兰地垄断 134
Briefkastengesellschaft,空壳公司,招牌公司 1474
Bruchteilsbetrachtung,部分财产,参见 *Personengesellschaft(en)*
Bruchteilseigentum,按份共有所有权 1150
Bruchteilsgemeinschaft,资产共有共同体 1112
Bruttonationaleinkommen（BNE）,国民总收入 166
Buchführung, doppelte,复式登记 812 ff
Buchführungs- und Abschlusspflichten,登记义务与订约义务 801 f
Buchwertfortführung,继续记录账面值 717, 1161 ff
Budgetrecht des Parlaments,议会的预算权 122, 126
Bundesfinanzbehörden,联邦财政机构 157
—direktion,联邦财政管理机构 157
Bundesfinanzhof,联邦财政法院,参见 BFH
Bürgersteuer,国民税 13

carried interest,附股权益 732, 741
Cashflow-Rechnung,现金流量—结算 931 f
Census,普查,参见 *Steuerveranlagung*
Clearing-Verfahren,清算程序 1713

Damnum,损失 761
Darlehen, partiarisches,借贷,利益分配借贷 763
Datenzugriff, elektronischer,数据存取,电子的 506
Definitivbesteuerung,最终税收 1235, 1238 ff, 1282
Devolutiveffekt,转移效果 575, 588 ff
de Forbonnais, François Véron 8
Differenz-, Margenbesteuerung,差额征税,边缘征税 1727
Direktgeschäft,直接交易 1469 ff
Disagio,贴水,亏价额 761, 821, 865, 1388
Diskriminierung,歧视
—steuerliche,税收上的歧视 223 ff
—versteckte,隐藏歧视 225
Dividende,股利 764
Doppelbesteuerung,双重征税 1450 ff
—Abkommen, allgemein,协定,普遍的 66 ff, 1456 ff, 1463 ff
—OECD-Musterabkommen,经合组织税收协定范本 1463 ff
—Vermeidung von,避免双重征税 1455 ff
—von ausgeschütteten Gewinnen,支付股利 1235
Drei-Objekt-Grenze,三物品限制 611, 703
Drittaufwand,第三方费用 1028a
Drittlandsgebiet,第三国区域 1711

Effizienzprinzip,效率原则 41
Ehe und Familie,婚姻与家庭
—Benachteiligungsverbot,损害禁止 199
Ehegattensplitting,配偶的分割,参见 *Splitting*
Ehrenamtspauschale,名誉性总额 361 f
Eigenkapital,自有资本 807
Eigenmittelbeschluss,自有资金决议 166
Eigentumsgarantie,财产保证,所有权保障 200 f
Ein-Prozent-Regelung,百分之一规则 917
Einbringung(en),提供,缴付,投入,出资
—eines Betriebes in eine Kapitalgesellschaft,以

索 引 537

企业向股份公司出资 1442

—in Kapitalgesellschaften，向股份公司出资 1435

—in Personengesellschaften，向人合公司出资 1435

—von Betrieben in eine Personengesellschaft，以企业向任何公司出资 1444

—von Kapitalanteilen in eine Kapitalgesellschaft，以资本向股份公司出资 1443

Eingetragene Lebenspartnerschaft，登记的生活伴侣关系 1077 ff

Einheitsbetrachtung，统一观点，参见 *Personengesellschaft(en)*

Einheitswert，课税标准价格 78，538，1404

Einkommen，收入

—verfügbares，可支配收入 190

—zu versteuerndes，需缴税的收入 602 f

Einkommensteuer，所得税

—Abzüge，扣除 649 ff

—Anrechnung der Erbschaftsteuer nach § 35b，根据《遗产税法》第35b条遗产税的抵免

EStG，参见 *Erbschaftsteuer*

—Bemessungsgrundlage，课税依据 631 ff

—duale，双元所得税 98

—festzusetzende，需要确定的所得税 631 f

—Harmonisierung，协调 23

—Recht，权利 600 ff

—Tarif，税率 633 ff

Einkommensverwendungssteuern，收入使用税 82

Einkünfte，收入

—Arten，Dualismus der，种类，收入的双元 602 ff，608 ff

—ausländische，境外收入 1452 ff

—Begriff，概念 602

—Ermittlung，确定 603，606，800 ff

—Ermittlungsschema，确定模式 603

—erzielungsabsicht，取得收入的意图 605

—freiberufliche Tätigkeit，自由职业活动 734

—Gewerbebetrieb，中小型工商企业 693 ff

—Gewerbesteuerpflicht，营业税纳税义务 738

—Kapitalvermögen，资本财产 759 ff

—Land- und Forstwirtschaft，农业和林业经济 743 ff

—nichtselbstständige Arbeit，非独立工作，非独立个人劳务 750 ff

—nicht steuerbare，非应税收入 605，626 f

—Saldierung der，收入轧平，参见 *Verlustausgleich*

—selbstständige Arbeit，独立个人劳务 732 ff

—sonstige，其他收入 788 ff

—sonstige Leistungen，其他产品和劳务 796 ff

—steuerbare，应税收入 605

—Umqualifizierung，重新转换 1120

—Verlagerungen，转移 1479

—Vermietung und Verpachtung，租赁，使用租赁的出租和用益出租 709，780 ff

—wiederkehrende Bezüge，重复收入 789

Einkunftsarten，收入的种类 602 f，606，691 ff

—Dualismus der，收入种类的双元 608 ff

Einlage，出资 806，816，877，913 ff，942 ff，1246

—Rückgewähr，返还 1283

—verdeckte，隐性出资 1258

—von Nutzungen und Nutzungsrechten，使用和使用权的出资 922

Einnahmen，所得

—Begriff，概念 996

—Bewertung，估价，参见此处

—steuerfreie，免税的所得 612，924 ff

—Verzicht，放弃 957 f

Einnahmen-Überschussrechnung，收入—盈余结算 606，750，931 ff

Einspruchsverfahren,异议程序 560 ff
　　—Befugnis,许可 564
　　—Beschwer,不服 564
　　—Beteiligte,当事人 578 f
　　—Devolutiveffekt,转移效果,参见此处
　　—Einspruchsentscheidung,异议裁决 576
　　—Form,形式 565
　　—Frist,期限 565
　　—Statthaftigkeit,许可性 563 f
　　—Verböserung,加重改判 416,576
　　—Voraussetzungen,前提 562 ff
　　—Zielrichtung,方向 561
Energiesteuer,能源税 86,126,1652
Entlastungsbetrag für Alleinerziehende,对单亲的免除额 603,1033
Entnahme,取用(款项)、提取 806,811,913 ff,942 ff,1247
　　—bei Verlegung des Betriebs ins Ausland,将企业移至境外 717
　　—USt,流转税 1708
Entscheidungen, finanzgerichtliche,裁决,财政法院作出的
　　—Rechtsmittel,上诉 588 ff
Entstehen, des Steueranspruches s. Steueranspruch,成立,税收管辖权的
Entstrickung,脱绳 1485,1488
Erbanfallsteuer,分遗产税 1556
Erbbaurecht,地上权 1804
Erbengemeinschaft,共同继承关系 330 f,1112,1150
Erbschaftsteuer,遗产税 1550 ff
　　—Anrechnung nach § 35b EStG,根据《遗产税法》第35b条的遗产税的抵免
　　—Bemessungsgrundlage,课税依据 1575 ff
　　—Bewertung,估价 1576 ff
　　—Betriebsvermögen,企业财产 1585,1606 ff

　　—frühere Erwerbe,早期收入 1632 f
　　—Immobilien,不动产 1586 ff
　　—mehrfacher Erwerb,多样的收入 1634 f
　　—persönliche Steuerbefreiungen,针对纳税人的免税 1621 ff
　　—Reform,改革 1551 ff
　　—sachliche Steuerbefreiungen,针对课税对象的免税 1595 ff
　　—Steuerberechnung,税收计算 1626 ff
　　—Steuerfestsetzung/-erhebung,课税/应纳税额的确定 1636 ff
　　—Steuerklassen,课税等级 1626
　　—Steuerpflicht,纳税义务 1560 ff
　　—Steuersatz,税率 1627 ff
　　—Tarifbegrenzung,税率界限 1630 ff
Erdrosselungswirkung,窒息作用 200
Erhebungsdefizit, strukturelles,征收赤字,结构性的 763,参见 auch Veräußerungsgeschäfte, private
Erhebungsverfahren,征收程序 550 ff
　　—Titel,项目 552 f
Ergänzungsbilanz,补充的资产负债表,参见 Bilanz, Ergänzungsbilanz
Ergebnisabführungsvertrag,盈余(或盈亏)移转合同 1220
Erlass,免除,减免(税款) 276 ff,391
　　—Aufhebung,废除,终止 278
　　—Billigkeits,衡平减免 276 ff,555 ff
　　—Festsetzungs,减免的确定 276
　　—Zahlungs,缴纳免除 276
Erlöschen des Steueranspruchs,税收管辖权的消灭,参见 Steueranspruch
Ermessensfehler,裁量错误 391 ff
　　—bei Erlass des Haftungsbescheids,在缴纳税款通知书的免除中 311
Ersatzbeschaffung,(资产的)重新购置 866 ff
Erststudium,第一学位,参见 Berufsausbildung

索 引   539

Ertrag,收益 811
— Konto,账户 816
Ertragsteuer(n),收益税 18 ff,600,1200
Erwerb,mehrfacher,取得,盈利,多样的盈利 1634 f
Erzberger, Matthias,马提亚·艾尔兹贝格 24,601
Erzberger'sche Steuerreform,艾尔兹贝格的税收改革 21,24,601
Europäische Union,欧洲联盟
— Ertragshoheit,收益权 166
— Finanzhoheit,财政权 163 ff
— Gesetzgebungskompetenzen,立法职权 163
— Grundfreiheiten,基础自由 225 ff
— Verwaltungshoheit,行政权 167 ff
Europäische wirtschaftliche Interessenvereinigung,欧洲经济利益集团 1112
Existenz,生存
— Minimum,最低限度 20 f,24,633
— Minimum der Familie,家庭的最低限度 196
— Sicherung,保障 196 f

Fälligkeit,到期,参见 Steueranspruch
Fälligkeitssteuern,到期税 531
Familienangehörige, Vertrag zwischen,家庭成员,家庭成员间协议 337 ff,参见 auch Fremdvergleich
Familienbesteuerung,针对家庭征税 196 ff
Familienleistungsausgleich,家庭开支补偿 1086 ff
Festsetzungsverjährung,诉讼时效的确定,参见 Verjährung
Festsetzungsfrist,核定期间 268
Feststellung, einheitliche und gesonderte,确认,统一的与分开的,参见 Besteuerungsgrundlagen
Feststellungsbescheid,确认通知书 378

Feststellungsklage,确认之诉 580
Finanzausgleich,财政平衡,财税分配 146
— bundesstaatlicher,联邦国家的财政平衡 148 ff
— Länderfinanzausgleich ieS,州的财政平衡 153
Finanzautonomie, gemeindliche,财税自治 1423
Finanzbedarf, staatlicher,财政需要,国家的 6 f
Finanzinnovationen,金融创新 763
Finanzhilfen,财政援助 147
Finanzkraft,财力 153
Finanzmonopole,财政专卖 134
Finanzrechtsweg,财税法律途径 582
Finanzverfassung,财政宪法 121 ff
Finanzverwaltungsgesetz,财税管理法 157
Fiskalzwecknormen,税收预征的规范 116,204,1238
Flat Tax,统一税,平头税 95,98
Florentiner Steuerreform,佛罗伦斯财税改革 14
Föderalismusreform II,第二次联邦制度改革 155
Folgebescheid,后续裁决,结果通报 534 f
— Festsetzungsfrist,核定期限 273
Folgerichtigkeit, Gebot der,连贯性,连贯性的规定 187
Forderungserlass,债权免除 1259
Forderungsverzicht,债权放弃 854
mwechsel,形式变更 1493 ff
Fortbildungskosten,继续发展的费用 1049
Fortsetzungsfeststellungsklage,继续确认之诉 580
Freiberufler, Gewinnermittlung,自由职业者,盈利调查 801,933,1132
Freibeträge,免征额 218,1035
— aufwandlose,无费用的 198
Freigrenzen,起征点 1035
Freistellung,减免

—Bescheid, 裁决, 通报 378, 515

—Methode, 方法 1458, 1466, 1490

Freizeitnutzen, 自由时间利用 34

Freizügigkeit der Arbeitnehmer, 雇员自由迁徙, 劳工的自由移动 230

Fremdvergleich, 第三方对比 339, 751, 1112, 1161, 1249 ff, 1481, 1619

Fuisting, Bernhard, 富斯廷, 伯恩哈德 20, 601, 611

Funktionsverlagerung, 职能变换 1481

Fusionsrichtlinie, 合并指令 238

Gebot der steuerlichen Lastengleichheit, 税负平等的规定 204, 213

Gebrauchtwaren, 旧货 1727

Gebühr, 手续费, 费用 32, 118 f

Gegenvorstellung, 反对意见 588 ff

Gegenwerttheorie, 对等价值理论 1065 f

Geldflussrechnung, 现金流计算 1153

Geldverkehrsrechnung, 资金往来计算 803, 931 f

Geldstrafen, 罚金刑 1244

Gelegenheitsgeschenke, 临时赠与物 1001

Gemeindegetränkesteuer, 地方饮料税 86

Gemeiner Pfennig, 公捐（公众芬尼） 15

Gemeiner Wert, 普通价值 717, 880, 1577

Gemeinnützigkeit, 公益

   —Folgen der Gemeinnützigkeit, 公益的效果 361 ff

   —Gemeinnützige Körperschaften, Steuerbefreiung der, 公益法人, 免税 356 ff

   —Gemeinnütziger Zweck, 公益方针 357

   —Gemeinwohlorientierung, 以公共福利为导向 357 ff

   —Körperschaft, 法人 1219

   —Spendenrecht, 捐赠权 363 ff

Gemeinwohlorientierung, 以公共福利为导向, 参见 Gemeinnützigkeit

Gemischt genutzte Gegenstände, 混合使用物品 1735

Generally Accepted Accounting Principles, US-GAAP, 美国通用会计准则 824

Geprägetheorie, 印记理论 1119

Gerechtigkeitsordnung, 公平秩序 44

Gesamtdeckung, Grundsatz der-, 整体补偿, 原则 126

Gesamthandsgemeinschaften, 共同共有合伙 1150

Gesamtplan, 整体计划 343

Geschäftsleitung, Begriff, 管理机构所在地, 概念 1214

Geschäftssitz, Begriff, 营业场所, 概念 1214

Geschäftsvorfälle, 经济业务 810 f, 815

Gesellschaft, 合伙, 公司, 参见 auch Kapitalgesellschaft

   —atypisch stille, 非典型隐名合伙 1113

   —beherrschender Gesellschafter, 具有支配地位的股东 1252

   —bürgerlichen Rechts, 公民的权利 536 f, 1112

   —GmbH & Co. KG, 由有限责任公司担任无限责任股东的两合公司 1112, 1119, 1152, 1205 ff, 1212

   —Kapitalrücklage, 资本储备金 1258

   —mehrstöckige, 多层的 1147

   —stille, 隐藏合伙, 隐名合伙 1112 f, 1122 ff

   —Vor, 设立中的公司 1215

   —Zebra-, 斑马—, 参见 Zebragesellschaft

Gesellschafter, 股东, 合伙人

   —atypisch stiller, 非典型隐名股东 693, 1113

   —Fremdfinanzierung, 贷款融资 1254, 1484

   —stiller, 隐藏股东, 隐名股东 693, 1113

Gesellschafterdarlehen, 股东借贷 1238

Gesetzgebungskompetenz, 立法权能

索 引

—Sonderabgaben,特别课税 122

—Steuern,征税,参见 *Steuergesetzgebungshoheit*

Gestaltungsmissbrauch,形成过失 341 ff

　　—bei Wertpapierveräußerungen,在有价证券转让中 345

　　—rechtstheoretische Einordnung des § 42 AO（内部理论,外部理论） 343,《税法通则》第 42 条规定的法律理论分类

　　—Voraussetzungen,前提 344 ff

Gewerbebetrieb,盈利企业 1365

　　—atypisch stiller Gesellschafter,非典型隐名股东,参见 *Gesellschafter,atypisch stiller*

　　—auf Antrag,申请中 1119

　　—Begriff,概念 695 ff

　　—Einkünfte aus,收入来自 692 ff

　　—Gewinnanteile,应得利润,部分盈余 693

　　—Gewinnerzielungsabsicht,营利意图 699 ff

　　—Mitunternehmer,共同业主 693,704,1111 ff

　　—Nachhaltigkeit,可持续性 697

　　—stehender,有固定营业场所的盈利企业 1373

　　—stiller Gesellschafter,隐名股东 693

Gewerbesteuer,营业税

　　—allgemein,概述 75,1351 f

　　—Anrechenbarkeit bei der ESt,营业税中的可折抵性 650,1357,1360

　　—Aufkommen,税收收入 1359

　　—Belastung,负担 1119

　　—Bemessungsgrundlage,课税依据 1382 ff

　　—Besteuerung,征税 1351 ff

　　—Betriebsausgaben,企业支出 1384

　　—Betriebseinnahmen,企业所得 1384

　　—Betriebsstätte,常设机构 1374,1425

　　—Dividendenbesteuerung,针对股利征税 1393,1405

　　—Festsetzung,确定 1415 ff

　　—Freibetrag,免征额 1418

　　—Gesetzgebungsbefugnis,立法许可 1358

　　—Gewerbeertrag,营业收益 75,1353,1381 ff

　　—Gewerbekapital,营业资本 1354

　　—Gewerbesteueroase,营业税绿洲 1423

　　—Gewerbeverlust,营业亏损 1411 ff

　　—Hebesatz 1423,税率

　　—Hinzurechnungen,加算 1386 ff

　　—Kürzungen,削减 1403 ff

　　—Messbescheid,确认通知书 1417 ff

　　—Messbetrag,计算基础值 1417 ff

　　—Messzahl,动态指标 1419

　　—Objektsteuercharakter,对物税特性 600,1352,1362

　　—Personengesellschaft,人合公司 1383

　　—Rechtsbehelfe,法律救济 1424

　　—Steuerbefreiungen,免税 1375

　　—Steuerfestsetzung,应纳税额的核定 1415

　　—Steuergegenstand,征税对象 1361

　　—Steuerschuldner,纳税义务人 1376 ff

　　—Tarifbegrenzung,税率界限 1357

　　—Veräußerungsgewinne,转让收益 1384

　　—Zerlegung,分配 1425 f

Gewerbetreibende, Gewinnermittlung,经营者,盈利调查 801,805,933

Gewinn,盈利,收益,参见 auch Gewinnermittlung

　　—Ausschüttung, Steuerbefreiung,分配,免税 1235 f

　　—Ausschüttung, offene,分配,公开的 1247,1281

　　—Ausschüttung, verdeckte,分配,秘密的 1247,1282,1481

　　—Einkünfte,收入 608

　　—Grundsatz der Gesamtgewinngleichheit,总利

润等价原则　941，991
—Perioden,周期盈利　700
—Total,总盈利　700
—und Verlustkonto,和亏损账户　816
—und Verlustrechnung,和亏损计算　818
—Zurechnung bei Personengesellschaften,人合公司中的归责　1103
Gewinnabführungsvertrag,盈利转让契约　1220 ff
Gewinnermittlung,收益调查
—Arten,种类　801，991
—Betriebsvermögensvergleich,企业财产比较　801，804 ff
—Einnahmen-Überschussrechnung,收入—盈余结算　930 ff
—Kapitalgesellschaften,股份公司　1233
—nach Durchschnittssätzen,根据平均率　606，748，801
—nach Tonnage,根据吨位　801
—Wechsel der,的变更　991 ff
Gewinnerzielungsabsicht,营利意图　626，695，699 ff，733
Gewinnfeststellung,盈利确认
—Bescheid,通知　534，541，1422
—einheitliche und gesonderte,统一的和分别的　532，664
Gleichartigkeitsverbot,同种类禁止　137，142 f，145
Gleichheit der Besteuerung,征税的平等　17
Gleichheitssatz,平等税率
—allgemeiner,普遍的　186 f
—bereichsspezifische Konkretisierung,得利专用的具体化　188
—Rechtfertigung von Ungl-eichbehandlungen,不平等待遇的正当化　214
Gleichmäßigkeit der Besteuerung,征税的平等性,按能力纳税　209

Gratifikationen,奖金　750
Grenzgänger,跨境通勤者　225 ff
Grenznutzentheorie,边际效用理论　35 f
Grenzpendler,跨境通勤者　682
Grenzsteuersatz,边际税率,参见 *Steuersatz*
Grunderwerbsteuer,契税　91，1800 ff
—Bemessungsgrundlage,课税依据　1814 ff
—Entstehen,产生　1819
—Fälligkeit,到期　1819
—Grundstück,土地　1804
—persönliche Steuerpflicht,针对纳税人的纳税义务　1802
—sachliche Steuerpflicht,针对课税对象的纳税义务　1803
—Steuerbefreiungen,免税　1813
—Steuergegenstand,征税对象　1804 ff
—Steuersatz,税率　1818
—Verfahren,程序　1819
Grundfreibetrag,基本免征额　633，1067
Grundfreiheiten,基础自由　223 ff
Grundlagenbescheid,基础裁决　435 ff，534 ff，1421,参见 *auch Folgebescheid*
Grundsatz,原则
—der Bequemlichkeit der Besteuerung,征税的方便性　26
—der Besteuerung nach der Leistungsfähigkeit,量能纳税,参见 *Leistungsfähigkeitsprinzip*
—der Bestimmtheit,确定性　26
—der Effizienz,效率　26
—der Einzelbewertung,个别估价　846
—der Gesamtgewinngleichheit,总利润平等　941
—der Gesetzmäßigkeit der Besteuerung,征税的合法性　172 f
—der Gleichmäßigkeit der Besteuerung,征税的同等性,按能力纳税　821

—der Individualbesteuerung, 分别课税 655
—der Jahresbezogenheit 180
—der Steuergleichheit, 税收平等 26
—der Tatbestandsbestimmtheit, 年度相关性 175
—ordnungsmäßiger Buchführung, 按一定规则簿记 825 ff
—von Treu und Glauben, 诚实信用 325, 350 f, 463
Grundsteuer, 土地税 13 f, 80 f, 1355
Grundstückshandel, 地产交易 611, 701, 1120
Günstigerprüfung, 更有利审查 643
Gütergemeinschaft, 共同财产制 1112

Haftpflichtversicherungsvertrag, 责任保险合同 1039
Haftung, 责任
—Akzessorietät, 从属性 305 ff
—Anspruch, 请求 251, 300 ff
—Bescheid, 通知 310 ff, 552
—Beschränkungen, 限制 308 f
—Ermessen, 评估 311
—Grundsatz der Subsidiarität, 补充性原则 312
—persönliche, 人身 304 ff
—Prüfungsreihenfolge bei Haftungsfällen, 责任事件中的调查顺序 313 f
—Schuldner, 责任人 253
Halbteilungsgrundsatz, 均半分配原则 200 f
Halbeinkünfteverfahren, 半收入程序 1204
Haller, Heinz 34
Handlungsformen, 交易形式
—Steuerverwaltungsakt, 税收行政行为, 参见此处
—öffentlich-rechtlicher Vertrag, 公开合法合同, 参见 *Vertrag, öffentlich-rechtlicher*

—tatsächliche Verständigung, 事实的转让, 参见 *Verständigung*
—verbot, 禁止 461
—verbindliche Auskunft, 有约束力的答复, 参见 *Auskunft, verbindliche*
Handwerkerklausel, 手工业者条款 1613
Härteausgleich, 困难补助 1629
Haushaltshilfe, 家政服务生产成本 970
Herstellungskosten, 生产成本 977 f
Hinterbliebenen-Pauschbetrag, 死者家属一总额 1084
Hinzurechnungen, 加算 1386 ff
Hinzurechnungsbesteuerung, 加算征税 1482 f
Hundesteuer, 狗税 88

Immobilienfonds, geschlossene 786, 不动产基金, 封闭的, 参见 *auch Werbungskosten bei Einkünften aus Vermietung und Verpachtung*
Imparitätsprinzip, 不同等处理原则 833
Infektionstheorie, 感染理论 1117, 参见 *auch Abfärbetheorie*
Inland, Begriff, 国内, 概念 666, 1704 f
Inländer, Begriff, 本国人, 概念 1561
Innentheorie s. Gestaltungsmissbrauch, 内部理论
International Accounting Standards, IAS, 国际会计准则 824
Internationales Steuerrecht, 国际税法 1450 ff
Internetnutzung, 互联网运用 612, 998
Investitionsabzugsbetrag, 投资扣除额 900
Investitionszulage, 附加投资 1119

Jahreswagen, 年度优惠汽车 1011
Jubiläumsrückstellungen, 庆典准备金 860
Juristische Personen des öffentlichen Rechts, 公法人 1693

Kalte Progression,财政拖累 632
Kapitalertragsteuer,资本收益税 774 ff,1282
Kapitalexportneutralität,资本输出中立性 1458
Kapitalforderungen,资本债权 768
Kapitalgesellschaft(en),公司,资合公司
— Anteilsveräußerung bei wesentlicher,在重大投资中的股份转让
— Beteiligung 719 f,1120,入股
— beschränkte Steuerpflicht,受限纳税义务 1218
— Besteuerung,征税 1200 ff
— Ende der Steuerpflicht,纳税义务终止 1216
— Gewinnbeteiligungen,参与盈余分配 763 f
— Spenden,捐赠 1395 ff
— Steuersubjekt,税收主体 1205 ff
— stiller Gesellschafter,隐名股东 763
— verdeckte Gewinnausschüttungen,秘密的盈余分配 765,1247 ff
Kapitalimportneutralität,资本输入的中立性 1458
Kapitalkonto,资本账户 816
— negatives,负面资本账户 1134 ff
Kapitalvermögen, Einkünfte aus,资本财产,收入,参见 *Einkünfte*
Karlsruher Entwurf,卡尔斯鲁厄草案 96
Karussellbetrug,旋转木马诈骗 1740
Kaskadeneffekt,瀑布作用 1612
Katalogberufe,目录职业 734
Kinderbetreuungskosten,儿童抚养费用 1096 ff
Kinderfreibetrag/Kindergeld,子女免征额,儿童金 1088 ff
Kindesaufwendungen,子女费用 1086 ff
Kirchensteuer,教会税 73,1044
Kirchhof, Paul 96,基希霍夫,联盟党财政策略顾问,德国联邦宪法法院前任法官,汉堡大学教授

Klageart, Statthaftigkeit,诉的种类,许可性 583
Klagebefugnis,诉权 585
Klassensteuer,等级税 19
Kleinbetragsgrenze,小额税款界限 1637
Kleinunternehmer,小企业业主 1692,1698,1733
Kölner Entwurf,科隆草案 97
Kommanditgesellschaft,两合公司,有限人合公司 536 f,1112,1114
Kommunalabgabengesetz,地方税法 144 f
Konnexitätsprinzip,关联原则 147
Konsumsteuer,消费税 82
Konsumausgabensteuer,消费支出税 83
Konto,账户
— Bestands,实账户 813
— Eröffnungsbilanz,期初资产负债表账户 814
— Schlussbilanz,期末资产负债表账户 817
— Erfolgs,虚账户 816
Konzernverrechnungspreis,康采恩转让定价价格 1249
Kooperationsgrundsatz,合作原则,参见 *Besteuerung*
Körperschaft, gemeinnützige,法人,公益性的,参见 *Gemeinnützigkeit*
Körperschaftsteuer,法人税 21,72
— allgemein,概述 1200 ff
— Anrechnungsverfahren,折抵程序,参见此处
— Aufkommen,税收收入 1042,1202
— Ausschüttungsbelastung,分配利润的税收负担,参见此处
— Bemessungsgrundlage,课税依据 1231 ff
— Ertragsteuereigenschaft,收益税特性 1200
— Freibeträge,免征额 1269 ff
— Gesetzgebungskompetenz,立法权能 1201
— Halbeinkünfteverfahren,半收入程序,参见此处

索 引   545

—sonderausgabenähnliche Abzüge,类似特殊之处的扣除　1262 ff

—Steuerbefreiungen,免税　1234 ff

—Steuersatz,税率　1204,1276 ff

—Tarif,税率表　1204,1276 ff

—Vorgesellschaft,设立中的公司　1215

—Vorgründungsgesellschaft,发起人合伙　1215

Korrektur,更正

 —allgemeiner Steuerverwaltungsakte,普通税收行政行为的更正　378,401 ff

 —allgemeiner Steuerverwaltungsakte, Rücknahme,撤回,普通税收行政行为的更正　403 ff

 —allgemeiner Steuerverwaltungsakte, Widerruf,废止,普通税收行政行为的更正　403 ff

 —besonderer Steuerverwaltungsakte,特殊税收行政行为的更正　378,411 ff

 —besonderer Steuerverwaltungsakte auf Antrag,依申请的特殊税收行政行为的更正　270,416

 —besonderer Steuerverwaltungsakte nach einer Außenprüfung,根据纳税检查的特殊税收行政行为的更正　423

 —besonderer Steuerverwaltungsakte, Saldierung,特殊税收行政行为的更正,终止　445 ff

 —besonderer Steuerverwaltungsakte, Vertrauensschutz,特殊税收行政行为的更正,信赖保护　442

 —besonderer Steuerverwaltungsakte wegen eines rückwirkenden Ereignisses,因有追溯力事件的特殊税收行政行为的更正　438 ff

 —besonderer Steuerverwaltungsakte wegen neuer Tatsachen oder Beweismittel,因新事实或证据特殊税收行政行为的更正　417 ff

 —besonderer Steuerverwaltungsakte wegen Verständigungsvereinbarung,因交流协商的特殊税收行政行为的更正　441

 —besonderer Steuerverwaltungsakte wegen widerstreitender Festsetzung,因相互冲突的确定导致的特殊税收行政行为的更正　430 ff

 —offenbarer Unrichtigkeiten,明显的不正确　270,402 ff,412

 —schlichte Änderung,单独改变,参见 *Korrektur auf Antrag*

 —von Steuerbescheiden,通过税收裁定,参见 *Korrektur,besonderer Steuerverwaltungsakte*

 —von Folgebescheiden,通过后续裁定　435 ff

 —bei vorläufiger Steuerfestsetzung,在临时应纳税额确认,参见 *Steuerfestsetzung*

 —bei Vorbehalt der Nachprüfung,审查的保留,参见 *Vorbehalt,der Nachprüfung*

Korrekturposten,修正项目　1154

Korrespondenzprinzip,对应原则　1248,1256

Kosten,成本,费用　293 ff

 —der Lebensführung,生活方式成本　967,1019

Kostendeckungsprinzip,费用低偿原则　119

Kraftfahrzeug-Kosten,机动车成本　970

Kraftfahrzeugsteuer,汽车税　88

Krankenversicherung,医疗保险　612

Krankheitskosten,医疗费用　1072 f

Kulturförderabgabe,文化促进税　88

Kurzarbeitergeld,工时缩短者的补助金　612

Landesfinanzbehörden,州财政机关　158

Land- und Forstwirtschaft,农林经济

 —Einkünfte aus,来自农林经济的收入　702 f,743 ff,1115

 —Gewinnermittlung,盈利调查　673,801,933

 —primäre Einkünfte,主要收入　744

 —sekundäre Einkünfte,次要收入　744

Lang, Joachim, 朗格, 约阿希姆　97
Lassalle'sche Steuerstreitschrift, 拉萨尔税收争论文章　19
Lastenausteilungsnormen, 税负分配规范　204
Lastengerechtigkeit, steuerliche, 负担公平性, 税收的　5
Legalitätsprinzip, 合法原则　478
Leibrenten, 参见, *Rente*
Leistungsaustausch, 给付交换　1701
　—Finalität, 目的性　1701
　—Spenden, 捐赠　1701
Leistungsfähigkeit, 能力
　—Grundformen, 原始形式　70
　—individuelle, 个人的　43, 193 f, 600
　—Ist-Leistungsfähigkeit, 实际能力　33, 189
　—objektive, 客观的　190, 193 f
　—Soll-Leistungsfähigkeit, 应然能力　33
　—subjektive, 主观的　18, 104, 190, 193 f, 1033
　—wirtschaftliche, 经济能力　1801
Leistungsfähigkeitsprinzip, 纳税能力原则　28, 33 ff, 80 f, 188 ff, 600, 616
Leistungskette, 能力链　1747
Leistungsklage, 给付之诉　580
Leistungsort, 给付地　1704
Lenkungsnorm(en), 导向性规范　45, 115 f
　—Rechtfertigung von, 的正当化　104, 203 ff
Liebhaberei, 业余爱好　605, 626 f, 699, 701, 749, 786 f, 1250
Lieferung, 供应, 交付
　—Ausfuhr, 出口供应　1711
　—Begriff, 概念　1699 ff
　—Einfuhr, 进口供应　1710
　—Gemeinschaftsgebiet, 共有区域　1712
Littmann, Eberhard, 里特曼, 依保哈特　36
Lohnsteuer, 工资税　72, 315

　—Abzugsverfahren, 扣除程序　750
　—Anmeldung, 登记　531
　—Außenprüfung, 纳税检查　502
　—Verfahren, 程序　652 f
Lohnsummenklausel, 工资总额条款　1615, 1618
Lohnsummensteuer, 工资总额税　1355
Luxussteuer, 奢侈品税　16

Mantelkauf, 全部股权的购买　1264 ff
Marginalsteuersatz, 边际税率, 参见 *Steuersatz*
Markteinkommenstheorie, 市场收入理论　611
Marktgängigkeit, 市场主导　1065
Maßgeblichkeitsgrundsatz, 决定性基本原则　805, 819 ff
　—Einschränkung, 限制　820 f
　—formelle Maßgeblichkeit, 形式适当　822
Mehr-Konten-Modell, 多账户模式　621
Mehrwertsteuer, 增值税　24, 1676 f, 参见 *auch Umsatzsteuer*
Mehrwertsteuersystemrichtlinie, 增值税体系指令　233, 1653
Mill, John Stuart, 密尔, 约翰·斯图亚特　19
„Millionärsgattinneneffekt", 富人之妻效应　639
Mindestbesteuerung, 最低征税　626 f
Miquel, Johannes von　20, 601
Mischverwaltung, 混合行政　158
Mitunternehmererlass, 合伙经营人减免　1165
Mitunternehmerschaft, 合伙关系, 共同业主企业　1104 ff, 参见 *auch Gewerbebetrieb*
　—Anwendungsbereich, 适用方面　1109 ff
　—Bedeutung, 意义　1104
　—Bestandteile der Einkünfte, 所得的组成部分　1131 ff
　—Gewinnermittlung im Sonderbereich, 在特殊方面的盈利调查　1153
　—Gewinnverteilung, 盈利分配　1133

索 引 547

—verdeckte,隐藏的 1112
—Voraussetzungen,前提 1111 ff
Mitwirkungspflichten,协助义务,参见 Besteuerung
Mitwirkungsverweigerungsrechte,拒绝协作的权利,参见 Besteuerung
Mutter-Tochter-Richtlinie,母子公司指令 238

Nachlass,遗产
 —Steuer,税 1555
 —Verbindlichkeiten,约束力 1589 ff
Nachschau,检查 511 ff
Nebenbestimmungen,附属条款 379
Nebenleistungen,steuerliche,从给付 —251,285 ff
Nettoprinzip,净收入原则
 —Durchbrechung des,净收入原则的突破 620
 —objektives,客观 20,189,615 ff
 —subjektives,主观 190,628 ff
Neumark, Fritz,诺伊马克·弗里茨 35,42
Nichtanwendungserlass,非适用减免 65
Nichtveranlagung,非估定
 —Bescheinigung,证明 374
 —Verfügung,指令 374
Nichtzulassungsbeschwerde,非许可之上诉 588 ff
Niederstwertprinzip,最低价值原则 833
 —eingeschränktes,受限的 887
 —strenges,严格的 890
Niedrigsteuerland,低税国 663
Nonaffektation,不作为 126
Normenklarheit,规范明晰原则 175
Nullzone,零税范围 633
Nutzung,使用
 —sentnahme,取用 917
 —Überlassung,转让 1259
 —Vorteile,优势 997,1006

Objektsteuer,实物税 12,75,77 ff,600,1352,1362
OECD,经济合作与发展组织(经合组织) 1464 ff
Offene Handelsgesellschaft,无限责任公司 536 f,1112,1215,1802
Ökosteuern,生态税 126,205,212
Opfertheorien,被害人理论 35
Option,选择权,认购权 1719 ff
 —Doppeloption,双重选择权 1722
 —Verschonung,节约 1617
Organschaft,组织关系,集合企业 1220 ff,1489,1812

Parteispenden,政党捐赠 364 ff
Partnerschaftsgesellschaft,人合公司,特殊的普通合伙企业 1112
Passiva,负债 807
Passivierung,记入借方,作为负债列示 837
 —Verbot,禁止 821,837,859 f
Passivtausch,借方交换,负债(或权益)(项目)的转换 810
Pauschalierung,税款一次性缴纳 218
Pendlerpauschale,通勤者总额 622 ff
Pensionsrückstellungen,个人准备金 708,859
Personalrabatte,人员折扣 1008
Personengesellschaft(en),人合公司 536,664,1802
 —Besteuerung von,的征税 1101 ff
 —Bruchteilsbetrachtung,切分观点 1120
 —Einheit der,的统一 1103,1120 f
 —Einheitsbetrachtung,统一观点 1120
 —Familien,家庭人合公司 1112
 —vermögensverwaltende,财产管理的 1120,1132
Pflege-Pauschbetrag,护理总额 1085
Pflegeversicherung,护理保险 612

Pitt, William, 皮特, 威廉 18, 601
Planungssicherheit, 计划的确定性 4
Popitz, Johannes, 波皮茨, 约翰 24, 1671
Popularklage, 公民诉讼 585
Posten, durchlaufende, 项目, 连续的 953 ff
Postulationsfähigkeit, 诉讼权 587
Preise, 价格 605
Prinzip, 原则
  —der begrenzten Einzelzuständigkeit, 受限的独自管辖权的 163 f
  —des örtlichen Aufkommens, 地方税收收入的 152
Privatfahrten mit betrieblichen Pkw, 营运客车的供私人驾驶 917
Privatveräußerungserlöse, 私人的可支配收入 605
Privatveräußerungsgewinne, 私人转让收益 1239, 1285
Privatvermögen, notwendiges, 私人财产, 必要的 851
Progression, 累进
  —kalte, 财政拖累 632
  —Vorbehalt, 保留 644 ff, 1467
  —Vorbehalt, negativ, 保留, 负面的 1490 ff
  —Zone, 累进区 633
Promotion, 促销 1049
Provinzsteuern, 区域税 13

Qualifikationskonflikt, 税收管辖权的冲突 1477
Quellenbesteuerung, 源头课税 606, 652 f
Quelleneinkünfte, 来源所得 995
Quellenprinzip, 源头课征原则 1452, 1457
Quellensteuerabzug, 源头税扣除 652 ff
Quellentheorie, 源头理论 20, 22, 601, 611

Rabattfreibetrag, 折扣免征额 1010 f

Realisationsprinzip, 实现原则 831 f, 902, 1162
Realsplitting, 实际分割 1046
Realsteuer, 对物税 80, 1352, 参见 auch Objektsteuer
Realteilung, 实际分配 1166
Rechnung, 计算, 发票, 账单 1737
  —Gutschrift, 贷方凭证 1737
Rechnungsabgrenzung, 延期结算, 归属确定, 应计和递延项目 861 ff
  —aktive RAP, 贷方的延期结算项目, 积极的递延项目 863
  —passive RAP, 借方的延期结算项目, 消极的递延项目 863
Rechtsanwendungsgleichheit, 法律平等适用 187
Rechtsbehelf, 权利救济, 法律救济, 参见 Rechtsschutz
  —Verbrauch, 使用 566 ff
Rechtsetzungsgleichheit, 立法平等 187
Rechtsformneutralität, 与法律形式无关 1100
Rechtsmittel, 上诉 588 ff
Rechtsquellen, 法律渊源 50 ff
Rechtsschutz, 法律保护
  —außergerichtlicher, 非诉讼的, 参见 Einspruchsverfahren
  —gerichtlicher, 诉讼的 580 ff
  —Verfahren, 程序 560 ff
Rechtsstaatsprinzip, 法治国原则 170
Regelverschonung, 标准节约 1613 ff
Reichensteuer, 富人税 633
Reihengeschäft, 顺序交易 1704
Reinvermögenszugangstheorie, 净财产来源理论 21, 601, 610
Reiseleistungen, 旅游业 1705, 1728
REIT, 不动产投资信托 612
Reitpferdesteuer, 骑马税 131, 145
Rennwett- und Lotteriesteuer, 赌马与彩票税

1657 ff
Rente, 定期金, 养老金 1043
— Leib, 终身定期金, 终身养老金 791, 1043
— Zeit, 定期养老金 793
Repräsentationsaufwendungen, 代表费用 1738, 参见 auch Aufwendungen sowie Werbungskosten
Reserven
— offene, 公开的养老金 1238
— stille, 隐秘的养老金 711, 717, 903, 1113, 1161 ff, 1238, 1438, 1485 ff
Reverse-Charge-Modell, 反向—征税—模型 1688
Revision, 上诉（第三审） 588 ff
Richtlinie, 工作条例, 参见 Verwaltungsvorschrift
Richtlinienkonforme Auslegung, 符合指导方针的解释 1679
Riester-Rente, 补丁—养老金 1051, 791
Rücklagen, 公积金
— für Ersatzbeschaffung, 为了资产购置 866
— steuerfreie, 免税的 866 f, 1167
Rücklieferung, 支付返还 1748
Rückstellungen, 准备金 823, 855 ff
— für Verbindlichkeiten aus schwebenden Geschäften, 源于悬而未决事务的约束力 857
Rückvergütung, 退保 1249
Rückwirkungsverbot, 不溯既往 176 ff
Rürup-Rente, Rürup-养老金 791

Sachbezüge, 实物工资 753
Sachherrschaftswille (zu Lieferung), 对物的管领意图 1699
Sachverhalt, Mehrfachberücksichtigung, 事实情况, 多次考虑 431
Sammelposten, 集中项目 895
Saufgulden, 针对过量饮酒或酒后违法的罚款 16
Säumniszuschlag, 滞纳金 288 f, 554

Schachtelprivileg, 联属企业特权, 持股特权 1393, 1405
Schadenersatz, 损害赔偿 1702
Schanz, Georg von, 沙恩茨, 格奥尔格·冯 21, 196, 601, 610
Schätzung, 估定 426, 481, 881
Scheingeschäfte, 虚假交易, 伪装行为 336
Schenkung, 赠与 76
— auf den Todesfall, 于死亡时 1564
— Bereicherung, 获利 1592
— Geld, 金钱赠与 1571
— gemischte, 混合 1593
— mittelbare, 间接 1570 ff
— Steuer, 税 76, 1550, 参见 auch Erbschaftsteuer
— unter Auflagen, 附带义务, 附负担 1571, 1594
— unter Lebenden, 生前 1567 ff
— unter Leistungsauflage, 规定义务 1594
— unter Nutzungs- oder Duldungsauflage, 规定使用义务或容许义务 1594
Schiedsübereinkommen, 分割协定 238
Schmiergeldparagraph (§ 160 AO), 贿赂金钱条款 484
Schmoller, Gustav 36
Schulden, 债务 837
Schuldzinsen, 债务利息 974
Schulen, 学校
— Europäische, 欧洲的 1050
— Privat, 私立的 1050
Schulgeld, 学费 1050
schwebendes Geschäft, 悬而未定的事务, 参见 Rückstellungen
Schwerbehindertenabgabe, 严重残疾者捐税 132
Selbstständige, Gewinnermittlung, 盈利调查

801, 933
Selbstveranlagung, 自我估定　14
Selbstverwaltungsgarantie, kommunale, 自治保障, 地方的　144
Sexsteuer, 提供性服务税　88
Sicherheitsleistung, 提供担保　555 ff
Sitzverlegung, 住所迁移　1217
Smith, Adam, 亚当·斯密斯　10, 26
Solidaritätszuschlag, 团结附加税, 为建设东德义务交的税　73, 1276 ff
Sollertragsteuer, 应有收益税　77
Sonderabgaben, 规费, 特殊捐税　121 ff
Sonderabschreibung(en), 特殊折旧　211, 786, 900, 1155
Sonderausgaben, 特别支出　602, 629, 1036, 1038 ff
— ähnliche Tatbestände, 类似的构成要件　1262 ff
— Begriff, 概念　1038
— pauschalierter Abzug, 综合计算的扣除　1053
— Pauschbetrag, 总金额　1054
— Zuwendungen, 捐赠, 参见 *Gemeinnützigkeit*
Sonderbetriebsvermögen, 特殊企业财产　718, 1149 ff, 1161 ff
Sondervergütungen, 特别津贴　1132, 1147 f
Sonstige Leistung, 其他给付　1700 ff
Sozialhilfe, 社会救助　197
Sozialstaat, 社会福利国, 社会国　32
Sozialstaatsprinzip, 社会国原则　119, 197
Spaltung, 分解, 分裂　1433
— Aufspaltung, 新设分解, 权利人退出, 财产转让, 企业存续　1441
— Abspaltung, 派生分解, 企业分割　1441
Sparer-Freibetrag, 储户免税额　760, 767, 769
Sparer-Pauschbetrag, 储户总金额　769, 1284
Spekulation(en), 投机者, 参见 *Veräußerungsgeschäfte, private*
Spenden, 捐赠　363 ff, 1052, 1263, 参见 auch *Parteispenden*
Spieleinsatzsteuer, 赌博税　93
Splitting, 分割
— Real, 实际分割　1055
— Tarif, 分割税率表　636 ff
— Verfahren, 分割程序　636 ff, 657
Sprungklage, 跳跃式诉讼　586
Steuerabzug ausländischer Staaten, 境外国家的税收扣除　1462
Steuerabzug bei Bauleistungen, 建筑工程的税收扣除　653
Steueranmeldung, 纳税申报　519, 531
Steueranspruch, 征税权　251 ff
— Aufrechnung *s. dort*, 终止
— Entstehung, 产生　254
— Erfüllung, 实现　551
— Erlöschen, 消灭　259 ff
— Fälligkeit, 到期　255 ff, 554
— Stundung, 延期, 参见此处
— Titel, 项目　552 f
— Übergang, 转移　279 ff
Steuerarten, 税收种类　3
— Alleinsteuer, 单一税　7 ff
— Belastungswirkungen, 负担效果　204, 213 ff
— direkte Steuern, 直接税　14, 20, 43
— Einfachsteuer, 简单税　97
— Erdrosselungssteuer, 窒息税　206
— Fenstersteuer, 窗户税　17
— Fischsteuer, 鱼税　12
— indirekte Steuern, 间接税　13 f, 20, 24, 43, 231, 1650
— Klassensteuer, 等级税　19
— Kopfsteuer, 人头税　13 f
— Lenkungssteuer, 导向税　39, 203 ff

索 引　551

—Luxussteuer,奢侈品税　16
—Mahlsteuer,餐税　15,1650
—Mobiliarsteuer,家具税　17
—Objektsteuer,对物税　12
—Ökosteuer,生态税,参见此处
—örtliche Steuern,地方的税　141
—Personalsteuer,对人税　17
—Rechtsverkehrsteuer,法律往来税　1651,1657 ff,1801
—Schlachtsteuer,战争税　15,1650
—Türsteuer,门窗税　17
—Weinsteuer,葡萄酒税　1650
—Wollsteuer,羊毛税　12
Steuerausländer,非居民　644,676,1452
Steuerbefreiung(en),免税　103,612,665,1219,1715 ff,1813
　—von Gewinnausschüttungen,盈余分配的　1235 f
　—von Veräußerungsgewinnen,转让收益的　1237 ff
Steuerbegriff,税收概念　110 ff
Steuerberatungskosten,税务咨询费用　1038
Steuerbescheid,税额核定通知书,税单,征税单　378,411 ff
　—Änderung,改变,参见 Korrektur
　—Aufhebung,废除,终止　386,411 ff
　—Berichtigung materieller Fehler,实质瑕疵的更正　445 ff
　—Fehlersaldierung,瑕疵平衡　447
　—Festsetzung,应纳税额核定　515 ff
　—Folgebescheid,后续裁决　435 ff,535
　—Verständigungsvereinbarungen,交流后协商　441
　—widerstreitende Steuerfestsetzung,相互矛盾的应纳税额确认,参见 Korrektur
Steuerbetragsermäßigung,税款减低　105 ff,364 ff
Steuerbilanz,税收资产负债表　822,824 s. auch Bilanz
Steuerentrichtungspflichtiger,纳税义务人　253
Steuerermäßigung,减税　105 ff
Steuererstattung,税款退还　251
　—Anspruch,请求权　316 ff
Steuerertragshoheit,税收收益权　146 ff
Steuerfahndung,(财税机关)对税收犯罪和违法行为的侦查　510
Steuerfestsetzung,应纳税额确认　515 ff
　—endgültige,最终的　516
　—ohne Steuerbescheid,没有税收裁决　531
　—Vorbehalt der Nachprüfung,审查的保留,参见 dort,
　—vorläufige,暂时性　413,523 ff
　—vorläufige—,Beweislastregeln,暂时性—,举证责任规则　526
　—vorläufige—,Festsetzungsfrist,暂时性—,确认期限　273
　—vorläufige—,Rechtsfolgen,暂时性—,法律后果　528 ff
　—vorläufige—,Rechtsschutz,暂时性—,法律保护　529 f
　—vorläufige—,Voraussetzungen,暂时性—,前提　524 ff
　—widerstreitende—,矛盾的—,参见 Steuerbescheid
Steuerflucht,以变更税收居所的方式避税　685 ff
Steuergeheimnis,税收保密　491 ff
Steuergerechtigkeit,税收公平
　—horizontale,水平的　192
　—vertikale,纵向的　192
Steuergesetzgebungshoheit,税收立法权　130 ff
　—ausschließliche des Bundes,联邦唯一的　132 f

—ausschließliche der Länder, 州唯一的　141 f
—der EU, 欧盟的　163 f
—für steuerliche Lenkungsnormen, 为了税收导向规范　206 f
—konkurrierende des Bundes, 联邦的竞争性的　135 ff
—Satzungsrecht der Gemeinden, 地方对税收章程的制定权　144 f
—Verhältnis zwischen Sach- und Steuergesetzen, 物法与税法间的关系　47
Steuergläubiger, 税收债权人　252
Steuerharmonisierung, 税收协调
— direkte Steuern, 直接税　235 ff
— EU, 欧盟　231 ff, 1653
— indirekte Steuern, 间接税　232 f
— Verbrauchsteuern, 消费税　234, 1653
Steuerhinterziehungsbekämpfungsgesetz, 打击偷逃税法　502
Steuerinländer, 居民　644, 666, 1452
Steuerklassen, 税收等级　19, 1626
Steuermessbescheid, 计税金额确认通知书　378, 542 ff, 1417 ff
Steuermessbeträge, 计税金额　160, 542, 1417 ff
Steuermesszahl, 计税相对数　1419
Steuermoral, 税收道德　2
Steuerobjekt, 征税对象　102, 663
Steuerpächter, 包税人　13
Steuerpflicht, 纳税义务
—beschränkte, 受限的纳税义务　663, 676, 1452
—Erbschaftsteuer s. dort, 遗产税
—erweiterte beschränkte, 拓宽的受限纳税义务　685 f
—erweiterte unbeschränkte, 拓宽的不受限纳税义务　663, 683 ff
—Kapitalgesellschaften, 股份公司　1211 ff

—persönliche, 针对纳税人的纳税义务　663
—sachliche, 针对纳税对象的纳税义务　663
—unbeschränkte, 不受限的　666 ff, 1452
—unbeschränkte, fiktive, 不受限的, 假设的　663, 682
Steuerpflichtiger, 纳税义务人　101, 253
Steuerpolitik, 税收政策　2
Steuerprivilegien, 税收优惠　17
Steuerrecht, 税法
—Analogie, 类推　174
—Eingriffsrecht, 侵权法　48, 172
—Gesetzmäßigkeit, 合法性　172
—Kooperation, 合作　50 ff
—Steuerreform, 税收改革　2, 95 ff
—Teilhaberecht, 按份共有权　48
Steuerreformmodelle, 税收改革模式　95 ff
Steuerrückvergütung, 退税　221
Steuersatz, 税率　105 ff
—Durchschnitts, 平均税率　634 f
—Grenz, 边际税率　634 f
—Marginal, 边际税率　634 f
—Spitzen, 最高税率　634 f
Steuersatzungsrecht, 税收规章制定权　144 f
Steuerschuldner, 税收债务人　101, 252 f
Steuerschuld, 税收债务
—Recht, 权利　250 ff
—Verhältnis, 关系　251 ff
Steuerstaat, 税收国　70, 122
Steuerstundungsmodelle, 税收延期模式　626 f
Steuersubjekt, 税收主体　101
Steuersystem, 税收体系　10
Steuertarif, 税率表　105 ff
Steuertatbestand, 税收构成要件　100
Steuerveranlagung, 税额估定　13, 参见 *auch Steuerfestsetzung*
Steuerverfahren, 税收程序　370 f

Steuervergünstigungen,税收优惠待遇 103 f, 203 ff
Steuervergütung,税收补偿 251, 319 ff, 1739
— Bescheid,裁决 378, 552
Steuerverwaltungsakt,税收行政行为 373 ff
— Abgrenzung allgemeine und besondere—,一般与特殊税收行政行为界限 378
— Änderung,改变,参见 *Korrektur*
— Arten,种类 375 ff
— Aufhebung,废除,终止 386
— Begriff,概念 374
— Bekanntgabe,披露 380 ff
— Berichtigung,更正,参见 *Korrektur*
— besonderer—,特殊的,参见 *Steuerbescheid*
— Bestandskraft,存续力 401
— Eingabefehler,请求瑕疵 402
— Ermessen,评估 377, 391 ff
— Fehlerhaftigkeit,瑕疵性 386 ff
— Heilung,补正 389, 398 ff
— Korrekturmöglichkeiten,更正可能性 401 ff,参见 *auch Korrektur*
— Nebenbestimmungen,附属条款 379
— Nichtigkeit,无效 396 f
— Rechtswidrigkeit,违法性 387 ff, 395 ff
— Rechtswirksamkeit,法律效力 380 ff, 395 ff
— Rücknahme,撤回 403 ff
— Umdeutung,转换 401
— Wirksamkeit,效力 380 ff, 396 ff
— Widerruf,撤销 408 ff
— Zustandekommen,成立 380 f
Steuerverwaltungshoheit,税收管理权 156 ff
— Kompetenz des Bundes,联邦的权能 157
— Kompetenz der EU,欧盟的权能 167 ff
— Kompetenz der Gemeinden,地方的权能 160
— Kompetenz der Länder,州的权能 158 f
Steuerverweigerung,拒绝纳税 1

Steuervorauszahlung,预付税款 654, 1282
Stichtagsprinzip,结算日原则 835
Stichtagsteuer,结算日税收 1557 ff
Stiftung Marktwirtschaft,财团市场经济 97
Stipendien,奖学金 612
Stromsteuer,电力税 86, 126
Strukturrichtlinie,结构性指令 1653
Stundung,延期 391, 555 ff, 654
Subjektsteuerprinzip,主观税收原则 1163, 1238
Subsidiaritätsprinzip,补充性原则 237
Suspensiveffekt,停止效果 570, 588 ff

Tabaksteuer,烟草税 84, 86, 1652
Tantiemen,红利 750, 1249
Tarif,税率表
— Begrenzung,界限 105 ff
— Ermäßigung,减轻 647
Tatbestandsmäßigkeitsgrundsatz,符合构成要件原则 1152
Tätigkeit,职业,业务
— freiberufliche,自由职业的 732 f
— nebenberufliche,兼职的 612
Tatsache,事实
— Begriff,概念 421
— nachträgliche,事后的 422
Tausch,互易 1703
Teileinkünfteverfahren,部分所得程序 1204, 1235, 1239, 1256, 1281, 1286 f, 1289
Teilwert,部分价值 877
— Abschreibungen,折旧 877, 885 ff, 908, 978, 1028, 1238
— Begriff,概念 878 f
— Vermutungen,推测 882 f
Telefax-Übermittlung,传真送达 380
Termingeschäft,远程交易,期货交易 626 f, 795
Territorialitätsprinzip,属地原则 677

Theorie von der optimalen Besteuerung,最优征税理论 39

Thesaurierung,储存,留成 1203

Thesaurierungsbegünstigung,留成优惠待遇,累积优惠 648

Tonbandaufnahmen,磁带录音 508 f

Tonnagebesteuerung,依吨位征税 606

Transparenz,透明性 6

Transparenzprinzip,透明原则 1103

Treaty Override,协议优先 1463

Trennsystem,分离体系 150

Trennungsprinzip,分离原则 1203,1223 ff,1246,1281

Trinkgeldeinnahmen,小费收入 612,658,1001

Typenvergleich,类型比较 1478

Typisierung,类型化 218 f

Typusbegriff,样式概念 1691

Überentnahme,搬迁 973

Überführung eines Wirtschaftsguts ins Ausland,财富向国外转移 916

Überschusseinkünfte,盈余所得 608 ff
— Ermittlung,调查,确定 803,993 ff

Überschusserzielungsabsicht,取得盈余的意图 786

Umlaufvermögen,流动资产 706,841

Umqualifizierung,重新转换 1120

Umsatzsteuer,营业税 84 f,1670 ff
—Allphasenbrutto,全金额流转税 1671 ff
—Allphasennetto,全阶段流转税 1675
—Ausfuhrlieferungen,出口发货 1704 ff
—Begriffsbestimmungen,概念确定 1684
—Bemessungsgrundlage,课税依据 1724 ff
—innergemeinschaftlicher Erwerb,共同体内部收益 1712 ff
—Einfuhr,输入流转税 1710 f
—Einfuhrlieferungen,进口发货 1710 f
—Entnahme,取用 1708 f
—Entstehung,成立 1743 ff
—Entwicklung,发展 1671 ff
—Funktionsweise,运行方式 1683 ff
—Harmonisierungsauftrag,协调委托 1678
—Mehrwert,增值 319,1671,1676 f
—Rechnung,计算,参见此处
—Steueranmeldung,纳税申报 1752
—Steuerbefreiungen,免税 1716 ff
—Steuerobjekt,课税对象 1695 ff
—Steuersatz,税率 24,1681 ff,1729
—Steuersubjekt,税收主体 1688 ff
—Verfahren,程序 1752 ff
—Verkehrsteuercharakter,往来税特性 1671
—Vorsteuer,预征税 319,955 f,1683 f
—Vorsteuerabzug,预征税扣除 1671,1675,1683,1730 ff
—Zahllast,应付帐 1684,1742

Umstrukturierung von Unternehmen,企业重组 1431

Umtausch,退换,交换 1748

Umwandlungssteuerrecht,《重组税法》 1430 ff
—Anwendungsbereich,适用范围 1436
—Aufbau,结构 1435
—Einbringung,引进,参见此处
—Formwechsel,形式变更 1445
—Spaltung,分离,参见此处
—Verschmelzung,结合,参见此处
—zivilrechtliche Grundlagen,民法依据 1430 ff

Umweltabgaben,环境捐税 205

Unfallversicherung,意外伤害保险 612

Untätigkeitsklage,强制履行之诉 563,586

Unterhaltsaufwendungen,抚养费用 196,1079

Unterhaltsleistungen,抚养费 790,1045

Unternehmen,企业

—Identität, 身份　1412 f

　　—Steuerrecht, 税法　1100 ff

　　—verbundene, 关联企业　1259

　　—Verlagerung, 转移　1485 ff

Unternehmer, 企业经营者　688

　　—Begriff, 概念　1733

　　—der Umsatzsteuer, 营业税, 参见 Umsatzsteuer

　　—Identität, 身份　1412 ff

　　—Initiative, 积极性　696, 1114

　　—Risiko, 风险　693, 696, 1113

　　—Wechsel, 变更　1414

Untersuchungsgrundsatz, 调查原则　478

Urproduktion, 原料生产　744

Ursprungslandprinzip, 对原产国征税原则　1680, 1714

Ursprungsprinzip, 来源地征税原则　677

Veranlagung zur Einkommensteue, 对所得税的估定

　　—besondere, 特别的　659 ff

　　—Einzel, 单独　650

　　—getrennte, 分别的　641 f, 658

　　—Verfahren, 程序　651

　　—Zusammen, 共同　656, 参见 auch Splittingverfahren

Veranlassungszusammenhang, 原因关联　328, 757, 1001 ff, 1013

Veräußerungsgeschäfte, 出让行为

　　—betriebliche, 企业的　1161 ff

　　—private, 私人的　605, 611, 795

Veräußerungsgewinne, 转让收益　613, 719 f, 1120, 1237 ff, 1384 f

Verbindlichkeiten, 约束力　837, 853

Verbleibensfristen, 剩余期限　439

Verbrauch- und Aufwandsteuern, 消费与支出税　141, 1652

Verbrauchsteuer(n), 消费税　13, 84 ff, 1650 ff

　　—allgemeine, 普通的　85, 1651

　　—besondere, 特殊的　86, 1652

　　—Gesetz, 法　1654

　　—örtliche, 地方的　1652

　　—Steueraufsicht, 纳税核查　511 ff

　　—Steuerbemessungsgrundlage, 课税依据　1656

　　—Steuerobjekte, 征税对象　1655

　　—Steuersatz, 税率　1656

　　—Steuersubjekt, 税收主体　1656

Verbrauchsteuersystemrichtlinie, 税收体系指令　234, 1653

Verbundsystem, 关联体系　151

Vergütungen, 补偿　1245

Verjährung, 消灭时效, 诉讼时效

　　—Ablaufhemmung der Festsetzungs, 确认时效的不完成　270 ff

　　—Anlaufhemmung der Festsetzungs, 停止事由发生于时效进行的开始的时效停止　269

　　—Festsetzungs, 确认时效　266 ff

　　—Zahlungs, 支付时效　275 ff

Verkehrsteuern, 往来税　91, 1650

Verlust(e), 损失　816, 1134 ff

　　—Abzug, 扣除　616 ff, 1264 ff, 1411

　　—Anteile, 部分　1394

　　—Rücktrag, 回运　617, 641 f, 1411

　　—von Wirtschaftsgütern, 财富的　987 ff

　　—Vortrag, 结账项目　1264 ff

　　—Zuweisungsgesellschaft, 配给公司　626 f, 1134 ff

Verlustausgleich, 亏损补偿

　　—Beschränkung, 限制　646, 1134 ff

　　—externer, 外部的　616 f

　　—grenzüberschreitender, 跨国界的　1489 ff

　　—horizontaler, 水平的　616 f

　　—interner, 内部的　616 f

—intertemporärer, 时际的 617

—periodenübergreifender, 一定时期具有重要意义的 617 f

—Verbote, 禁止 619 ff, 626 f

—vertikaler, 纵向的 616 f

—zwischen Gesellschaft und Gesellschaftern bei der Organschaft, 集合企业情况时公司与股东之间, 在公司与机关团体股东间 1223 ff

Vermietung und Verpachtung, Einkünfte aus-, 租赁, 来自于—的所得, 参见 *Einkünfte*

Vermittlungsausschuss, 调解委员会 140

Vermittlungsleistungen, 经纪服务 1705

Vermögensteuer, 财产税 13, 78 f

Vermögensübertragung, 财产转移 1438 ff

Vermögensverlust, 财产损失, 参见 *auch Verlust von Wirtschaftsgütern* 987, 1023

Vermögensverwaltung, 财产管理 1120

Vermutungsregeln, 推测规则 482 ff

Verpflichtungsklage, 义务之诉, 强制履行之诉 563, 580

Verprobung, 检核 482

Verrechnungspreise, 转让定价价格 1480 ff, 1249

Verrechnungsvertrag, 转让定价协议 264

Verschmelzung, 结合 1433

　—von Kapitalgesellschaften auf Personengesellschaften, 由资合公司向人合公司 1435

　—von Kapitalgesellschaften auf andere Kapitalgesellschaften, 由资合公司向其他资合公司 1435

Verschonungsabschlag, 节约款项 1613

Versicherungsteuer, 保险税 91, 1657 ff

Versorgungsfreibetrag, 抚养免征额 1624 ff

Verspätungszuschlag, 滞报金 286 f, 391

Verständigung, tatsächliche, 转让, 事实的转让 463 ff, 507

Vertrag, öffentlich-rechtlicher, 合同, 公开合法 460 ff

Verträge zwischen Familienangehörigen, 家庭成员间合同 337 ff

　—Anerkennung von, 承认 339

　—Diskriminierungsverbot, 歧视禁止 338

　—Ehegatten, 配偶 751

　—Oder-Konto, 或一账户 337

Vertrauensschutz, 信赖保护, 参见 *Rückwirkungsverbot*; *Steuerbescheid, Aufhebung*

Vertreter, ständiger, 代理人, 经常的 1470

Verursachungsprinzip, 因果关系原则 829

Verwaltungsakt, 行政行为, 参见 *Steuerverwaltungsakt*

Verwaltungsvermögen, 行政财产 1609 ff

Verwaltungsvorschrift, 行政规定 64

Verwerfungsmonopol des BVerfG, 联邦宪法法院的驳回独占 442

Verwertungsverbot, 变价禁止 487, 508 f

Verwirkung, 失效, 参见 *auch Grundsatz von Treu und Glauben* 351 ff

Verzicht, 放弃 566

Verzögerungsgeld, 延迟金 298 f

Vollzugsaufwand, 执行费用 43

Vollzugsdefizit, strukturelles, 执法赤字, 结构性的 187

Vorauszahlungsbescheid, 预缴税款通知书 654

Vorbehalt der Nachprüfung, 审查的保留 413, 517 ff

　—Anfechtbarkeit, 可撤销性 520

　—Aufhebbarkeit, 可终止性 521 f

　—Wirkungen, 效果 519

Vorsichtsprinzip, 谨慎原则 830 ff, 885

Vorsorgeaufwendungen, 预备费用, 保险费 791, 1047

索 引

Vorsorgepauschale,预备总金额 1054 ff
Vorsteuerabzug,预征税扣除 1730 ff
　—anspruchsbegründende,构成请求权的 1731
　—anspruchsausschließende Tatbestände,请求权排除的构成要件 1731
Vorzugslast,先行给付费用 117

Wachstumsbeschleunigungsgesetz,《加速发展法》622,1264,1391,1606,1616,1627 ff,1812
Wagner,Adolph 19,39
Warenumsatzstempelsteuer,商品销售印花税,商品流转印花税 1671
Weber,Werner 121
Wegzugsbesteuerung,针对迁徙的征税 1485 ff,1217
Welteinkommensprinzip,全世界范围内所得原则 1452,1454
Werbungskosten,宣传费用,广告费 613 f,756 ff,785,1012 ff
　—Abgrenzung zur privaten Lebensführung,区别于个人的生活方式 1019 ff
　—Absetzung für Abnutzung,折旧扣除,参见此处
　—anschaffungsnaher Aufwand,用于购置费用 785
　—Arbeitnehmer-Pauschbetrag,员工总金额 758,1030
　—Arbeitsmittel,劳动资料 757
　—Begriff,概念 615,1012
　—bei Einkünften aus Vermietung und,Verpachtung,来自租赁的所得 785 ff
　—doppelte Haushaltsführung,双重家政 757
　—Fahrtkosten,差旅费 622 ff,757
　—nachträgliche,事后的 1018
　—Pauschbetrag,总金额 606,1029 ff,1034
　—Repräsentationskosten,代表费用 1020
　—unfreiwillige,非自愿的 1015
　—Veranlassung,原因,参见 Veranlassungszusammenhang
　—vergebliche,无益的 1017
　—vorweggenommene,预先执行的 1016
　—Zeitschriften,报刊杂志 462
Werksrabatte,工厂折扣 753
Werkstorprinzip,厂门内收税原则 622 ff
Wert,价值
　—Minderungen,贬值 884 ff,1021
　—Steigerungen,增值 884,902 ff
　—Verluste,损失 885 f
Wertaufholung,价值补偿,增记 905
Widerrufsvorbehalt,撤销的保留,参见 Nebenbestimmungen
Wiedereinsetzung in den vorigen Stand,在原地址上复原 565
Wirklichkeits- und Wahrscheinlichkeitsmaßstab,真实性与可能性比例 119
Wirtschaftliche Betrachtungsweise,经济观察法 325
　—gesetz- oder sittenwidriges Verhalten,违反法律或风俗的情况 332 ff
　—unwirksame Rechtsgeschäfte,无效的法律行为 335 ff
Wirtschaftliches Eigentum,经济财产,参见 Wirtschaftsgüter
Wirtschaftsgüter,财富,资产,经济商品 838 ff
　—Anschaffungskosten,购置费用 874,977 f
　—Arten,种类 841 ff
　—gemischt genutzte,已混合的已用的 852
　—geringwertige,低价值的 979 f
　—getrennte Zurechnung,分别计算 330 f
　—Herstellungskosten,生产成本 874,977 ff
　—immaterielle,无形的 843
　—Leasing,租赁业务 327

— materielle,有形的 843
— Nießbrauch,使用权 327
— Übertragung von,转移 1161 ff
— Veräußerung von,转让 1161 ff
— Verlust von,损失 987 f
— Vorbehaltseigentum,保留的财产 327
— Zurechnung,归责 326 ff, 1150

Wirtschaftsstrafsachen,经济犯罪行为 494

Wohnsitz,住所 667 f
— Verlagerungen,转移 667
— Prinzip,原则 1452, 1457

Zahlung,支付
— Aufschub,延期 554
— Verjährung,诉讼时效 275 f
— Verjährungsfrist,诉讼时效期限 255

Zebragesellschaft,斑马公司 1121

Zeitrente,定期养老金,参见 Rente

Zehnt,十诫 11

Zerlegungsbescheid,分配通知书,分割裁决 417

Zeugnisverweigerungsrecht,拒绝作证的权利 485

Zinsen,利息 290 f
— Besteuerung,征税 489 f

Zinsrichtlinie,利息限制 239 ff, 775

Zinsscheine,息单 760

Zinsschranke,利息障碍 622, 975, 1245
— Organschaft,组织关系 1221
— Gesellschafterfremdfinanzierung,股东贷款融资 1245

Zölle,关税,海关 13, 87

Zu- und Abflussprinzip,流入与流失原则 328, 934 ff, 941, 977, 994

Zuordnungsentscheidung,归属裁决 1735

Zugewinnausgleich,净益结算 1565 f

Zusammenveranlagung,合计估定,合并征税 199, 636 ff, 682

Zuschläge,附加 297, 612

Zuschlagsteuern,附加税 73

Zuschreibungen,贷记的款项 906

Zuteilungsbescheid,送达通知 378, 435 ff

Zuwendungen,让与,给与,捐款
— von Todes wegen,死因给予 76

Zwangsgelder,罚款,强制金 292

Zwangsversteigerung,强制拍卖 1702

Zwecksteuer,目的税 126

Zweitwohnungsteuer,第二住宅税,第二房产税 90

Zwischengesellschaft,受本国股东控制的外国公司,中间公司 1483